Ivan de Camargo | Paulo Boulos

Geometria Analítica
um tratamento vetorial
3ª EDIÇÃO

Ivan de Camargo | Paulo Boulos

Geometria Analítica
um tratamento vetorial
3ª EDIÇÃO

© 2005 by Ivan de Camargo e Paulo Boulos
Todos os direitos reservados. Nenhuma parte desta publicação
poderá ser reproduzida ou transmitida de qualquer modo
ou por qualquer outro meio, eletrônico ou mecânico, incluindo fotocópia,
gravação ou qualquer outro tipo de sistema de armazenamento e transmissão
de informação, sem prévia autorização, por escrito, da Pearson Education do Brasil.

Gerente editorial: Roger Trimer
Editora de texto: Eugênia Pessotti
Preparação: Alessandra Miranda de Sá
Revisão: Cláudia Cantarim
Capa: Marcelo Françozo
Ilustrações: Marcelo Françozo – figuras geométricas
Eduardo Borges – figuras 10-1, 10-2 e 10-5
Renato Camargo – figuras O-8 e O-9
Projeto gráfico e diagramação: Figurativa Arte e Projeto Editorial

Dados Internacionais de Catalogação na Publicação (CIP)
(Câmara Brasileira do Livro, SP, Brasil)

Camargo, Ivan de
    Geometria analítica / Ivan de Camargo, Paulo Boulos. -- 3ª ed. rev e ampl.
-- São Paulo: Prentice Hall, 2005.

    ISBN 978-85-87918-91-8

    1. Geometria analítica I. Boulos, Paulo. II. Título.

04-0567   CDD-516.3

Índices para catálogo sistemático:

1. Geometria analítica: Matemática   516.3

Direitos exclusivos cedidos à
Pearson Education do Brasil Ltda.,
uma empresa do grupo Pearson Education
Av. Francisco Matarazzo, 1400,
7º andar, Edifício Milano
CEP 05033-070 - São Paulo - SP - Brasil
Fone: 19 3743-2155
pearsonuniversidades@pearson.com

Distribuição
Grupo A Educação
www.grupoa.com.br
Fone: 0800 703 3444

Para Ismênia

Para Márcia

Sumário

Prefácio à primeira edição ix
Prefácio à terceira edição xi
Notação e nomenclatura xiv
   1. Vetor 1
   2. Soma de vetores 8
   3. Produto de número real por vetor 16
   4. Soma de ponto com vetor 23
   5. Aplicações geométricas 26
   6. Dependência linear 37
   7. Base 52
   8. Mudança de base 61
   9. Produto escalar 70
  10. Orientação de $\mathbb{V}^3$ 91
  11. Produto vetorial 99
  12. Produto misto 121
  13. Sistema de coordenadas 135
  14. Equações de reta e plano 144
      A Equações de reta 144
      B Equações de plano 152
  15. Interseção de retas e planos 170
      A Interseção de duas retas 171
      B Interseção de reta e plano 175
      C Interseção de dois planos 178
      D Equações de reta na forma planar 180
  16. Posição relativa de retas e planos 187
      A Posição relativa de retas 188
      B Posição relativa de reta e plano 191
      C Posição relativa de planos 195
      D Feixes de planos 199

17. Perpendicularidade e ortogonalidade 208
- A Perpendicularidade e ortogonalidade entre retas 208
- B Vetor normal a um plano 211
- C Perpendicularidade entre reta e plano 217
- D Perpendicularidade entre planos 220

18. Miscelânea de exercícios 222

19. Medida angular 233
- A Medida angular entre retas 233
- B Medida angular entre reta e plano 238
- C Medida angular entre planos 242
- D Semi-espaço 244

20. Distância 249
- A Distância entre pontos 251
- B Distância de ponto a reta 254
- C Distância de ponto a plano 259
- D Distância entre retas 264
- E Distância entre reta e plano 270
- F Distância entre planos 271

21. Mudança de sistema de coordenadas 273

22. Elipse, hipérbole, parábola 285
- A Definições e equações reduzidas 287
- B Forma e excentricidade 310
- C Regiões do plano determinadas por elipse, hipérbole e parábola 316
- D Retas secantes, tangentes e normais 320
- E Propriedade de reflexão 334
- F Métodos de construção 339
- G Definições alternativas 344
- H Seções cônicas. Origem dos nomes elipse, hipérbole e parábola 346
- I Exercícios suplementares 349

23. Cônicas 351
- A Definição de cônica 351
- B Translação e eliminação dos termos lineares 352
- C Rotação e eliminação do termo quadrático misto 358
- D Identificação e esboço de uma cônica 363

24. Superfície esférica 373
- A Equações de uma superfície esférica 373
- B Interseção e posição relativa de reta e superfície esférica 381
- C Interseção e posição relativa de plano e superfície esférica 387
- D Interseção e posição relativa de superfícies esféricas 395

25. Quádricas 402
- A Elipsóide 403
- B Hiperbolóide 407
- C Parabolóide 417
- D Quádrica cilíndrica 423
- E Quádrica cônica 424
- F Sobre a nomenclatura e a classificação das quádricas e tabela-resumo 426

26. Geração de superfícies 430
    A Generalidades sobre curvas e superfícies 430
    B Superfície cilíndrica 435
    C Superfície cônica 438
    D Superfície de rotação 441

Apêndice C   Classificação das cônicas 447
Apêndice EV Equações vetoriais 463
Apêndice O   Orientação 470
    A Orientação de $\mathbb{V}^3$ 470
    B Orientação de uma reta e de um plano 481
Apêndice RE Um exemplo prático de relação de equivalência 486
Apêndice SF Sem feixes 489
Apêndice VT Volume do tetraedro 492
Respostas 495
Índice remissivo 537

Prefácio à primeira edição

Ao estudante

Geometria: intuição e rigor

Geometria... nove letras que assustam! Pelo menos essa é a impressão que nos têm deixado anos seguidos de magistério e contacto com estudantes como você, recém-ingressos no curso superior. Pois um dos nossos objetivos é alterar esse estado de coisas.

Pode ser que as circunstâncias que cercaram a sua passagem pelo curso secundário – e a de milhares de colegas seus – não tenham sido favoráveis ao aprendizado da Geometria; pode ser até que você tenha tido muito pouco contacto com ela; isso não o impede de usar com sucesso duas armas importantes nesta batalha pelo aprendizado da Geometria Analítica: sua **inteligência** e sua **intuição**. Em outras palavras: ignorância* cura-se!

A primeira arma, poderosíssima, tem sua eficácia progressivamente aumentada à medida que você se dedica ao estudo, à resolução de exercícios, ao aprimoramento de seus conhecimentos. Uma inteligência modesta aliada a muito trabalho, freqüentemente, pode mais que uma inteligência brilhante e vadia.

Quanto à segunda arma, é uma faca de dois gumes. Não se concebe o estudo da Matemática – e particularmente o da Geometria – sem o auxílio da intuição. Isso levaria antes à memorização que ao entendimento. Nem sempre, porém, a confiabilidade da intuição é satisfatória (principalmente entre iniciantes), e isso pode ter conseqüências desastrosas.

Faça você mesmo um teste: imagine uma moeda de 10 centavos, com um barbante amarrado à sua volta, bem ajustado. Imagine também um barbante amarrado e bem ajustado em volta da Terra, à altura do Equador (haja imaginação!). Se aumentarmos em 1 metro o comprimento de cada um dos dois barbantes, eles deixarão de estar bem ajustados; haverá então uma folga entre a moeda e seu barbante, assim como entre a Terra e seu barbante. Pergunta-se: qual é a folga maior? Se você já está desconfiado e não quer dar a resposta óbvia com medo de errar, responda a esta outra pergunta: a folga entre a Terra e seu barbante é suficiente para deixar passar um gato? E a folga entre a moeda e seu barbante? Respostas no final.

Mas, voltando ao que dizíamos a respeito da intuição: é preciso também saber a hora, e até que ponto ela deve ser usada. Pela sua própria natureza subjetiva, as idéias intuitivas exigem uma confirmação formal, precisa, rigorosa, não fosse a Matemática a ciência exata por excelência. E é nesse momento que devemos adotar uma atitude cética, como verdadeiros advogados do diabo, em relação à nossa intuição. Mesmo que estejamos prontos a apostar que um determinado fato é verdadeiro, só devemos aceitá-lo como tal após uma demonstração rigorosa.

---

* Ignorância = falta de conhecimento!

A intuição seria, pois, como o garimpeiro que com sua bateia descobre pedras em bruto – as idéias – cuja ganga pode ou não ocultar valiosos diamantes; o raciocínio lógico faria por seu turno o papel do perito, do ourives, que seleciona as gemas preciosas e rejeita aquelas que não têm valor.

Metodologia

Como toda ciência, a Geometria tem seus métodos – vários – de estudo. Em outras palavras, pode-se estudar a Geometria adotando diferentes pontos de vista, diversos enfoques. Conforme o método utilizado, encontra-se maior ou menor dificuldade em abordar este ou aquele tópico, e por esse motivo é de interesse conhecer vários desses métodos. Ainda de acordo com o método utilizado, atribuem-se diferentes nomes às disciplinas de Geometria. Apenas para ilustrar esse aspecto, citemos três exemplos:

1. *Geometria axiomática* (ou *Geometria de Posição*): é o estudo da Geometria sistematizado por Euclides (cerca de 300 a.C.), em seus "Elementos", mediante o encadeamento lógico de axiomas, definições e teoremas.

2. *Geometria Descritiva*: é o estudo da Geometria pelo método mongeano (Gaspard Monge, 1746-1818), que consiste em considerar não os entes geométricos propriamente ditos, mas suas projeções sobre dois planos previamente fixados, e por meio do estudo dessas projeções (utilizando a *épura*) tirar conclusões sobre aqueles entes geométricos.

3. *Geometria Analítica*: é o estudo da Geometria pelo método cartesiano (René Descartes, 1596-1650), que em última análise consiste em associar equações aos entes geométricos, e do estudo dessas equações (com o auxílio da Álgebra, portanto) tirar conclusões a respeito daqueles entes geométricos.

Vê-se do exposto acima que, se a ferramenta básica para o estudo da Geometria Axiomática é a Lógica, a Geometria Descritiva, por sua vez, utiliza fundamentalmente o Desenho, enquanto a Geometria Analítica encontra na Álgebra seu aliado mais importante. Não apenas a Álgebra Elementar, como também – e talvez esta seja a grande novidade para você – a Álgebra Vetorial.

Os vetores desempenham portanto um papel especial neste curso, como logo ficará evidente. Observe também – prosseguindo nesta rápida comparação entre os métodos – que, se do ponto de vista da Geometria Descritiva, conhecer ou determinar um plano, por exemplo, é conhecer ou determinar sua épura, do ponto de vista da Geometria Analítica trata-se de conhecer ou determinar sua equação.

Agora, uma observação final: não temos a pretensão de que esta exposição tenha ficado absolutamente clara para você; é necessário – e insistimos nisso – que de tempos em tempos você volte a lê-la, tentando, a cada estágio do seu aprendizado, entendê-la melhor.

Os autores

Resposta. As folgas são as mesmas (cerca de 16 cm). Um gato passa, portanto, entre a Terra e seu barbante e entre a moeda e seu barbante com a mesma facilidade! Justificativa: seja C uma circunferência de raio r; seu comprimento é $2\pi r$. Seja C_1 uma circunferência de comprimento $2\pi r + 1$ e raio r_1. Então $2\pi r + 1 = 2\pi r_1$, donde $r_1 - r = 1/2\pi$. Isso mostra que a folga, ou seja, a diferença $r_1 - r$, não depende de r, e seu valor é $1/2\pi$, aproximadamente 0,16 unidades de comprimento.

Prefácio à terceira edição

1. O que há de novo

Esta edição contém muitas novidades em relação à anterior. Embora a estrutura do livro seja a mesma, o conteúdo sofreu alterações significativas, com o acréscimo de grande quantidade de exercícios resolvidos, observações e comentários. O tratamento teórico de vários tópicos está mais completo e rigoroso, dando opções ao professor quanto ao nível de profundidade que deseja para suas aulas. A forma também foi modificada, em especial no sistema de numeração de tópicos e exercícios, tornando mais fáceis as referências a eles e sua localização. A quantidade de exercícios propostos, a maioria com resposta, foi consideravelmente aumentada.

2. Filosofia

Com a intenção de valorizar as idéias geométricas e evidenciar o método analítico, os conceitos sempre são apresentados sob o ponto de vista da Geometria e somente após isso é feita a sua tradução para a linguagem da Álgebra. Cada capítulo apóia-se, assim, no tripé *conceituação geométrica/formulação algébrica/aplicações*. Há, porém, algumas exceções. Uma é o Capítulo 10, em que, por razões didáticas, optamos pela definição algébrica de orientação, mais despojada, deixando para o Apêndice O a abordagem geométrica, mais sofisticada. As outras exceções são os capítulos 23 e 25, em que cônicas e quádricas são definidas levando-se em conta a forma de suas equações.

3. Modo de usar

O livro foi escrito com a intenção de que seja lido sistematicamente pelo estudante, e não apenas consultado. Com esse pensamento, incluímos informações e orientação sobre procedimentos algébricos elementares que normalmente não teriam espaço em um livro de Geometria (um exemplo típico é a Observação 15-12). O professor decidirá, de acordo com as necessidades de seus alunos, se esse material deve ser levado para a sala de aula.

Os exercícios resolvidos, presentes em todos os capítulos, pretendem esclarecer a teoria, exemplificá-la, complementá-la ou mostrar alguma técnica especial. Atribuímos a eles um papel importante no aprendizado, e sugerimos ao estudante o "método do *strip-tease*" para extrair deles maior proveito. O método consiste em tapar a resolução do exercício e tentar resolvê-lo. Não conseguindo, descobre-se a primeira linha e tenta-se completar a resolução. Não conseguindo ainda, descobre-se mais uma linha, e assim por diante. No caso extremo, o leitor obriga-se a uma atenta e refletida leitura da resolução, com benefício evidente.

É comum, e perfeitamente compreensível do ponto de vista psicológico, que o estudante se sinta gratificado quando consegue resolver, com facilidade, um grande número de exercícios. Fica a impressão de que aprendeu bastante, o que pode ser enganoso. Muitas vezes, isso apenas comprova que já se conhecia o assunto (nada de novo foi aprendido). Uma atitude madura com relação aos exercícios propostos é reconhecer neles um instrumento facilitador da aprendizagem (nunca um fim em si mesmo), rejeitando a visão maniqueísta de que "acertar é bom, errar é ruim". Com freqüência aprende-se mais com os erros que com os acertos, e foi essa a perspectiva que norteou a elaboração dos exercícios. Contamos com a cumplicidade do professor para indicar a seus alunos quais são os mais apropriados para a obtenção de melhores resultados. Existem exercícios para todos os gostos: desde os bem fáceis (úteis para fixar conceitos e exemplificar o uso de fórmulas ou propriedades), passando pelos teóricos (que servem para complementar o texto, aliviando-o de detalhes, ou para dar informações que serão utilizadas posteriormente), até chegar aos mais difíceis, que desafiam e abrem horizontes. Estes são assinalados com uma seta de cor cinza (os medianamente difíceis) ou preta (os bem difíceis). É claro que essa classificação, por refletir a nossa opinião, é subjetiva.

Ao resolver um exercício, o estudante deve basear-se na teoria desenvolvida até ali. Naqueles do tipo Verdadeiro ou Falso, porém, quando não for pedida a justificativa da escolha, poderá basear-se exclusivamente na sua intuição. Fornecemos, no final do livro, respostas para a maioria dos exercícios: ora uma resolução completa, ora um simples resultado, ora uma indicação de procedimento eficaz, ora uma rápida sugestão.

4. Breve descrição dos capítulos

Os doze primeiros capítulos ocupam-se da Álgebra Vetorial. O conceito de vetor é definido no Capítulo 1, e os Capítulos 2, 3 e 4 tratam da soma de vetores, da multiplicação de número real por vetor e da soma de ponto com vetor. Objetivando mostrar o poder dessa ferramenta e apresentar técnicas e procedimentos, o Capítulo 5 traz, sob a forma de exercícios, várias aplicações dos vetores à Geometria, em especial à Geometria Plana. A teoria prossegue com dependência linear (Capítulo 6), base e mudança de base (Capítulos 7 e 8), e produto escalar de vetores (Capítulo 9). No Capítulo 10 é apresentado algebricamente o conceito de orientação de $\mathbb{V}^3$, cuja caracterização geométrica é deixada para o Apêndice O; isso torna mais curto o caminho para se chegar aos produtos vetorial e misto (Capítulos 11 e 12).

O Capítulo 13 inicia o estudo da Geometria Analítica em dimensão três, introduzindo o conceito de sistema de coordenadas. As diversas formas de equações de reta e plano são apresentadas no Capítulo 14. Em seguida, são abordados os temas interseção (Capítulo 15), posição relativa (Capítulo 16), perpendicularidade e ortogonalidade de retas e planos (Capítulo 17). O Capítulo 18, constituído exclusivamente de exercícios, visa a fazer um balanço do aprendizado até este ponto, antes de prosseguir com medida angular e distância entre retas e planos (Capítulos 19 e 20), temas que encerram o que se pode considerar a segunda parte do livro. O Capítulo 21 trata da mudança de sistema de coordenadas, útil nos Capítulos 23 a 26.

O Capítulo 22 merece um comentário especial. As curvas planas elipse, hipérbole e parábola constituem magnífico monumento da Geometria e atestam categoricamente a excelência da matemática praticada pelos gregos na Antigüidade. Seu estudo pormenorizado forneceria material para um livro, não para um capítulo. Tantas são as maravilhas que elas encerram, que não resistimos ao seu canto de sereia: prazerosamente, fomos acumulando material, e de repente nos vimos às voltas com a difícil tarefa de selecionar o que deveria ser excluído. Como cada escolha representava uma perda, quase tudo foi mantido, o que explica o tamanho do capítulo. O bê-á-bá foi reunido na

Seção A, onde se definem as três curvas, se deduzem suas equações reduzidas e se apresentam seus principais elementos geométricos. A Seção B trata da excentricidade e sua relação com a forma das curvas. Essas duas seções encerram o material normalmente ensinado em um curso deste nível. Que o restante do Capítulo 22 seja visto, pois, como bônus: separação do plano por elipses, hipérboles e parábolas, retas tangentes, secantes e normais, propriedades de reflexão, métodos de construção, definições alternativas, e a origem dos nomes *elipse*, *hipérbole* e *parábola*. Parte desse material pode ser útil na proposição de trabalhos extras, ou na preparação de pequenos projetos de iniciação científica.

No Capítulo 23 apresenta-se o conceito geral de cônica e utilizam-se translações e rotações para obter a equação reduzida e reconhecer uma cônica qualquer. Os três últimos capítulos retomam o ambiente tridimensional, com o estudo das superfícies esféricas (Capítulo 24), das quádricas (Capítulo 25), e das superfícies cilíndricas, cônicas e de rotação (Capítulo 26).

5. Os apêndices

Os apêndices, identificados por letras sugestivas do seu conteúdo em vez de números, estão dispostos em ordem alfabética no final do livro. Por seu caráter didático, recomendamos vivamente aos estudantes que *leiam com atenção* os Apêndices RE, SF e VT *no exato momento em que forem solicitados a fazê-lo*. Os Apêndices C, EV e O, por sua vez, complementam os capítulos de que se originaram, e estão em um patamar superior de sofisticação teórica, cabendo ao professor sugerir aos seus alunos o momento mais adequado para a leitura. O material neles contido pode servir também como tema de trabalhos complementares e projetos de iniciação científica.

No Apêndice C, apresentamos o teorema de classificação geral das cônicas, utilizando linguagem e notação matriciais (além de proporcionar concisão, isso faz com que o estudante comece a familiarizar-se com a linguagem que encontrará brevemente na Álgebra Linear). O Apêndice EV sistematiza e exemplifica a resolução de alguns tipos de equações e sistemas de equações vetoriais. No Apêndice O aborda-se a complexa questão da orientação de $\mathbb{V}^3$ sob um ponto de vista geométrico elementar. A propriedade de que duas bases são concordantes se, e somente se, uma delas é variação da outra é demonstrada com o auxílio da técnica elementar de diagonalização de matrizes por escalonamento. No Apêndice RE, analisamos uma situação do quotidiano e sua analogia com o conceito de relação de equivalência, com o objetivo de facilitar a sua compreensão por parte do estudante. O Apêndice SF apresenta resoluções alternativas para dois exercícios resolvidos no Capítulo 16, e o Apêndice VT traz planificações para que o estudante construa um modelo de um prisma triangular que se decompõe em três tetraedros de volumes iguais, ilustrando assim o método utilizado no Capítulo 12 para calcular volumes de tetraedros.

6. Pré-requisitos

São pressupostos os resultados da Geometria Euclidiana, salvo quando se pretenda demonstrar algum deles com o auxílio dos novos conceitos e técnicas aqui apresentados. Também se espera do leitor familiaridade com alguns conceitos da Álgebra Elementar, em particular com determinantes, matrizes e sistemas lineares.

Os autores.

São Paulo, agosto de 2004.

Notação e nomenclatura

O conjunto dos pontos da Geometria Euclidiana será indicado por $\mathbb{E}^3$, e muitas vezes citado simplesmente como o **espaço**. Pontos serão indicados por letras latinas maiúsculas (A, B, P, Q etc.), retas por letras latinas minúsculas (r, s, t etc.) e planos por letras gregas minúsculas (α, β, π etc.). Sem perigo de ambigüidade, letras minúsculas (latinas ou gregas) indicarão também números reais. Se P e Q são pontos distintos, a reta que os contém será citada como **reta PQ**, e o segmento de reta com extremidades P e Q como **segmento PQ** ou, simplesmente, PQ. Dentro do mesmo espírito, empregaremos expressões como **plano PQR**, **triângulo ABC**, **mediana AM** etc., de significado evidente. A notação $B\hat{A}C$ será usada para indicar o ângulo *convexo* de vértice A, cujos lados estão contidos nas retas AB e AC.

O símbolo ◂, usado em exercícios resolvidos, indica o término de uma etapa da resolução como, por exemplo, a obtenção de uma resposta numérica ou o final de uma demonstração. Em proposições e corolários, ■ indica o final da demonstração.

CAPÍTULO 1
VETOR

Neste capítulo introduz-se o conceito de vetor. Após uma abordagem intuitiva, apresentam-se a definição formal de vetor como classe de equipolência de segmentos orientados e as definições, nomenclatura e propriedades básicas pertinentes.

Existem grandezas, chamadas *escalares*, que são caracterizadas por um número (e a unidade correspondente): 50 dm^2 de área, 4 m de comprimento, 7 kg de massa. Outras, no entanto, requerem mais do que isso. Por exemplo, para caracterizarmos uma força ou uma velocidade, precisamos dar a direção, a intensidade (ou módulo) e o sentido. Tais grandezas são chamadas *vetoriais*. Na Figura 1-1 (a), a flecha descreve com clareza uma força ascendente de 4 N, na direção que forma 60 graus com a horizontal.

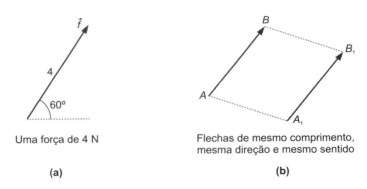

Uma força de 4 N

(a)

Flechas de mesmo comprimento, mesma direção e mesmo sentido

(b)

Figura 1-1

Vamos adotar o seguinte ponto de vista: duas flechas de mesmo comprimento, mesma direção (isto é, paralelas) e mesmo sentido (Figura 1-1 (b)) caracterizam a *mesma* grandeza vetorial. Um caso que ilustra bem esse ponto de vista é o de um corpo sólido em movimento de translação. Em cada instante, as velocidades (vetoriais) dos pontos do corpo são todas iguais. Então, das flechas que caracterizam essas velocidades, qual seria a escolhida para ser a velocidade do corpo num dado instante? Como nenhuma tem preferência, que tal escolher *todas*, ou melhor, o conjunto de todas elas? Aqui está o germe da noção de vetor. Tal conjunto seria o *vetor velocidade* do sólido no instante considerado.

Intuitivamente, flecha é um segmento para o qual se fixou uma orientação, isto é, escolheu-se um sentido, e, por isso, nada melhor do que o conceito de *segmento orientado* para formalizar essa idéia. Na Figura 1-1 (b), a flecha da esquerda tem sentido de A para B. Repare que, para conhecer a flecha, basta conhecer os pontos A e B, e a ordem: primeiro A, depois B.

O que pretendemos neste capítulo é, partindo do conceito de segmento orientado, apresentar formalmente os vetores, nossa principal ferramenta no estudo da Geometria. As cinco proposições aqui enunciadas têm um forte caráter intuitivo, e é importante que você perceba isso (faça desenhos!). A maioria das demonstrações, no entanto, são cheias de detalhes e apresentam graus elevados de dificuldade e abstração. A fim de preservar a objetividade e a clareza da exposição (e para não "assustar" o leitor já no primeiro capítulo), optamos por omitir tais demonstrações.

1-1 Definição

Um **segmento orientado** é um par ordenado (A,B) de pontos do espaço. A é a **origem** e B é a **extremidade** do segmento orientado (A,B). Um segmento orientado do tipo (A,A) é chamado **segmento orientado nulo**.

Observe que, se $A \neq B$, então (A,B) é diferente de (B,A).

1-2 Definição

(a) Os segmentos orientados (A,B) e (C,D) são **de mesmo comprimento** se os segmentos geométricos AB e CD têm comprimentos iguais.

(b) Se os segmentos orientados (A,B) e (C,D) não são nulos, eles são **de mesma direção**, ou **paralelos**, se os segmentos geométricos AB e CD são paralelos (isto inclui o caso em que AB e CD são colineares).

(c) Suponhamos que (A,B) e (C,D) sejam paralelos.

- No caso em que as retas AB e CD são distintas, os segmentos orientados (A,B) e (C,D) são **de mesmo sentido** se os segmentos geométricos AC e BD têm interseção vazia. Se não, (A,B) e (C,D) são **de sentido contrário** (Figura 1-2).

- No caso em que as retas AB e CD coincidem, tomemos (E,F) tal que E não pertença à reta AB, e (E,F) e (A,B) sejam de mesmo sentido, de acordo com o critério anterior (veja a Figura 1-3). Então, os segmentos orientados (A,B) e (C,D) são **de mesmo sentido** se (E,F) e (C,D) são de mesmo sentido. Se não, (A,B) e (C,D) são **de sentido contrário**.

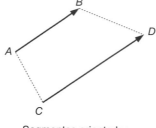
Segmentos orientados
de mesmo sentido

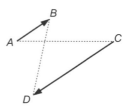
Segmentos orientados
de sentido contrário

Figura 1-2

Deveríamos verificar que a definição não depende da escolha de (E,F), o que não faremos, em benefício da objetividade.

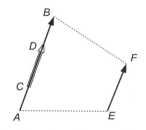
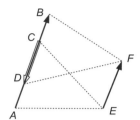

Os segmentos orientados (A,B) e (C,D) são de mesmo sentido

Os segmentos orientados (A,B) e (C,D) são de sentido contrário

Figura 1-3

EXERCÍCIO 1-1 Mostre que, se $A \neq B$, então (A,B) e (B,A) são de mesmo comprimento, mesma direção e sentido contrário.

1-3 Definição Os segmentos orientados (A,B) e (C,D) são **equipolentes** se forem ambos nulos, ou então, nenhum deles sendo nulo, se forem de mesma direção, mesmo comprimento e mesmo sentido. Indica-se a **equipolência** entre (A,B) e (C,D) por $(A,B) \sim (C,D)$.

Decorre imediatamente da definição que, equipolente a um segmento orientado nulo, só outro segmento orientado nulo.

1-4 Proposição A relação de equipolência é uma relação de equivalência, isto é, quaisquer que sejam os segmentos orientados (A,B), (C,D) e (E,F):

(a) $(A,B) \sim (A,B)$ *(Propriedade reflexiva)*
(b) $(A,B) \sim (C,D) \Rightarrow (C,D) \sim (A,B)$ *(Propriedade simétrica)*
(c) $(A,B) \sim (C,D)$ e $(C,D) \sim (E,F) \Rightarrow (A,B) \sim (E,F)$ *(Propriedade transitiva)*

EXERCÍCIO 1-2 Prove que $[(A,B) \sim (P,Q)$ e $(C,D) \sim (P,Q)] \Rightarrow (A,B) \sim (C,D)$.

1-5 Proposição $(A,B) \sim (C,D) \Rightarrow (A,C) \sim (B,D)$

Veja um caso particular da Proposição 1-5 na Figura 1-4, em que o quadrilátero $ABDC$ é um paralelogramo.

4 — *Geometria Analítica — um tratamento vetorial*

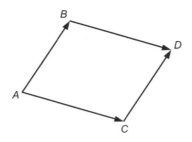

Figura 1-4

Exercício **1-3** (a) Faça um desenho ilustrando a proposição anterior no caso em que A, B, C e D são colineares.
(b) Prove que $(A,B) \sim (C,D) \Rightarrow (B,A) \sim (D,C)$. (c) Prove que $(A,B) \sim (C,D) \Rightarrow (C,A) \sim (D,B)$.

1-6 Definição Dado o segmento orientado (A,B), a **classe de equipolência** de (A,B) é o conjunto de todos os segmentos orientados equipolentes a (A,B). O segmento orientado (A,B) é chamado **representante** da classe.

Devido ao Exercício 1-2, todos os segmentos orientados pertencentes a uma classe de equipolência são equipolentes entre si. O próprio (A,B) é um deles, pela propriedade reflexiva.

Note que, se (C,D) pertence à classe de equipolência de (A,B), então (A,B) pertence à classe de equipolência de (C,D), devido à propriedade simétrica. Na verdade, essas duas classes coincidem, pois quem for equipolente a (C,D) será equipolente a (A,B), e vice-versa (propriedade transitiva). Em outras palavras, qualquer segmento orientado pertencente a uma classe de equipolência pode ser considerado seu representante, e cada segmento orientado é representante de uma única classe de equipolência. "Ser representante de" ou "pertencer a" uma classe de equipolência significam, portanto, a mesma coisa.

1-7 Definição Um **vetor** é uma classe de equipolência de segmentos orientados. Se (A,B) é um segmento orientado, o vetor que tem (A,B) como representante será indicado por $\overrightarrow{AB}$. Quando não se quer destacar nenhum representante em especial, usam-se letras latinas minúsculas com uma seta ($\vec{u}, \vec{v}, \vec{a}, \vec{b}, \vec{x}$ etc.). O conjunto de todos os vetores será indicado por $\mathbb{V}^3$.

Deve estar claro que, se os segmentos orientados (A,B) e (C,D) são *equipolentes*, então os vetores $\overrightarrow{AB}$ e $\overrightarrow{CD}$ são *iguais*. Cuidado para não usar a expressão "vetores equipolentes", pois a equipolência é uma relação entre segmentos orientados, não entre vetores.

Observe na Figura 1-5 o símbolo $\vec{u}$ próximo à flecha, significando que o segmento orientado (A,B) é um representante do vetor $\vec{u}$, isto é, $\vec{u} = \overrightarrow{AB}$. Esta será a prática adotada para indicar vetores em uma figura; note que um vetor, pela sua própria natureza, não pode ser desenhado: o que se desenha é uma flecha, correspondente a um de seus representantes.

Exercício 1-4 Prove que:

(a) $\vec{AB} = \vec{CD} \Rightarrow \vec{AC} = \vec{BD}$

(b) $\vec{BC} = \vec{AE} \Rightarrow \vec{EC} = \vec{AB}$

Num primeiro momento, você pode achar complicado o conceito de vetor tal como o definimos. Afinal, uma classe de equipolência de segmentos orientados não é algo que faça parte do seu dia-a-dia. Mas não se preocupe: do ponto de vista prático, as coisas são bem simples. Para descrever um vetor em que você esteja pensando, basta descrever um de seus representantes, que é um segmento orientado (você pode fazer isso desenhando uma flecha, por exemplo).

Outro aspecto importante é a ampla liberdade que você tem na escolha do representante do vetor. Você só precisa respeitar o comprimento, a direção e o sentido — a posição é arbitrária! Isso é coerente com o que dizíamos no início do capítulo a respeito do movimento de translação de um corpo sólido: nenhuma das flechas tinha preferência sobre as demais. Uma leitura atenta do Apêndice RE vai ajudá-lo a entender melhor. Recomendamos que você faça isso agora.

Para resumir, pondo de lado por um momento o rigor matemático, eis uma frase que pode alimentar sua intuição: vetor "é" uma flecha que pode ser colocada em qualquer posição do espaço, desde que se preservem seu comprimento, sua direção e seu sentido. Essa é a idéia que está por trás da parte (a) da proposição seguinte.

1-8 Proposição
(a) É dado um vetor $\vec{u}$ qualquer. Escolhido arbitrariamente um ponto P, existe um segmento orientado representante de $\vec{u}$ com origem P, isto é, existe um ponto B tal que $\vec{u} = \vec{PB}$.
(b) Tal representante (e, portanto, o ponto B) é único, isto é, $\vec{PA} = \vec{PB} \Rightarrow A = B$.

As próximas definições estabelecem a nomenclatura básica relativa aos vetores.

1-9 Definição **Vetor nulo** é o vetor que tem como representante um segmento orientado nulo. É indicado por $\vec{0}$.

Os representantes do vetor nulo são todos os segmentos orientados nulos, ou seja, do tipo (A,A), com origem e extremidade coincidentes (pois, como já dissemos, equipolente a um segmento orientado nulo, só outro segmento orientado nulo).

1-10 Definição Se (A,B) é representante de um vetor $\vec{u}$, **vetor oposto** de $\vec{u}$, indicado por $-\vec{u}$, é o vetor que tem (B,A), ou qualquer segmento orientado equipolente a (B,A), como representante (Figura 1-5). Portanto,

$$-\vec{AB} = \vec{BA} \qquad [1\text{-}1]$$

Também aqui, para sermos rigorosos, deveríamos mostrar que a definição não depende da escolha do representante (A,B). Reflita um pouco sobre isso.

6 — Geometria Analítica — um tratamento vetorial

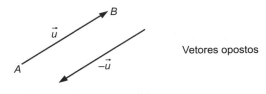

Figura 1-5

Exercício 1-5 Prove que:

(a) $-(-\vec{u}) = \vec{u}$

(b) $\vec{u} = -\vec{u} \Leftrightarrow \vec{u} = \vec{0}$

1-11 Exercício Resolvido

Dados o vetor $\vec{u}$ e um ponto Q qualquer, existe um único representante de $\vec{u}$ com extremidade Q, isto é, existe um único ponto P tal que $\vec{u} = \overrightarrow{PQ}$.

Resolução

De acordo com a Proposição 1-8, existe um único ponto P tal que $\overrightarrow{QP} = -\vec{u}$. Então, $-\overrightarrow{QP} = -(-\vec{u})$, e portanto $\overrightarrow{PQ} = \vec{u}$ (usamos [1-1] e o Exercício 1-5 (a)).

Exercício 1-6 Prove que $\overrightarrow{AQ} = \overrightarrow{BQ} \Rightarrow A = B$.

1-12 Definição

(a) Os vetores não-nulos $\vec{u}$ e $\vec{v}$ são **paralelos** se um representante de $\vec{u}$ é paralelo a um representante de $\vec{v}$ (neste caso, qualquer representante de um dos vetores é paralelo a qualquer representante do outro). Indica-se por $\vec{u}//\vec{v}$.

(b) Os vetores não-nulos e paralelos $\vec{u}$ e $\vec{v}$ são **de mesmo sentido** se um representante de $\vec{u}$ e um de $\vec{v}$ são de mesmo sentido.

(c) Os vetores não-nulos e paralelos $\vec{u}$ e $\vec{v}$ são **de sentido contrário** se um representante de $\vec{u}$ e um de $\vec{v}$ são de sentido contrário.

(d) O vetor nulo é paralelo a qualquer vetor.

O item (d), embora não tenha significado geométrico, será útil para simplificar a linguagem. Se $\vec{u} \neq \vec{0}$, decorre do Exercício 1-1 que $\vec{u}$ e $-\vec{u}$ são de mesma direção e de sentido contrário.

1-13 Proposição

(a) Se $\vec{u}$ e $\vec{v}$ são de mesmo sentido e o mesmo acontece com $\vec{v}$ e $\vec{w}$, então $\vec{u}$ e $\vec{w}$ são de mesmo sentido.

(b) Se $\vec{u}$ e $\vec{v}$ são de sentido contrário e o mesmo acontece com $\vec{v}$ e $\vec{w}$, então $\vec{u}$ e $\vec{w}$ são de mesmo sentido.

(c) Se $\vec{u}$ e $\vec{v}$ são de mesmo sentido e $\vec{v}$ e $\vec{w}$ de sentido contrário, então $\vec{u}$ e $\vec{w}$ são de sentido contrário.

1-14 Definição **Norma** (ou **módulo**, ou **comprimento**) de um vetor é o comprimento de qualquer um de seus representantes. A norma do vetor $\vec{u}$ é indicada por $\|\vec{u}\|$. Um vetor é **unitário** se sua norma é 1.

Exercícios

1-7 Prove que $\vec{u} \neq \vec{0} \Rightarrow \|\vec{u}\| > 0$.

1-8 Prove que $\|\vec{u}\| = 0 \Leftrightarrow \vec{u} = \vec{0}$.

1-9 Prove que $\|-\vec{u}\| = \|\vec{u}\|$.

De modo geral, conceitos geométricos envolvendo vetores são definidos "pondo-se a culpa nos representantes", como foi feito nas duas últimas definições. Se você entendeu a idéia, será capaz, por exemplo, de definir o conceito de vetor ortogonal a outro (confira na Definição 7-9), vetor paralelo a reta, vetor paralelo a plano etc.

A proposição seguinte é de grande utilidade e decorre naturalmente dos conceitos e propriedades estudados até aqui. Tentar demonstrá-la será um excelente meio de você avaliar quanto aprendeu e a quantas anda seu raciocínio formal.

1-15 Proposição Sejam $\vec{u}$ e $\vec{v}$ vetores não-nulos. Então, $\vec{u} = \vec{v}$ se, e somente se, $\vec{u}$ e $\vec{v}$ têm normas iguais, são de mesma direção e de mesmo sentido.

Exercícios

1-10 Verifique se é verdadeira ou falsa cada afirmação e justifique sua resposta.

(a) $(A,B) \in \overrightarrow{AB}$
(b) $(A,B) \sim (C,D) \Leftrightarrow \overrightarrow{AB} = \overrightarrow{CD}$
(c) $AB // CD \Rightarrow \overrightarrow{AB} // \overrightarrow{CD}$
(d) $\overrightarrow{AB} = \overrightarrow{CD} \Rightarrow A = C$ e $B = D$

1-11 Verifique se é verdadeira ou falsa cada afirmação e justifique sua resposta.

(a) $\overrightarrow{AB} = \overrightarrow{CD} \Rightarrow (A,C) \sim (B,D)$
(b) $\overrightarrow{AB} = \overrightarrow{CD} \Rightarrow AC \cap BD = \emptyset$
(c) $\|\overrightarrow{AB}\| = \|\overrightarrow{CD}\| \Rightarrow \overrightarrow{AB} = \overrightarrow{CD}$
(d) $\overrightarrow{AB} = \overrightarrow{CD} \Rightarrow \|\overrightarrow{AB}\| = \|\overrightarrow{CD}\|$
(e) Se $\overrightarrow{AB} = \overrightarrow{CD}$, então existe um único plano contendo A, B, C e D.
(f) $(A,B) \sim (C,D) \Rightarrow \|\overrightarrow{AB}\| = \|\overrightarrow{CD}\|$

CAPÍTULO 2

SOMA DE VETORES

Neste capítulo apresentam-se o conceito de soma de vetores e suas propriedades básicas.

Vamos definir em $\mathbb{V}^3$ uma operação interna chamada **adição**, que a cada par $(\vec{u},\vec{v})$ associa o vetor $\vec{u} + \vec{v}$.

2-1 Definição Dados $\vec{u}$ e $\vec{v}$, sejam (A,B) um representante qualquer de $\vec{u}$ e (B,C) o representante de $\vec{v}$ que tem origem B (Figura 2-1). O vetor **soma de $\vec{u}$ com $\vec{v}$**, indicado por $\vec{u} + \vec{v}$, é o vetor que tem (A,C) por representante: $\vec{u} + \vec{v} = \overrightarrow{AC}$.

(A existência de representante de $\vec{v}$ com origem B é garantida pela Proposição 1-8.)

Pela sua enorme utilidade, vamos registrar que, *quaisquer que sejam* os pontos A, B e C, vale a igualdade

$$\overrightarrow{AB} + \overrightarrow{BC} = \overrightarrow{AC} \qquad [2\text{-}1]$$

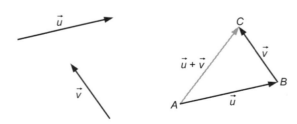

Figura 2-1

Pela Definição 2-1, para determinar o vetor soma $\vec{u} + \vec{v}$ no caso em que $\vec{u}$ e $\vec{v}$ não são paralelos basta "fechar o triângulo", com o cuidado de escolher a origem do representante de $\vec{v}$ coincidindo com a extremidade do representante de $\vec{u}$. Pode-se também adotar a *regra do paralelogramo*, que consiste em escolher representantes de $\vec{u}$ e $\vec{v}$ com a mesma origem A (veja (A,B) e (A,D) na Figura 2-2) e construir o paralelogramo $ABCD$. O segmento orientado (A,C) é um representante de $\vec{u}+\vec{v}$, já que $\overrightarrow{BC}=\vec{v}$ e a diagonal "fecha o triângulo" ABC. Se $\vec{u}$ e $\vec{v}$ são paralelos, não podemos falar, evidentemente, em triângulo ou paralelogramo.

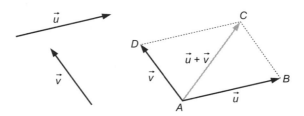

Figura 2-2

A escolha do representante (A,B) do vetor $\vec{u}$ não influi no resultado $\vec{u}+\vec{v}$ da adição. De fato, se escolhermos outro representante (A_1,B_1) de $\vec{u}$ e, conseqüentemente, outro representante (B_1,C_1) de $\vec{v}$ (Figura 2-3), então $(A_1,B_1) \sim (A,B)$ e $(B_1,C_1) \sim (B,C)$, o que acarreta $(A_1,C_1) \sim (A,C)$. (Não é simples provar isso em detalhes, especialmente provar que (A_1,C_1) e (A,C) são de mesmo sentido.)

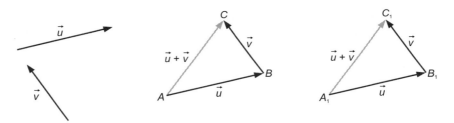

Figura 2-3

Dados os vetores $\vec{u}$ e $\vec{v}$, a soma de $\vec{u}$ com o oposto de $\vec{v}$ é chamada **diferença** entre $\vec{u}$ e $\vec{v}$ (nessa ordem) e é indicada por $\vec{u}-\vec{v}$. Assim, $\vec{u}-\vec{v}=\vec{u}+(-\vec{v})$.

Exercício

2-1 Vale a igualdade $\|\vec{u}+\vec{v}\| = \|\vec{u}\| + \|\vec{v}\|$ para quaisquer vetores $\vec{u}$ e $\vec{v}$? Justifique sua resposta. E quanto a $\|\vec{u}-\vec{w}\| = \|\vec{u}\| - \|\vec{w}\|$?

As importantes propriedades enunciadas na proposição seguinte são as primeiras "regras" da Álgebra Vetorial.

2-2 Proposição Sejam $\vec{u}$, $\vec{v}$ e $\vec{w}$ vetores quaisquer. Valem as propriedades:

A_1 $(\vec{u}+\vec{v})+\vec{w}=\vec{u}+(\vec{v}+\vec{w})$ (*Propriedade associativa*)

A_2 $\vec{u}+\vec{v}=\vec{v}+\vec{u}$ (*Propriedade comutativa*)

A₃ Existe um único vetor que somado a $\vec{u}$ dá como resultado o próprio $\vec{u}$; trata-se do vetor nulo: $\vec{u} + \vec{0} = \vec{u} = \vec{0} + \vec{u}$. *(Elemento neutro)*

A₄ Para cada $\vec{u}$, existe um único vetor que somado a $\vec{u}$ dá como resultado o vetor nulo; é o vetor oposto de $\vec{u}$: $\vec{u} + (-\vec{u}) = \vec{0} = -\vec{u} + \vec{u}$. *(Elemento oposto)*

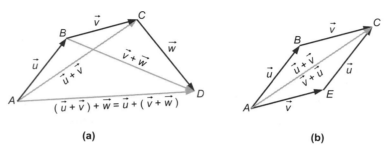

Figura 2-4

Demonstração

Sejam $\vec{u} = \overrightarrow{AB}$, $\vec{v} = \overrightarrow{BC}$, $\vec{w} = \overrightarrow{CD}$ (Figura 2-4 (a)).

A₁ Usando [2-1] várias vezes, obtemos

$$(\vec{u} + \vec{v}) + \vec{w} = (\overrightarrow{AB} + \overrightarrow{BC}) + \overrightarrow{CD} = \overrightarrow{AC} + \overrightarrow{CD} = \overrightarrow{AD}$$
$$\vec{u} + (\vec{v} + \vec{w}) = \overrightarrow{AB} + (\overrightarrow{BC} + \overrightarrow{CD}) = \overrightarrow{AB} + \overrightarrow{BD} = \overrightarrow{AD}$$

Portanto, $(\vec{u} + \vec{v}) + \vec{w} = \vec{u} + (\vec{v} + \vec{w})$.

A₂ Veja a Figura 2-4 (b). Seja E o ponto tal que $\overrightarrow{AE} = \vec{v}$ (cuja existência é garantida pela Proposição 1-8). Logo, $\overrightarrow{AE} = \overrightarrow{BC}$. Pelo Exercício 1-4 (a), $\overrightarrow{AB} = \overrightarrow{EC}$, isto é, $\vec{u} = \overrightarrow{EC}$. Assim,

$$\vec{v} + \vec{u} = \overrightarrow{AE} + \overrightarrow{EC} = \overrightarrow{AC} = \vec{u} + \vec{v}$$

A figura é meramente ilustrativa; os argumentos utilizados na demonstração são válidos também quando A, B e C forem colineares.

A₃ Prova-se a igualdade $\vec{u} + \vec{0} = \vec{u}$ assim:

$$\vec{u} + \vec{0} = \overrightarrow{AB} + \overrightarrow{BB} = \overrightarrow{AB} = \vec{u}$$

A outra igualdade, $\vec{0} + \vec{u} = \vec{u}$, decorre, agora, da propriedade comutativa. Para a demonstração da unicidade, veja o Exercício 2-4.

A₄ Pela fórmula [1-1],

$$\vec{u} + (-\vec{u}) = \overrightarrow{AB} + \overrightarrow{BA} = \overrightarrow{AA} = \vec{0}$$

Utilizando a propriedade comutativa, concluímos que $-\vec{u} + \vec{u} = \vec{0}$. Para a demonstração da unicidade, veja o Exercício 2-4. ∎

2-3 Observação

(a) A propriedade associativa nos desobriga de usar parênteses em expressões como $\vec{u} + \vec{v} + \vec{w}$; a propriedade comutativa nos dá liberdade na escolha da ordem das parcelas de uma soma de dois vetores.

(b) Consideremos a situação ilustrada na Figura 2-5, em que $ABCD$ é um paralelogramo, $\vec{u} = \overrightarrow{AB}$ e $\vec{v} = \overrightarrow{AD}$. A diagonal AC, como vimos, está associada à soma $\vec{u} + \vec{v}$. A outra diagonal, DB, está associada à diferença $\vec{u} - \vec{v}$, já que $\overrightarrow{AB} = \overrightarrow{DC}$, $\overrightarrow{AD} = \overrightarrow{BC}$ e, portanto,

$$\vec{u} - \vec{v} = \overrightarrow{AB} - \overrightarrow{AD} = \overrightarrow{DC} - \overrightarrow{BC} = \overrightarrow{DC} + \overrightarrow{CB} = \overrightarrow{DB}$$

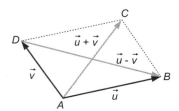

Figura 2-5

2-4 Exercício Resolvido

Prove que $\overrightarrow{BC} - \overrightarrow{BA} = \overrightarrow{AC}$.

Resolução

Usando sucessivamente a fórmula [1-1], a propriedade comutativa e a fórmula [2-1], podemos escrever

$$\overrightarrow{BC} - \overrightarrow{BA} = \overrightarrow{BC} + \overrightarrow{AB} = \overrightarrow{AB} + \overrightarrow{BC} = \overrightarrow{AC}$$ ◄

2-5 Exercício Resolvido

Prove as seguintes leis do cancelamento da adição de vetores:

$$\vec{u} + \vec{x} = \vec{u} + \vec{y} \Rightarrow \vec{x} = \vec{y} \qquad \vec{x} + \vec{u} = \vec{y} + \vec{u} \Rightarrow \vec{x} = \vec{y}$$

Resolução

Provaremos apenas a primeira, pois a segunda se reduz a ela devido à propriedade comutativa. Somando $-\vec{u}$ aos dois membros de $\vec{u} + \vec{x} = \vec{u} + \vec{y}$, obtemos

$$-\vec{u} + (\vec{u} + \vec{x}) = -\vec{u} + (\vec{u} + \vec{y})$$

Aplicando a propriedade associativa, podemos escrever

$$(-\vec{u} + \vec{u}) + \vec{x} = (-\vec{u} + \vec{u}) + \vec{y}$$

do que resulta, pela propriedade do oposto,

$$\vec{0} + \vec{x} = \vec{0} + \vec{y}$$

ou seja, devido à propriedade do elemento neutro, $\vec{x} = \vec{y}$.

Exercícios

2-2 Prove que, se $\overrightarrow{AB} + \overrightarrow{AC} = \overrightarrow{BC}$, então $A = B$.

2-3 Prove:

(a) $\vec{x} + \vec{a} = \vec{b} \Leftrightarrow \vec{x} = \vec{b} - \vec{a}$

(b) $\vec{u} = \vec{v} \Leftrightarrow \vec{u} - \vec{v} = \vec{0}$

2-4 Prove que $\vec{u} + \vec{z} = \vec{u} \Rightarrow \vec{z} = \vec{0}$ e que $\vec{u} + \vec{z} = \vec{0} \Rightarrow \vec{z} = -\vec{u}$. Essas propriedades asseguram a unicidade do elemento neutro e a do elemento oposto (Proposição 2-2).

2-5 Prove que o oposto de $\vec{u} + \vec{v}$ é $-\vec{u} - \vec{v}$.

2-6 Você dispõe de uma folha de papel circular, de centro O. Verifique se existem pontos A e B na borda da folha tais que não seja possível desenhar representantes de $\overrightarrow{OA} + \overrightarrow{OB}$ e $\overrightarrow{OA} - \overrightarrow{OB}$ (entenda "desenhar representante" como desenhar a flecha correspondente).

2-6 Exercício Resolvido

Na borda da folha de papel do Exercício 2-6 acima, tome os pontos A, B e M tais que $A \neq B$ e a medida dos ângulos $A\hat{O}M$ e $B\hat{O}M$ seja 150° (Figura 2-6 (a)). Desenhe, nessa folha, representantes de $\overrightarrow{OA} + \overrightarrow{OM}$ e $\overrightarrow{OA} + \overrightarrow{OB} + \overrightarrow{OM}$.

Resolução

Sejam P e C, respectivamente, os pontos diametralmente opostos a M e B (veja a Figura 2-6 (b)). Como

$$\overrightarrow{OA} + \overrightarrow{OM} = \overrightarrow{OA} + \overrightarrow{PO} = \overrightarrow{PO} + \overrightarrow{OA} = \overrightarrow{PA}$$

podemos desenhar a flecha de origem P e ponta A para indicar um representante de $\overrightarrow{OA} + \overrightarrow{OM}$.

Por outro lado, notando que $A\hat{O}P$ e $C\hat{A}O$ medem 30°, concluímos que MP e AC são paralelos. Traçando por O a paralela a MC, obtemos Q na reta AC (Figura 2-6 (c)). Assim, $\overrightarrow{OM} = \overrightarrow{QC}$ e, portanto,

$$\begin{aligned}\overrightarrow{OA} + \overrightarrow{OB} + \overrightarrow{OM} &= (\overrightarrow{OA} + \overrightarrow{CO}) + \overrightarrow{QC} \\ &= (\overrightarrow{CO} + \overrightarrow{OA}) + \overrightarrow{QC} \\ &= \overrightarrow{CA} + \overrightarrow{QC} \\ &= \overrightarrow{QC} + \overrightarrow{CA} = \overrightarrow{QA}\end{aligned}$$

A flecha de origem Q e ponta A, desenhada na Figura 2-6 (c), indica um representante de $\overrightarrow{OA} + \overrightarrow{OB} + \overrightarrow{OM}$.

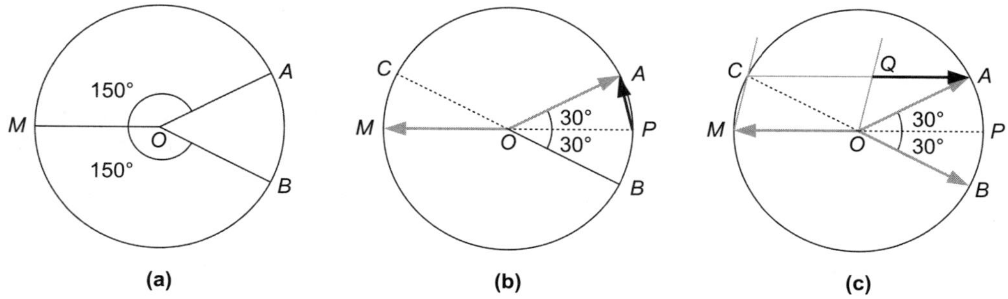

Capítulo 2 — Soma de vetores — 13

(a) (b) (c)

Figura 2-6

2-7 Exercício Resolvido

Na Figura 2-7 representa-se um paralelepípedo $ABCDEFGH$. Sendo $\vec{u} = \overrightarrow{AB}$, $\vec{v} = \overrightarrow{AD}$ e $\vec{w} = \overrightarrow{AE}$, exprima $\overrightarrow{AG}$ e $\overrightarrow{EC}$ em função de $\vec{u}$, $\vec{v}$ e $\vec{w}$.

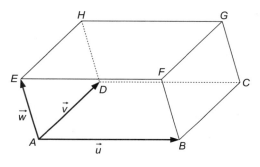

Figura 2-7

Resolução

- A estratégia é "ir de A até G" através de arestas associadas a $\vec{u}$, $\vec{v}$ e $\vec{w}$:

$$\overrightarrow{AG} = \overrightarrow{AB} + \overrightarrow{BC} + \overrightarrow{CG} = \vec{u} + \vec{v} + \vec{w}$$ ◀

- Adotando estratégia semelhante, escrevemos

$$\overrightarrow{EC} = \overrightarrow{EA} + \overrightarrow{AB} + \overrightarrow{BC} = -\vec{w} + \vec{u} + \vec{v} = \vec{u} + \vec{v} - \vec{w}$$ ◀

Exercícios

2-7 No Exercício Resolvido 2-7, exprima $\overrightarrow{HB}$ e $\overrightarrow{DF}$ em função de $\vec{u}$, $\vec{v}$, $\vec{w}$.

2-8 (a) Justifique a seguinte regra para determinar o vetor $\vec{x} = \vec{u} + \vec{v} + \vec{w}$: tomam-se representantes consecutivos, isto é, a origem de cada um coincidindo com a extremidade do anterior, e "fecha-se o polígono".

(b) Mostre que a regra do item (a) vale para quatro e para cinco parcelas (é possível demonstrá-la para um número qualquer de parcelas usando o Princípio de Indução Finita).

(c) Determine a soma dos vetores indicados em cada caso da Figura 2-8.

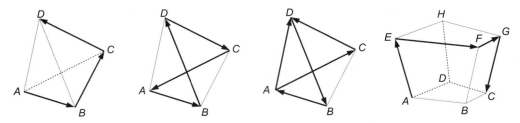

Figura 2-8

2-9 Obtenha a soma dos vetores indicados em cada caso da Figura 2-9.

(a) *ABCDEFGH* é um paralelepípedo.

(b) *ABCDEFGH* e *EFGHIJLM* são cubos de arestas congruentes.

(c) O cubo *ABCDEFGH* tem centro *O* e está dividido em oito cubos congruentes por planos paralelos às faces.

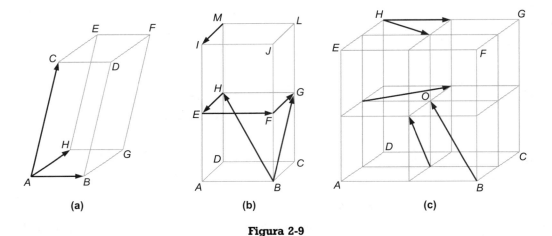

Figura 2-9

2-10 Utilize o paralelepípedo da Figura 2-9 (a) para determinar o vetor $\vec{x}$ em cada caso:

(a) $\vec{x} = \overrightarrow{GH} - \overrightarrow{HE} - \overrightarrow{FE} + \overrightarrow{AE} + \overrightarrow{AB}$

(b) $\vec{x} = \overrightarrow{HD} - \overrightarrow{CF} + \overrightarrow{DG} + \overrightarrow{BC} + \overrightarrow{AF} - \overrightarrow{BE}$

(c) $\vec{x} = \overrightarrow{AB} + \overrightarrow{HG} + \overrightarrow{AC} + \overrightarrow{DF} + \overrightarrow{CE} + \overrightarrow{BD}$

2-11 Na Figura 2-10, os hexágonos são regulares. Em cada caso, determine a soma dos vetores indicados.

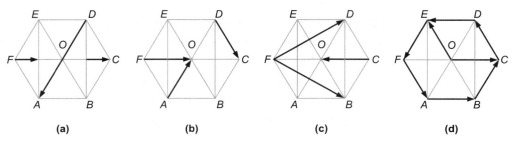

Figura 2-10

2-12 Calcule a soma dos seis vetores que têm por representantes segmentos orientados com origem em cada um dos vértices, e extremidade no centro de um mesmo hexágono regular.

2-13 Quais são a origem e a extremidade de um representante do vetor $\vec{BC} + \vec{GH} - \vec{FA} - \vec{GC} + \vec{FB}$? Você não vai precisar de nenhuma figura para chegar à resposta certa.

2-14 Na Figura 2-9 (a), sejam $\vec{u} = \vec{AB}$, $\vec{v} = \vec{AH}$, $\vec{w} = \vec{AC}$. Obtenha representantes dos vetores $\vec{x}$ e $\vec{y}$ tais que $\vec{u} + \vec{v} + \vec{x} = \vec{0}$ e $\vec{u} + \vec{v} + \vec{w} + \vec{y} = \vec{0}$. Quais das propriedades estudadas até aqui você utilizou?

CAPÍTULO 3
PRODUTO DE NÚMERO REAL POR VETOR

Neste capítulo apresenta-se a operação de multiplicação de número real por vetor com suas propriedades básicas e mostra-se como utilizá-la na caracterização algébrica do paralelismo.

A **multiplicação de número real por vetor**, próxima operação a ser definida, é classificada como uma *operação externa* em $\mathbb{V}^3$, porque a cada par ordenado $(\alpha, \vec{v})$, em que α é um *número real* e $\vec{v}$ um *vetor*, associa um *vetor* indicado por $\alpha\vec{v}$, chamado **produto de α por $\vec{v}$**.

3-1 Definição

Sejam α um número real e $\vec{v}$ um vetor.

(a) Se $\alpha = 0$ ou $\vec{v} = \vec{0}$, então $\alpha\vec{v} = \vec{0}$.

(b) Se $\alpha \neq 0$ e $\vec{v} \neq \vec{0}$, o vetor $\alpha\vec{v}$ caracteriza-se por:
- $\alpha\vec{v} /\!/ \vec{v}$;
- $\alpha\vec{v}$ e $\vec{v}$ são de mesmo sentido se $\alpha > 0$, e de sentido contrário se $\alpha < 0$;
- $\|\alpha\vec{v}\| = |\alpha|\, \|\vec{v}\|$.

Veja, na Figura 3-1, alguns exemplos.

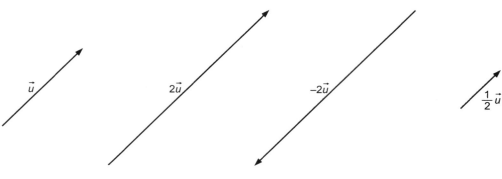

Figura 3-1

É comum usar o termo **escalar** para designar *número real*, em contraposição a *vetor*. Por isso, essa operação também é chamada **multiplicação de escalar por vetor**, e $\alpha\vec{v}$, **múltiplo escalar** de $\vec{v}$.

Se β é um número real não-nulo, a notação $\dfrac{\vec{v}}{\beta}$ (ou $\vec{v}/\beta$) significa $\dfrac{1}{\beta}\vec{v}$. Se $\vec{v}$ é um vetor não-nulo, o vetor $\dfrac{\vec{v}}{\|\vec{v}\|}$ é chamado **versor** de $\vec{v}$.

Exercícios

3-1 Mostre que, se $\vec{v}$ é um vetor não-nulo, então $\vec{v}$ e seu versor são paralelos, de mesmo sentido, e que o versor de $\vec{v}$ é unitário (isto é, tem norma 1).

3-2 Dado $\vec{u}$ não-nulo, obtenha $\vec{v}$ de norma 6 tal que $\vec{u}$ e $\vec{v}$ sejam paralelos e de mesmo sentido.

3-3 Sendo $\vec{u}$, $\vec{v}$ e $\vec{w}$ representados na Figura 3-2, represente $\vec{x} = 2\vec{u} - \vec{v} + 5\vec{w}/4$ por uma flecha de origem O.

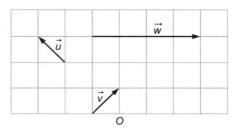

Figura 3-2

3-4 Na Figura 3-3 (a) representa-se um hexágono regular *ABCDEF*. Determine X, sabendo que $\overrightarrow{CX} = -3\vec{u} + 2\vec{v} + 3\vec{w}/2$.

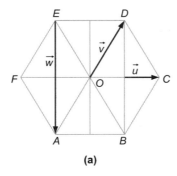
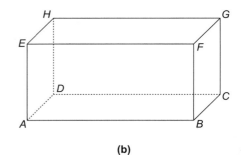

(a) (b)

Figura 3-3

3-5 Na Figura 3-3 (b) está representado um paralelepípedo. Sendo M tal que $\overrightarrow{BM} = \overrightarrow{BG}/2$, indique a ponta da flecha de origem H que corresponde ao vetor $\overrightarrow{HB}/2 + \overrightarrow{AB}/3 - \overrightarrow{CD}/6$.

3-6 O hexágono *ABCDEF* é regular, de centro O. Prove que $\overrightarrow{AB} + \overrightarrow{AC} + \overrightarrow{AD} + \overrightarrow{AE} + \overrightarrow{AF} = 6\overrightarrow{AO}$.

18 — Geometria Analítica — um tratamento vetorial

A proposição seguinte apresenta as propriedades básicas da multiplicação de escalar por vetor.

3-2 Proposição

Quaisquer que sejam os números reais α e β, e quaisquer que sejam os vetores $\vec{u}$, $\vec{v}$ e $\vec{w}$, valem as igualdades:

$\mathbf{M_1}$ $\alpha(\vec{u} + \vec{v}) = \alpha\vec{u} + \alpha\vec{v}$

$\mathbf{M_2}$ $(\alpha + \beta)\vec{v} = \alpha\vec{v} + \beta\vec{v}$

$\mathbf{M_3}$ $1\vec{v} = \vec{v}$

$\mathbf{M_4}$ $\alpha(\beta\vec{v}) = (\alpha\beta)\vec{v} = \beta(\alpha\vec{v})$

Demonstração

A demonstração de M_3 é simples: se $\vec{v} = \vec{0}$, então $1\vec{v} = \vec{0}$ por definição; logo, $1\vec{v} = \vec{v}$. Se $\vec{v} \neq \vec{0}$, pela Definição 3-1, $1\vec{v}$ e $\vec{v}$ são de mesma direção e mesmo sentido (pois $1 > 0$) e, como $\|1\vec{v}\| = |1| \|\vec{v}\| = \|\vec{v}\|$, eles têm mesmo comprimento. Portanto, são iguais (Proposição 1-15).

Não faremos as demonstrações de M_1, M_2 e M_4, pois são complicadas, cheias de detalhes, e estão fora dos objetivos deste livro. Eis, porém, uma breve indicação dos principais argumentos usados na demonstração de M_1, nos casos da Figura 3-4: se (A,D) é um representante de $\alpha\vec{u}$ e (D,E) um representante de $\alpha\vec{v}$, então $\overrightarrow{AE} = \alpha\vec{u} + \alpha\vec{v}$. Notando que os triângulos ADE e ABC são semelhantes, e que $|\alpha|$ é a razão de semelhança, prova-se que $\overrightarrow{AE} = \alpha(\vec{u} + \vec{v})$. Conclui-se que $\alpha(\vec{u} + \vec{v}) = \alpha\vec{u} + \alpha\vec{v}$. ∎

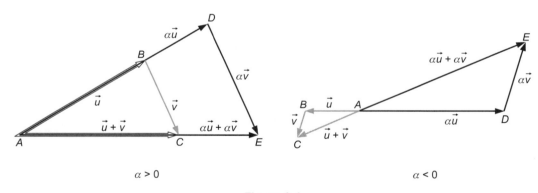

Figura 3-4

Exercício

3-7 Prove que

(a) $\vec{v} + \vec{v} = 2\vec{v}$

(b) $\vec{v} = -\vec{v} \Rightarrow \vec{v} = \vec{0}$

Vimos que a adição e a multiplicação de números reais têm as propriedades A_1, A_2, A_3, A_4, M_1, M_2, M_3 e M_4. Por isso, a Álgebra Vetorial (pelo menos no que tange às duas operações definidas até agora) segue regras idênticas às do cálculo algébrico elementar. Isso é confirmado por boa parte dos exercícios deste capítulo. Um conjunto munido de duas operações com essas oito propriedades é chamado **espaço vetorial**, reforçando a idéia de que seu "comportamento algébrico", no que se refere às duas operações envolvidas, é idêntico ao de $\mathbb{V}^3$. Os espaços vetoriais são estudados na Álgebra Linear.

3-3 Exercício Resolvido

(a) Prove que, se $\alpha \neq 0$, então $\alpha\vec{v} = \vec{w} \Rightarrow \vec{v} = \vec{w}/\alpha$.

(b) Prove que $\vec{a} = 2\vec{b} + \vec{c} \Rightarrow \vec{b} = (\vec{a} - \vec{c})/2$.

Resolução

(a) Multiplicando ambos os membros de $\alpha\vec{v} = \vec{w}$ por $1/\alpha$, obtemos

$$\frac{1}{\alpha}(\alpha\vec{v}) = \frac{1}{\alpha}\vec{w}$$

ou seja, de acordo com M_4,

$$(\frac{1}{\alpha}\alpha)\vec{v} = \frac{1}{\alpha}\vec{w}$$

Logo,

$$1\vec{v} = \frac{1}{\alpha}\vec{w}$$

e portanto, devido a M_3, $\vec{v} = \vec{w}/\alpha$.

(b) Da igualdade $\vec{a} = 2\vec{b} + \vec{c}$ resulta $2\vec{b} = \vec{a} - \vec{c}$ (Exercício 2-3 (a)). Devido ao item (a), $\vec{b} = (\vec{a} - \vec{c})/2$.

Exercícios

3-8 Prove a recíproca da afirmação feita na Definição 3-1 (a): $\alpha\vec{v} = \vec{0} \Rightarrow (\alpha = 0$ ou $\vec{v} = \vec{0})$.

3-9 Prove que, se $\alpha \neq 0$, então $\alpha\vec{u} = \alpha\vec{v} \Rightarrow \vec{u} = \vec{v}$.

3-10 Resolva, na incógnita $\vec{x}$, a equação $2\vec{x} - 3\vec{u} = 10(\vec{x} + \vec{v})$.

3-11 Resolva os sistemas nas incógnitas $\vec{x}$ e $\vec{y}$:

(a) $\begin{cases} \vec{x} + 2\vec{y} = \vec{u} \\ 3\vec{x} - \vec{y} = 2\vec{u} + \vec{v} \end{cases}$
(b) $\begin{cases} \vec{x} + \vec{y} = \vec{u} - 2\vec{v} \\ \vec{x} - \vec{y} = 3\vec{u} \end{cases}$

3-12 Métodos para resolver sistemas lineares tais como a Regra de Cramer e o escalonamento valem para sistemas lineares vetoriais. Utilize-os para resolver o sistema nas incógnitas $\vec{x}$, $\vec{y}$ e $\vec{z}$:

$$\begin{cases} \vec{x} + \vec{y} - \vec{z} = \vec{u} + \vec{v} \\ \vec{x} - \vec{y} + \vec{z} = \vec{u} - \vec{v} \\ -\vec{x} + \vec{y} + \vec{z} = \vec{0} \end{cases}$$

3-4 Proposição (**Regras de sinais**) Quaisquer que sejam o escalar α e o vetor $\vec{v}$, valem as igualdades:

(a) $(-\alpha)\vec{v} = -(\alpha\vec{v})$ 	(b) $\alpha(-\vec{v}) = -(\alpha\vec{v})$ 	(c) $(-\alpha)(-\vec{v}) = \alpha\vec{v}$

Demonstração

(a) Devemos concluir que $(-\alpha)\vec{v}$ é o vetor oposto de $\alpha\vec{v}$; para isso, basta provar que a soma desses vetores é $\vec{0}$. Vejamos:

$$(-\alpha)\vec{v} + \alpha\vec{v} = (-\alpha + \alpha)\vec{v} = 0\vec{v} = \vec{0}$$

(Usamos M_2 na primeira igualdade e a Definição 3-1 (a) na última.)

(b) Pelo mesmo raciocínio do item anterior, devemos provar que $\alpha(-\vec{v}) + \alpha\vec{v} = \vec{0}$:

$$\alpha(-\vec{v}) + \alpha\vec{v} = \alpha(-\vec{v} + \vec{v}) = \alpha\vec{0} = \vec{0}$$

(Usamos M_1 na primeira igualdade e a Definição 3-1 (a) na última.)

(c) Aplicando (a) e (b), obtemos

$$(-\alpha)(-\vec{v}) = -[\alpha(-\vec{v})] = -[-(\alpha\vec{v})] = \alpha\vec{v}$$

(Usamos o Exercício 1-5 (a) na última igualdade.) ∎

Exercício 3-13 Prove que $(-1)\vec{v} = -\vec{v}$.

3-5 Exercício Resolvido Prove que, se $\vec{v} \neq \vec{0}$, então $\alpha\vec{v} = \beta\vec{v} \Rightarrow \alpha = \beta$.

Resolução

$$\alpha\vec{v} = \beta\vec{v} \Rightarrow \alpha\vec{v} + [-(\beta\vec{v})] = \vec{0}$$
$$\Rightarrow \alpha\vec{v} + (-\beta)\vec{v} = \vec{0}$$
$$\Rightarrow [\alpha + (-\beta)]\vec{v} = \vec{0}$$
$$\Rightarrow \alpha + (-\beta) = 0$$
$$\Rightarrow \alpha = \beta$$

(Na primeira implicação, somamos o oposto de $\beta\vec{v}$ a ambos os membros da igualdade; na segunda, usamos a Proposição 3-4 (a); na terceira, M_2; na quarta usamos o Exercício 3-8, lembrando que $\vec{v} \neq \vec{0}$.)

Exercício 3-14 Suponha que $\vec{u} = \lambda\vec{v}$. Prove que:

(a) se $\vec{v} \neq \vec{0}$, então $|\lambda| = \|\vec{u}\|/\|\vec{v}\|$;

(b) se $\vec{u}$ e $\vec{v}$ são de mesmo sentido, então $\vec{u} = \dfrac{\|\vec{u}\|}{\|\vec{v}\|}\vec{v}$; se são de sentido contrário, $\vec{u} = -\dfrac{\|\vec{u}\|}{\|\vec{v}\|}\vec{v}$.

Na Geometria Analítica, que consiste no estudo da Geometria com o auxílio das ferramentas da Álgebra, é importante saber descrever os fatos geométricos em linguagem algébrica. Vamos ver na proposição seguinte um importante exemplo disso: a descrição, na linguagem da Álgebra Vetorial, do paralelismo entre segmentos ou retas.

3-6 Proposição Dois vetores não-nulos $\vec{u}$ e $\vec{v}$ são paralelos se, e somente se, existe um escalar λ tal que $\vec{u} = \lambda\vec{v}$ (e, conseqüentemente, $\lambda \neq 0$ e $\vec{v} = \vec{u}/\lambda$).

Demonstração

A implicação $\vec{u} = \lambda\vec{v} \Rightarrow \vec{u}//\vec{v}$ decorre imediatamente da Definição 3-1, segundo a qual $\lambda\vec{v}$ é paralelo a $\vec{v}$. Vamos demonstrar a recíproca. Por hipótese, $\vec{u}$ e $\vec{v}$ são paralelos; consideraremos o caso em que eles são de mesmo sentido, deixando como exercício a demonstração do outro caso.

O exercício anterior sugere que o candidato natural a fazer o papel de λ é $\|\vec{u}\|/\|\vec{v}\|$ (e $-\|\vec{u}\|/\|\vec{v}\|$ no outro caso). Seja, pois, $\lambda = \|\vec{u}\|/\|\vec{v}\|$; nossa tarefa é provar que $\vec{u} = \lambda\vec{v}$, o que, pela Proposição 1-15, equivale a provar que $\vec{u}$ e $\lambda\vec{v}$ têm mesmo comprimento e são de mesma direção e sentido. Como λ é positivo, $\lambda\vec{v}$ e $\vec{v}$ são paralelos e de mesmo sentido (Definição 3-1). O mesmo acontece com $\vec{v}$ e $\vec{u}$, por hipótese. Logo, $\lambda\vec{v}$ e $\vec{u}$ são paralelos e de mesmo sentido (Proposição 1-13 (a)). Quanto ao comprimento:

$$\|\lambda\vec{v}\| = |\lambda|\,\|\vec{v}\| = \frac{\|\vec{u}\|}{\|\vec{v}\|}\|\vec{v}\| = \|\vec{u}\|$$

Está provado, portanto, que $\vec{u} = \lambda\vec{v}$. ∎

Exercício 3-15 Prove que, se $\vec{u}$ e $\vec{v}$ são vetores não-nulos e paralelos, então $\|\vec{u} + \vec{v}\|^2 \neq \|\vec{u}\|^2 + \|\vec{v}\|^2$.

3-7 Observação Pela Proposição 3-6, se dois vetores não-nulos $\vec{u}$ e $\vec{v}$ são paralelos, qualquer um deles é múltiplo escalar do outro. O mesmo acontece se $\vec{u} = \vec{v} = \vec{0}$. Se, porém, um deles é nulo e o outro não, por exemplo $\vec{u} = \vec{0}$ e $\vec{v} \neq \vec{0}$, então $\vec{u}$ é múltiplo escalar de $\vec{v}$ (pois $\vec{u} = 0\vec{v}$) mas $\vec{v}$ *não é* múltiplo escalar de $\vec{u}$. Resumindo: para quaisquer vetores $\vec{u}$ e $\vec{v}$,

(a) $\vec{u}//\vec{v} \Leftrightarrow \vec{u} = \lambda\vec{v}$ ou $\vec{v} = \mu\vec{u}$ (b) $\vec{u}//\vec{v}$ e $\vec{v} \neq \vec{0} \Rightarrow \vec{u} = \lambda\vec{v}$ **[3-1]**

3-8 Exercício Resolvido Sejam B e C dois pontos distintos e M o ponto médio de BC. Prove que, se A é um ponto qualquer, então $\overrightarrow{AB} + \overrightarrow{AC} = 2\overrightarrow{AM}$.

Resolução

De $\overrightarrow{AB} = \overrightarrow{AM} + \overrightarrow{MB}$ e $\overrightarrow{AC} = \overrightarrow{AM} + \overrightarrow{MC}$ resulta

$$\overrightarrow{AB} + \overrightarrow{AC} = (\overrightarrow{AM} + \overrightarrow{MB}) + (\overrightarrow{AM} + \overrightarrow{MC}) = 2\overrightarrow{AM} + (\overrightarrow{MB} + \overrightarrow{MC}) \quad \textbf{[3-2]}$$

Como M é o ponto médio de BC, podemos afirmar que $(M,B) \sim (C,M)$ e, portanto, $\overrightarrow{MB} = \overrightarrow{CM}$. Logo, $\overrightarrow{MC}$ é o oposto de $\overrightarrow{MB}$, ou seja, $\overrightarrow{MB} + \overrightarrow{MC} = \vec{0}$. Levando em conta [3-2], obtemos

$$\vec{AB} + \vec{AC} = 2\vec{AM} + \vec{0} = 2\vec{AM}$$

Exercícios

3-16 Sendo M o ponto médio de AC, N o de BD e $\vec{x} = \vec{AB} + \vec{AD} + \vec{CB} + \vec{CD}$, prove que $\vec{x}//\vec{MN}$.

3-17 Sejam $ABCD$ um quadrilátero, O um ponto qualquer e P o ponto médio do segmento que une os pontos médios das diagonais AC e BD. Prove que $4\vec{OP} = \vec{OA} + \vec{OB} + \vec{OC} + \vec{OD}$.

3-9 Exercício Resolvido

Sejam A e B pontos distintos. Mostre que o ponto X pertence à reta AB se, e somente se, existe λ real tal que $\vec{AX} = \lambda \vec{AB}$.

Resolução

É claro que $X = A \Leftrightarrow \vec{AX} = 0\vec{AB}$. Se $X \neq A$, X pertence à reta AB se, e somente se, $\vec{AX}$ e $\vec{AB}$ são paralelos. Como $\vec{AB}$ e $\vec{AX}$ são não-nulos, o paralelismo equivale à existência de um escalar λ tal que $\vec{AX} = \lambda \vec{AB}$ (Proposição 3-6).

3-10 Proposição

Se $\vec{u}$ e $\vec{v}$ não são paralelos, então $\alpha\vec{u} + \beta\vec{v} = \vec{0} \Rightarrow \alpha = \beta = 0$.

Demonstração

Se α não fosse nulo, da igualdade $\alpha\vec{u} + \beta\vec{v} = \vec{0}$ resultaria $\vec{u} = -\beta\vec{v}/\alpha$. Nesse caso, $\vec{u}$ e $\vec{v}$ seriam paralelos (Definição 3-1), contra a hipótese. Conclusão: $\alpha = 0$. De modo análogo, prova-se que $\beta = 0$. ■

3-11 Corolário

Se $\vec{u}$ e $\vec{v}$ não são paralelos, então $\alpha\vec{u} + \beta\vec{v} = \gamma\vec{u} + \delta\vec{v} \Rightarrow \alpha = \gamma$ e $\beta = \delta$.

Demonstração

$$\alpha\vec{u} + \beta\vec{v} = \gamma\vec{u} + \delta\vec{v} \Rightarrow (\alpha - \gamma)\vec{u} + (\beta - \delta)\vec{v} = \vec{0}$$
$$\Rightarrow \alpha - \gamma = 0 \text{ e } \beta - \delta = 0$$
$$\Rightarrow \alpha = \gamma \text{ e } \beta = \delta$$

(Na segunda implicação, utilizamos a Proposição 3-10.) ■

3-12 Observação

Na Proposição 3-10 e no Corolário 3-11, a hipótese de não-paralelismo é essencial. Para se convencer disso, analise o seguinte exemplo: sejam $\vec{u}$ e $\vec{v}$ não-nulos tais que $\vec{u} = 2\vec{v}$ (logo, $\vec{u}$ e $\vec{v}$ são paralelos). Então, $2\vec{u} - 4\vec{v} = \vec{0}$ e, portanto,

- tomando $\alpha = 2$ e $\beta = -4$, vemos que $\alpha\vec{u} + \beta\vec{v} = \vec{0}$ sem que α e β sejam nulos;
- tomando $\alpha = 1, \beta = -2, \gamma = 4$ e $\delta = -8$, vemos que $\alpha\vec{u} + \beta\vec{v} = \gamma\vec{u} + \delta\vec{v}$, mesmo sendo $\alpha \neq \gamma$ e $\beta \neq \delta$.

Exercício

3-18 Os pontos A, B, C e D são tais que $A \neq B, C \neq D$, e as retas AB e CD não são paralelas. Prove que $\alpha\vec{AB} = \beta\vec{CD} \Rightarrow \alpha = \beta = 0$.

CAPÍTULO 4
SOMA DE PONTO COM VETOR

Neste capítulo são introduzidos o conceito de soma de ponto com vetor e suas propriedades.

Estudaremos agora uma operação "híbrida" que permite somar ponto a vetor, obtendo-se ponto como resultado. Usaremos essa operação apenas como ferramenta auxiliar para facilitar a linguagem e a descrição de situações geométricas. Existe, porém, um ramo da Geometria, chamado Geometria Afim, em que ela desempenha papel fundamental.

A definição seguinte tem respaldo na Proposição 1-8, segundo a qual, dados um ponto e um vetor, existe um único representante do vetor com origem nesse ponto.

4-1 Definição Dados um ponto P e um vetor $\vec{u}$, o ponto Q tal que o segmento orientado (P,Q) é representante de $\vec{u}$ é chamado **soma de P com $\vec{u}$** e indicado por $P + \vec{u}$ (Figura 4-1). Em símbolos:

$$P + \vec{u} = Q \Leftrightarrow \overrightarrow{PQ} = \vec{u} \qquad [4\text{-}1]$$

Decorre da definição que, quaisquer que sejam os pontos P e Q,

$$P + \overrightarrow{PQ} = Q \qquad [4\text{-}2]$$

Intuitivamente, podemos entender $P + \vec{u}$ como o resultado do deslocamento de um ponto material, inicialmente situado na origem da flecha, até a sua ponta.

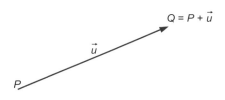

Figura 4-1

24 — Geometria Analítica — um tratamento vetorial

Usaremos a notação $P - \vec{u}$ para indicar a soma do ponto P com o oposto de $\vec{u}$:

$$P - \vec{u} = P + (-\vec{u}) \qquad [4\text{-}3]$$

Exercícios

4-1 Prove que:

(a) $P + \vec{0} = P$ (b) $P + \vec{u} = P \Rightarrow \vec{u} = \vec{0}$ (c) $P - \vec{0} = P$

4-2 Prove que $A = P - \vec{u} \Leftrightarrow \vec{u} = \overrightarrow{AP}$.

4-3 Prove que, se $P = A - \vec{u}$, então $\overrightarrow{AB} + \vec{u} = \overrightarrow{PB}$, qualquer que seja B.

A operação que ao par ordenado $(P, \vec{u})$ associa o ponto $P + \vec{u}$ é chamada **adição de ponto com vetor**. Vejamos algumas de suas propriedades.

4-2 Proposição   Quaisquer que sejam os pontos A e B e os vetores $\vec{u}$ e $\vec{v}$, valem as propriedades:

P_1 $(A + \vec{u}) + \vec{v} = A + (\vec{u} + \vec{v})$

P_2 $A + \vec{u} = A + \vec{v} \Rightarrow \vec{u} = \vec{v}$ *(cancelamento de ponto)*

P_3 $A + \vec{u} = B + \vec{u} \Rightarrow A = B$ *(cancelamento de vetor)*

P_4 $(A - \vec{u}) + \vec{u} = A$

Demonstração

P_1 Sejam $B = A + \vec{u}$ e $C = B + \vec{v}$. Por [4-1], $\vec{u} = \overrightarrow{AB}$ e $\vec{v} = \overrightarrow{BC}$ (Figura 4-2). Então,

$$(A + \vec{u}) + \vec{v} = B + \overrightarrow{BC} = C$$

(na última passagem, usamos [4-2]) e, por outro lado,

$$A + (\vec{u} + \vec{v}) = A + (\overrightarrow{AB} + \overrightarrow{BC}) = A + \overrightarrow{AC} = C$$

(novamente, usamos [4-2] na última passagem). Portanto, $(A + \vec{u}) + \vec{v} = A + (\vec{u} + \vec{v})$.

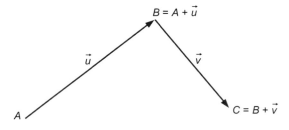

Figura 4-2

P_2 Seja $Q = A + \vec{u} = A + \vec{v}$. Por [4-1], $\vec{u} = \overrightarrow{AQ}$ e $\vec{v} = \overrightarrow{AQ}$. Logo, $\vec{u} = \vec{v}$.

P_3
$$A + \vec{u} = B + \vec{u} \Rightarrow (A + \vec{u}) - \vec{u} = (B + \vec{u}) - \vec{u}$$
$$\Rightarrow A + (\vec{u} - \vec{u}) = B + (\vec{u} - \vec{u})$$
$$\Rightarrow A + \vec{0} = B + \vec{0}$$
$$\Rightarrow A = B$$

(Na segunda implicação usamos P_1 e, na última, o Exercício 4-1 (a).)

P_4 Usando sucessivamente [4-3], P_1, A_4 e o Exercício 4-1 (a), obtemos:

$$(A - \vec{u}) + \vec{u} = [A + (-\vec{u})] + \vec{u} = A + (-\vec{u} + \vec{u}) = A + \vec{0} = A \qquad \blacksquare$$

Exercícios

4-4 Prove que $(A + \vec{u}) - \vec{u} = A$.

4-5 Prove que $(A - \vec{u}) + \vec{v} = A - (\vec{u} - \vec{v})$.

4-6 Prove que $A + \vec{u} = B + \vec{v} \Rightarrow \vec{u} = \overrightarrow{AB} + \vec{v}$.

4-7 Determine $\overrightarrow{BA}$ em função de $\vec{u}$, sabendo que $A - \vec{u} = B + \vec{u}$.

4-8 Determine a relação entre $\vec{u}$ e $\vec{v}$, sabendo que, para um dado ponto A, $(A + \vec{u}) + \vec{v} = A$.

4-9 Prove que $[A + (\vec{u} + \vec{v})] + \vec{w} = (A + \vec{u}) + (\vec{v} + \vec{w})$.

4-10 Dados os pontos A, B e C, determine X, sabendo que $(A + \overrightarrow{AB}) + \overrightarrow{CX} = C + \overrightarrow{CB}$.

4-11 Prove que, se $B = A + \overrightarrow{DC}$, então $B = C + \overrightarrow{DA}$.

4-12 Dados os pontos distintos A e B, seja $X = A + \alpha\overrightarrow{AB}$. Em cada um dos casos, descreva o conjunto dos valores que α deve tomar para que X percorra todo o conjunto especificado.

(a) O segmento AB.   (b) A semi-reta de origem A que contém B.

(c) A semi-reta de origem B que contém A.   (d) A reta AB.

(e) O segmento CB, que tem A como ponto médio.

4-13 **Baricentro** dos pontos A_1, A_2, A_3 é, por definição, o ponto G que verifica $\overrightarrow{GA_1} + \overrightarrow{GA_2} + \overrightarrow{GA_3} = \vec{0}$. Prove que, dado um ponto O qualquer, $G = O + (\overrightarrow{OA_1} + \overrightarrow{OA_2} + \overrightarrow{OA_3})/3$. Estenda o conceito e o resultado para n pontos. Compare com o Exercício 3-17. Examine o caso particular de dois pontos.

CAPÍTULO 5
APLICAÇÕES GEOMÉTRICAS

Neste capítulo são apresentadas algumas aplicações dos vetores à Geometria Euclidiana.

O objetivo deste capítulo é dar uma idéia de como os vetores podem ser úteis na obtenção de resultados geométricos, e para isso faremos demonstrações de alguns fatos da Geometria Euclidiana. A técnica vetorial pode simplificar bastante a resolução de problemas geométricos, mas isso não acontece sempre. O ideal é conhecer suas virtudes e suas limitações, para utilizá-la em nosso benefício.

5-1 Exercício Resolvido

Prove que as diagonais de um paralelogramo têm o mesmo ponto médio.

Resolução

Sendo $ABCD$ um paralelogramo e M o ponto médio da diagonal AC (Figura 5-1 (a)), valem as igualdades $\overrightarrow{BC} = \overrightarrow{AD}$ e $\overrightarrow{CM} = \overrightarrow{MA}$. Para concluir que M também é ponto médio da diagonal DB, basta mostrar que $\overrightarrow{BM} = \overrightarrow{MD}$:

$$\overrightarrow{BM} = \overrightarrow{BC} + \overrightarrow{CM} = \overrightarrow{AD} + \overrightarrow{MA} = \overrightarrow{MA} + \overrightarrow{AD} = \overrightarrow{MD}$$ ◄

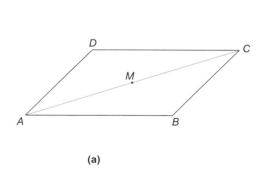
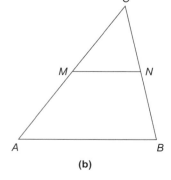

(a)　　　　　(b)

Figura 5-1

26

5-2 Exercício Resolvido

Prove que o segmento que une os pontos médios de dois lados de um triângulo é paralelo ao terceiro e tem a metade da sua medida.

Resolução

No triângulo ABC, sejam M o ponto médio de AC e N o de BC (Figura 5-1 (b)). Assim, podemos escrever

$$\vec{MN} = \vec{MC} + \vec{CN} = \frac{1}{2}\vec{AC} + \frac{1}{2}\vec{CB} = \frac{1}{2}(\vec{AC} + \vec{CB}) = \frac{1}{2}\vec{AB}$$

Logo, $MN /\!/ AB$ e $\|\vec{MN}\| = \|\vec{AB}\|/2$. ◀

Em vários exercícios usaremos o conceito de **razão em que um ponto P divide um segmento orientado não-nulo** (A,B), que é o número real r tal que $\vec{AP} = r\vec{PB}$. É fácil ver que esse número só existe se P pertence à reta AB e $P \neq B$. Sob essas condições, $r = \dfrac{\|\vec{AP}\|}{\|\vec{PB}\|}$ quando P pertence ao segmento AB e $r = -\dfrac{\|\vec{AP}\|}{\|\vec{PB}\|}$ quando não pertence.

5-3 Exercício Resolvido

Seja r a razão em que o ponto P divide o segmento orientado não-nulo (A,B). Prove que $r \neq -1$ e que $\vec{AP} = \dfrac{r}{1+r}\vec{AB}$.

Resolução

Se r fosse igual a -1, $\vec{AP}$ seria o vetor oposto de $\vec{PB}$ e, portanto, $\vec{AB} = \vec{AP} + \vec{PB} = \vec{0}$, contradizendo a hipótese de que o segmento orientado (A,B) é não-nulo. ◀

Como $\vec{AP} = r\vec{PB}$, podemos escrever

$$\vec{AP} = r(\vec{PA} + \vec{AB}) = r(-\vec{AP} + \vec{AB}) = -r\vec{AP} + r\vec{AB}$$

Logo, $\vec{AP} + r\vec{AP} = r\vec{AB}$, ou seja, $(1+r)\vec{AP} = r\vec{AB}$ e, portanto, $\vec{AP} = \dfrac{r}{1+r}\vec{AB}$. ◀

5-4 Exercício Resolvido

Sejam A, B e C pontos distintos e p um número real. Seja X o ponto tal que $\vec{AX} = p\vec{AB}$. Exprima $\vec{CX}$ em função de $\vec{CA}$, $\vec{CB}$, p.

Resolução

$$\begin{aligned}
\vec{CX} &= \vec{CA} + \vec{AX} = \vec{CA} + p\vec{AB} \\
&= \vec{CA} + p(\vec{AC} + \vec{CB}) \\
&= \vec{CA} + p(-\vec{CA} + \vec{CB}) \\
&= \vec{CA} - p\vec{CA} + p\vec{CB}
\end{aligned}$$

Logo,

$$\overrightarrow{CX} = (1-p)\overrightarrow{CA} + p\overrightarrow{CB}$$

Faça figuras ilustrativas: uma, com A, B e C não-colineares, outras, com A, B e C colineares e X ora interior, ora exterior ao segmento AB.

Exercícios

5-1 Considerando A, B, C e X como no exercício resolvido anterior, seja m a razão em que X divide (A,B). Exprima $\overrightarrow{CX}$ em função de $\overrightarrow{CA}$, $\overrightarrow{CB}$, m. Exprima p em função de m.

5-2 Sejam $OABC$ um tetraedro e X o ponto definido por $\overrightarrow{BX} = m\overrightarrow{BC}$. Exprima $\overrightarrow{OX}$ e $\overrightarrow{AX}$ em função de $\overrightarrow{OA}$, $\overrightarrow{OB}$, $\overrightarrow{OC}$, m.

5-3 (a) No triângulo ABC da Figura 5-2 (a), M divide (A,B) e N divide (C,B) na mesma razão r. Prove que $MN//AC$ e calcule $\dfrac{\|\overrightarrow{MN}\|}{\|\overrightarrow{AC}\|}$.

(b) No quadrilátero $ABCD$ (eventualmente reverso, como na Figura 5-2 (b)), M divide (A,B), N divide (C,B), P divide (C,D) e Q divide (A,D), todos na razão r. Prove que o quadrilátero $MNPQ$ é um paralelogramo.

(c) Suponha que o quadrilátero $ABCD$ do item anterior seja um paralelogramo. Mostre que as quatro diagonais (as duas de $ABCD$ e as duas de $MNPQ$) têm um ponto comum.

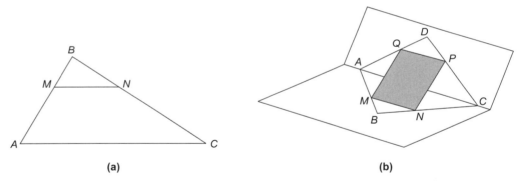

Figura 5-2

5-4 Sejam A, B e C pontos quaisquer, $A \neq B$. Prove que:

(a) X pertence à reta AB se, e somente se, existem α e β tais que $\overrightarrow{CX} = \alpha\overrightarrow{CA} + \beta\overrightarrow{CB}$ e $\alpha + \beta = 1$;

(b) X pertence ao segmento AB se, e somente se, existem α e β tais que $\overrightarrow{CX} = \alpha\overrightarrow{CA} + \beta\overrightarrow{CB}$, $\alpha \geq 0$, $\beta \geq 0$ e $\alpha + \beta = 1$;

(c) X é **interior ao segmento** AB (isto é, existe λ tal que $0 < \lambda < 1$ e $\overrightarrow{AX} = \lambda\overrightarrow{AB}$) se, e somente se, $\overrightarrow{XA}$ e $\overrightarrow{XB}$ são de sentido contrário.

5-5 Prove que X é um ponto interior ao triângulo de vértices A, B e C se, e somente se, existem α e β tais que $\alpha > 0$, $\beta > 0$, $\alpha + \beta < 1$ e $\overrightarrow{CX} = \alpha\overrightarrow{CA} + \beta\overrightarrow{CB}$. (Um ponto é **interior a um triângulo** se é interior a um segmento que tem por extremidades um vértice e um ponto interior ao lado oposto.)

5-6 Prove que o segmento que une os pontos médios dos lados não-paralelos de um trapézio é paralelo às bases, e sua medida é a semi-soma das medidas das bases (Figura 5-3 (a)).

5-7 Prove que o segmento que une os pontos médios das diagonais de um trapézio é paralelo às bases, e sua medida é a semidiferença das medidas das bases (Figura 5-3 (b)).

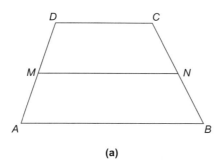

Figura 5-3

5-8 Suponha que, no trapézio da Figura 5-3 (a), as razões em que M divide (D,A) e N divide (C,B) são iguais a r. Mostre que $\overrightarrow{MN} = \dfrac{r}{1+r}\overrightarrow{AB} + \dfrac{1}{1+r}\overrightarrow{DC}$. Deduza que $MN/\!/AB$ e que a medida de MN é igual a $\dfrac{r\|\overrightarrow{AB}\| + \|\overrightarrow{DC}\|}{1+r}$.

5-5 Exercício Resolvido

Sejam M, N e P, respectivamente, os pontos médios dos lados AB, BC e CA do triângulo ABC (Figura 5-4).

(a) Exprima $\overrightarrow{BP}$, $\overrightarrow{AN}$ e $\overrightarrow{CM}$ em função de $\overrightarrow{CA}$, $\overrightarrow{CB}$.

(b) Prove que as retas-suportes de duas medianas quaisquer do triângulo são concorrentes.

(c) Prove que as três medianas têm um único ponto comum, que divide (A,N), (B,P) e (C,M) na razão 2 (conhecido como *baricentro* do triângulo).

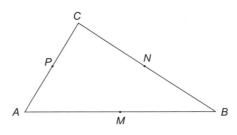

Figura 5-4

Resolução

(a) Comecemos por $\overrightarrow{BP}$. Note que $\overrightarrow{CP} = \overrightarrow{CA}/2$, pois P é o ponto médio de AC. Logo,

$$\overrightarrow{BP} = \overrightarrow{BC} + \overrightarrow{CP} = -\overrightarrow{CB} + \frac{1}{2}\overrightarrow{CA}$$ ◄

Analogamente se obtém, para $\overrightarrow{AN}$, $\overrightarrow{AN} = -\overrightarrow{CA} + \frac{1}{2}\overrightarrow{CB}$ ◄

Quanto a $\overrightarrow{CM}$, trata-se de um caso particular do Exercício Resolvido 5-4, em que $X = M$ e $p = 1/2$:

$$\overrightarrow{CM} = \overrightarrow{CA} + \overrightarrow{AM} = \overrightarrow{CA} + \frac{1}{2}\overrightarrow{AB}$$

$$= \overrightarrow{CA} + \frac{1}{2}(\overrightarrow{AC} + \overrightarrow{CB})$$

$$= \overrightarrow{CA} + \frac{1}{2}(-\overrightarrow{CA} + \overrightarrow{CB})$$

$$= \overrightarrow{CA} - \frac{1}{2}\overrightarrow{CA} + \frac{1}{2}\overrightarrow{CB}$$

Portanto,

$$\overrightarrow{CM} = \frac{1}{2}\overrightarrow{CA} + \frac{1}{2}\overrightarrow{CB}$$ ◄

(Note que, com procedimento e notação diferentes, já havíamos obtido esse resultado no Exercício Resolvido 3-8.) ◄

(b) Uma vez que as retas AN e BP são coplanares, para concluir que são concorrentes basta provar que $\overrightarrow{AN}$ e $\overrightarrow{BP}$ não são paralelos (e o procedimento é análogo para os outros pares de retas). Raciocinemos por redução ao absurdo: se esses vetores fossem paralelos, existiria (Proposição 3-6) um número real λ tal que $\overrightarrow{BP} = \lambda\overrightarrow{AN}$. Devido à parte (a), esta igualdade fornece

$$-\overrightarrow{CB} + \frac{1}{2}\overrightarrow{CA} = \lambda(-\overrightarrow{CA} + \frac{1}{2}\overrightarrow{CB}) = -\lambda\overrightarrow{CA} + \frac{\lambda}{2}\overrightarrow{CB}$$

Sendo $\overrightarrow{CA}$ e $\overrightarrow{CB}$ não-paralelos, isso acarreta, pelo Corolário 3-11, $-2 = \lambda = -1/2$, o que é impossível. Concluímos que $\overrightarrow{AN}$ e $\overrightarrow{BP}$ não são paralelos. ◄

(c) Chamemos G o ponto comum às retas AN e BP, e H o ponto comum às retas AN e CM. Provaremos que $G = H$ e que esse ponto pertence às três medianas, isto é, aos segmentos AN, BP e CM.

Sendo A, G e N colineares, existe λ tal que $\overrightarrow{AG} = \lambda\overrightarrow{AN}$; logo, $G = A + \lambda\overrightarrow{AN}$. Da mesma forma, existe μ tal que $G = B + \mu\overrightarrow{BP}$. Portanto, $A + \lambda\overrightarrow{AN} = B + \mu\overrightarrow{BP}$. Como $B = A + \overrightarrow{AB}$, podemos escrever

$$A + \lambda\overrightarrow{AN} = (A + \overrightarrow{AB}) + \mu\overrightarrow{BP}$$

Usando P_1 e P_2 (Proposição 4-2), concluímos que

$$\lambda\overrightarrow{AN} = \overrightarrow{AB} + \mu\overrightarrow{BP}$$

Substituindo $\overrightarrow{AB}$ por $\overrightarrow{CB} - \overrightarrow{CA}$ e $\overrightarrow{AN}$ e $\overrightarrow{BP}$ por suas expressões deduzidas na parte (a), obtemos

$$-\lambda \overrightarrow{CA} + \frac{\lambda}{2} \overrightarrow{CB} = \overrightarrow{CB} - \overrightarrow{CA} - \mu \overrightarrow{CB} + \frac{\mu}{2} \overrightarrow{CA} = (\frac{\mu}{2} - 1)\overrightarrow{CA} + (1 - \mu)\overrightarrow{CB}$$

Como $\overrightarrow{CA}$ e $\overrightarrow{CB}$ não são paralelos, podemos aplicar o Corolário 3-11:

$$-\lambda = \frac{\mu}{2} - 1 \qquad \frac{\lambda}{2} = 1 - \mu$$

Estas igualdades fornecem $\lambda = \mu = 2/3$ e, portanto,

$$G = A + \frac{2}{3} \overrightarrow{AN} = B + \frac{2}{3} \overrightarrow{BP} \qquad \qquad [\text{5-1}]$$

Quanto a H, existem α e β tais que $H = A + \alpha\overrightarrow{AN} = C + \beta\overrightarrow{CM}$. Um procedimento inteiramente análogo ao anterior leva à conclusão de que $\alpha = \beta = 2/3$, de modo que

$$H = A + \frac{2}{3} \overrightarrow{AN} = C + \frac{2}{3} \overrightarrow{CM} \qquad \qquad [\text{5-2}]$$

Comparando [5-1] e [5-2], vemos que

$$G = H = A + \frac{2}{3} \overrightarrow{AN} = B + \frac{2}{3} \overrightarrow{BP} = C + \frac{2}{3} \overrightarrow{CM}$$

o que acarreta

$$\overrightarrow{AG} = \frac{2}{3} \overrightarrow{AN} \qquad \overrightarrow{BG} = \frac{2}{3} \overrightarrow{BP} \qquad \overrightarrow{CG} = \frac{2}{3} \overrightarrow{CM} \qquad [\text{5-3}]$$

Assim, podemos concluir que G pertence às três medianas, já que $0 < 2/3 < 1$. Além disso, da primeira igualdade de [5-3], obtemos

$$\overrightarrow{AG} = \frac{2}{3} (\overrightarrow{AG} + \overrightarrow{GN}) = \frac{2}{3} \overrightarrow{AG} + \frac{2}{3} \overrightarrow{GN}$$

e, portanto, $\overrightarrow{AG}/3 = 2\overrightarrow{GN}/3$, ou seja,

$$\overrightarrow{AG} = 2\overrightarrow{GN}$$

Isto quer dizer que G divide (A,N) na razão 2. Analogamente, prova-se que G divide (B,P) e (C,M) na razão 2, conforme foi enunciado. ◄

5-6 *Exercício Resolvido*

Dado um triângulo ABC qualquer, mostre que existe outro com lados paralelos e congruentes às medianas do primeiro.

Resolução

Usaremos a notação do Exercício Resolvido 5-5 (acompanhe na Figura 5-5).

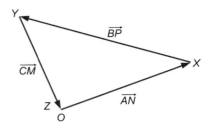

Figura 5-5

Tomemos um ponto O qualquer. Sejam $X = O + \overrightarrow{AN}$, $Y = X + \overrightarrow{BP}$ e $Z = Y + \overrightarrow{CM}$. Inicialmente, mostremos que $Z = O$. Usando as expressões obtidas na parte (a) do Exercício Resolvido 5-5 para $\overrightarrow{AN}$, $\overrightarrow{BP}$ e $\overrightarrow{CM}$, vemos facilmente que $\overrightarrow{AN} + \overrightarrow{BP} + \overrightarrow{CM} = \vec{0}$. Então,

$$Z = Y + \overrightarrow{CM} = X + \overrightarrow{BP} + \overrightarrow{CM} = O + \overrightarrow{AN} + \overrightarrow{BP} + \overrightarrow{CM} = O + \vec{0} = O$$

Além disso, como $\overrightarrow{XY} = \overrightarrow{BP}$ e $\overrightarrow{YZ} = \overrightarrow{CM}$, decorre do Exercício Resolvido 5-5 (b) que $\overrightarrow{XY}$ e $\overrightarrow{YZ}$ não são paralelos. Logo, X, Y e Z, ou seja, X, Y e O, não são colineares. Existe, pois, um triângulo de vértices X, Y e O. Como $\overrightarrow{OX} = \overrightarrow{AN}$, $\overrightarrow{XY} = \overrightarrow{BP}$ e $\overrightarrow{YO} = \overrightarrow{CM}$, os lados do triângulo XYO são paralelos e congruentes a AN, BP e CM. ◄

EXERCÍCIOS

5-9 (a) Mostre que o *baricentro* de um triângulo ABC (ponto comum às três medianas do triângulo) é também o baricentro dos pontos A, B, C, como foi definido no Exercício 4-13.

(b) Sejam $OABC$ um tetraedro e X o baricentro do triângulo ABC. Exprima $\overrightarrow{OX}$ em função de $\overrightarrow{OA}$, $\overrightarrow{OB}$ e $\overrightarrow{OC}$.

5-10 ▸ Os segmentos AN, BP e CM são dois a dois não-paralelos. Dê uma condição necessária e suficiente sobre os vetores $\overrightarrow{AN}$, $\overrightarrow{BP}$ e $\overrightarrow{CM}$, que não envolva suas normas, para que exista um triângulo de lados paralelos e congruentes a AN, BP e CM.

5-11 (a) Dado o triângulo ABC, sejam M, N e P pontos tais que $2\overrightarrow{AM} = \overrightarrow{AB}$, $2\overrightarrow{BN} = 5\overrightarrow{BC}$ e $2\overrightarrow{CP} = \overrightarrow{CA}$. Exprima $\overrightarrow{AN}$, $\overrightarrow{BP}$ e $\overrightarrow{CM}$ em função de $\overrightarrow{CA}$ e $\overrightarrow{CB}$, e prove que existe um triângulo de lados paralelos a AN, BP e CM.

▸ (b) Dado o triângulo ABC, sejam M, N e P pontos tais que $\overrightarrow{AM} = \alpha\overrightarrow{AB}$, $\overrightarrow{BN} = \beta\overrightarrow{BC}$ e $\overrightarrow{CP} = \gamma\overrightarrow{CA}$, com α, β e γ em $[0,1]$. Prove que existe um triângulo de lados paralelos e congruentes a AN, BP e CM se, e somente se, $\alpha = \beta = \gamma$.

5-12 O ponto X divide (A, B) na razão α, Y divide (B,C) na razão β e Z divide (C,A) na razão γ. Exprima $\overrightarrow{CX}$, $\overrightarrow{AY}$ e $\overrightarrow{BZ}$ em função de $\overrightarrow{CA}$, $\overrightarrow{CB}$, α, β, γ.

5-13 Dado o triângulo ABC, sejam X o ponto que divide (A,B) na razão 2 e Y o ponto que divide (B,C) na razão 3.

(a) Exprima $\overrightarrow{CX}$ e $\overrightarrow{AY}$ em função de $\overrightarrow{AB}$, $\overrightarrow{AC}$.

(b) Prove que as retas *CX* e *AY* são concorrentes e exprima o ponto de concorrência *P* em função de *A*, $\overrightarrow{AB}$, $\overrightarrow{AC}$.

5-14 Dado o triângulo *ABC*, sejam *X* e *Y* os pontos tais que $\overrightarrow{BX} = \alpha\overrightarrow{BC}$ e $\overrightarrow{AY} = \beta\overrightarrow{AC}$ (Figura 5-6).

(a) Prove que *AX*//*BY* se, e somente se, $(\alpha - 1)(\beta - 1) = 1$.

(b) Mostre que, se *X* é interior ao lado *BC* e *Y* é interior ao lado *AC*, então as retas *AX* e *BY* são concorrentes.

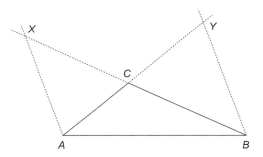

Figura 5-6

5-15 Dado o triângulo *ABC*, tome *D* na reta *BC* tal que *C* seja o ponto médio de *BD* e *Y* na reta *AC* tal que as retas *AD* e *BY* sejam paralelas. Exprima $\overrightarrow{AY}$ em função de $\overrightarrow{BA}$, $\overrightarrow{BC}$ e mostre que *C* é o ponto médio de *AY*.

5-7 Exercício Resolvido

Dado o triângulo *ABC*, seja $\vec{u} = \overrightarrow{CA}/2 + \overrightarrow{CB}/3$.

(a) Explique por que existe e é único o ponto *X* da reta *AB* tal que $\overrightarrow{CX}//\vec{u}$ (Figura 5-7).

(b) Mostre que *X* pertence ao segmento *AB* e exprima $\overrightarrow{CX}$ em função de $\overrightarrow{CA}$, $\overrightarrow{CB}$.

(c) Calcule $\dfrac{\|\overrightarrow{AX}\|}{\|\overrightarrow{XB}\|}$ e a razão em que *X* divide (B,A).

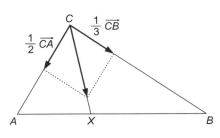

Figura 5-7

Resolução

(a) O vetor $\vec{u}$ não é paralelo a $\overrightarrow{AB}$ pois, se fosse, existiria um número real λ tal que $\overrightarrow{CA}/2 + \overrightarrow{CB}/3 = \lambda\overrightarrow{AB} = \lambda(\overrightarrow{AC} + \overrightarrow{CB}) = -\lambda\overrightarrow{CA} + \lambda\overrightarrow{CB}$, e então $-1/2 = \lambda = 1/3$, o que é impossível. Conseqüentemente, a reta paralela a $\vec{u}$ que contém *C* não é paralela à reta AB. Como se trata de retas coplanares, concluímos que elas são concorrentes e que, portanto, o ponto X existe e é único. ◂

(b) Como X, A e B são colineares, podemos escrever $\overrightarrow{AX} = \alpha\overrightarrow{AB}$. Do Exercício Resolvido 5-4 resulta

$$\overrightarrow{CX} = (1-\alpha)\overrightarrow{CA} + \alpha\overrightarrow{CB} \qquad [5\text{-}4]$$

Por outro lado, $\overrightarrow{CX}//\vec{u}$; logo, existe λ tal que

$$\overrightarrow{CX} = \lambda\vec{u} = \frac{\lambda}{2}\overrightarrow{CA} + \frac{\lambda}{3}\overrightarrow{CB} \qquad [5\text{-}5]$$

De [5-4] e [5-5], obtemos

$$(1-\alpha)\overrightarrow{CA} + \alpha\overrightarrow{CB} = \frac{\lambda}{2}\overrightarrow{CA} + \frac{\lambda}{3}\overrightarrow{CB}$$

Como $\overrightarrow{CA}$ e $\overrightarrow{CB}$ não são paralelos, concluímos que $1-\alpha = \lambda/2$ e $\alpha = \lambda/3$ (Corolário 3-11) e que, portanto, $\lambda = 6/5$ e $\alpha = 2/5$. Logo, $\overrightarrow{AX} = \alpha\overrightarrow{AB}$ e $0 < \alpha < 1$, o que garante que X pertence ao segmento AB. Voltando a [5-5], obtemos

$$\overrightarrow{CX} = \frac{3}{5}\overrightarrow{CA} + \frac{2}{5}\overrightarrow{CB} \qquad ◂$$

(c) Vimos em (b) que $\overrightarrow{AX} = 2\overrightarrow{AB}/5$. Logo, $\overrightarrow{AX} = 2(\overrightarrow{AX} + \overrightarrow{XB})/5$ e, portanto, $3\overrightarrow{AX}/5 = 2\overrightarrow{XB}/5$, ou seja, $\overrightarrow{BX} = 3\overrightarrow{XA}/2$. Isso quer dizer que X divide (B,A) na razão $3/2$. ◂

Tomando normas, obtemos $\|\overrightarrow{BX}\| = 3\|\overrightarrow{XA}\|/2$; logo,

$$\frac{2}{3} = \frac{\|\overrightarrow{XA}\|}{\|\overrightarrow{BX}\|} = \frac{\|\overrightarrow{AX}\|}{\|\overrightarrow{XB}\|} \qquad ◂$$

Exercícios

5-16 Sejam A, B e C vértices de um triângulo.

(a) Prove que, se $m + n \neq 0$, então existe um ponto X na reta AB tal que $\overrightarrow{CX}$ seja paralelo a $m\overrightarrow{CA} + n\overrightarrow{CB}$. Exprima $\overrightarrow{CX}$ em função de $\overrightarrow{CA}$, $\overrightarrow{CB}$, m, n.

(b) Relacione o caso particular em que $m + n = 1$ com o Exercício 5-4.

(c) Prove (algebricamente) que não existe o ponto X quando $m + n = 0$. Interprete geometricamente este caso.

5-17 No triângulo ABC, sejam $\vec{u} = \overrightarrow{CA}$, $\vec{v} = \overrightarrow{CB}$, $\vec{w} = \vec{u} - 2\vec{v}$. Calcule α para que $X = C + \alpha\vec{w}$ pertença à reta AB.

5-18 Dado o triângulo ABC, seja X a interseção do lado AB com a bissetriz do ângulo interno de vértice C (Figura 5-8) e sejam $a = \|\overrightarrow{CB}\|$ e $b = \|\overrightarrow{CA}\|$.

(a) Explique geometricamente por que $\vec{CX}$ é paralelo a $\vec{CA}/b + \vec{CB}/a$.

(b) Exprima $\vec{CX}$ em função de $\vec{CA}$, $\vec{CB}$, a, b. Exprima $\vec{AX}$ em função de $\vec{AB}$, a, b.

(c) Mostre que X divide (A,B) na razão b/a e conclua que $\dfrac{\|\vec{AX}\|}{b} = \dfrac{\|\vec{BX}\|}{a}$.

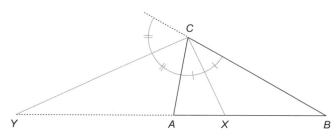

Figura 5-8

5-19 No triângulo da Figura 5-8, sejam $a = \|\vec{CB}\|$ e $b = \|\vec{CA}\|$; suponhamos que $a \neq b$. Seja Y a interseção da reta AB com a bissetriz do ângulo externo de vértice C.

(a) Explique geometricamente por que $\vec{CY}$ é paralelo a $\vec{CA}/b - \vec{CB}/a$.

(b) Exprima $\vec{CY}$ em função de $\vec{CA}$, $\vec{CB}$, a, b. Exprima $\vec{AY}$ em função de $\vec{AB}$, a, b.

(c) Mostre que Y divide (A,B) na razão $-b/a$ e conclua que $\dfrac{\|\vec{AY}\|}{b} = \dfrac{\|\vec{BY}\|}{a}$.

(d) O que ocorreria se $\|\vec{CA}\|$ e $\|\vec{CB}\|$ fossem iguais?

5-20 Prove que existe um único ponto comum às bissetrizes internas de um triângulo e que esse ponto, conhecido como *incentro* do triângulo, é interior a ele.

5-21 Dado o triângulo ABC não-retângulo, sejam $a = \operatorname{tg}\hat{A}$, $b = \operatorname{tg}\hat{B}$ e $c = \operatorname{tg}\hat{C}$.

(a) Sendo CX a altura relativa ao vértice C, prove que $a\vec{AX} = b\vec{XB}$ e exprima $\vec{CX}$ em função de $\vec{CA}$, $\vec{CB}$, a, b.

(b) Sendo AY a altura relativa ao vértice A e BZ a altura relativa ao vértice B, exprima $\vec{AY}$ em função de $\vec{CA}$, $\vec{CB}$, b, c, e $\vec{BZ}$ em função de $\vec{CA}$, $\vec{CB}$, a, c.

(c) Mostre que as retas-suportes das três alturas do triângulo ABC têm um único ponto comum (*ortocentro*). Sendo P este ponto, mostre que

$$\vec{CP} = \dfrac{a+b}{a+b+c} \vec{CX} \qquad \vec{AP} = \dfrac{b+c}{a+b+c} \vec{AY} \qquad \vec{BP} = \dfrac{a+c}{a+b+c} \vec{BZ}$$

(d) Prove que o ortocentro é interior ao triângulo se, e somente se, ele for acutângulo.

(No caso em que o triângulo é retângulo, é imediato verificar que as três alturas têm um único ponto comum, que é o vértice do ângulo reto.)

5-22 Na Figura 5-9, $\|\vec{AM}\| = 2\|\vec{MB}\|$ e $3\|\vec{AN}\| = \|\vec{NC}\|$. Exprima X em função de A, $\vec{AB}$, $\vec{AC}$.

5-23 Sejam A, B, C e D vértices de um quadrado, E um ponto de AD e F um ponto de CD, tais que o triângulo BEF seja eqüilátero. Calcule a razão em que E divide (A,D) e a razão em que F divide (D,C).

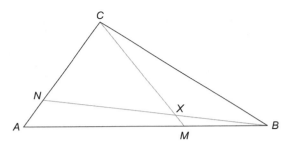

Figura 5-9

5-24 (a) Dado o triângulo ABC, sejam P, Q e R pontos tais que $\vec{AB} = \alpha\vec{PB}$, $\vec{AC} = \beta\vec{QC}$, $\alpha\vec{PR} = \beta\vec{QR}$. Prove que, se $\alpha \neq 1$, então B, C e R são colineares.

(b) Sejam s_1 e t_1 duas retas concorrentes em B, tangentes à circunferência de centro A e raio r_1 (Figura 5-10). Com centro em um ponto P da semi-reta de origem B que contém A, traça-se a circunferência de raio r_2 (menor que r_1), tangente às retas s_1 e t_1. Sejam s_2 e t_2 duas retas tangentes à segunda circunferência, concorrentes em R. Com centro em um ponto Q da semi-reta de origem R que contém P, traça-se a circunferência de raio r_3 (menor que r_2), tangente às retas s_2 e t_2. Sejam s_3 e t_3 as retas tangentes comuns à primeira e à terceira circunferências que tenham em comum um ponto C da reta AQ, exterior ao segmento AQ. Prove que B, C e R são colineares.

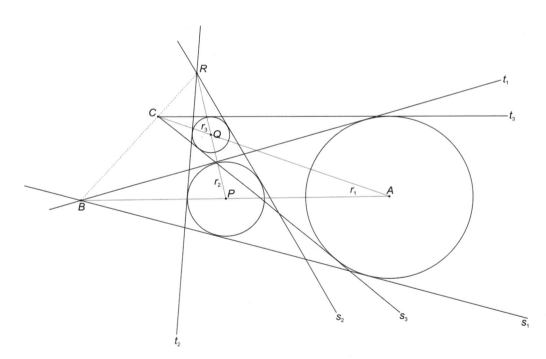

Figura 5-10

CAPÍTULO 6
DEPENDÊNCIA LINEAR

Neste capítulo apresentam-se a definição geométrica de dependência linear de vetores, sua caracterização algébrica e aplicações.

No estudo da Geometria em três dimensões encontraremos com freqüência situações de paralelismo entre retas, planos, ou entre retas e planos. A dependência linear, tema deste capítulo, será uma poderosa ferramenta no tratamento de tais situações.

Já dissemos no Capítulo 1 que conceitos geométricos envolvendo vetores são definidos "pondo-se a culpa nos representantes". Seguindo essa prática, diremos que um vetor não-nulo é paralelo a uma reta [respectivamente, a um plano] se tem um representante (A,B) tal que o segmento AB seja paralelo à reta [respectivamente, ao plano]. Convencionaremos que o vetor nulo é paralelo a qualquer reta e a qualquer plano. É claro que dois vetores paralelos a uma mesma reta são paralelos (mas cuidado: dois vetores paralelos a um mesmo plano podem não ser paralelos!). É claro também que, se $\vec{u}$ é paralelo à reta r [respectivamente, ao plano π], então existe um representante (A,B) de $\vec{u}$ tal que o segmento AB esteja contido em r [respectivamente, em π]. Usaremos o símbolo tradicional de paralelismo: $\vec{u}//r$, $\vec{u}//\pi$.

Sendo n um número natural não-nulo, o símbolo $(\vec{v}_1, \vec{v}_2, \ldots, \vec{v}_n)$ indica a seqüência, ou n-upla ordenada, dos vetores $\vec{v}_1, \vec{v}_2 \ldots \vec{v}_n$ (n-upla lê-se *ênupla*). Falando informalmente, trata-se do conjunto formado por $\vec{v}_1, \vec{v}_2 \ldots \vec{v}_n$, considerados *na ordem em que estão escritos*. Isso quer dizer que

$$(\vec{u}_1, \vec{u}_2, \ldots, \vec{u}_n) = (\vec{v}_1, \vec{v}_2, \ldots, \vec{v}_n) \Leftrightarrow \vec{u}_1 = \vec{v}_1, \vec{u}_2 = \vec{v}_2 \ldots \vec{u}_n = \vec{v}_n$$

Se $n = 2$, trata-se de um par ordenado; se $n = 3$, de uma tripla ordenada.

O conceito de **dependência linear** de uma seqüência $(\vec{v}_1, \vec{v}_2, \ldots, \vec{v}_n)$ será definido caso a caso, conforme o valor de n.

6-1 Definição
(a) Uma seqüência $(\vec{v})$ é **linearmente dependente** se $\vec{v} = \vec{0}$ e **linearmente independente** se $\vec{v} \neq \vec{0}$.
(b) Um par ordenado $(\vec{u}, \vec{v})$ é **linearmente dependente** se $\vec{u}$ e $\vec{v}$ são paralelos. Caso contrário, $(\vec{u}, \vec{v})$ é **linearmente independente**.

> (c) Uma tripla ordenada $(\vec{u},\vec{v},\vec{w})$ é **linearmente dependente** se $\vec{u}$, $\vec{v}$ e $\vec{w}$ são paralelos a um mesmo plano. Caso contrário, $(\vec{u},\vec{v},\vec{w})$ é **linearmente independente**.
>
> (d) Se $n \geq 4$, qualquer seqüência de n vetores é **linearmente dependente**.

Veja exemplos em que $n = 2$ e $n = 3$ na Figura 6-1. Usaremos as abreviaturas LD para linearmente dependente e LI para linearmente independente. É evidente que, se uma seqüência de vetores é LI [respectivamente, LD], então qualquer permutação dela é LI [respectivamente, LD].

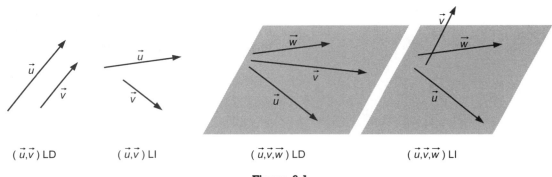

Figura 6-1

Conforme ficou explícito na definição, dependência e independência linear são qualidades inerentes a uma *seqüência* de vetores, e não aos próprios vetores. Apesar disso, é comum dizer: "Os vetores $\vec{u}$ e $\vec{v}$ são LI", "Os vetores $\vec{u}$, $\vec{v}$ e $\vec{w}$ são LD", em vez de "O par ordenado $(\vec{u},\vec{v})$ é LI", "A tripla ordenada $(\vec{u},\vec{v},\vec{w})$ é LD". Evite, no entanto, que esse abuso de linguagem cause, por exemplo, o erro de concluir que, se $\vec{u}$ é LI e $\vec{v}$ é LI, então os vetores $\vec{u}$ e $\vec{v}$ são LI. Isso nem sempre é verdade: tomando $\vec{u}$ e $\vec{v}$ não-nulos e paralelos, cada um deles é LI, mas $\vec{u}$ e $\vec{v}$ são LD, isto é, o par ordenado $(\vec{u},\vec{v})$ é LD.

Exercícios

6-1 Sejam $\vec{u} = \vec{PA}$, $\vec{v} = \vec{PB}$, $\vec{w} = \vec{PC}$. Prove:

(a) P, A, B e C são coplanares $\Leftrightarrow (\vec{u},\vec{v},\vec{w})$ é LD

(b) P, A e B são colineares $\Leftrightarrow (\vec{u},\vec{v})$ é LD

6-2 Prove que, se $\vec{u}$ é um múltiplo escalar de $\vec{v}$ ($\vec{u} = \lambda\vec{v}$), então qualquer seqüência que contém $\vec{u}$ e $\vec{v}$ é LD. Em particular, toda seqüência de vetores que contém o vetor nulo é LD.

6-3 A seqüência $(\vec{u},\vec{v},\vec{w})$ é LD. Verifique se são verdadeiras ou falsas as afirmações seguintes (justifique sua resposta).

(a) Necessariamente, um dos vetores é nulo.

(b) Se $\vec{u} \neq \vec{0}$, então $\vec{v}//\vec{w}$.

(c) Se $\vec{u}$, $\vec{v}$ e $\vec{w}$ não são nulos, então dois deles são paralelos.

(d) Existem três planos paralelos e distintos, o primeiro contendo origem e extremidade de um representante de $\vec{u}$, o segundo contendo origem e extremidade de um representante de $\vec{v}$ e o terceiro contendo origem e extremidade de um representante de $\vec{w}$.

6-4 Prove que:

(a) $(\vec{u},\vec{v})$ é LD $\Rightarrow$ $(\vec{u},\vec{v},\vec{w})$ é LD

(b) $(\vec{u},\vec{v},\vec{w})$ é LI $\Rightarrow$ $(\vec{u},\vec{v})$ é LI

(c) $(\vec{u},\vec{v})$ é LD $\Leftrightarrow$ $(\vec{u}+\vec{v},\vec{u}-\vec{v})$ é LD

6-5 Verdadeiro ou falso? Justifique sua resposta.

(a) $(\vec{u},\vec{v},\vec{w})$ é LD $\Rightarrow$ $(\vec{u},\vec{v})$ é LD

(b) $(\vec{u},\vec{v})$ é LI $\Rightarrow$ $(\vec{u},\vec{v},\vec{w})$ é LI

(c) Se $\vec{u}$, $\vec{v}$ e $\vec{w}$ não são nulos, então $(\vec{u},\vec{v},\vec{w})$ é LD $\Rightarrow$ $(2\vec{u},-\vec{v})$ é LD.

(d) $(\vec{u},\vec{v},\vec{w})$ é LI $\Rightarrow$ $(\vec{u},\vec{v})$ é LD

(e) Se $(\vec{u},\vec{v},\vec{w})$ é LD, então $(\vec{u},\vec{v})$ tanto pode ser LD como LI.

(f) Se $(\vec{u},\vec{v})$ é LI, então $(\vec{u},\vec{v},\vec{w})$ tanto pode ser LD como LI.

6-2 Definição

Se $\vec{u} = \alpha_1\vec{v}_1 + \alpha_2\vec{v}_2 + \ldots + \alpha_n\vec{v}_n$, dizemos que $\vec{u}$ é **combinação linear** de $\vec{v}_1, \vec{v}_2 \ldots \vec{v}_n$, ou que $\vec{u}$ **é gerado** por $\vec{v}_1, \vec{v}_2 \ldots \vec{v}_n$. Os escalares $\alpha_1, \alpha_2 \ldots \alpha_n$ são chamados **coeficientes** da combinação linear.

Um exemplo é o do vetor nulo, que é gerado por quaisquer vetores $\vec{v}_1, \vec{v}_2 \ldots \vec{v}_n$, uma vez que $\vec{0} = 0\vec{v}_1 + 0\vec{v}_2 + \ldots + 0\vec{v}_n$. Esta expressão do vetor nulo é conhecida como *trivial*.

6-3 Exercício Resolvido

(a) Sabe-se que $\vec{u} = 3\vec{v}$. Escreva três expressões diferentes do vetor nulo como combinação linear de $\vec{u}, \vec{v}$.

(b) Repita a parte (a), supondo agora que $(\vec{u},\vec{v})$ seja LI.

Resolução

(a) Uma primeira expressão é a trivial: $\vec{0} = 0\vec{u} + 0\vec{v}$. De $\vec{u} = 3\vec{v}$ obtemos uma segunda: $1\vec{u} + (-3)\vec{v} = \vec{0}$. Multiplicando os dois membros desta igualdade por escalares arbitrários, obtemos outras expressões: $2\vec{u} - 6\vec{v} = \vec{0}$, $10\vec{u} - 30\vec{v} = \vec{0}$ etc. ◄

(b) É impossível, pois, de acordo com a Proposição 3-10, só há uma expressão do vetor nulo como combinação linear de $\vec{u}, \vec{v}$, que é a trivial: $\vec{0} = 0\vec{u} + 0\vec{v}$. ◄

Perceba, no exercício resolvido anterior, a diferença de comportamento algébrico entre um par de vetores LI e um par de vetores LD. Essa diferença exemplifica o que pretendemos obter com a teoria desenvolvida no restante do capítulo. As duas proposições seguintes, por exemplo, fornecem-nos critérios algébricos para classificar uma tripla de vetores quanto à dependência linear. Em vez de verificar se existe um plano paralelo aos vetores dados, procuramos descobrir se algum deles é gerado pelos demais.

6-4 Proposição

Se $(\vec{u},\vec{v})$ é LI, então $(\vec{u},\vec{v},\vec{w})$ é LD se, e somente se, $\vec{w}$ é gerado por $\vec{u}, \vec{v}$.

Demonstração

Primeira parte Supondo que $(\vec{u},\vec{v},\vec{w})$ é LD, vamos provar que $\vec{w}$ é combinação linear de $\vec{u}$, $\vec{v}$.

- Se $\vec{w}$ é paralelo a $\vec{u}$, então $\vec{w} = \alpha\vec{u}$, devido a [3-1] (b) (note que $\vec{u} \neq \vec{0}$, pois $(\vec{u},\vec{v})$ é LI). Logo, $\vec{w} = \alpha\vec{u} + 0\vec{v}$. O caso em que $\vec{w}$ é paralelo a $\vec{v}$ é tratado analogamente.

- Se $\vec{w}$ não é paralelo a $\vec{u}$ nem a $\vec{v}$ (e, conseqüentemente, $\vec{w} \neq \vec{0}$), consideremos os pontos P, A, B e C tais que $\vec{u} = \overrightarrow{PA}$, $\vec{v} = \overrightarrow{PB}$ e $\vec{w} = \overrightarrow{PC}$ (Figura 6-2). Esses pontos são coplanares, pois $(\vec{u},\vec{v},\vec{w})$ é LD. Além disso, P, A e B não são colineares, pois $(\vec{u},\vec{v})$ é LI. Pelo ponto C traçamos paralelas a PA e PB, determinando os pontos N e M. Os vetores $\vec{u}$ e $\overrightarrow{PM}$ são paralelos, assim como $\vec{v}$ e $\overrightarrow{PN}$. Como $\vec{u} \neq \vec{0}$ e $\vec{v} \neq \vec{0}$, existem escalares α e β tais que $\overrightarrow{PM} = \alpha\vec{u}$ e $\overrightarrow{PN} = \beta\vec{v}$ (veja [3-1] (b)). Portanto,

$$\vec{w} = \overrightarrow{PC} = \overrightarrow{PM} + \overrightarrow{PN} = \alpha\vec{u} + \beta\vec{v}$$

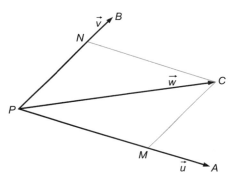

Figura 6-2

Segunda parte Supondo agora que $\vec{w}$ seja gerado por $\vec{u}$, $\vec{v}$, isto é, $\vec{w} = \alpha\vec{u} + \beta\vec{v}$, provemos que $(\vec{u},\vec{v},\vec{w})$ é LD. Se $\vec{w} = \vec{0}$, a conclusão é imediata. Se não, tomemos os pontos P, A, B, C, M e N tais que $\vec{u} = \overrightarrow{PA}$, $\vec{v} = \overrightarrow{PB}$, $\vec{w} = \overrightarrow{PC}$, $\overrightarrow{PM} = \alpha\vec{u}$ e $\overrightarrow{PN} = \beta\vec{v}$. Na situação da Figura 6-3 (a), em que C não pertence à reta PA nem à reta PB, o paralelogramo $PMCN$ está contido no plano determinado por P, A e B. Concluímos que P, A, B e C são coplanares e, portanto, $(\vec{u},\vec{v},\vec{w})$ é LD. As situações das Figuras 6-3 (b) (em que $\beta = 0$) e 6-3 (c) (em que $\alpha = 0$) estão cobertas pelo Exercício 6-2. ∎

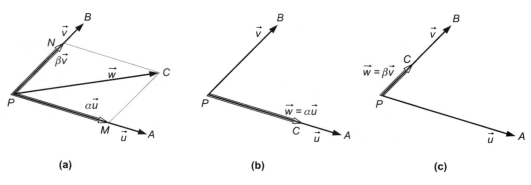

Figura 6-3

6-5 Proposição

$(\vec{u},\vec{v},\vec{w})$ é LD se, e somente se, um dos vetores é gerado pelos outros dois.

Demonstração

Primeira parte Supondo que $(\vec{u},\vec{v},\vec{w})$ seja LD, vamos provar que um dos vetores é gerado pelos outros dois. Para isso, consideremos separadamente dois casos:

- se $(\vec{u},\vec{v})$ é LI, podemos aplicar a proposição anterior e concluir que $\vec{w}$ é gerado por $\vec{u}$, $\vec{v}$;

- se $(\vec{u},\vec{v})$ é LD, então, devido a [3-1] (a), $\vec{u} = \lambda\vec{v}$ ou $\vec{v} = \mu\vec{u}$. Portanto, $\vec{u} = \lambda\vec{v} + 0\vec{w}$ ou $\vec{v} = \mu\vec{u} + 0\vec{w}$.

Segunda parte Provemos agora que, se um dos vetores $\vec{u}$, $\vec{v}$, $\vec{w}$ é gerado pelos outros dois, então $(\vec{u},\vec{v},\vec{w})$ é LD.

- Se esses dois são LI, a tripla formada por eles e o terceiro (nessa ordem) é LD, devido à Proposição 6-4. Como qualquer permutação de uma seqüência LD é também LD, concluímos que $(\vec{u},\vec{v},\vec{w})$ é LD.

- Se, por outro lado, aqueles dois são LD, a tripla formada por eles e o terceiro (nessa ordem) é LD, conforme o Exercício 6-4 (a). Permutando os vetores, chegamos à conclusão de que $(\vec{u},\vec{v},\vec{w})$ é LD. ∎

6-6 Observação

Chamamos a sua atenção para uma sutil diferença entre as duas proposições anteriores. A Proposição 6-5 garante que, se $(\vec{u},\vec{v},\vec{w})$ é LD, *algum* dos três vetores é gerado pelos outros dois. Não especifica qual, nem quantos: pode ser $\vec{u}$, pode ser $\vec{w}$, pode ser $\vec{v}$, podem ser dois deles ou até os três. Seguem alguns exemplos.

- Suponha que $(\vec{u},\vec{v})$ seja LI e que $\vec{w}//\vec{v}$, como na Figura 6-4 (a). Neste caso, $(\vec{u},\vec{v},\vec{w})$ é LD, $\vec{w}$ é gerado por $\vec{u}$, $\vec{v}$ e $\vec{v}$ é gerado por $\vec{u}$, $\vec{w}$, mas $\vec{u}$ *não é* gerado por $\vec{v}$, $\vec{w}$.

- Suponha que $\vec{w} = \vec{0}$ e que $(\vec{u},\vec{v})$ é LI. Então, $(\vec{u},\vec{v},\vec{w})$ é LD, $\vec{w}$ é gerado por $\vec{u}$, $\vec{v}$, mas $\vec{u}$ não é gerado por $\vec{v}$, $\vec{w}$, nem $\vec{v}$ é gerado por $\vec{u}$, $\vec{w}$.

- Se $\vec{u}$, $\vec{v}$ e $\vec{w}$, são dois a dois LI e $(\vec{u},\vec{v},\vec{w})$ é LD, como na Figura 6-4 (b), então qualquer um dos três vetores é gerado pelos outros dois (Proposição 6-4).

Em contraposição, a Proposição 6-4, que aborda o caso particular em que $(\vec{u},\vec{v})$ é LI, permite especificar: $\vec{w}$ é gerado pelos outros dois (o que não impede que $\vec{v}$ seja gerado por $\vec{u}$, $\vec{w}$ ou que $\vec{u}$ seja gerado por $\vec{v}$, $\vec{w}$).

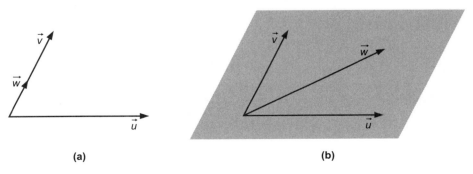

Figura 6-4

6-7 Observação

Vejamos um exemplo de utilização da Proposição 6-5. Sendo $\vec{a} = \vec{u} + \vec{v}$, $\vec{b} = \vec{u} - \vec{w}$, e $\vec{c} = \vec{u} + 2\vec{v} + \vec{w}$, podemos concluir que $(\vec{a},\vec{b},\vec{c})$ é LD (quaisquer que sejam $\vec{u}$, $\vec{v}$ e $\vec{w}$) ao perceber que $\vec{c} = 2\vec{a} - \vec{b}$, ou $\vec{b} = 2\vec{a} - \vec{c}$, ou $\vec{a} = \vec{b}/2 + \vec{c}/2$. Simples, não? Pena não podermos garantir tais percepções a qualquer momento; essa é uma desvantagem dos processos de tentativa e erro. Pior: se a tripla for LI e não soubermos disso, estaremos num impasse, pois nenhuma tentativa de escrever um dos vetores como combinação linear dos demais terá sucesso (é o que afirma a Proposição 6-5). Mas não se preocupe; ainda neste capítulo conheceremos ferramentas alternativas, eficazes no tratamento de situações como esta.

Exercício

6-6 Prove, utilizando a Proposição 6-5, que $(\vec{a},\vec{b},\vec{c})$ é LD, quaisquer que sejam $\vec{u}$, $\vec{v}$ e $\vec{w}$.

(a) $\vec{a} = 2\vec{u} + 4\vec{v} + \vec{w}$ $\vec{b} = -\vec{u} + \vec{v}/2 + 3\vec{w}/4$ $\vec{c} = \vec{v} + \vec{w}/2$

(b) $\vec{a} = \vec{u} + 2\vec{v} - \vec{w}$ $\vec{b} = 2\vec{u} - 3\vec{v} + \vec{w}$ $\vec{c} = 7\vec{v} - 3\vec{w}$

(c) $\vec{a} = \vec{u} - 2\vec{v} + \vec{w}$ $\vec{b} = 2\vec{u} + \vec{v} + 3\vec{w}$ $\vec{c} = \vec{u} + 8\vec{v} + 3\vec{w}$

6-8 Proposição

Se $(\vec{u},\vec{v},\vec{w})$ é LI, então qualquer vetor $\vec{x}$ é combinação linear de $\vec{u}$, $\vec{v}$, $\vec{w}$.

Demonstração

Sejam P, A, B, C e D pontos tais que $\vec{u} = \overrightarrow{PA}$, $\vec{v} = \overrightarrow{PB}$, $\vec{w} = \overrightarrow{PC}$ e $\vec{x} = \overrightarrow{PD}$ (Figura 6-5).

- A reta paralela a PC por D determina o ponto M no plano PAB.
- As retas por M paralelas a PA e a PB determinam, respectivamente, os pontos Q e N nas retas PB e PA.
- O plano por D paralelo ao plano PAB determina o ponto R na reta PC.

Como $\overrightarrow{PA}$ e $\overrightarrow{PN}$ são paralelos e $\overrightarrow{PA}$ não é nulo, podemos escrever $\overrightarrow{PN} = \alpha\vec{u}$ (devido a [3-1] (b)). Analogamente, $\overrightarrow{PQ} = \beta\vec{v}$ e $\overrightarrow{PR} = \gamma\vec{w}$. Portanto,

$$\vec{x} = \overrightarrow{PD} = \overrightarrow{PN} + \overrightarrow{PQ} + \overrightarrow{PR} = \alpha\vec{u} + \beta\vec{v} + \gamma\vec{w}$$

Os argumentos utilizados valem também para os casos em que D pertence a uma das retas PA, PB, PC ou a um dos planos PAB, PAC, PBC. Só a figura seria diferente. ∎

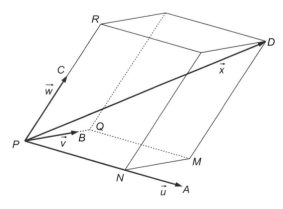

Figura 6-5

Exercício 6-7 Para garantir, na demonstração da Proposição 6-8, que os pontos M, N, Q e R são univocamente determinados, explique por quê:

(a) a reta paralela a PC por D não é paralela ao plano PAB;

(b) a reta paralela a PA por M não é paralela à reta PB;

(c) a reta paralela a PB por M não é paralela à reta PA;

(d) o plano paralelo ao plano PAB por D não é paralelo à reta PC.

Se $n \geq 4$, a seqüência $(\vec{v}_1, \vec{v}_2, \ldots, \vec{v}_n)$ é, por definição, LD. Mostremos que, nesse caso, um dos vetores é combinação linear dos demais.

- Se os vetores $\vec{v}_1$, $\vec{v}_2$, $\vec{v}_3$ são LI, então $\vec{v}_n$ é combinação linear deles, $\vec{v}_n = \alpha_1 \vec{v}_1 + \alpha_2 \vec{v}_2 + \alpha_3 \vec{v}_3$, devido à proposição anterior. Atribuindo coeficientes nulos aos vetores restantes, obtemos $\vec{v}_n$ como combinação linear de $\vec{v}_1, \vec{v}_2 \ldots \vec{v}_{n-1}$.

- Se os vetores $\vec{v}_1$, $\vec{v}_2$, $\vec{v}_3$ são LD, então, pela Proposição 6-5, um deles é combinação linear dos outros dois. Atribuindo coeficientes nulos aos vetores restantes, obtemos um dos vetores da seqüência como combinação linear dos demais.

Tais considerações, juntamente com a parte (a) de [3-1] e a Proposição 6-5, constituem uma demonstração da seguinte caracterização algébrica da dependência linear.

6-9 Proposição Uma seqüência $(\vec{v}_1, \vec{v}_2, \ldots, \vec{v}_n)$, com $n \geq 2$, é LD se, e somente se, algum vetor da seqüência é gerado pelos demais.

Com o intuito de obter uma segunda caracterização algébrica da dependência linear, um pouco mais sofisticada, reexaminemos alguns fatos já vistos anteriormente.

- Decorre do Exercício 3-8 que, se $\vec{v} \neq \vec{0}$ (ou seja, se $(\vec{v})$ é LI), então $\alpha \vec{v} = \vec{0} \Rightarrow \alpha = 0$. Por outro lado, se $\vec{v} = \vec{0}$ (ou seja, se $(\vec{v})$ é LD), existe $\alpha \neq 0$ tal que $\alpha \vec{v} = \vec{0}$. Assim,

$$(\vec{v}) \text{ é LI} \Leftrightarrow \text{a equação } \alpha \vec{v} = \vec{0} \text{ só admite a solução } \alpha = 0 \qquad \textbf{[6-1]}$$

- A Proposição 3-10 afirma que, se $(\vec{u}, \vec{v})$ é LI, então a equação $\alpha \vec{u} + \beta \vec{v} = \vec{0}$ só admite a solução $\alpha = 0$, $\beta = 0$, chamada *solução trivial*. Por outro lado, uma conseqüência de [3-1] (a) é que, se $(\vec{u}, \vec{v})$ é LD, existe λ tal que $1\vec{u} - \lambda \vec{v} = \vec{0}$ ou existe μ tal que $\mu \vec{u} - 1\vec{v} = \vec{0}$. Portanto, podemos concluir que a equação $\alpha \vec{u} + \beta \vec{v} = \vec{0}$ admite solução não-trivial. Logo,

$$(\vec{u}, \vec{v}) \text{ é LI} \Leftrightarrow \text{a equação } \alpha \vec{u} + \beta \vec{v} = \vec{0} \text{ só admite a solução } \alpha = \beta = 0. \qquad \textbf{[6-2]}$$

Uma leitura comparativa de [6-1] e [6-2] sugere a pergunta: valerá uma propriedade análoga para três vetores? Provemos que a resposta é afirmativa, isto é,

$$(\vec{u}, \vec{v}, \vec{w}) \text{ é LI} \Leftrightarrow \text{a equação } \alpha \vec{u} + \beta \vec{v} + \gamma \vec{w} = \vec{0} \text{ só admite a solução } \alpha = \beta = \gamma = 0. \quad \textbf{[6-3]}$$

Analisemos os dois casos possíveis.

Primeiro caso Suponhamos que $(\vec{u},\vec{v},\vec{w})$ seja LI. Se a equação $\alpha\vec{u} + \beta\vec{v} + \gamma\vec{w} = \vec{0}$ admitisse uma solução não-nula, por exemplo com $\alpha \neq 0$, poderíamos escrever $\vec{u} = -\beta\vec{v}/\alpha - \gamma\vec{w}/\alpha$. Logo, $\vec{u}$ seria gerado por $\vec{v}$, $\vec{w}$ e, devido à Proposição 6-9, $(\vec{u},\vec{v},\vec{w})$ seria LD, contrariando a hipótese (a argumentação é análoga nos casos em que $\beta \neq 0$ ou $\gamma \neq 0$).

Segundo caso Suponhamos que $(\vec{u},\vec{v},\vec{w})$ seja LD. Pela Proposição 6-9, um dos vetores é gerado pelos outros dois; por exemplo, $\vec{u} = \beta\vec{v} + \gamma\vec{w}$. Neste caso, podemos escrever $1\vec{u} - \beta\vec{v} - \gamma\vec{w} = \vec{0}$, exibindo assim uma solução não-nula para a equação $\alpha\vec{u} + \beta\vec{v} + \gamma\vec{w} = \vec{0}$. O procedimento é análogo no caso em que o vetor gerado pelos outros dois é $\vec{v}$ ou $\vec{w}$.

Este tema esgota-se aqui, pois quatro ou mais vetores são LD, por definição. A Proposição seguinte sintetiza [6-1], [6-2] e [6-3].

6-10 Proposição Uma seqüência $(\vec{v}_1,\vec{v}_2, \ldots ,\vec{v}_n)$, em que $1 \leq n \leq 3$, é LI se, e somente se, a equação $\alpha_1\vec{v}_1 + \alpha_2\vec{v}_2 + \ldots + \alpha_n\vec{v}_n = \vec{0}$ admite apenas a solução nula: $\alpha_1 = \alpha_2 = \ldots = \alpha_n = 0$.

Note que a palavra "apenas" desempenha papel crucial neste enunciado. Sem ela, a segunda sentença seria automaticamente verdadeira, independentemente dos vetores $\vec{v}_1$, $\vec{v}_2 \ldots \vec{v}_n$. Não serviria, portanto, como critério para distinguir seqüências LI de seqüências LD.

6-11 Exercício Resolvido Sejam $\vec{a} = \vec{u} + \vec{w}$, $\vec{b} = 2\vec{u} + \vec{v} - \vec{w}$ e $\vec{c} = \vec{v} - 2\vec{w}$. Prove que

$$(\vec{u},\vec{v},\vec{w}) \text{ é LI} \Leftrightarrow (\vec{a},\vec{b},\vec{c}) \text{ é LI}$$

Resolução

Primeira parte Suponhamos que $(\vec{u},\vec{v},\vec{w})$ é LI e provemos que $(\vec{a},\vec{b},\vec{c})$ é LI. Vamos aplicar a Proposição 6-10 aos vetores $\vec{a}$, $\vec{b}$ e $\vec{c}$, e para isso devemos analisar as soluções da equação $\alpha\vec{a} + \beta\vec{b} + \gamma\vec{c} = \vec{0}$. Substituindo $\vec{a}$, $\vec{b}$ e $\vec{c}$ por suas expressões e agrupando os termos, obtemos

$$(\alpha + 2\beta)\vec{u} + (\beta + \gamma)\vec{v} + (\alpha - \beta - 2\gamma)\vec{w} = \vec{0}$$

que, pela Proposição 6-10, e por ser $(\vec{u},\vec{v},\vec{w})$ LI, equivale a

$$\begin{cases} \alpha + 2\beta = 0 \\ \beta + \gamma = 0 \\ \alpha - \beta - 2\gamma = 0 \end{cases}$$

Como você pode verificar facilmente, $\alpha = \beta = \gamma = 0$ é a única solução desse sistema. Assim, a equação de partida, $\alpha\vec{a} + \beta\vec{b} + \gamma\vec{c} = \vec{0}$, só admite a solução $\alpha = \beta = \gamma = 0$. Novamente pela Proposição 6-10, concluímos que $(\vec{a},\vec{b},\vec{c})$ é LI.

Segunda parte Reciprocamente, vamos supor que $(\vec{a},\vec{b},\vec{c})$ é LI e provar que $(\vec{u},\vec{v},\vec{w})$ é LI. Resolvendo o sistema linear vetorial

$$\begin{cases} \vec{a} = \vec{u} + \vec{w} \\ \vec{b} = 2\vec{u} + \vec{v} - \vec{w} \\ \vec{c} = \vec{v} - 2\vec{w} \end{cases}$$

nas incógnitas $\vec{u}$, $\vec{v}$ e $\vec{w}$, obtemos $\vec{u} = -\vec{a} + \vec{b} - \vec{c}$, $\vec{v} = 4\vec{a} - 2\vec{b} + 3\vec{c}$, $\vec{w} = 2\vec{a} - \vec{b} + \vec{c}$. Agora, repetimos o procedimento da primeira parte. Substituindo $\vec{u}$, $\vec{v}$ e $\vec{w}$ por suas expressões e agrupando os termos, vemos que a equação $\alpha\vec{u} + \beta\vec{v} + \gamma\vec{w} = \vec{0}$ é equivalente a $(-\alpha + 4\beta + 2\gamma)\vec{a} + (\alpha - 2\beta - \gamma)\vec{b} + (-\alpha + 3\beta + \gamma)\vec{c} = \vec{0}$, que por sua vez equivale, devido à Proposição 6-10, a

$$\begin{cases} -\alpha + 4\beta + 2\gamma = 0 \\ \alpha - 2\beta - \gamma = 0 \\ -\alpha + 3\beta + \gamma = 0 \end{cases}$$

A única solução desse sistema é $\alpha = \beta = \gamma = 0$; logo, $\alpha\vec{u} + \beta\vec{v} + \gamma\vec{w} = \vec{0}$ admite apenas a solução nula. Pela Proposição 6-10, $(\vec{u},\vec{v},\vec{w})$ é LI. ◀

EXERCÍCIOS

6-8 Prove: $(\vec{u},\vec{v})$ é LI $\Leftrightarrow$ $(\vec{u} + \vec{v}, \vec{u} - \vec{v})$ é LI.

6-9 Prove:

(a) $(\vec{u},\vec{v},\vec{w})$ é LI $\Leftrightarrow$ $(\vec{u} + \vec{v}, \vec{u} + \vec{w}, \vec{v} + \vec{w})$ é LI

(b) $(\vec{u},\vec{v},\vec{w})$ é LI $\Leftrightarrow$ $(\vec{u} + \vec{v} + \vec{w}, \vec{u} - \vec{v}, 3\vec{v})$ é LI

6-12 Corolário Se $(\vec{v}_1, \vec{v}_2, \ldots, \vec{v}_n)$ é LI, então, para cada vetor gerado por $\vec{v}_1, \vec{v}_2 \ldots \vec{v}_n$, os coeficientes são univocamente determinados, isto é,

$$\alpha_1\vec{v}_1 + \alpha_2\vec{v}_2 + \ldots + \alpha_n\vec{v}_n = \beta_1\vec{v}_1 + \beta_2\vec{v}_2 + \ldots + \beta_n\vec{v}_n \Rightarrow \alpha_1 = \beta_1, \alpha_2 = \beta_2 \ldots \alpha_n = \beta_n$$

Demonstração

Note que $n \leq 3$, caso contrário $(\vec{v}_1, \vec{v}_2, \ldots, \vec{v}_n)$ seria LD.
Da igualdade $\alpha_1\vec{v}_1 + \alpha_2\vec{v}_2 + \ldots + \alpha_n\vec{v}_n = \beta_1\vec{v}_1 + \beta_2\vec{v}_2 + \ldots + \beta_n\vec{v}_n$ resulta

$$(\alpha_1 - \beta_1)\vec{v}_1 + (\alpha_2 - \beta_2)\vec{v}_2 + \ldots + (\alpha_n - \beta_n)\vec{v}_n = \vec{0}$$

Como $(\vec{v}_1, \vec{v}_2, \ldots, \vec{v}_n)$ é LI, concluímos, pela Proposição 6-10, que

$$\alpha_1 - \beta_1 = 0 \qquad \alpha_2 - \beta_2 = 0 \qquad \ldots \qquad \alpha_n - \beta_n = 0$$

e portanto $\alpha_1 = \beta_1, \alpha_2 = \beta_2 \ldots \alpha_n = \beta_n$. ∎

EXERCÍCIO

6-10 Demonstre: se $(\vec{v}_1, \vec{v}_2, \ldots, \vec{v}_n)$ é tal que $\alpha_1\vec{v}_1 + \alpha_2\vec{v}_2 + \ldots + \alpha_n\vec{v}_n = \beta_1\vec{v}_1 + \beta_2\vec{v}_2 + \ldots + \beta_n\vec{v}_n$ vale somente se $\alpha_1 = \beta_1, \alpha_2 = \beta_2 \ldots \alpha_n = \beta_n$, então $(\vec{v}_1, \vec{v}_2, \ldots, \vec{v}_n)$ é LI (trata-se da recíproca do corolário anterior).

46 — Geometria Analítica — um tratamento vetorial

O Corolário 6-12 e sua recíproca (Exercício 6-10) mostram que "identificar os coeficientes" (algo análogo ao Princípio de Identidade de Polinômios) *só é permitido quando os vetores envolvidos são LI*. Como exemplo ilustrativo, tome $\vec{v} = 2\vec{w}$. Neste caso, $(\vec{u}, \vec{v}, \vec{w})$ é LD, vale a igualdade $\vec{u} + 2\vec{v} - 4\vec{w} = \vec{u} + 3\vec{v} - 6\vec{w}$, mas os coeficientes não são respectivamente iguais.

EXERCÍCIO

6-11 Determine a e b, sabendo que $(\vec{u},\vec{v})$ é LI e que $(a-1)\vec{u} + b\vec{v} = b\vec{u} - (a+b)\vec{v}$.

A Proposição 6-10 foi enunciada em termos de seqüências LI. Vejamos um enunciado equivalente, com enfoque em seqüências LD.

6-13 Proposição

Uma seqüência de vetores $(\vec{v}_1, \vec{v}_2, \ldots, \vec{v}_n)$, $1 \leq n \leq 3$, é LD se, e somente se, a equação

$$\alpha_1 \vec{v}_1 + \alpha_2 \vec{v}_2 + \ldots + \alpha_n \vec{v}_n = \vec{0}$$

admite solução não-nula, isto é, existem escalares $\alpha_1, \alpha_2 \ldots \alpha_n$, *não todos nulos*, tais que $\alpha_1 \vec{v}_1 + \alpha_2 \vec{v}_2 + \ldots + \alpha_n \vec{v}_n = \vec{0}$.

EXERCÍCIOS

6-12 Explique por que a proposição anterior é válida também para $n \geq 4$.

6-13 Em cada caso, é descrita uma alteração efetuada na tripla LI $(\vec{u},\vec{v},\vec{w})$. Baseando-se na sua intuição, dê um palpite: a seqüência obtida após a alteração é também LI? Em seguida, tente provar que seu palpite está correto.

(a) Multiplica-se cada um dos três vetores por um escalar α.

(b) Substitui-se cada um dos três vetores pela soma dos outros dois.

(c) Soma-se a cada um dos três vetores um mesmo vetor $\vec{t}$.

(d) Somam-se a $\vec{u}$, $\vec{v}$ e $\vec{w}$, respectivamente, os vetores LI $\vec{a}$, $\vec{b}$ e $\vec{c}$.

6-14 Suponha que $(\vec{u},\vec{v},\vec{w})$ seja LI. Dado $\vec{t}$, existem α, β e γ tais que $\vec{t} = \alpha\vec{u} + \beta\vec{v} + \gamma\vec{w}$ (Proposição 6-8). Prove: $(\vec{u}+\vec{t}, \vec{v}+\vec{t}, \vec{w}+\vec{t})$ é LI $\Leftrightarrow \alpha + \beta + \gamma + 1 \neq 0$.

6-15 Prove:

(a) $(2\vec{u}+\vec{w}, \vec{u}-\vec{v}, \vec{v}+\vec{w})$ é LI $\Leftrightarrow (\vec{u}-\vec{w}, \vec{u}+\vec{v}, \vec{u}+\vec{w})$ é LI.

(b) $(2\vec{u}+\vec{w}, \vec{u}-\vec{v}, \vec{v}+\vec{w})$ é LD $\Leftrightarrow (\vec{u}-\vec{w}, \vec{u}+\vec{v}, \vec{u}+\vec{w})$ é LD.

6-14 Exercício Resolvido

No tetraedro $OABC$, determine m para que $X = O + m(\overrightarrow{OA}/3 - \overrightarrow{OB} + \overrightarrow{OC}/2)$ pertença ao plano ABC (Figura 6-6).

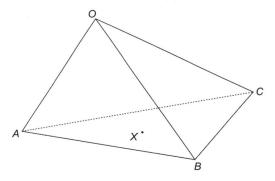

Figura 6-6

Resolução

Dizer que X pertence ao plano ABC equivale a dizer que $(\overrightarrow{AX},\overrightarrow{AB},\overrightarrow{AC})$ é LD, ou seja, que a equação

$$\alpha\overrightarrow{AX} + \beta\overrightarrow{AB} + \gamma\overrightarrow{AC} = \vec{0} \qquad [6\text{-}4]$$

admite solução não-nula. Para poder aplicar a Proposição 6-10, vamos exprimir os vetores que aparecem na igualdade [6-4] em termos dos vetores LI $\overrightarrow{OA}$, $\overrightarrow{OB}$ e $\overrightarrow{OC}$.

$$\overrightarrow{AX} = \overrightarrow{AO} + \overrightarrow{OX} = -\overrightarrow{OA} + m(\frac{1}{3}\overrightarrow{OA} - \overrightarrow{OB} + \frac{1}{2}\overrightarrow{OC})$$

$$= (\frac{m}{3} - 1)\overrightarrow{OA} - m\overrightarrow{OB} + \frac{m}{2}\overrightarrow{OC}$$

$$\overrightarrow{AB} = \overrightarrow{AO} + \overrightarrow{OB} = -\overrightarrow{OA} + \overrightarrow{OB}$$

$$\overrightarrow{AC} = \overrightarrow{AO} + \overrightarrow{OC} = -\overrightarrow{OA} + \overrightarrow{OC}$$

Substituindo em [6-4], obtemos

$$[(\frac{m}{3} - 1)\alpha - \beta - \gamma]\overrightarrow{OA} + (-m\alpha + \beta)\overrightarrow{OB} + (\frac{m}{2}\alpha + \gamma)\overrightarrow{OC} = \vec{0}$$

Como os vetores $\overrightarrow{OA}$, $\overrightarrow{OB}$ e $\overrightarrow{OC}$ são LI, isso equivale, pela Proposição 6-10, a

$$\begin{cases} (\frac{m}{3} - 1)\alpha - \beta - \gamma = 0 \\ -m\alpha + \beta = 0 \\ \frac{m}{2}\alpha + \gamma = 0 \end{cases} \qquad [6\text{-}5]$$

O sistema de equações [6-5] é, portanto, equivalente à equação [6-4], isto é, toda solução de [6-4] é solução de [6-5] e vice-versa. Por isso, dizer que X pertence ao plano ABC equivale a dizer que o sistema linear homogêneo [6-5] admite solução não-nula. Pelo Teorema de Cramer, isso ocorre se, e somente se, o determinante do sistema é nulo:

48 — Geometria Analítica — um tratamento vetorial

$$\begin{vmatrix} m/3 - 1 & -1 & -1 \\ -m & 1 & 0 \\ m/2 & 0 & 1 \end{vmatrix} = 0$$

Resolvendo esta última equação, obtemos $m = -6$.

6-16 No tetraedro *ABCD*, sejam *M*, *N* e *P*, respectivamente, os pontos médios de *BD*, *CD* e *AC*, e *G* o baricentro do triângulo *MNP*.

(a) Exprima $\vec{BG}$ como combinação linear de $\vec{BA}$, $\vec{BC}$, $\vec{BD}$.

(b) Calcule *m* para que o ponto $X = B + m\vec{BG}$ pertença ao plano da face *ACD*.

6-15 *Exercício Resolvido*

No triângulo *ABC*, *M* é o ponto médio de *AB* e *N* pertence ao lado *AC* (Figura 6-7 (a)). Sabendo que *MN* é paralelo a *BC*, prove que *N* é o ponto médio de *AC*.

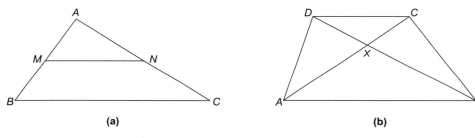

Figura 6-7

Resolução

M sendo o ponto médio de *AB*, podemos escrever

$$\vec{AM} = \frac{1}{2} \vec{AB} \qquad [6\text{-}6]$$

e a hipótese *MN//BC* traduz-se por

$$\vec{MN} = \alpha \vec{BC} \qquad [6\text{-}7]$$

Como *N* pertence a *AC*, podemos afirmar também que $\vec{AN} = \beta \vec{AC}$. Nosso objetivo é provar que $\beta = 1/2$, para concluir que *N* é o ponto médio de *AC*. De $\vec{AN} = \vec{AM} + \vec{MN}$ obtemos, usando [6-6] e [6-7],

$$\vec{AN} = \frac{1}{2} \vec{AB} + \alpha \vec{BC}$$

Por outro lado,

$$\overrightarrow{AN} = \beta\overrightarrow{AC} = \beta(\overrightarrow{AB} + \overrightarrow{BC}) = \beta\overrightarrow{AB} + \beta\overrightarrow{BC}$$

Da comparação das duas expressões obtidas para $\overrightarrow{AN}$, decorre

$$\frac{1}{2}\overrightarrow{AB} + \alpha\overrightarrow{BC} = \beta\overrightarrow{AB} + \beta\overrightarrow{BC}$$

Já que $(\overrightarrow{AB},\overrightarrow{BC})$ é LI (pois A, B e C são vértices de um triângulo), podemos aplicar o Corolário 6-12 e concluir que $\alpha = \beta = 1/2$. Note que também se conclui que o comprimento de MN é a metade do comprimento de AB, completando o conhecido teorema da Geometria Plana. ◀

Exercícios

6-17 No trapézio $ABCD$ da Figura 6-7 (b), o comprimento de AB é o dobro do comprimento de CD. Exprima $\overrightarrow{AX}$ como combinação linear de $\overrightarrow{AD}$, $\overrightarrow{AB}$.

6-18 Sejam π um plano, e $\vec{u}$, $\vec{v}$, vetores LI paralelos a π. Mostre que todo vetor $\vec{w}$ paralelo a π pode ser escrito, de modo único, como combinação linear de $\vec{u}$, $\vec{v}$.

Na Geometria Euclidiana, é importante a idéia de **separação** de pontos de um plano por uma reta nele contida. Sejam π um plano, r uma reta contida em π, e P e Q dois pontos de π que não pertencem a r. Dizemos que r **separa** P e Q se r contém um (único) ponto X interior a PQ (veja a Figura 6-8 (a)). Isso equivale a P e Q pertencerem a semiplanos opostos de π, de origem r. Se a interseção de r com o interior de PQ é vazia, dizemos que r **não separa** P e Q, e isso significa que P e Q pertencem ao mesmo semiplano de π, de origem r (Figura 6-8 (b)).

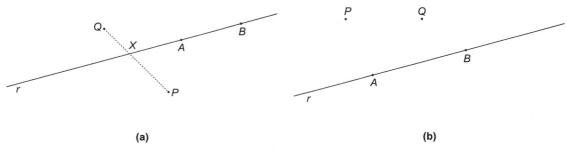

(a) (b)

Figura 6-8

Eis um critério algébrico simples para verificar se a reta separa os dois pontos. Toma-se um ponto A qualquer de r e verifica-se se $(\overrightarrow{AP},\overrightarrow{AQ})$ é LD ou LI.

- Se $(\overrightarrow{AP},\overrightarrow{AQ})$ é LD, então A, P e Q são colineares e, portanto, existe λ tal que $\overrightarrow{PA} = \lambda\overrightarrow{PQ}$. Neste caso, se $0 < \lambda < 1$, r separa P e Q; caso contrário, não separa. Uma alternativa é verificar se $\overrightarrow{AP}$ e $\overrightarrow{AQ}$ são de mesmo sentido ou de sentido contrário (veja o Exercício 5-4 (c) e a Figura 6-9).

50 — Geometria Analítica — um tratamento vetorial

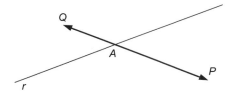

Figura 6-9

- Se $(\overrightarrow{AP}, \overrightarrow{AQ})$ é LI, toma-se um ponto B de r, diferente de A, e exprime-se $\overrightarrow{AB}$ como combinação linear de $\overrightarrow{AP}, \overrightarrow{AQ}$: $\overrightarrow{AB} = \alpha\overrightarrow{AP} + \beta\overrightarrow{AQ}$. Se os coeficientes α e β forem de mesmo sinal, r separa P e Q; se forem de sinal contrário, não separa. Veja a Figura 6-10.

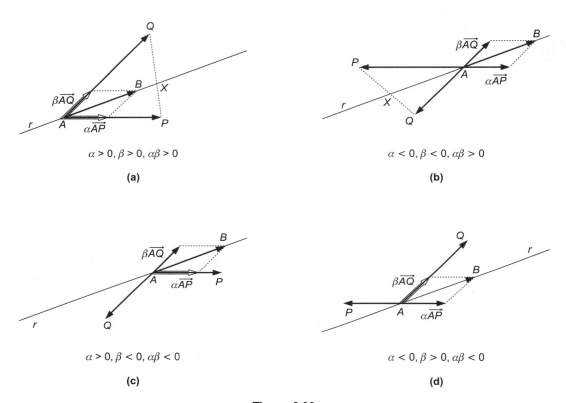

Figura 6-10

A justificativa do procedimento no primeiro caso é imediata: se $(\overrightarrow{AP}, \overrightarrow{AQ})$ é LD, as retas r e PQ são concorrentes no ponto A; portanto, se este não for interior a PQ, nenhum outro ponto de r será. A justificativa no caso em que $(\overrightarrow{AP}, \overrightarrow{AQ})$ é LI é o tema do próximo exercício resolvido.

6-16 *Exercício Resolvido* Sejam r uma reta contida no plano π, A e B pontos de r, P e Q pontos de π que não pertencem a r ($A \neq B$, $P \neq Q$). Suponha que $(\overrightarrow{AP}, \overrightarrow{AQ})$ seja LI, e que α e β sejam escalares tais que $\overrightarrow{AB} = \alpha\overrightarrow{AP} + \beta\overrightarrow{AQ}$. Mostre que r separa P e Q se, e somente se, α e β têm mesmo sinal, isto é, $\alpha\beta > 0$ (Figura 6-10).

Resolução

A existência de α e β é garantida pelo Exercício 6-18 e, como P e Q não pertencem a r, α e β não são nulos. Devido ao Exercício 5-4 (b), um ponto X é interior a PQ se, e somente se, existe λ tal que $0 < \lambda < 1$ e

$$\overrightarrow{AX} = \lambda \overrightarrow{AP} + (1-\lambda)\overrightarrow{AQ}$$

Por outro lado, X é um ponto de r, distinto de A, se, e somente se, existe $\mu \neq 0$ tal que

$$\overrightarrow{AX} = \mu\overrightarrow{AB} = \mu\alpha\overrightarrow{AP} + \mu\beta\overrightarrow{AQ}$$

(não nos interessa $A = X$, pois $(\overrightarrow{AP}, \overrightarrow{AQ})$ é LI). A conclusão é que r separa P e Q se, e somente se, existem λ e μ tais que $0 < \lambda < 1$, $\mu \neq 0$ e

$$\lambda\overrightarrow{AP} + (1-\lambda)\overrightarrow{AQ} = \mu\alpha\overrightarrow{AP} + \mu\beta\overrightarrow{AQ}$$

Como $(\overrightarrow{AP}, \overrightarrow{AQ})$ é LI, esta última igualdade equivale, devido ao Corolário 6-12, a

$$\begin{cases} \mu\alpha = \lambda \\ \mu\beta = 1 - \lambda \end{cases} \quad [\text{6-8}]$$

Provemos que o sistema [6-8] nas incógnitas λ e μ tem uma solução tal que $0 < \lambda < 1$ e $\mu \neq 0$ se, e somente se, $\alpha\beta > 0$.

- Se existirem λ e μ satisfazendo [6-8] tais que $0 < \lambda < 1$ e $\mu \neq 0$, multiplicando membro a membro as duas igualdades, obtemos $\mu^2\alpha\beta = \lambda(1-\lambda) > 0$. Logo, $\alpha\beta > 0$.
- Se $\alpha\beta > 0$, então $\alpha + \beta \neq 0$. Resolvendo o sistema [6-8], obtemos $\mu = 1/(\alpha+\beta) \neq 0$ e $\lambda = \alpha/(\alpha+\beta)$. Como $\alpha(\alpha+\beta) = \alpha^2 + \alpha\beta > 0$, os números α e $\alpha+\beta$ têm mesmo sinal. Logo, $\lambda > 0$. Com o mesmo argumento, podemos mostrar que $\beta/(\alpha+\beta) > 0$, e, como $\beta/(\alpha+\beta) = 1 - \lambda$, concluir que $\lambda < 1$. ◄

Se $0 < \lambda < 1$, decorre ainda das igualdades [6-8] que α, β e μ são de mesmo sinal. Visualize isso nas partes (a) e (b) da Figura 6-10.

CAPÍTULO 7
BASE

Neste capítulo são introduzidos os conceitos de base e de coordenadas de um vetor em relação a uma base. Descreve-se a utilização de coordenadas no cálculo da soma de vetores e do produto de escalar por vetor, na análise da dependência linear de uma seqüência de vetores e no cálculo da norma de um vetor.

A teoria estudada no capítulo anterior, além de permitir, como lá dissemos, uma abordagem vetorial do paralelismo, presenteia-nos com um novo recurso para descrever vetores de $\mathbb{V}^3$. Até este ponto, os vetores têm sido descritos geometricamente, isto é, através de seus representantes. Graças, porém, à Proposição 6-8 e ao Corolário 6-12, teremos de agora em diante uma alternativa "numérica", que consiste em descrever os vetores através de números reais, chamados *coordenadas*. O objetivo deste capítulo é detalhar esse procedimento.

7-1 Definição Uma tripla ordenada linearmente independente $E = (\vec{e}_1, \vec{e}_2, \vec{e}_3)$ chama-se **base** de $\mathbb{V}^3$ (Figura 7-1).

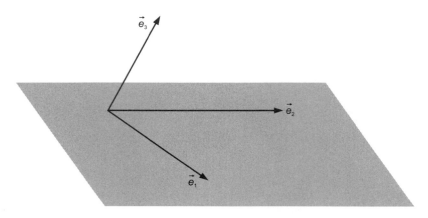

Figura 7-1

Sendo E = $(\vec{e}_1, \vec{e}_2, \vec{e}_3)$ uma base, podemos dizer, conforme a Proposição 6-8, que todo vetor $\vec{u}$ é gerado por $\vec{e}_1$, $\vec{e}_2$, $\vec{e}_3$, isto é, existem escalares a_1, a_2, a_3 tais que

$$\vec{u} = a_1\vec{e}_1 + a_2\vec{e}_2 + a_3\vec{e}_3 \qquad \textbf{[7-1]}$$

A tripla de escalares (a_1, a_2, a_3) é a única a satisfazer [7-1], pois, se $\vec{u} = b_1\vec{e}_1 + b_2\vec{e}_2 + b_3\vec{e}_3$, então, pelo Corolário 6-12, $b_1 = a_1$, $b_2 = a_2$ e $b_3 = a_3$. Cada escalar dessa tripla é chamado **coordenada** de $\vec{u}$ **em relação à base** E (ou: **na base** E). Portanto, escolhida uma base, a cada vetor fica associada univocamente uma tripla ordenada de escalares, chamada **tripla de coordenadas** de $\vec{u}$ **em relação à base** E (ou: **na base** E). Como se trata de tripla ordenada, a ordem é importante. Assim, quando dissermos que a_1, a_2, a_3 são as coordenadas de $\vec{u}$ na base E, estará subentendido que vale a igualdade [7-1], na qual a_1 é o coeficiente do *primeiro* vetor da base E, a_2 é o coeficiente do *segundo* e a_3 é o coeficiente do *terceiro*. Diremos que a_1 é a **primeira coordenada** de $\vec{u}$ **na base** E, a_2 é a **segunda** e a_3 é a **terceira**. O segundo membro de [7-1], $a_1\vec{e}_1 + a_2\vec{e}_2 + a_3\vec{e}_3$, costuma ser abreviado por $(a_1, a_2, a_3)_E$, ou por (a_1, a_2, a_3), sem o índice E, quando não há dúvida quanto à base utilizada e não queremos explicitá-la. Pode-se, portanto, escrever [7-1] sob as formas $\vec{u} = (a_1, a_2, a_3)_E$ e $\vec{u} = (a_1, a_2, a_3)$. Esta última é, na verdade, um abuso de notação, pois o primeiro membro é um vetor e o segundo, uma tripla de escalares.

EXERCÍCIO **7-1** Seja E = $(\vec{e}_1, \vec{e}_2, \vec{e}_3)$ uma base. Sabendo que $(x, y, x - y)_E = (x^2, y^2, x + y)_E$, calcule $x^2 + y^2 - x$.

Em situações envolvendo vários vetores, a omissão do índice que indica a base pressupõe que todos se referem à mesma base.

Devido à freqüência com que usaremos essa nova maneira de descrever vetores, é conveniente que as operações com eles possam ser efetuadas diretamente em coordenadas. Vejamos como se faz isso.

7-2 *Proposição*
(a) $(a_1, a_2, a_3)_E + (b_1, b_2, b_3)_E = (a_1 + b_1, a_2 + b_2, a_3 + b_3)_E$
(b) $\alpha(a_1, a_2, a_3)_E = (\alpha a_1, \alpha a_2, \alpha a_3)_E$

Demonstração

Se E = $(\vec{e}_1, \vec{e}_2, \vec{e}_3)$, então:

(a) $(a_1, a_2, a_3)_E + (b_1, b_2, b_3)_E = a_1\vec{e}_1 + a_2\vec{e}_2 + a_3\vec{e}_3 + b_1\vec{e}_1 + b_2\vec{e}_2 + b_3\vec{e}_3$
$\qquad = (a_1 + b_1)\vec{e}_1 + (a_2 + b_2)\vec{e}_2 + (a_3 + b_3)\vec{e}_3$
$\qquad = (a_1 + b_1, a_2 + b_2, a_3 + b_3)_E$

(b) $\alpha(a_1, a_2, a_3)_E = \alpha(a_1\vec{e}_1 + a_2\vec{e}_2 + a_3\vec{e}_3)$
$\qquad = (\alpha a_1)\vec{e}_1 + (\alpha a_2)\vec{e}_2 + (\alpha a_3)\vec{e}_3$
$\qquad = (\alpha a_1, \alpha a_2, \alpha a_3)_E$ ∎

Note que, na demonstração do item (a), foi essencial que as coordenadas dos dois vetores se referissem à mesma base E.

7-3 Exercício Resolvido

Sendo $\vec{u} = (-1,2,0)_E$ e $\vec{v} = (3,-3,4)_E$, calcule a tripla de coordenadas de $\vec{w} = -3\vec{u} + 2\vec{v}$ na base E.

Resolução

$$\vec{w} = -3\vec{u} + 2\vec{v} = -3(-1,2,0)_E + 2(3,-3,4)_E = (3,-6,0)_E + (6,-6,8)_E = (9,-12,8)_E$$

Exercícios

7-2 Prove que $\vec{u} = \vec{0} \Leftrightarrow \vec{u} = (0,0,0)_E$.

7-3 Sendo $\vec{u} = (1,-1,3)$, $\vec{v} = (2,1,3)$, $\vec{w} = (-1,-1,4)$, determine a tripla de coordenadas de:
(a) $\vec{u} + \vec{v}$
(b) $\vec{u} - 2\vec{v}$
(c) $\vec{u} + 2\vec{v} - 3\vec{w}$

7-4 Sejam $\vec{u}$, $\vec{v}$ e $\vec{w}$ como no Exercício 7-3. Verifique se $\vec{u}$ é combinação linear de $\vec{v}$, $\vec{w}$.

7-5 Escreva $\vec{t} = (4,0,13)$ como combinação linear de $\vec{u} = (1,-1,3)$, $\vec{v} = (2,1,3)$, $\vec{w} = (-1,-1,4)$.

7-6 $\vec{u} = (1,-1,3)$ pode ser escrito como combinação linear de $\vec{v} = (-1,1,0)$, $\vec{w} = (2,3,1/3)$?

As próximas duas proposições mostram como analisar a dependência linear de um par ou de uma tripla ordenada de vetores a partir de informações sobre suas coordenadas.

7-4 Proposição

Os vetores $\vec{u} = (a_1,b_1,c_1)_E$ e $\vec{v} = (a_2,b_2,c_2)_E$ são LD se, e somente se, a_1,b_1,c_1 e a_2,b_2,c_2 são proporcionais ou, equivalentemente, os três determinantes

$$\begin{vmatrix} a_1 & b_1 \\ a_2 & b_2 \end{vmatrix} \quad \begin{vmatrix} a_1 & c_1 \\ a_2 & c_2 \end{vmatrix} \quad \begin{vmatrix} b_1 & c_1 \\ b_2 & c_2 \end{vmatrix}$$

são nulos.

Demonstração

Por [3-1](a), $\vec{u}$ e $\vec{v}$ são LD se, e somente se, um deles é múltiplo escalar do outro. Pela Proposição 7-2 (b), isso quer dizer que as coordenadas de um dos dois vetores são produtos das coordenadas do outro por um (mesmo) escalar, e é nisso que consiste a proporcionalidade entre a_1,b_1,c_1 e a_2,b_2,c_2. ∎

7-5 Exercício Resolvido

Verifique se os vetores $\vec{u}$ e $\vec{v}$ são LI ou LD.
(a) $\vec{u} = (3,10,11)$, $\vec{v} = (4,7,-1)$.
(b) $\vec{u} = (1,7,1)$, $\vec{v} = (1/2,7/2,1/2)$.

Resolução

(a) 3,10,11 e 4,7,−1 não são proporcionais (pois 3/4 ≠ 10/7); logo, $\vec{u}$ e $\vec{v}$ são LI.

(b) 1/2, 7/2, 1/2 e 1,7,1 são proporcionais, pois multiplicando 1/2, 7/2, 1/2 por 2 obtemos 1,7,1; logo, $\vec{u}$ e $\vec{v}$ são LD ($\vec{u} = 2\vec{v}$).

Exercícios

7-7 Verifique se $\vec{u}$ e $\vec{v}$ são LI ou LD.
(a) $\vec{u} = (0,1,0)$, $\vec{v} = (1,0,1)$.
(b) $\vec{u} = (0,11,1)$, $\vec{v} = (0,-22,-2)$.
(c) $\vec{u} = (0,1,1)$, $\vec{v} = (0,3,1)$.
(d) $\vec{u} = (1,-3,14)$, $\vec{v} = (1/14,-3/14,1)$.

7-8 Determine m e n tais que $(\vec{u},\vec{v})$ seja LD, sendo $\vec{u} = (1,m,n+1)$ e $\vec{v} = (m,n,10)$.

7-6 Proposição Os vetores $\vec{u} = (a_1,b_1,c_1)_E$, $\vec{v} = (a_2,b_2,c_2)_E$ e $\vec{w} = (a_3,b_3,c_3)_E$ são LD se, e somente se,

$$\begin{vmatrix} a_1 & b_1 & c_1 \\ a_2 & b_2 & c_2 \\ a_3 & b_3 & c_3 \end{vmatrix} = 0$$

Demonstração

Vimos no Capítulo 6 que $(\vec{u},\vec{v},\vec{w})$ é LD se, e somente se, a equação $\alpha\vec{u} + \beta\vec{v} + \gamma\vec{w} = \vec{0}$ admite solução não-trivial. Como

$$\alpha\vec{u} + \beta\vec{v} + \gamma\vec{w} = \alpha(a_1,b_1,c_1)_E + \beta(a_2,b_2,c_2)_E + \gamma(a_3,b_3,c_3)_E$$
$$= (\alpha a_1, \alpha b_1, \alpha c_1)_E + (\beta a_2, \beta b_2, \beta c_2)_E + (\gamma a_3, \gamma b_3, \gamma c_3)_E$$
$$= (\alpha a_1 + \beta a_2 + \gamma a_3, \alpha b_1 + \beta b_2 + \gamma b_3, \alpha c_1 + \beta c_2 + \gamma c_3)_E$$

concluímos do Exercício 7-2 que a equação $\alpha\vec{u} + \beta\vec{v} + \gamma\vec{w} = \vec{0}$ equivale ao sistema

$$\begin{cases} \alpha a_1 + \beta a_2 + \gamma a_3 = 0 \\ \alpha b_1 + \beta b_2 + \gamma b_3 = 0 \\ \alpha c_1 + \beta c_2 + \gamma c_3 = 0 \end{cases}$$

Logo, $(\vec{u},\vec{v},\vec{w})$ é LD se, e somente se, este sistema admite solução não-trivial, o que equivale, pela Regra de Cramer, a

$$\begin{vmatrix} a_1 & a_2 & a_3 \\ b_1 & b_2 & b_3 \\ c_1 & c_2 & c_3 \end{vmatrix} = 0$$

ou seja,

$$\begin{vmatrix} a_1 & b_1 & c_1 \\ a_2 & b_2 & c_2 \\ a_3 & b_3 & c_3 \end{vmatrix} = 0$$

∎

7-7 Exercício Resolvido

Verifique se são LI ou LD os vetores $\vec{u} = (1,-1,2)_E$, $\vec{v} = (0,1,3)_E$, $\vec{w} = (4,-3,11)_E$.

Resolução

De

$$\begin{vmatrix} 1 & -1 & 2 \\ 0 & 1 & 3 \\ 4 & -3 & 11 \end{vmatrix} = 0$$

resulta que $(\vec{u},\vec{v},\vec{w})$ é LD.

Exercícios

7-9 Verifique se $\vec{u}$, $\vec{v}$ e $\vec{w}$ são LI ou LD.
(a) $\vec{u} = (1,0,0)$, $\vec{v} = (200,2,1)$, $\vec{w} = (300,1,2)$.
(b) $\vec{u} = (1,2,1)$, $\vec{v} = (1,-1,-7)$, $\vec{w} = (4,5,-4)$.
(c) $\vec{u} = (1,-1,2)$, $\vec{v} = (-3,4,1)$, $\vec{w} = (1,0,9)$.
(d) $\vec{u} = (7,6,1)$, $\vec{v} = (2,0,1)$, $\vec{w} = (1,-2,1)$.

7-10 Calcule m de modo que $\vec{u} = (1,2,2)$ seja gerado por $\vec{v} = (m-1, 1, m-2)$, $\vec{w} = (m+1, m-1, 2)$. Em seguida, determine m para que $(\vec{u},\vec{v},\vec{w})$ seja LD.

7-11 Em cada caso, calcule m para que os vetores sejam LD.
(a) $\vec{u} = (m,1,m)$, $\vec{v} = (1,m,1)$.
(b) $\vec{u} = (1-m^2, 1-m, 0)$, $\vec{v} = (m,m,m)$.
(c) $\vec{u} = (m, 1, m+1)$, $\vec{v} = (1,2,m)$, $\vec{w} = (1,1,1)$.
(d) $\vec{u} = (m, 1, m+1)$, $\vec{v} = (0,1,m)$, $\vec{w} = (0,m,2m)$.

7-12 No tetraedro $ABCD$, seja X um ponto tal que $\vec{AX} = m\vec{XD}$. Determine os valores de m para os quais os vetores $\vec{AX} + \vec{AC}$, $\vec{BX} + \vec{BC}$ e $(1-m)\vec{BC} + \vec{AB}$ sejam LD.

7-8 Exercício Resolvido

Sabendo que $E = (\vec{e}_1, \vec{e}_2, \vec{e}_3)$ é base e que

$$\vec{f}_1 = 2\vec{e}_1 - \vec{e}_2 \qquad \vec{f}_2 = \vec{e}_1 - \vec{e}_2 + 2\vec{e}_3 \qquad \vec{f}_3 = \vec{e}_1 + 2\vec{e}_3 \qquad [7\text{-}2]$$

(a) mostre que $F = (\vec{f}_1, \vec{f}_2, \vec{f}_3)$ é base;
(b) calcule as coordenadas de $\vec{v} = (1,1,1)_E$ na base F.

Resolução

(a) De [7-2] decorre $\vec{f}_1 = (2,-1,0)_E$, $\vec{f}_2 = (1,-1,2)_E$, $\vec{f}_3 = (1,0,2)_E$. Como

$$\begin{vmatrix} 2 & -1 & 0 \\ 1 & -1 & 2 \\ 1 & 0 & 2 \end{vmatrix} = -4 \neq 0$$

concluímos que $(\vec{f}_1, \vec{f}_2, \vec{f}_3)$ é LI e, portanto, é base.

(b) $\vec{v} = (1,1,1)_E$ significa

$$\vec{v} = \vec{e}_1 + \vec{e}_2 + \vec{e}_3 \qquad [7\text{-}3]$$

Resolvendo o sistema [7-2] em relação a $\vec{e}_1, \vec{e}_2, \vec{e}_3$, você obterá

$$\vec{e}_1 = \frac{1}{2}\vec{f}_1 - \frac{1}{2}\vec{f}_2 + \frac{1}{2}\vec{f}_3 \qquad \vec{e}_2 = -\vec{f}_2 + \vec{f}_3 \qquad \vec{e}_3 = -\frac{1}{4}\vec{f}_1 + \frac{1}{4}\vec{f}_2 + \frac{1}{4}\vec{f}_3$$

e, substituindo em [7-3], chegará a $\vec{v} = \vec{f}_1/4 - 5\vec{f}_2/4 + 7\vec{f}_3/4 = (1/4, -5/4, 7/4)_F$. Portanto, as coordenadas de $\vec{v}$ na base F são 1/4, –5/4 e 7/4 (nessa ordem). ◄

O que fizemos no exercício resolvido anterior foi resolver um problema de *mudança de base*. No próximo capítulo, veremos outro método, bastante interessante, de resolução.

EXERCÍCIOS

7-13 Verifique se $(\vec{f}_1, \vec{f}_2, \vec{f}_3)$ é base, sabendo que $\vec{f}_1 = \vec{e}_1 + \vec{e}_2 + \vec{e}_3$, $\vec{f}_2 = \vec{e}_1 + \vec{e}_2$, $\vec{f}_3 = \vec{e}_3$, e que $(\vec{e}_1, \vec{e}_2, \vec{e}_3)$ é base.

7-14 Se $(\vec{e}_1, \vec{e}_2, \vec{e}_3)$ é base, prove que $(\alpha_1\vec{e}_1, \alpha_2\vec{e}_2, \alpha_3\vec{e}_3)$ é base se, e somente se, α_1, α_2 e α_3 não são nulos. Interprete geometricamente.

7-15 Sejam $E = (\vec{e}_1, \vec{e}_2, \vec{e}_3)$ uma base, $\vec{u} = \vec{e}_1 + \vec{e}_2$, $\vec{v} = \vec{e}_1 + \vec{e}_2 + \vec{e}_3$, $\vec{w} = a\vec{e}_1 + b\vec{e}_2 + c\vec{e}_3$. Deduza uma condição necessária e suficiente sobre a, b e c para que $(\vec{u}, \vec{v}, \vec{w})$ seja base.

7-16 Sejam *OABC* um tetraedro e *M* o ponto médio de *BC*. Explique por que $(\overrightarrow{OA}, \overrightarrow{OB}, \overrightarrow{OC})$ é base e determine as coordenadas de $\overrightarrow{AM}$ nessa base.

7-17 Sejam $E = (\vec{e}_1, \vec{e}_2, \vec{e}_3)$ uma base, $\vec{u} = (1, 2, -1)_E$, $\vec{f}_1 = \vec{e}_1 + \vec{e}_2 + \vec{e}_3$, $\vec{f}_2 = m\vec{e}_1 + 2m\vec{e}_2 - \vec{e}_3$, $\vec{f}_3 = 4\vec{e}_2 + 3\vec{e}_3$.
(a) Para que valores de *m* a tripla $F = (\vec{f}_1, \vec{f}_2, \vec{f}_3)$ é base?
(b) Nas condições do item (a), calcule *m* para que $\vec{u} = (0, 1, 0)_F$.

7-18 Sejam $E = (\vec{e}_1, \vec{e}_2, \vec{e}_3)$ uma base, $\vec{f}_1 = \vec{e}_1 - \vec{e}_2$, $\vec{f}_2 = m\vec{e}_1 + \vec{e}_3$, $\vec{f}_3 = -\vec{e}_1 - \vec{e}_2 - \vec{e}_3$.
(a) Para que valores de *m* a tripla $F = (\vec{f}_1, \vec{f}_2, \vec{f}_3)$ é base?
(b) Nas condições do item (a), calcule *a* e *b* de modo que os vetores $\vec{u} = (1, 1, 1)_E$ e $\vec{v} = (2, a, b)_F$ sejam LD.

7-19 Sejam $E = (\vec{e}_1, \vec{e}_2, \vec{e}_3)$ uma base, $\vec{f}_1 = 2\vec{e}_1 - \vec{e}_2 + \vec{e}_3$, $\vec{f}_2 = \vec{e}_2 - \vec{e}_3$, $\vec{f}_3 = 3\vec{e}_3$.
(a) Mostre que $F = (\vec{f}_1, \vec{f}_2, \vec{f}_3)$ é base.
(b) Calcule *m* para que $(0, m, 1)_E$ e $(0, 1, -1)_F$ sejam LD.

Sendo a ortogonalidade um dos conceitos fundamentais da Geometria Euclidiana, será interessante incorporá-la ao universo dos vetores. Valendo-nos dos representantes, como já se tornou

58 — *Geometria Analítica — um tratamento vetorial*

praxe em tais casos, podemos definir ortogonalidade entre vetor e reta, entre vetor e plano, entre vetor e segmento (notações: $\vec{u}\perp r$, $\vec{u}\perp\pi$, $\vec{u}\perp AB$) etc. Vamos omitir os detalhes, fazendo uma exceção para a ortogonalidade entre vetores, destacada na definição seguinte.

7-9 Definição
(a) Os vetores não-nulos $\vec{u}$ e $\vec{v}$ são **ortogonais** se existe um representante (A,B) de um deles e um representante (C,D) do outro tais que AB e CD sejam ortogonais. Indica-se $\vec{u}\perp\vec{v}$.
(b) O vetor nulo é ortogonal a qualquer vetor.

7-10 Proposição
Os vetores $\vec{u}$ e $\vec{v}$ são ortogonais se, e somente se, $\|\vec{u}+\vec{v}\|^2 = \|\vec{u}\|^2 + \|\vec{v}\|^2$.

Demonstração

Trata-se, em essência, da aplicação do Teorema de Pitágoras e de sua recíproca. Deixando de lado os casos em que um dos vetores é nulo (fáceis de verificar), tomemos um ponto A qualquer e consideremos os pontos $B = A + \vec{u}$ e $C = B + \vec{v}$ (Figura 7-2 (a)). Se $\vec{u}\perp\vec{v}$, os pontos A, B e C não são colineares (pois $A\hat{B}C$ é reto), sendo, portanto, vértices de um triângulo retângulo. O Teorema de Pitágoras permite então concluir que $\|\vec{u}+\vec{v}\|^2 = \|\vec{u}\|^2 + \|\vec{v}\|^2$. Reciprocamente, supondo válida esta última igualdade, podemos concluir do Exercício 3-15 que A, B e C são vértices de um triângulo. A recíproca do Teorema de Pitágoras leva à conclusão de que $\vec{u}\perp\vec{v}$. ∎

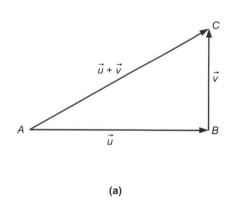

(a)   (b)

Figura 7-2

7-11 Definição
Uma base $(\vec{e}_1,\vec{e}_2,\vec{e}_3)$ é **ortonormal** se $\vec{e}_1$, $\vec{e}_2$ e $\vec{e}_3$ são unitários e dois a dois ortogonais (Figura 7-2 (b)).

7-12 Proposição
Seja $(\vec{e}_1,\vec{e}_2,\vec{e}_3)$ uma base ortonormal. Se $\vec{u} = \alpha\vec{e}_1 + \beta\vec{e}_2 + \gamma\vec{e}_3$, então

$$\|\vec{u}\| = \sqrt{\alpha^2 + \beta^2 + \gamma^2} \qquad [7\text{-}4]$$

Demonstração

Focalizaremos apenas o caso ilustrado na Figura 7-3, em que α, β e γ são todos diferentes de zero, deixando os demais para você. Vamos aplicar o Teorema de Pitágoras aos dois triângulos retângulos realçados.

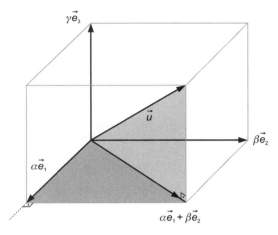

Figura 7-3

Como $\vec{e}_3$ é ortogonal a $\vec{e}_1$ e a $\vec{e}_2$, os vetores $\gamma\vec{e}_3$ e $\alpha\vec{e}_1 + \beta\vec{e}_2$ são ortogonais. Pela Proposição 7-10, de $\vec{u} = (\alpha\vec{e}_1 + \beta\vec{e}_2) + \gamma\vec{e}_3$ decorre

$$\|\vec{u}\|^2 = \|\alpha\vec{e}_1 + \beta\vec{e}_2\|^2 + \|\gamma\vec{e}_3\|^2$$

Como $\alpha\vec{e}_1$ é ortogonal a $\beta\vec{e}_2$, a mesma proposição permite escrever

$$\|\vec{u}\|^2 = \|\alpha\vec{e}_1\|^2 + \|\beta\vec{e}_2\|^2 + \|\gamma\vec{e}_3\|^2 \qquad [7\text{-}5]$$

O vetor $\vec{e}_1$ é unitário; logo, $\|\alpha\vec{e}_1\|^2 = (|\alpha|\|\vec{e}_1\|)^2 = |\alpha|^2 = \alpha^2$. Analogamente, $\|\beta\vec{e}_2\|^2 = \beta^2$ e $\|\gamma\vec{e}_3\|^2 = \gamma^2$. Substituindo em [7-5], obtemos a igualdade $\|\vec{u}\|^2 = \alpha^2 + \beta^2 + \gamma^2$, da qual resulta a tese. ∎

7-13 Exercício Resolvido

Seja E uma base ortonormal e $\vec{u} = (2,-1,3)_E$. Calcule $\|\vec{u}\|$.

Resolução

$$\|\vec{u}\| = \sqrt{2^2 + (-1)^2 + 3^2} = \sqrt{14}$$

7-14 Observação

Na demonstração da Proposição 7-12, a hipótese de ortonormalidade da base E desempenhou papel importante: usamos a ortogonalidade entre os vetores $\vec{e}_1, \vec{e}_2$ e $\vec{e}_3$ e também o fato de eles terem norma 1. Queremos enfatizar que essa hipótese é *essencial*, ou seja, que *a fórmula [7-4] não pode ser usada quando a base E não é ortonormal*. O exemplo seguinte reforça este alerta. Os vetores $\vec{e}_1$ e $\vec{e}_2$ da base $E = (\vec{e}_1,\vec{e}_2,\vec{e}_3)$ indicada na Figura 7-4 (a) são unitários. Seja $\vec{u} = \vec{e}_1 - \vec{e}_2 = (1,-1,0)_E$. O triângulo OAB

é eqüilátero; logo, $\|\vec{u}\| = \|\overrightarrow{BA}\| = 1$, que é diferente de $\sqrt{1^2 + (-1)^2 + 0^2}$. Adote uma atitude cautelosa sempre que quiser usar a fórmula [7-4]: verifique antes se a base é ortonormal. E não só isso: em capítulos posteriores, obteremos alguns resultados e fórmulas importantes como conseqüência direta ou indireta de [7-4]. Também para esses resultados, obviamente, vale a advertência: só poderão ser aplicados quando a base utilizada for ortonormal.

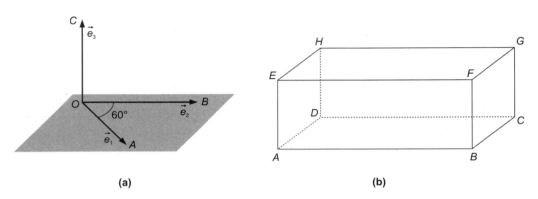

Figura 7-4

EXERCÍCIOS

7-20 Seja $E = (\vec{e}_1, \vec{e}_2, \vec{e}_3)$ uma base ortonormal. Calcule $\|\vec{u}\|$, nos casos:

(a) $\vec{u} = (1,1,1)_E$
(b) $\vec{u} = -\vec{e}_1 + \vec{e}_2$
(c) $\vec{u} = 3\vec{e}_1 + 4\vec{e}_3$
(d) $\vec{u} = -4\vec{e}_1 + 2\vec{e}_2 - \vec{e}_3$

7-21 No paralelepípedo retângulo da Figura 7-4 (b), *HG*, *BC* e *CG* medem, respectivamente, 3, 1 e 2.

(a) Explique por que $(\overrightarrow{AB}, \overrightarrow{AE}, \overrightarrow{AD})$ é base e verifique se é ortonormal.

(b) Explique por que, em relação à base do item (a), $\overrightarrow{AG} = (1,1,1)$.

(c) Mostre que o comprimento da diagonal *AG* é $d = \sqrt{14}$.

(d) Aplicando a fórmula [7-4] ao vetor $\overrightarrow{AG}$, obtemos $\sqrt{3}$. Explique a aparente contradição.

CAPÍTULO 8

MUDANÇA DE BASE

Neste capítulo introduz-se o conceito de matriz de mudança de base para resolver o problema de calcular as coordenadas de um vetor em relação a uma base, conhecidas as suas coordenadas em relação a outra.

Muitas vezes, a escolha conveniente de uma base facilita a resolução de um problema. Há mesmo casos em que, ao escolher uma base inadequada, perdemos recursos importantes (por exemplo, ao trabalhar com uma base não ortonormal, ficamos impedidos de usar a fórmula [7-4] no cálculo da norma de um vetor). O que fazer quando os vetores envolvidos forem dados em relação a uma base $E = (\vec{e}_1, \vec{e}_2, \vec{e}_3)$ e preferirmos trabalhar com a base $F = (\vec{f}_1, \vec{f}_2, \vec{f}_3)$? Um bom recurso é a *mudança de base*, que consiste em calcular as coordenadas de todos os vetores na base F, e deixar de lado os dados originais. Você já viu como se faz isso no Exercício Resolvido 7-8 (b); vamos mostrar agora um método alternativo, que utiliza matrizes. Teremos, assim, a oportunidade de introduzir o conceito de matriz de mudança de base, que será útil em capítulos posteriores. Após resolvido o problema, se quisermos dar a resposta nos termos em que ele foi proposto originalmente, repetimos o processo "de trás para diante" e voltamos para a base E.

Em primeiro lugar, precisamos saber como se relacionam as duas bases. Pelo que vimos no Capítulo 7, cada vetor de F se expressa de modo único como combinação linear dos vetores de E:

$$\begin{aligned} \vec{f}_1 &= a_{11}\vec{e}_1 + a_{21}\vec{e}_2 + a_{31}\vec{e}_3 \\ \vec{f}_2 &= a_{12}\vec{e}_1 + a_{22}\vec{e}_2 + a_{32}\vec{e}_3 \\ \vec{f}_3 &= a_{13}\vec{e}_1 + a_{23}\vec{e}_2 + a_{33}\vec{e}_3 \end{aligned}$$ [8-1]

Vamos supor conhecidos os números a_{ij}. Dado um vetor $\vec{u}$, sejam x_1, x_2, x_3 suas coordenadas na base E e y_1, y_2, y_3 suas coordenadas na base F. Podemos então escrever

$$\vec{u} = x_1\vec{e}_1 + x_2\vec{e}_2 + x_3\vec{e}_3 = (x_1, x_2, x_3)_E$$ [8-2]

$$\vec{u} = y_1\vec{f}_1 + y_2\vec{f}_2 + y_3\vec{f}_3 = (y_1, y_2, y_3)_F$$ [8-3]

Queremos obter relações entre x_1, x_2, x_3 e y_1, y_2, y_3. Para isso, usaremos [8-1] em [8-3], obtendo uma expressão de $\vec{u}$ como combinação linear de $\vec{e}_1, \vec{e}_2, \vec{e}_3$ que será comparada com [8-2]. Assim:

$$\vec{u} = y_1(a_{11}\vec{e}_1 + a_{21}\vec{e}_2 + a_{31}\vec{e}_3) + y_2(a_{12}\vec{e}_1 + a_{22}\vec{e}_2 + a_{32}\vec{e}_3) + y_3(a_{13}\vec{e}_1 + a_{23}\vec{e}_2 + a_{33}\vec{e}_3)$$
$$= (y_1 a_{11} + y_2 a_{12} + y_3 a_{13})\vec{e}_1 + (y_1 a_{21} + y_2 a_{22} + y_3 a_{23})\vec{e}_2 + (y_1 a_{31} + y_2 a_{32} + y_3 a_{33})\vec{e}_3$$

Comparando com [8-2], obtemos (devido à unicidade das coordenadas de um vetor em relação a uma base)

$$\begin{aligned} x_1 &= a_{11}y_1 + a_{12}y_2 + a_{13}y_3 \\ x_2 &= a_{21}y_1 + a_{22}y_2 + a_{23}y_3 \\ x_3 &= a_{31}y_1 + a_{32}y_2 + a_{33}y_3 \end{aligned} \qquad [8\text{-}4]$$

que são as relações desejadas. Elas permitem calcular facilmente x_1, x_2, x_3, conhecendo y_1, y_2, y_3. Para calcular y_1, y_2, y_3, conhecendo x_1, x_2, x_3, basta resolver o sistema das equações [8-4]. Dentre os vários métodos disponíveis, vamos optar pelo matricial. Além de prático, ele nos desobriga de memorizar as relações [8-4], com a sua profusão de índices.

Note que [8-4] se escreve matricialmente do seguinte modo:

$$\begin{bmatrix} x_1 \\ x_2 \\ x_3 \end{bmatrix} = \begin{bmatrix} a_{11} & a_{12} & a_{13} \\ a_{21} & a_{22} & a_{23} \\ a_{31} & a_{32} & a_{33} \end{bmatrix} \begin{bmatrix} y_1 \\ y_2 \\ y_3 \end{bmatrix}$$

Indicando por M_{EF} a matriz 3×3 do segundo membro, escreveremos esta igualdade, esquematicamente, assim:

$$\begin{bmatrix} \ \\ \ \\ \ \end{bmatrix}_E = M_{EF} \begin{bmatrix} \ \\ \ \\ \ \end{bmatrix}_F \qquad [8\text{-}5]$$

A matriz do primeiro membro é formada pelas coordenadas de $\vec{u}$ na base E, e a matriz 3×1 do segundo membro é formada pelas coordenadas de $\vec{u}$ na base F.

8-1 Definição — Dadas as bases E = $(\vec{e}_1, \vec{e}_2, \vec{e}_3)$ e F = $(\vec{f}_1, \vec{f}_2, \vec{f}_3)$, consideremos as coordenadas de $\vec{f}_1$, $\vec{f}_2$ e $\vec{f}_3$ na base E, ou seja, os números reais a_{ij} de [8-1]. A matriz

$$M_{EF} = \begin{bmatrix} a_{11} & a_{12} & a_{13} \\ a_{21} & a_{22} & a_{23} \\ a_{31} & a_{32} & a_{33} \end{bmatrix}$$

chama-se **matriz de mudança de base**, de E para F.

Capítulo 8 — Mudança de base — 63

Pensando, sugestivamente, em E como base *antiga* e em F como base *nova*, vamos esclarecer a construção da matriz M_{EF}. Cada coluna é formada pelas coordenadas de um dos vetores da base nova em relação à base antiga, respeitadas as ordens dos vetores nas respectivas bases. Assim, os números reais a_{11}, a_{21}, a_{31} que aparecem em

$$\vec{f}_1 = a_{11}\vec{e}_1 + a_{21}\vec{e}_2 + a_{31}\vec{e}_3$$

(expressão do *primeiro* vetor de F) devem ficar na *primeira coluna* de M_{EF}. Os números reais a_{12}, a_{22}, a_{32} que aparecem em

$$\vec{f}_2 = a_{12}\vec{e}_1 + a_{22}\vec{e}_2 + a_{32}\vec{e}_3$$

(expressão do *segundo* vetor de F) devem ficar na *segunda coluna* de M_{EF}. E a_{13}, a_{23}, a_{33}, que aparecem na expressão do *terceiro* vetor de F, devem ficar na *terceira coluna* de M_{EF}. Por exemplo:

$$\vec{f}_1 = 2\vec{e}_1 - \vec{e}_2 + 3\vec{e}_3$$
$$\vec{f}_2 = 4\vec{e}_1 + \vec{e}_2 + 5\vec{e}_3$$
$$\vec{f}_3 = 6\vec{e}_1 - \vec{e}_2 + 9\vec{e}_3$$

$$M_{EF} = \begin{bmatrix} 2 & 4 & 6 \\ -1 & 1 & -1 \\ 3 & 5 & 9 \end{bmatrix}$$

Uma vez que as colunas de M_{EF} são constituídas das coordenadas de três vetores LI, seu determinante é diferente de 0 (conseqüência da Proposição 7-6). Fica assegurada, portanto, a existência da matriz inversa de M_{EF}; registremos esse fato.

8-2 Proposição Toda matriz de mudança de base possui matriz inversa.

Multiplicando, à esquerda, ambos os membros de [8-5] por M_{EF}^{-1}, obtemos

$$M_{EF}^{-1} \begin{bmatrix} \\ \\ \end{bmatrix}_E = \begin{bmatrix} \\ \\ \end{bmatrix}_F \quad [8\text{-}6]$$

e chegamos ao ponto desejado. A igualdade [8-6] fornece um bom método para se calcular y_1, y_2, y_3, conhecendo-se x_1, x_2, x_3. Escreve-se a matriz M_{EF}, calcula-se sua inversa e efetua-se a multiplicação de matrizes indicada no primeiro membro.

8-3 Exercício Resolvido Sobre as bases $E = (\vec{e}_1, \vec{e}_2, \vec{e}_3)$ e $F = (\vec{f}_1, \vec{f}_2, \vec{f}_3)$, sabe-se que

$$\vec{f}_1 = -\vec{e}_1 + \vec{e}_2 \qquad \vec{f}_2 = \vec{e}_2 \qquad \vec{f}_3 = \vec{e}_2 + \vec{e}_3$$

(a) Escreva a matriz de mudança da base E para a base F.

(b) Calcule as coordenadas de $\vec{u} = (1,-1,3)_F$ em relação à base E.

Resolução

(a) As relações dadas entre os vetores das duas bases podem ser escritas assim:

$$\vec{f_1} = -\vec{e_1} + 1\vec{e_2} + 0\vec{e_3}$$
$$\vec{f_2} = 0\vec{e_1} + 1\vec{e_2} + 0\vec{e_3}$$
$$\vec{f_3} = 0\vec{e_1} + 1\vec{e_2} + 1\vec{e_3}$$

Portanto,

$$M_{EF} = \begin{bmatrix} -1 & 0 & 0 \\ 1 & 1 & 1 \\ 0 & 0 & 1 \end{bmatrix}$$

(b) Indicando por x_1, x_2, x_3 as coordenadas de $\vec{u}$ na base E e aplicando [8-5], obtemos

$$\begin{bmatrix} x_1 \\ x_2 \\ x_3 \end{bmatrix}_E = \begin{bmatrix} -1 & 0 & 0 \\ 1 & 1 & 1 \\ 0 & 0 & 1 \end{bmatrix} \begin{bmatrix} 1 \\ -1 \\ 3 \end{bmatrix}_F$$

Calculando o produto das matrizes, chegamos à resposta: $x_1 = -1, x_2 = 3, x_3 = 3$.

Exercícios

8-1 Mostre que $M_{EE} = I_3$ (matriz identidade de ordem 3).

8-2 Determine a, b e c, sabendo que $(1,1,2)_E = (2,1,0)_F$ e que a matriz de mudança da base F para a base E é

$$\begin{bmatrix} -1 & 0 & a \\ 2 & 1 & b \\ 1 & 0 & c \end{bmatrix}$$

8-4 *Exercício Resolvido*

Exprima $\vec{f_1}$, $\vec{f_2}$ e $\vec{f_3}$ como combinação linear de $\vec{e_1}, \vec{e_2}, \vec{e_3}$, sabendo que a matriz de mudança da base E = $(\vec{e_1},\vec{e_2},\vec{e_3})$ para a base F = $(\vec{f_1},\vec{f_2},\vec{f_3})$ é

$$M_{EF} = \begin{bmatrix} 1 & 0 & 1 \\ 0 & 1 & 0 \\ 1 & 0 & -1 \end{bmatrix}$$

Resolução

Para $\vec{f}_1$, leia a primeira coluna da matriz M_{EF}:

$$\vec{f}_1 = 1\vec{e}_1 + 0\vec{e}_2 + 1\vec{e}_3 = \vec{e}_1 + \vec{e}_3$$

Para $\vec{f}_2$, leia a segunda coluna:

$$\vec{f}_2 = 0\vec{e}_1 + 1\vec{e}_2 + 0\vec{e}_3 = \vec{e}_2$$

Para $\vec{f}_3$, leia a terceira:

$$\vec{f}_3 = 1\vec{e}_1 + 0\vec{e}_2 + (-1)\vec{e}_3 = \vec{e}_1 - \vec{e}_3$$

EXERCÍCIOS

8-3 Escreva a matriz de mudança da base E = $(\vec{e}_1,\vec{e}_2,\vec{e}_3)$ para a base F = $(\vec{f}_1,\vec{f}_2,\vec{f}_3)$ e exprima o vetor $\vec{u} = -4\vec{f}_1 + \vec{f}_2 - \vec{f}_3$ em função de $\vec{e}_1$, $\vec{e}_2$, $\vec{e}_3$, sabendo que $\vec{f}_1 = (-3,1,1)_E$, $\vec{f}_2 = (1,-2,1)_E$ e $\vec{f}_3 = (1,2,0)_E$.

8-4 Repita o exercício anterior, supondo agora que $\vec{f}_1 = \vec{e}_3 - \vec{e}_1$, $\vec{f}_3 = 3\vec{e}_2 - 4\vec{e}_1$ e $\vec{f}_2 = 3\vec{e}_1$.

8-5 Se E = $(\vec{u},\vec{v},\vec{w})$ é base, que condições deve satisfazer m para que F = $(\vec{u}+\vec{v}, m\vec{v}-\vec{w}, \vec{u}+m\vec{w})$ seja base? Escreva a matriz de mudança de E para F.

8-5 *Exercício Resolvido*

Sejam E = $(\vec{e}_1,\vec{e}_2,\vec{e}_3)$ e F = $(\vec{f}_1,\vec{f}_2,\vec{f}_3)$ bases tais que

$$\vec{f}_1 = \vec{e}_1 - 3\vec{e}_2 \qquad \vec{f}_2 = \vec{e}_2 + \vec{e}_3 \qquad \vec{f}_3 = \vec{e}_1 - 2\vec{e}_2$$

e seja $\vec{u} = 3\vec{e}_1 + 4\vec{e}_2 - \vec{e}_3$. Calcule as coordenadas de $\vec{u}$ na base F.

Resolução

Sejam y_1, y_2, y_3 as coordenadas de $\vec{u}$ na base F; aplicando [8-6], podemos escrever

$$M_{EF}^{-1} \begin{bmatrix} 3 \\ 4 \\ -1 \end{bmatrix}_E = \begin{bmatrix} y_1 \\ y_2 \\ y_3 \end{bmatrix}_F \qquad [8\text{-}7]$$

Por outro lado, das relações dadas entre os elementos das bases E e F resulta

$$M_{EF} = \begin{bmatrix} 1 & 0 & 1 \\ -3 & 1 & -2 \\ 0 & 1 & 0 \end{bmatrix}$$

Calculando a inversa dessa matriz e substituindo no primeiro membro de [8-7], obtemos

$$M_{EF}^{-1} \begin{bmatrix} 3 \\ 4 \\ -1 \end{bmatrix} = \begin{bmatrix} -2 & -1 & 1 \\ 0 & 0 & 1 \\ 3 & 1 & -1 \end{bmatrix} \begin{bmatrix} 3 \\ 4 \\ -1 \end{bmatrix} = \begin{bmatrix} -11 \\ -1 \\ 14 \end{bmatrix}$$

Portanto, $\vec{u} = -11\vec{f}_1 - \vec{f}_2 + 14\vec{f}_3$. As coordenadas de $\vec{u}$ na base F são -11, -1 e 14 (nessa ordem). ◄

EXERCÍCIOS

8-6 Sejam E = $(\vec{e}_1, \vec{e}_2, \vec{e}_3)$ e F = $(\vec{f}_1, \vec{f}_2, \vec{f}_3)$ duas bases tais que $\vec{f}_1 = 2\vec{e}_1 - \vec{e}_3$, $\vec{f}_2 = \vec{e}_2 + 2\vec{e}_3$ e $\vec{f}_3 = 7\vec{e}_3$. Exprima o vetor $\vec{u} = \vec{e}_1 + \vec{e}_2 + \vec{e}_3$ na base F.

8-7 Sejam E = $(\vec{u}, \vec{v}, \vec{w})$ uma base e F = $(\vec{v} - \vec{u}, \vec{u} - \vec{w}, \vec{u})$. Mostre que F é base e calcule a tripla de coordenadas do vetor $\vec{u} + 2\vec{v} + 3\vec{w}$ na base F.

8-8 Sejam E = $(\vec{u}, \vec{v}, \vec{w})$ uma base e F = $(\vec{a}, \vec{b}, \vec{c})$ tais que $\vec{u} = 2\vec{a} + 2\vec{b}$, $\vec{v} = 2\vec{a} - \vec{b}$, $\vec{w} = \vec{a} + \vec{b} - 5\vec{c}$. Prove que F é base e verifique se $(\vec{x}, \vec{y})$ é LI ou LD, nos casos:

(a) $\vec{x} = (2,2,0)_F$, $\vec{y} = (-4,0,-2)_E$. (b) $\vec{x} = (1,0,2)_F$, $\vec{y} = (11/15, 2/3, -4/5)_E$.

8-6 Proposição Se E = $(\vec{e}_1, \vec{e}_2, \vec{e}_3)$, F = $(\vec{f}_1, \vec{f}_2, \vec{f}_3)$ e G = $(\vec{g}_1, \vec{g}_2, \vec{g}_3)$ são bases, então

$$M_{EF} M_{FG} = M_{EG}$$

Demonstração

Sejam $M_{EF} = (a_{ij})$ e $M_{FG} = (b_{ij})$. Pela definição de matriz de mudança de base,

$$\vec{g}_k = \sum_{j=1}^{3} b_{jk} \vec{f}_j \qquad \vec{f}_j = \sum_{i=1}^{3} a_{ij} \vec{e}_i$$

Substituindo a expressão de $\vec{f}_j$ na de $\vec{g}_k$, obtemos

$$\vec{g}_k = \sum_{j=1}^{3} b_{jk} \left(\sum_{i=1}^{3} a_{ij} \vec{e}_i \right) = \sum_{j=1}^{3} \left(\sum_{i=1}^{3} b_{jk} a_{ij} \vec{e}_i \right) = \sum_{i=1}^{3} \left(\sum_{j=1}^{3} a_{ij} b_{jk} \right) \vec{e}_i$$

Seja $M_{EG} = (c_{ij})$. Pela definição de matriz de mudança de base, $\vec{g}_k = \sum_{i=1}^{3} c_{ik} \vec{e}_i$. Comparando com a expressão obtida anteriormente para $\vec{g}_k$, obtemos $c_{ik} = \sum_{j=1}^{3} a_{ij} b_{jk}$, o que mostra que $M_{EF} M_{FG} = M_{EG}$. ■

Se você não está habituado a usar somatórios como foi feito na demonstração anterior, o jeito é escrever tudo por extenso; talvez você reconheça a vantagem do uso de somatórios e pondere que, afinal de contas, o que se fez não é assim tão complicado.

8-7 Corolário

A matriz de mudança de F para E é a matriz inversa da matriz de mudança de E para F, isto é, $M_{FE} = M_{EF}^{-1}$.

Demonstração

Pela Proposição 8-6, $M_{EE} = M_{EF}M_{FE}$. Pelo Exercício 8-1, $M_{EE} = I_3$, matriz identidade 3×3. Logo, $I_3 = M_{EF}M_{FE}$. De modo análogo, $I_3 = M_{FE}M_{EF}$, e portanto M_{FE} é a matriz inversa de M_{EF}. ∎

8-8 Exercício Resolvido

Sejam $E = (\vec{e}_1, \vec{e}_2, \vec{e}_3)$ e $F = (\vec{f}_1, \vec{f}_2, \vec{f}_3)$ bases tais que

$$\vec{f}_1 = \vec{e}_1 - 3\vec{e}_2 + \vec{e}_3 \qquad \vec{f}_2 = \vec{e}_2 - \vec{e}_3 \qquad \vec{f}_3 = \vec{e}_1 - \vec{e}_2$$

(a) Escreva a matriz de mudança de F para E.
(b) Exprima $\vec{e}_1$, $\vec{e}_2$ e $\vec{e}_3$ na base F.

Resolução

(a) Das expressões de $\vec{f}_1, \vec{f}_2$ e $\vec{f}_3$ decorre

$$M_{EF} = \begin{bmatrix} 1 & 0 & 1 \\ -3 & 1 & -1 \\ 1 & -1 & 0 \end{bmatrix}$$

Pelo Corolário 8-7, M_{FE} é a inversa dessa matriz. Fazendo os cálculos, obtemos

$$M_{EF}^{-1} = \begin{bmatrix} -1 & -1 & -1 \\ -1 & -1 & -2 \\ 2 & 1 & 1 \end{bmatrix} = M_{FE} \qquad \blacktriangleleft$$

(b) Da definição de matriz de mudança de base decorre

$$\vec{e}_1 = -\vec{f}_1 - \vec{f}_2 + 2\vec{f}_3 \qquad \text{(lido na primeira coluna de } M_{FE}\text{)}$$
$$\vec{e}_2 = -\vec{f}_1 - \vec{f}_2 + \vec{f}_3 \qquad \text{(lido na segunda coluna de } M_{FE}\text{)}$$
$$\vec{e}_3 = -\vec{f}_1 - 2\vec{f}_2 + \vec{f}_3 \qquad \text{(lido na terceira coluna de } M_{FE}\text{)} \qquad \blacktriangleleft$$

Exercícios

8-9 Seja $E = (\vec{u}, \vec{v}, \vec{w})$ uma base. Verifique se existe uma base $F = (\vec{a}, \vec{b}, \vec{c})$ tal que $\vec{a} = (-1,0,1)_E$, $\vec{b} = (1,2,-2)_E$, $\vec{c} = (1/2,1,1/2)_E$. Caso exista, exprima os vetores de E em termos dos vetores de F.

8-10 Sejam $E = (\vec{e}_1, \vec{e}_2, \vec{e}_3)$, $F = (\vec{f}_1, \vec{f}_2, \vec{f}_3)$ e $G = (\vec{g}_1, \vec{g}_2, \vec{g}_3)$ três bases. Verifique se são verdadeiras ou falsas as afirmações seguintes e justifique sua resposta.

(a) $M_{EF} = M_{EG} \Rightarrow F = G$
(b) $M_{EF} = M_{GF} \Rightarrow E = G$
(c) $M_{EF} = I_3 \Rightarrow E = F$
(d) $M_{EF} = M_{FE} \Rightarrow E = F$

8-11 Seja O o ponto de encontro das diagonais do paralelepípedo $ABCDPQRS$ da Figura 8-1.

(a) Determine a matriz de mudança da base $E = (\vec{AB}, \vec{AD}, \vec{AP})$ para a base $F = (\vec{OP}, \vec{OS}, \vec{OR})$.

(b) Seja M o ponto médio da aresta AD. Calcule a tripla de coordenadas de $\vec{OM}$ na base F.

(c) Mostre que todo vetor que tem as três coordenadas iguais relativamente à base F é gerado por $\vec{AP} + \vec{BP} + \vec{AS}$.

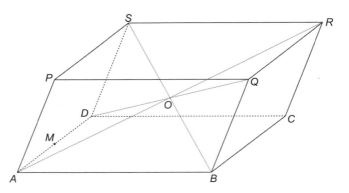

Figura 8-1

8-9 Exercício Resolvido

Sejam $E = (\vec{e}_1, \vec{e}_2, \vec{e}_3)$, $F = (\vec{f}_1, \vec{f}_2, \vec{f}_3)$ e $G = (\vec{g}_1, \vec{g}_2, \vec{g}_3)$ bases tais que

$$\vec{e}_1 = \vec{f}_1 + 2\vec{f}_2 \qquad \vec{g}_1 = \vec{e}_1 - 2\vec{e}_2$$
$$\vec{e}_2 = \vec{f}_1 - \vec{f}_3 \qquad \vec{g}_2 = \vec{e}_1 + \vec{e}_3$$
$$\vec{e}_3 = \vec{f}_2 + \vec{f}_3 \qquad \vec{g}_3 = \vec{e}_2 - \vec{e}_3$$

Obtenha as matrizes de mudança: M_{FE}, M_{EG}, M_{FG}, M_{EF}, M_{GE} e M_{GF}.

Resolução

As relações dadas permitem escrever, pela definição de matriz de mudança de base,

$$M_{FE} = \begin{bmatrix} 1 & 1 & 0 \\ 2 & 0 & 1 \\ 0 & -1 & 1 \end{bmatrix} \qquad M_{EG} = \begin{bmatrix} 1 & 1 & 0 \\ -2 & 0 & 1 \\ 0 & 1 & -1 \end{bmatrix} \blacktriangleleft$$

Calculando o produto destas matrizes, obteremos M_{FG} (Proposição 8-6):

$$M_{FG} = \begin{bmatrix} 1 & 1 & 0 \\ 2 & 0 & 1 \\ 0 & -1 & 1 \end{bmatrix} \begin{bmatrix} 1 & 1 & 0 \\ -2 & 0 & 1 \\ 0 & 1 & -1 \end{bmatrix} = \begin{bmatrix} -1 & 1 & 1 \\ 2 & 3 & -1 \\ 2 & 1 & -2 \end{bmatrix} \blacktriangleleft$$

As três matrizes restantes são as inversas das já obtidas:

$$M_{EF} = \begin{bmatrix} -1 & 1 & -1 \\ 2 & -1 & 1 \\ 2 & -1 & 2 \end{bmatrix} \qquad M_{GE} = \begin{bmatrix} 1/3 & -1/3 & -1/3 \\ 2/3 & 1/3 & 1/3 \\ 2/3 & 1/3 & -2/3 \end{bmatrix}$$ ◄

$$M_{GF} = \begin{bmatrix} -5/3 & 1 & -4/3 \\ 2/3 & 0 & 1/3 \\ -4/3 & 1 & -5/3 \end{bmatrix}$$ ◄

EXERCÍCIO

8-12 Sejam E = $(\vec{e}_1, \vec{e}_2, \vec{e}_3)$, F = $(\vec{f}_1, \vec{f}_2, \vec{f}_3)$ e G = $(\vec{g}_1, \vec{g}_2, \vec{g}_3)$ bases tais que

$2\vec{e}_1 = \sqrt{3}\vec{f}_1 - \vec{f}_3$ \qquad $\vec{g}_1 = \vec{e}_1 + \vec{e}_2 + \vec{e}_3$

$2\vec{e}_2 = \vec{f}_1 + \sqrt{3}\vec{f}_3$ \qquad $\vec{g}_2 = \vec{e}_1 + \vec{e}_2$

$\vec{e}_3 = \vec{f}_2$ \qquad $\vec{g}_3 = \vec{e}_1$

Escreva todas as matrizes de mudança de base envolvendo E, F e G.

CAPÍTULO 9

PRODUTO ESCALAR

Neste capítulo define-se produto escalar de dois vetores partindo da medida angular entre eles, e estuda-se sua relação com a ortogonalidade.

Dando prosseguimento à nossa tarefa de construir ferramentas vetoriais úteis ao estudo da Geometria Euclidiana, vamos desenvolver neste capítulo algumas idéias e conceitos relacionados a ângulos e ortogonalidade. Passaremos a contar com mais uma operação entre vetores, cujo resultado é um número real chamado *produto escalar*; essa operação ampliará sensivelmente a quantidade de aplicações dos vetores à Geometria.

Comecemos refletindo um pouco sobre o conceito de ângulo entre dois vetores não-nulos $\vec{u}$ e $\vec{v}$. A tentativa de defini-lo adotando a prática já costumeira de "culpar" os representantes esbarra na seguinte dificuldade: tomando O, P e Q tais que $\vec{u} = \overrightarrow{OP}$ e $\vec{v} = \overrightarrow{OQ}$, diríamos que o ângulo entre $\vec{u}$ e $\vec{v}$ é $P\hat{O}Q$ (Figura 9-1 (a)). Mas, tomando O', P' e Q' tais que $\vec{u} = \overrightarrow{O'P'}$ e $\vec{v} = \overrightarrow{O'Q'}$ (Figura 9-1 (b)), diríamos que o ângulo entre $\vec{u}$ e $\vec{v}$ é $P'\hat{O}'Q'$. Como $P\hat{O}Q$ e $P'\hat{O}'Q'$ *são ângulos diferentes*, tal definição seria ambígua. Vamos contornar essa dificuldade baseando-nos em duas constatações:

- embora diferentes, os ângulos $P\hat{O}Q$ e $P'\hat{O}'Q'$ têm mesma medida;
- em tudo o que vamos fazer, estaremos mais interessados nessa medida do que no ângulo propriamente dito.

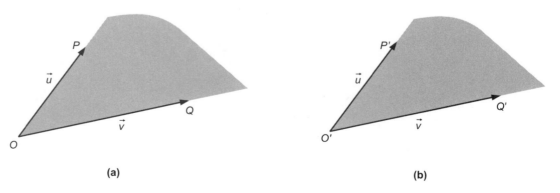

Figura 9-1

A definição seguinte, que é independente da escolha dos representantes, servirá bem aos nossos propósitos.

9-1 Definição

Sejam $\vec{u}$ e $\vec{v}$ vetores não-nulos. Chama-se **medida angular entre $\vec{u}$ e $\vec{v}$** a medida θ do ângulo $P\hat{O}Q$, sendo (O,P) e (O,Q), respectivamente, representantes quaisquer de $\vec{u}$ e $\vec{v}$ *com mesma origem* (Figura 9-2 (a)). Sobre o número θ impõe-se a restrição $0 \leq \theta \leq \pi$ se a unidade adotada for *radiano*, ou $0 \leq \theta \leq 180$, se for *grau*. Indica-se θ por ang$(\vec{u},\vec{v})$, especificando, se necessário, a unidade adotada (grau ou radiano).

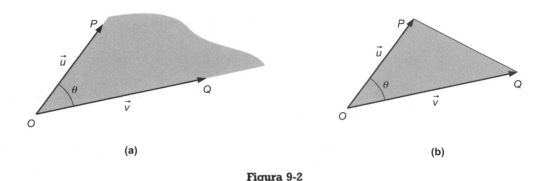

Figura 9-2

Embora tenhamos abdicado de definir ângulo entre dois vetores não-nulos, optando por trabalhar com o conceito de medida angular, vamos preservar, por conveniência, alguns termos utilizados na Geometria (será um abuso de linguagem benéfico). Assim, se $\vec{u}$ e $\vec{v}$ são vetores não-nulos e a medida angular θ entre eles, em graus [respectivamente, em radianos], é menor que 90 [respectivamente, menor que $\pi/2$], diremos que $\vec{u}$ e $\vec{v}$ *formam ângulo agudo*. Empregaremos também expressões como "$\vec{u}$ e $\vec{v}$ formam ângulo reto", "$\vec{u}$ e $\vec{v}$ formam ângulo obtuso", "$\vec{u}$ forma ângulos congruentes com $\vec{v}$ e $\vec{w}$", "$\vec{u}$ forma ângulos suplementares com $\vec{v}$ e $\vec{w}$" etc.

Exercícios

9-1 Verdadeiro ou falso?

(a) A medida angular entre um vetor não-nulo e ele mesmo é 0 (graus ou radianos).

(b) A medida angular entre dois vetores não-nulos e ortogonais é $\pi/2$ radianos.

(c) A medida angular entre dois vetores de sentido contrário é 180 graus.

(d) Não existem $\vec{u}$ e $\vec{v}$ tais que ang$(\vec{u},\vec{v})$ = arcsen$(-1/2)$.

9-2 Em uma roleta de centro O, o preto 17 ocupa a posição P. Após um giro de $7\pi/5$ radianos, passa a ocupar a posição Q. Qual é a medida angular em radianos entre $\overrightarrow{OP}$ e $\overrightarrow{OQ}$?

9-3 Seja $ABCDEF$ um hexágono regular de centro O, como na Figura 2-10. Obtenha as seguintes medidas angulares em graus:

(a) ang$(\overrightarrow{AC},\overrightarrow{DE})$

(b) ang$(\overrightarrow{AC} + \overrightarrow{AE},\overrightarrow{BF})$

(c) ang$(\overrightarrow{AO} + \overrightarrow{CE},\overrightarrow{CF})$

(d) ang$(\overrightarrow{DE},\overrightarrow{BF})$

Sendo $\theta = \text{ang}(\vec{u},\vec{v})$, vamos exprimir $\cos\theta$ em termos de $\vec{u}$ e $\vec{v}$, ou de suas coordenadas. Para isso, aplicamos a Lei dos co-senos ao triângulo POQ (Figura 9-2 (b)): como $\overrightarrow{QP} = \vec{u} - \vec{v}$,

$$\|\vec{u} - \vec{v}\|^2 = \|\vec{u}\|^2 + \|\vec{v}\|^2 - 2\|\vec{u}\|\,\|\vec{v}\|\cos\theta \qquad [9\text{-}1]$$

A fim de calcular as normas usando [7-4], escolhemos uma base ortonormal B = $(\vec{i},\vec{j},\vec{k})$. Sendo $\vec{u} = (a_1,b_1,c_1)_B$ e $\vec{v} = (a_2,b_2,c_2)_B$, podemos escrever:

$$\begin{aligned}
\|\vec{u} - \vec{v}\|^2 &= (a_1 - a_2)^2 + (b_1 - b_2)^2 + (c_1 - c_2)^2 \\
&= a_1^2 + b_1^2 + c_1^2 + a_2^2 + b_2^2 + c_2^2 - 2(a_1a_2 + b_1b_2 + c_1c_2) \\
&= \|\vec{u}\|^2 + \|\vec{v}\|^2 - 2(a_1a_2 + b_1b_2 + c_1c_2)
\end{aligned}$$

Substituindo em [9-1] e simplificando, obtemos

$$a_1a_2 + b_1b_2 + c_1c_2 = \|\vec{u}\|\,\|\vec{v}\|\cos\theta \qquad [9\text{-}2]$$

Essa expressão permite calcular $\cos\theta$ em termos das coordenadas dos vetores, utilizando as igualdades $\|\vec{u}\| = \sqrt{a_1^2 + b_1^2 + c_1^2}$ e $\|\vec{v}\| = \sqrt{a_2^2 + b_2^2 + c_2^2}$.

Na Física, o segundo membro de [9-2] é utilizado para calcular o trabalho realizado por uma força $\vec{u}$ cujo ponto de aplicação sofre um deslocamento $\vec{v}$. A igualdade [9-2] mostra que esse número, que está associado a normas e medida angular, pode ser calculado a partir de coordenadas em uma base ortonormal. Pela importância que tem na Álgebra Vetorial, ele merece o destaque que lhe dá a próxima definição, a qual inclui o caso, excluído até aqui, em que um dos vetores é nulo.

9-2 Definição

Produto escalar dos vetores $\vec{u}$ e $\vec{v}$, indicado por $\vec{u}\cdot\vec{v}$, é o número real tal que:
(a) se $\vec{u}$ ou $\vec{v}$ é nulo, $\vec{u}\cdot\vec{v} = 0$;
(b) se $\vec{u}$ e $\vec{v}$ não são nulos e θ é a medida angular entre eles, $\vec{u}\cdot\vec{v} = \|\vec{u}\|\,\|\vec{v}\|\cos\theta$.

Fique atento para não confundir *produto escalar de dois vetores* com *produto de escalar por vetor*, introduzido no Capítulo 3. O nome *produto escalar* sugere que se trata de um número real, isto é, de um *escalar*. No Capítulo 11, estudaremos o *produto vetorial* de dois vetores, que é um *vetor*.

9-3 Proposição

(a) Se $\vec{u}$ e $\vec{v}$ não são nulos e $\theta = \text{ang}(\vec{u},\vec{v})$, então

$$\cos\theta = \frac{\vec{u}\cdot\vec{v}}{\|\vec{u}\|\,\|\vec{v}\|} \qquad [9\text{-}3]$$

(b) Qualquer que seja o vetor $\vec{u}$,

$$\|\vec{u}\| = \sqrt{\vec{u}\cdot\vec{u}} \qquad [9\text{-}4]$$

(c) Quaisquer que sejam os vetores $\vec{u}$ e $\vec{v}$,

$$\vec{u} \perp \vec{v} \Leftrightarrow \vec{u}\cdot\vec{v} = 0$$

Demonstração

(a) É conseqüência imediata da Definição 9-2.

(b) Se $\vec{u} = \vec{0}$, a igualdade é verdadeira, pois ambos os membros são nulos. Se $\vec{u} \neq \vec{0}$, então $\text{ang}(\vec{u},\vec{v}) = 0$; logo, $\vec{u}\cdot\vec{u} = \|\vec{u}\|^2\cos 0 = \|\vec{u}\|^2$, ou seja, $\|\vec{u}\| = \sqrt{\vec{u}\cdot\vec{u}}$.

(c) Se um dos vetores é nulo, a equivalência é verdadeira, pois ambas as afirmações são verdadeiras. Senão, devido à fórmula [9-3],

$$\vec{u}\cdot\vec{v} = 0 \Leftrightarrow \cos\theta = 0 \Leftrightarrow \vec{u} \perp \vec{v}$$ ■

A respeito de ângulos, o produto escalar nos dá informações interessantes. Da Definição 9-2 decorre que, se $\vec{u}\cdot\vec{v} \neq 0$, então $\vec{u}$ e $\vec{v}$ não são nulos. Neste caso, com a notação da Figura 9-1 (a), se $\vec{u}\cdot\vec{v} > 0$, o ângulo $P\hat{O}Q$ é agudo, pois $\cos\theta > 0$. Se $\vec{u}\cdot\vec{v} < 0$, esse ângulo é obtuso, pois $\cos\theta < 0$. Por outro lado, se $\vec{u}\cdot\vec{v} = 0$ e nenhum dos dois vetores é nulo, o ângulo é reto.

EXERCÍCIOS

9-4 Os vetores não-nulos $\vec{u}$ e $\vec{v}$ são ortogonais, têm normas iguais, e $\vec{w}$ é gerado por eles. Sabendo que $\vec{w}\cdot\vec{u} = \vec{w}\cdot\vec{v}$ e que $\vec{w}$ não é nulo, obtenha as medidas angulares, em graus, entre $\vec{u}$ e $\vec{w}$ e entre $\vec{v}$ e $\vec{w}$.

9-5 Sendo ABCD um tetraedro regular de aresta unitária, calcule $\overrightarrow{AB}\cdot\overrightarrow{DA}$.

9-6 Os lados do triângulo eqüilátero ABC têm medida 2. Calcule $\overrightarrow{AB}\cdot\overrightarrow{BC} + \overrightarrow{BC}\cdot\overrightarrow{CA} + \overrightarrow{CA}\cdot\overrightarrow{AB}$.

9-7 São dados os números reais positivos a e b, e o vetor $\vec{u}$, de norma a. Dentre os vetores de norma b, qual é o que torna máximo o produto escalar $\vec{u}\cdot\vec{v}$? E mínimo? Quais são esses valores máximo e mínimo?

Decorre de [9-2] e da definição de produto escalar que, se $\vec{u}$ e $\vec{v}$ não são nulos, vale a igualdade $\vec{u}\cdot\vec{v} = a_1a_2 + b_1b_2 + c_1c_2$. Por outro lado, se um desses vetores é nulo, ela também vale, pois ambos os membros são nulos. Fica assim demonstrada a proposição seguinte.

9-4 Proposição Se, em relação a uma base ortonormal, $\vec{u} = (a_1,b_1,c_1)$ e $\vec{v} = (a_2,b_2,c_2)$, então

$$\vec{u}\cdot\vec{v} = a_1a_2 + b_1b_2 + c_1c_2$$

É interessante observar que, contrariando as aparências, a expressão $a_1a_2 + b_1b_2 + c_1c_2$ não depende da base fixada, *desde que seja ortonormal*. De fato, se um dos vetores é nulo, ela vale 0, não importa qual seja a base; e para vetores não-nulos, ela é igual a $\|\vec{u}\|\|\vec{v}\|\cos\theta$, que não depende das coordenadas de $\vec{u}$ e $\vec{v}$. Explicando de outro modo: se, em outra base *ortonormal*, $\vec{u} = (p_1,q_1,r_1)$ e $\vec{v} = (p_2,q_2,r_2)$, então, um procedimento análogo ao adotado para obter [9-2] a partir da Lei dos cossenos leva a $p_1p_2 + q_1q_2 + r_1r_2 = \|\vec{u}\|\|\vec{v}\|\cos\theta$; logo, $a_1a_2 + b_1b_2 + c_1c_2 = p_1p_2 + q_1q_2 + r_1r_2$.

Exercício 9-8 São dadas as bases ortonormais E e F. Determine a e b, sabendo que $\vec{u} = (1,1,2)_E = (b,a,1)_F$ e $\vec{v} = (1,2,3)_E = (3,1,2)_F$.

9-5 Exercício Resolvido

Em relação a uma base ortonormal, são dados $\vec{u} = (2,0,-3)$ e $\vec{v} = (1,1,1)$. Calcule, em radianos, a medida angular entre $\vec{u}$ e $\vec{v}$.

Resolução
Sendo

$$\vec{u}\cdot\vec{v} = (2,0,-3)\cdot(1,1,1) = 2\cdot 1 + 0\cdot 1 + (-3)\cdot 1 = -1 \qquad \text{(pela Proposição 9-4)}$$
$$\|\vec{u}\| = \|(2,0,-3)\| = \sqrt{2^2 + 0^2 + (-3)^2} = \sqrt{13} \qquad \text{(por [7-4])}$$
$$\|\vec{v}\| = \|(1,1,1)\| = \sqrt{1^2 + 1^2 + 1^2} = \sqrt{3} \qquad \text{(por [7-4])}$$
$$\cos\theta = \frac{\vec{u}\cdot\vec{v}}{\|\vec{u}\|\,\|\vec{v}\|} = \frac{-1}{\sqrt{13}\sqrt{3}} = \frac{-1}{\sqrt{39}} \qquad \text{(por [9-3])}$$

concluímos que $\theta = \arccos(-1/\sqrt{39})$.

Exercícios

9-9 São dadas as coordenadas de $\vec{u}$ e $\vec{v}$ em relação a uma base ortonormal fixada. Calcule, em radianos, a medida angular entre $\vec{u}$ e $\vec{v}$.

(a) $\vec{u} = (1,0,1)$, $\vec{v} = (-2,10,2)$.

(b) $\vec{u} = (3,3,0)$, $\vec{v} = (2,1,-2)$.

(c) $\vec{u} = (-1,1,1)$, $\vec{v} = (1,1,1)$.

(d) $\vec{u} = (\sqrt{3}/2, 1/2, 0)$, $\vec{v} = (\sqrt{3}/2, 1/2, \sqrt{3})$.

(e) $\vec{u} = (300,300,0)$, $\vec{v} = (-2000,-1000,2000)$.

9-10 Sejam $B = (\vec{i},\vec{j},\vec{k})$ uma base ortonormal, $\vec{u} = (x,y,z)_B \neq \vec{0}$, $\alpha = \text{ang}(\vec{u},\vec{i})$, $\beta = \text{ang}(\vec{u},\vec{j})$ e $\gamma = \text{ang}(\vec{u},\vec{k})$. Cada um dos números $\cos\alpha$, $\cos\beta$, $\cos\gamma$ chama-se **co-seno diretor de $\vec{u}$ relativamente a B**, e $(\cos\alpha,\cos\beta,\cos\gamma)$ chama-se **tripla de co-senos diretores de $\vec{u}$ relativamente a B**. Mostre que:

(a) $\cos\alpha = \dfrac{x}{\sqrt{x^2+y^2+z^2}}$ $\qquad \cos\beta = \dfrac{y}{\sqrt{x^2+y^2+z^2}} \qquad \cos\gamma = \dfrac{z}{\sqrt{x^2+y^2+z^2}}$

(Aplique este resultado a $(1,-3,\sqrt{6})$ e a seu oposto.)

(b) $\cos^2\alpha + \cos^2\beta + \cos^2\gamma = 1$

(c) Os co-senos diretores de $\vec{u}$ relativamente a B são as coordenadas do versor de $\vec{u}$ na base B.

(d) Se $(\cos\alpha_1,\cos\beta_1,\cos\gamma_1)$ e $(\cos\alpha_2,\cos\beta_2,\cos\gamma_2)$ são, respectivamente, as triplas de co-senos diretores de $\vec{u}_1$ e $\vec{u}_2$ relativamente à base B e θ é a medida angular entre $\vec{u}_1$ e $\vec{u}_2$, então $\cos\theta = \cos\alpha_1\cos\alpha_2 + \cos\beta_1\cos\beta_2 + \cos\gamma_1\cos\gamma_2$, ou seja, devido a (c), $\cos\theta$ é o produto escalar dos versores de $\vec{u}_1$ e $\vec{u}_2$ (isso é também uma conseqüência imediata de [9-3]).

(e) Se F é base formada de vetores unitários (em particular, se F é ortonormal), a primeira coluna de M_{BF} é formada pelos co-senos diretores do primeiro vetor de F relativamente a B. Resultado análogo vale para as outras colunas.

9-6 Exercício Resolvido

Sendo E uma base ortonormal, determine x para que os vetores $\vec{u} = (x,10,200)_E$ e $\vec{v} = (-10,x,0)_E$ sejam ortogonais.

Resolução

De $\vec{u}\cdot\vec{v} = (x,10,200)_E \cdot (-10,x,0)_E = x(-10) + 10x + 200\cdot 0 = 0$ resulta, pela Proposição 9-3 (c), que $\vec{u}$ e $\vec{v}$ são ortogonais para todo x real.

EXERCÍCIOS

Nos exercícios 9-11 a 9-19, todas as coordenadas referem-se a uma base ortonormal fixada.

9-11 Determine x de modo que $\vec{u}$ e $\vec{v}$ sejam ortogonais.
(a) $\vec{u} = (x,0,3)$, $\vec{v} = (1,x,3)$.
(b) $\vec{u} = (x,x,4)$, $\vec{v} = (4,x,1)$.
(c) $\vec{u} = (x+1,1,2)$, $\vec{v} = (x-1,-1,-2)$.
(d) $\vec{u} = (x,-1,4)$, $\vec{v} = (x,-3,1)$.

9-12 Determine $\vec{u}$ ortogonal a $(-3,0,1)$ tal que $\vec{u}\cdot(1,4,5) = 24$ e $\vec{u}\cdot(-1,1,0) = 1$.

9-13 (a) Obtenha os vetores de norma $3\sqrt{3}$ que são ortogonais a $\vec{u} = (2,3,-1)$ e a $\vec{v} = (2,-4,6)$.
(b) Qual dos vetores obtidos no item (a) forma ângulo agudo com $(1,0,0)$?

9-14 Obtenha a tripla de coordenadas do vetor que tem norma $\sqrt{3}$, é ortogonal a $(1,1,0)$ e a $(-1,0,1)$, e forma ângulo obtuso com $(0,1,0)$.

9-15 Obtenha um vetor $\vec{u}$ ortogonal a $\vec{v} = (4,-1,5)$ e $\vec{w} = (1,-2,3)$ tal que $\vec{u}\cdot(1,1,1) = -1$.

9-16 Dados $\vec{v} = (1,1,1)$, $\vec{w} = (0,1,-1)$ e $\vec{t} = (2,1,-1)$, obtenha $\vec{u}$ de norma $\sqrt{5}$, ortogonal a $\vec{t}$, tal que $(\vec{u},\vec{v},\vec{w})$ seja LD. Algum dos vetores encontrados forma ângulo agudo com $(-1,0,0)$?

9-17 Obtenha $\vec{u}$ ortogonal a $(1,1,0)$ tal que $\|\vec{u}\| = \sqrt{2}$ e a medida angular em graus entre $\vec{u}$ e $(1,-1,0)$ seja 45.

9-18 Descreva o conjunto de todos os vetores $\vec{w}$ ortogonais a $\vec{v} = (2,1,2)$ tais que $\vec{u} = (1,1,-1)$ seja combinação linear de $\vec{v}$, $\vec{w}$.

9-19 Decomponha $\vec{u} = (1,0,3)$ como soma dos vetores $\vec{v}$ e $\vec{w}$ tais que $\vec{v}$, $(1,1,1)$ e $(-1,1,2)$ sejam LD e $\vec{w}$ seja ortogonal aos dois últimos.

9-7 Proposição

Quaisquer que sejam os vetores $\vec{u}$, $\vec{v}$ e $\vec{w}$ e qualquer que seja o número real λ, valem as propriedades:
(a) $\vec{u}\cdot(\vec{v} + \vec{w}) = \vec{u}\cdot\vec{v} + \vec{u}\cdot\vec{w}$.
(b) $\vec{u}\cdot(\lambda\vec{v}) = (\lambda\vec{u})\cdot\vec{v} = \lambda(\vec{u}\cdot\vec{v})$
(c) $\vec{u}\cdot\vec{v} = \vec{v}\cdot\vec{u}$
(d) Se $\vec{u} \neq \vec{0}$, então $\vec{u}\cdot\vec{u} > 0$.

(Usando o Princípio de Indução Finita, pode-se estender a propriedade (a) para qualquer número de parcelas: $\vec{u}\cdot(\vec{v}_1 + \vec{v}_2 + ... + \vec{v}_n) = \vec{u}\cdot\vec{v}_1 + \vec{u}\cdot\vec{v}_2 + ... + \vec{u}\cdot\vec{v}_n$.)

Demonstração

Demonstraremos apenas o item (a), deixando os restantes para você. Suponhamos que, em relação a uma base ortonormal fixada, $\vec{u} = (a_1, b_1, c_1)$, $\vec{v} = (a_2, b_2, c_2)$, $\vec{w} = (a_3, b_3, c_3)$. Então, $\vec{v} + \vec{w} = (a_2 + a_3, b_2 + b_3, c_2 + c_3)$ e

$$\begin{aligned}\vec{u} \cdot (\vec{v} + \vec{w}) &= (a_1, b_1, c_1) \cdot (a_2 + a_3, b_2 + b_3, c_2 + c_3) \\ &= a_1(a_2 + a_3) + b_1(b_2 + b_3) + c_1(c_2 + c_3) \\ &= a_1 a_2 + a_1 a_3 + b_1 b_2 + b_1 b_3 + c_1 c_2 + c_1 c_3 \\ &= (a_1 a_2 + b_1 b_2 + c_1 c_2) + (a_1 a_3 + b_1 b_3 + c_1 c_3) \\ &= \vec{u} \cdot \vec{v} + \vec{u} \cdot \vec{w}\end{aligned}$$

∎

Exercícios

9-20 (a) Prove os itens (b), (c) e (d) da proposição anterior.

(b) Prove que, quaisquer que sejam os vetores $\vec{u}$, $\vec{v}$ e $\vec{w}$ e os escalares α e β, vale a igualdade $\vec{u} \cdot (\alpha \vec{v} + \beta \vec{w}) = \alpha \vec{u} \cdot \vec{v} + \beta \vec{u} \cdot \vec{w}$. Esta propriedade é chamada **bilinearidade do produto escalar**. (Usando o Princípio de Indução Finita, pode-se provar que a propriedade vale para qualquer número de parcelas: $\vec{u} \cdot (\alpha_1 \vec{v}_1 + \alpha_2 \vec{v}_2 + \ldots + \alpha_n \vec{v}_n) = \alpha_1 \vec{u} \cdot \vec{v}_1 + \alpha_2 \vec{u} \cdot \vec{v}_2 + \ldots + \alpha_n \vec{u} \cdot \vec{v}_n$.)

9-21 Verdadeiro ou falso? Justifique sua resposta.

(a) $\vec{u} \cdot \vec{u} = 0 \Leftrightarrow \vec{u} = \vec{0}$
(b) $\vec{u} \cdot \vec{v} = 0 \Rightarrow \vec{u} = \vec{0}$ ou $\vec{v} = \vec{0}$
(c) $\vec{u} \cdot (\vec{v} - \vec{w}) = \vec{u} \cdot \vec{v} - \vec{u} \cdot \vec{w}$
(d) $\vec{u} = -\vec{v} \Rightarrow \vec{u} \cdot \vec{v} \leq 0$

9-22 Observe a Proposição 9-7. Apenas como exercício, pois esta nomenclatura não é habitualmente usada, relacione as palavras *comutativa* e *distributiva* a um ou mais itens do enunciado. Explique a ausência de uma propriedade *associativa*, que seria "$(\vec{u} \cdot \vec{v}) \cdot \vec{w} = \vec{u} \cdot (\vec{v} \cdot \vec{w})$".

9-23 Sendo $\vec{u}$ e $\vec{v}$ unitários, $\|\vec{w}\| = 4$, $\vec{u} \cdot \vec{w} = -2$, $\vec{v} \cdot \vec{w} = -4$, e $\text{ang}(\vec{u}, \vec{v}) = \pi/3$ radianos, calcule:

(a) $(\vec{u} + \vec{v} + \vec{w}) \cdot \vec{u}$
(b) $(2\vec{u} - \vec{v} + \vec{w}) \cdot (-\vec{u} + \vec{v})$
(c) $(5\vec{u} - \vec{w}) \cdot (\vec{w} - 2\vec{u})$
(d) $(\vec{w} - \vec{v} + \vec{u}) \cdot (-\vec{u} + 2\vec{w} + \vec{v})$

9-8 Observação

A operação que a cada par de vetores $(\vec{u}, \vec{v})$ associa o número real $\vec{u} \cdot \vec{v}$ tem comportamento algébrico um tanto fora dos padrões aos quais você deve estar habituado. Como assegura a Proposição 9-7, podemos alterar a ordem dos fatores (item (c)), podemos tirar parênteses "distribuindo" ou pôr em evidência um fator comum (item (a)), ou ainda "puxar" um coeficiente para fora dos parênteses (item (b)). Há, porém, coisas que não podem ser feitas; destaquemos algumas.

- Na igualdade $\vec{u} \cdot \vec{v} = \vec{u} \cdot \vec{w}$ não podemos cancelar $\vec{u}$ e concluir que $\vec{v} = \vec{w}$, nem mesmo se soubermos que $\vec{u} \neq \vec{0}$ (para obter um contra-exemplo, tome dois vetores distintos $\vec{v}$ e $\vec{w}$, e um terceiro, $\vec{u}$, ortogonal a ambos). De $\vec{u} \cdot \vec{v} = \vec{u} \cdot \vec{w}$ podemos, isto sim, concluir que $\vec{u}$ é ortogonal a $\vec{v} - \vec{w}$, pois $\vec{u} \cdot \vec{v} = \vec{u} \cdot \vec{w} \Leftrightarrow \vec{u} \cdot \vec{v} - \vec{u} \cdot \vec{w} = 0 \Leftrightarrow \vec{u} \cdot (\vec{v} - \vec{w}) = 0$ (usamos o Exercício 9-21 (c)); veja a Proposição 9-3 (c).

- De $\vec{u} \cdot \vec{v} = 0$ não se pode concluir que algum dos dois vetores seja nulo. Veja a resposta do Exercício 9-21 (b).

- Nem pense em "cortar" $\vec{u}$ em $\dfrac{\vec{u}\cdot\vec{v}}{\vec{u}\cdot\vec{w}}$; ao fazê-lo, você obteria um quociente entre dois vetores, algo que não se define.

9-9 Exercício Resolvido

As medidas angulares entre os vetores unitários $\vec{u}$ e $\vec{v}$, $\vec{u}$ e $\vec{w}$, $\vec{v}$ e $\vec{w}$ são, respectivamente, 30, 45 e 90 graus. Prove que $(\vec{u},\vec{v},\vec{w})$ é base.

Resolução

Devemos provar que $(\vec{u},\vec{v},\vec{w})$ é LI. Suponhamos que

$$\alpha\vec{u} + \beta\vec{v} + \gamma\vec{w} = \vec{0} \qquad [9\text{-}5]$$

Calculando o produto escalar de ambos os membros por $\vec{u}$, obtemos

$$\vec{u}\cdot(\alpha\vec{u} + \beta\vec{v} + \gamma\vec{w}) = \vec{u}\cdot\vec{0} = 0$$

e, usando a Proposição 9-7,

$$\alpha\vec{u}\cdot\vec{u} + \beta\vec{u}\cdot\vec{v} + \gamma\vec{u}\cdot\vec{w} = 0$$

A fórmula [9-4] e a Definição 9-2 permitem escrever esta igualdade assim:

$$\alpha\,\|\vec{u}\|^2 + \beta\,\|\vec{u}\|\,\|\vec{v}\|\cos 30° + \gamma\,\|\vec{u}\|\,\|\vec{w}\|\cos 45° = 0$$

ou, já que $\vec{u}$, $\vec{v}$ e $\vec{w}$ são unitários, assim:

$$\alpha + \beta\,\frac{\sqrt{3}}{2} + \gamma\,\frac{\sqrt{2}}{2} = 0 \qquad [9\text{-}6]$$

De modo análogo, calculando o produto escalar de ambos os membros de [9-5] por $\vec{v}$ e $\vec{w}$, obtemos

$$\alpha\,\frac{\sqrt{3}}{2} + \beta = 0 \qquad \alpha\,\frac{\sqrt{2}}{2} + \gamma = 0 \qquad [9\text{-}7]$$

O sistema formado pelas equações [9-6] e [9-7] admite apenas a solução $\alpha = \beta = \gamma = 0$, o que mostra que $(\vec{u},\vec{v},\vec{w})$ é LI e, portanto, base. ◄

Exercícios

9-24 (a) No exercício resolvido anterior, suponha que $\vec{u}$, $\vec{v}$ e $\vec{w}$ sejam não-nulos, não necessariamente unitários. Pode-se ainda concluir que $(\vec{u},\vec{v},\vec{w})$ é base?

(b) Mostre que, se $\vec{u}$, $\vec{v}$ e $\vec{w}$ são vetores não-nulos e ortogonais dois a dois, então $(\vec{u},\vec{v},\vec{w})$ é LI. Vale o mesmo resultado para dois vetores?

9-25 Sejam $\vec{w} \neq \vec{0}$ e **T** o conjunto dos vetores ortogonais a $\vec{w}$. Prove que

(a) $\vec{w}$ não pertence a **T**;

(b) qualquer combinação linear de vetores de **T** pertence a **T**;

♦ (c) se $\vec{u}$ e $\vec{v}$ são dois vetores LI de **T**, então $(\vec{u},\vec{v},\vec{w})$ é LI;

♦ (d) três vetores quaisquer de **T** são LD;

♦ (e) se $\vec{u}$ e $\vec{v}$ são vetores LI de **T**, então $\vec{u}$ e $\vec{v}$ geram **T**, isto é, todo vetor de **T** é combinação linear de $\vec{u}$, $\vec{v}$ (compare com o Exercício 6-18).

9-26 Prove que as coordenadas de qualquer vetor $\vec{u}$ na base ortonormal B = $(\vec{i},\vec{j},\vec{k})$ são iguais aos produtos escalares de $\vec{u}$ por $\vec{i}$, $\vec{j}$ e $\vec{k}$, ou seja: $\vec{u} = (\vec{u}\cdot\vec{i})\vec{i} + (\vec{u}\cdot\vec{j})\vec{j} + (\vec{u}\cdot\vec{k})\vec{k}$.

9-10 Observação

Conforme o Exercício 9-24(b), qualquer tripla de vetores não-nulos dois a dois ortogonais é base. Logo, se E é uma tripla de vetores unitários dois a dois ortogonais, então E é base, neste caso, ortonormal. Logo, as bases ortonormais podem ser caracterizadas, com o auxílio do produto escalar, por

$$E = (\vec{e}_1,\vec{e}_2,\vec{e}_3) \text{ é uma base ortonormal} \Leftrightarrow \begin{cases} \vec{e}_1\cdot\vec{e}_1 = \vec{e}_2\cdot\vec{e}_2 = \vec{e}_3\cdot\vec{e}_3 = 1 \\ \vec{e}_1\cdot\vec{e}_2 = \vec{e}_1\cdot\vec{e}_3 = \vec{e}_2\cdot\vec{e}_3 = 0 \end{cases} \quad [9\text{-}8]$$

Exercícios

9-27 Sejam $\vec{u}$, $\vec{v}$, $\vec{a}$ e $\vec{b}$ vetores não-nulos tais que $\vec{u} = \alpha\vec{a}$ e $\vec{v} = \beta\vec{b}$. Mostre que ang$(\vec{u},\vec{v})$ = ang$(\vec{a},\vec{b})$ se $\alpha\beta > 0$ e ang$(\vec{u},\vec{v}) = \pi -$ ang$(\vec{a},\vec{b})$ se $\alpha\beta < 0$ (estamos usando o radiano como unidade de medida angular). Conclua que ang$(\vec{u},\vec{v})$ = ang$(\dfrac{\vec{u}}{\|\vec{u}\|}, \dfrac{\vec{v}}{\|\vec{v}\|})$. Interprete geometricamente.

9-28 Sabendo que $\vec{u} + \vec{v} + \vec{w} = \vec{0}$, $\|\vec{u}\| = 3/2$, $\|\vec{v}\| = 1/2$ e $\|\vec{w}\| = 2$, calcule $\vec{u}\cdot\vec{v} + \vec{v}\cdot\vec{w} + \vec{w}\cdot\vec{u}$.

9-29 Sejam $\vec{u}$, $\vec{v}$ e $\vec{w}$ vetores de norma 1 tais que $\vec{u}\cdot\vec{v} = \vec{v}\cdot\vec{w} = \vec{w}\cdot\vec{u} = 1/2$. Verifique se $\vec{w}$ é combinação linear de $\vec{u}$, $\vec{v}$.

9-30 Na Figura 9-3, a circunferência de centro O tem raio r. Calcule $\vec{BA}\cdot\vec{BC}$ em função de r e das medidas α e β dos ângulos indicados. Aplique o resultado para provar que todo ângulo inscrito em uma semicircunferência é reto.

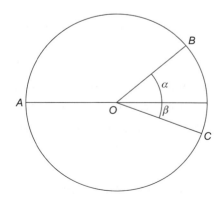

Figura 9-3

9-11 *Exercício Resolvido*

Mostre que $\|\vec{u} + \vec{v}\|^2 = \|\vec{u}\|^2 + 2\vec{u}\cdot\vec{v} + \|\vec{v}\|^2$.

Resolução

Apliquemos a Proposição 9-7.

$$\begin{aligned}\|\vec{u} + \vec{v}\|^2 &= (\vec{u} + \vec{v})\cdot(\vec{u} + \vec{v}) \\ &= \vec{u}\cdot(\vec{u} + \vec{v}) + \vec{v}\cdot(\vec{u} + \vec{v}) \\ &= \vec{u}\cdot\vec{u} + \vec{u}\cdot\vec{v} + \vec{v}\cdot\vec{u} + \vec{v}\cdot\vec{v} \\ &= \|\vec{u}\|^2 + \vec{u}\cdot\vec{v} + \vec{u}\cdot\vec{v} + \|\vec{v}\|^2 \\ &= \|\vec{u}\|^2 + 2\vec{u}\cdot\vec{v} + \|\vec{v}\|^2\end{aligned}$$

Exercícios

9-31 Calcule $\|2\vec{u} + 4\vec{v}\|^2$, sabendo que $\vec{u}$ é unitário, $\|\vec{v}\| = 2$, e a medida angular entre $\vec{u}$ e $\vec{v}$ é $2\pi/3$ radianos.

9-32 O lado do quadrado da Figura 9-4 (a) mede 2 e *M* é o ponto médio de *BC*.
(a) Escreva $\overrightarrow{DM}$ e $\overrightarrow{BD}$ como combinação linear de $\overrightarrow{DC}$, $\overrightarrow{DA}$.
(b) Calcule a medida angular entre $\overrightarrow{DM}$ e $\overrightarrow{BD}$.

9-33 A Figura 9-4 (b) mostra um cubo. Sabendo que o comprimento de *CM* é o dobro do comprimento de *GM*, calcule a medida do ângulo $B\hat{A}M$.

9-34 Na Figura 9-4 (c), a aresta do cubo mede 3 e *P* é um ponto sobre *HF* tal que a medida angular entre $\overrightarrow{DP}$ e $\overrightarrow{DH}$ é 30°. Calcule as normas de $\overrightarrow{DP}$ e $\overrightarrow{HP}$ e a medida em radianos do ângulo $P\hat{D}C$.

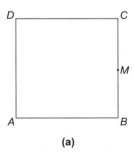
(a)

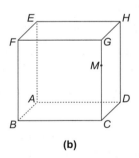
(b)

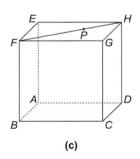
(c)

Figura 9-4

9-35 Prove que duas arestas opostas quaisquer de um tetraedro regular são ortogonais.

9-36 A Figura 9-5 (a) mostra um paralelepípedo retângulo. Sendo α e β as medidas dos ângulos indicados e γ a medida de $A\hat{B}C$, mostre que $\cos\gamma = \mathrm{sen}\alpha\,\mathrm{sen}\beta$.

9-37 Na Figura 9-5 (b), as arestas *AB*, *AC* e *AD* do tetraedro *ABCD* medem, respectivamente, 2, 3 e 4; os ângulos $B\hat{A}C$, $C\hat{A}D$ e $D\hat{A}B$ medem, respectivamente, 90°, 60° e 60°; *M* é o ponto médio de *BC*, e *N* é o ponto médio de *CD*. Calcule o co-seno do ângulo $M\hat{A}N$.

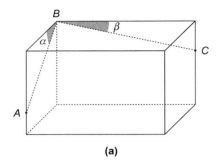 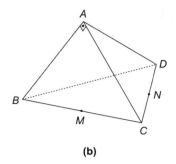

(a) (b)

Figura 9-5

9-38 Prove que:

(a) $4\vec{u}\cdot\vec{v} = \|\vec{u} + \vec{v}\|^2 - \|\vec{u} - \vec{v}\|^2$;

(b) $\vec{u}\cdot\vec{v} = 0 \Leftrightarrow \|\vec{u} + \vec{v}\| = \|\vec{u} - \vec{v}\|$;

(c) as diagonais de um paralelogramo têm comprimentos iguais se, e somente se, o paralelogramo é um retângulo.

9-39 Prove que:

(a) $(\vec{u} + \vec{v})\cdot(\vec{u} - \vec{v}) = \|\vec{u}\|^2 - \|\vec{v}\|^2$;

(b) as diagonais de um paralelogramo são perpendiculares se, e somente se, o paralelogramo é um losango;

(c) $\|\vec{v}\|\vec{u} + \|\vec{u}\|\vec{v}$ é ortogonal a $\|\vec{v}\|\vec{u} - \|\vec{u}\|\vec{v}$.

9-40 A medida angular em radianos entre $\vec{u}$ e $\vec{v}$ é $\pi/4$, $\|\vec{u}\| = \sqrt{5}$ e $\|\vec{v}\| = 1$. Calcule a medida angular em radianos entre $\vec{u} + \vec{v}$ e $\vec{u} - \vec{v}$.

9-41 Prove que:

(a) $\|\vec{u} + \vec{v}\|^2 + \|\vec{u} - \vec{v}\|^2 = 2(\|\vec{u}\|^2 + \|\vec{v}\|^2)$;

(b) a soma dos quadrados dos comprimentos das diagonais de um paralelogramo é igual à soma dos quadrados dos comprimentos dos quatro lados;

(c) a diagonal maior de um paralelogramo é maior do que cada um dos quatro lados.

9-42 Sejam A, B e C pontos não-colineares, $\vec{u} = \overrightarrow{AB}$, $\vec{v} = \overrightarrow{AC}$. Prove que, se $\vec{a}$ e $\vec{u}$ são de mesmo sentido e o mesmo ocorre com $\vec{b}$ e $\vec{v}$, e se $\|\vec{a}\| = \|\vec{b}\|$, então $\vec{a} + \vec{b}$ é paralelo à bissetriz de $B\hat{A}C$. Em particular, o vetor soma dos versores de $\vec{u}$ e $\vec{v}$ é paralelo à bissetriz de $B\hat{A}C$.

9-43 Prove que as diagonais de um losango estão contidas nas bissetrizes dos ângulos internos.

9-44 Prove que:

(a) a mediana e a altura relativas à base de um triângulo isósceles coincidem, e estão contidas na bissetriz do ângulo do vértice;

(b) um triângulo é isósceles se, e somente se, ele tem dois ângulos internos congruentes.

9-45 Prove que as bissetrizes de ângulos adjacentes suplementares são perpendiculares.

9-46 Sejam $\vec{u} = \overrightarrow{AB}$ e $\vec{v} = \overrightarrow{AC}$ vetores não-nulos, de normas p e q, respectivamente. Prove que o vetor $\vec{w} = q\vec{u} + p\vec{v}$ é paralelo à bissetriz de $B\hat{A}C$.

9-47 Prove que são verdadeiras as afirmações seguintes.

▸ (a) $\overrightarrow{AB}\cdot\overrightarrow{CD} + \overrightarrow{BC}\cdot\overrightarrow{AD} + \overrightarrow{CA}\cdot\overrightarrow{BD} = 0$, quaisquer que sejam os pontos A, B, C e D (**Relação de Euler**).

(b) Se um tetraedro tem dois pares de arestas opostas ortogonais, as duas arestas restantes são ortogonais.

(c) As três retas que contêm as alturas de um triângulo são concorrentes num ponto, chamado *ortocentro* do triângulo. (Este resultado foi objeto do Exercício 5-21. Sua verificação, com o auxílio da Relação de Euler, fica muito simplificada.)

9-48 (a) Prove que $\|\vec{u} + \vec{v} + \vec{w}\|^2 = \|\vec{u}\|^2 + \|\vec{v}\|^2 + \|\vec{w}\|^2 + 2(\vec{u}\cdot\vec{v} + \vec{u}\cdot\vec{w} + \vec{v}\cdot\vec{w})$, quaisquer que sejam $\vec{u}$, $\vec{v}$ e $\vec{w}$.

▸ (b) Dados os vetores não-nulos $\vec{u}$, $\vec{v}$ e $\vec{w}$, sejam $\alpha = \text{ang}(\vec{u},\vec{v})$, $\beta = \text{ang}(\vec{u},\vec{w})$ e $\gamma = \text{ang}(\vec{v},\vec{w})$. Prove que $-3/2 \leq \cos\alpha + \cos\beta + \cos\gamma \leq 3$.

▸ (c) Supondo, no item anterior, que $\alpha = \beta = \gamma$, verifique se $(\vec{u},\vec{v},\vec{w})$ é base.

9-49 No paralelogramo $ABCD$, os lados AB e AD medem, respectivamente, 3 e 9, e o ângulo interno de vértice A mede 60°. Sejam M o ponto de DC e N o ponto de AD tais que $\|\overrightarrow{DM}\| = 3\|\overrightarrow{MC}\|$ e $3\|\overrightarrow{AN}\| = 2\|\overrightarrow{AD}\|$. Calcule:

(a) a medida do ângulo $M\hat{A}B$;

▸ (b) a norma de $\overrightarrow{AX}$, sendo X o ponto de interseção de AM com BN.

9-50 ▸ Seja $ABCD$ um retângulo de diagonal BD. Prove que $\|\overrightarrow{DP}\|^2 + \|\overrightarrow{BP}\|^2 = \|\overrightarrow{AP}\|^2 + \|\overrightarrow{CP}\|^2$, qualquer que seja o ponto P.

9-51 Prove que:

(a) $|\vec{u}\cdot\vec{v}| \leq \|\vec{u}\|\,\|\vec{v}\|$ (**Desigualdade de Schwarz**);

▸ (b) vale a igualdade em (a) se, e somente se, $(\vec{u},\vec{v})$ é LD;

▸ (c) $\|\vec{u} + \vec{v}\| \leq \|\vec{u}\| + \|\vec{v}\|$ (**Propriedade Triangular**);

▸ (d) $|\|\vec{u}\| - \|\vec{v}\|| \leq \|\vec{u} - \vec{v}\|$;

▸ (e) uma condição necessária e suficiente para que valha a igualdade em cada um dos itens (c) e (d) é: $\vec{u}$ e $\vec{v}$ são de mesmo sentido ou $\vec{u} = \vec{0}$ ou $\vec{v} = \vec{0}$.

Vamos introduzir agora o importante conceito de projeção ortogonal de um vetor sobre outro. A Figura 9-6 (a) mostra um caso particular em que $\vec{u} = \overrightarrow{OA}$ e $\vec{v} = \overrightarrow{OB}$ são vetores não-nulos que formam ângulo *agudo* de medida θ radianos e C é o pé da perpendicular, por B, à reta OA. O vetor $\vec{p} = \overrightarrow{OC}$ é o nosso personagem, a quem pretendemos chamar *projeção ortogonal de $\vec{v}$ sobre $\vec{u}$*.

Evidentemente, $\vec{p}$ é paralelo a $\vec{u}$ e, dentre todos os vetores paralelos a $\vec{u}$, parece ser $\vec{p}$ o único para o qual $\vec{v} - \vec{p}$, isto é, $\overrightarrow{CB}$, é ortogonal a $\vec{u}$.

Uma versão alternativa dessas idéias é a decomposição de $\vec{v}$ como soma de duas parcelas $\vec{p}$ e $\vec{q}$, a primeira paralela e a segunda ortogonal a $\vec{u}$ (naturalmente, $\vec{q} = \overrightarrow{CB} = \vec{v} - \vec{p}$):

$$\vec{v} = \vec{p} + \vec{q} \qquad \vec{p}\,/\!/\,\vec{u} \qquad \vec{q} \perp \vec{u} \qquad\qquad [9\text{-}9]$$

82 – *Geometria Analítica – um tratamento vetorial*

(Isso é útil na Estática, por exemplo, em problemas que envolvem decomposição de forças.)

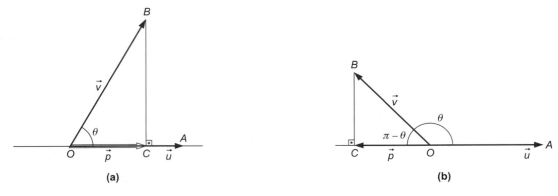

Figura 9-6

9-12 Definição Seja $\vec{u}$ um vetor *não-nulo*. Dado $\vec{v}$ qualquer, o vetor $\vec{p}$ é chamado **projeção ortogonal de $\vec{v}$ sobre $\vec{u}$**, e indicado por $\text{proj}_{\vec{u}}\vec{v}$, se satisfaz as condições
(a) $\vec{p}//\vec{u}$ (b) $(\vec{v}-\vec{p})\perp\vec{u}$

Convém reescrever, com outra notação, as condições (a) e (b):

$$\text{proj}_{\vec{u}}\vec{v} // \vec{u} \qquad \vec{v} - \text{proj}_{\vec{u}}\vec{v} \perp \vec{u} \qquad [9\text{-}10]$$

Voltemos à Figura 9-6 (a): observando o triângulo retângulo OBC, notamos que $\|\vec{p}\| = \|\vec{v}\|\cos\theta$, e portanto, devido a [9-3], $\|\vec{p}\| = \dfrac{\vec{v}\cdot\vec{u}}{\|\vec{u}\|}$. Além disso, $\vec{p} = \dfrac{\|\vec{p}\|}{\|\vec{u}\|}\vec{u}$, pois $\vec{p}$ e $\vec{u}$ são de mesmo sentido (isto já foi visto na demonstração da Proposição 3-6). Substituindo $\|\vec{p}\|$, obtemos $\vec{p} = \dfrac{\vec{v}\cdot\vec{u}}{\|\vec{u}\|^2}\vec{u}$.

Essas expressões para $\vec{p}$ e $\|\vec{p}\|$, bem como a existência e a unicidade de $\vec{p}$, ainda não podem ser aceitas de modo geral porque os argumentos utilizados valem exclusivamente no caso particular considerado. De fato, no caso da Figura 9-6 (b), por exemplo, a igualdade $\|\vec{p}\| = \|\vec{v}\|\cos\theta$ não é verdadeira (pois a medida do ângulo de vértice O do triângulo OBC não é θ, e sim $\pi - \theta$), e nos casos da Figura 9-7, o triângulo nem sequer existe. A Proposição 9-13, com uma abordagem mais abrangente, estenderá tais resultados a todos os casos.

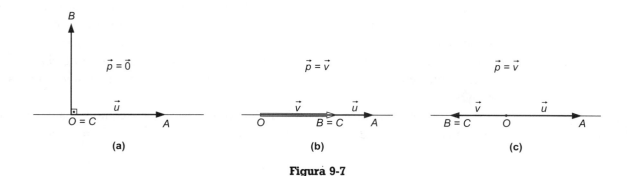

Figura 9-7

Exercício 9-52 Nos casos da Figura 9-7, determine λ tal que $\vec{p} = \lambda\vec{u}$.

9-13 Proposição

Seja $\vec{u}$ um vetor não-nulo. Qualquer que seja $\vec{v}$, existe e é única a projeção ortogonal de $\vec{v}$ sobre $\vec{u}$. Sua expressão em termos de $\vec{u}$ e $\vec{v}$ é

$$\text{proj}_{\vec{u}}\vec{v} = \frac{\vec{v}\cdot\vec{u}}{\|\vec{u}\|^2}\vec{u} \qquad [9\text{-}11]$$

e a expressão de sua norma,

$$\|\text{proj}_{\vec{u}}\vec{v}\| = \frac{|\vec{v}\cdot\vec{u}|}{\|\vec{u}\|} \qquad [9\text{-}12]$$

Demonstração

Devido à Definição 9-12, dizer que $\vec{p}$ é projeção ortogonal de $\vec{v}$ sobre $\vec{u}$ significa dizer que $\vec{p} = \lambda\vec{u}$ e $(\vec{v} - \lambda\vec{u}) \perp \vec{u}$. Logo, existir uma única projeção ortogonal equivale a existir um único λ real tal que $(\vec{v} - \lambda\vec{u})\cdot\vec{u} = 0$, e isto é verdadeiro, pois

$$(\vec{v} - \lambda\vec{u})\cdot\vec{u} = 0 \Leftrightarrow \vec{v}\cdot\vec{u} - \lambda\vec{u}\cdot\vec{u} = 0 \Leftrightarrow \vec{v}\cdot\vec{u} - \lambda\|\vec{u}\|^2 = 0 \Leftrightarrow \lambda = \frac{\vec{v}\cdot\vec{u}}{\|\vec{u}\|^2}$$

Disso decorre que

$$\vec{p} = \text{proj}_{\vec{u}}\vec{v} \Leftrightarrow \vec{p} = \lambda\vec{u} \text{ e } \lambda = \frac{\vec{v}\cdot\vec{u}}{\|\vec{u}\|^2}$$

Vale, portanto, a igualdade [9-11], da qual se obtém [9-12], uma vez que $\|\vec{p}\| = |\lambda|\|\vec{u}\|$ e $|\lambda| = \frac{|\vec{v}\cdot\vec{u}|}{\|\vec{u}\|^2}$. ∎

9-14 Exercício Resolvido

Dada a base ortonormal $B = (\vec{i}, \vec{j}, \vec{k})$, sejam $\vec{u} = 2\vec{i} - 2\vec{j} + \vec{k}$ e $\vec{v} = 3\vec{i} - 6\vec{j}$.

(a) Obtenha a projeção ortogonal de $\vec{v}$ sobre $\vec{u}$.
(b) Determine $\vec{p}$ e $\vec{q}$ tais que $\vec{v} = \vec{p} + \vec{q}$, sendo $\vec{p}$ paralelo e $\vec{q}$ ortogonal a $\vec{u}$.

Resolução

(a) Em relação a B, $\vec{u} = (2,-2,1)$ e $\vec{v} = (3,-6,0)$. Logo, $\|\vec{u}\|^2 = 2^2 + (-2)^2 + 1^2 = 9$ e $\vec{v}\cdot\vec{u} = 3\cdot 2 + (-6)(-2) + 0\cdot 1 = 18$; aplicando [9-11], obtemos:

$$\text{proj}_{\vec{u}}\vec{v} = \frac{\vec{v}\cdot\vec{u}}{\|\vec{u}\|^2}\vec{u} = \frac{18}{9}(2,-2,1) = (4,-4,2) \qquad \blacktriangleleft$$

(b) O vetor $\vec{p}$ é a projeção ortogonal calculada em (a), e $\vec{q}$ é a diferença $\vec{v} - \vec{p}$. Portanto,

$$\vec{q} = \vec{v} - \vec{p} = (3,-6,0) - (4,-4,2) = (-1,-2,-2) \qquad \blacktriangleleft$$

EXERCÍCIOS

Nos Exercícios 9-53 a 9-55, todas as coordenadas referem-se a uma base ortonormal fixada $B = (\vec{i}, \vec{j}, \vec{k})$.

9-53 Calcule a projeção ortogonal de $\vec{v}$ sobre $\vec{u}$ em cada caso.

(a) $\vec{v} = (1,-1,2)$, $\vec{u} = (3,-1,1)$. 　　　(b) $\vec{v} = (-1,1,1)$, $\vec{u} = (-2,1,2)$.

(c) $\vec{v} = (1,3,5)$, $\vec{u} = (-3,1,0)$. 　　　(d) $\vec{v} = (1,2,4)$, $\vec{u} = (-2,-4,-8)$.

9-54 Em cada caso, decomponha $\vec{v}$ como soma de dois vetores $\vec{p}$ e $\vec{q}$, de modo que $\vec{p}$ seja paralelo e $\vec{q}$ seja ortogonal a $\vec{u}$.

(a) $\vec{v} = (-1,-3,2)$, $\vec{u} = (0,1,3)$. 　　(b) $\vec{v} = (0,1,2)$, $\vec{u} = (0,-1,-2)$. 　　(c) $\vec{v} = (1,2,-1)$, $\vec{u} = (2,-1,0)$.

9-55 Determine os vetores unitários $\vec{u} = (x,y,z)_B$ tais que a projeção ortogonal de $\vec{u}$ sobre $\vec{k}$ seja $\vec{k}/2$ e a medida angular entre $\vec{v} = (x,y,0)_B$ e $\vec{i}$ seja $\pi/6$ radianos.

9-56 (a) Mostre que, se $\vec{u}$ é unitário, então $\text{proj}_{\vec{u}}\vec{v} = (\vec{v}\cdot\vec{u})\vec{u}$.

(b) Seja $B = (\vec{i},\vec{j},\vec{k})$ uma base ortonormal. Mostre que todo vetor $\vec{u}$ é a soma de suas projeções ortogonais sobre $\vec{i}$, $\vec{j}$ e $\vec{k}$. Isto está ilustrado na Figura 9-8.

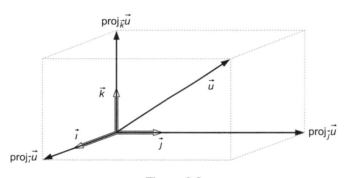

Figura 9-8

9-57 Prove que, se $\lambda \neq 0$ e $\vec{u} \neq \vec{0}$, então $\text{proj}_{\vec{u}}\vec{v} = \text{proj}_{\lambda\vec{u}}\vec{v}$.

9-58 Prove que:

(a) $\text{proj}_{\vec{u}}\vec{v} = \vec{v}$ se, e somente se, $(\vec{u},\vec{v})$ é LD;

(b) $\text{proj}_{\vec{u}}\vec{v} = \vec{u}$ se, e somente se, $(\vec{v}-\vec{u}) \perp \vec{u}$;

(c) se A, B e C são pontos distintos e $\overrightarrow{AC} = \text{proj}_{\overrightarrow{AC}}\overrightarrow{AB}$, então o triângulo ABC é retângulo (diga, neste caso, qual é a hipotenusa).

9-59 Prove que, se $\vec{u} \neq \vec{0}$, então $\text{proj}_{\vec{u}}(\alpha\vec{v}+\beta\vec{w}) = \alpha\text{proj}_{\vec{u}}\vec{v} + \beta\text{proj}_{\vec{u}}\vec{w}$, para quaisquer $\vec{v}$, $\vec{w}$, α e β.

9-60 Sejam $\vec{a}$ e $\vec{b}$ não-nulos.

➤ (a) Enuncie uma condição necessária e suficiente para que a projeção ortogonal de $\vec{a}$ sobre $\vec{b}$ seja igual à projeção ortogonal de $\vec{b}$ sobre $\vec{a}$.

(b) Enuncie uma condição necessária e suficiente para que a projeção ortogonal de $\vec{a}$ sobre $\vec{b}$ e a de $\vec{b}$ sobre $\vec{a}$ tenham normas iguais.

(c) Prove: $\text{proj}_{\vec{a}}\vec{v} = \text{proj}_{\vec{b}}\vec{v} \Leftrightarrow \vec{a}//\vec{b}$ ou $(\vec{a} \perp \vec{v}$ e $\vec{b} \perp \vec{v})$.

9-61 Em relação a uma base ortonormal, sabe-se que $\vec{AB} = (2,\sqrt{3},1)$ e $\vec{AC} = (-1,\sqrt{3},1)$.

(a) Verifique que A, B e C são vértices de um triângulo.

(b) Calcule o comprimento da altura relativa ao vértice A e a área do triângulo ABC.

9-62 São dados $\vec{u}$ e $\vec{v}$ não-nulos.

(a) Prove que $\text{proj}_{\vec{v}}\text{proj}_{\vec{u}}\vec{v} = \dfrac{(\vec{u} \cdot \vec{v})^2}{\|\vec{u}\|^2 \|\vec{v}\|^2} \vec{v}$.

(b) Obtenha uma expressão para $\text{proj}_{\vec{u}}\text{proj}_{\vec{v}}\text{proj}_{\vec{u}}\vec{v}$.

(c) Por analogia, tente generalizar os resultados dos itens (a) e (b) para n projeções sucessivas.

(d) Na treliça representada na Figura 9-9, a barra AB tem 20 metros de comprimento. Calcule a distância entre A e H.

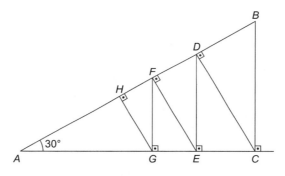

Figura 9-9

9-63 Sejam $\vec{u} \neq \vec{0}$, e $\vec{v}$ paralelo a $\vec{u}$. Se $\text{proj}_{\vec{u}}\vec{x} = \vec{v}$, então, como já vimos, existe um único $\vec{w}$ ortogonal a $\vec{u}$ tal que $\vec{x} = \vec{v} + \vec{w}$. Prove a recíproca: se $\vec{w}$ é ortogonal a $\vec{u}$ e $\vec{x} = \vec{v} + \vec{w}$, então $\text{proj}_{\vec{u}}\vec{x} = \vec{v}$. Conclua que o conjunto-solução da equação $\text{proj}_{\vec{u}}\vec{x} = \vec{v}$ é formado pelos vetores $\vec{v} + \vec{w}$, em que $\vec{w}$ percorre o conjunto dos vetores ortogonais a $\vec{v}$ (Figura 9-10).

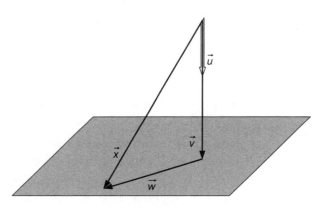

Figura 9-10

9-15 Observação

Já comentamos no Capítulo 8 que, eventualmente, pode ser necessário ou conveniente substituir uma base dada por outra. Vamos examinar agora o caso particular em que, dada a base $E = (\vec{e_1}, \vec{e_2}, \vec{e_3})$, queremos escolher uma base *ortonormal* $B = (\vec{i}, \vec{j}, \vec{k})$, para em seguida fazer a mudança de E para B. Se tivermos liberdade de escolha, daremos preferência, é claro, àquelas cuja obtenção exija menos cálculos e que tenham alguma relação significativa com a base original. É interessante, por exemplo, escolher B de tal modo que $\vec{i}$ seja paralelo a $\vec{e_1}$ e $\vec{j}$ seja combinação linear de $\vec{e_1}, \vec{e_2}$ (isto equivale a dizer que $\vec{e_1}, \vec{e_2}, \vec{i}$ e $\vec{j}$ são paralelos a um mesmo plano). Um método para conseguir isso, ilustrado na Figura 9-11, é o chamado **Processo de Ortonormalização de Gram-Schmidt**, que descrevemos a seguir.

- Escolhemos como $\vec{i}$ o versor de $\vec{e_1}$ (Figura 9-11 (a)).
- Subtraímos de $\vec{e_2}$ sua projeção ortogonal sobre $\vec{i}$ (ou sobre $\vec{e_1}$, que é a mesma), obtendo $\vec{q_2} = \vec{e_2} - \text{proj}_{\vec{i}}\vec{e_2}$. Escolhemos como $\vec{j}$ o versor de $\vec{q_2}$ (Figura 9-11 (a)).
- Subtraímos de $\vec{e_3}$ suas projeções ortogonais sobre $\vec{i}$ e $\vec{j}$, obtendo $\vec{q_3} = \vec{e_3} - \text{proj}_{\vec{i}}\vec{e_3} - \text{proj}_{\vec{j}}\vec{e_3}$. Escolhemos como $\vec{k}$ o versor de $\vec{q_3}$ (Figura 9-11 (b)).

O método ficará justificado se mostrarmos que não são nulos os vetores $\vec{e_1}$ (isto é claro), $\vec{q_2}$ e $\vec{q_3}$, para que existam seus versores, e que $\vec{i}, \vec{j}$ e $\vec{q_3}$ são dois a dois ortogonais, para que o mesmo aconteça com $\vec{i}, \vec{j}$ e $\vec{k}$. Isso será objeto do próximo exercício resolvido.

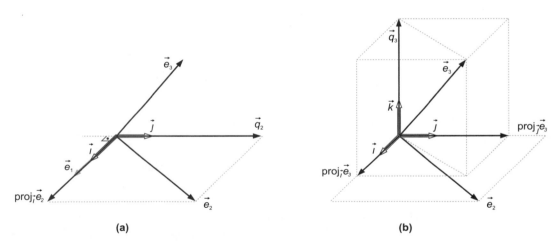

Figura 9-11

9-16 Exercício Resolvido

Com a notação adotada na Observação 9-15,
(a) mostre que $\vec{q_2}$ e $\vec{q_3}$ não são nulos;
(b) mostre que $\vec{i}, \vec{j}$ e $\vec{q_3}$ são dois a dois ortogonais.

Resolução

(a) Se $\vec{q_2}$ fosse nulo, $\vec{e_2}$ seria igual a $\text{proj}_{\vec{i}}\vec{e_2}$, que é um vetor paralelo a $\vec{i}$, e, portanto, paralelo a $\vec{e_1}$. Como E é base, isso não pode ocorrer. ◄

Quanto a $\vec{q_3}$: observemos inicialmente que, devido à Proposição 6-4, cada um dos vetores $\vec{i}$ e $\vec{j}$ é combinação linear de $\vec{e_1}, \vec{e_2}$ (lembre-se de que $(\vec{e_1}, \vec{e_2})$ é LI e $\vec{e_1}, \vec{e_2}, \vec{i}$ e $\vec{j}$ são paralelos a um mesmo plano). Logo, se $\vec{q_3}$ fosse nulo, $\vec{e_3}$ seria igual a $\text{proj}_{\vec{i}}\vec{e_3} + \text{proj}_{\vec{j}}\vec{e_3}$, que é combinação linear de $\vec{i}, \vec{j}$, e, portanto, de $\vec{e_1}, \vec{e_2}$. Como E é base, isso não pode ocorrer. ◄

Capítulo 9 — Produto escalar — 87

(b) De [9-10] decorre que $\vec{q}_2 \perp \vec{i}$. Logo, $\vec{j} \perp \vec{i}$.

Por outro lado,

$$\begin{aligned}
\vec{q}_3 \cdot \vec{i} &= (\vec{e}_3 - \text{proj}_{\vec{i}}\vec{e}_3 - \text{proj}_{\vec{j}}\vec{e}_3) \cdot \vec{i} \\
&= [\vec{e}_3 - (\vec{e}_3 \cdot \vec{i})\vec{i} - (\vec{e}_3 \cdot \vec{j})\vec{j}] \cdot \vec{i} \\
&= \vec{e}_3 \cdot \vec{i} - (\vec{e}_3 \cdot \vec{i})(\vec{i} \cdot \vec{i}) - (\vec{e}_3 \cdot \vec{j})(\vec{j} \cdot \vec{i}) \\
&= \vec{e}_3 \cdot \vec{i} - (\vec{e}_3 \cdot \vec{i}) \cdot 1 - (\vec{e}_3 \cdot \vec{j}) \cdot 0 \\
&= \vec{e}_3 \cdot \vec{i} - \vec{e}_3 \cdot \vec{i} = 0
\end{aligned}$$

Logo, $\vec{q}_3 \perp \vec{i}$. De modo análogo, mostra-se que $\vec{q}_3 \perp \vec{j}$.

EXERCÍCIOS

9-64 Seja B = $(\vec{i},\vec{j},\vec{k})$ a base ortonormal obtida da base E = $(\vec{e}_1,\vec{e}_2,\vec{e}_3)$ pelo Processo de Ortonormalização de Gram-Schmidt. A matriz de mudança de E para B tem um aspecto muito especial. Descreva-o.

9-65 Sendo $\vec{e}_1 = (1,2,2)$, $\vec{e}_2 = (1,0,1)$ e $\vec{e}_3 = (1,1,1)$, aplique o Processo de Ortonormalização de Gram-Schmidt para obter uma base ortonormal B = $(\vec{i},\vec{j},\vec{k})$ a partir da base $(\vec{e}_1,\vec{e}_2,\vec{e}_3)$. (Todas as coordenadas referem-se a uma base ortonormal fixada.)

9-17 Exercício Resolvido

Seja B = $(\vec{i},\vec{j},\vec{k})$ uma base ortonormal e E = $(\vec{u},\vec{v},\vec{w})$ uma base qualquer. Prove que E é ortonormal se, e somente se, a matriz $M = M_{BE}$ satisfaz a igualdade $M^t \cdot M = I_3$, o que equivale a dizer que sua inversa é igual à sua transposta.

Resolução

Sejam $\vec{u} = (a,b,c)_B$, $\vec{v} = (d,e,f)_B$ e $\vec{w} = (g,h,i)_B$. Então,

$$M_{BE} = \begin{bmatrix} a & d & g \\ b & e & h \\ c & f & i \end{bmatrix}$$

Efetuando o produto $M^t \cdot M$ (vamos omitir os índices B e E, para simplificar a notação), você obterá

$$M^t \cdot M = \begin{bmatrix} a^2+b^2+c^2 & ad+be+cf & ag+bh+ci \\ ad+be+cf & d^2+e^2+f^2 & dg+eh+fi \\ ag+bh+ci & dg+eh+fi & g^2+h^2+i^2 \end{bmatrix}$$

Como a base B é ortonormal, esta matriz é igual a

$$\begin{bmatrix} \vec{u}\cdot\vec{u} & \vec{u}\cdot\vec{v} & \vec{u}\cdot\vec{w} \\ \vec{u}\cdot\vec{v} & \vec{v}\cdot\vec{v} & \vec{v}\cdot\vec{w} \\ \vec{u}\cdot\vec{w} & \vec{v}\cdot\vec{w} & \vec{w}\cdot\vec{w} \end{bmatrix}$$

Logo, $M^t \cdot M$ é igual à matriz identidade I_3 se, e somente se,

$$\vec{u}\cdot\vec{u} = \vec{v}\cdot\vec{v} = \vec{w}\cdot\vec{w} = 1 \quad \text{e} \quad \vec{u}\cdot\vec{v} = \vec{u}\cdot\vec{w} = \vec{v}\cdot\vec{w} = 0$$

e esta condição, de acordo com [9-8], é equivalente à ortonormalidade de E.

A vantagem em saber que a inversa de uma matriz é igual à sua transposta é evidente, pois é muito mais simples transpor do que inverter. Uma matriz com essa propriedade é chamada **matriz ortogonal**. Utilizando o exercício resolvido anterior, você pode verificar facilmente se uma matriz é ortogonal, pensando nela como matriz de mudança de uma base ortonormal B para uma base $E = (\vec{u},\vec{v},\vec{w})$. Basta verificar se E é ortonormal, calculando os produtos escalares entre os vetores $\vec{u}$, $\vec{v}$ e $\vec{w}$, cujas coordenadas em relação à base B se encontram nas colunas da matriz.

EXERCÍCIOS

9-66 Nos casos em que a matriz dada é ortogonal, calcule sua inversa:

(a) $\begin{bmatrix} 1 & 0 & -1 \\ 2 & 1 & 0 \\ 0 & 1 & 1 \end{bmatrix}$ (b) $\begin{bmatrix} 1 & 0 & 0 \\ 0 & 2 & 1 \\ 0 & 1 & 1 \end{bmatrix}$

(c) $\begin{bmatrix} \sqrt{3}/2 & -1/2 & 0 \\ 1/2 & \sqrt{3}/2 & 0 \\ 0 & 0 & 1 \end{bmatrix}$ (d) $\begin{bmatrix} 1/\sqrt{2} & 0 & -1/\sqrt{2} \\ 1/\sqrt{2} & 0 & 1/\sqrt{2} \\ 0 & 1 & 0 \end{bmatrix}$

(e) $\begin{bmatrix} 1/3 & 2/3 & 2/3 \\ 2/3 & -2/3 & 1/3 \\ 2/3 & 1/3 & -2/3 \end{bmatrix}$ (f) $\begin{bmatrix} 6/7 & 3 & 2 \\ 2/7 & 6 & 3 \\ 3/7 & -2 & 6 \end{bmatrix}$

9-67 Prove que, se a matriz M é ortogonal, então det$M$ = 1 ou det$M$ = –1. Vale a recíproca?

9-68 Na Figura 9-12 está representado um cubo de aresta unitária. Sejam $\vec{e}_1 = \overrightarrow{DH}$, $\vec{e}_2 = \overrightarrow{DC}$, $\vec{e}_3 = \overrightarrow{DA}$, $\vec{u} = \overrightarrow{CD} + \overrightarrow{CB}$, $\vec{v} = \overrightarrow{DC} + \overrightarrow{CB}$ e $\vec{w} = \overrightarrow{GC}$.

(a) Explique por que $E = (\vec{e}_1, \vec{e}_2, \vec{e}_3)$ é uma base ortonormal.

(b) Calcule as coordenadas de $\vec{u}$, $\vec{v}$ e $\vec{w}$ na base E, e obtenha $\|\vec{u}\|$ e $\|\vec{v}\|$.

(c) Sejam $\vec{f}_1$ e $\vec{f}_2$, respectivamente, os versores de $\vec{u}$ e $\vec{v}$. Prove que F = $(\vec{f}_1, \vec{f}_2, \vec{w})$ é uma base ortonormal.

(d) Obtenha a matriz de mudança de E para F, bem como a matriz de mudança de F para E.

(e) Calcule as coordenadas de $\vec{HB}$ na base E e na base F.

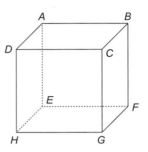

Figura 9-12

9-69 Sejam, em relação a uma base ortonormal, $\vec{u} = (1,1,-1)/\sqrt{3}$, $\vec{v} = (0,1,1)/\sqrt{2}$, $\vec{w} = (2,-1,1)/\sqrt{6}$ e $\vec{a} = (3,-2,-1)$. Prove que $(\vec{u},\vec{v},\vec{w})$ é base ortonormal e calcule as coordenadas de $\vec{a}$ nessa base.

9-70 Faça uma lista de quatro vantagens do uso de bases ortonormais.

9-18 Exercício Resolvido

Descreva o conjunto-solução das equações abaixo, sabendo que B = $(\vec{i},\vec{j},\vec{k})$ é uma base ortonormal.

(a) $\vec{x}\cdot(\vec{i} + \vec{j} - \vec{k}) = 0$
(b) $\vec{x}\cdot(\vec{i} - 2\vec{j} + \vec{k}) = 3$

Resolução

(a) Sejam a, b e c as coordenadas de $\vec{x}$ na base B: $\vec{x} = a\vec{i} + b\vec{j} + c\vec{k}$. Substituindo na equação dada e efetuando os cálculos, obtemos $a + b - c = 0$, isto é, $c = a + b$. Assim, o conjunto-solução S é formado por todos os vetores que podem ser indicados sob a forma $a\vec{i} + b\vec{j} + (a + b)\vec{k}$, com a e b percorrendo o conjunto dos números reais. São, portanto, infinitas soluções (ou seja, a equação é indeterminada). Também podemos descrever S como o conjunto de todos os vetores que são ortogonais a $\vec{i} + \vec{j} - \vec{k}$. ◄

(b) Procedendo como no item (a), obtemos $a - 2b + c = 3$, ou seja, $a = 2b - c + 3$. Logo, o conjunto-solução é S = $\{(2b - c + 3)\vec{i} + b\vec{j} + c\vec{k} : b,c \in \mathbb{R}\}$. Notando que $(2b - c + 3)\vec{i} + b\vec{j} + c\vec{k} = 3\vec{i} + b(2\vec{i} + \vec{j}) + c(-\vec{i} + \vec{k})$, também podemos descrever S como o conjunto dos vetores que se obtêm somando a $3\vec{i}$ uma combinação linear qualquer de $\vec{u} = 2\vec{i} + \vec{j}$, $\vec{v} = -\vec{i} + \vec{k}$. ◄

Perceba que o vetor $3\vec{i}$ é uma solução particular da equação, e que $\vec{u}$ e $\vec{v}$ são ortogonais a $\vec{i} - 2\vec{j} + \vec{k}$, que é o vetor que aparece no primeiro membro. Este fato sugere um método geral para resolver equações do tipo $\vec{x}\cdot\vec{u} = m$. Se estiver interessado em mais detalhes e na interpretação geométrica, consulte o Apêndice EV.

9-19 Exercício Resolvido

Sabendo que $B = (\vec{i}, \vec{j}, \vec{k})$ é uma base ortonormal, descreva o conjunto-solução do sistema de equações dado.

(a) $\begin{cases} \vec{x} \cdot (\vec{i} - \vec{k}) = 1 \\ \vec{x} + \vec{y} = \vec{i} + \vec{j} \end{cases}$

(b) $\begin{cases} \vec{x} \cdot (2\vec{i} - \vec{j} + \vec{k}) = 1 \\ \vec{x} \cdot (\vec{i} + 2\vec{j}) = -1 \end{cases}$

Resolução

(a) Sejam a, b, c as coordenadas de $\vec{x}$ na base B: $\vec{x} = a\vec{i} + b\vec{j} + c\vec{k}$. Substituindo na primeira equação do sistema, obtemos $a = c + 1$. Logo, $\vec{x} = (c + 1)\vec{i} + b\vec{j} + c\vec{k}$. Substituindo na segunda equação, obtemos $\vec{y} = \vec{i} + \vec{j} - \vec{x} = -c\vec{i} + (1 - b)\vec{j} - c\vec{k}$. Quando b e c percorrem o conjunto $\mathbb{R}$, obtemos todas as soluções $(\vec{x}, \vec{y})$. ◀

Observe que as soluções da primeira equação do sistema podem ser escritas sob a forma $\vec{x} = \vec{i} + b\vec{j} + c(\vec{i} + \vec{k})$, isto é, como soma de uma solução particular (o vetor $\vec{i}$) com combinações lineares de $\vec{j}, \vec{i} + \vec{k}$. Estes dois últimos, por sua vez, são vetores LI ortogonais a $\vec{i} - \vec{k}$, que é o vetor que aparece no primeiro membro.

(b) Como no item (a), seja $\vec{x} = a\vec{i} + b\vec{j} + c\vec{k}$. Substituindo nas equações do sistema, obtemos $2a - b + c = 1$ e $a + 2b = -1$, que fornecem $a = -1 - 2b$, $c = 3 + 5b$. Concluímos que o conjunto-solução do sistema proposto é formado por todos os vetores que podem ser descritos por $(-1 - 2b)\vec{i} + b\vec{j} + (3 + 5b)\vec{k}$, sendo b um número real arbitrário. ◀

As soluções também podem ser escritas sob a forma $(-\vec{i} + 3\vec{k}) + b(-2\vec{i} + \vec{j} + 5\vec{k})$. Note que $-\vec{i} + 3\vec{k}$ é uma solução particular do sistema e que $-2\vec{i} + \vec{j} + 5\vec{k}$ é ortogonal aos vetores $2\vec{i} - \vec{j} + \vec{k}$ e $\vec{i} + 2\vec{j}$, que aparecem nos primeiros membros das equações. Veja mais detalhes sobre sistemas de equações vetoriais como estes nos Exercícios EV-2 e EV-3 (Apêndice EV).

CAPÍTULO 10
ORIENTAÇÃO DE $\mathbb{V}^3$

Neste capítulo estuda-se o conceito de orientação de $\mathbb{V}^3$, necessário na definição de produto vetorial.

Vamos preparar o terreno para a definição do importante conceito de *produto vetorial*, que será dada no Capítulo 11. Veremos, lá, que essa definição exige a prévia escolha de uma *orientação de* $\mathbb{V}^3$; o objetivo deste capítulo é esclarecer o que isso significa.

A palavra orientação traz em seu bojo uma apreciável carga de significados geométricos. Termos como reta orientada, circunferência orientada, orientação de uma reta (ou de uma circunferência) já fazem parte do seu vocabulário matemático há algum tempo, e acreditamos que você tenha desenvolvido uma boa intuição relacionada a eles. Diga-se o mesmo a respeito do termo *segmento orientado*, que nos acompanha desde o Capítulo 1. Pode ser, no entanto, que você não esteja familiarizado com a idéia de *orientar um plano* e, muito menos, com a de *orientar o espaço*. Saiba, porém, que tais idéias podem ser intuídas e formalizadas, com grande benefício ao estudo da Geometria. E mais: todas elas têm muito em comum e estão estreitamente relacionadas com o conteúdo deste capítulo, embora essa relação nem sempre seja perceptível à primeira vista.

Mas... sejamos pragmáticos. Nosso objetivo é chegar ao Capítulo 11 munidos de uma ferramenta útil e necessária na definição de *produto vetorial*. A fim de encurtar o caminho, introduziremos o conceito de orientação de $\mathbb{V}^3$ algebricamente, sem a preocupação de mostrar todo o significado geométrico subjacente. E a você, leitor curioso, recomendamos a leitura do Apêndice O, no qual encontrará uma abordagem geométrica, analogias com os casos de dimensão 1 e 2 e detalhes adicionais.

Isto posto, vamos entender o ato de *orientar* $\mathbb{V}^3$ como um processo constituído de três etapas.

- Na primeira, escolhe-se uma base E de $\mathbb{V}^3$, adotando-a como padrão.
- Na segunda, constroem-se duas classes: a das bases *concordantes com* E e a das bases *discordantes de* E (conforme a Definição 10-1).
- A terceira etapa consiste em optar, arbitrariamente, por uma das duas classes. Com isso, $\mathbb{V}^3$ estará *orientado*.

A classificação (segunda etapa) será feita a partir de uma relação de equivalência. Essa técnica, usual em Matemática, já foi utilizada na definição de vetor (Capítulo 1); veja também o Apêndice RE. Cuidemos, então, da formalização.

10-1 Definição

Sejam E e F bases de $\mathbb{V}^3$. E é **concordante** com F se a matriz M_{EF} tem determinante positivo, e **discordante** de F se esse determinante é negativo.

10-2 Proposição

A relação de concordância entre bases é uma relação de equivalência, isto é, quaisquer que sejam as bases E, F e G,

(a) E é concordante com E (*Propriedade reflexiva*);

(b) se E é concordante com F, então F é concordante com E (*Propriedade simétrica*);

(c) se E é concordante com F e F é concordante com G, então E é concordante com G (*Propriedade transitiva*).

Demonstração

(a) Como $M_{EE} = I_3$ (matriz identidade 3×3), $\det M_{EE} = \det I_3 = 1 > 0$.

(b) Por hipótese, $\det M_{EF} > 0$. De $M_{FE} = M_{EF}^{-1}$ concluímos que $\det M_{FE} = 1/\det M_{EF} > 0$.

(c) Por hipótese, $\det M_{EF} > 0$ e $\det M_{FG} > 0$. Então, de $M_{EG} = M_{EF} M_{FG}$ decorre

$$\det M_{EG} = \det(M_{EF} M_{FG}) = (\det M_{EF})(\det M_{FG}) > 0 \qquad \blacksquare$$

A propriedade simétrica autoriza-nos a dizer que E e F **são concordantes** se E é concordante com F; o Exercício 10-1 (a), a dizer que E e F **são discordantes** se E é discordante de F.

Exercícios

10-1 Prove que, quaisquer que sejam as bases E, F e G de $\mathbb{V}^3$,

(a) se E é discordante de F, então F é discordante de E;

(b) se E e F são concordantes e F e G são discordantes, então E e G são discordantes;

(c) se E e F são discordantes e F e G são concordantes, então E e G são discordantes;

(d) se E e F são discordantes e F e G são discordantes, então E e G são concordantes.

10-2 Verifique se as bases $E = (\vec{e}_1, \vec{e}_2, \vec{e}_3)$ e $F = (\vec{f}_1, \vec{f}_2, \vec{f}_3)$ são concordantes ou discordantes.

(a) $\vec{f}_1 = 2\vec{e}_1 - \vec{e}_2 - \vec{e}_3$ $\qquad \vec{f}_2 = \vec{e}_1 - \vec{e}_3$ $\qquad \vec{f}_3 = \vec{e}_2$

(b) $\vec{f}_1 = \vec{e}_1 + \vec{e}_2 + \vec{e}_3$ $\qquad \vec{f}_2 = \vec{e}_1 - \vec{e}_2 + \vec{e}_3$ $\qquad \vec{f}_3 = \vec{e}_1 + \vec{e}_2 - \vec{e}_3$

(c) $\vec{f}_1 = \vec{e}_1$ $\qquad \vec{f}_2 = \vec{e}_2 + \vec{e}_3$ $\qquad \vec{f}_3 = \vec{e}_1 + \vec{e}_2$

10-3 Exercício Resolvido

Mostre que as bases $E = (\vec{u}, \vec{v}, \vec{w})$ e $F = (\vec{t}, \vec{v}, \vec{w})$ são concordantes se, e somente se, a primeira coordenada de $\vec{t}$ na base E é positiva.

Resolução

Seja $\vec{t} = (\alpha, \beta, \gamma)_E$. A matriz de mudança de E para F é

$$M_{EF} = \begin{bmatrix} \alpha & 0 & 0 \\ \beta & 1 & 0 \\ \gamma & 0 & 1 \end{bmatrix}$$

cujo determinante é α. Portanto, E e F são concordantes se, e somente se, $\alpha > 0$. ◀

Exercícios

10-3 Os vetores não-nulos $\vec{r}$ e $\vec{w}$ são paralelos. Considere as bases E = $(\vec{u},\vec{v},\vec{w})$ e F = $(\vec{u},\vec{v},\vec{r})$. Mostre que E e F são concordantes se, e somente se, $\vec{r}$ e $\vec{w}$ são de mesmo sentido.

10-4 As bases E = $(\vec{e}_1,\vec{e}_2,\vec{e}_3)$ e F = $(\vec{f}_1,\vec{f}_2,\vec{f}_3)$ são tais que $\vec{e}_i$ é paralelo a $\vec{f}_i$, i = 1,2,3. Verifique se essas bases são concordantes ou não, nos casos em que:

(a) $\vec{e}_1$ e $\vec{f}_1$ são de mesmo sentido, $\vec{e}_3$ e $\vec{f}_3$ também, mas $\vec{e}_2$ e $\vec{f}_2$ são de sentido contrário;

(b) $\vec{e}_i$ e $\vec{f}_i$ são de mesmo sentido, i = 1,2,3;

(c) $\vec{e}_i$ e $\vec{f}_i$ são de sentido contrário, i = 1,2,3;

(d) $\vec{e}_1$ e $\vec{f}_1$ são de sentido contrário, $\vec{e}_2$ e $\vec{f}_2$ também, mas $\vec{e}_3$ e $\vec{f}_3$ são de mesmo sentido.

10-5 Sejam E = $(\vec{u},\vec{v},\vec{w})$ uma base e $M(t)$ a matriz

$$\begin{bmatrix} 1+2t & -t & 0 \\ -t & 1-t & -3t \\ t & 2t & 1+4t \end{bmatrix}$$

(a) Que valores deve tomar t para que $M(t)$ seja a matriz de mudança de E para uma base F(t)?

(b) Especifique os valores de t para os quais E e F(t) são concordantes, e os valores para os quais são discordantes.

(c) Existe t tal que F(t) = E?

(d) Seja t_0 o menor inteiro positivo para o qual F(t_0) = $(\vec{a},\vec{b},\vec{c})$ é base. Exprima cada vetor de F(t_0) como combinação linear de $\vec{u}$, $\vec{v}$, $\vec{w}$.

10-6 Mostre que toda permutação cíclica de uma base E = $(\vec{u},\vec{v},\vec{w})$ é concordante com ela, e que toda permutação não-cíclica é discordante. **Permutação cíclica** de E é qualquer permutação obtida levando-se, sucessivamente, o primeiro elemento para a última posição: $(\vec{v},\vec{w},\vec{u})$, $(\vec{w},\vec{u},\vec{v})$, $(\vec{u},\vec{v},\vec{w})$; **permutação não-cíclica** de E é qualquer permutação obtida trocando-se de posição dois elementos quaisquer sem alterar a posição do terceiro: $(\vec{u},\vec{w},\vec{v})$, $(\vec{w},\vec{v},\vec{u})$, $(\vec{v},\vec{u},\vec{w})$.

10-4 *Exercício Resolvido*

Sejam E = $(\vec{u},\vec{v},\vec{w})$ uma base e B = $(\vec{i},\vec{j},\vec{k})$ a base obtida de E pelo Processo de Ortonormalização de Gram-Schmidt. Prove que B e E são concordantes.

Resolução

Pela Observação 9-15, $\vec{i}, \vec{j}$ e $\vec{k}$ são, respectivamente, os versores de $\vec{u}$, $\vec{q}_2 = \vec{v} - \text{proj}_{\vec{i}}\vec{v}$ e $\vec{q}_3 = \vec{w} - \text{proj}_{\vec{i}}\vec{w} - \text{proj}_{\vec{j}}\vec{w}$. Logo, devido ao Exercício 10-4 (b), a base F = $(\vec{u}, \vec{q}_2, \vec{q}_3)$ é concordante com B. (Você sabe explicar por que F é base?) Mostraremos que E é concordante com F e, pela propriedade transitiva da concordância (Proposição 10-2 (c)), concluiremos que E é concordante com B.

Vamos exprimir $\vec{q}_2$ e $\vec{q}_3$ como combinações lineares de $\vec{u}, \vec{v}, \vec{w}$ para, em seguida, calcular detM_{EF}. Como $\vec{u}//\vec{i}$, decorre do Exercício 9-57 que $\text{proj}_{\vec{i}}\vec{v} = \text{proj}_{\vec{u}}\vec{v}$; logo, existe α tal que $\text{proj}_{\vec{i}}\vec{v} = \alpha\vec{u}$ (pois, pela Definição 9-12, $\text{proj}_{\vec{u}}\vec{v}//\vec{u}$). Um raciocínio semelhante leva à conclusão de que existem β e γ tais que $\text{proj}_{\vec{i}}\vec{w} = \beta\vec{u}$ e $\text{proj}_{\vec{j}}\vec{w} = \gamma\vec{q}_2$. Então,

$$\vec{q}_2 = \vec{v} - \text{proj}_{\vec{i}}\vec{v} = \vec{v} - \alpha\vec{u}$$

$$\begin{aligned}\vec{q}_3 &= \vec{w} - \text{proj}_{\vec{i}}\vec{w} - \text{proj}_{\vec{j}}\vec{w} \\ &= \vec{w} - \beta\vec{u} - \gamma\vec{q}_2 \\ &= \vec{w} - \beta\vec{u} - \gamma(\vec{v} - \alpha\vec{u}) \\ &= \vec{w} + (\alpha\gamma - \beta)\vec{u} - \gamma\vec{v}\end{aligned}$$

e, portanto, E é concordante com F, pois

$$\det M_{EF} = \begin{vmatrix} 1 & -\alpha & \alpha\gamma - \beta \\ 0 & 1 & -\gamma \\ 0 & 0 & 1 \end{vmatrix} = 1 > 0 \quad \blacktriangleleft$$

10-5 Proposição

O conjunto das bases de $\mathbb{V}^3$ é reunião de dois conjuntos não-vazios e disjuntos **A** e **B** tais que duas bases estão no mesmo conjunto se, e somente se, elas são concordantes.

Demonstração

Fixemos arbitrariamente uma base E = $(\vec{u},\vec{v},\vec{w})$. Seja **A** o conjunto das bases que são concordantes com E e seja **B** o conjunto das bases restantes, isto é, das que são discordantes de E. Fica claro que **A** e **B** não têm elementos comuns, ou seja, são disjuntos. Devido à propriedade reflexiva, a base E pertence a **A**, o que mostra que **A** não é vazio. Para ver que **B** também não é vazio, observe que a base F = $(\vec{v},\vec{u},\vec{w})$ é discordante de E, pois é uma permutação não-cíclica de E (Exercício 10-6). Logo, F pertence a **B**.

Mostremos que, se duas bases estão no mesmo conjunto, **A** ou **B**, elas são concordantes. Se E_1 e E_2 estão em **A**, então cada uma delas é concordante com E. Aplicando as propriedades simétrica e transitiva da concordância (Proposição 10-2), concluímos que E_1 e E_2 são concordantes. Por outro lado, se E_1 e E_2 pertencem a **B**, então cada uma delas é discordante de E; usando as partes (a) e (d) do Exercício 10-1, concluímos que E_1 e E_2 são concordantes.

Mostremos agora que, se duas bases E_1 e E_2 são concordantes, então ambas pertencem a um dos conjuntos, **A** ou **B**. De fato, se uma delas pertencesse a **A**, e a outra, a **B**, então a de **A** seria concordante com E, e a outra, discordante de E. Pelo Exercício 10-1, E_1 e E_2 seriam discordantes, contrariando a hipótese. ∎

10-6 Definição Cada um dos conjuntos **A** e **B** da Proposição 10-5 chama-se **orientação** de $\mathbb{V}^3$. Uma vez escolhido e fixado um deles, diz-se que $\mathbb{V}^3$ está **orientado**, e neste caso cada base da orientação escolhida é chamada **base positiva**, e cada base da outra orientação é chamada **base negativa**. Nessas condições, se E = $(\vec{u},\vec{v},\vec{w})$ é uma base positiva, diz-se também que $\mathbb{V}^3$ está **orientado pela base** E.

Como optamos por uma abordagem não-geométrica, a palavra *orientação* soa aqui um tanto artificialmente. Não se preocupe com isso agora. Ao ler o final deste capítulo e o Apêndice O, você verá por que a terminologia é essa. Os termos *base positiva* e *base negativa* também são meramente convencionais. Trocando em miúdos: não haveria nenhuma mudança conceitual se, na Definição 10-6, disséssemos que **A** e **B** são chamados *enfeites* de $\mathbb{V}^3$, e que, escolhido um deles, $\mathbb{V}^3$ está *enfeitado*, ou que, se **B**, por exemplo, é o escolhido, as bases pertencentes a **A** e **B** são chamadas, respectivamente, *bases verdes* e *bases azuis*.

EXERCÍCIOS

10-7 Usando a terminologia do parágrafo anterior, verifique se é correto dizer: "$\mathbb{V}^3$ está enfeitado com uma base verde".

10-8 Sejam **A** e **B** as duas orientações de $\mathbb{V}^3$ e E = $(\vec{e}_1,\vec{e}_2,\vec{e}_3)$ uma base pertencente a **A**. Verifique, em cada caso, se F = $(\vec{f}_1,\vec{f}_2,\vec{f}_3)$ pertence a **A** ou a **B**.
(a) $\vec{f}_1 = -\vec{e}_1 + \vec{e}_2 - 2\vec{e}_3$ $\vec{f}_2 = -2\vec{e}_1 + \vec{e}_2$ $\vec{f}_3 = \vec{e}_1 + \vec{e}_3$
(b) $\vec{e}_1 = -2\vec{f}_1$ $\vec{e}_2 = \vec{f}_2 - \vec{f}_3$ $\vec{e}_3 = \vec{f}_1 + \vec{f}_2 + \vec{f}_3$

O que foi feito até aqui já é suficiente para que, no próximo capítulo, possamos realizar com êxito a tarefa de definir o *produto vetorial*. Antes de avançar, porém, vamos fazer algumas considerações intuitivas que, na prática, serão bastante úteis.

Para começar, observe comparativamente suas mãos. São muito parecidas, mas são diferentes. Não estamos falando de uma pinta aqui, ou de uma veia mais saltada ali. Há, na verdade, uma diferença marcante, estrutural, que queremos ressaltar. É devido a ela que, ao calçar um par de luvas, você precisa fazer a escolha certa: luva *direita* na mão *direita*, luva *esquerda* na mão *esquerda*. Seguindo o roteiro, você entenderá melhor.

- Dobre os dedos anular e mínimo de cada uma das mãos, mantendo-os assim até o fim. Os polegares, indicadores e médios devem ficar esticados.
- Articule os três dedos esticados de cada mão, para formar com eles algo que lembre um triedro. A Figura 10-1 ilustra o que estamos pedindo.
- Esta é a etapa mais difícil. Mantendo as mãos rígidas (isto é, sem articular os dedos), aproxime lentamente uma da outra, procurando justapor: indicador a indicador, médio a médio. Com *justapor*, queremos dizer "colar" um dedo ao outro em toda a sua extensão, falange com falange, falanginha com falanginha, falangeta com falangeta.
- Conseguiu? Observe então que seus polegares não se justapuseram, e estão apontando para lados opostos. E não tente justapô-los mantendo os outros dedos como estão, pois vai doer...

O que você acaba de constatar é que suas mãos não são superponíveis, ou que não têm a mesma orientação. Esperamos que, neste contexto, o uso da palavra *orientação* não lhe pareça tão estranho quanto anteriormente.

96 — Geometria Analítica — um tratamento vetorial

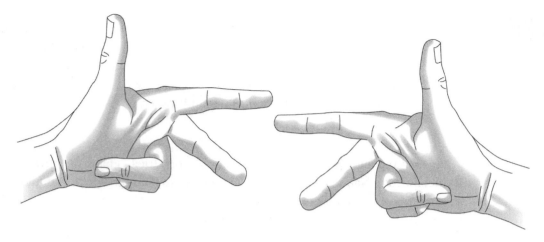

Figura 10-1

A pergunta natural e inevitável é: que relação tem isso com os conceitos de concordância e discordância de bases de $\mathbb{V}^3$? A resposta que julgamos possível neste nível de profundidade matemática encontra-se no Apêndice O. Vale a pena, no entanto, apresentar aqui a Regra prática 10-8, usual entre os físicos, que ajuda a classificar as bases de $\mathbb{V}^3$. Como se trata de uma regra informal, seremos informais na linguagem, falando dos dedos das mãos como se fossem flechas com origem na falange e ponta na unha, e falando livremente em direção e sentido de vetores e flechas, embora tais conceitos não tenham sido definidos neste livro. É claro que não estamos cogitando demonstrar tal regra. Antes de enunciá-la, vamos introduzir alguns termos novos.

10-7 Regras da mão direita e da mão esquerda

Uma base $E = (\vec{u}, \vec{v}, \vec{w})$ obedece à Regra da mão direita se, ao posicionarmos o indicador da mão direita na direção e sentido de $\vec{u}$ (*primeiro* vetor de E) e o dedo médio na direção e sentido de $\vec{v}$ (*segundo* vetor de E), exatamente como indica a Figura 10-2, o polegar puder ser colocado na direção e sentido de $\vec{w}$ (*terceiro* vetor de E). Nesse caso, dizemos que E é uma base **dextra** (ou **dextrógira**). Com uma simples troca de mãos, obtém-se a Regra da mão esquerda; uma base que obedece a ela é chamada **sinistra** (ou **levógira**). Se você entendeu bem a explicação sobre a diferença entre suas mãos, perceberá facilmente que uma das orientações de $\mathbb{V}^3$ é constituída das bases dextras, e a outra, das sinistras.

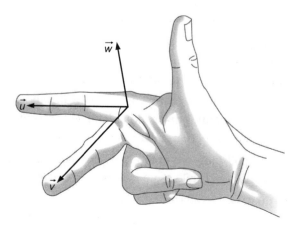

Figura 10-2

Capítulo 10 — Orientação de $\mathbb{V}^3$

EXERCÍCIO 10-9 As bases E = $(\vec{e}_1, \vec{e}_2, \vec{e}_3)$, F = $(\vec{f}_1, \vec{f}_2, \vec{f}_3)$, G = $(\vec{g}_1, \vec{g}_2, \vec{g}_3)$ e H = $(\vec{h}_1, \vec{h}_2, \vec{h}_3)$ estão representadas na Figura 10-3. Quais delas são dextras e quais são sinistras?

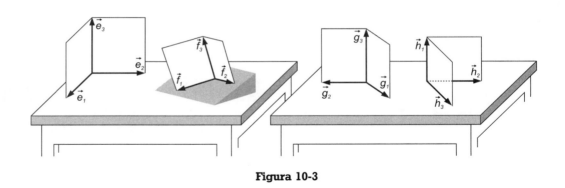

Figura 10-3

Enunciemos, então, a regra prática prometida, útil na classificação de bases de $\mathbb{V}^3$ quando os vetores são descritos por meio de seus representantes.

10-8 Regra prática Duas bases são concordantes se, e somente se, são ambas dextras ou ambas sinistras.

EXERCÍCIO 10-10 Verifique se as bases E = $(\vec{e}_1, \vec{e}_2, \vec{e}_3)$ e F = $(\vec{f}_1, \vec{f}_2, \vec{f}_3)$ são concordantes ou discordantes nos casos (a) e (b) da Figura 10-4.

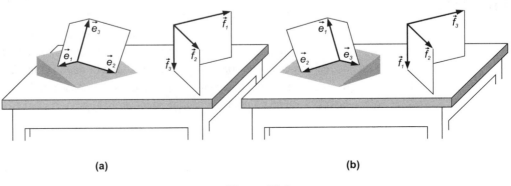

(a) (b)

Figura 10-4

10-9 Observação Uma regra prática equivalente à Regra da mão direita é a Regra do saca-rolhas. Segundo ela, dada a base E = $(\vec{e}_1, \vec{e}_2, \vec{e}_3)$ tal que $\vec{e}_1 = \overrightarrow{OA}$, $\vec{e}_2 = \overrightarrow{OB}$, $\vec{e}_3 = \overrightarrow{OC}$, imagina-se uma rosca (que pode ser a de um saca-rolhas, ou de uma torneira, ou de um parafuso etc.) perpendicular ao plano OAB (Figura 10-5). Ao girá-la "de A para B", descrevendo o menor dos dois ângulos possíveis, observe para qual lado do plano OAB ela avança. Se for para o lado em que está o ponto C, a base E é dextra (Figura 10-5 (a)). Caso contrário, E é sinistra (Figura 10-5 (b)). Faça algumas experiências com as bases das Figuras 10-3 e 10-4 e escolha sua regra preferida. Coloque uma torneira de um lado e do outro do plano *OAB*, para certificar-se de que a escolha do lado não interfere na classificação da base em dextra ou sinistra. O que muda é que ora você estará abrindo, ora estará fe-chando a torneira.

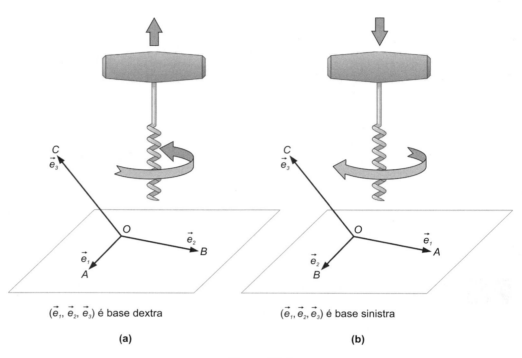

Figura 10-5

EXERCÍCIO 10-11 Examine a mangueira de um aspirador de pó. Trata-se de um tubo flexível que tem em uma das extremidades um bocal de plástico rígido, através do qual ela é fixada ao corpo do aparelho. Muitas pessoas têm o mau hábito de puxar o aspirador pela mangueira, provocando, pela fadiga do material, o seu rompimento. Se este se dá próximo ao bocal, é fácil consertar: basta retirar o bocal, cortar a ponta da mangueira e rosqueá-lo novamente. É nisto que consiste o exercício: desrosquear o bocal e voltar a rosqueá-lo. Se for difícil, não force, para não estragar a mangueira: leia a resposta no fim do livro e tente de novo.

CAPÍTULO 11

PRODUTO VETORIAL

Neste capítulo estudam-se o produto vetorial, suas propriedades, suas aplicações ao cálculo de áreas e sua relação com ortogonalidade.

Estudaremos neste capítulo uma operação interna de $\mathbb{V}^3$ que a cada par ordenado $(\vec{u},\vec{v})$ associa um vetor chamado *produto vetorial* de $\vec{u}$ por $\vec{v}$. Essa operação apresenta características muito especiais. A primeira delas, grande novidade em relação às várias operações estudadas até aqui, é que sua definição exige que $\mathbb{V}^3$ esteja orientado; não foi outro o motivo de termos tratado do tema *orientação* no Capítulo 10. Além disso, trata-se de uma operação com um comportamento algébrico bastante peculiar (não é associativa nem comutativa, por exemplo), o que vai exigir de você bastante cuidado ao utilizá-la. São muitas as suas aplicações à Geometria, em problemas relacionados com áreas, ângulos e perpendicularismo de retas e planos, entre outros. O produto vetorial é também largamente utilizado na descrição de fenômenos físicos estudados na Mecânica, na Eletricidade e no Eletromagnetismo.

11-1 Definição

Fixada uma orientação de $\mathbb{V}^3$, o **produto vetorial** de $\vec{u}$ por $\vec{v}$ é o vetor, indicado por $\vec{u} \wedge \vec{v}$, tal que:

(a) se $(\vec{u},\vec{v})$ é LD, então $\vec{u} \wedge \vec{v} = \vec{0}$;

(b) se $(\vec{u},\vec{v})$ é LI e θ é a medida angular entre $\vec{u}$ e $\vec{v}$, então

(b$_1$) $\|\vec{u} \wedge \vec{v}\| = \|\vec{u}\| \|\vec{v}\| \operatorname{sen}\theta$,

(b$_2$) $\vec{u} \wedge \vec{v}$ é ortogonal a $\vec{u}$ e a $\vec{v}$,

(b$_3$) $(\vec{u},\vec{v},\vec{u} \wedge \vec{v})$ é uma base positiva.

(Lembre-se de que bases positivas são as bases pertencentes à orientação fixada.)

Na Figura 11-1 representamos a base $E = (\vec{e}_1,\vec{e}_2,\vec{e}_3)$, que suporemos positiva, para servir de referência. Indicamos também os vetores $\vec{u} = \overrightarrow{OA}$ e $\vec{v} = \overrightarrow{OB}$, linearmente independentes, e a reta r, perpendicular ao plano OAB pelo ponto O. A condição (b$_2$) impõe que $\vec{u} \wedge \vec{v}$ seja paralelo a r e que, portanto, a extremidade de seu representante com origem O pertença a r. Como $(\vec{u},\vec{v})$ é LI, o número real $d = \|\vec{u}\| \|\vec{v}\| \operatorname{sen}\theta$ é positivo; existem, pois, exatamente dois pontos de r que distam d do ponto O (na Figura 11-1, são os pontos C e D). Portanto, enquanto não impusermos a condição (b₃), teremos duas possibilidades para $\vec{u} \wedge \vec{v}$: ser igual a $\overrightarrow{OC}$ ou ser igual a $\overrightarrow{OD}$. Como você pode verificar facilmente, o determinante da matriz de mudança da base $(\vec{u},\vec{v},\overrightarrow{OC})$ para a base $(\vec{u},\vec{v},\overrightarrow{OD})$ é igual a –1. Isso quer dizer que essas bases são discordantes; logo, somente uma delas pode ser positiva. A condição (b₃) determina, então, o produto vetorial $\vec{u} \wedge \vec{v}$. Mas... qual é ele, afinal, $\overrightarrow{OC}$ ou $\overrightarrow{OD}$? É em situações como esta que a Regra da mão direita (Capítulo 10) revela sua utilidade. Observe que E é uma base dextra; devido à Regra prática 10-8, $(\vec{u},\vec{v},\vec{u}\wedge\vec{v})$ também deve ser dextra, e, assim, $\vec{u}\wedge\vec{v} = \overrightarrow{OD}$. Se a base-padrão E fosse sinistra, o produto vetorial $\vec{u}\wedge\vec{v}$ seria $\overrightarrow{OC}$.

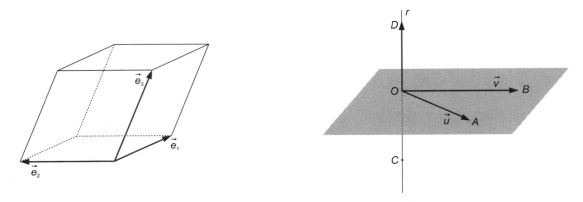

Figura 11-1

A conclusão é que, dados $\vec{u}$ e $\vec{v}$ linearmente independentes, existem dois produtos vetoriais de $\vec{u}$ por $\vec{v}$, um para cada orientação de $\mathbb{V}^3$, e não há qualquer privilégio de um sobre o outro. Eles são opostos, o que também seria verdade se $\vec{u}$ e $\vec{v}$ fossem linearmente dependentes, pois neste caso os dois produtos vetoriais seriam nulos. Quando mencionamos $\vec{u}\wedge\vec{v}$, *fica automaticamente estabelecido que $\mathbb{V}^3$ está orientado, e que, se $(\vec{u},\vec{v})$ é LI, as bases positivas são as bases concordantes com $(\vec{u},\vec{v},\vec{u}\wedge\vec{v})$*.

Situações como esta, com duplicidade de escolha, não são, de modo algum, novidade para você. Em seus estudos de Trigonometria, por exemplo, houve um momento em que foi necessário escolher um "sentido" para a circunferência trigonométrica, e eram duas as alternativas possíveis: *horário* e *anti-horário*, sem nenhum privilégio de um sobre o outro. Embora, tradicionalmente, os livros optem pelo *anti-horário*, isso é apenas uma convenção e não é proibido fazer a outra escolha. Uma conseqüência de escolher o *horário* seria a mudança de nome dos quadrantes: os habituais primeiro, segundo, terceiro e quarto passariam a ser chamados, respectivamente, quarto, terceiro, segundo e primeiro. Outro exemplo vem da Cartografia: talvez você nunca tenha visto um mapa em que o Norte não estivesse do lado *de cima* e o Sul do lado *de baixo*, mas, convenhamos, a posição da rosa-dos-ventos é uma escolha do cartógrafo, e neste caso são infinitas as opções. Na época do descobrimento do Brasil, eram comuns mapas com o Sul do lado de cima. Contemplar um deles é uma interessante experiência visual, como você pode constatar na gravura da página seguinte, que reproduz o mapa-mundi de Jerônimo Marini (1512), o primeiro em que aparece o nome do Brasil (Nova Enciclopédia Barsa, vol. 3, pág. 480, 1997).

Essa pequena digressão provoca uma pergunta: haverá, no caso do produto vetorial, uma convenção aceita universalmente, do mesmo modo que o "sentido anti-horário" na Trigonometria ou o "Norte para cima" na Cartografia? Que fique claro, antes da resposta, que a questão é de comunicação, não de conteúdo matemático: convenções não são leis e não precisam ser cegamen-

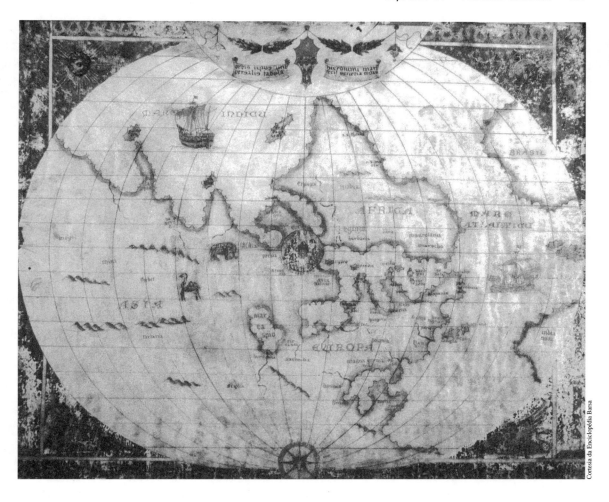

te obedecidas, mas quem contraria uma convenção que todos adotam corre o risco de ficar falando sozinho. Pois bem, os usuários do produto vetorial, em especial os físicos, costumam adotar como positivas as bases dextras. Para eles, portanto, se $\vec{u}$ e $\vec{v}$ são LI, a base $(\vec{u}, \vec{v}, \vec{u} \wedge \vec{v})$ deve obedecer à Regra da mão direita, ou à Regra do saca-rolhas (Capítulo 10). Neste livro, quando não houver menção em contrário, adotaremos essa convenção.

11-2 Observação

(a) A condição (b$_1$) da Definição 11-1 acarreta $\vec{u} \wedge \vec{v} \neq \vec{0}$, uma vez que, se $(\vec{u}, \vec{v})$ é LI, então $\|\vec{u}\| \neq 0$, $\|\vec{v}\| \neq 0$, $\theta \neq 0$ e $\theta \neq \pi$ (em radianos). Conseqüentemente,

$$\vec{u} \wedge \vec{v} = \vec{0} \Leftrightarrow (\vec{u}, \vec{v}) \text{ é LD}$$

Em particular, $\vec{u} \wedge \vec{u} = \vec{0}$, qualquer que seja $\vec{u}$.

(b) As condições (b$_1$) e (b$_2$) são suficientes para que $(\vec{u}, \vec{v}, \vec{u} \wedge \vec{v})$ seja base (veja o Exercício 9-25 (c)). A contribuição de (b$_3$) reside no termo *positiva*.

(c) Se $(\vec{u}, \vec{v})$ é LI, a norma de $\vec{u} \wedge \vec{v}$ é igual à área de um paralelogramo que tem dois lados paralelos a $\vec{u}$, de comprimento $\|\vec{u}\|$, e dois lados paralelos a $\vec{v}$, de comprimento $\|\vec{v}\|$. Sejam O, A e B tais que $\vec{u} = \overrightarrow{OA}$ e $\vec{v} = \overrightarrow{OB}$. Indiquemos por h a distância de B à reta OA. Se $A\hat{O}B$ é agudo (Figura 11-2 (a)), $h = \|\vec{v}\|\text{sen}\theta$; se é obtuso (Figura 11-2 (b)), $h = \|\vec{v}\|\text{sen}(\pi - \theta) = \|\vec{v}\|\text{sen}\theta$; se $\theta = \pi/2$, $h = \|\vec{v}\| = \|\vec{v}\|\text{sen}\theta$. Portanto, a área do paralelogramo é

102 — Geometria Analítica — um tratamento vetorial

$$\|\vec{u}\|h = \|\vec{u}\|\,\|\vec{v}\|\,\text{sen}\theta = \|\vec{u}\wedge\vec{v}\|$$

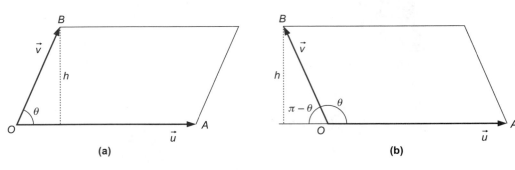

Figura 11-2

(d) Vimos no Capítulo 9 que $\vec{u}\cdot\vec{v} = \|\vec{u}\|\,\|\vec{v}\|\cos\theta$. Não vá pensar, por uma falsa analogia, que $\vec{u}\wedge\vec{v}$ é igual a $\|\vec{u}\|\,\|\vec{v}\|\text{sen}\theta$. *Trata-se de erro grave*, pois $\vec{u}\wedge\vec{v}$ é vetor, e $\|\vec{u}\|\,\|\vec{v}\|\text{sen}\theta$ é número. De acordo com (b$_1$) (Definição 11-1), esse número é igual, isto sim, à *norma* de $\vec{u}\wedge\vec{v}$. Lembre-se:

> Produto escalar de dois vetores é número real.
> Produto vetorial de dois vetores é vetor.

EXERCÍCIOS

11-1 A medida angular entre $\vec{u}$ e $\vec{v}$ é 30°, e suas normas, 2 e 3. Calcule $\|\vec{u}\wedge\vec{v}\|$.

11-2 Sabendo que $\|\vec{u}\| = 1$, $\|\vec{v}\| = 7$ e ang$(\vec{u},\vec{v}) = \pi/6$ rd, calcule $\|\vec{u}\wedge\vec{v}\|$ e $\|4\vec{u}\wedge 9\vec{v}\|$.

11-3 O triângulo *ABC* tem área 4. Sendo $B = A + \vec{u}$ e $C = A + \vec{v}$, calcule $\|\vec{u}\wedge\vec{v}\|$.

11-4 (a) Seja *h* a altura do triângulo *ABC* relativa ao lado *AB*. Prove que

$$h = \frac{\|\overrightarrow{AB}\wedge\overrightarrow{AC}\|}{\|\overrightarrow{AB}\|}$$

(b) Escreva expressões análogas à do item (a) para as outras duas alturas.

(c) Sejam *A*, *B* e *C* pontos quaisquer tais que $A \neq B$. Baseando-se no item (a), obtenha uma fórmula para calcular a distância de *C* à reta *r* determinada por *A* e *B*.

11-5 Seja E uma base ortonormal. A medida angular entre os vetores unitários $\vec{u}$ e $\vec{v}$ é 30° e $\vec{u}\wedge\vec{v}$ e $(2,2,1)_E$ são de mesmo sentido. Determine a tripla de coordenadas de $\vec{u}\wedge\vec{v}$ na base E.

11-6 A medida angular entre os vetores $\vec{a}$ e $\vec{b}$ é 60°, e suas normas são, respectivamente, 1 e 2. Sendo $\vec{u} = \vec{a} + \vec{b}$ e $\vec{v} = \vec{a} - \vec{b}$, calcule a norma de $\vec{u}\wedge\vec{v}$.

11-7 Calcule $(\sqrt{2}\vec{u} - \sqrt{3}\vec{v} + \vec{w})\wedge(-\sqrt{6}\vec{u} + 3\vec{v} - \sqrt{3}\vec{w})$.

11-8 O lado do hexágono regular representado na Figura 11-3 mede 2. Calcule:

(a) $\|\vec{AB} \wedge \vec{AF}\|$ (b) $\|\vec{AB} \wedge \vec{AC}\|$ (c) $\|\vec{AB} \wedge \vec{AD}\|$ (d) $\|\vec{AB} \wedge \vec{AE}\|$ (e) $\|\vec{AD} \wedge \vec{BE}\|$

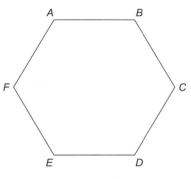

Figura 11-3

11-9 Os vetores $\vec{a}$ e $\vec{b}$ são unitários e $\text{ang}(\vec{a},\vec{b}) = 30°$. O vetor $\vec{c}$, ortogonal a ambos, tem norma 2, e a base $(\vec{a},\vec{b},\vec{c})$ é positiva. Sendo $\vec{u}$ um vetor tal que $\vec{u} \cdot \vec{a} = 2$, $\vec{u} \cdot \vec{b} = 1$ e $\vec{u} \cdot \vec{c} = 1$, obtenha a tripla de coordenadas de $\vec{u}$ na base $(\vec{a},\vec{b},\vec{a} \wedge \vec{b})$.

11-10 Demonstre e interprete geometricamente as relações:

(a) $\|\vec{u} \wedge \vec{v}\| \leq \|\vec{u}\| \|\vec{v}\|$ (b) $\|\vec{u} \wedge \vec{v}\| = \|\vec{u}\| \|\vec{v}\| \Leftrightarrow \vec{u} \perp \vec{v}$

11-11 (a) Prove que, se $\theta = \text{ang}(\vec{u},\vec{v})$, então $\|\vec{u}\|^2\|\vec{v}\|^2 - (\vec{u} \cdot \vec{v})^2 = \|\vec{u}\|^2\|\vec{v}\|^2\text{sen}^2\theta$. Conclua que, na Definição 11-1, a condição (b$_1$), pode ser substituída por

(b$_4$) $\|\vec{u} \wedge \vec{v}\|^2 = \|\vec{u}\|^2\|\vec{v}\|^2 - (\vec{u} \cdot \vec{v})^2$

(b) Calcule a norma de $\vec{u} \wedge \vec{v}$, sabendo que $\vec{u} \cdot \vec{v} = 3$, $\|\vec{u}\| = 1$ e $\|\vec{v}\| = 5$.

(c) Em relação a uma base ortonormal, $\vec{a} = (1,-2,1)$ e $\vec{b} = (-2,1,-2)$. Calcule $\|\vec{a} \wedge \vec{b}\|$.

(d) O lado do triângulo eqüilátero ABC mede a. Calcule $\|\vec{AB} \wedge \vec{AC}\|$ em função de a.

(e) Seja $ABCD$ um tetraedro regular de aresta unitária. Calcule $\|\vec{AB} \wedge \vec{CD}\|$.

11-3 Exercício Resolvido

Sejam $\vec{u}$ e $\vec{v}$ vetores LI tais que $\|\vec{u}\| = 1$, $\vec{p} = \text{proj}_{\vec{u}}\vec{v}$ e $\vec{q} = \vec{v} - \vec{p}$. Dado um ponto O, sejam $P = O + \vec{p}$, $Q = O + \vec{q}$, $R = O + \vec{u} \wedge \vec{v}$ e π o plano ortogonal a $\vec{u}$ que contém O (como $\vec{q}$ e $\vec{u} \wedge \vec{v}$ são ortogonais a $\vec{u}$, os pontos Q e R pertencem a π; veja a Figura 11-4). Prove que:

(a) $Q\hat{O}R$ é reto;

(b) Q e R pertencem a uma circunferência de centro O (contida em π);

(c) $F = (\vec{q}, \vec{u} \wedge \vec{v}, \vec{u})$ é base positiva.

(Falando informalmente, este exercício mostra que, se $\vec{u}$ é unitário, calcular $\vec{u} \wedge \vec{v}$ corresponde a projetar $\vec{v}$ ortogonalmente sobre π e fazer, em seguida, uma rotação de 90° em torno de $\vec{u}$, isto é, da reta OP. O sentido de rotação é o anti-horário, do ponto de vista de um observador situado no semi-espaço de origem π para o qual aponta $\vec{u}$.)

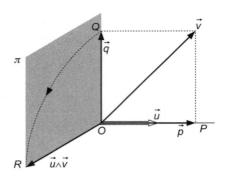

Figura 11-4

Resolução

(a) $\overrightarrow{OR}\cdot\overrightarrow{OQ} = (\vec{u}\wedge\vec{v})\cdot\vec{q} = (\vec{u}\wedge\vec{v})\cdot(\vec{v}-\vec{p}) = (\vec{u}\wedge\vec{v})\cdot\vec{v} - (\vec{u}\wedge\vec{v})\cdot\vec{p}$
Logo, $\overrightarrow{OR}\cdot\overrightarrow{OQ} = 0$, pois $\vec{u}\wedge\vec{v}\perp\vec{v}$ e $\vec{u}\wedge\vec{v}\perp\vec{p}$. ◀

(b) Lembrando que $\|\vec{u}\| = 1$ e aplicando a igualdade (b$_4$) dada no Exercício 11-11 (a), obtemos

$$\|\vec{u}\wedge\vec{v}\|^2 = \|\vec{u}\|^2\|\vec{v}\|^2 - (\vec{u}\cdot\vec{v})^2 = \|\vec{v}\|^2 - (\vec{u}\cdot\vec{v})^2 \qquad [11\text{-}1]$$

Pela Proposição 7-10, de $\vec{v} = \vec{p} + \vec{q}$ e $\vec{p}\perp\vec{q}$ decorre

$$\|\vec{v}\|^2 = \|\vec{p}\|^2 + \|\vec{q}\|^2$$

Além disso, como $\vec{u}\perp\vec{q}$,

$$\vec{u}\cdot\vec{v} = \vec{u}\cdot(\vec{p}+\vec{q}) = \vec{u}\cdot\vec{p} + \vec{u}\cdot\vec{q} = \vec{u}\cdot\vec{p} + 0 = \|\vec{u}\|\,\|\vec{p}\|\cos 0 = \|\vec{p}\|$$

Voltando a [11-1] obtemos, portanto,

$$\|\vec{u}\wedge\vec{v}\|^2 = \|\vec{p}\|^2 + \|\vec{q}\|^2 - \|\vec{p}\|^2 = \|\vec{q}\|^2$$

Logo, $\|\vec{u}\wedge\vec{v}\| = \|\vec{q}\|$, ou seja, $\|\overrightarrow{OR}\| = \|\overrightarrow{OQ}\|$. Isso quer dizer que Q e R pertencem a uma circunferência de centro O. ◀

(c) Para mostrar que F é base, verifique que seus vetores são não-nulos e dois a dois ortogonais. Cuidemos da orientação: devido à Definição 11-1, E = $(\vec{u},\vec{v},\vec{u}\wedge\vec{v})$ é base positiva. Como $\vec{q} = \vec{v} - \vec{p} = \vec{v} - \lambda\vec{u}$,

$$M_{EF} = \begin{bmatrix} -\lambda & 0 & 1 \\ 1 & 0 & 0 \\ 0 & 1 & 0 \end{bmatrix}$$

Logo, $\det M_{EF} = 1 > 0$ e F é, portanto, positiva. ◀

Nosso próximo objetivo é obter uma expressão em coordenadas para $\vec{u} \wedge \vec{v}$, em função das coordenadas de $\vec{u}$ e $\vec{v}$. Para isso, fixemos uma base ortonormal positiva $B = (\vec{i},\vec{j},\vec{k})$ (atente para o detalhe importante: B é *ortonormal* e *positiva*) e suponhamos que, em relação a ela, $\vec{u} = (a_1,b_1,c_1)$, $\vec{v} = (a_2,b_2,c_2)$ e $\vec{u} \wedge \vec{v} = (x,y,z)$.

O caso em que $(\vec{u},\vec{v})$ é LD é imediato, pois $\vec{u} \wedge \vec{v} = \vec{0} = (0,0,0)$. Suporemos então que $(\vec{u},\vec{v})$ é LI; isso quer dizer que a_1,b_1,c_1 e a_2,b_2,c_2 não são proporcionais, e que, portanto, pelo menos um dos determinantes

$$D_{ab} = \begin{vmatrix} a_1 & b_1 \\ a_2 & b_2 \end{vmatrix} \qquad D_{ac} = \begin{vmatrix} a_1 & c_1 \\ a_2 & c_2 \end{vmatrix} \qquad D_{bc} = \begin{vmatrix} b_1 & c_1 \\ b_2 & c_2 \end{vmatrix}$$

é diferente de zero. Vamos trabalhar com a hipótese $D_{ab} \neq 0$; como exercício, você poderá desenvolver de modo análogo os outros dois casos, obtendo exatamente o mesmo resultado que obteremos aqui. Devemos impor as condições (b_1), (b_2) e (b_3) da Definição 11-1, que caracterizam o produto vetorial $\vec{u} \wedge \vec{v}$.

Condição (b_2) Os produtos escalares de $\vec{u}$ e $\vec{v}$ por $\vec{u} \wedge \vec{v}$ são nulos e, portanto,

$$\begin{cases} a_1 x + b_1 y + c_1 z = 0 \\ a_2 x + b_2 y + c_2 z = 0 \end{cases}$$

ou seja,

$$\begin{cases} a_1 x + b_1 y = -c_1 z \\ a_2 x + b_2 y = -c_2 z \end{cases}$$

Sendo, por hipótese, $D_{ab} \neq 0$, podemos aplicar a Regra de Cramer a este último sistema:

$$x = \frac{1}{D_{ab}} \begin{vmatrix} -c_1 z & b_1 \\ -c_2 z & b_2 \end{vmatrix} = \frac{-z}{D_{ab}} \begin{vmatrix} c_1 & b_1 \\ c_2 & b_2 \end{vmatrix} = \frac{-z(-D_{bc})}{D_{ab}} = \frac{z D_{bc}}{D_{ab}}$$

$$y = \frac{1}{D_{ab}} \begin{vmatrix} a_1 & -c_1 z \\ a_2 & -c_2 z \end{vmatrix} = \frac{-z}{D_{ab}} \begin{vmatrix} a_1 & c_1 \\ a_2 & c_2 \end{vmatrix} = \frac{-z D_{ac}}{D_{ab}}$$

Portanto,

$$\vec{u} \wedge \vec{v} = (x,y,z) = \left(z \frac{D_{bc}}{D_{ab}}, -z \frac{D_{ac}}{D_{ab}}, z\right) = \frac{z}{D_{ab}} (D_{bc}, -D_{ac}, D_{ab})$$

Indicando $\dfrac{z}{D_{ab}}$ por ε, podemos escrever

$$\vec{u} \wedge \vec{v} = \varepsilon (D_{bc}, -D_{ac}, D_{ab}) \qquad \text{[11-2]}$$

e dessa igualdade decorre

$$\|\vec{u} \wedge \vec{v}\|^2 = \varepsilon^2(D_{bc}^2 + D_{ac}^2 + D_{ab}^2) \qquad [11\text{-}3]$$

Uma vez obtido o valor de ε, resultará de [11-2] a expressão de $\vec{u} \wedge \vec{v}$ em coordenadas na base B.

Condição (b_1) Esta condição equivale a $\|\vec{u} \wedge \vec{v}\|^2 = \|\vec{u}\|^2\|\vec{v}\|^2 - (\vec{u} \cdot \vec{v})^2$ (Exercício 11-11 (a)). Portanto,

$$\|\vec{u} \wedge \vec{v}\|^2 = (a_1^2 + b_1^2 + c_1^2)(a_2^2 + b_2^2 + c_2^2) - (a_1 a_2 + b_1 b_2 + c_1 c_2)^2$$

$$= a_1^2 a_2^2 + a_1^2 b_2^2 + a_1^2 c_2^2 + b_1^2 a_2^2 + b_1^2 b_2^2 + b_1^2 c_2^2 + c_1^2 a_2^2 + c_1^2 b_2^2 + c_1^2 c_2^2 -$$
$$(a_1^2 a_2^2 + b_1^2 b_2^2 + c_1^2 c_2^2 + 2 a_1 a_2 b_1 b_2 + 2 a_1 a_2 c_1 c_2 + 2 b_1 b_2 c_1 c_2)$$

$$= a_1^2 b_2^2 + a_1^2 c_2^2 + b_1^2 a_2^2 + b_1^2 c_2^2 + c_1^2 a_2^2 + c_1^2 b_2^2 - 2 a_1 a_2 b_1 b_2 - 2 a_1 a_2 c_1 c_2 - 2 b_1 b_2 c_1 c_2$$

$$= a_1^2 b_2^2 - 2 a_1 a_2 b_1 b_2 + b_1^2 a_2^2 + a_1^2 c_2^2 - 2 a_1 a_2 c_1 c_2 + c_1^2 a_2^2 + b_1^2 c_2^2 - 2 b_1 b_2 c_1 c_2 + c_1^2 b_2^2$$

$$= (a_1 b_2 - b_1 a_2)^2 + (a_1 c_2 - c_1 a_2)^2 + (b_1 c_2 - c_1 b_2)^2 = D_{ab}^2 + D_{ac}^2 + D_{bc}^2$$

Comparando com [11-3], obtemos

$$\varepsilon^2(D_{bc}^2 + D_{ac}^2 + D_{ab}^2) = D_{ab}^2 + D_{ac}^2 + D_{bc}^2$$

Como o fator entre parênteses, $D_{bc}^2 + D_{ac}^2 + D_{ab}^2$, é não-nulo (pois, por hipótese, $D_{ab} \neq 0$), esta última igualdade acarreta $\varepsilon^2 = 1$ e, portanto, ε é igual a 1 ou a -1.

Condição (b_3) Sendo $(\vec{u}, \vec{v}, \vec{u} \wedge \vec{v})$ uma base positiva, isto é, concordante com B = $(\vec{i}, \vec{j}, \vec{k})$, o determinante da matriz de mudança da base B para $(\vec{u}, \vec{v}, \vec{u} \wedge \vec{v})$ é positivo:

$$\Delta = \begin{vmatrix} a_1 & a_2 & \varepsilon D_{bc} \\ b_1 & b_2 & -\varepsilon D_{ac} \\ c_1 & c_2 & \varepsilon D_{ab} \end{vmatrix} > 0$$

Desenvolvendo este determinante pela última coluna, obtemos

$$\Delta = \varepsilon D_{bc} \begin{vmatrix} b_1 & b_2 \\ c_1 & c_2 \end{vmatrix} + \varepsilon D_{ac} \begin{vmatrix} a_1 & a_2 \\ c_1 & c_2 \end{vmatrix} + \varepsilon D_{ab} \begin{vmatrix} a_1 & a_2 \\ b_1 & b_2 \end{vmatrix}$$

$$= \varepsilon D_{bc} \begin{vmatrix} b_1 & c_1 \\ b_2 & c_2 \end{vmatrix} + \varepsilon D_{ac} \begin{vmatrix} a_1 & c_1 \\ a_2 & c_2 \end{vmatrix} + \varepsilon D_{ab} \begin{vmatrix} a_1 & b_1 \\ a_2 & b_2 \end{vmatrix}$$

$$= \varepsilon D_{bc}^2 + \varepsilon D_{ac}^2 + \varepsilon D_{ab}^2 = \varepsilon(D_{bc}^2 + D_{ac}^2 + D_{ab}^2)$$

e, como $(D_{bc}^2 + D_{ac}^2 + D_{ab}^2) > 0$, vemos que $\Delta > 0$ acarreta $\varepsilon > 0$, ou seja, $\varepsilon = 1$. De [11-2] concluímos, então, que

$$\vec{u} \wedge \vec{v} = (D_{bc}, -D_{ac}, D_{ab}) = \begin{vmatrix} b_1 & c_1 \\ b_2 & c_2 \end{vmatrix} \vec{i} - \begin{vmatrix} a_1 & c_1 \\ a_2 & c_2 \end{vmatrix} \vec{j} + \begin{vmatrix} a_1 & b_1 \\ a_2 & b_2 \end{vmatrix} \vec{k}$$

Para facilitar a memorização do segundo membro, podemos interpretá-lo como o desenvolvimento, pela primeira linha, do determinante simbólico:

$$\begin{vmatrix} \vec{i} & \vec{j} & \vec{k} \\ a_1 & b_1 & c_1 \\ a_2 & b_2 & c_2 \end{vmatrix}$$

Note que, embora tenhamos chegado a essa conclusão partindo da hipótese de que $(\vec{u},\vec{v})$ é LI, ela também é válida quando $(\vec{u},\vec{v})$ é LD, pois, neste caso, a_1,b_1,c_1 e a_2,b_2,c_2 são proporcionais, e por isso $D_{ab} = D_{ac} = D_{bc} = 0$. Fica assim demonstrada a proposição seguinte.

11-4 Proposição Seja B = $(\vec{i},\vec{j},\vec{k})$ uma *base ortonormal positiva*. Se $\vec{u} = (a_1,b_1,c_1)_B$ e $\vec{v} = (a_2,b_2,c_2)_B$, então

$$\vec{u} \wedge \vec{v} = \begin{vmatrix} \vec{i} & \vec{j} & \vec{k} \\ a_1 & b_1 & c_1 \\ a_2 & b_2 & c_2 \end{vmatrix} \qquad [11\text{-}4]$$

Exercício **11-12** Aponte, na dedução de [11-4], onde foi usada a ortonormalidade de B e onde foi necessário que $\mathbb{V}^3$ estivesse orientado.

A igualdade $\|\vec{u} \wedge \vec{v}\|^2 = D_{ab}^2 + D_{ac}^2 + D_{bc}^2$ (conseqüência de [11-3], já que $\varepsilon = 1$) presta-se a uma interessante interpretação geométrica. Tomemos uma base ortonormal positiva B = $(\vec{i},\vec{j},\vec{k})$ e pontos O, A, B, C tais que $\vec{i} = \overrightarrow{OA}$, $\vec{j} = \overrightarrow{OB}$, $\vec{k} = \overrightarrow{OC}$. Sejam $\vec{u} = (a_1,b_1,c_1)_B$ e $\vec{v} = (a_2,b_2,c_2)_B$ vetores LI e P e Q pontos tais que $\vec{u} = \overrightarrow{OP}$ e $\vec{v} = \overrightarrow{OQ}$ (Figura 11-5). Indiquemos por $\vec{u}_{ij}$ e $\vec{v}_{ij}$ as projeções ortogonais de $\vec{u}$ e $\vec{v}$ sobre o plano OAB, isto é,

$$\vec{u}_{ij} = \text{proj}_{\vec{i}}\vec{u} + \text{proj}_{\vec{j}}\vec{u} = (\vec{u}\cdot\vec{i})\vec{i} + (\vec{u}\cdot\vec{j})\vec{j} = a_1\vec{i} + b_1\vec{j}$$

$$\vec{v}_{ij} = \text{proj}_{\vec{i}}\vec{v} + \text{proj}_{\vec{j}}\vec{v} = (\vec{v}\cdot\vec{i})\vec{i} + (\vec{v}\cdot\vec{j})\vec{j} = a_2\vec{i} + b_2\vec{j}$$

Na Figura 11-5 estão também indicados os pontos R (quarto vértice do paralelogramo de lados OP e OQ), P', Q' e R' (projeções ortogonais de P, Q e R, respectivamente, no plano OAB; note que $\vec{u}_{ij} = \overrightarrow{OP'}$ e $\vec{v}_{ij} = \overrightarrow{OQ'}$). Vamos designar por Ω o paralelogramo OPRQ, e por $S(\Omega)$ sua área.

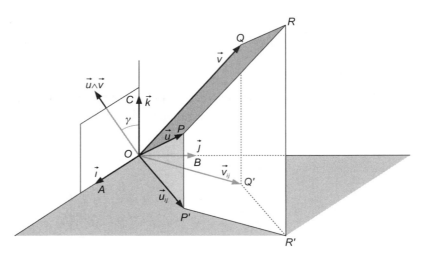

Figura 11-5

Se não forem colineares, os pontos O, P', Q' e R' serão vértices de um paralelogramo Ω_{ij}, de área $S(\Omega_{ij})$. Caso esses pontos sejam colineares, o "paralelogramo" Ω_{ij} reduz-se a um segmento, e atribuiremos a $S(\Omega_{ij})$ o valor 0. De modo perfeitamente análogo, podemos definir os vetores $\vec{u}_{ik}$ e $\vec{v}_{ik}$ (tomando projeções sobre $\vec{i}$ e $\vec{k}$), $\vec{u}_{jk}$ e $\vec{v}_{jk}$ (tomando projeções sobre $\vec{j}$ e $\vec{k}$), os eventuais paralelogramos Ω_{ik} e Ω_{jk}, e os números $S(\Omega_{ik})$ e $S(\Omega_{jk})$.

De acordo com o próximo exercício, a igualdade $\|\vec{u}\wedge\vec{v}\|^2 = D_{ab}^2 + D_{ac}^2 + D_{bc}^2$ significa que *o quadrado da área do paralelogramo OPRQ é igual à soma dos quadrados das áreas das suas projeções ortogonais sobre os planos OAB, OAC, OBC.*

EXERCÍCIO 11-13

(a) Mostre que $\vec{u}_{ij}\wedge\vec{v}_{ij} = D_{ab}\vec{k}$, $\vec{u}_{ik}\wedge\vec{v}_{ik} = -D_{ac}\vec{j}$, $\vec{u}_{jk}\wedge\vec{v}_{jk} = D_{bc}\vec{i}$ e, conseqüentemente, $S(\Omega_{ij}) = |D_{ab}|$, $S(\Omega_{ik}) = |D_{ac}|$ e $S(\Omega_{jk}) = |D_{bc}|$.

(b) Conclua que $S(\Omega)^2 = S(\Omega_{ij})^2 + S(\Omega_{ik})^2 + S(\Omega_{jk})^2$.

(c) Sejam α, β e γ, respectivamente, as medidas angulares entre $\vec{u}\wedge\vec{v}$ e $\vec{i}$, $\vec{u}\wedge\vec{v}$ e $\vec{j}$, $\vec{u}\wedge\vec{v}$ e $\vec{k}$. Mostre que $S(\Omega_{ij}) = S(\Omega)|\cos\gamma|$, $S(\Omega_{ik}) = S(\Omega)|\cos\beta|$ e $S(\Omega_{jk}) = S(\Omega)|\cos\alpha|$. Compare com (b) e conclua que $\cos^2\alpha + \cos^2\beta + \cos^2\gamma = 1$, confirmando o resultado do Exercício 9-10 (b).

11-5 Exercício Resolvido

Em relação à base ortonormal positiva $B = (\vec{i},\vec{j},\vec{k})$, são dados $\vec{u} = (1,2,3)$ e $\vec{v} = (-1,1,2)$. Calcule $\vec{u}\wedge\vec{v}$.

Resolução

Utilizemos a proposição anterior:

$$\vec{u}\wedge\vec{v} = \begin{vmatrix} \vec{i} & \vec{j} & \vec{k} \\ 1 & 2 & 3 \\ -1 & 1 & 2 \end{vmatrix} = \begin{vmatrix} 2 & 3 \\ 1 & 2 \end{vmatrix}\vec{i} - \begin{vmatrix} 1 & 3 \\ -1 & 2 \end{vmatrix}\vec{j} + \begin{vmatrix} 1 & 2 \\ -1 & 1 \end{vmatrix}\vec{k}$$

$$= (4-3)\vec{i} - (2+3)\vec{j} + (1+2)\vec{k} = \vec{i} - 5\vec{j} + 3\vec{k} = (1,-5,3)$$

EXERCÍCIO **11-14** Sendo $(\vec{i},\vec{j},\vec{k})$ uma base ortonormal positiva, calcule $(2\vec{k}-\vec{i}+5\vec{j})\wedge(3\vec{i}-2\vec{k}+\vec{j})$.

Aplicando [11-4], você pode mostrar facilmente que, se $B = (\vec{i},\vec{j},\vec{k})$ é base ortonormal positiva, valem as relações

$$\vec{i}\wedge\vec{j} = \vec{k} \qquad \vec{j}\wedge\vec{k} = \vec{i} \qquad \vec{k}\wedge\vec{i} = \vec{j}$$
$$\vec{j}\wedge\vec{i} = -\vec{k} \qquad \vec{k}\wedge\vec{j} = -\vec{i} \qquad \vec{i}\wedge\vec{k} = -\vec{j}$$

(lembre-se de que $\vec{i} = (1,0,0)_B$, $\vec{j} = (0,1,0)_B$ e $\vec{k} = (0,0,1)_B$). Para visualizá-las, observe o diagrama mostrado na Figura 11-6. Se houver uma flecha apontando do primeiro fator para o segundo, o produto vetorial será igual ao vetor restante; caso contrário, será igual ao seu oposto.

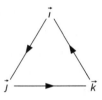

Figura 11-6

EXERCÍCIOS **11-15** Verifique se são verdadeiras ou falsas as afirmações seguintes e justifique sua resposta.

(a) Se $G = (\vec{a},\vec{b},\vec{c})$ é uma base ortonormal negativa, então

$$\vec{a}\wedge\vec{b} = -\vec{c} \qquad \vec{b}\wedge\vec{c} = -\vec{a} \qquad \vec{c}\wedge\vec{a} = -\vec{b}$$
$$\vec{b}\wedge\vec{a} = \vec{c} \qquad \vec{c}\wedge\vec{b} = \vec{a} \qquad \vec{a}\wedge\vec{c} = \vec{b}$$

(b) Se $E = (\vec{p},\vec{q},\vec{r})$ é uma base ortonormal positiva e $\vec{u} = (1,2,5)_E$ e $\vec{v} = (2,0,-1)_E$, então

$$\vec{u}\wedge\vec{v} = \begin{vmatrix} \vec{i} & \vec{j} & \vec{k} \\ 1 & 2 & 5 \\ 2 & 0 & -1 \end{vmatrix} = (-2,11,-4)$$

11-16 Mostre que, se $E = (\vec{p},\vec{q},\vec{r})$ é base ortonormal negativa, $\vec{u} = (a_1,b_1,c_1)_E$ e $\vec{v} = (a_2,b_2,c_2)_E$, então

$$\vec{u}\wedge\vec{v} = -\begin{vmatrix} \vec{p} & \vec{q} & \vec{r} \\ a_1 & b_1 & c_1 \\ a_2 & b_2 & c_2 \end{vmatrix}$$

Nos exercícios 11-17 a 11-19, está fixada uma base ortonormal positiva $B = (\vec{i},\vec{j},\vec{k})$, e todas as coordenadas referem-se a ela.

11-17 Calcule $\vec{u}\wedge\vec{v}$ e $\vec{v}\wedge\vec{u}$ nos casos:

(a) $\vec{u} = (6,-2,-4)$, $\vec{v} = (-1,-2,1)$; \qquad (b) $\vec{u} = (7,0,-5)$, $\vec{v} = (1,2,-1)$;

(c) $\vec{u} = (1,-3,1)$, $\vec{v} = (1,1,4)$; (d) $\vec{u} = (2,1,2)$, $\vec{v} = (4,2,4)$.

11-18 Calcule a área do paralelogramo $ABCD$, sendo $\overrightarrow{AB} = (1,1,-1)$ e $\overrightarrow{AD} = (2,1,4)$.

11-19 Calcule a área do triângulo ABC, sendo $\overrightarrow{AB} = (-1,1,0)$ e $\overrightarrow{AC} = (0,1,3)$.

11-20 ♦ Na Estática dos Sólidos, é importante levar em conta o ponto de aplicação de uma força. Se S é o sistema formado pelas forças $\vec{f}_1 \ldots \vec{f}_n$, respectivamente aplicadas nos pontos $P_1 \ldots P_n$, a *resultante* de S é a força $\vec{r} = \vec{f}_1 + \ldots + \vec{f}_n$. Fixado o ponto O (*pólo*), o *momento* de S em relação a O é o vetor $\vec{m}_O = \overrightarrow{OP_1} \wedge \vec{f}_1 + \ldots + \overrightarrow{OP_n} \wedge \vec{f}_n$. Se S está em equilíbrio, $\vec{r} = \vec{0}$ e $\vec{m}_O = \vec{0}$. Para os itens (a), (b) e (c), S é formado por uma única força $\vec{f}$, aplicada em P, e s é a reta por P, paralela a $\vec{f}$ (Figura 11-7 (a)).

(a) Prove que, se $QO//s$, então $\vec{m}_O = \vec{m}_Q$.
(b) Se $P \neq O$, seja $\vec{h} = \vec{f} - (\text{proj}_{\overrightarrow{OP}}\vec{f})$. Prove que $\vec{m}_O = \overrightarrow{OP} \wedge \vec{h}$.
(c) Se $\vec{f} \neq \vec{0}$ e d é a distância de O a s, prove que $\|\vec{m}_O\| = \|\vec{f}\|d$.
(d) Prove a *Fórmula de mudança de pólo*: $\vec{m}_A = \vec{m}_O + \vec{r} \wedge \overrightarrow{OA}$. (Portanto, se $\vec{r} = \vec{0}$, o momento de S não depende do pólo. Em particular, se S está em equilíbrio, é nulo seu momento em relação a qualquer ponto.)
(e) O cubo da Figura 11-7 (b) tem aresta unitária e está submetido às forças aplicadas indicadas. Determine a força adicional que deverá ser exercida sobre ele para que haja equilíbrio e em que ponto ela deve ser aplicada.

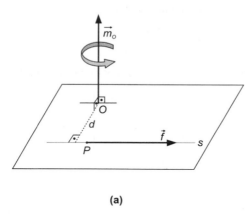 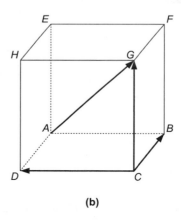

(a)   (b)

Figura 11-7

11-6 *Exercício Resolvido*

Sendo $B = (\vec{i}, \vec{j}, \vec{k})$ uma base ortonormal positiva, descreva o conjunto-solução da equação dada em cada caso.

(a) $\vec{x} \wedge (\vec{i} + \vec{j} - \vec{k}) = \vec{0}$ (b) $\vec{x} \wedge (\vec{i} + \vec{j}) = \vec{i} + \vec{j} + \vec{k}$
(c) $\vec{x} \wedge (\vec{i} - 2\vec{j} + \vec{k}) = \vec{i} - \vec{k}$

Resolução

(a) Sejam a, b e c as coordenadas de $\vec{x}$ na base B, ou seja, $\vec{x} = a\vec{i} + b\vec{j} + c\vec{k}$. Substituindo no primeiro membro da equação e aplicando [11-4], obtemos

$$\vec{x}\wedge(\vec{i}+\vec{j}-\vec{k}) = \begin{vmatrix} \vec{i} & \vec{j} & \vec{k} \\ a & b & c \\ 1 & 1 & -1 \end{vmatrix} = -(b+c)\vec{i} + (a+c)\vec{j} + (a-b)\vec{k}$$

Logo, $\vec{x}$ é solução se, e somente se, $b + c = a + c = a - b = 0$, isto é, $c = -a$ e $b = a$. O conjunto-solução da equação dada é formado por todos os vetores que podem ser indicados sob a forma $a\vec{i} + a\vec{j} - a\vec{k}$, ou $a(\vec{i} + \vec{j} - \vec{k})$, com a percorrendo $\mathbb{R}$. Trata-se do conjunto de todos os vetores paralelos a $\vec{i} + \vec{j} - \vec{k}$. ◄

(b) Procedendo como no item (a), você obterá o sistema incompatível formado pelas equações $c = -1$, $c = 1$, $a = b + 1$. Logo, o conjunto-solução da equação é vazio. ◄

Isso poderia ser visto antes de qualquer cálculo: como $\vec{i} + \vec{j}$ não é ortogonal a $\vec{i} + \vec{j} + \vec{k}$, este último não pode ser o produto vetorial de nenhum vetor $\vec{x}$ por $\vec{i} + \vec{j}$. Em outras palavras, *uma condição necessária para a existência de soluções de uma equação do tipo* $\vec{x}\wedge\vec{a} = \vec{b}$ *é que* $\vec{a}$ *seja ortogonal a* $\vec{b}$.

(c) Como $(\vec{i} - 2\vec{j} + \vec{k})\cdot(\vec{i} - \vec{k}) = 0$, a condição necessária enunciada em (b) está satisfeita. Procedendo do mesmo modo que em (a), obtemos $c = a$, $b = 1 - 2a$. Logo, o conjunto-solução da equação é $S = \{a\vec{i} + (1 - 2a)\vec{j} + a\vec{k} : a \in \mathbb{R}\}$. Notando que $a\vec{i} + (1 - 2a)\vec{j} + a\vec{k} = \vec{j} + a(\vec{i} - 2\vec{j} + \vec{k})$, também podemos descrever S como o conjunto dos vetores que se obtêm somando a $\vec{j}$ um múltiplo escalar qualquer de $\vec{u} = \vec{i} - 2\vec{j} + \vec{k}$. ◄

Perceba que $\vec{j}$ é uma solução particular da equação e que $\vec{u}$ é o vetor que aparece no seu primeiro membro. Esse fato sugere um método geral para resolver equações do tipo $\vec{x}\wedge\vec{u} = \vec{v}$, quando $\vec{u}\cdot\vec{v} = 0$. Se você estiver interessado em conhecer mais detalhes e na interpretação geométrica, consulte a Proposição EV-4 (Apêndice EV).

EXERCÍCIO 11-21 Sendo $(\vec{i},\vec{j},\vec{k})$ uma base ortonormal positiva, descreva, sem fazer cálculos, o conjunto-solução de cada uma das equações.

(a) $\vec{x}\wedge(2\vec{i} + \vec{j} - \vec{k}) = 4\vec{i} + 3\vec{k}$

(b) $\vec{x}\wedge(2\vec{i} + 3\vec{k}) = \vec{0}$

11-7 Exercício Resolvido

Sendo B $= (\vec{i},\vec{j},\vec{k})$ uma base ortonormal positiva, descreva o conjunto-solução de cada sistema.

(a) $\begin{cases} \vec{x}\wedge(\vec{i} + 2\vec{k}) = 2\vec{i} + \vec{j} - \vec{k} \\ \vec{x}\cdot\vec{j} = 1 \end{cases}$

(b) $\begin{cases} \vec{x}\wedge(2\vec{i} - \vec{j} + \vec{k}) = \vec{i} + \vec{j} - \vec{k} \\ \vec{x}\cdot(\vec{i} + 2\vec{j} + \vec{k}) = 1 \end{cases}$

Resolução

(a) Sejam a, b, c as coordenadas de $\vec{x}$ na base B: $\vec{x} = a\vec{i} + b\vec{j} + c\vec{k}$. Substituindo na primeira equação e calculando o produto vetorial, obtemos $c = 2a + 1$, $b = 1$. Logo, $\vec{x} = a\vec{i} + \vec{j} + (2a + 1)\vec{k}$. Substituindo na segunda equação, obtemos $1 = 1$, o que mostra que, para todo valor real de a, $\vec{x} = a\vec{i} + \vec{j} + (2a + 1)\vec{k}$ é solução do sistema. O conjunto-solução é $\{(a,1,2a+1)_B : a \in \mathbb{R}\}$. ◄

Observe que as soluções da primeira equação podem ser escritas sob a forma $\vec{x} = \vec{j} + \vec{k} + a(\vec{i} + 2\vec{k})$, que é a soma de uma solução particular (o vetor $\vec{j} + \vec{k}$) com múltiplos escalares de $\vec{i} + 2\vec{k}$. Este último, por sua vez, é o vetor que aparece no primeiro membro da equação. Outro detalhe: os vetores $\vec{i} + 2\vec{k}$ e $\vec{j}$, que aparecem nos primeiros membros das equações, são ortogonais. Quando isso ocorre, o sistema é indeterminado, como este, ou incompatível, como aconteceria se a segunda equação fosse $\vec{x} \cdot \vec{j} = 3$ (veja o Exercício EV-11, no Apêndice EV).

(b) Seja $\vec{x} = a\vec{i} + b\vec{j} + c\vec{k}$. Substituindo nas equações do sistema e efetuando os cálculos, obtemos $b + c = 1$, $2c - a = 1$, $a + 2b = 1$ e $a + 2b + c = 1$. Portanto, $a = -1$, $b = 1$, $c = 0$. Concluímos que o conjunto-solução do sistema proposto é constituído unicamente pelo vetor $-\vec{i} + \vec{j}$. ◄

Note que os vetores $2\vec{i} - \vec{j} + \vec{k}$ e $\vec{i} + 2\vec{j} + \vec{k}$, que aparecem nos primeiros membros das equações, não são ortogonais. Conforme o Exercício EV-11, esse é o motivo de existir uma única solução.

EXERCÍCIOS

Nos exercícios 11-22 a 11-28, $B = (\vec{i},\vec{j},\vec{k})$ é base ortonormal positiva.

11-22 Resolva os sistemas:

(a) $\begin{cases} \vec{x} \wedge (\vec{i} + \vec{j}) = -\vec{i} + \vec{j} \\ \vec{x} \cdot (\vec{i} + \vec{j}) = 2 \end{cases}$

(b) $\begin{cases} \vec{x} \cdot (2\vec{i} + 3\vec{j} + 4\vec{k}) = 9 \\ \vec{x} \wedge (-\vec{i} + \vec{j} - \vec{k}) = -2\vec{i} + 2\vec{k} \end{cases}$

(c) $\begin{cases} \vec{x} \wedge (\vec{i} - \vec{k}) = \vec{j} \\ \vec{x} + \vec{y} = \vec{i} + \vec{j} \end{cases}$

11-23 Determine $\vec{x}$ tal que $\vec{x} \wedge (\vec{i} + \vec{k}) = 2(\vec{i} + \vec{j} - \vec{k})$ e $\|\vec{x}\| = \sqrt{6}$.

11-24 Resolva a equação $(\vec{i} \wedge \vec{x}) \wedge \vec{i} + (\vec{x} \wedge \vec{j}) \wedge \vec{j} + (\vec{x} \wedge \vec{k}) \wedge \vec{k} = \vec{0}$.

11-25 Prove que, qualquer que seja o vetor $\vec{v}$, $\|\vec{v} \wedge \vec{i}\|^2 + \|\vec{v} \wedge \vec{j}\|^2 + \|\vec{v} \wedge \vec{k}\|^2 = 2\|\vec{v}\|^2$.

11-26 Determine $\vec{x}$ de norma $\sqrt{3}$, ortogonal a $(1,1,0)_B$ e a $(-1,0,1)_B$, e que forma ângulo agudo com $\vec{j}$.

11-27 (a) Dados os vetores linearmente independentes $\vec{u}$ e $\vec{v}$, descreva, em termos do produto vetorial $\vec{u} \wedge \vec{v}$, o conjunto **A** dos vetores ortogonais a $\vec{u}$ e a $\vec{v}$.

(b) Determine o vetor $\vec{w}$ do conjunto **A**, unitário, tal que $(\vec{u},\vec{v},\vec{w})$ seja base negativa.

(c) Aplique (b) ao caso em que $\vec{u} = (1,-3,1)_B$ e $\vec{v} = (-3,3,3)_B$.

(d) Seja $E = (\vec{a},\vec{b},\vec{c})$ a base obtida da base $(\vec{u},\vec{v},\vec{w})$ pelo Processo de Ortonormalização de Gram-Schmidt ($\vec{u}$, $\vec{v}$ e $\vec{w}$ são os do item (c)). Dados $\vec{x} = (1,1,2)_E$ e $\vec{y} = (0,2,-1)_E$, calcule $\vec{x} \wedge \vec{y}$.

11-28 Sejam $\vec{u} = (1,1,1)_B$ e $\vec{v} = (0,1,2)_B$. Obtenha uma base ortonormal positiva $(\vec{a},\vec{b},\vec{c})$ tal que

- $\vec{a}$ e $\vec{u}$ sejam de mesmo sentido;
- $\vec{b}$ seja combinação linear de $\vec{u},\vec{v}$;
- a primeira coordenada de $\vec{b}$ seja positiva.

11-8 *Exercício Resolvido*

São dados os vetores linearmente independentes $\vec{u}$ e $\vec{v}$.

(a) Mostre que $(\vec{u}\wedge\vec{v})\wedge\vec{w}$ é combinação linear de $\vec{u}$, $\vec{v}$, qualquer que seja o vetor $\vec{w}$.

(b) Mostre que $F = (\vec{u},(\vec{u}\wedge\vec{v})\wedge\vec{u},\vec{u}\wedge\vec{v})$ é uma base ortogonal, positiva (entende-se por **base ortogonal** uma base cujos vetores são dois a dois ortogonais).

(c) Aplique (a) e (b) para resolver novamente o Exercício 11-28.

Resolução

(a) Devido à Proposição 6-4, basta mostrar que $(\vec{u},\vec{v},(\vec{u}\wedge\vec{v})\wedge\vec{w})$ é LD. Consideremos três pontos não-colineares O, A, B tais que $\vec{u} = \overrightarrow{OA}$ e $\vec{v} = \overrightarrow{OB}$ (Figura 11-8). Por ser ortogonal a $\vec{u}$ e a $\vec{v}$, o produto vetorial $\vec{u}\wedge\vec{v}$ é ortogonal ao plano OAB. Logo, $(\vec{u}\wedge\vec{v})\wedge\vec{w}$, que é ortogonal a $\vec{u}\wedge\vec{v}$, é paralelo a esse plano. Assim, $\vec{u}$, $\vec{v}$ e $(\vec{u}\wedge\vec{v})\wedge\vec{w}$ são todos paralelos ao plano OAB e, portanto, são LD. ◄

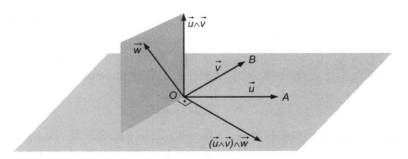

Figura 11-8

(b) Pela definição de produto vetorial, $(\vec{u}\wedge\vec{v})\wedge\vec{u}$ é ortogonal a $\vec{u}\wedge\vec{v}$ e a $\vec{u}$, e $\vec{u}\wedge\vec{v}$ é ortogonal a $\vec{u}$. Logo, os vetores de F são dois a dois ortogonais. Além disso, nenhum dos três é nulo:

- $\vec{u} \neq \vec{0}$ e $\vec{u}\wedge\vec{v} \neq \vec{0}$, pois $(\vec{u},\vec{v})$ é LI;
- $(\vec{u}\wedge\vec{v})\wedge\vec{u} \neq \vec{0}$, pois $\vec{u}\wedge\vec{v}$ e $\vec{u}$, sendo não-nulos e ortogonais, são LI.

Assim, os vetores de F são LI (Exercício 9-24 (b)), ou seja, F é base. Concluímos que F é base ortogonal. ◄

Em $G = (\vec{u}\wedge\vec{v},\vec{u},(\vec{u}\wedge\vec{v})\wedge\vec{u})$, os dois primeiros vetores são LI e o terceiro é o produto vetorial do primeiro pelo segundo. Logo, devido à condição (b_3) da Definição 11-1, G é base positiva. Como F é uma permutação cíclica de G, essas duas bases são concordantes, e, portanto, F é positiva. ◄

(c) De [11-4] resulta $\vec{u}\wedge\vec{v} = (1,-2,1)$ e $(\vec{u}\wedge\vec{v})\wedge\vec{u} = (-3,0,3)$. Os itens (a) e (b) asseguram, pois, que $F = ((1,1,1),(-3,0,3),(1,-2,1))$ é base ortogonal, positiva, cujo segundo vetor é combinação linear de $\vec{u},\vec{v}$. Substituindo cada vetor por seu versor, obtemos uma base ortonormal $(\vec{a},\vec{b}_1,\vec{c}_1)$, positiva (Exercício 10-4 (b)), que satisfaz as condições do enunciado, exceto uma: a primeira coordenada de $\vec{b}_1$ não é positiva. Por isso, escolhemos como $\vec{b}$ o oposto de $\vec{b}_1$ e como $\vec{c}$ o oposto de $\vec{c}_1$. ◄

11-9 Observação

O exercício resolvido anterior sugere um método de *ortogonalização de bases*, isto é, um método para construir uma base ortogonal F = $(\vec{a},\vec{b},\vec{c})$ a partir de uma base dada E = $(\vec{u},\vec{v},\vec{w})$, de tal modo que $\vec{a}$ seja paralelo a $\vec{u}$, e $\vec{b}$ seja combinação linear de $\vec{u},\vec{v}$ (isso equivale a dizer que a matriz M_{EF} é *triangular superior*, isto é, todos os seus elementos situados abaixo da diagonal principal são nulos). Tal método consiste em escolher $\vec{u}$ como $\vec{a}$, $(\vec{u}\wedge\vec{v})\wedge\vec{u}$ como $\vec{b}$ e $\vec{u}\wedge\vec{v}$ como $\vec{c}$. Para obter, em seguida, uma base ortonormal B = $(\vec{i},\vec{j},\vec{k})$ tal que $\vec{i}$ seja paralelo a $\vec{u}$ e $\vec{j}$ seja combinação linear de $\vec{u},\vec{v}$, basta tomar os versores de $\vec{a}$, $\vec{b}$ e $\vec{c}$:

$$\vec{i} = \frac{\vec{u}}{\|\vec{u}\|} \qquad \vec{j} = \frac{(\vec{u}\wedge\vec{v})\wedge\vec{u}}{\|(\vec{u}\wedge\vec{v})\wedge\vec{u}\|} \qquad \vec{k} = \frac{\vec{u}\wedge\vec{v}}{\|\vec{u}\wedge\vec{v}\|}$$

Trata-se, pois, de uma alternativa ao Processo de Ortonormalização de Gram-Schmidt (Observação 9-15). Eis uma pequena diferença entre os dois métodos: pelo Processo de Gram-Schmidt, obtemos uma base ortonormal concordante com E (Exercício Resolvido 10-4) e, pelo método descrito nesta observação, a base obtida é positiva (independentemente da orientação de E). Se quisermos obter uma base ortonormal *negativa* tal que a matriz de mudança de E para ela seja triangular superior, sempre há o recurso de substituir $\vec{k}$, em B, por seu oposto.

Exercícios

11-29 Sejam B uma base ortonormal positiva, $\vec{u} = (1,0,1)_B$, $\vec{v} = (1,1,1)_B$ e $\vec{w} = (0,1,-1)_B$. Prove que $(\vec{u},\vec{v},\vec{w})$ é base, ortonormalize-a pelos dois métodos citados na observação anterior e compare os resultados.

11-30 ▸ No paralelepípedo retângulo ABCDEFGH mostrado na Figura 11-9, P é o centro da face ADHE, e M e N são, respectivamente, os pontos médios das arestas AB e BC. Mostre que DF é perpendicular ao plano PMN se, e somente se, a face ABCD é um quadrado de diagonal congruente à aresta AE.

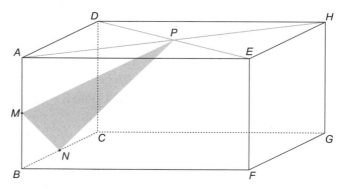

Figura 11-9

11-31 São dados, em relação a uma base ortonormal positiva E, $\vec{u} = (\sqrt{2},0,0)$ e $\vec{v} = (\sqrt{2}/2,0,\sqrt{2}/2)$. Obtenha uma base ortonormal positiva $(\vec{a},\vec{b},\vec{c})$ tal que $\vec{a}$ seja combinação linear de $\vec{u}$, $\vec{v}$, a projeção ortogonal de $\vec{a}$ sobre $\vec{u}$ seja $-\vec{u}/2$, a terceira coordenada de $\vec{a}$ na base E seja positiva e a medida angular entre $\vec{b}$ e $\vec{u}$ seja $3\pi/4$ radianos.

A proposição seguinte estabelece algumas propriedades algébricas do produto vetorial.

11-10 Proposição

Quaisquer que sejam os vetores $\vec{u}, \vec{v}$ e $\vec{w}$ e qualquer que seja o número real λ,

(a) $\vec{u} \wedge \vec{v} = -\vec{v} \wedge \vec{u}$

(b) $\vec{u} \wedge (\lambda \vec{v}) = (\lambda \vec{u}) \wedge \vec{v} = \lambda(\vec{u} \wedge \vec{v})$

(c) $\vec{u} \wedge (\vec{v} + \vec{w}) = \vec{u} \wedge \vec{v} + \vec{u} \wedge \vec{w}$ e $(\vec{u} + \vec{v}) \wedge \vec{w} = \vec{u} \wedge \vec{w} + \vec{v} \wedge \vec{w}$

(Usando o Princípio de Indução Finita, pode-se provar, como conseqüência dessas propriedades, que $\vec{u} \wedge (\lambda_1 \vec{v}_1 + \lambda_2 \vec{v}_2 + ... + \lambda_n \vec{v}_n) = \lambda_1 \vec{u} \wedge \vec{v}_1 + \lambda_2 \vec{u} \wedge \vec{v}_2 + ... + \lambda_n \vec{u} \wedge \vec{v}_n$ e que $(\lambda_1 \vec{v}_1 + \lambda_2 \vec{v}_2 + ... + \lambda_n \vec{v}_n) \wedge \vec{u} = \lambda_1 \vec{v}_1 \wedge \vec{u} + \lambda_2 \vec{v}_2 \wedge \vec{u} + ... + \lambda_n \vec{v}_n \wedge \vec{u}$.)

Demonstração

Essas propriedades decorrem da Proposição 11-4; demonstraremos a primeira parte de (c), deixando o restante para você. Suponhamos que, em uma base ortonormal positiva $(\vec{i}, \vec{j}, \vec{k})$ fixada, $\vec{u} = (a,b,c)$, $\vec{v} = (a_1, b_1, c_1)$, $\vec{w} = (a_2, b_2, c_2)$. Então,

$$\vec{u} \wedge (\vec{v} + \vec{w}) = \begin{vmatrix} \vec{i} & \vec{j} & \vec{k} \\ a & b & c \\ a_1 + a_2 & b_1 + b_2 & c_1 + c_2 \end{vmatrix}$$

$$= \begin{vmatrix} b & c \\ b_1 + b_2 & c_1 + c_2 \end{vmatrix} \vec{i} - \begin{vmatrix} a & c \\ a_1 + a_2 & c_1 + c_2 \end{vmatrix} \vec{j} + \begin{vmatrix} a & b \\ a_1 + a_2 & b_1 + b_2 \end{vmatrix} \vec{k}$$

$$= \left(\begin{vmatrix} b & c \\ b_1 & c_1 \end{vmatrix} + \begin{vmatrix} b & c \\ b_2 & c_2 \end{vmatrix} \right) \vec{i} - \left(\begin{vmatrix} a & c \\ a_1 & c_1 \end{vmatrix} + \begin{vmatrix} a & c \\ a_2 & c_2 \end{vmatrix} \right) \vec{j} + \left(\begin{vmatrix} a & b \\ a_1 & b_1 \end{vmatrix} + \begin{vmatrix} a & b \\ a_2 & b_2 \end{vmatrix} \right) \vec{k}$$

$$= \begin{vmatrix} b & c \\ b_1 & c_1 \end{vmatrix} \vec{i} - \begin{vmatrix} a & c \\ a_1 & c_1 \end{vmatrix} \vec{j} + \begin{vmatrix} a & b \\ a_1 & b_1 \end{vmatrix} \vec{k} + \begin{vmatrix} b & c \\ b_2 & c_2 \end{vmatrix} \vec{i} - \begin{vmatrix} a & c \\ a_2 & c_2 \end{vmatrix} \vec{j} + \begin{vmatrix} a & b \\ a_2 & b_2 \end{vmatrix} \vec{k}$$

$$= \begin{vmatrix} \vec{i} & \vec{j} & \vec{k} \\ a & b & c \\ a_1 & b_1 & c_1 \end{vmatrix} + \begin{vmatrix} \vec{i} & \vec{j} & \vec{k} \\ a & b & c \\ a_2 & b_2 & c_2 \end{vmatrix} = \vec{u} \wedge \vec{v} + \vec{u} \wedge \vec{w}$$

■

11-11 Observação

Como dissemos no início do capítulo, a operação que a cada par ordenado $(\vec{u}, \vec{v})$ associa o produto vetorial $\vec{u} \wedge \vec{v}$ tem um comportamento algébrico muito peculiar. Cuidado para não cair em algumas "armadilhas" que ela pode colocar no seu caminho.

- De $\vec{u} \wedge \vec{v} = \vec{0}$ não se pode concluir que $\vec{u} = \vec{0}$ ou $\vec{v} = \vec{0}$, já que $\vec{u}$ e $\vec{v}$ podem ser não-nulos e paralelos.

- Não se trata de uma operação comutativa, pois, se $(\vec{u}, \vec{v})$ é LI, então $\vec{u} \wedge \vec{v} \neq \vec{v} \wedge \vec{u}$ (Proposição 11-10 (a)).

- Antes de usar a Proposição 11-10 (c) para pôr em evidência um fator comum, verifique se ele está do mesmo lado (à direita ou à esquerda) em todas as parcelas. Como não é esse o caso de $\vec{v}$ na expressão $\vec{u}\wedge\vec{v} + \vec{v}\wedge\vec{w}$, o modo correto de fatorá-la é $\vec{u}\wedge\vec{v} + \vec{v}\wedge\vec{w} = \vec{u}\wedge\vec{v} - \vec{w}\wedge\vec{v} = (\vec{u} - \vec{w})\wedge\vec{v}$ ou, então, $\vec{u}\wedge\vec{v} + \vec{v}\wedge\vec{w} = -\vec{v}\wedge\vec{u} + \vec{v}\wedge\vec{w} = \vec{v}\wedge(-\vec{u}) + \vec{v}\wedge\vec{w} = \vec{v}\wedge(-\vec{u} + \vec{w})$.

- Na igualdade $\vec{u}\wedge\vec{v} = \vec{u}\wedge\vec{w}$ não se pode cancelar $\vec{u}$ e concluir que $\vec{v} = \vec{w}$, mesmo que $\vec{u}$ seja diferente de $\vec{0}$ (para obter um contra-exemplo, tome $\vec{u} \neq \vec{0}$, $\vec{v} = 2\vec{u}$ e $\vec{w} = 3\vec{u}$). De $\vec{u}\wedge\vec{v} = \vec{u}\wedge\vec{w}$ podemos concluir, isto sim, que $\vec{u}$ é paralelo a $\vec{v} - \vec{w}$, pois

$$\vec{u}\wedge\vec{v} = \vec{u}\wedge\vec{w} \Leftrightarrow \vec{u}\wedge\vec{v} - \vec{u}\wedge\vec{w} = \vec{0} \Leftrightarrow \vec{u}\wedge(\vec{v} - \vec{w}) = \vec{0} \Leftrightarrow (\vec{u},\vec{v} - \vec{w}) \text{ é LD}.$$

- A operação não é associativa, como mostra o seguinte contra-exemplo, em que $(\vec{i},\vec{j},\vec{k})$ é uma base ortonormal positiva: $(\vec{j}\wedge\vec{j})\wedge\vec{i} \neq \vec{j}\wedge(\vec{j}\wedge\vec{i})$, pois $(\vec{j}\wedge\vec{j})\wedge\vec{i} = \vec{0}\wedge\vec{i} = \vec{0}$ e $\vec{j}\wedge(\vec{j}\wedge\vec{i}) = \vec{j}\wedge(-\vec{k}) = -\vec{i}$.

11-12 Exercício Resolvido

Mostre que o produto vetorial de dois vetores gerados por $\vec{u}$, $\vec{v}$ é paralelo a $\vec{u}\wedge\vec{v}$. Interprete geometricamente.

Resolução

Sejam $\vec{r} = \alpha\vec{u} + \beta\vec{v}$ e $\vec{s} = \gamma\vec{u} + \delta\vec{v}$. Usando a Proposição 11-10, obtemos:

$$\begin{aligned}\vec{r}\wedge\vec{s} &= (\alpha\vec{u} + \beta\vec{v})\wedge(\gamma\vec{u} + \delta\vec{v}) \\ &= (\alpha\vec{u})\wedge(\gamma\vec{u} + \delta\vec{v}) + (\beta\vec{v})\wedge(\gamma\vec{u} + \delta\vec{v}) \\ &= (\alpha\vec{u})\wedge(\gamma\vec{u}) + (\alpha\vec{u})\wedge(\delta\vec{v}) + (\beta\vec{v})\wedge(\gamma\vec{u}) + (\beta\vec{v})\wedge(\delta\vec{v}) \\ &= \vec{0} + (\alpha\delta)\vec{u}\wedge\vec{v} + (\beta\gamma)\vec{v}\wedge\vec{u} + \vec{0} \\ &= (\alpha\delta)\vec{u}\wedge\vec{v} - (\beta\gamma)\vec{u}\wedge\vec{v} \\ &= (\alpha\delta - \beta\gamma)\vec{u}\wedge\vec{v}\end{aligned}$$

Interpretação geométrica: se $\vec{u}$ e $\vec{v}$ são paralelos a um plano π, então $\vec{u}\wedge\vec{v}$ é ortogonal a π. Como $\vec{r}$ e $\vec{s}$ são paralelos a π, $\vec{r}\wedge\vec{s}$ é ortogonal a π. Portanto, $\vec{r}\wedge\vec{s}$ e $\vec{u}\wedge\vec{v}$ são paralelos.

Exercícios

11-32 Prove que $(\vec{u} + \vec{v})\wedge(\vec{u} - \vec{v}) = 2\vec{v}\wedge\vec{u}$.

11-33 São dados os pontos O, A, B e C.

(a) Prove que o vetor $\vec{x}_{ABC} = \overrightarrow{OA}\wedge\overrightarrow{OB} + \overrightarrow{OB}\wedge\overrightarrow{OC} + \overrightarrow{OC}\wedge\overrightarrow{OA}$ não depende do ponto O, isto é, qualquer que seja o ponto P, $\overrightarrow{PA}\wedge\overrightarrow{PB} + \overrightarrow{PB}\wedge\overrightarrow{PC} + \overrightarrow{PC}\wedge\overrightarrow{PA} = \vec{x}_{ABC}$ (isto justifica a notação $\vec{x}_{ABC}$).

(b) Exprima o vetor $\overrightarrow{AB}\wedge\overrightarrow{AC}$ em função de $\vec{u} = \overrightarrow{OA}$, $\vec{v} = \overrightarrow{OB}$, $\vec{w} = \overrightarrow{OC}$.

(c) Prove que A, B e C são colineares se, e somente se, $\vec{x}_{ABC} = \vec{0}$.

(d) Suponha que A, B e C não são colineares. Obtenha um vetor ortogonal ao plano determinado por esses pontos, em função de $\vec{x}_{ABC}$.

11-34 Prove que:

(a) $(\vec{v} - \vec{u})\wedge(\vec{w} - \vec{u}) = \vec{u}\wedge\vec{v} + \vec{v}\wedge\vec{w} + \vec{w}\wedge\vec{u}$

(b) $(\vec{u} - \vec{t}) \wedge (\vec{v} - \vec{w}) + (\vec{v} - \vec{t}) \wedge (\vec{w} - \vec{u}) + (\vec{w} - \vec{t}) \wedge (\vec{u} - \vec{v}) = 2(\vec{u} \wedge \vec{v} + \vec{v} \wedge \vec{w} + \vec{w} \wedge \vec{u})$

11-35 Prove que, se $\vec{u} \wedge \vec{v} = \vec{w} \wedge \vec{t}$ e $\vec{u} \wedge \vec{w} = \vec{v} \wedge \vec{t}$, então $\vec{u} - \vec{t}$ e $\vec{v} - \vec{w}$ são linearmente dependentes.

11-36 Prove que, se $(\vec{u}, \vec{v})$ é LI e $\vec{w} \wedge \vec{u} = \vec{w} \wedge \vec{v} = \vec{0}$, então $\vec{w} = \vec{0}$. Interprete geometricamente.

11-37 Prove que, se $\vec{u} \cdot \vec{v} = 0$ e $\vec{u} \wedge \vec{v} = \vec{0}$, então $\vec{u} = \vec{0}$ ou $\vec{v} = \vec{0}$. Interprete geometricamente.

11-38 Dado $\vec{u} \neq \vec{0}$, considere o conjunto **A** dos vetores ortogonais a $\vec{u}$. Prove que, quaisquer que sejam $\vec{v}$ e $\vec{w}$ de **A**, $\vec{u} \wedge \vec{v} = \vec{u} \wedge \vec{w} \Rightarrow \vec{v} = \vec{w}$ (esta é uma situação muito especial, em que se pode cancelar $\vec{u}$).

11-39 Supondo que $\vec{u} + \vec{v} + \vec{w} = \vec{0}$, prove que $\vec{u} \wedge \vec{v} = \vec{v} \wedge \vec{w} = \vec{w} \wedge \vec{u}$. Conclua que um dos pares ordenados $(\vec{u}, \vec{v})$, $(\vec{u}, \vec{w})$ e $(\vec{v}, \vec{w})$ é LI se, e somente se, o mesmo sucede com os outros dois.

11-40 O lado do quadrado *ABCD* mede 2, *AC* é diagonal e *M* é ponto médio de *BC*. Calcule $\|\overrightarrow{DM} \wedge \overrightarrow{DB}\|$.

11-41 *ABC* é um triângulo, e *P* e *Q* são pontos tais que $3\overrightarrow{AP} = \overrightarrow{AC}$ e $3\overrightarrow{BQ} = 2\overrightarrow{BC}$. Calcule a razão entre as áreas dos triângulos *BPQ* e *ABC*.

11-42 ♦ Explique por que a distância entre as retas que contêm as arestas opostas *AB* e *CD* de um tetraedro é igual a $\dfrac{|\overrightarrow{AC} \cdot (\overrightarrow{AB} \wedge \overrightarrow{CD})|}{\|\overrightarrow{AB} \wedge \overrightarrow{CD}\|}$.

11-43 ♦ Demonstre a Lei dos senos, segundo a qual, em qualquer triângulo, são iguais as razões entre os senos dos ângulos internos e as medidas dos respectivos lados opostos.

11-44 ♦ Sejam B = $(\vec{i}, \vec{j}, \vec{k})$ uma base ortonormal positiva e ∗ uma operação interna em $\mathbb{V}^3$ que satisfaz as propriedades

$$\vec{u} * (\vec{v} + \vec{w}) = \vec{u} * \vec{v} + \vec{u} * \vec{w}$$
$$(\vec{u} + \vec{v}) * \vec{w} = \vec{u} * \vec{w} + \vec{v} * \vec{w}$$
$$(\lambda \vec{u}) * \vec{v} = \lambda(\vec{u} * \vec{v}) = \vec{u} * (\lambda \vec{v})$$

Supondo que

$\vec{i} * \vec{i} = \vec{0}$	$\vec{i} * \vec{j} = \vec{k}$	$\vec{i} * \vec{k} = -\vec{j}$
$\vec{j} * \vec{i} = -\vec{k}$	$\vec{j} * \vec{j} = \vec{0}$	$\vec{j} * \vec{k} = \vec{i}$
$\vec{k} * \vec{i} = \vec{j}$	$\vec{k} * \vec{j} = -\vec{i}$	$\vec{k} * \vec{k} = \vec{0}$

prove que ∗ = ∧, isto é, $\vec{u} * \vec{v} = \vec{u} \wedge \vec{v}$, quaisquer que sejam $\vec{u}$ e $\vec{v}$.

O que vamos fazer em seguida visa à obtenção de expressões para os **duplos produtos vetoriais** $(\vec{u} \wedge \vec{v}) \wedge \vec{w}$ e $\vec{u} \wedge (\vec{v} \wedge \vec{w})$. Já vimos que, pela falta da propriedade associativa, esses dois produtos podem ser diferentes. Vamos começar considerando o primeiro deles, supondo que $(\vec{u}, \vec{v})$ seja LI. Na parte (a) do Exercício Resolvido 11-8 mostramos que, neste caso, $(\vec{u} \wedge \vec{v}) \wedge \vec{w}$ é combinação linear de $\vec{u}, \vec{v}$. Logo, existem escalares λ e μ tais que

118 — Geometria Analítica — um tratamento vetorial

$$(\vec{u}\wedge\vec{v})\wedge\vec{w} = \lambda\vec{u} + \mu\vec{v} \qquad [11\text{-}5]$$

e o nosso objetivo fica sendo obter λ e μ em função de $\vec{u}$, $\vec{v}$, $\vec{w}$.

Vamos fixar uma base ortonormal positiva $B = (\vec{i},\vec{j},\vec{k})$ e trabalhar com coordenadas. Para simplificar os cálculos, façamos uma escolha criteriosa dessa base; por exemplo, tomemos $\vec{i}$ paralelo a $\vec{u}$ e $\vec{j}$ gerado por $\vec{u}$, $\vec{v}$ (você já viu este filme, não é mesmo?). Sendo assim, podemos escrever, em relação à base B,

$$\vec{u} = (a_1, 0, 0) \qquad \vec{v} = (a_2, b_2, 0) \qquad \vec{w} = (a_3, b_3, c_3) \qquad [11\text{-}6]$$

Logo,

$$\lambda\vec{u} + \mu\vec{v} = \lambda(a_1, 0, 0) + \mu(a_2, b_2, 0) = (\lambda a_1 + \mu a_2, \mu b_2, 0) \qquad [11\text{-}7]$$

Por outro lado, usando [11-4] para calcular $(\vec{u}\wedge\vec{v})\wedge\vec{w}$, obtemos

$$\vec{u}\wedge\vec{v} = \begin{vmatrix} \vec{i} & \vec{j} & \vec{k} \\ a_1 & 0 & 0 \\ a_2 & b_2 & 0 \end{vmatrix} = (0, 0, a_1 b_2)$$

$$(\vec{u}\wedge\vec{v})\wedge\vec{w} = \begin{vmatrix} \vec{i} & \vec{j} & \vec{k} \\ 0 & 0 & a_1 b_2 \\ a_3 & b_3 & c_3 \end{vmatrix} = (-a_1 b_2 b_3, a_1 a_3 b_2, 0) \qquad [11\text{-}8]$$

De acordo com a igualdade [11-5], obtemos, de [11-7] e [11-8],

$$\begin{cases} \lambda a_1 + \mu a_2 = -a_1 b_2 b_3 \\ \mu b_2 = a_1 a_3 b_2 \end{cases}$$

Como $(\vec{u}, \vec{v})$ é LI, b_2 não é nulo. Logo, a segunda igualdade desse sistema fornece

$$\mu = a_1 a_3 \qquad [11\text{-}9]$$

Substituindo este valor na primeira e simplificando, obtemos (note que $a_1 \neq 0$, pois $\vec{u} \neq \vec{0}$)

$$\lambda = -(a_2 a_3 + b_2 b_3) \qquad [11\text{-}10]$$

Se parássemos por aqui, o resultado obtido não seria lá muito prático, pois, para aplicá-lo, teríamos que construir a base $(\vec{i},\vec{j},\vec{k})$ nas condições impostas, depois calcular as coordenadas de $\vec{u}$, $\vec{v}$ e $\vec{w}$ nessa base, calcular λ e μ usando [11-9] e [11-10], para finalmente substituir em [11-5]. Melhor seria calcular $(\vec{u}\wedge\vec{v})\wedge\vec{w}$ diretamente. Um pequeno mas importante detalhe, porém, altera esse estado de coisas para melhor: como B é ortonormal, o segundo membro de [11-9] é igual a $\vec{u}\cdot\vec{w}$ e o segundo membro de [11-10] é igual a $-\vec{v}\cdot\vec{w}$ (veja as coordenadas de $\vec{u}$, $\vec{v}$ e $\vec{w}$ na base B em [11-6]). Assim, $\lambda = -\vec{v}\cdot\vec{w}$ e $\mu = \vec{u}\cdot\vec{w}$, o que permite escrever [11-5] sob a forma

$$(\vec{u}\wedge\vec{v})\wedge\vec{w} = -(\vec{v}\cdot\vec{w})\vec{u} + (\vec{u}\cdot\vec{w})\vec{v} \qquad \text{[11-11]}$$

Ressaltamos que o segundo membro não depende da base ortonormal utilizada.

A fórmula [11-11] também é válida se $(\vec{u},\vec{v})$ é LD. Neste caso, $\vec{u}\wedge\vec{v} = \vec{0}$, e portanto o primeiro membro é nulo. Por outro lado, $\vec{u} = \alpha\vec{v}$ ou $\vec{v} = \beta\vec{u}$, e então o segundo membro é igual a

$$-(\vec{v}\cdot\vec{w})\alpha\vec{v} + (\alpha\vec{v}\cdot\vec{w})\vec{v} = \alpha(\vec{v}\cdot\vec{w})(-\vec{v} + \vec{v}) = \vec{0}$$

ou, então, a

$$-(\beta\vec{u}\cdot\vec{w})\vec{u} + (\vec{u}\cdot\vec{w})\beta\vec{u} = \beta(\vec{u}\cdot\vec{w})(-\vec{u} + \vec{u}) = \vec{0}$$

O outro duplo produto vetorial, $\vec{u}\wedge(\vec{v}\wedge\vec{w})$, pode ser expresso de modo semelhante em função de $\vec{u}$, $\vec{v}$, $\vec{w}$, como você verificará resolvendo o Exercício 11-45. Registremos desde já as duas fórmulas.

11-13 Proposição Para quaisquer vetores $\vec{u}$, $\vec{v}$ e $\vec{w}$, valem as igualdades
(a) $(\vec{u}\wedge\vec{v})\wedge\vec{w} = -(\vec{v}\cdot\vec{w})\vec{u} + (\vec{u}\cdot\vec{w})\vec{v}$ (b) $\vec{u}\wedge(\vec{v}\wedge\vec{w}) = (\vec{u}\cdot\vec{w})\vec{v} - (\vec{u}\cdot\vec{v})\vec{w}$ [11-12]

11-14 Observação (a) As fórmulas [11-12] podem ser memorizadas da seguinte maneira:
- O segundo membro é combinação linear dos vetores entre parênteses. Coloque-os na ordem em que aparecem:

$$(\vec{u}\wedge\vec{v})\wedge\vec{w} = (\ \ )\vec{u}\ (\ \ )\vec{v} \qquad \vec{u}\wedge(\vec{v}\wedge\vec{w}) = (\ \ )\vec{v}\ (\ \ )\vec{w}$$

- Para colocar os sinais, observe o primeiro membro. Se os parênteses estão mais à esquerda, o sinal − deve ser colocado na primeira parcela:

$$(\vec{u}\wedge\vec{v})\wedge\vec{w} = -(\ \ )\vec{u} + (\ \ )\vec{v}$$

Se os parênteses do primeiro membro estão mais à direita, o sinal − deve ser colocado na segunda parcela:

$$\vec{u}\wedge(\vec{v}\wedge\vec{w}) = (\ \ )\vec{v} - (\ \ )\vec{w}$$

- O coeficiente de cada vetor é o produto escalar dos outros dois.

(b) Os segundos membros das igualdades [11-12] não envolvem produtos vetoriais; a conclusão, à primeira vista surpreendente, é que o duplo produto vetorial não depende da orientação.

Exercício 11-45 Prove a igualdade [11-12] (b).

11-15 Exercício Resolvido

Prove a **Identidade de Jacobi**: $(\vec{u} \wedge \vec{v}) \wedge \vec{w} + (\vec{v} \wedge \vec{w}) \wedge \vec{u} + (\vec{w} \wedge \vec{u}) \wedge \vec{v} = \vec{0}$.

Resolução

Usando a proposição anterior, obtemos:

$$(\vec{u} \wedge \vec{v}) \wedge \vec{w} = -(\vec{v} \cdot \vec{w})\vec{u} + (\vec{u} \cdot \vec{w})\vec{v}$$

$$(\vec{v} \wedge \vec{w}) \wedge \vec{u} = -(\vec{w} \cdot \vec{u})\vec{v} + (\vec{v} \cdot \vec{u})\vec{w}$$

$$(\vec{w} \wedge \vec{u}) \wedge \vec{v} = -(\vec{u} \cdot \vec{v})\vec{w} + (\vec{w} \cdot \vec{v})\vec{u}$$

Para obter a Identidade de Jacobi, basta somar membro a membro as três igualdades e usar a propriedade comutativa do produto escalar.

Exercícios

11-46 Sejam B uma base ortonormal positiva, $\vec{u} = (1, -3/2, 1/2)_B$, $\vec{v} = (6, -2, -4)_B$ e $\vec{w} = (1/7, 2/7, 3/7)_B$. Calcule $(\vec{u} \wedge \vec{v}) \wedge \vec{w}$ e $\vec{u} \wedge (\vec{v} \wedge \vec{w})$ diretamente e, depois, utilizando [11-12].

11-47 Prove que:

(a) $(\vec{v} \perp \vec{w}$ e $\vec{v} \perp \vec{u}) \Rightarrow (\vec{u} \wedge \vec{v}) \wedge \vec{w} = \vec{u} \wedge (\vec{v} \wedge \vec{w})$

(b) $(\vec{u}, \vec{w})$ é LD $\Rightarrow (\vec{u} \wedge \vec{v}) \wedge \vec{w} = \vec{u} \wedge (\vec{v} \wedge \vec{w})$

(c) $(\vec{u} \wedge \vec{v}) \wedge \vec{w} = \vec{u} \wedge (\vec{v} \wedge \vec{w}) \Rightarrow [(\vec{u}, \vec{w})$ é LD ou $(\vec{v} \perp \vec{u}$ e $\vec{v} \perp \vec{w})]$

(Resumindo: $(\vec{u} \wedge \vec{v}) \wedge \vec{w} = \vec{u} \wedge (\vec{v} \wedge \vec{w})$ se, e somente se: $\vec{u}$ e $\vec{w}$ são LD, ou são ambos ortogonais a $\vec{v}$.)

11-48 Prove que:

(a) $(\vec{u} \wedge \vec{v}) \wedge (\vec{w} \wedge \vec{t}) = -[\vec{v} \cdot (\vec{w} \wedge \vec{t})]\vec{u} + [\vec{u} \cdot (\vec{w} \wedge \vec{t})]\vec{v}$

(b) $(\vec{u} \wedge \vec{v}) \wedge (\vec{w} \wedge \vec{t}) = [(\vec{u} \wedge \vec{v}) \cdot \vec{t}]\vec{w} - [(\vec{u} \wedge \vec{v}) \cdot \vec{w}]\vec{t}$

11-49 Sejam $\vec{u}$ e $\vec{v}$ vetores ortogonais e $\vec{w} = \vec{u} \wedge (\vec{u} \wedge \vec{v})$. Prove que $\vec{u} \wedge (\vec{u} \wedge \vec{w}) = \|\vec{u}\|^4 \vec{v}$.

11-50 Prove que:

(a) $\vec{u} \wedge [\vec{v} \wedge (\vec{w} \wedge \vec{t})] = (\vec{v} \cdot \vec{t})\vec{u} \wedge \vec{w} - (\vec{v} \cdot \vec{w})\vec{u} \wedge \vec{t}$

(b) $\vec{u} \wedge [\vec{v} \wedge (\vec{w} \wedge \vec{t})] = [\vec{u} \cdot (\vec{w} \wedge \vec{t})]\vec{v} - (\vec{u} \cdot \vec{v})\vec{w} \wedge \vec{t}$

11-51 (a) Prove que, se $\vec{u}$ é unitário, então $(\vec{u} \wedge \vec{v}) \wedge \vec{u} = \vec{v} - \text{proj}_{\vec{u}}\vec{v}$, qualquer que seja $\vec{v}$. O duplo produto $(\vec{u} \wedge \vec{v}) \wedge \vec{u}$ é, portanto, o vetor $\vec{q}$ mencionado em [9-9].

(b) Sejam B_1 a base ortonormalizada de E pelo Processo de Gram-Schmidt e $B_2 = (\vec{i}, \vec{j}, \vec{k})$, a base ortonormalizada de E pelo processo alternativo descrito na Observação 11-9. Prove que $B_1 = B_2$ (se E é positiva) ou $B_1 = (\vec{i}, \vec{j}, -\vec{k})$ (se E é negativa).

(c) Prove que, se $(\vec{u} \wedge \vec{v}) \wedge \vec{u}$ não é nulo, então este vetor forma ângulo agudo com $\vec{v}$.

11-52 No triângulo ABC, AH e a altura relativa ao vértice A. Prove que $\vec{BC} \wedge (\vec{AB} \wedge \vec{AC})$ é paralelo a AH.

11-53 Sejam $\wedge$ e $\curlywedge$ os produtos vetoriais associados às duas orientações distintas de $\mathbb{V}^3$. Exprima:

(a) $\vec{a} \curlywedge \vec{b}$ em função de $\vec{a} \wedge \vec{b}$;

(b) $(\vec{a} \curlywedge \vec{b}) \curlywedge \vec{c}$ em função de $(\vec{a} \wedge \vec{b}) \wedge \vec{c}$;

(c) $(\vec{a} \curlywedge \vec{b}) \curlywedge (\vec{c} \curlywedge \vec{d})$ em função de $(\vec{a} \wedge \vec{b}) \wedge (\vec{c} \wedge \vec{d})$.

CAPÍTULO 12
PRODUTO MISTO

Neste capítulo estudam-se o produto misto de uma tripla ordenada de vetores e suas propriedades algébricas e mostra-se sua utilização no cálculo de volumes e na análise da orientação de bases.

Cálculos de comprimentos, áreas e volumes são de inegável importância, a ponto de se atribuir o nome específico de Geometria Métrica ao ramo da Geometria que se encarrega desse tema. Já temos instrumentos vetoriais eficientes para calcular comprimentos de segmentos e áreas de paralelogramos; com um adequado manejo deles, poderemos calcular volumes de paralelepípedos como o da Figura 12-1, em função dos vetores $\vec{u} = \overrightarrow{AB}$, $\vec{v} = \overrightarrow{AD}$, $\vec{w} = \overrightarrow{AE}$.

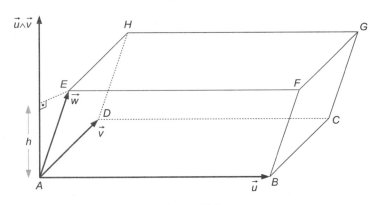

Figura 12-1

Sejam V o volume do paralelepípedo, S a área da base $ABCD$ e h a altura correspondente. Assim, $V = Sh = \|\vec{u} \wedge \vec{v}\| h$. Por outro lado, h é a norma da projeção ortogonal de $\vec{w}$ sobre $\vec{u} \wedge \vec{v}$, ou seja, devido a [9-12],

$$h = \|\text{proj}_{\vec{u} \wedge \vec{v}} \vec{w}\| = \frac{|\vec{w} \cdot \vec{u} \wedge \vec{v}|}{\|\vec{u} \wedge \vec{v}\|}$$

Portanto, como $\vec{w} \cdot \vec{u} \wedge \vec{v} = \vec{u} \wedge \vec{v} \cdot \vec{w}$,

$$V = \|\vec{u} \wedge \vec{v}\| h = |\vec{u} \wedge \vec{v} \cdot \vec{w}| \qquad \text{[12-1]}$$

A importância do número real $\vec{u} \wedge \vec{v} \cdot \vec{w}$, cujo módulo aparece no segundo membro de [12-1], transcende sua utilização no cálculo de volumes. Por isso, ele será objeto de estudo detalhado no restante do capítulo. Já que resulta da "mistura" de produto escalar com produto vetorial, comecemos por dar-lhe um nome sugestivo. Estamos supondo, é claro, que $\mathbb{V}^3$ está orientado.

12-1 Definição

O **produto misto** dos vetores $\vec{u}$, $\vec{v}$ e $\vec{w}$, nessa ordem, é o número real $\vec{u} \wedge \vec{v} \cdot \vec{w}$, indicado por $[\vec{u},\vec{v},\vec{w}]$:

$$[\vec{u},\vec{v},\vec{w}] = \vec{u} \wedge \vec{v} \cdot \vec{w}$$

Não é necessário colocar $\vec{u} \wedge \vec{v}$ entre parênteses, pois a única forma de entender $\vec{u} \wedge \vec{v} \cdot \vec{w}$ é como produto escalar de $\vec{u} \wedge \vec{v}$ por $\vec{w}$. Não faz sentido pensar em produto vetorial de $\vec{u}$ (vetor) por $\vec{v} \cdot \vec{w}$ (número real). Então, é correto escrever $\vec{u} \wedge \vec{v} \cdot \vec{w}$ ou $(\vec{u} \wedge \vec{v}) \cdot \vec{w}$; errado é $\vec{u} \wedge (\vec{v} \cdot \vec{w})$.

12-2 Exercício Resolvido

Os vetores $\vec{u}$, $\vec{v}$ e $\vec{w}$ constituem (nessa ordem) uma base ortogonal negativa e suas normas são, respectivamente, 1, 2 e 3. Calcule o produto misto $[\vec{u},\vec{v},\vec{w}]$.

Resolução

Para mostrar as várias maneiras de utilizar o produto misto, vamos resolver este exercício de três modos diferentes. Dois deles serão apresentados agora, e o terceiro, que utiliza coordenadas, um pouco mais adiante (Exercício Resolvido 12-7).

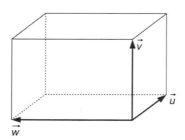

Figura 12-2

Primeiro modo (*usando volume*) O volume do paralelepípedo retângulo indicado na Figura 12-2 é $\|\vec{u}\| \cdot \|\vec{v}\| \cdot \|\vec{w}\| = 1 \cdot 2 \cdot 3 = 6$. Então, devido a [12-1],

$$|[\vec{u},\vec{v},\vec{w}]| = 6 \qquad \text{[12-2]}$$

Por outro lado, as bases $(\vec{u},\vec{v},\vec{u} \wedge \vec{v})$ e $(\vec{u},\vec{v},\vec{w})$ são discordantes, pois a primeira é positiva, e a segunda, negativa. Além disso, $\vec{w}$ e $\vec{u} \wedge \vec{v}$ são paralelos e, portanto, de sentido contrário (veja o Exercício 10-3). Concluímos que $\text{ang}(\vec{w},\vec{u} \wedge \vec{v}) = \pi$ radianos; logo, $[\vec{u},\vec{v},\vec{w}] = \vec{u} \wedge \vec{v} \cdot \vec{w} < 0$. De [12-2] decorre $[\vec{u},\vec{v},\vec{w}] = -6$.

Segundo modo (*usando a definição de produto misto*) A medida angular em radianos entre $\vec{u}$ e $\vec{v}$ é $\pi/2$, e entre $\vec{w}$ e $\vec{u} \wedge \vec{v}$, como acabamos de ver, é π. Então,

$$[\vec{u},\vec{v},\vec{w}] = \vec{u}\wedge\vec{v}\cdot\vec{w} = \|\vec{u}\wedge\vec{v}\|\,\|\vec{w}\|\cos\pi = \|\vec{u}\|\,\|\vec{v}\|\,\mathrm{sen}\frac{\pi}{2}\|\vec{w}\|\cos\pi = 1\cdot 2\cdot 1\cdot 3\cdot(-1) = -6$$

Exercícios

12-1 A medida angular entre os vetores unitários $\vec{u}$ e $\vec{v}$ é 30°, e o vetor $\vec{w}$, de norma 4, é ortogonal a ambos. Sabendo que a base $(\vec{u},\vec{v},\vec{w})$ é positiva, calcule $[\vec{u},\vec{v},\vec{w}]$.

12-2 Sejam $\vec{u}$ e $\vec{v}$ dois vetores LI e $\vec{w}$ um vetor não-nulo. Sendo $\mathrm{ang}(\vec{u},\vec{v}) = \varphi$ e $\mathrm{ang}(\vec{u}\wedge\vec{v},\vec{w}) = \theta$, exprima $[\vec{u},\vec{v},\vec{w}]$ em função de φ, θ e das normas dos vetores.

12-3 (a) Prove que $|[\vec{u},\vec{v},\vec{w}]| \leq \|\vec{u}\|\,\|\vec{v}\|\,\|\vec{w}\|$, quaisquer que sejam os vetores $\vec{u}$, $\vec{v}$ e $\vec{w}$.

(b) Prove que vale a igualdade no item (a) se, e somente se, algum dos vetores é nulo ou eles são dois a dois ortogonais.

(c) Dê uma interpretação geométrica para os itens (a) e (b), em termos de volumes.

12-4 A base *ABCD* do paralelepípedo na Figura 12-3 tem área 9. O ponto *M* divide (*A,B*) na razão 2, e a aresta *BF*, de comprimento 2, forma com o plano da base um ângulo de 60°. Calcule $[\overrightarrow{CM},\overrightarrow{CB},\overrightarrow{BF}]$, sabendo que $\mathbb{V}^3$ está orientado por uma base dextra.

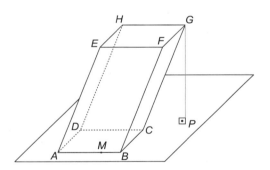

Figura 12-3

12-5 No paralelepípedo *ABCDEFGH* representado na Figura 12-3, a área da base *ABCD* é $6\sqrt{3}$ e a aresta *GC* tem comprimento 4. O ângulo $C\hat{G}P$ mede 30° (*GP* é perpendicular ao plano *ABC*) e o ponto *M* é tal que $3\overrightarrow{AM} = 2\overrightarrow{AB}$. Calcule $[\overrightarrow{AM},\overrightarrow{AD},\overrightarrow{GC}]$, sabendo que $\mathbb{V}^3$ está orientado por uma base sinistra.

12-6 O produto misto $[\vec{u},\vec{v},\vec{w}]$ é α. Mudando-se a orientação de $\mathbb{V}^3$, ele passa a ser β. Qual a relação entre α e β?

12-7 Sejam *A*, *B* e *C* pontos não-colineares. Exprima a distância de um ponto *D* ao plano *ABC* em função de $\overrightarrow{AB}$, $\overrightarrow{AC}$, $\overrightarrow{AD}$.

124 — Geometria Analítica — um tratamento vetorial

12-3 Exercício Resolvido

Mostre que o volume de um tetraedro $ABCD$ é igual a $|[\vec{AB},\vec{AC},\vec{AD}]|/6$.

Resolução

O volume V do tetraedro é dado por $V = Sh/3$, em que S é a área de uma base e h, a altura correspondente. Tomemos o triângulo ABC como base (acompanhe na Figura 12-4).

Nesse caso, $S = \|\vec{AB} \wedge \vec{AC}\|/2$ e, pelo Exercício 12-7, $h = \dfrac{|[\vec{AB},\vec{AC},\vec{AD}]|}{\|\vec{AB} \wedge \vec{AC}\|}$. Assim,

$$V = \frac{1}{3} \frac{1}{2} \|\vec{AB} \wedge \vec{AC}\| \frac{|[\vec{AB},\vec{AC},\vec{AD}]|}{\|\vec{AB} \wedge \vec{AC}\|} = \frac{1}{6} |[\vec{AB},\vec{AC},\vec{AD}]|$$

◄

A conclusão é que o volume de um tetraedro $ABCD$ é igual à sexta parte do volume do paralelepípedo que tem os segmentos AB, AC e AD como arestas. Veja o Apêndice VT.

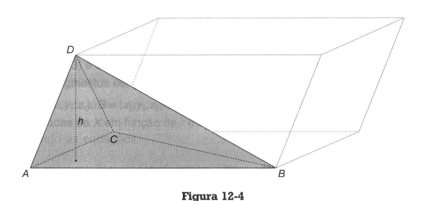

Figura 12-4

Exercícios

12-8 Em relação a uma base ortonormal positiva, são dados os vetores $\vec{u} = (1,2,-1)$, $\vec{v} = (0,3,-4)$, $\vec{w} = (1,0,\sqrt{3})$ e $\vec{t} = (0,0,2)$. Calcule o volume do tetraedro $ABCD$, sabendo que $\vec{AB} = \text{proj}_{\vec{v}}\vec{u}$, que $\vec{AC}$ é o vetor oposto do versor de $\vec{w}$ e que $\vec{BD} = \text{proj}_{\vec{t}}(\vec{AB} \wedge \vec{AC})$.

12-9 ♦ As arestas OA, OB e OC do tetraedro $OABC$ medem, respectivamente, a, b e c, e as medidas dos ângulos $A\hat{O}B$, $B\hat{O}C$ e $C\hat{O}A$, são (respectivamente) α, β e γ. Calcule o volume do tetraedro em função de $a, b, c, \alpha, \beta, \gamma$.

A proposição seguinte mostra como obter $[\vec{u},\vec{v},\vec{w}]$ a partir das coordenadas de $\vec{u}$, $\vec{v}$ e $\vec{w}$.

12-4 Proposição

Em relação a uma base ortonormal positiva $B = (\vec{i},\vec{j},\vec{k})$, sejam $\vec{u} = (a_1,b_1,c_1)$, $\vec{v} = (a_2,b_2,c_2)$ e $\vec{w} = (a_3,b_3,c_3)$. Então,

$$[\vec{u},\vec{v},\vec{w}] = \begin{vmatrix} a_1 & b_1 & c_1 \\ a_2 & b_2 & c_2 \\ a_3 & b_3 & c_3 \end{vmatrix}$$

Demonstração

Sendo B ortonormal e positiva, podemos calcular os produtos escalar e vetorial em coordenadas, conforme vimos nos Capítulos 9 e 11:

$$\vec{u} \wedge \vec{v} \cdot \vec{w} = \begin{vmatrix} \vec{i} & \vec{j} & \vec{k} \\ a_1 & b_1 & c_1 \\ a_2 & b_2 & c_2 \end{vmatrix} \cdot (a_3, b_3, c_3)$$

$$= \left(\begin{vmatrix} b_1 & c_1 \\ b_2 & c_2 \end{vmatrix}, -\begin{vmatrix} a_1 & c_1 \\ a_2 & c_2 \end{vmatrix}, \begin{vmatrix} a_1 & b_1 \\ a_2 & b_2 \end{vmatrix} \right) \cdot (a_3, b_3, c_3)$$

$$= a_3 \begin{vmatrix} b_1 & c_1 \\ b_2 & c_2 \end{vmatrix} - b_3 \begin{vmatrix} a_1 & c_1 \\ a_2 & c_2 \end{vmatrix} + c_3 \begin{vmatrix} a_1 & b_1 \\ a_2 & b_2 \end{vmatrix}$$

$$= \begin{vmatrix} a_1 & b_1 & c_1 \\ a_2 & b_2 & c_2 \\ a_3 & b_3 & c_3 \end{vmatrix}$$

(A última igualdade baseia-se no desenvolvimento do determinante pelos elementos da terceira linha.) ∎

12-5 *Corolário* Uma tripla $(\vec{u},\vec{v},\vec{w})$ é LD se, e somente se, $[\vec{u},\vec{v},\vec{w}]$ é igual a zero (ou, equivalentemente, $(\vec{u},\vec{v},\vec{w})$ é LI se, e somente se, $[\vec{u},\vec{v},\vec{w}] \neq 0$).

Demonstração

Sejam B uma base ortonormal positiva, $\vec{u} = (a_1,b_1,c_1)_B$, $\vec{v} = (a_2,b_2,c_2)_B$ e $\vec{w} = (a_3,b_3,c_3)_B$. Conforme a Proposição 7-6,

$$(\vec{u},\vec{v},\vec{w}) \text{ é LD} \Leftrightarrow \begin{vmatrix} a_1 & b_1 & c_1 \\ a_2 & b_2 & c_2 \\ a_3 & b_3 & c_3 \end{vmatrix} = 0$$

Logo, pela proposição anterior, $(\vec{u},\vec{v},\vec{w})$ é LD $\Leftrightarrow [\vec{u},\vec{v},\vec{w}] = 0$. ∎

Exercício 12-10 Sejam $\vec{u}$ e $\vec{v}$ vetores não-nulos respectivamente paralelos às retas r e s, P um ponto de r, Q um ponto de s. Mostre que r e s são coplanares se, e somente se, $[\vec{u},\vec{v},\overrightarrow{PQ}] = 0$.

12-6 Exercício Resolvido

Considere o paralelepípedo da Figura 12-5. Em relação a uma base ortonormal positiva, $\vec{AB} = (1,0,1)$, $\vec{BE} = (1,1,1)$ e $\vec{AD} = (0,3,3)$. Calcule:

(a) o volume do paralelepípedo *ABCDEFGH*;
(b) o volume do tetraedro *EABD*;
(c) a altura do tetraedro *EABD* em relação à face *DEB*.

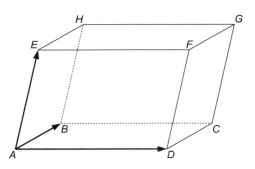

Figura 12-5

Resolução

(a) $\vec{AE} = \vec{AB} + \vec{BE} = (1,0,1) + (1,1,1) = (2,1,2)$. Então,

$$[\vec{AB},\vec{AD},\vec{AE}] = \begin{vmatrix} 1 & 0 & 1 \\ 0 & 3 & 3 \\ 2 & 1 & 2 \end{vmatrix} = -3$$

e o volume do paralelepípedo é $|-3| = 3$. ◀

(b) De acordo com o Exercício Resolvido 12-3, o volume do tetraedro é igual a $|[\vec{AB},\vec{AD},\vec{AE}]|/6 = 1/2$. ◀

(c) Sendo *V* o volume do tetraedro, *S* a área da base *DEB* e *m* a altura relativa a essa base, sabemos que $V = Sm/3$. Como $S = \|\vec{DE} \wedge \vec{DB}\|/2$ e $V = 1/2$, essa igualdade fornece $1/2 = (1/3)(1/2)\|\vec{DE} \wedge \vec{DB}\|m$, ou seja,

$$m = \frac{3}{\|\vec{DE} \wedge \vec{DB}\|} \qquad [12\text{-}3]$$

De

$$\vec{DE} = \vec{DA} + \vec{AB} + \vec{BE} = -(0,3,3) + (1,0,1) + (1,1,1) = (2,-2,-1)$$

$$\vec{DB} = \vec{DA} + \vec{AB} = -(0,3,3) + (1,0,1) = (1,-3,-2)$$

resulta $\vec{DE} \wedge \vec{DB} = (1,3,-4)$ e, portanto, $\|\vec{DE} \wedge \vec{DB}\| = \sqrt{26}$. Substituindo em [12–3], obtemos $m = 3/\sqrt{26}$. ◀

EXERCÍCIOS

12-11 Em relação a uma base ortonormal negativa E = $(\vec{a},\vec{b},\vec{c})$, sejam $\vec{u}$ = (–1,–3,1), $\vec{v}$ = (1,0,1) e $\vec{w}$ = (2,1,1). Calcule $[\vec{u},\vec{v},\vec{w}]$.

12-12 Em relação a uma base ortonormal negativa E = $(\vec{p},\vec{q},\vec{r})$, sejam $\vec{u}$ = (a_1,b_1,c_1), $\vec{v}$ = (a_2,b_2,c_2) e $\vec{w}$ = (a_3,b_3,c_3). Mostre que

$$[\vec{u},\vec{v},\vec{w}] = - \begin{vmatrix} a_1 & b_1 & c_1 \\ a_2 & b_2 & c_2 \\ a_3 & b_3 & c_3 \end{vmatrix}$$

12-7 *Exercício Resolvido*

Os vetores $\vec{u}$, $\vec{v}$ e $\vec{w}$ constituem (nessa ordem) uma base ortogonal negativa e suas normas são, respectivamente, 1, 2 e 3. Calcule o produto misto $[\vec{u},\vec{v},\vec{w}]$.

Resolução

Este é o Exercício Resolvido 12-2, para o qual prometemos uma terceira resolução. *Terceiro modo* (*usando coordenadas*) Sejam $\vec{i} = \vec{u}$, $\vec{j} = \vec{v}/2$, $\vec{k} = -\vec{w}/3$. Das informações que temos sobre $\vec{u}$, $\vec{v}$ e $\vec{w}$, é fácil concluir que B = $(\vec{i},\vec{j},\vec{k})$ é base ortonormal positiva. Além disso, $\vec{u}$ = $(1,0,0)_B$, $\vec{v}$ = $(0,2,0)_B$ e $\vec{w}$ = $(0,0,-3)_B$. Pela Proposição 12-4,

$$[\vec{u},\vec{v},\vec{w}] = \begin{vmatrix} 1 & 0 & 0 \\ 0 & 2 & 0 \\ 0 & 0 & -3 \end{vmatrix} = -6$$ ◀

EXERCÍCIOS

12-13 As arestas AB, AD e AE do paralelepípedo retângulo mostrado na Figura 12-6 (a) medem, respectivamente, 1, 2 e 2. R é ponto médio de AB, e a base $(\overrightarrow{GH},\overrightarrow{GF},\overrightarrow{GC})$ é positiva.

(a) Calcule $[\overrightarrow{DE},\overrightarrow{DR},\overrightarrow{DF}]$. (b) Calcule a medida angular entre $\overrightarrow{DE} \wedge \overrightarrow{DR}$ e $\overrightarrow{DF}$.

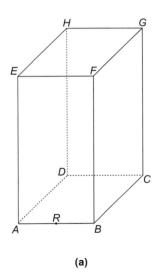

(a)

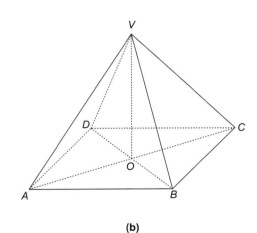

(b)

Figura 12-6

12-14 A pirâmide mostrada na Figura 12-6 (b) tem por base um quadrado de lado 2. As arestas que contêm o vértice V formam ângulos de $45°$ com o plano do quadrado, e a base $(\vec{VA},\vec{VD},\vec{VB})$ é positiva.

(a) Calcule $[\vec{DC},\vec{DA}/2,\vec{DV}]$.

(b) Determine as coordenadas de $\vec{DC}\wedge\vec{DA}$ em relação a $(\vec{VA},\vec{VD},\vec{VB})$.

12-8 Proposição   Se $F=(\vec{u},\vec{v},\vec{w})$ e $G=(\vec{a},\vec{b},\vec{c})$ são bases quaisquer e E é base ortonormal positiva, então:

(a) $\det M_{EF} = [\vec{u},\vec{v},\vec{w}]$
(b) $\det M_{FG} = \dfrac{[\vec{a},\vec{b},\vec{c}]}{[\vec{u},\vec{v},\vec{w}]}$

Demonstração

(a) Suponhamos que $\vec{u} = (a_1,b_1,c_1)_E$, $\vec{v} = (a_2,b_2,c_2)_E$ e $\vec{w} = (a_3,b_3,c_3)_E$. Portanto,

$$M_{EF} = \begin{bmatrix} a_1 & a_2 & a_3 \\ b_1 & b_2 & b_3 \\ c_1 & c_2 & c_3 \end{bmatrix}$$

Como o determinante de uma matriz é igual ao da sua transposta,

$$\det M_{EF} = \begin{vmatrix} a_1 & a_2 & a_3 \\ b_1 & b_2 & b_3 \\ c_1 & c_2 & c_3 \end{vmatrix} = \begin{vmatrix} a_1 & b_1 & c_1 \\ a_2 & b_2 & c_2 \\ a_3 & b_3 & c_3 \end{vmatrix} = [\vec{u},\vec{v},\vec{w}]$$

(Na última igualdade usamos a Proposição 12-4.)

(b) Sabemos do Capítulo 8 que $M_{FG} = M_{FE}M_{EG} = M_{EF}^{-1}M_{EG}$. Logo,

$$\det M_{FG} = (\det M_{EF}^{-1})\det M_{EG} = \frac{\det M_{EG}}{\det M_{EF}}$$

Aplicando a parte (a) a F e a G, obtemos

$$\det M_{FG} = \frac{[\vec{a},\vec{b},\vec{c}]}{[\vec{u},\vec{v},\vec{w}]}$$ ∎

12-9 Corolário   Seja $F=(\vec{u},\vec{v},\vec{w})$.

(a) Se $[\vec{u},\vec{v},\vec{w}] = 0$, então F não é base.

(b) Se $[\vec{u},\vec{v},\vec{w}] > 0$, então F é base positiva.

(c) Se $[\vec{u},\vec{v},\vec{w}] < 0$, então F é base negativa.

Demonstração

(a) Pelo Corolário 12-5, $[\vec{u},\vec{v},\vec{w}] = 0 \Rightarrow$ F é LD $\Rightarrow$ F não é base.

Para (b) e (c), fixemos uma base ortonormal positiva E. Do Corolário 12-5 decorre que, se $[\vec{u},\vec{v},\vec{w}] \neq 0$, F é base. Neste caso, $[\vec{u},\vec{v},\vec{w}] = \det M_{EF}$ (proposição anterior). Então:

(b) $[\vec{u},\vec{v},\vec{w}] > 0 \Rightarrow \det M_{EF} > 0 \Rightarrow$ F é concordante com E $\Rightarrow$ F é positiva.

(c) $[\vec{u},\vec{v},\vec{w}] < 0 \Rightarrow \det M_{EF} < 0 \Rightarrow$ F é discordante de E $\Rightarrow$ F é negativa. ■

Seja E uma base de $\mathbb{V}^3$. Dada a matriz quadrada A de ordem 3, podemos associar a cada uma de suas colunas o vetor que tem por coordenadas na base E os elementos dessa coluna (respeitada a ordem). Esses três vetores chamam-se **vetores-coluna de A em relação à base E** (ou: **na base E**). Analogamente, pode-se falar em **vetores-linha de A em relação à base E** (ou: **na base E**). Por exemplo, se F é outra base, os vetores-coluna da matriz M_{EF} na base E são os próprios vetores de F. Essa nomenclatura será usada no próximo exercício.

EXERCÍCIO

12-15 Seja E uma base ortonormal positiva.

(a) Dadas as matrizes quadradas A e B, de ordem 3, indiquemos por $\vec{a}_1, \vec{a}_2, \vec{a}_3$ os vetores-coluna de A na base E (nessa ordem) e por $\vec{b}_1, \vec{b}_2, \vec{b}_3$ os vetores-coluna de B na base E (nessa ordem). Mostre que o elemento c_{ij} da matriz-produto $A^t B$ é igual a $\vec{a}_i \cdot \vec{b}_j$ ($i,j = 1,2,3$).

♦ (b) Sejam $\vec{u}, \vec{v}, \vec{w}, \vec{x}, \vec{y}$ e $\vec{z}$ vetores quaisquer. Mostre que

$$[\vec{u},\vec{v},\vec{w}]\,[\vec{x},\vec{y},\vec{z}] = \begin{vmatrix} \vec{u}\cdot\vec{x} & \vec{u}\cdot\vec{y} & \vec{u}\cdot\vec{z} \\ \vec{v}\cdot\vec{x} & \vec{v}\cdot\vec{y} & \vec{v}\cdot\vec{z} \\ \vec{w}\cdot\vec{x} & \vec{w}\cdot\vec{y} & \vec{w}\cdot\vec{z} \end{vmatrix}$$

(c) Resolva o Exercício 12-9 no caso em que $a = 2$, $b = 3$, $c = 4$, $\alpha = 30°$, $\beta = 45°$, $\gamma = 60°$, utilizando a igualdade do item (b).

Vamos considerar agora a operação que a cada tripla ordenada $(\vec{u},\vec{v},\vec{w})$ associa o produto misto $[\vec{u},\vec{v},\vec{w}]$. De todas as operações da Álgebra Vetorial estudadas neste livro, esta é sem dúvida a mais "exótica". A primeira característica que a distingue das demais é o fato de ser *ternária*, enquanto as outras são *binárias*, quer dizer, calcula-se o produto misto de *três* vetores, não de *dois*. Com isso, saem de cena propriedades tais como a associativa, a comutativa e as distributivas, para dar lugar a outras cujos nomes você talvez nunca tenha ouvido (*trilinearidade*, *alternância*). Tais novidades não significam, porém, que a álgebra do produto misto seja complicada. Como fruto que é do casamento entre produto escalar e produto vetorial, ele tem propriedades que decorrem naturalmente das propriedades daqueles dois, e isso nos tranqüiliza com relação à sua manipulação algébrica: se não houver nada melhor, sempre poderemos escrever "por extenso" $\vec{u}\wedge\vec{v}\cdot\vec{w}$, trabalhar primeiro com o produto vetorial, e depois com o produto escalar. Outra abordagem possível é: como, pela Proposição 12-4, o produto misto é um determinante, é de se esperar que suas propriedades sejam semelhantes às propriedades dos determinantes. E são realmente, como veremos.

130 — Geometria Analítica — um tratamento vetorial

12-10 Proposição

(a) O produto misto é *trilinear*, isto é, quaisquer que sejam os vetores $\vec{u}, \vec{u}_1, \vec{u}_2, \vec{v}, \vec{v}_1, \vec{v}_2, \vec{w}, \vec{w}_1, \vec{w}_2$, e quaisquer que sejam os números reais α e β,

$$[\alpha\vec{u}_1 + \beta\vec{u}_2, \vec{v}, \vec{w}] = \alpha[\vec{u}_1, \vec{v}, \vec{w}] + \beta[\vec{u}_2, \vec{v}, \vec{w}]$$

$$[\vec{u}, \alpha\vec{v}_1 + \beta\vec{v}_2, \vec{w}] = \alpha[\vec{u}, \vec{v}_1, \vec{w}] + \beta[\vec{u}, \vec{v}_2, \vec{w}]$$

$$[\vec{u}, \vec{v}, \alpha\vec{w}_1 + \beta\vec{w}_2] = \alpha[\vec{u}, \vec{v}, \vec{w}_1] + \beta[\vec{u}, \vec{v}, \vec{w}_2]$$

(b) O produto misto é *alternado*, isto é, permutar dois vetores altera seu sinal:

$$[\vec{u}, \vec{v}, \vec{w}] = -[\vec{v}, \vec{u}, \vec{w}] = [\vec{v}, \vec{w}, \vec{u}] = -[\vec{u}, \vec{w}, \vec{v}] = [\vec{w}, \vec{u}, \vec{v}] = -[\vec{w}, \vec{v}, \vec{u}]$$

(conseqüentemente, permutações cíclicas não afetam o produto misto).

Demonstração

(a) Mostraremos que vale a primeira igualdade, deixando as outras duas como exercício.

$$\begin{aligned}
[\alpha\vec{u}_1 + \beta\vec{u}_2, \vec{v}, \vec{w}] &= (\alpha\vec{u}_1 + \beta\vec{u}_2) \wedge \vec{v} \cdot \vec{w} \\
&= (\alpha\vec{u}_1 \wedge \vec{v} + \beta\vec{u}_2 \wedge \vec{v}) \cdot \vec{w} \\
&= \alpha\vec{u}_1 \wedge \vec{v} \cdot \vec{w} + \beta\vec{u}_2 \wedge \vec{v} \cdot \vec{w} \\
&= \alpha[\vec{u}_1, \vec{v}, \vec{w}] + \beta[\vec{u}_2, \vec{v}, \vec{w}]
\end{aligned}$$

(b) $\vec{u} \wedge \vec{v} \cdot \vec{w} = -(\vec{v} \wedge \vec{u}) \cdot \vec{w} = -[\vec{v}, \vec{u}, \vec{w}]$ etc. ∎

12-11 Observação

(a) Utilizando o Princípio de Indução Finita, pode-se generalizar a parte (a) da proposição anterior para qualquer número de parcelas. Por exemplo:

$$[\alpha_1\vec{u}_1 + \dots + \alpha_n\vec{u}_n, \vec{v}, \vec{w}] = \alpha_1[\vec{u}_1, \vec{v}, \vec{w}] + \dots + \alpha_n[\vec{u}_n, \vec{v}, \vec{w}]$$

(b) A propriedade (b) da proposição anterior pode ser memorizada facilmente por meio do diagrama da Figura 12-7.

Figura 12-7

- Dois produtos mistos calculados no mesmo sentido são iguais. Assim, no sentido indicado pelas flechas,

$$[\vec{u},\vec{v},\vec{w}] = [\vec{v},\vec{w},\vec{u}] = [\vec{w},\vec{u},\vec{v}]$$

e, no sentido contrário ao das flechas,

$$[\vec{u},\vec{w},\vec{v}] = [\vec{w},\vec{v},\vec{u}] = [\vec{v},\vec{u},\vec{w}]$$

- Dois produtos mistos calculados em sentidos contrários são números opostos. Assim, como $[\vec{v},\vec{w},\vec{u}]$ é calculado no sentido das flechas, e $[\vec{u},\vec{w},\vec{v}]$, no sentido contrário ao das flechas, vale a relação $[\vec{v},\vec{w},\vec{u}] = -[\vec{u},\vec{w},\vec{v}]$.

12-12 Proposição $[\vec{u},\vec{v},\vec{w}]$ não se altera se somarmos a um dos vetores uma combinação linear dos outros dois (por exemplo, $[\vec{u},\vec{v},\vec{w}] = [\vec{u},\vec{v} + \alpha\vec{u} + \beta\vec{w},\vec{w}]$).

Demonstração

Apliquemos a trilinearidade:

$$[\vec{u},\vec{v} + \alpha\vec{u} + \beta\vec{w},\vec{w}] = [\vec{u},\vec{v},\vec{w}] + \alpha[\vec{u},\vec{u},\vec{w}] + \beta[\vec{u},\vec{w},\vec{w}] = [\vec{u},\vec{v},\vec{w}] + \alpha\cdot 0 + \beta\cdot 0 = [\vec{u},\vec{v},\vec{w}] \blacksquare$$

Exercícios

12-16 Seja $(\vec{e}_1,\vec{e}_2,\vec{e}_3)$ uma base.

(a) Prove que, para todo vetor $\vec{x}$, vale a igualdade

$$\vec{x} = \frac{[\vec{x},\vec{e}_2,\vec{e}_3]}{[\vec{e}_1,\vec{e}_2,\vec{e}_3]}\vec{e}_1 + \frac{[\vec{e}_1,\vec{x},\vec{e}_3]}{[\vec{e}_1,\vec{e}_2,\vec{e}_3]}\vec{e}_2 + \frac{[\vec{e}_1,\vec{e}_2,\vec{x}]}{[\vec{e}_1,\vec{e}_2,\vec{e}_3]}\vec{e}_3$$

(b) Aplique, ao caso em que $\vec{e}_1 = (1,1,1)$, $\vec{e}_2 = (2,0,1)$ $\vec{e}_3 = (0,1,0)$ e $\vec{x} = (4,3,3)$, a igualdade do item (a) (as coordenadas referem-se a uma base ortonormal positiva).

12-17 Dado o tetraedro *OABC*, sejam *M*, *N* e *P*, respectivamente, os pontos que dividem (*A*,*B*), (*B*,*C*) e (*C*,*A*) na razão 2. Calcule o quociente entre os volumes dos tetraedros *OABC* e *OMNP*.

12-13 Proposição Quaisquer que sejam $\vec{u}$, $\vec{v}$ e $\vec{w}$, vale a igualdade $\vec{u}\wedge\vec{v}\cdot\vec{w} = \vec{u}\cdot\vec{v}\wedge\vec{w}$, ou seja, permutar os símbolos $\wedge$ e $\cdot$ não altera o resultado.

Demonstração

Usando a comutatividade do produto escalar e a definição de produto misto, obtemos

$$\vec{u}\cdot\vec{v}\wedge\vec{w} = \vec{v}\wedge\vec{w}\cdot\vec{u} = [\vec{v},\vec{w},\vec{u}]$$

Como o produto misto é alternado (Proposição 12-10 (b)), $[\vec{v},\vec{w},\vec{u}]$ é igual a $[\vec{u},\vec{v},\vec{w}]$, que, por definição, é igual a $\vec{u}\wedge\vec{v}\cdot\vec{w}$. Logo, $\vec{u}\wedge\vec{v}\cdot\vec{w} = \vec{u}\cdot\vec{v}\wedge\vec{w}$. $\blacksquare$

12-14 Exercício Resolvido

Prove que:

$$(\vec{u}\wedge\vec{v})\cdot(\vec{w}\wedge\vec{t}) = \begin{vmatrix} \vec{u}\cdot\vec{w} & \vec{u}\cdot\vec{t} \\ \vec{v}\cdot\vec{w} & \vec{v}\cdot\vec{t} \end{vmatrix}$$

Resolução

Observe que os parênteses do primeiro membro não são necessários, mas dão certo conforto visual. Usando a proposição anterior para permutar o primeiro símbolo $\wedge$ com o símbolo $\cdot$ e obter um duplo produto vetorial, chegamos a

$$(\vec{u}\wedge\vec{v})\cdot(\vec{w}\wedge\vec{t}) = \vec{u}\cdot(\vec{v}\wedge(\vec{w}\wedge\vec{t})) = \vec{u}\cdot((\vec{v}\cdot\vec{t})\vec{w} - (\vec{v}\cdot\vec{w})\vec{t}) = (\vec{v}\cdot\vec{t})(\vec{u}\cdot\vec{w}) - (\vec{v}\cdot\vec{w})(\vec{u}\cdot\vec{t})$$

Esta última expressão é igual ao determinante do enunciado.

Exercícios

12-18 Prove que:

(a) $[\vec{u}\wedge\vec{v},\vec{w},\vec{t}] = \begin{vmatrix} \vec{u}\cdot\vec{w} & \vec{u}\cdot\vec{t} \\ \vec{v}\cdot\vec{w} & \vec{v}\cdot\vec{t} \end{vmatrix}$

(b) $[\vec{u}\wedge\vec{v},\vec{w}\wedge\vec{t},\vec{x}] = \begin{vmatrix} [\vec{u},\vec{w},\vec{t}] & \vec{u}\cdot\vec{x} \\ [\vec{v},\vec{w},\vec{t}] & \vec{v}\cdot\vec{x} \end{vmatrix}$

(c) $[\vec{u}\wedge\vec{v},\vec{a}\wedge\vec{b},\vec{x}\wedge\vec{y}] = \begin{vmatrix} [\vec{u},\vec{a},\vec{b}] & [\vec{u},\vec{x},\vec{y}] \\ [\vec{v},\vec{a},\vec{b}] & [\vec{v},\vec{x},\vec{y}] \end{vmatrix}$

12-19 Dados $\vec{u}$, $\vec{v}$ e $\vec{w}$, sejam $E = (\vec{u},\vec{v},\vec{w})$ e $F = (\vec{u}\wedge\vec{v},\vec{v}\wedge\vec{w},\vec{w}\wedge\vec{u})$. Prove que:

(a) $(\vec{u}\wedge\vec{v})\wedge(\vec{v}\wedge\vec{w})\cdot(\vec{w}\wedge\vec{u}) = [\vec{u},\vec{v},\vec{w}]^2$;

(b) E é LD $\Leftrightarrow$ F é LD;

(c) E é base $\Leftrightarrow$ F é base;

(d) se E é base, então a base F é positiva. (Qual é, neste caso, o determinante de M_{EF}?)

12-15 Exercício Resolvido

Prove que $[\vec{u}+\vec{v},\vec{v}+\vec{w},\vec{w}+\vec{u}] = 2[\vec{u},\vec{v},\vec{w}]$.

Resolução

Primeiro modo

$$[\vec{u}+\vec{v},\vec{v}+\vec{w},\vec{w}+\vec{u}]$$
$$= [\vec{u},\vec{v}+\vec{w},\vec{w}+\vec{u}] + [\vec{v},\vec{v}+\vec{w},\vec{w}+\vec{u}]$$
$$= [\vec{u},\vec{v},\vec{w}+\vec{u}] + [\vec{u},\vec{w},\vec{w}+\vec{u}] + [\vec{v},\vec{v},\vec{w}+\vec{u}] + [\vec{v},\vec{w},\vec{w}+\vec{u}]$$
$$= [\vec{u},\vec{v},\vec{w}] + [\vec{u},\vec{v},\vec{u}] + [\vec{u},\vec{w},\vec{w}] + [\vec{u},\vec{w},\vec{u}] + [\vec{v},\vec{v},\vec{w}] + [\vec{v},\vec{v},\vec{u}] + [\vec{v},\vec{w},\vec{w}] + [\vec{v},\vec{w},\vec{u}]$$
$$= [\vec{u},\vec{v},\vec{w}] + 0 + 0 + 0 + 0 + 0 + 0 + [\vec{v},\vec{w},\vec{u}]$$
$$= [\vec{u},\vec{v},\vec{w}] + [\vec{u},\vec{v},\vec{w}]$$
$$= 2[\vec{u},\vec{v},\vec{w}]$$

Capítulo 12 — Produto misto — 133

Utilizamos a trilinearidade (com $\alpha = \beta = 1$) nas três primeiras igualdades, o Corolário 12-5 na quarta e a alternância do produto misto na quinta.

Segundo modo Usando a Proposição 12-12:

$[\vec{u} + \vec{v}, \vec{v} + \vec{w}, \vec{w} + \vec{u}] = [\vec{u} + \vec{v} - \vec{v} - \vec{w} - \vec{w} - \vec{u}, \vec{v} + \vec{w}, \vec{w} + \vec{u}]$ (subtraímos de $\vec{u} + \vec{v}$ a soma dos outros dois)

$= [-2\vec{w}, \vec{v} + \vec{w}, \vec{w} + \vec{u}]$

$= 2[-\vec{w}, \vec{v} + \vec{w}, \vec{w} + \vec{u}]$ (Proposição 12-10 (a))

$= 2[-\vec{w}, \vec{v} + \vec{w} - \vec{w}, \vec{w} + \vec{u}]$ (somamos $-\vec{w}$ a $\vec{v} + \vec{w}$)

$= 2[-\vec{w}, \vec{v}, \vec{w} + \vec{u}]$

$= 2[-\vec{w}, \vec{v}, \vec{w} + \vec{u} - \vec{w}]$ (somamos $-\vec{w}$ a $\vec{w} + u$)

$= 2[-\vec{w}, \vec{v}, \vec{u}]$

$= -2[\vec{w}, \vec{v}, \vec{u}]$ (Proposição 12-10 (a))

$= 2[\vec{u}, \vec{v}, \vec{w}]$ (Proposição 12-10 (b)) ◂

12-16 *Exercício Resolvido*

Prove que:

$$[a_1\vec{u} + b_1\vec{v} + c_1\vec{w}, a_2\vec{u} + b_2\vec{v} + c_2\vec{w}, a_3\vec{u} + b_3\vec{v} + c_3\vec{w}] = \begin{vmatrix} a_1 & b_1 & c_1 \\ a_2 & b_2 & c_2 \\ a_3 & b_3 & c_3 \end{vmatrix} [\vec{u}, \vec{v}, \vec{w}] \quad \textbf{[12-4]}$$

Resolução

Indiquemos por $\vec{p}, \vec{q}$ e $\vec{r}$ os vetores do primeiro membro de [12-4], e por Δ o determinante do segundo membro:

$$\vec{p} = a_1\vec{u} + b_1\vec{v} + c_1\vec{w}$$
$$\vec{q} = a_2\vec{u} + b_2\vec{v} + c_2\vec{w} \qquad \Delta = \begin{vmatrix} a_1 & b_1 & c_1 \\ a_2 & b_2 & c_2 \\ a_3 & b_3 & c_3 \end{vmatrix} \quad \textbf{[12-5]}$$
$$\vec{r} = a_3\vec{u} + b_3\vec{v} + c_3\vec{w}$$

As triplas $(\vec{u},\vec{v},\vec{w})$ e $(\vec{p},\vec{q},\vec{r})$ podem ser LI ou LD; analisemos caso a caso.

- Se $(\vec{u},\vec{v},\vec{w})$ é LD, decorre das relações [12-5] que $(\vec{p},\vec{q},\vec{r})$ também é LD (de fato, se $\vec{u}, \vec{v}$ e $\vec{w}$ são paralelos a um plano π, então, por serem combinações lineares deles, $\vec{p}, \vec{q}$ e $\vec{r}$ também são paralelos a π). Neste caso, $[\vec{u},\vec{v},\vec{w}] = 0$ e $[\vec{p},\vec{q},\vec{r}] = 0$, e portanto é válida a igualdade [12-4].

- Se $(\vec{u},\vec{v},\vec{w})$ é LI, e $(\vec{p},\vec{q},\vec{r})$, LD, então, $[\vec{p},\vec{q},\vec{r}] = 0$; logo, $\Delta = 0$, pois este determinante é formado pelas coordenadas de $\vec{p}, \vec{q}$ e $\vec{r}$ na base $(\vec{u},\vec{v},\vec{w})$. Assim, [12-4] é verdadeira.

- Suponhamos que $(\vec{u},\vec{v},\vec{w})$ e $(\vec{p},\vec{q},\vec{r})$ sejam LI, isto é, bases. Neste caso, Δ é o determinante da matriz de mudança de $(\vec{u},\vec{v},\vec{w})$ para $(\vec{p},\vec{q},\vec{r})$. Pela Proposição 12-8 (b), $\Delta = \dfrac{[\vec{p},\vec{q},\vec{r}]}{[\vec{u},\vec{v},\vec{w}]}$ e desta igualdade decorre [12-4]. ◄

12-17 Observação

Eis uma resolução mais rápida para o Exercício Resolvido 12-15: tomando $a_1 = 1$, $b_1 = 1$, $c_1 = 0$, $a_2 = 0$, $b_2 = 1$, $c_2 = 1$, $a_3 = 1$, $b_3 = 0$ e $c_3 = 1$ em [12-4], obtemos

$$[\vec{u}+\vec{v},\vec{v}+\vec{w},\vec{w}+\vec{u}] = \begin{vmatrix} 1 & 1 & 0 \\ 0 & 1 & 1 \\ 1 & 0 & 1 \end{vmatrix} [\vec{u},\vec{v},\vec{w}] = 2[\vec{u},\vec{v},\vec{w}]$$

Exercícios

12-20 Sendo $[\vec{u},\vec{v},\vec{w}] = 6$, calcule $[2\vec{u}-3\vec{v}+\vec{w},-\vec{u}+\vec{v}-\vec{w},\vec{v}-3\vec{w}]$.

12-21 Sejam $ABCD$ um tetraedro, $P = A + 2\vec{AB} + \vec{AC} + \vec{AD}$, $Q = B - \vec{AB} - \vec{AC} + \vec{AD}$ e $R = C + \vec{AB} + \vec{AC}$. Calcule a razão entre os volumes dos tetraedros $PQRD$ e $ABCD$.

12-22 Sejam $(\vec{a},\vec{b},\vec{c})$ uma base positiva, $\vec{u} = \vec{a}\wedge\vec{b}$, $\vec{v} = (\vec{a}+\vec{b})\wedge\vec{c}$ e $\vec{w} = (\vec{b}\wedge\vec{a})\wedge\vec{a}$.

(a) Mostre que $(\vec{u},\vec{v},\vec{w})$ é base e determine sua orientação.

(b) Calcule o volume de um paralelepípedo cujas arestas são paralelas a $\vec{u}$, $\vec{v}$ e $\vec{w}$ e têm comprimentos $\|\vec{u}\|$, $\|\vec{v}\|$ e $\|\vec{w}\|$, sabendo que $\vec{a}$ e $\vec{c}$ são unitários, a norma de $\vec{b}$ é 2 e a base $(\vec{a},\vec{b},\vec{c})$ é ortogonal.

12-23 Resolva a equação $(\vec{x}\wedge\vec{a})\wedge(\vec{x}\wedge\vec{b}) = \vec{c}$, sabendo que $[\vec{a},\vec{b},\vec{c}] \neq 0$.

CAPÍTULO 13
SISTEMA DE COORDENADAS

Neste capítulo introduz-se a noção de sistema de coordenadas em $\mathbb{E}^3$ e define-se o conceito de coordenadas de um ponto em relação a um sistema. Apresentam-se também as primeiras aplicações, tais como: classificação de triângulos e quadriláteros, coordenadas do ponto médio de um segmento etc.

Nos doze capítulos anteriores, você ficou conhecendo os conceitos básicos da Álgebra Vetorial. Em cada um deles (exceção feita ao Capítulo 10, por motivos que lá foram expostos), optamos por uma abordagem inicial geométrica dos conceitos, e em seguida apresentamos propriedades e caracterizações algébricas, bem como aplicações. Construímos desse modo um poderoso arsenal de recursos, e é chegada a hora de utilizá-lo no estudo da Geometria Euclidiana, já que este sempre foi o objetivo declarado do nosso estudo dos vetores. Podemos dizer que com este capítulo inicia-se a segunda etapa do trabalho.

O objeto de estudo da Geometria Euclidiana são os conjuntos de pontos de $\mathbb{E}^3$ (retas, planos, curvas, superfícies, triângulos, diedros são alguns exemplos importantes), e o que se faz na Geometria Analítica é estudá-los com o auxílio da Álgebra Elementar e da Álgebra Vetorial, ou seja, usando vetores, números reais, equações, matrizes etc. É natural, portanto, que o primeiro passo nessa trajetória seja desenvolver um método para descrever pontos de $\mathbb{E}^3$ por meio de números. Faremos isso introduzindo o conceito de sistema de coordenadas em $\mathbb{E}^3$.

13-1 Definição

(a) Sejam O um ponto e $E = (\vec{e}_1, \vec{e}_2, \vec{e}_3)$ uma base. O par ordenado $\Sigma = (O, E)$ é chamado **sistema de coordenadas** (**em $\mathbb{E}^3$**), de **origem** O e **base** E. Por abuso de notação, (O, E) é indicado por $(O, \vec{e}_1, \vec{e}_2, \vec{e}_3)$. Se E é *base ortonormal*, o sistema de coordenadas é **ortogonal**.

(b) Dado um ponto P, as coordenadas do vetor $\overrightarrow{OP}$ na base E são chamadas **coordenadas** de P **em relação ao** (ou: **no**) **sistema de coordenadas** Σ. Assim, se $\overrightarrow{OP} = (x_0, y_0, z_0)_E$, as coordenadas de P em relação a Σ são x_0, y_0 e z_0. A primeira, x_0, é chamada **abscissa**, a segunda, y_0, **ordenada**, e a terceira, z_0, **cota** de P (Figura 13-1 (a)). A tripla ordenada (x_0, y_0, z_0) é chamada **tripla de coordenadas** de P (**em relação ao sistema** Σ).

(c) Quando se adota uma unidade de medida de distância entre os pontos de uma reta orientada, ela passa a ser chamada **eixo** (há um comentário sobre orientação de retas na Seção B1 do Apêndice O). Chama-se **eixo coordenado** cada reta que contém O e é paralela a um dos vetores $\vec{e}_1, \vec{e}_2, \vec{e}_3$, orientada por ele, sendo sua norma a unidade de medida adotada. O **eixo dos x** (ou **das abscissas**), indicado por Ox, é paralelo a $\vec{e}_1$, e nele a unidade é $\|\vec{e}_1\|$; o **eixo dos y** (ou **das ordenadas**), indicado por Oy, é paralelo a $\vec{e}_2$, e sua unidade é $\|\vec{e}_2\|$; o **eixo dos z** (ou **das cotas**), indicado por Oz, é paralelo a $\vec{e}_3$, e a unidade de medida nele adotada é $\|\vec{e}_3\|$ (Figura 13-1 (b)).

(d) Cada plano determinado por um par de eixos coordenados chama-se **plano coordenado**. O plano determinado por Ox e Oy é indicado por Oxy; o determinado por Ox e Oz é indicado por Oxz, e o determinado por Oy e Oz é indicado por Oyz (Figura 13-1 (b)).

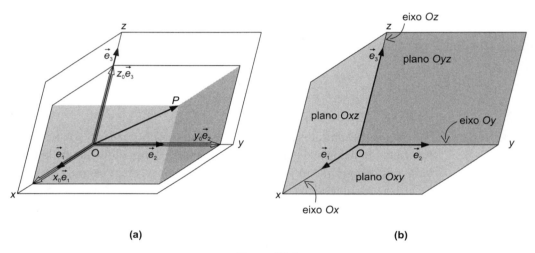

Figura 13-1

13-2 Observação

(a) Fixado um sistema de coordenadas, qualquer ponto determina uma única tripla ordenada de números reais (sua tripla de coordenadas em relação àquele sistema) e, reciprocamente, toda tripla ordenada de números reais determina um único ponto (aquele que a tem como tripla de coordenadas no sistema fixado). Fica assim definida uma bijeção, ou correspondência biunívoca, entre $\mathbb{E}^3$ e $\mathbb{R}^3$, por meio da qual podemos identificar cada ponto com sua tripla de coordenadas. Escreveremos

$$P = (x,y,z)_\Sigma \quad \text{ou} \quad P = (x,y,z)$$

para indicar que (x,y,z) é a tripla de coordenadas do ponto P em relação ao sistema $\Sigma = (O,E)$; a segunda forma, sem o índice, será a preferida, desde que não cause ambiguidade. Alguns autores não fazem essa identificação e adotam as notações $P \equiv (x,y,z)_\Sigma$, $P(x,y,z)_\Sigma$, ou sua versão sem o índice Σ.

(b) Sempre que escrevermos, sem índices, símbolos de coordenadas de ponto e de vetor, estará subentendido que as coordenadas dos vetores se referem a uma base E, e as coordenadas dos pontos se referem a um sistema Σ *cuja base é* E. Ao contrário do que pode parecer à primeira vista, não há perigo de confusão no emprego de símbolos tão parecidos com significados tão diferentes. A prática de usar letras maiúsculas para indicar pontos e letras minúsculas com flechas para vetores distingue claramente um do outro: $\vec{v} = (a,b,c)$, $P = (x,y,z)$. Às vezes, essa distinção é feita por meio de palavras (o *ponto* (1,2,3), o *vetor* (1,2,3)), e freqüentemente o próprio contexto não dá margem a dúvidas. Por exemplo, na expressão 2(1,2,3), o símbolo (1,2,3) só pode ser entendido como tripla de coordenadas de um *vetor*, já que não definimos multiplicação de ponto por número. Somente em casos como (1,1,2) + (4,–1,3), que tanto pode significar "soma do *ponto* $P = (1,1,2)$ com o *vetor* $\vec{v} = (4,-1,3)$" como "soma dos *vetores* $\vec{u} = (1,1,2)$ e $\vec{v} = (4,-1,3)$", é necessário usar índices.

(c) Vimos anteriormente que bases ortonormais oferecem mais recursos que as outras, como por exemplo no cálculo de normas, produtos escalares e produtos vetoriais em coordenadas. É natural esperar que os sistemas ortogonais, por conseqüência, também sejam privilegiados em relação aos demais (teremos várias oportunidades de constatar que isso é verdade). Sempre que utilizarmos sistemas ortogonais, mencionaremos explicitamente esse fato.

Para que fique clara a diferença entre coordenadas de ponto e coordenadas de vetor, vamos ressaltá-la, no próximo exercício resolvido, com um exemplo da Mecânica.

13-3 *Exercício Resolvido*

Na Figura 13-2 (a) está representada uma caixa em forma de paralelepípedo retângulo, apoiada sobre um plano horizontal, com as dimensões (em decímetros) lá indicadas. Sua tampa, homogênea, pesa 2 newtons; sejam $\vec{p}$ o seu peso e G seu centro de massa. Determine as coordenadas de $\vec{p}$ em relação à base ortonormal B = $(\vec{i},\vec{j},\vec{k})$, indicada na figura, e as coordenadas de G em relação ao sistema $\Sigma = (O,B)$.

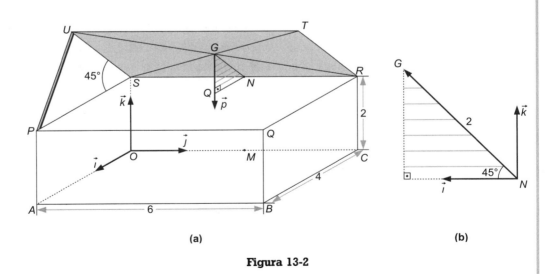

(a)   (b)

Figura 13-2

Resolução

Os vetores $\vec{p}$ e $\vec{k}$ são de sentido contrário e $\|\vec{p}\| = 2$; logo, $\vec{p} = (0,0,-2)_B$.

138 – Geometria Analítica – um tratamento vetorial

As coordenadas de G em relação a Σ são as coordenadas de $\overrightarrow{OG}$ na base B e, devido à homogeneidade da tampa, G é o ponto comum às diagonais ST e RU. Se M e N são, respectivamente, os pontos médios de OC e SR, então $\overrightarrow{OM} = 3\vec{j}$, $\overrightarrow{MN} = 2\vec{k}$ e (acompanhe na Figura 13-2 (b)) $\overrightarrow{NG} = 2\cos 45°\vec{i} + 2\sin 45°\vec{k} = \sqrt{2}\vec{i} + \sqrt{2}\vec{k}$. Logo,

$$\overrightarrow{OG} = \overrightarrow{OM} + \overrightarrow{MN} + \overrightarrow{NG} = 3\vec{j} + 2\vec{k} + (\sqrt{2}\vec{i} + \sqrt{2}\vec{k}) = \sqrt{2}\vec{i} + 3\vec{j} + (2 + \sqrt{2})\vec{k}$$

e, portanto, $G = (\sqrt{2}, 3, 2 + \sqrt{2})_\Sigma$.

Note que as coordenadas de G não dependem do peso da tampa, mas somente de suas características geométricas (tamanho e posição).

Exercícios

Nos exercícios 13-1 a 13-6 está fixado um sistema de coordenadas Σ de origem O.

13-1 Como você pode reconhecer, pelas coordenadas, que um ponto pertence a um dos eixos coordenados? E a um dos planos coordenados?

13-2 Se o sistema é ortogonal, quais são as coordenadas dos pontos simétricos de $P = (x,y,z)$ em relação a cada plano coordenado?

13-3 Se o sistema é ortogonal, quais são as coordenadas dos pontos simétricos de $P = (x,y,z)$ em relação a cada eixo coordenado?

13-4 Quais são as coordenadas do ponto simétrico de $P = (x,y,z)$ em relação à origem do sistema?

13-5 Suponha que o sistema de coordenadas seja ortogonal, e que P_1, P_2, P_3, P_4, P_5 e P_6 sejam, respectivamente, as projeções ortogonais de $P = (x,y,z)$ sobre Oxy, Oxz, Oyz, Ox, Oy e Oz.
(a) Escreva as coordenadas de P_1, P_2, P_3, P_4, P_5 e P_6.
(b) Se P é um dos vértices de um cubo de centro O e faces paralelas aos planos coordenados, escreva as triplas de coordenadas dos outros sete vértices.

13-6 Seja $P = (x,y,z)$. Complete:
(a) O ponto $P_1 = (x,y,0)$ é a projeção de P sobre o plano coordenado .... segundo a direção do eixo coordenado ....
(b) O ponto $P_2 = (x,0,z)$ é a projeção de P sobre o plano coordenado .... segundo a direção do eixo coordenado ....
(c) O ponto $P_3 = (0,y,z)$ é a projeção de P sobre o plano coordenado .... segundo a direção do eixo coordenado ....

13-7 Na Figura 13-3, $ABCDEFGH$ é um paralelepípedo. Sejam $\vec{e}_1 = \overrightarrow{AB}$, $\vec{e}_2 = \overrightarrow{AC}$ e $\vec{e}_3 = \overrightarrow{AF}$. Determine as coordenadas dos pontos A, B, C, D, E, F, G e H nos seguintes sistemas de coordenadas:
(a) $(A, \vec{e}_1, \vec{e}_2, \vec{e}_3)$ (b) $(H, \vec{e}_1, \vec{e}_2, \vec{e}_3)$
(c) $(G, -\vec{e}_3, \vec{e}_1/2, 2\vec{e}_2)$ (d) $(A, \vec{e}_2, \vec{e}_3, \vec{e}_1)$

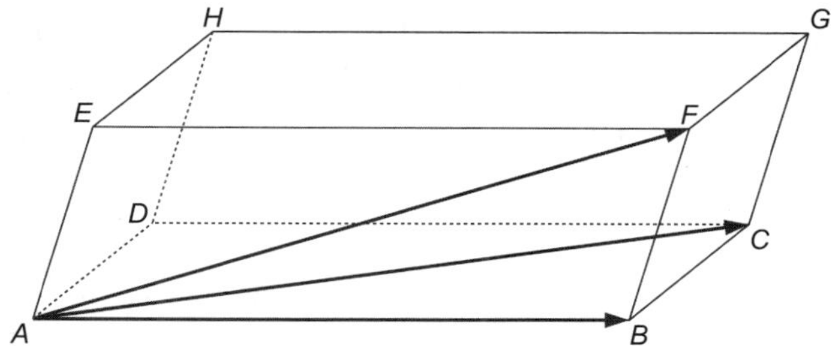

Figura 13-3

13-4 Proposição

Fixado um sistema de coordenadas (O,E), sejam $A = (x_1,y_1,z_1)$, $B = (x_2,y_2,z_2)$, $\vec{u} = (a,b,c)$, e λ um número real. Então,

(a) $\vec{AB} = (x_2 - x_1, y_2 - y_1, z_2 - z_1)$

(b) $A + \lambda\vec{u} = (x_1 + \lambda a, y_1 + \lambda b, z_1 + \lambda c)$

Demonstração

(a) $\vec{AB} = \vec{AO} + \vec{OB} = \vec{OB} - \vec{OA} = (x_2,y_2,z_2) - (x_1,y_1,z_1) = (x_2 - x_1, y_2 - y_1, z_2 - z_1)$

(b) Seja $D = A + \lambda\vec{u}$. Então, $\vec{AD} = \lambda\vec{u}$, ou seja, $\vec{AD} = \lambda(a,b,c) = (\lambda a, \lambda b, \lambda c)$. Se $D = (x,y,z)$, decorre do item (a) que $\vec{AD} = (x - x_1, y - y_1, z - z_1)$. Comparando as duas expressões de $\vec{AD}$, obtemos $(x - x_1, y - y_1, z - z_1) = (\lambda a, \lambda b, \lambda c)$ e resulta, devido à unicidade da tripla de coordenadas de um vetor na base E,

$$x - x_1 = \lambda a \qquad y - y_1 = \lambda b \qquad z - z_1 = \lambda c$$

Logo, $x = x_1 + \lambda a$, $y = y_1 + \lambda b$ e $z = z_1 + \lambda c$, isto é, $D = (x_1 + \lambda a, y_1 + \lambda b, z_1 + \lambda c)$. ∎

Daqui em diante, para tornar o texto mais fluente, nem sempre faremos menção ao sistema de coordenadas adotado.

13-5 Exercício Resolvido

Sejam $P = (1,3,-3)$, $Q = (-2,-1,4)$ e $\vec{u} = (-1,4,0)$. Determine a tripla de coordenadas de

(a) $\vec{QP}$ (b) $P + \vec{u}$ (c) $Q + 2\vec{PQ}$

Resolução

(a) $\vec{QP} = (1 - (-2), 3 - (-1), -3 - 4) = (3, 4, -7)$ ◀

(b) $P + \vec{u} = (1,3,-3) + (-1,4,0) = (0,7,-3)$ ◀

(c) $Q + 2\vec{PQ} = Q - 2\vec{QP} = (-2,-1,4) - 2(3,4,-7) = (-8,-9,18)$ ◀

EXERCÍCIO

13-8 Sejam $P = (1,-1,2)$, $\vec{u} = (3,-3,1)$ e $\vec{v} = (1,1,1)$. Obtenha a tripla de coordenadas de $(P - 2\vec{u}) + \vec{v}$.

140 – Geometria Analítica – um tratamento vetorial

13-6 Exercício Resolvido

(a) Sejam $A = (-1,4,7)$ e $B = (3,-2,-1)$. Determine a tripla de coordenadas de M, ponto médio de AB.

(b) Dados $A = (x_1,y_1,z_1)$ e $B = (x_2,y_2,z_2)$, mostre que, se M é o ponto médio de AB, então

$$M = (\frac{x_1 + x_2}{2}, \frac{y_1 + y_2}{2}, \frac{z_1 + z_2}{2})$$ [13-1]

Resolução

(a) Acompanhe na Figura 13-4 (a): como $M = A + \overrightarrow{AM} = A + \overrightarrow{AB}/2$, concluímos que
$M = (-1,4,7) + (3 + 1,-2 - 4,-1 - 7)/2 = (-1,4,7) + (2,-3,-4) = (1,1,3)$. ◄

(b) Seja $M = (x,y,z)$. Como $\overrightarrow{AB} = (x_2 - x_1, y_2 - y_1, z_2 - z_1)$ e $M = A + \overrightarrow{AB}/2$, a primeira coordenada de M é $x = x_1 + (x_2 - x_1)/2 = (x_1 + x_2)/2$. Analogamente, obtemos $y = (y_1 + y_2)/2$ e $z = (z_1 + z_2)/2$, comprovando que vale a igualdade [13-1]. ◄

Exercício 13-9

(a) Dados $A = (2,5,3)$ e $B = (1,1,0)$, calcule as coordenadas dos pontos C e D, que determinam em AB três segmentos congruentes (Figura 13-4 (b)).

(b) Sejam $A = (x_1,y_1,z_1)$, $B = (x_2,y_2,z_2)$ e X o ponto que divide AB na razão r (Capítulo 5). Calcule as coordenadas de X em função de r e das coordenadas de A e B.

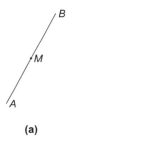
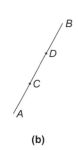
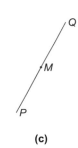

(a)   (b)   (c)

Figura 13-4

13-7 Exercício Resolvido

Determine as coordenadas de Q, simétrico de $P = (1,0,3)$ em relação a $M = (1,2,-1)$ (Figura 13-4 (c)).

Resolução

$$Q = M + \overrightarrow{MQ} = M + \overrightarrow{PM} = (1,2,-1) + (0,2,-4) = (1,4,-5)$$ ◄

Exercício 13-10

Determine as coordenadas do ponto Q, simétrico de $P = (x,y,z)$ em relação a $M = (x_0,y_0,z_0)$.

13-8 Exercício Resolvido

Sejam, em relação a um sistema ortogonal de coordenadas, $A = (-1,0,2)$, $B = (1,1,1)$ e $C = (1,0,1)$. Mostre que A, B e C são vértices de um triângulo, que é retângulo e não é isósceles.

Resolução

Como $\vec{AB} = (2,1,-1)$ e $\vec{AC} = (2,0,-1)$ são LI, A, B e C não são colineares. Logo, são vértices de um triângulo. ◄

Se um dos produtos escalares $\vec{AB}\cdot\vec{AC}$, $\vec{AB}\cdot\vec{BC}$, $\vec{AC}\cdot\vec{BC}$ for nulo, concluiremos que o triângulo ABC é retângulo. Como $\vec{BC} = (0,-1,0)$ e a base do sistema é ortonormal,

$$\vec{AB}\cdot\vec{AC} = (2,1,-1)\cdot(2,0,-1) = 5$$

$$\vec{AB}\cdot\vec{BC} = (2,1,-1)\cdot(0,-1,0) = -1$$

$$\vec{AC}\cdot\vec{BC} = (2,0,-1)\cdot(0,-1,0) = 0$$

Logo, $\vec{AC} \perp \vec{BC}$ e, portanto, o triângulo ABC é retângulo, com hipotenusa AB. ◄

Calculando o quadrado do comprimento de cada lado do triângulo, obtemos

$$\|\vec{AB}\|^2 = \|(2,1,-1)\|^2 = 6 \qquad \|\vec{AC}\|^2 = \|(2,0,-1)\|^2 = 5 \qquad \|\vec{BC}\|^2 = \|(0,-1,0)\|^2 = 1$$

(novamente, usamos o fato de que a base do sistema é ortonormal). Portanto, o triângulo ABC não é isósceles, mas escaleno. ◄

A verificação de que o triângulo ABC é retângulo pode ser feita de outro jeito, usando os comprimentos dos lados: como $\|\vec{AB}\|^2 = \|\vec{AC}\|^2 + \|\vec{BC}\|^2$, vale a igualdade de Pitágoras; isso garante que o triângulo é retângulo e que sua hipotenusa é AB.

13-9 Observação   Se, em relação a um sistema ortogonal de coordenadas, $A = (x_1,y_1,z_1)$ e $B = (x_2,y_2,z_2)$, então a distância $d(A,B)$ entre os pontos A e B é dada por

$$d(A,B) = \sqrt{(x_1 - x_2)^2 + (y_1 - y_2)^2 + (z_1 - z_2)^2} \qquad [13\text{-}2]$$

pois $d(A,B) = \|\vec{AB}\|$. Esta fórmula só vale se o sistema é ortogonal, ou seja, se a base do sistema é ortonormal. Não custa insistir um pouco nisso, mostrando um contra-exemplo. Na Figura 13-5 está representado o sistema $(O,\vec{e}_1,\vec{e}_2,\vec{e}_3)$, que não é ortogonal: $\vec{e}_1$, $\vec{e}_2$ e $\vec{e}_3$ são vetores unitários, $\vec{e}_3$ é ortogonal aos outros dois, mas $\text{ang}(\vec{e}_1,\vec{e}_2) = 60°$. Vê-se facilmente que $A = (1,0,0)$ e $B = (0,1,0)$, e que o triângulo OAB é eqüilátero; logo, $d(A,B) = d(O,A) = 1$. Assim, aplicando a fórmula [13-2], chegaríamos a um resultado errado: $\sqrt{(1 - 0)^2 + (0 - 1)^2 + (0 - 0)^2} = \sqrt{2}$.

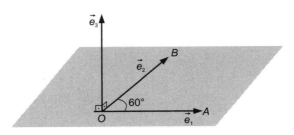

Figura 13-5

EXERCÍCIOS

13-11 Em relação a um sistema ortogonal de coordenadas, $A = (1,2,-1)$, $B = (0,1,1)$ e $C = (2,0,0)$. Mostre que A, B e C são vértices de um triângulo eqüilátero.

13-12 Sejam $A = (1,6,4)$, $B = (2,-1,9)$, $C = (1,1,-1)$ e $D = (1,1,a)$. Para que valores de a esses pontos são vértices de um quadrilátero? Este quadrilátero é plano ou reverso?

13-13 Sejam $A = (-1,0,0)$, $B = (2,-1,-1)$, $C = (0,3,1)$ e $D = (4,5,1)$.

➤ (a) Mostre que esses pontos são vértices de um quadrilátero plano.

➤ (b) Mostre que o quadrilátero do item (a) é convexo (um quadrilátero plano é *convexo* se nenhuma das retas que contêm seus lados separa os outros dois vértices, o que equivale a nenhum de seus vértices ser interior ao triângulo determinado pelos outros três).

➤ (c) Sabe-se da Geometria Plana que a reta que contém uma diagonal qualquer de um quadrilátero convexo separa os outros dois vértices. Utilize essa propriedade e o critério do Exercício Resolvido 6-16 para descobrir quais são os lados e quais são as diagonais do quadrilátero do item (a).

13-14 Mostre que os pontos $A = (2,6,-5)$, $B = (6,9,7)$, $C = (5,5,0)$ e $D = (3,10,2)$ são vértices de um paralelogramo.

13-15 Sejam $A = (3,0,-1)$, $B = (0,3,0)$, $C = (5,1,-2)$ e $D = (-4,1,2)$. Mostre que esses pontos são vértices de um trapézio e diga quais são as bases, os lados não-paralelos e as diagonais.

13-16 O quadrilátero $ABCD$ é convexo. Sabendo que $4\overrightarrow{CD} = -3\overrightarrow{CA} + \overrightarrow{CB}$, diga quais são suas diagonais e quais são seus lados.

13-17 Sejam $A = (x_1,y_1,z_1)$, $B = (x_2,y_2,z_2)$ e $C = (x_3,y_3,z_3)$ pontos quaisquer. Examine se são verdadeiras ou falsas as afirmações seguintes. Justifique sua resposta e interprete geometricamente.

(a) Se o determinante formado pelas coordenadas de A, B e C é nulo, isto é,

$$\Delta = \begin{vmatrix} x_1 & y_1 & z_1 \\ x_2 & y_2 & z_2 \\ x_3 & y_3 & z_3 \end{vmatrix} = 0$$

então A, B e C são colineares.

(b) Se A, B e C são colineares, então $\Delta = 0$.

13-10 Observação

Na Geometria Analítica Plana aprende-se a regra conhecida como *condição de alinhamento de três pontos*:

Sejam $A = (x_1,y_1)$, $B = (x_2,y_2)$ e $C = (x_3,y_3)$ pontos de um plano π no qual se adotou um sistema de coordenadas. Então, A, B e C são colineares se, e somente se,

$$\Delta_1 = \begin{vmatrix} x_1 & y_1 & 1 \\ x_2 & y_2 & 1 \\ x_3 & y_3 & 1 \end{vmatrix} = 0$$

Esta regra não tem relação alguma com a parte (a) do exercício anterior; afinal, as coordenadas dos pontos A, B e C são insuficientes para preencher as nove posições no determinante, e usa-se o recurso (aparentemente artificial) de preencher as lacunas com o número 1. Vamos justificar a regra com um argumento geométrico tridimensional. A Figura 13-6 (a) mostra o sistema de coordenadas adotado em π e os pontos A, B e C. Consideremos um sistema de coordenadas em $\mathbb{E}^3$ com os mesmos eixos de abscissas e ordenadas, conforme a Figura 13-6 (b); em relação a esse sistema, todos os pontos de π têm cota nula, e portanto $A = (x_1, y_1, 0)$, $B = (x_2, y_2, 0)$ e $C = (x_3, y_3, 0)$.

Sejam $M = (x_1, y_1, 1)$, $N = (x_2, y_2, 1)$ e $P = (x_3, y_3, 1)$ (Figura 13-6 (b)). Afirmamos que

$$(\overrightarrow{CA}, \overrightarrow{CB}, \overrightarrow{OP}) \text{ é LD} \Leftrightarrow (\overrightarrow{CA}, \overrightarrow{CB}) \text{ é LD} \qquad \text{[13-3]}$$

De fato:
- Se $(\overrightarrow{CA}, \overrightarrow{CB})$ é LD, então $(\overrightarrow{CA}, \overrightarrow{CB}, \overrightarrow{OP})$ é LD, devido ao Exercício 6-4 (a);
- Se $(\overrightarrow{CA}, \overrightarrow{CB}, \overrightarrow{OP})$ é LD, então $(\overrightarrow{CA}, \overrightarrow{CB})$ é LD, senão $\overrightarrow{OP}$ seria combinação linear de $\overrightarrow{CA}$, $\overrightarrow{CB}$ (Proposição 6-4), o que é falso, já que P não pertence a π.

Da Teoria dos determinantes, sabemos que

$$\begin{vmatrix} x_1 & y_1 & 1 \\ x_2 & y_2 & 1 \\ x_3 & y_3 & 1 \end{vmatrix} = \begin{vmatrix} x_1 - x_3 & y_1 - y_3 & 0 \\ x_2 - x_3 & y_2 - y_3 & 0 \\ x_3 & y_3 & 1 \end{vmatrix}$$

Como as linhas do segundo determinante são constituídas das coordenadas de $\overrightarrow{CA}$, $\overrightarrow{CB}$ e $\overrightarrow{OP}$, concluímos que $\Delta_1 = 0$ se, e somente se, $(\overrightarrow{CA}, \overrightarrow{CB}, \overrightarrow{OP})$ é LD, ou seja, devido a [13-3], se, e somente se, $(\overrightarrow{CA}, \overrightarrow{CB})$ é LD, o que equivale à colinearidade de A, B e C.

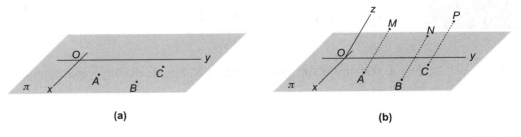

Figura 13-6

CAPÍTULO 14
EQUAÇÕES DE RETA E PLANO

Neste capítulo são apresentadas as principais formas de equação de reta (vetorial, paramétrica, simétrica) e de plano (vetorial, paramétrica, geral).

O método adotado na Geometria Analítica, atribuído a René Descartes (1596-1650), consiste em associar a cada conjunto de pontos de $\mathbb{E}^3$ uma equação ou sistema de equações que o tenha por conjunto-solução. A finalidade é trabalhar com tais equações e tirar conclusões a respeito do conjunto. Assim, por exemplo, equações de uma reta r devem ter por soluções exatamente os pontos de r; trabalhando com elas, devemos ser capazes de obter pontos da reta, verificar se ela é paralela a uma reta conhecida, se está contida em um plano π, descobrir quais pontos de r têm uma dada propriedade, enfim, de resolver problemas geométricos que envolvam a reta r. Pontos, porém, não se prestam muito bem à manipulação algébrica, pois a única operação envolvendo pontos que conhecemos é a que foi estudada no Capítulo 4, e seu repertório de propriedades algébricas é reduzido. Por esse motivo, vamos preferir trabalhar com suas coordenadas, que, sendo números reais, têm uma afinidade muito maior com a Álgebra. O presente capítulo é uma introdução à aplicação desse método ao estudo de retas e planos de $\mathbb{E}^3$.

A   EQUAÇÕES DE RETA

A primeira definição é sugestiva do fato de que um vetor não-nulo paralelo a uma reta determina sua direção.

14-1   Definição   Qualquer vetor *não-nulo* paralelo a uma reta chama-se **vetor diretor** dessa reta.

Sejam $\vec{u}$ um vetor diretor de uma reta r e A um ponto de r. Um ponto X pertence a r se, e somente se, $(\overrightarrow{AX}, \vec{u})$ é LD (Figura 14-1), ou seja, se, e somente se, existe um número real λ tal que $\overrightarrow{AX} = \lambda \vec{u}$. Isso equivale a

$$X = A + \lambda \vec{u} \qquad \text{[14-1]}$$

Assim, a cada número real λ fica associado um ponto X de r e, reciprocamente, se X é um ponto de r, existe λ satisfazendo [14-1]. Na linguagem clássica da Geometria, r é o *lugar geométrico* dos pontos X para os quais existe λ que torna verdadeira a igualdade [14-1].

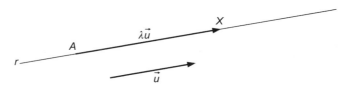

Figura 14-1

14-2 Definição

A equação [14-1] chama-se **equação vetorial da reta** r, ou **equação da reta** r **na forma vetorial**.

14-3 Observação

(a) À equação vetorial [14-1] costuma-se acrescentar "$\lambda \in \mathbb{R}$" entre vírgulas ou parênteses, com o intuito de reforçar o fato de que λ percorre todo o conjunto dos números reais. Faremos isso facultativamente. Costuma-se também antepor à equação, separada dela por dois-pontos, a letra indicativa do nome da reta. Assim, $r: X = A + \lambda \vec{u}$ ($\lambda \in \mathbb{R}$) significa que r é a reta determinada pelo ponto A e pelo vetor não-nulo $\vec{u}$.

(b) Devido à arbitrariedade da escolha do ponto e do vetor diretor, existem muitas equações vetoriais diferentes para a mesma reta. Por exemplo, se A e B são pontos de r, distintos, então $\overrightarrow{AB}$ e $\overrightarrow{BA}$ são vetores diretores de r e, portanto, as equações $X = A + \lambda \overrightarrow{AB}$, $X = A + \lambda \overrightarrow{BA}$, $X = B + \lambda \overrightarrow{AB}$, $X = B + \lambda \overrightarrow{BA}$ são algumas das infinitas equações vetoriais de r.

(c) Do ponto de vista geométrico, podemos interpretar [14-1] imaginando que r seja uma régua infinita em que o ponto-zero é A e cuja escala tem $\|\vec{u}\|$ como unidade (Figura 14-2). A posição de cada ponto da régua é determinada pelo valor de λ; por exemplo, para o ponto B, $\lambda = 4/5$; para C, $\lambda = -3/2$; para D, $\lambda = 2$ (e para A, naturalmente, $\lambda = 0$). Se trocarmos o vetor diretor $\vec{u}$ por outro, $\vec{v}$, mudaremos a unidade ou o sentido da escala. Se trocarmos o ponto A por outro ponto de r, mudaremos a origem da escala. Assim como muitas réguas podem ser imaginadas sobre a mesma reta, muitas equações vetoriais podem estar associadas a ela.

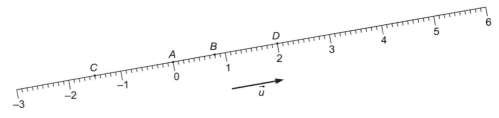

Figura 14-2

(d) Do ponto de vista cinemático, [14-1] pode ser interpretada como equação horária de um movimento uniforme de velocidade $\vec{u}$, cuja trajetória é a reta r. O parâmetro λ, neste caso, indica o tempo (data do movimento), no sentido amplo: quando λ percorre $\mathbb{R}^{--}$, a equação descreve o passado do movimento em relação ao instante inicial ($\lambda = 0$), e quando λ percorre $\mathbb{R}^{++}$, descreve o futuro. A reta r pode ser trajetória de muitos movimentos uniformes, cada um com sua velocidade e posição inicial; daí a diversidade de equações vetoriais de r.

Tomemos agora um sistema de coordenadas e suponhamos que, em relação a ele, $X = (x,y,z)$, $A = (x_0,y_0,z_0)$ e $\vec{u} = (a,b,c)$ (note que, como $\vec{u} \neq \vec{0}$, pelo menos uma das coordenadas a, b, c é diferente de zero). Escrevendo [14-1] em coordenadas, obtemos

$$(x,y,z) = (x_0,y_0,z_0) + \lambda(a,b,c) = (x_0 + \lambda a, y_0 + \lambda b, z_0 + \lambda c)$$

ou seja,

$$\begin{cases} x = x_0 + \lambda a \\ y = y_0 + \lambda b \\ z = z_0 + \lambda c \end{cases} \quad (\lambda \in \mathbb{R}) \qquad [14\text{-}2]$$

(com A indicando a coluna x_0, y_0, z_0 e $\vec{u}$ indicando a coluna a, b, c)

A próxima definição é um reconhecimento da importância e da utilidade do parâmetro λ nessas equações.

14-4 Definição

O sistema de equações [14-2] é chamado **sistema de equações paramétricas da reta r**, ou **sistema de equações da reta r na forma paramétrica**.

É claro que só faz sentido entender [14-2] como um sistema de equações, pois para caracterizar pontos de r devemos considerar todas as suas três coordenadas. Apesar disso, por abuso de linguagem, vamos omitir, no dia-a-dia, a palavra *sistema*. Será mais cômodo referirmo-nos ao sistema [14-2] como *equações paramétricas da reta r* ou *equações da reta r na forma paramétrica*.

Como [14-2] é mera transcrição de [14-1] em coordenadas, a Observação 14-3 aplica-se também às equações paramétricas.

Foi dado, assim, o primeiro passo na aplicação do método analítico ao estudo da reta: já sabemos como associar a qualquer reta r um sistema de equações cujo conjunto de soluções se identifica com o conjunto dos pontos de r. Cabe notar também que essa é uma via de mão dupla, isto é, *fixado um sistema de coordenadas*, qualquer sistema de equações da forma [14-2] descreve uma reta de $\mathbb{E}^3$, *desde que a, b e c não sejam todos nulos*: trata-se da reta que contém o ponto (x_0,y_0,z_0) e tem o vetor (a,b,c) como vetor diretor.

Se nenhuma das coordenadas do vetor diretor de r é nula, podemos isolar λ no primeiro membro de cada uma das equações de [14-2]: $\lambda = (x - x_0)/a$, $\lambda = (y - y_0)/b$, $\lambda = (z - z_0)/c$. Portanto,

Capítulo 14 — Equações de reta e plano — 147

$$\frac{x - x_0}{a} = \frac{y - y_0}{b} = \frac{z - z_0}{c} \qquad \text{[14-3]}$$

14-5 Definição O sistema de equações [14-3] é chamado **sistema de equações da reta** r **na forma simétrica**, ou, por abuso de linguagem, **equações da reta** r **na forma simétrica**.

Observe que, sob a hipótese $a \neq 0$, $b \neq 0$, $c \neq 0$, cada sistema de equações de r na forma paramétrica dá origem a um sistema de equações de r na forma simétrica. Por isso, o sistema de equações de uma reta na forma simétrica não é único.

O fato de estarmos falando na *forma* das equações obriga-nos a uma certa rigidez. Equações como

$$\begin{cases} 2x = 1 - 3\lambda \\ -y = 2 + \lambda \\ z = 4 + 2\lambda \end{cases}$$

não são equações na forma paramétrica, pois não são estritamente da forma [14-2] (os coeficientes de x e y não são iguais a 1). Pelo mesmo motivo,

$$\frac{2x - 7}{3} = \frac{y}{2} = \frac{3 - z}{4}$$

não são equações na forma simétrica.

14-6 Exercício Resolvido Seja r a reta determinada pelos pontos $A = (1,0,1)$ e $B = (3,-2,3)$.

(a) Obtenha equações de r nas formas vetorial, paramétrica e simétrica.

(b) Verifique se o ponto $P = (-9,10,-9)$ pertence a r.

(c) Obtenha dois vetores diretores de r e dois pontos de r, distintos de A e B.

Resolução

(a) Calculando, obtemos $\vec{BA} = (-2,2,-2)$. Usando este vetor e o ponto A em [14-1], [14-2] e [14-3], obtemos equações de r nas formas

- vetorial $\qquad (x,y,z) = (1,0,1) + \lambda(-2,2,-2)$

- paramétrica $\quad \begin{cases} x = 1 + \lambda(-2) \\ y = 0 + \lambda\,2 \\ z = 1 + \lambda(-2) \end{cases}$ isto é $\begin{cases} x = 1 - 2\lambda \\ y = 2\lambda \\ z = 1 - 2\lambda \end{cases}$

$\qquad\qquad\qquad\qquad\quad \underset{A}{\downarrow} \quad \underset{\vec{BA}}{\downarrow}$

148 — Geometria Analítica — um tratamento vetorial

- simétrica $\quad \dfrac{x-1}{-2} = \dfrac{y-0}{2} = \dfrac{z-1}{-2}$ ◀

(b) *Primeiro modo* Substituindo x por -9, y por 10 e z por -9 nas equações de r na forma simétrica e fazendo os cálculos, obtemos $5 = 5 = 5$, o que mostra que as coordenadas de P constituem uma solução do sistema. Logo, P pertence a r. ◀

Segundo modo Substituindo x, y e z pelas coordenadas de P nas equações paramétricas de r, obtemos

$$\begin{cases} -9 = 1 - 2\lambda \\ 10 = 2\lambda \\ -9 = 1 - 2\lambda \end{cases}$$

que é um sistema compatível (sua solução é $\lambda = 5$). Isso quer dizer que P é um ponto da reta r. ◀

(c) Qualquer múltiplo escalar não-nulo de $\overrightarrow{BA}$ é um vetor diretor de r. Por exemplo, $2\overrightarrow{BA} = (-4,4,-4)$, $\overrightarrow{AB} = (2,-2,2)$, ou o próprio $\overrightarrow{BA} = (-2,2,-2)$. Para obter os pontos, atribuímos valores arbitrários a λ nas equações paramétricas: escolhendo $\lambda = 1$, obtemos $(-1,2,-1)$, e escolhendo $\lambda = 2$, obtemos $(-3,4,-3)$. (Isso equivale a escolher valores iguais para as frações da forma simétrica: escolhendo o valor 1, obtemos $(x-1)/(-2) = y/2 = (z-1)/(-2) = 1$, isto é, $x = -1$, $y = 2$, $z = -1$ etc.) ◀

Qual a finalidade de estudar tantas formas de equações de reta? Acontece que cada uma tem suas características próprias que, bem exploradas, simplificam certas tarefas. A forma vetorial, [14-1], é *intrínseca*, isto é, não depende de sistema de coordenadas. Por isso, é útil em situações teóricas ou quando não se fixou um sistema. A forma paramétrica, [14-2], e sua forma vetorial equivalente, $(x,y,z) = (x_0,y_0,z_0) + \lambda(a,b,c)$, permitem a caracterização dos pontos da reta com o auxílio de uma única variável λ, o que, na prática, leva à redução do número de incógnitas (em vez de três, x, y e z, trabalhamos com uma, λ). A forma simétrica, que não apresenta parâmetro, exibe relações que as coordenadas dos pontos da reta devem manter *entre elas mesmas*. Um aspecto comum às três formas é a sua funcionalidade visual: basta olhar as equações para conhecer um ponto da reta e um vetor não-nulo paralelo a ela.

É claro que, para escrever equações na forma paramétrica, ou na forma simétrica, ou equações vetoriais em coordenadas, é necessário ter adotado previamente um sistema de coordenadas em $\mathbb{E}^3$. No restante deste capítulo e nos capítulos posteriores, esse sistema ficará, muitas vezes, subentendido (como já ocorreu no Exercício Resolvido 14-6).

EXERCÍCIOS

14-1 Estudando Geometria Analítica em uma noite de sábado, Amanda resolveu vários exercícios que pediam equações de reta. Relacionamos a seguir as respostas dela e as do livro. Quais exercícios Amanda acertou?

Exercício A	$X = (1,2,1) + \lambda(-1,2,1)$	$X = (1,2,1) + \lambda(-1/2,1,1/2)$
Exercício B	$X = (1/3,-1/3,2/3) + \lambda(-1,1,-1)$	$X = (1,-1,2) + \lambda(-1,1,-1)$
Exercício C	$X = (1,1,0) + \lambda(1,0,-1/2)$	$X = (0,1,1/2) + \lambda(-2,0,1)$

14-2 (a) Sejam $B = (-5,2,3)$ e $C = (4,-7,-6)$. Escreva equações nas formas vetorial, paramétrica e simétrica para a reta BC. Verifique se $D = (3,1,4)$ pertence a essa reta.

(b) Dados $A = (1,2,3)$ e $\vec{u} = (3,2,1)$, escreva equações da reta que contém A e é paralela a $\vec{u}$, nas formas vetorial, paramétrica e simétrica. Supondo que o sistema de coordenadas seja ortogonal, obtenha dois vetores diretores unitários dessa reta.

14-3 Escreva equações paramétricas dos eixos coordenados. Essas equações podem ser colocadas na forma simétrica?

14-4 Obtenha dois pontos e dois vetores diretores da reta de equações paramétricas

$$\begin{cases} x = 1 - \lambda \\ y = \lambda \qquad (\lambda \in \mathbb{R}) \\ z = 4 + 2\lambda \end{cases}$$

Verifique se os pontos $P = (1,3,-3)$ e $Q = (-3,4,12)$ pertencem à reta.

14-5 Obtenha equações paramétricas da reta que contém o ponto $(1,4,-7)$ e é paralela à reta de equações paramétricas

$$\begin{cases} x = 200 - \lambda \\ y = \sqrt{3} - 3\lambda \qquad (\lambda \in \mathbb{R}) \\ z = 0 \end{cases}$$

14-6 Sejam $B = (1,1,0)$ e $C = (-1,0,1)$. Escreva equações paramétricas da reta que contém o ponto $(3,3,3)$ e é paralela à reta BC.

14-7 *Exercício Resolvido*

Mostre que as equações

$$\frac{2x-1}{3} = \frac{1-y}{2} = z+1$$

descrevem uma reta, escrevendo-as de modo que possam ser reconhecidas como equações na forma simétrica. Exiba um ponto e um vetor diretor da reta.

Resolução

O sistema de equações dado é equivalente a

$$\frac{x - 1/2}{3/2} = \frac{y-1}{-2} = \frac{z+1}{1}$$

e essas são equações na forma simétrica da reta que contém o ponto $(1/2, 1, -1)$ e tem $(3/2, -2, 1)$ como vetor diretor.

Exercícios

14-7 Escreva equações nas formas paramétrica e simétrica da reta que contém o ponto $A = (2,0,-3)$ e é paralela à reta descrita pelas equações $(1 - x)/5 = 3y/4 = (z + 3)/6$.

14-8 Escreva equações na forma simétrica da reta determinada pelo ponto $(-1,-4,-2)$ e pelo ponto médio do segmento de extremidades $(1,3,5)$ e $(3,-3,1)$.

14-9 Usando somente números inteiros, escreva uma equação vetorial da reta que contém o ponto médio do segmento de extremidades $(1,1,3)$ e $(3,1,-1)$ e tem vetor diretor $(\sqrt{3}/49, 3\sqrt{3}/98, -\sqrt{3}/7)$.

14-10 Sejam $A = (3,6,-7)$, $B = (-5,2,3)$ e $C = (4,-7,-6)$.
(a) Mostre que A, B e C são vértices de um triângulo.
(b) Escreva equações paramétricas da reta que contém a mediana relativa ao vértice C.

14-11 Em relação a um sistema ortogonal de coordenadas, $A = (0,0,1)$, $B = (1,2,1)$ e $C = (1,0,1)$. Obtenha equações paramétricas das retas que contêm a bissetriz interna e as externas do triângulo ABC, relativas ao vértice C.

14-12 Sejam, em relação a um sistema ortogonal, $A = (1,4,0)$, $B = (2,1,-1)$ e $C = (1,2,2)$. Verifique que esses pontos são vértices de um triângulo e escreva uma equação vetorial da reta que contém a altura relativa ao vértice B.

14-8 Exercício Resolvido

São dados os pontos $A = (0,1,8)$ e $B = (-3,0,9)$, e a reta r: $X = (1,2,0) + \lambda(1,1,-3)$. Determine o ponto C de r tal que A, B e C sejam vértices de um triângulo retângulo.

Resolução

A e B são distintos e não pertencem a r; portanto, $\overrightarrow{AB}$, $\overrightarrow{AC}$ e $\overrightarrow{BC}$ não são nulos. Logo, se dois deles forem ortogonais, A, B e C serão vértices de um triângulo retângulo. Como C pertence a r, deve satisfazer sua equação:

$$C = (1,2,0) + \lambda(1,1,-3) = (1 + \lambda, 2 + \lambda, -3\lambda)$$

para algum valor de λ. O enunciado não especifica qual dos segmentos AB, BC e AC é a hipotenusa do triângulo. Analisemos, então, as três possibilidades.

- Se a hipotenusa é AB, então $\overrightarrow{AC} \cdot \overrightarrow{BC} = 0$, isto é,

$$(1 + \lambda, 1 + \lambda, -3\lambda - 8) \cdot (4 + \lambda, 2 + \lambda, -3\lambda - 9) = 0$$

Calculando e simplificando, obtemos $11\lambda^2 + 59\lambda + 78 = 0$, cujas raízes são $\lambda_1 = -3$ e $\lambda_2 = -26/11$. Esses valores, substituídos nas coordenadas de C, fornecem duas soluções do problema: $C_1 = (-2,-1,9)$ e $C_2 = (-15/11, -4/11, 78/11)$ (Figura 14-3).

- Se a hipotenusa é BC, então $\overrightarrow{AB} \cdot \overrightarrow{AC} = 0$, isto é, $(-3,-1,1) \cdot (1 + \lambda, 1 + \lambda, -3\lambda - 8) = 0$. Concluímos que $\lambda = -12/7$ e que, portanto, uma terceira solução do problema é $C_3 = (-5/7, 2/7, 36/7)$.

- Se a hipotenusa é AC, de $\vec{AB} \cdot \vec{BC} = 0$ obtemos $\lambda = -23/7$ e uma quarta solução: $C_4 = (-16/7, -9/7, 69/7)$.

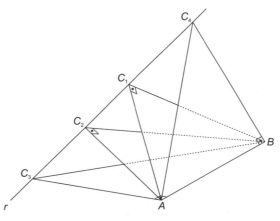

Figura 14-3

O método utilizado na resolução anterior merece um comentário especial. Escrever as coordenadas do ponto C na forma paramétrica, $C = (1 + \lambda, 2 + \lambda, -3\lambda)$, em vez de $C = (x,y,z)$, produziu, logo de início, uma drástica redução do número de incógnitas, de três para um. Isso teve como consequência a redução do número de equações necessárias à resolução do problema, simplificando-a bastante. Recomendamos vivamente que você não perca nenhuma oportunidade de usar esse recurso que as formas paramétrica e vetorial das equações de reta proporcionam. Quando nos referirmos a essa técnica, vamos chamá-la de "técnica do λ".

EXERCÍCIOS

Nos exercícios 14-13 a 14-18, o sistema de coordenadas é ortogonal.

14-13 Sejam $A = (1,2,3)$ e $B = (-2,3,0)$. Escreva equações da reta AB nas formas vetorial, paramétrica e simétrica e obtenha os pontos da reta que distam $2\sqrt{19}$ de A.

14-14 Sejam $A = (1,2,5)$ e $B = (0,1,0)$. Determine o ponto P da reta AB tal que $\|\vec{PB}\| = 3\|\vec{PA}\|$. Este exercício é uma homenagem a Santos Dumont.

14-15 Sejam $A = (0,2,1)$ e $r: X = (0,2,-2) + \lambda(1,-1,2)$. Obtenha os pontos de r que distam $\sqrt{3}$ de A. Em seguida, verifique se a distância do ponto A à reta r é maior, menor ou igual a $\sqrt{3}$ e justifique sua resposta.

14-16 Sejam $A = (1,1,1)$ e $r: X = (1,1,4) + \lambda(1,-1,0)$. Obtenha os pontos de r que distam $\sqrt{11}$ de A. Em seguida, verifique se a distância do ponto A à reta r é maior, menor ou igual a $\sqrt{11}$ e justifique sua resposta.

14-17 Sejam $A = (1,1,1)$, $B = (0,0,1)$ e $r: X = (1,0,0) + \lambda(1,1,1)$. Determine os pontos de r eqüidistantes de A e B.

14-18 Sejam $P = (2,1,-1)$ e $Q = (0,-1,0)$. Determine um ponto C da reta PQ tal que a área do triângulo ABC seja 9, nos casos:

(a) $A = (0,3,0)$, $B = (6,3,3)$.　　(b) $A = (-2,3,4)$, $B = (-6,-1,6)$.

(c) $A = (-1,1,2)$, $B = (-5,-3,4)$.　　(d) $A = (1,2,7)$, $B = (-5,-4,-5)$.

14-9 Exercício Resolvido

Na Figura 14-4 (a) estão representados os sistemas $\Sigma = (P,E)$ e $\Psi = (Q,F)$, de origens P e Q e bases $E = (\vec{e}_1, \vec{e}_2, \vec{e}_3)$ e $F = (\vec{f}_1, \vec{f}_2, \vec{f}_3)$. Suponha que $X = (1,2,0) + \lambda(0,0,2)$ seja equação vetorial de uma reta r em relação a Σ, e também de uma reta s em relação a Ψ. Faça esboços de r e s.

Resolução

A reta r contém o ponto $A = (1,2,0)_\Sigma$ e é paralela ao vetor $(0,0,2)_E = 2\vec{e}_3$. Localizamos o ponto A na figura lembrando que $A = (1,2,0)_\Sigma$ equivale a $\overrightarrow{PA} = \vec{e}_1 + 2\vec{e}_2$. Por sua vez, s contém $B = (1,2,0)_\Psi$ e é paralela a $(0,0,2)_F = 2\vec{f}_3$. Para localizar B na figura, lembremo-nos de que $B = (1,2,0)_\Psi$ equivale a $\overrightarrow{QB} = \vec{f}_1 + 2\vec{f}_2$. Veja a resposta na Figura 14-4 (b). ◀

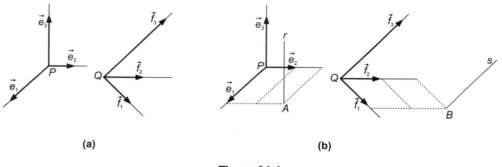

Figura 14-4

Exercício 14-19 Repita o exercício resolvido anterior com os mesmos sistemas de coordenadas, substituindo a equação vetorial por

(a) $X = (0,0,0) + \lambda(0,0,1)$　　(b) $X = (1/2, 2, 0) + \lambda(1, 4, -2)$

B Equações de plano

Se $(\vec{u}, \vec{v})$ é LI, todos os planos paralelos a $\vec{u}$ e $\vec{v}$ são paralelos entre si. Logo, assim como um vetor não-nulo determina a direção de uma reta, um par de vetores LI determina a direção de um plano. Isso motiva a próxima definição.

14-10 Definição Se $\vec{u}$ e $\vec{v}$ são LI e paralelos a um plano π, o par $(\vec{u}, \vec{v})$ é chamado **par de vetores diretores de π**. Para simplificar a linguagem, diremos que $\vec{u}$ e $\vec{v}$ são **vetores diretores de π**.

Vetores diretores de um plano surgem sempre aos pares e são LI. Não deixe que a simplificação da linguagem, autorizada pela definição anterior, o leve a esquecer-se disso.

Sejam A um ponto do plano π e $(\vec{u},\vec{v})$ um par de vetores diretores de π. Um ponto X pertence a π se, e somente se, $(\vec{u},\vec{v},\overrightarrow{AX})$ é LD (Figura 14-5), ou seja, se, e somente se, existem números reais λ e μ tais que $\overrightarrow{AX} = \lambda\vec{u} + \mu\vec{v}$ (Proposição 6-4). Isso equivale a

$$X = A + \lambda\vec{u} + \mu\vec{v} \qquad \text{[14-4]}$$

Por meio da igualdade [14-4] fica associado, a cada par (λ,μ) de números reais, um ponto X do plano π. Reciprocamente, se X pertence a π, existem λ e μ satisfazendo [14-4]. O plano π é, portanto, o *lugar geométrico* dos pontos X para os quais existem λ e μ que tornam verdadeira a igualdade [14-4].

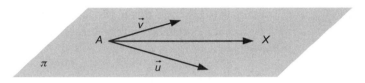

Figura 14-5

14-11 Definição A equação [14-4] chama-se **equação vetorial do plano π**, ou **equação do plano π na forma vetorial**.

É perceptível a forte analogia entre equações vetoriais de reta e de plano: a "grande" diferença reside na quantidade de vetores diretores (e, conseqüentemente, na de parâmetros) utilizados, que passou de um para dois.

14-12 Observação

(a) Quando quisermos enfatizar que λ e μ percorrem todo o conjunto dos números reais, escreveremos "$\lambda,\mu\in\mathbb{R}$", entre parênteses, após a equação. Também é usual indicar o nome do plano à frente da equação, separado dela por dois-pontos. Assim, $\pi: X = A + \lambda\vec{u} + \mu\vec{v}$ ($\lambda,\mu\in\mathbb{R}$) significa que π é o plano que contém A e é paralelo aos vetores linearmente independentes $\vec{u}$ e $\vec{v}$.

(b) Qualquer ponto do plano π pode ser usado em lugar de A e quaisquer dois vetores LI, paralelos a π, em lugar de $\vec{u}$ e $\vec{v}$. Por isso, existem muitas (infinitas, na verdade) equações vetoriais diferentes para o mesmo plano. Por exemplo, se os pontos não-colineares A, B e C pertencem a π, algumas das equações vetoriais desse plano são

$$X = A + \lambda\overrightarrow{AB} + \mu\overrightarrow{AC} \qquad X = B + \lambda\overrightarrow{AB} + \mu\overrightarrow{AC} \qquad X = B + \lambda\overrightarrow{BC} + \mu\overrightarrow{CA}$$

(c) Eis uma interessante interpretação da equação [14-4]. Consideremos as retas r e s que contêm o ponto A e são, respectivamente, paralelas a $\vec{u}$ e $\vec{v}$. Então:

$$r: X = A + \lambda \vec{u} \ (\lambda \in \mathbb{R}) \qquad s: X = A + \mu \vec{v} \ (\mu \in \mathbb{R})$$

Para cada valor fixado de λ, indicando por B_λ o ponto $A + \lambda\vec{u}$, que pertence a r, podemos escrever [14-4] sob a forma $X = B_\lambda + \mu\vec{v}$ ($\mu \in \mathbb{R}$) e entendê-la como equação vetorial da reta s_λ, que contém B_λ e é paralela a $\vec{v}$ (veja a Figura 14-6 (a)). Analogamente, a cada valor atribuído a μ está associada a reta r_μ de equação vetorial $X = C_\mu + \lambda\vec{u}$ ($\lambda \in \mathbb{R}$), em que C_μ indica o ponto $A + \mu\vec{v}$ da reta s. Na Figura 14-6 (b) estão desenhadas algumas das retas r_μ e s_λ. Note que cada ponto de π está na interseção de duas delas; especificamente, se $P = A + \lambda\vec{u} + \mu\vec{v}$ é um ponto de π, então P é o ponto comum às retas r_μ e s_λ (em particular, $A \in r_0 \cap s_0$). Usando linguagem similar à do Capítulo 13, podemos dizer que a equação [14-4] está associada a um sistema de coordenadas em π, de origem A, em que r é o eixo das abscissas (eixo dos λ) e s é o eixo das ordenadas (eixo dos μ). Ao contrário dos sistemas de coordenadas que habitualmente são usados na Geometria Analítica Plana, os eixos dos λ e dos μ não são, necessariamente, ortogonais, e suas unidades de medida podem ser diferentes: em r, a unidade é $\|\vec{u}\|$, e em s, é $\|\vec{v}\|$. O par de coordenadas de $P = A + \lambda\vec{u} + \mu\vec{v}$ é (λ, μ).

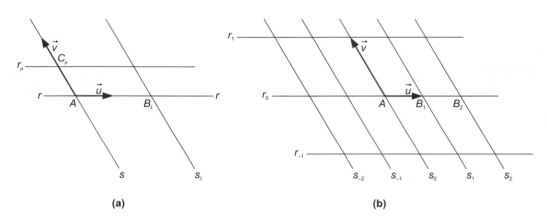

(a)   (b)

Figura 14-6

Passemos a trabalhar com coordenadas. Fixado um sistema Σ, suponhamos que $X = (x,y,z)$, $A = (x_0, y_0, z_0)$, $\vec{u} = (a,b,c)$ e $\vec{v} = (m,n,p)$. A equação [14-4] fica

$$(x,y,z) = (x_0, y_0, z_0) + \lambda(a,b,c) + \mu(m,n,p) = (x_0 + \lambda a + \mu m, \ y_0 + \lambda b + \mu n, \ z_0 + \lambda c + \mu p)$$

ou seja,

$$\begin{cases} x = x_0 + \lambda a + \mu m \\ y = y_0 + \lambda b + \mu n \\ z = z_0 + \lambda c + \mu p \end{cases} \quad (\lambda, \mu \in \mathbb{R}) \qquad \text{[14-5]}$$

$$\underset{A}{\downarrow} \quad \underset{\vec{u}}{\downarrow} \quad \underset{\vec{v}}{\downarrow}$$

14-13 Definição O sistema de equações [14-5] é chamado **sistema de equações paramétricas do plano π**, ou **sistema de equações do plano π na forma paramétrica**.

Como no caso da reta, também aqui vamos omitir a palavra *sistema*, referindo-nos a [14-5] simplesmente como *equações paramétricas do plano π*, ou *equações do plano π na forma paramétrica*.

A Observação 14-12 aplica-se também às equações paramétricas, já que elas se constituem em mera transcrição da equação vetorial em coordenadas.

Invertendo a ordem das idéias, notamos que, fixado um sistema de coordenadas, todo sistema de equações da forma [14-5], *sob a condição de que a,b,c e m,n,p não sejam proporcionais*, descreve um plano de $\mathbb{E}^3$: é o plano que contém o ponto (x_0,y_0,z_0) e é paralelo aos vetores linearmente independentes (a,b,c) e (m,n,p), isto é, tem esses vetores como vetores diretores.

14-14 Exercício Resolvido Seja π o plano que contém o ponto $A = (3,7,1)$ e é paralelo a $\vec{u} = (1,1,1)$ e $\vec{v} = (1,1,0)$.

(a) Obtenha duas equações vetoriais de π.

(b) Obtenha equações paramétricas de π.

(c) Verifique se o ponto $(1,2,2)$ pertence a π.

(d) Verifique se o vetor $\vec{w} = (2,2,5)$ é paralelo a π.

Resolução

(a) Usando A, $\vec{u}$ e $\vec{v}$, obtemos uma: $X = (3,7,1) + \lambda(1,1,1) + \mu(1,1,0)$. ◀

Outra equação vetorial de π é $X = A + \lambda(\vec{u} + \vec{v}) + \mu(\vec{u} - \vec{v})$, em que adotamos $\vec{u} + \vec{v}$ e $\vec{u} - \vec{v}$ como vetores diretores. Em coordenadas: $X = (3,7,1) + \lambda(2,2,1) + \mu(0,0,1)$. ◀

(b) Indicando por (x,y,z) as coordenadas de X e usando A, $\vec{u}$ e $\vec{v}$, obtemos

$$\begin{cases} x = 3 + \lambda\,1 + \mu\,1 \\ y = 7 + \lambda\,1 + \mu\,1 \\ z = 1 + \lambda\,1 + \mu\,0 \end{cases} \text{isto é} \begin{cases} x = 3 + \lambda + \mu \\ y = 7 + \lambda + \mu \\ z = 1 + \lambda \end{cases}$$ ◀

$\quad\quad\quad A \quad \vec{u} \quad \vec{v}$

(c) Para verificar se $(1,2,2)$ pertence a π, vamos utilizar as equações paramétricas obtidas no item (b). Substituindo x por 1, y por 2 e z por 2, obtemos o sistema

$$\begin{cases} 1 = 3 + \lambda + \mu \\ 2 = 7 + \lambda + \mu \\ 2 = 1 + \lambda \end{cases}$$

que é incompatível (das duas últimas equações resulta $\lambda = 1$ e $\mu = -6$, valores que não satisfazem a primeira). Logo, o ponto dado não pertence a π. ◀

(d) Os vetores $\vec{u}, \vec{v}, \text{ e } \vec{w}$ são LD, pois

$$\begin{vmatrix} 1 & 1 & 1 \\ -1 & 1 & 0 \\ 8 & 2 & 5 \end{vmatrix} = 0$$

Portanto, $\vec{w}$ é paralelo a π.

14-15 Exercício Resolvido

(a) Escreva uma equação vetorial do plano que tem equações paramétricas

$$\begin{cases} x = 6 + \lambda + \mu \\ y = 1 + 7\lambda + 4\mu \\ z = 4 + 5\lambda + 2\mu \end{cases} \quad (\lambda, \mu \in \mathbb{R})$$

(b) Obtenha três pontos não-colineares desse plano.

Resolução

(a) Observando as equações

$$\begin{cases} x = \boxed{6} + \lambda\boxed{1} + \mu\boxed{1} \\ y = \boxed{1} + \lambda\boxed{7} + \mu\boxed{4} \\ z = \boxed{4} + \lambda\boxed{5} + \mu\boxed{2} \end{cases}$$

vemos que o plano contém o ponto $A = (6,1,4)$ e é paralelo aos vetores linearmente independentes $\vec{u} = (1,7,5)$ e $\vec{v} = (1,4,2)$, de modo que uma equação vetorial é

$$X = (6,1,4) + \lambda(1,7,5) + \mu(1,4,2)$$

(b) Os pontos $A = (6,1,4)$, $A + \vec{u} = (7,8,9)$ e $A + \vec{v} = (7,5,6)$ pertencem ao plano (correspondem aos pares de valores (0,0), (1,0) e (0,1) dos parâmetros) e não são colineares, pois $\vec{u}$ e $\vec{v}$ são LI.

Exercícios

14-20 Em uma tarde chuvosa, Cecília resolveu vários exercícios de Geometria Analítica que pediam equações de planos e foi ao final do livro conferir as respostas. Relacionamos a seguir, para cada exercício, as duas respostas: a de Cecília e a do livro. Quais exercícios ela acertou?

Exercício 1 $X = (1,2,1) + \lambda(1,-1,2) + \mu(-1/2, 2/3, -1)$ $X = (1,2,1) + \lambda(-1,1,-2) + \mu(-3,4,-6)$

Exercício 2 $X = (1,1,1) + \lambda(2,3,-1) + \mu(-1,1,1)$ $X = (1,6,2) + \lambda(-1,1,1) + \mu(2,3,-1)$

Exercício 3 $X = (0,0,0) + \lambda(1,1,0) + \mu(0,1,0)$ $X = (1,1,0) + \lambda(1,2,1) + \mu(0,-1,1)$

Exercício 4 $X = (2,1,3) + \lambda(1,1,-1) + \mu(1,0,1)$ $X = (0,1,1) + \lambda(1,3,-5) + \mu(1,-1,3)$

Capítulo 14 — Equações de reta e plano — 157

14-21 Escreva uma equação vetorial e equações paramétricas do plano π, utilizando as informações dadas em cada caso.

(a) π contém $A = (1,2,0)$ e é paralelo aos vetores $\vec{u} = (1,1,0)$ e $\vec{v} = (2,3,-1)$.

(b) π contém $A = (1,1,0)$ e $B = (1,-1,-1)$ e é paralelo ao vetor $\vec{v} = (2,1,0)$.

(c) π contém $A = (1,0,1)$ e $B = (0,1,-1)$ e é paralelo ao segmento de extremidades $C = (1,2,1)$ e $D = (0,1,0)$.

(d) π contém os pontos $A = (1,0,1)$, $B = (2,1,-1)$ e $C = (1,-1,0)$.

(e) π contém os pontos $A = (1,0,2)$, $B = (-1,1,3)$ e $C = (3,-1,1)$.

14-22 Obtenha equações paramétricas do plano que contém o ponto $A = (1,1,2)$ e é paralelo ao plano

$$\pi: \begin{cases} x = 1 + \lambda + 2\mu \\ y = 2\lambda + \mu \\ z = -\lambda \end{cases}$$

14-23 Obtenha equações paramétricas dos planos coordenados.

14-24 Supondo que o sistema de coordenadas seja ortogonal, obtenha equações paramétricas dos seis planos bissetores dos diedros determinados pelos planos coordenados.

14-25 Decomponha $\vec{u} = (1,2,4)$ como soma de um vetor paralelo à reta $r: X = (1,9,18) + \lambda(2,1,0)$ com outro paralelo ao plano

$$\pi: \begin{cases} x = 1 + \lambda \\ y = 1 + \mu \\ z = \lambda - \mu \end{cases}$$

14-26 São dados os sistemas de equações

$$\begin{cases} x = \lambda + 2\mu \\ y = 1 + \lambda + 2\mu \\ z = -\lambda - 2\mu \end{cases} \quad (\lambda,\mu \in \mathbb{R}) \qquad \begin{cases} x = x_0 + \lambda a + \mu m \\ y = y_0 + \lambda b + \mu n \\ z = z_0 + \lambda c + \mu p \end{cases} \quad (\lambda,\mu \in \mathbb{R})$$

(a) Descreva o lugar geométrico dos pontos $X = (x,y,z)$ que satisfazem o primeiro sistema.

(b) Enuncie uma condição necessária e suficiente para que o segundo seja sistema de equações paramétricas de um plano.

14-16 *Exercício Resolvido*

Na Figura 14-7 (a) estão representados os sistemas Σ, de origem P e base $E = (\vec{e}_1, \vec{e}_2, \vec{e}_3)$, e Ψ, de origem Q e base $F = (\vec{f}_1, \vec{f}_2, \vec{f}_3)$. Suponha que $X = (0,0,1) + \lambda(1,0,0) + \mu(0,1,0)$ seja equação vetorial de um plano π_1 em relação a Σ, e também de um plano π_2 em relação a Ψ. Faça esboços desses planos.

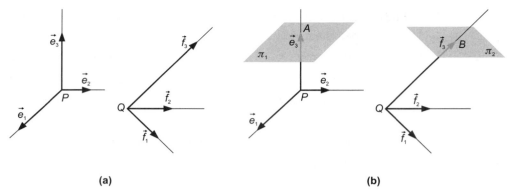

Figura 14-7

Resolução

O ponto $A = (0,0,1)_\Sigma$ pertence a π_1, que é paralelo ao plano Pxy (pois $\vec{u} = (1,0,0)_E = \vec{e}_1$ e $\vec{v} = (0,1,0)_E = \vec{e}_2$ são vetores diretores de π_1). Localizamos o ponto A na figura lembrando que $A = (0,0,1)_\Sigma$ equivale a $\overrightarrow{PA} = \vec{e}_3$. Analogamente, o plano π_2 contém o ponto $B = (0,0,1)_\Psi$ e é paralelo ao plano Qxy (pois $(1,0,0)_F = \vec{f}_1$ e $(0,1,0)_F = \vec{f}_2$ são vetores diretores de π_2). Para localizar B na figura, lembremos que $B = (0,0,1)_\Psi$ significa $\overrightarrow{QB} = (0,0,1)_F = \vec{f}_3$. Veja a resposta na Figura 14-7 (b). ◄

Exercício 14-27 Repita o exercício resolvido anterior com os mesmos sistemas de coordenadas, substituindo a equação vetorial por:

(a) $X = (1,0,0) + \lambda(0,1,0) + \mu(-1,0,1)$ (b) $X = (1,0,0) + \lambda(-1,1,0) + \mu(-1,0,1)$

Vamos apresentar agora uma forma de equação de plano que não depende de parâmetros: ela estabelece, diretamente, relações entre as coordenadas x, y e z dos pontos do plano, sem recorrer às variáveis auxiliares λ e μ.

Fixado um sistema de coordenadas, seja π o plano que contém o ponto $A = (x_0, y_0, z_0)$ e tem vetores diretores $\vec{u} = (r,s,t)$ e $\vec{v} = (m,n,p)$. Sabemos que um ponto $X = (x,y,z)$ pertence a π se, e somente se, $(\overrightarrow{AX}, \vec{u}, \vec{v})$ é LD; essa dependência linear, quando expressa em termos de combinações lineares, deu origem à equação vetorial [14-4] e às equações paramétricas [14-5]. Desta vez, vamos caracterizá-la pelo critério da Proposição 7-6: $(\overrightarrow{AX}, \vec{u}, \vec{v})$ é LD se, e somente se,

$$\begin{vmatrix} x - x_0 & y - y_0 & z - z_0 \\ r & s & t \\ m & n & p \end{vmatrix} = 0 \qquad [14\text{-}6]$$

Desenvolvendo este determinante pelos elementos da primeira linha, obtemos

$$\begin{vmatrix} s & t \\ n & p \end{vmatrix}(x - x_0) - \begin{vmatrix} r & t \\ m & p \end{vmatrix}(y - y_0) + \begin{vmatrix} r & s \\ m & n \end{vmatrix}(z - z_0) = 0$$

e, introduzindo a notação

$$\begin{vmatrix} s & t \\ n & p \end{vmatrix} = a \qquad -\begin{vmatrix} r & t \\ m & p \end{vmatrix} = b \qquad \begin{vmatrix} r & s \\ m & n \end{vmatrix} = c \qquad -ax_0 - by_0 - cz_0 = d \qquad \textbf{[14-7]}$$

podemos escrever aquela igualdade sob a forma

$$ax + by + cz + d = 0 \qquad \textbf{[14-8]}$$

Além disso, a independência linear de $\vec{u}$ e $\vec{v}$ garante, pela Proposição 7-4, que os coeficientes a, b e c não são todos nulos, e portanto [14-8] é uma equação de *primeiro grau* nas incógnitas x, y e z. Resumindo: um ponto X pertence a π se, e somente se, suas coordenadas satisfazem a equação de primeiro grau [14-8], em que a, b, c e d são dados por [14-7]. Isso significa que π é o lugar geométrico dos pontos de $\mathbb{E}^3$ cujas coordenadas satisfazem [14-8], ou, ainda, que o conjunto-solução de [14-8] é formado pelas triplas de coordenadas dos pontos de π.

14-17 *Definição*   Com a notação de [14-7], a equação $ax + by + cz + d = 0$ chama-se **equação geral do plano** π, ou **equação do plano π na forma geral**. Indica-se π: $ax + by + cz + d = 0$.

Naturalmente, se $ax + by + cz + d = 0$ é equação geral de um plano, qualquer equação equivalente a ela também pode ser usada para descrever esse plano. Por exemplo, se π: $3x - y - z - 1 = 0$, as equações $3x - y = z + 1$ e $6x = 2y + 2z + 2$ também são equações de π, embora não estejam na forma geral, [14-8].

14-18 *Exercício Resolvido*   Obtenha uma equação geral do plano π descrito em cada caso.
(a) π contém o ponto $A = (9,-1,0)$ e é paralelo aos vetores $\vec{u} = (0,1,0)$ e $\vec{v} = (1,1,1)$.
(b) π contém os pontos $A = (1,0,1)$, $B = (-1,0,1)$ e $C = (2,1,2)$.

Resolução

(a) Como são LI, os vetores $\vec{u}$ e $\vec{v}$ são vetores diretores de π. Indiquemos $X = (x,y,z)$, e utilizemos [14-6]:

$$\begin{vmatrix} x-9 & y+1 & z-0 \\ 0 & 1 & 0 \\ 1 & 1 & 1 \end{vmatrix} = 0$$

Desenvolvendo o determinante, obtemos $x - z - 9 = 0$, que é uma equação geral do plano (neste caso, $a = 1$, $b = 0$, $c = -1$ e $d = -9$). ◀

(b) $\overrightarrow{AB} = (-2,0,0)$ e $\overrightarrow{AC} = (1,1,1)$ são vetores diretores de π. Usando esses vetores e o ponto A em [14-6], obtemos

$$\begin{vmatrix} x-1 & y & z-1 \\ -2 & 0 & 0 \\ 1 & 1 & 1 \end{vmatrix} = 0$$

e, desenvolvendo o determinante, chegamos a $2y - 2z + 2 = 0$, que é uma equação geral de π. ◀

Vamos agora percorrer o caminho de volta. Dada qualquer equação de primeiro grau a três incógnitas, isto é, uma equação da forma

$$ax + by + cz + d = 0 \qquad \text{[14-9]}$$

em que a, b e c não são todos nulos, existe um plano do qual ela é equação geral. Vamos verificar esta afirmação no caso em que a não é nulo (se $b \neq 0$ ou $c \neq 0$, o procedimento é análogo). Inicialmente, escolhemos três soluções especiais da equação, atribuindo valores a duas das incógnitas (neste caso, y e z) e calculando o valor da terceira:

$$y = 0, z = 0 \quad \rightarrow \quad x = -\frac{d}{a}$$

$$y = 1, z = 0 \quad \rightarrow \quad x = -\frac{d+b}{a}$$

$$y = 0, z = 1 \quad \rightarrow \quad x = -\frac{d+c}{a}$$

Em seguida, consideramos os pontos A, B e C que têm essas coordenadas:

$$A = (\frac{-d}{a}, 0, 0) \qquad B = (-\frac{d+b}{a}, 1, 0) \qquad C = (-\frac{d+c}{a}, 0, 1)$$

Como $\vec{AB} = (-b/a, 1, 0)$ e $\vec{AC} = (-c/a, 0, 1)$ são LI, os pontos A, B e C não são colineares e, portanto, determinam um plano π. Mostremos que [14-9] é uma equação geral de π. Se usássemos $\vec{AB}$ e $\vec{AC}$ como vetores diretores e A como ponto de π em [14-6], a equação geral obtida *não seria* a desejada, mas... (eis o *pulo do gato*) podemos adotar, como vetores diretores, $\vec{u} = a\vec{AB}$ e $\vec{v} = \vec{AC}$, que também são LI e paralelos a π. Substituindo em [14-6], obtemos

$$\begin{vmatrix} x + d/a & y & z \\ -b & a & 0 \\ -c/a & 0 & 1 \end{vmatrix} = 0$$

e, desenvolvendo o determinante, chegamos a $ax + by + cz + d = 0$. Fica assim demonstrada a proposição seguinte.

Capítulo 14 — Equações de reta e plano — 161

14-19 *Proposição* — Fixado um sistema de coordenadas, toda equação de primeiro grau a três incógnitas como [14-9] é equação geral de um plano.

Uma conseqüência prática da proposição anterior é que a equação geral de um plano π, obtida a partir de [14-6], pode ser manipulada algebricamente para transformar-se em outra equação geral de π, mais simples. Tome, por exemplo, a equação obtida no Exercício Resolvido 14-18 (b): dividindo ambos os membros por 2, obtemos a equação de primeiro grau $y - z + 1 = 0$, que, pela Proposição 14-19, é equação geral de algum plano. Como as duas equações têm as mesmas soluções, esse plano é exatamente o plano π.

14-20 *Exercício Resolvido* — Verifique se é correto o seguinte raciocínio para mostrar que, em relação a um sistema de coordenadas fixado, existem infinitas equações gerais de um dado plano π: "usando, em [14-6], pontos diferentes e pares diferentes de vetores diretores, obtemos equações gerais diferentes. Logo, como há infinitas escolhas possíveis, existem infinitas equações gerais diferentes".

Resolução

O argumento utilizado é *falso* porque, partindo de pontos diferentes e de pares diferentes de vetores diretores, podemos chegar à mesma equação geral. Por exemplo, sejam $A = (0,0,0)$, $B = (1,0,-1)$, $\vec{u} = (2,0,-2)$, $\vec{v} = (1,-2,0)$, $\vec{p} = (2,-2,-1)$ e $\vec{q} = (0,-2,1)$. Usando A, $\vec{u}$ e $\vec{v}$ em [14-6], e depois B, $\vec{p}$ e $\vec{q}$, obtemos

$$\begin{vmatrix} x & y & z \\ 2 & 0 & -2 \\ 1 & -2 & 0 \end{vmatrix} = 0 \qquad \begin{vmatrix} x-1 & y & z+1 \\ 2 & -2 & -1 \\ 0 & -2 & 1 \end{vmatrix} = 0$$

e resulta, em ambos os casos, a equação $-4x - 2y - 4z = 0$.

Para mostrar um argumento correto, inspirado na demonstração da proposição anterior, tomemos o ponto $A = (x_0, y_0, z_0)$ de π e os vetores diretores $\vec{u} = (r,s,t)$ e $\vec{v} = (m,n,p)$. Sabemos que, com a notação introduzida em [14-7], uma equação geral de π é $ax + by + cz + d = 0$ e a, b e c não são todos nulos. Por outro lado, para cada número real $\lambda \neq 0$, $(\vec{u}, \lambda\vec{v})$ é outro par de vetores diretores de π. Logo, uma equação geral de π pode ser obtida a partir de A, $\vec{u}$ e $\lambda\vec{v}$. De

$$\begin{vmatrix} x - x_0 & y - y_0 & z - z_0 \\ r & s & t \\ \lambda m & \lambda n & \lambda p \end{vmatrix} = 0$$

decorre

$$\lambda \begin{vmatrix} x-x_0 & y-y_0 & z-z_0 \\ r & s & t \\ m & n & p \end{vmatrix} = 0$$

isto é, $\lambda(ax + by + cz + d) = 0$. Uma vez que pelo menos um dos coeficientes a, b, c é diferente de zero, podemos afirmar que, quando λ percorre um conjunto infinito de números reais, obtêm-se infinitas equações gerais de π.

EXERCÍCIOS

14-28 Em uma ensolarada manhã de domingo, Marcelo resolveu dois exercícios que pediam equações gerais de planos. Em cada um dos itens seguintes, a primeira equação é a resposta que Marcelo obteve, e a segunda, a resposta do livro. Quais exercícios ele acertou?

(a) $x - 3y + 2z + 1 = 0$; $2x - 6y + 4z + 4 = 0$. (b) $x - y/2 + 2z - 1 = 0$; $-2x + y - 4z + 2 = 0$.

14-29 Obtenha uma equação geral do plano π em cada caso.

(a) π contém $A = (1,1,0)$ e $B = (1,-1,-1)$ e é paralelo a $\vec{u} = (2,1,0)$.

(b) π contém $A = (1,0,1)$ e $B = (0,1,-1)$ e é paralelo a CD, sendo $C = (1,2,1)$ e $D = (0,1,0)$.

(c) π contém $A = (1,0,1)$, $B = (2,1,-1)$ e $C = (1,-1,0)$.

(d) π contém $A = (1,0,2)$, $B = (-1,1,3)$ e $C = (3,-1,1)$.

(e) π contém $P = (1,0,-1)$ e r: $(x-1)/2 = y/3 = 2 - z$.

(f) π contém $P = (1,-1,1)$ e r: $X = (0,2,2) + \lambda(1,1,-1)$.

14-30 Obtenha equações gerais dos planos coordenados.

14-31 Supondo que o sistema de coordenadas seja ortogonal, obtenha equações gerais dos seis planos bissetores dos diedros determinados pelos planos coordenados.

14-32 (a) Mostre que, se $pqr \neq 0$, então os pontos $(p,0,0)$, $(0,q,0)$ e $(0,0,r)$ não são colineares e o plano determinado por eles pode ser descrito pela equação $x/p + y/q + z/r = 1$ (sob esta forma, a equação é chamada **equação segmentária** do plano). Usando os sistemas de coordenadas indicados na Figura 14-7 (a), faça esboços no caso em que $p = 1$, $q = 2$ e $r = 3/2$.

(b) Um plano pode ter mais do que uma equação segmentária?

Você deve ter notado que, ao contrário do que fizemos para todas as outras formas de equações de reta e plano apresentadas neste capítulo, não demos até agora nenhuma interpretação geométrica para os coeficientes da equação geral. Gostaríamos de fazê-lo imediatamente, mas este propósito será atingido plenamente apenas no Capítulo 17. Qual é a dificuldade de fazê-lo já? Rememore como foi obtida a equação [14-8]: usamos as coordenadas de um ponto e de dois vetores diretores do plano para fazer vários cálculos (veja [14-7]) e obter os coeficientes a, b, c e d. Assim, embora haja uma relação estreita entre esses coeficientes e as características geométricas do plano (posição, direção), ela foi escondida pelos cálculos. Apesar disso, alguns indícios de que os coeficientes têm algo a nos contar sobre a geometria do plano já podem ser percebidos. A proposição seguinte, por exemplo, presenteia-nos com um critério muito simples para verificar se um vetor é paralelo a um plano. O tempo vai mostrar sua enorme utilidade.

14-21 Proposição Sejam $ax + by + cz + d = 0$ uma equação geral de um plano π e $\vec{u} = (m,n,p)$. Então, $\vec{u}$ é paralelo a π se, e somente se, $am + bn + cp = 0$.

Demonstração

Seja $A = (x_1, y_1, z_1)$ um ponto de π; isso quer dizer que

$$ax_1 + by_1 + cz_1 + d = 0 \qquad \textbf{[14-10]}$$

Consideremos o ponto $B = A + \vec{u} = (x_1 + m, y_1 + n, z_1 + p)$. O vetor $\vec{u}$ é paralelo a π se, e somente se, B pertence a π, isto é, se, e somente se,

$$a(x_1 + m) + b(y_1 + n) + c(z_1 + p) + d = 0$$

Eliminando os parênteses e usando [14-10], vemos que esta igualdade é equivalente a $am + bn + cp = 0$. ∎

14-22 Corolário Seja $ax + by + cz + d = 0$ uma equação geral qualquer de um plano π.

(a) π contém ou é paralelo a um dos eixos coordenados se, e somente se, o coeficiente da variável correspondente a esse eixo é nulo (ou seja, essa variável está "ausente" da equação).

(b) π é paralelo a um dos planos coordenados se, e somente se, os coeficientes das duas variáveis correspondentes a esse plano são nulos (ou seja, essas variáveis estão "ausentes" da equação).

Demonstração

(a) π contém ou é paralelo a Ox se, e somente se, π é paralelo ao vetor $\vec{e}_1 = (1,0,0)$. Pela proposição anterior, isso ocorre se, e somente se, $a \cdot 1 + b \cdot 0 + c \cdot 0 = 0$. Assim, π contém ou é paralelo a Ox se, e somente se, $a = 0$. A equação geral, neste caso, pode ser escrita $by + cz + d = 0$, sem a variável x. A demonstração para os eixos Oy e Oz é análoga.

(b) π é paralelo a Oxy se, e somente se, π é paralelo a $\vec{e}_1 = (1,0,0)$ e $\vec{e}_2 = (0,1,0)$. Pela proposição anterior, isso ocorre se, e somente se, $a = 0$ e $b = 0$. A equação geral, neste caso, escreve-se $cz + d = 0$, sem as variáveis x e y. A demonstração para os planos Oyz e Oxz é análoga. ∎

Para completar o quadro, note também que a ausência do termo independente (isto é, $d = 0$) significa que a origem $O = (0,0,0)$ do sistema de coordenadas pertence ao plano.

14-23 Exercício Resolvido

Verifique se $\vec{u} = (1,2,1)$ e $\vec{v} = (3,2,3)$ são paralelos ao plano $\pi: 2x - 3y + 4z - 600 = 0$.

Resolução

De acordo com a proposição anterior, o vetor $\vec{u}$ é paralelo a π, pois $2 \cdot 1 - 3 \cdot 2 + 4 \cdot 1 = 0$.
O mesmo não acontece com $\vec{v}$, pois $2 \cdot 3 - 3 \cdot 2 + 4 \cdot 3 \neq 0$.

14-24 Exercício Resolvido

Aponte os erros que você encontrar no seguinte diálogo entre Guilherme e Adriana:
— Será que o vetor $\vec{u} = (1,1,1)$ é paralelo ao plano $\pi: 3x + 2y - 5z + 1 = 0$?
— É claro que não!
— Como é que você sabe?
— Eu substituí as coordenadas do vetor na equação do plano, obtive $3 + 2 - 5 + 1 \neq 0$ e apliquei a Proposição 14-21.

Resolução

A frase "Eu substituí as coordenadas do vetor na equação do plano" contém um erro de atenção e um erro conceitual. O erro de atenção é pensar que a Proposição 14-21 trata da substituição, na equação geral, de x, y, z por m, n, p; se fosse assim, o termo d também faria parte da condição $am + bn + cp = 0$. O erro conceitual, *grave*, é cogitar substituir x, y, z, que indicam coordenadas de *ponto*, por m, n, p, coordenadas de *vetor*. Além de conceitualmente errado, esse procedimento não funciona. Considere, por exemplo, os planos

$$\pi_1: 3x + 2y - 5z = 0 \qquad \pi_2: 3x + 2y - 5z + 1 = 0$$
$$\pi_3: 2x + y - 2z - 1 = 0 \qquad \pi_4: 2x + y - 2z + 2 = 0$$

O vetor $\vec{u} = (1,1,1)$:

- *é paralelo* a π_1, e $3 \cdot 1 + 2 \cdot 1 - 5 \cdot 1 = 0$;
- *é paralelo* a π_2, e $3 \cdot 1 + 2 \cdot 1 - 5 \cdot 1 + 1 \neq 0$;
- *não é paralelo* a π_3, e $2 \cdot 1 + 1 \cdot 1 - 2 \cdot 1 - 1 = 0$;
- *não é paralelo* a π_4, e $2 \cdot 1 + 1 \cdot 1 - 2 \cdot 1 + 2 \neq 0$.

Exercícios

14-33 Verifique se o vetor $\vec{u}$ é paralelo ao plano $\pi: 4x - 6y + z - 3 = 0$, nos casos:

(a) $\vec{u} = (-1,-2,3)$ \qquad (b) $\vec{u} = (0,1,6)$

(c) $\vec{u} = (3,2,0)$ \qquad (d) $\vec{u} = (-3,2,24)$

14-34 Seja π o plano de equação geral $ax + by + cz + d = 0$. Mostre que o vetor $\vec{n} = (a,b,c)$ não é paralelo a π.

14-25 Exercício Resolvido

Na Figura 14-8 (a) está representado um sistema de coordenadas. Sendo a um número positivo, faça esboços dos planos descritos, em relação a esse sistema, pelas equações:

(a) $x = a$ \qquad (b) $x + y = a$ \qquad (c) $x + y + z = a$

Resolução

(a) O plano contém o ponto $A = (a,0,0)$ e é paralelo a Oyz, pois y e z estão ausentes da equação. De posse dessas informações, fica fácil fazer o esboço. Veja a Figura 14-8 (b). ◀

(b) Das três, a única variável ausente da equação é z. Logo, o plano é paralelo ao eixo Oz, mas não aos outros dois. Determinemos os pontos A e B em que o plano intercepta, respectivamente, os eixos Ox e Oy: os pontos $A = (x,0,0)$ e $B = (0,y,0)$ pertencem ao plano se, e somente se, satisfazem sua equação, isto é, $x = a$ e $y = a$; logo, $A = (a,0,0)$ e $B = (0,a,0)$. O plano, que contém A e B e é paralelo a Oz, está esboçado na Figura 14-8 (c). ◀

(c) Este plano não é paralelo a nenhum dos eixos coordenados, porque as três variáveis, x, y e z, têm coeficientes não-nulos na equação dada. Procedendo como no item (b), obtemos os pontos $A = (a,0,0)$, $B = (0,a,0)$ e $C = (0,0,a)$ em que o plano intercepta, respectivamente, os eixos Ox, Oy e Oz. Na Figura 14-8 (d) está esboçada a parte "visível" do plano. ◀

Observe que a equação dada é equivalente a $x/a + y/a + z/a = 1$, que é a equação segmentária deste plano (veja o Exercício 14-32).

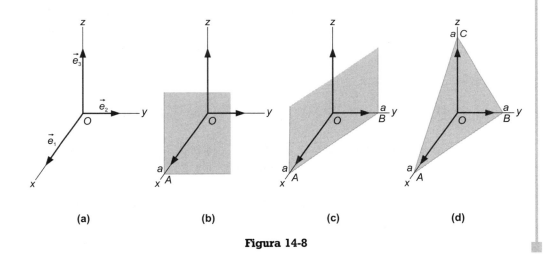

Figura 14-8

EXERCÍCIO 14-35 Na Figura 14-9, $ABCDEFGH$ é um cubo. Em cada um dos itens, a equação dada define, em relação ao sistema de coordenadas $(A, \vec{AB}, \vec{AD}, \vec{AE})$, um plano π_1, e, em relação ao sistema de coordenadas $(A, \vec{AB}, \vec{AC}, \vec{AF})$, um plano π_2. Faça esboços de π_1 e π_2.

(a) $y - 1 = 0$ \hspace{2em} (b) $x + z = 0$

(c) $x + y + z - 1 = 0$ \hspace{2em} (d) $y + 2z - 2 = 0$

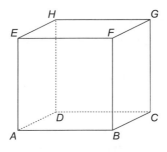

Figura 14-9

14-26 *Exercício Resolvido*

Obtenha uma equação geral do plano que tem equações paramétricas

$$\begin{cases} x = -1 + 2\lambda - 3\mu \\ y = 1 + \lambda + \mu \\ z = \lambda - \mu \end{cases} \quad (\lambda, \mu \in \mathbb{R})$$

Resolução

Primeiro modo O que é que as equações paramétricas têm, e a equação geral não? O parâmetro. Isso sugere que devemos eliminá-lo das equações dadas. Das duas últimas, obtemos o sistema (nas incógnitas λ e μ)

$$\begin{cases} \lambda + \mu = y - 1 \\ \lambda - \mu = z \end{cases}$$

cuja solução é $\lambda = (y + z - 1)/2$, $\mu = (y - z - 1)/2$. Substituindo na primeira equação paramétrica, chegamos a $2x + y - 5z + 1 = 0$. ◄

Segundo modo Observando as equações paramétricas

$$\begin{cases} x = -1 + \lambda\,2 + \mu(-3) \\ y = 1 + \lambda\,1 + \mu\,1 \\ z = 0 + \lambda\,1 + \mu(-1) \end{cases}$$

vemos que $(-1,1,0)$ é um ponto do plano, e $\vec{u} = (2,1,1)$ e $\vec{v} = (-3,1,-1)$ são vetores diretores. Substituindo em [14-6], obtemos

$$\begin{vmatrix} x+1 & y-1 & z-0 \\ 2 & 1 & 1 \\ -3 & 1 & -1 \end{vmatrix} = 0$$

Logo, uma equação geral do plano é $2x + y - 5z + 1 = 0$. ◄

Exercício 14-36 Dadas equações paramétricas, obtenha uma equação geral do plano:

(a) $\begin{cases} x = 1 + \lambda - \mu \\ y = 2\lambda + \mu \\ z = 3 - \mu \end{cases}$
(b) $\begin{cases} x = 1 + \lambda \\ y = 2 \\ z = 3 - \lambda + \mu \end{cases}$

(c) $\begin{cases} x = -2 + \lambda - \mu \\ y = 2\lambda + 2\mu \\ z = \lambda + \mu \end{cases}$
(d) $\begin{cases} x = \lambda - 3\mu \\ y = \lambda + 2\mu \\ z = 3\lambda - \mu \end{cases}$

14-27 Exercício Resolvido

Obtenha equações paramétricas do plano π: $x + 2y - z - 1 = 0$.

Resolução

Primeiro modo Na equação dada, escolhemos uma das três incógnitas para ser isolada no primeiro membro; por exemplo, $x = -2y + z + 1$. Essa igualdade mostra que para cada par de valores reais de y e z, escolhidos arbitrariamente, obtemos um valor de x e, conseqüentemente, um ponto (x,y,z) de π. Em outras palavras: y e z estão "querendo" atuar como parâmetros! Façamos, então, a vontade deles, escrevendo $y = \lambda$ e $z = \mu$. Substituindo na expressão de x, obtemos as equações

$$\begin{cases} x = 1 - 2\lambda + \mu \\ y = \lambda \\ z = \mu \end{cases} \quad (\lambda, \mu \in \mathbb{R})$$

Como os coeficientes de λ e μ não são proporcionais, essas são equações paramétricas de um plano, que não pode ser outro senão π, já que os pontos de π as satisfazem. ◀

Note que os coeficientes obtidos para λ e μ deste modo *nunca* são proporcionais. De fato, sempre haverá blocos de zeros e uns semelhantes aos que estão destacados nas equações [14-11]. O método é, portanto, absolutamente geral.

$$\begin{cases} x = 1 + \lambda(-2) + \mu \cdot 1 \\ y = 0 + \lambda \boxed{1} + \mu \boxed{0} \\ z = 0 + \lambda \boxed{0} + \mu \boxed{1} \end{cases} \quad [14\text{-}11]$$

Segundo modo Escolhemos arbitrariamente uma solução da equação dada para obter um ponto do plano; por exemplo, $x = 1$, $y = 0$ e $z = 0$, que fornece o ponto $A = (1,0,0)$. Para obter vetores diretores de π, lembremos que, pela Proposição 14-21, um vetor (m,n,p) é paralelo a π se, e somente se, $m + 2n - p = 0$. Isolamos uma das variáveis,

$$p = m + 2n$$

e atribuímos valores às outras duas; para garantir a independência linear, uma boa escolha é

$$m = 1, n = 0 \to p = 1$$
$$m = 0, n = 1 \to p = 2$$

Logo, $\vec{u} = (1,0,1)$ e $\vec{v} = (0,1,2)$ são vetores diretores de π. Então:

$$\begin{cases} x = 1 + \lambda \\ y = \mu \\ z = \lambda + 2\mu \end{cases} \quad (\lambda, \mu \in \mathbb{R})$$

são equações paramétricas de π.

14-28 Observação Situações como a do exercício resolvido anterior, em que devem ser escolhidas soluções arbitrárias de uma equação, são freqüentes. Se você sentir qualquer embaraço algébrico na escolha, o motivo provável é o esquecimento de um fato da Álgebra Elementar que, de tão elementar, pode passar despercebido: se uma equação, supostamente a três incógnitas, não apresenta alguma delas, isso significa que o *coeficiente* dessa incógnita é nulo e que, por isso mesmo, podemos atribuir a ela qualquer valor, sem prejuízo da igualdade (a tendência de muitos é pensar, erroneamente, que o valor das incógnitas ausentes tem que ser zero). Um jeito seguro de não errar é explicitar os coeficientes nulos. Por exemplo, se as incógnitas são m, n, p, a equação $3m - p = 0$ pode ser escrita $3m + 0n - p = 0$ (note que o valor atribuído a n é inócuo, não interfere na igualdade). Isolando p, obtemos $p = 3m + 0n$ e podemos dar a m e n os valores 1, 0 e 0, 1, como no exercício resolvido anterior. Esta observação vale, tal e qual, para a equação $-3n = 0$, que pode ser escrita $0m - 3n + 0p = 0$.

EXERCÍCIOS

14-37 Dada uma equação geral, obtenha equações paramétricas do plano.
(a) $4x + 2y - z + 5 = 0$
(b) $5x - y - 1 = 0$
(c) $z - 3 = 0$
(d) $y - z - 2 = 0$

14-38 O plano π_1 contém $A = (1,0,0)$, $B = (0,1,0)$ e $C = (0,0,1)$, o plano π_2 contém $Q = (-1,-1,0)$ e é paralelo a $\vec{u} = (0,1,-1)$ e $\vec{v} = (1,0,1)$, e o plano π_3 tem equação $X = (1,1,1) + \lambda(-2,1,0) + \mu(1,0,1)$.
(a) Obtenha equações gerais dos três planos.
(b) Mostre que a interseção dos três planos se reduz a um único ponto e determine-o.

14-39 Mostre que o ponto $P = (4,1,-1)$ não pertence à reta r: $X = (2,4,1) + \lambda(1,-1,2)$ e obtenha uma equação geral do plano determinado por r e P.

14-40 Obtenha os pontos de r: $X = (1,1,1) + \lambda(2,0,1)$ que pertencem ao plano π, nos casos:

(a) π: $x - y - z = 0$
(b) π: $x + 3y - 2z + 1 = 0$
(c) π: $2x - y - 4z + 3 = 0$
(d) π é o plano Oxz.

14-41 Obtenha os pontos de π_1: $X = (1,0,0) + \lambda(2,1,1) + \mu(0,0,1)$ que pertencem a π_2: $x + y + z - 1 = 0$.

14-29 Observação

Quando você estudou Geometria Analítica Plana, deve ter aprendido que as retas de um plano são descritas por equações de primeiro grau como $ax + by + c = 0$, que lá recebe o nome de *equação geral da reta*, ou *forma geral de equação da reta*. Não vá confundir com o que estudamos neste capítulo. Aqui, *não há nenhuma forma de equação de reta com esse nome*, e equações do tipo $ax + by + c = 0$ descrevem *planos*, não *retas* (sempre estará subentendido que há uma terceira variável, z, que não aparece na equação porque seu coeficiente é nulo). Uma equação como $x + y - 2 = 0$, por exemplo, descreve um plano paralelo a Oz, cuja interseção com Oxy, isto sim, é uma reta. Na Geometria Analítica Plana, uma equação dessa reta seria $x + y - 2 = 0$. Veja, representados na Figura 14-10, o sistema de coordenadas, a reta e o plano (r e π).

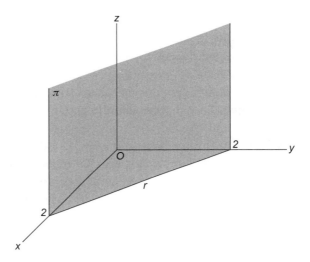

Figura 14-10

CAPÍTULO 15
INTERSEÇÃO DE RETAS E PLANOS

Neste capítulo mostra-se, através de exemplos e exercícios, como determinar interseções de retas e planos usando suas equações. Como aplicação, apresenta-se a forma planar de equações de reta.

É significativa a quantidade de problemas de Geometria em que, seja como objetivo final, seja como passagem intermediária, é necessário determinar a interseção de dois ou mais subconjuntos de $\mathbb{E}^3$.

Quando a abordagem é a da Geometria Analítica, em que os conjuntos são descritos por equações, a questão reduz-se naturalmente à resolução do sistema formado por elas, pois um ponto pertence à interseção se, e somente se, pertence a todos os conjuntos, ou seja, se, e somente se, satisfaz simultaneamente as equações de todos eles.

Por enquanto, lidaremos apenas com retas e planos, que já sabemos descrever por meio de equações. Ressalte-se, porém, a generalidade do método: em Geometria Analítica, se Ω_1 e Ω_2 são dois subconjuntos *quaisquer* de $\mathbb{E}^3$, descritos por equações,

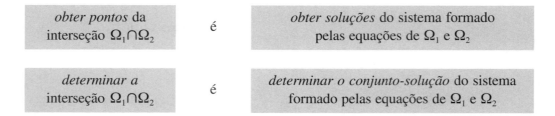

Nas três primeiras seções do capítulo, consideram-se os casos reta-reta, reta-plano e plano-plano. Como aplicação deste último, apresenta-se na Seção D uma nova forma de equações de reta, chamada *forma planar*. Trata-se de um capítulo essencialmente prático: a ênfase é dada à técnica de resolução de exercícios, a algumas sutilezas algébricas, e à interpretação geométrica dos resultados.

Comecemos com algumas considerações sobre os sistemas de equações que vamos encontrar. Em se tratando de retas e planos, todas as equações serão de primeiro grau. Isso quer dizer que vamos trabalhar com sistemas lineares com mais equações do que incógnitas no caso reta-reta, número igual no caso reta-plano e mais incógnitas do que equações no caso plano-plano (as incógnitas são as coordenadas genéricas x, y, z, e os parâmetros das eventuais equações paramétricas).

Em geral, métodos elementares de resolução tais como eliminação de incógnitas por substituição, comparação ou adição dão conta do recado, mas você dispõe também da Regra de Cramer (válida quando o número de equações é igual ao número de incógnitas), do método de escalonamento e do método matricial; a escolha é livre. Vale a pena, porém, levar em conta algumas diretrizes gerais:

- *Sistemas com mais equações do que incógnitas* Se n é o número de incógnitas, um caminho seguro é escolher as n equações mais simples, resolver o sistema parcial formado por elas e, se houver soluções, testá-las nas equações restantes.

- *Sistemas que envolvem equações paramétricas* No Capítulo 14, você conheceu a técnica do λ e seu poder de reduzir o número de incógnitas de um problema. Continuamos a recomendá-la, especialmente no caso de equações paramétricas de reta, em que há um só parâmetro.

Para a interpretação geométrica dos resultados, note que, se Ω_1 e Ω_2 são dois subconjuntos de $\mathbb{E}^3$ e "sistema" é o sistema formado por suas equações, então

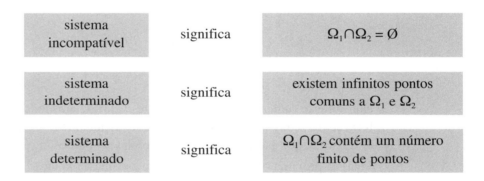

No caso específico de retas e planos, podemos tirar conclusões relevantes. Por exemplo, se a interseção tem infinitos pontos: no caso de duas retas ou de dois planos, eles coincidem; no caso reta-plano, o plano contém a reta. Isso será detalhado no Capítulo 16.

A INTERSEÇÃO DE DUAS RETAS

15-1 *Exercício Resolvido*

Dados os pontos $A = (1,2,1)$ e $B = (3,0,-1)$, verifique se são concorrentes as retas AB e $r: X = (3,0,-1) + \lambda(1,1,1)$. Se forem, obtenha o ponto de interseção.

Resolução

Chamemos de s a reta AB, de modo que $s: X = A + \lambda\overrightarrow{AB}$. Passando para a forma paramétrica as equações das duas retas, obtemos

$$r: \begin{cases} x = 3 + \lambda \\ y = \lambda \\ z = -1 + \lambda \end{cases} \qquad s: \begin{cases} x = 1 + 2\lambda \\ y = 2 - 2\lambda \\ z = 1 - 2\lambda \end{cases}$$

Para determinar $r \cap s$, devemos resolver o sistema dessas seis equações a quatro incógnitas. Um caminho rápido é eliminar x, y e z igualando suas expressões:

$$\begin{cases} 1 + 2\lambda = 3 + \lambda \\ 2 - 2\lambda = \lambda \\ 1 - 2\lambda = -1 + \lambda \end{cases} \qquad [15\text{-}1]$$

Agora, são três equações a uma incógnita; resolvemos uma delas e testamos a solução encontrada nas outras duas. A terceira equação fornece $\lambda = 2/3$, que não satisfaz a primeira (embora seja solução da segunda). Logo, o sistema é incompatível, e a interseção das duas retas é... vazia?? Alguma coisa está errada, pois é visível que $B = (3,0,-1)$ pertence a ambas. Onde está o erro? Acredite se quiser: está em indicar com a mesma letra os parâmetros das equações de r e s. Experimente trocar λ por μ nas equações de s; o sistema [15-1] passa a ser

$$\begin{cases} 1 + 2\mu = 3 + \lambda \\ 2 - 2\mu = \lambda \\ 1 - 2\mu = -1 + \lambda \end{cases}$$

cuja solução (única) é $\lambda = 0$, $\mu = 1$. Esses valores, substituídos nas equações de r e s, fornecem $x = 3$, $y = 0$, $z = -1$. Confirma-se, assim, que $B = (3,0,-1)$ é o único ponto de $r \cap s$, isto é, que essas retas são concorrentes no ponto B. ◄

Veja, na próxima observação, por que a escolha da notação é tão importante.

15-2 Observação

Na resolução anterior, usar a mesma letra para indicar os parâmetros nas equações paramétricas de r e s significa que, além de procurar por um ponto comum a elas, queríamos que ele fosse obtido, nas duas, *a partir do mesmo valor do parâmetro*. Isso foi exigir demais, tanto que causou a incompatibilidade do sistema. Da Observação 14-3 (c) podemos concluir que, até mesmo se $r = s$, valores diferentes do parâmetro podem produzir o mesmo ponto (afinal, são réguas diferentes); por que não quando forem retas distintas? Que isto nos sirva de lição.

> Ao reunir equações paramétricas de vários conjuntos para formar um sistema de equações que descreva sua interseção, devemos indicar os parâmetros com letras diferentes.

15-3 Exercício Resolvido

Verifique se as retas r e s são concorrentes e, se forem, obtenha o ponto de interseção.

(a) $r: \begin{cases} x = 4 + \lambda \\ y = 1 - \lambda \\ z = 1 + \lambda \end{cases} \qquad s: \begin{cases} x = 9 - 4\lambda \\ y = 2 + \lambda \\ z = 2 - 2\lambda \end{cases}$

(b) $r: \begin{cases} x = -4\lambda \\ y = 1 + 8\lambda \\ z = 1 - 2\lambda \end{cases}$ $\qquad s: x - 1 = y - 4 = z$

(c) $r: \dfrac{x-2}{2} = \dfrac{y-3}{3} = z$ $\qquad s: x = \dfrac{y}{3} = \dfrac{1+z}{2}$

(d) $r: X = (3,-1,2) + \lambda(-2,3,1)$ $\qquad s: X = (9,-10,-1) + \lambda(4,-6,-2)$

Resolução

(a) A primeira providência é mudar a notação dos parâmetros: trocamos λ por μ nas equações de s. Igualamos as expressões de x, y e z, obtendo as equações

$$4 + \lambda = 9 - 4\mu \qquad 1 - \lambda = 2 + \mu \qquad 1 + \lambda = 2 - 2\mu$$

Das duas últimas, obtemos $\lambda = -3$ e $\mu = 2$. Como esses valores satisfazem a primeira, a solução (única) do sistema formado pelas equações de r e s é $\lambda = -3$, $\mu = 2$, $x = 1$, $y = 4$, $z = -2$. Logo, r e s são concorrentes em $P = (1,4,-2)$. ◀

(b) Substituímos as expressões de x, y e z das equações de r nas equações de s:

$$-4\lambda - 1 = -3 + 8\lambda = 1 - 2\lambda$$

Da primeira igualdade resulta $\lambda = 1/6$, e da segunda, $\lambda = 2/5$. Portanto, o sistema é incompatível e $r \cap s = \emptyset$. As retas não são concorrentes (na verdade, são reversas, mas isso é assunto para o próximo capítulo). ◀

(c) Das equações de r, obtemos $x = 2 + 2z$ e $y = 3 + 3z$. Por substituição nas equações de s, resulta $2 + 2z = 1 + z = (1 + z)/2$. Logo, $z = -1$ e, portanto, $x = y = 0$. O ponto $P = (0,0,-1)$ é o ponto de interseção das retas concorrentes r e s. ◀

(d) Procedendo como no item (a), chegamos a

$$3 - 2\lambda = 9 + 4\mu \qquad -1 + 3\lambda = -10 - 6\mu \qquad 2 + \lambda = -1 - 2\mu$$

Cada uma dessas equações é equivalente a $\lambda + 2\mu = -3$ e, portanto, toda solução de uma delas é solução das outras duas. As retas são coincidentes, pois têm mais de um ponto em comum; não são concorrentes. ◀

Exercício

15-1 Verifique se as retas r e s são concorrentes e, se forem, obtenha o ponto de interseção.

(a) $r: X = (1,1,0) + \lambda(1,2,3)$ $\qquad s: X = (2,3,3) + \mu(3,2,1)$

(b) $r: \begin{cases} x = 1 + 2\lambda \\ y = \lambda \\ z = 1 + 3\lambda \end{cases}$ $\qquad s: \begin{cases} x = -1 + 4\lambda \\ y = -1 + 2\lambda \\ z = -2 + 6\lambda \end{cases}$

(c) $r: \begin{cases} x = 2 - 4\lambda \\ y = 4 + 5\lambda \\ z = 11 \end{cases}$ $s: \dfrac{x}{2} = \dfrac{y-1}{-2} = z$

(d) $r: \dfrac{x-2}{3} = \dfrac{y+2}{4} = z$ $s: \dfrac{x}{4} = \dfrac{y}{2} = \dfrac{z-3}{2}$

15-4 Exercício Resolvido

Duas partículas realizam movimentos descritos pelas equações $X = (0,0,0) + t(1,2,4)$ e $X = (1,0,-2) + t(-1,-1,-1)$, $t \in \mathbb{R}$. As trajetórias são concorrentes? Pode haver colisão das partículas em algum instante?

Resolução

Trocando, na segunda equação, t por s, e igualando as expressões de X, obtemos

$$(0,0,0) + t(1,2,4) = (1,0,-2) + s(-1,-1,-1)$$

ou seja,

$$t = 1 - s \qquad 2t = -s \qquad 4t = -2 - s$$

A única solução do sistema formado por essas equações é $t = -1$, $s = 2$, o que mostra que as trajetórias são concorrentes no ponto $P = (-1,-2,-4)$. ◄

Para que haja colisão é preciso que as duas partículas atinjam a mesma posição, no mesmo instante. Como P é o único ponto comum às trajetórias, a colisão só pode ocorrer nesse ponto. Acontece que a primeira partícula passa por P no instante $t = -1$, e a segunda, somente 3 unidades de tempo depois, isto é, no instante $s = 2$. Não há perigo de colisão. ◄

Exercícios

15-2 Uma partícula realiza o movimento descrito pela equação $X = (2,1,5) + t(2,-1,3)$ ($t \in \mathbb{R}$). Uma segunda partícula, também em movimento retilíneo uniforme, ocupa, no instante -2, a posição $P = (-24,14,-34)$ e, no instante 3, a posição $Q = (26,-11,41)$.

(a) Verifique se as trajetórias são concorrentes e se há perigo de colisão.

(b) Qual é a equação do movimento da segunda partícula?

15-3 As equações $X = (0,0,0) + t\alpha(1,2,4)$ e $X = (1,0,-2) + t(-1,-1,-1)$, $t \in \mathbb{R}$, descrevem os movimentos de duas partículas. Determine o valor de α para que haja colisão. Em que instante ela ocorre?

15-4 Mostre que as retas r e s são concorrentes, determine o ponto comum e obtenha uma equação geral do plano determinado por elas.

(a) $r: \begin{cases} x = \lambda \\ y = -\lambda \\ z = 1 + 4\lambda \end{cases}$ $\quad s: \dfrac{x-1}{3} = \dfrac{y-5}{3} = \dfrac{2+z}{5}$

(b) $r: \begin{cases} x = 2 - 2\lambda \\ y = 4 + \lambda \\ z = -3\lambda \end{cases}$ $\quad s: \begin{cases} x = 1 + \lambda \\ y = -2\lambda \\ z = 2\lambda \end{cases}$

(c) $r: \dfrac{x-3}{2} = \dfrac{y-6}{2} = z - 1$ $\quad s: \dfrac{x}{2} = \dfrac{y}{8} = \dfrac{z+4}{8}$

15-5 ▸ A altura e a mediana relativas ao vértice *B* do triângulo *ABC* estão contidas, respectivamente, em $r: X = (-6,0,3) + \lambda(3,2,0)$ e $s: X = (0,0,3) + \lambda(3,-2,0)$. Sendo $C = (4,-1,3)$, determine *A* e *B*.

B INTERSEÇÃO DE RETA E PLANO

15-5 *Exercício Resolvido*

Obtenha a interseção da reta *r* com o plano π:

(a) $r: X = (1,0,1) + \lambda(2,1,3)$ $\quad \pi: x + y + z = 20$

(b) $r: X = (0,1,1) + \lambda(2,1,-3)$ $\quad \pi: X = (1,0,0) + \lambda(1,0,0) + \mu(0,1,1)$

(c) $r: \dfrac{x}{3} = \dfrac{y-1}{2} = \dfrac{z-3}{8}$ $\quad \pi: 2x + y - z - 6 = 0$

(d) $r: X = (2,3,1) + \lambda(1,-1,4)$ $\quad \pi: X = (-4,-6,2) + \lambda(2,1,3) + \mu(3,3,2)$

Resolução

(a) Como queremos obter pontos de *r* que pertencem a π, usar a técnica do λ é uma ótima opção: se $X = (x,y,z)$ é um ponto de *r*, então $x = 1 + 2\lambda$, $y = \lambda$ e $z = 1 + 3\lambda$. Substituindo na equação de π, obtemos:

$$(1 + 2\lambda) + \lambda + (1 + 3\lambda) = 20$$

e, portanto, $\lambda = 3$. Assim, o único ponto comum a *r* e π é $P = (7,3,10)$. ◂

(b) A primeira providência, você já sabe, é mudar a notação dos parâmetros, trocando, por exemplo, λ por α nas equações de *r*. Vamos resolver o sistema de seis equações a seis incógnitas formado pelas equações de *r* e π na forma paramétrica. Igualando as expressões de *x*, *y*, e *z*, obtemos

$$2\alpha = 1 + \lambda \qquad 1 + \alpha = \mu \qquad 1 - 3\alpha = \mu$$

Dessas equações resulta $\alpha = 0$, $\lambda = -1$, $\mu = 1$; logo, $x = 0$, $y = 1$ e $z = 1$. O único ponto comum à reta e ao plano é $P = (0,1,1)$. ◂

(c) O sistema a ser resolvido é formado pelas equações

$$\begin{cases} \dfrac{x}{3} = \dfrac{y-1}{2} \\ \dfrac{y-1}{2} = \dfrac{z-3}{8} \\ 2x + y - z - 6 = 0 \end{cases}$$

Isolando x e z nas duas primeiras, encontramos

$$x = \dfrac{3y-3}{2} \qquad z = 4y - 1$$

e, substituindo na terceira,

$$(3y - 3) + y - (4y - 1) - 6 = 0$$

Esta equação não admite solução, pois é equivalente a $0y = 8$. Logo, a interseção de r e π é vazia, isto é, a reta é paralela ao plano. ◀

(d) O primeiro passo é adequar a notação dos parâmetros; substituímos λ por α na equação vetorial de r. O sistema a ser resolvido é, portanto,

$$\begin{cases} 2 + \alpha = -4 + 2\lambda + 3\mu \\ 3 - \alpha = -6 + \lambda + 3\mu \\ 1 + 4\alpha = 2 + 3\lambda + 2\mu \end{cases}$$

ou seja,

$$\begin{cases} \alpha - 2\lambda - 3\mu = -6 \\ \alpha + \lambda + 3\mu = 9 \\ 4\alpha - 3\lambda - 2\mu = 1 \end{cases}$$

Somando e subtraindo membro a membro as duas primeiras equações e simplificando, obtemos $2\alpha - \lambda = 3$ e $\lambda + 2\mu = 5$, ou seja,

$$2\mu = 5 - \lambda \qquad \text{e} \qquad 4\alpha = 2\lambda + 6 \qquad \text{[15-2]}$$

Substituindo na terceira, chegamos à igualdade $(2\lambda + 6) - 3\lambda - (5 - \lambda) = 1$, que é satisfeita por qualquer número real. Assim, para cada valor dado a λ, obtemos uma solução do sistema (basta calcular os valores correspondentes de μ e α, usando [15-2], e voltar às equações de r ou π para obter x, y e z). Ora, se existe mais de um ponto de r que pertence a π (na verdade, são infinitos), então r está contida em π, e a interseção é a própria reta r. ◀

15-6 Observação

Você pode adaptar os dados à sua preferência por esta ou aquela forma de equação de reta e de plano. Por exemplo, no caso (d) do exercício resolvido anterior, converter a equação vetorial de π em equação geral antes de começar a resolução:

$$\pi: \begin{vmatrix} x+4 & y+6 & z-2 \\ 2 & 1 & 3 \\ 3 & 3 & 2 \end{vmatrix} = 0$$

isto é,

$$\pi: -7x + 5y + 3z - 4 = 0$$

e usar a técnica do λ, como no item (a).

EXERCÍCIOS

15-6 Obtenha a interseção da reta r com o plano π.

(a) $r: X = (-1,-1,0) + \lambda(1,-1,-1)$ $\pi: x + y + z + 1 = 0$

(b) $r: X = (-1,-1,1) + \lambda(1,-1,0)$ $\pi: x + y + z + 1 = 0$

(c) $r: x - 3 = y - 2 = (z+1)/2$ $\pi: x + 2y - z = 10$

(d) $r: X = (-1,-1,0) + \lambda(1,-1,0)$ $\pi: 2x + 2y + z + 1 = 0$

(e) $r: \begin{cases} x = 2\lambda \\ y = \lambda \\ z = 1 - 3\lambda \end{cases}$ $\pi: \begin{cases} x = 1 + \alpha \\ y = -3 + \beta \\ z = 1 + \alpha + \beta \end{cases}$

15-7 O detonador de uma bomba está localizado no ponto $P = (2,1,2)$. Para provocar a explosão, acende-se a extremidade $A = (2,1,1)$ de uma haste combustível paralela ao vetor $\vec{u} = (1,0,2)$, cuja extremidade B toca o ponto inicial de um rastilho de pólvora retilíneo que termina no detonador. Sabendo que o fogo se propaga com velocidade unitária na haste e no rastilho e que este está contido no plano $\pi: x + 2y - z - 2 = 0$, mostre que a explosão ocorre entre 3 e 4 segundos após o início do processo. O sistema de coordenadas é ortogonal.

15-8 Sejam $A = (1,1,2)$, $B = (0,1,2)$, $C = (1,1,0)$ e $D = (0,1,0)$, em relação a um sistema ortogonal de coordenadas de origem O.

(a) Verifique que A, B, C e D são vértices de um retângulo e obtenha uma equação geral do plano π que os contém.

(b) Uma fonte de luz situada em O projeta sobre o plano π_1, paralelo a π, a sombra do anteparo $ABCD$. Mostre que a sombra é retangular.

(c) Supondo que a área da sombra seja 8, determine seus vértices e obtenha uma equação geral de π_1.

C — INTERSEÇÃO DE DOIS PLANOS

15-7 Exercício Resolvido

Determine a interseção dos planos π_1 e π_2:

(a) π_1: $x + 2y + 3z - 1 = 0$ π_2: $x - y + 2z = 0$

(b) π_1: $x + y + z - 1 = 0$ π_2: $x + y - z = 0$

(c) π_1: $x + y + z - 1 = 0$ π_2: $2x + 2y + 2z - 1 = 0$

(d) π_1: $x + y + z - 1 = 0$ π_2: $3x + 3y + 3z - 3 = 0$

Resolução

(a) Para resolver o sistema das equações de π_1 e π_2, vamos isolar x na segunda,

$$x = y - 2z \qquad [15\text{-}3]$$

e substituir na primeira: $(y - 2z) + 2y + 3z - 1 = 0$. Desta equação, obtemos

$$z = 1 - 3y \qquad [15\text{-}4]$$

e, voltando a [15-3], $x = y - 2(1 - 3y)$, ou seja,

$$x = -2 + 7y \qquad [15\text{-}5]$$

Então: $P = (x,y,z)$ pertence à interseção de π_1 e π_2 se, e somente se, suas coordenadas obedecem às relações [15-4] e [15-5]. Assim, para cada valor real atribuído arbitrariamente a y, obtém-se um ponto (x,y,z) de $\pi_1 \cap \pi_2$; eis aí a variável y "querendo" atuar como parâmetro. Escrevendo $y = \lambda$, podemos afirmar que $P = (x,y,z)$ pertence a $\pi_1 \cap \pi_2$ se, e somente se, existe λ real tal que

$$\begin{cases} x = -2 + 7\lambda \\ y = \lambda \\ z = 1 - 3\lambda \end{cases}$$

Essas equações caracterizam a reta que contém o ponto $A = (-2,0,1)$ e é paralela ao vetor $\vec{v} = (7,1,-3)$. Logo, $\pi_1 \cap \pi_2$ é essa reta. ◂

(b) O procedimento neste e nos itens (c) e (d) é o mesmo utilizado em (a). A diferença está em algumas sutilezas algébricas e na interpretação dos resultados. Isolando y, por exemplo, na equação de π_1, obtemos $y = 1 - x - z$, e, substituindo na de π_2, $x + (1 - x - z) - z = 0$. Desta decorre $z = 1/2$; voltando à expressão de y, obtemos $y = 1 - x - 1/2 = 1/2 - x$. Podemos então adotar x como parâmetro: $\pi_1 \cap \pi_2$ é a reta de equações paramétricas

$$\begin{cases} x = \lambda \\ y = \dfrac{1}{2} - \lambda \\ z = \dfrac{1}{2} \end{cases}$$ ◄

Uma peculiaridade deste exemplo é que o valor de z é *constante* (todos os pontos da interseção têm cota 1/2); z *não pode*, portanto, atuar como parâmetro.

(c) Isolando z na primeira equação: $z = 1 - x - y$, e substituindo na segunda, obtemos $2x + 2y + 2(1 - x - y) - 1 = 0$. Simplificando, chegamos a $1 = 0$, o que mostra que o sistema é incompatível e que, portanto, $\pi_1 \cap \pi_2 = \emptyset$. ◄

A incompatibilidade estava visível desde o início: pelas equações de π_1 e π_2 vemos que, para os pontos do primeiro, a soma das três coordenadas é igual a 1, e para os do segundo, essa soma é igual a 1/2. Não há ponto que consiga realizar a façanha de pertencer aos dois planos.

(d) Da equação de π_1 resulta $x = 1 - y - z$. Substituindo na outra, obtemos

$$3(1 - y - z) + 3y + 3z - 3 = 0$$

que é uma identidade, isto é, uma igualdade verdadeira independentemente dos valores atribuídos a x, y e z. Então, todo ponto de π_1 satisfaz a equação de π_2, ou seja, π_1 está contido em π_2. Logo, $\pi_1 \cap \pi_2 = \pi_1 = \pi_2$. ◄

Também aqui poderíamos antever o resultado notando que as equações de π_1 e π_2 são equivalentes: dividindo os dois membros da segunda por 3, obtemos a primeira.

EXERCÍCIO 15-9 Determine a interseção dos planos π_1 e π_2. Quando se tratar de uma reta, descreva-a por equações paramétricas.

(a) π_1: $x + 2y - z - 1 = 0$ π_2: $2x + y - z = 1$

(b) π_1: $z - 1 = 0$ π_2: $y - 2x + 2 = 0$

(c) π_1: $x - y = 1 - 3z$ π_2: $6z - 2y = 2 - 2x$

(d) π_1: $3x - 4y + 2z = 4$ π_2: $-15x + 20y - 10z = 9$

15-8 Exercício Resolvido

Sendo π_1: $X = (1,0,0) + \lambda(1,1,1) + \mu(-1,0,2)$ e π_2: $X = (2,0,-1) + \alpha(1,2,1) + \beta(0,1,1)$, mostre que $\pi_1 \cap \pi_2$ é uma reta e obtenha uma equação vetorial para ela.

Resolução

Podemos usar as equações paramétricas dos planos para formar um sistema de seis equações a sete incógnitas e, igualando as expressões de x, y, e z, reduzi-lo a outro de três equações a quatro incógnitas (α, β, λ e μ). *Preferimos e recomendamos, porém, o uso de equações gerais*. O pequeno trabalho necessário para obtê-las é compensado pela simplificação dos cálculos. De

$$\pi_1: \begin{vmatrix} x-1 & y & z \\ 1 & 1 & 1 \\ -1 & 0 & 2 \end{vmatrix} = 0 \qquad \pi_2: \begin{vmatrix} x-2 & y & z+1 \\ 1 & 2 & 1 \\ 0 & 1 & 1 \end{vmatrix} = 0$$

decorre $\pi_1: 2x - 3y + z - 2 = 0$ e $\pi_2: x - y + z - 1 = 0$. Agora, a situação é idêntica à do exercício resolvido anterior. Da equação de π_2, tiramos $x = y - z + 1$; substituindo na de $\pi_1: 2(y - z + 1) - 3y + z - 2 = 0$, isto é, $y = -z$. Voltando à expressão de x, $x = -2z + 1$. Escrevendo $z = \lambda$, podemos então dizer que todo ponto de $\pi_1 \cap \pi_2$ satisfaz as equações $x = 1 - 2\lambda$, $y = -\lambda$, $z = \lambda$, que são equações paramétricas de uma reta. Uma equação vetorial dessa reta é $X = (1,0,0) + \lambda(-2,-1,1)$. ◄

Exercícios

15-10 Obtenha uma equação vetorial da interseção dos planos π_1 e π_2, se esta não for vazia.

(a) $\pi_1: X = (1,-2,0) + \lambda(1,0,-1) + \mu(0,0,-1)$ $\pi_2: X = (1,0,3) + \lambda(1,2,0) + \mu(-1,1,-1)$

(b) $\pi_1: X = (1,0,0) + \lambda(-1,1,0) + \mu(1,0,1)$ $\pi_2: X = (1,-1,-2) + \lambda(1,0,1) + \mu(0,1,1)$

(c) $\pi_1: X = (4,4,-2) + \lambda(2,2,-1) + \mu(0,1,4)$ $\pi_2: X = (-4,-2,10) + \lambda(4,5,2) + \mu(6,8,5)$

(d) $\pi_1: X = (1,0,0) + \lambda(0,1,1) + \mu(1,2,1)$ $\pi_2: X = (0,0,0) + \lambda(0,3,0) + \mu(-2,-1,-1)$

15-11 O triângulo ABC é retângulo em B e está contido em $\pi_1: x + y + z = 1$. O cateto BC está contido em $\pi_2: x - 2y - 2z = 0$ e a hipotenusa mede $2\sqrt{6}/3$. Sendo $A = (0,1,0)$, determine B e C (o sistema de coordenadas é ortogonal).

D   Equações de reta na forma planar

Os itens (a) e (b) do Exercício Resolvido 15-7 sugerem uma nova forma de equações de reta: se a interseção dos planos π_1 e π_2 é a reta r, ela pode ser descrita pelo sistema das equações de π_1 e π_2. Quando essas equações estão na forma geral, trata-se de um sistema linear de duas equações a três incógnitas:

$$\begin{cases} a_1x + b_1y + c_1z + d_1 = 0 \\ a_2x + b_2y + c_2z + d_2 = 0 \end{cases} \quad \text{[15-6]}$$

Nem sempre, porém, um sistema como esse descreve uma reta, pois a interseção de π_1 e π_2 pode ser um plano ou o conjunto vazio (como nos itens (c) e (d) do exercício resolvido). Coloca-se, então, a questão: dado um sistema como [15-6], como saber se ele descreve, realmente, uma reta? Ou, em outras palavras, como ter certeza de que π_1 e π_2 não são paralelos? Um modo de respondê-la é proceder como no já citado Exercício Resolvido 15-7, determinando a interseção $\pi_1 \cap \pi_2$. Outro modo será apresentado no Capítulo 16, quando tratarmos do estudo da posição relativa de dois planos. Acontece que este segundo modo é tão mais simples e prático que não vamos resistir à tentação de antecipá-lo, para que você o utilize desde já. Veremos, no Capítulo 16, que os planos $\pi_1: a_1x + b_1y + c_1z + d_1 = 0$ e $\pi_2: a_2x + b_2y + c_2z + d_2 = 0$ são paralelos se, e somente se, a_1, b_1, c_1 e a_2, b_2, c_2 são proporcionais. Por isso, um sistema linear de duas equações a três incógnitas descreve uma reta se, e somente se, colocado sob a forma [15-6], apresenta coeficientes a_1, b_1, c_1 e a_2, b_2, c_2 não-proporcionais. Isso equivale à independência linear dos vetores $\vec{n}_1 = (a_1, b_1, c_1)$ e $\vec{n}_2 = (a_2, b_2, c_2)$.

15-9 Definição Se a_1, b_1, c_1 e a_2, b_2, c_2 não são proporcionais e se r é a reta descrita pelo sistema de equações [15-6], então qualquer sistema linear de duas equações a três incógnitas equivalente a [15-6] chama-se **sistema de equações da reta r na forma planar**, ou, omitindo a palavra sistema para simplificar a linguagem, **equações da reta r na forma planar r**, ou, ainda, **equações planares da reta**.

Como de hábito, vamos antepor às equações o nome da reta, separado delas por dois-pontos. Além do modo tradicional de escrever sistemas (com uma chave à esquerda e cada equação em uma linha), adotaremos com freqüência a seguinte disposição:

$$r: x - y = 2 - x + 3z = x + 4z - 1$$

que é equivalente, por exemplo, a

$$r: \begin{cases} x - y = 2 - x + 3z \\ 2 - x + 3z = x + 4z - 1 \end{cases} \quad \text{ou} \quad r: \begin{cases} x - y = x + 4z - 1 \\ x - y = 2 - x + 3z \end{cases}$$

Note que equações de uma reta na forma simétrica são um caso particular de equações planares, e são escritas em uma só linha.

15-10 Exercício Resolvido Obtenha equações na forma planar para as seguintes retas:

(a) $r: \begin{cases} x = 1 - \lambda \\ y = 2 + 2\lambda \\ z = 3 + \lambda \end{cases}$ (b) $r: \begin{cases} x = 2 \\ y = 1 + \lambda \\ z = 1 + \lambda \end{cases}$ (c) $r: \begin{cases} x = 1 - 3\lambda \\ y = 0 \\ z = 4 \end{cases}$

Resolução

Responda depressa: o que é que as equações paramétricas têm, e as equações planares, não? O ortemârap. Isso sugere que devemos eliminar λ das equações dadas.

(a) Observando a terceira equação, notamos que $\lambda = z - 3$. Substituindo nas outras duas, obtemos $x = 4 - z$ e $y = 2z - 4$. Assim, qualquer ponto de r satisfaz as equações $x + z - 4 = 0$ e $y - 2z + 4 = 0$, que são equações gerais de planos. Concluímos que r está contida em ambos, e, uma vez que os coeficientes de x, y e z nas duas equações não são proporcionais, um sistema de equações de r na forma planar é

$$\begin{cases} x + z - 4 = 0 \\ y - 2z + 4 = 0 \end{cases} \blacktriangleleft$$

(b) Subtraindo membro a membro as duas últimas equações, obtemos $y - z = 0$. Então, todo ponto de r satisfaz as equações $x - 2 = 0$ e $y - z = 0$, que são equações gerais de plano. Como os coeficientes 1, 0, 0 e 0, 1, –1 não são proporcionais,

$$\begin{cases} x = 2 \\ y = z \end{cases} \blacktriangleleft$$

são equações planares de r.

(c) O que ocorreu no item (b) ocorre em geral: sempre que o parâmetro estiver ausente de alguma das três equações paramétricas, esta é equação de um plano que contém r. Podemos, então, escrever a resposta do item (c) sem pestanejar:

$$r: \begin{cases} y = 0 \\ z = 4 \end{cases} \blacktriangleleft$$

Convém adquirir certa agilidade para fazer essas conversões de uma forma de equação em outra. Afinal, esse procedimento nunca é um fim em si mesmo, mas um meio de simplificar o trabalho na resolução de problemas. Um pouco de "jogo de cintura" algébrico vai ajudá-lo. Por exemplo, no item (b) do exercício resolvido anterior não é preciso nenhum cálculo para perceber que $y = z$. No item (a), é fácil pensar em combinações lineares de x, y e z que sirvam para eliminar o parâmetro: $x + y - z$ e $3x + y + z$ são duas delas. Uma resposta alternativa para esse item seria

$$r: \begin{cases} x + y - z = 0 \\ 3x + y + z = 8 \end{cases}$$

Exercício 15-12 Obtenha equações planares para as retas

(a) $r: X = (1,9,4) + \lambda(-1,1,-1)$
(b) $r: X = (-7,1,10) + \lambda(-1,0,1)$
(c) $r: X = (1,0,-2) + \lambda(-2,1,-3)$

15-11 Exercício Resolvido Obtenha uma equação vetorial da reta r a partir de suas equações planares.

(a) $r: \begin{cases} x + 2y + 3z - 1 = 0 \\ x - y + 2z = 0 \end{cases}$
(b) $r: \begin{cases} x + y + z - 1 = 0 \\ x + y - z = 0 \end{cases}$
(c) $r: \begin{cases} x = 3 \\ 2x - z + 1 = 0 \end{cases}$
(d) $r: \begin{cases} y = 2 \\ z = 0 \end{cases}$

Resolução

Primeiro modo Podemos proceder como no Exercício Resolvido 15-7 (observe que, em (a) e (b), os dados daqui e de lá são idênticos). Façamos isso nos itens (c) e (d).

(c) A variável x já está isolada na primeira equação. Substituindo na segunda, obtemos $z = 7$. Logo, todo ponto de r tem abscissa 3 e cota 7. Quanto à ordenada, y, seu valor é arbitrário, já que ela está ausente das equações de r. A reta constitui-se, portanto, dos pontos $(3,y,7)$, $y \in \mathbb{R}$. Logo, $X = (3,0,7) + \lambda(0,1,0)$ é uma equação vetorial de r (adotamos y como parâmetro). ◄

(d) Raciocinando como no item (c), podemos escrever imediatamente a resposta: $X = (0,2,0) + \lambda(1,0,0)$. ◄

Segundo modo Vamos obter dois pontos da reta r, A e B, e escrever a equação vetorial $X = A + \lambda \overrightarrow{AB}$. Cada ponto de r é uma solução de suas equações planares, que você pode obter por tentativa ou por um método mais sistemático: adotar um valor arbitrário para uma das incógnitas, à sua escolha, substituí-lo nas equações, e calcular o valor correspondente das outras duas. Como veremos, podem ocorrer alguns imprevistos.

(a) Adotando o valor 0 para y, obtemos o sistema

$$\begin{cases} x + 3z = 1 \\ x + 2z = 0 \end{cases}$$

que, resolvido, fornece $x = -2$ e $z = 1$. Logo, $A = (-2,0,1)$ é um ponto de r.

Para $y = 1$, o sistema obtido é

$$\begin{cases} x + 3z = -1 \\ x + 2z = 1 \end{cases}$$

cuja solução é $x = 5$, $z = -2$. Outro ponto da reta é, portanto, $B = (5,1,-2)$. Como $\overrightarrow{AB} = (7,1,-3)$, uma equação vetorial de r é $X = (-2,0,1) + \lambda(7,1,-3)$. ◄

Neste caso, não houve imprevistos.

(b) Escolhendo $z = 0$, obtemos

$$\begin{cases} x + y = 1 \\ x + y = 0 \end{cases}$$

que é um sistema incompatível. Socorro! Não há pontos nesta reta?!? É claro que há. Acontece que nenhum deles tem cota nula, como queríamos. Geometricamente, isso significa apenas que r não intercepta o plano Oxy. Devemos fazer outra tentativa, mas nada de agir como o macaquinho dentro do porta-malas; raciocinemos um pouco. Se a reta r não tem pontos em Oxy, então ela é paralela a esse plano, e portanto todos os seus pontos têm a mesma cota; mas qual? Será muita sorte "chutar" um valor para z e acertar. Por isso, desistimos de z e passamos a atribuir valores a x ou a y. Será que existe o risco de se repetir, com y, por exemplo, o que ocorreu com z? Sim, pois a reta também pode ser paralela a *Oxz*! Nesse caso, todos os pontos de *r* teriam a mesma ordenada, e novamente dependeríamos do fator sorte. Melhor seria desistir também de y e experimentar com x. E se o problema ocorresse novamente? Tranqüilize-se: para isso, a reta teria que ser paralela aos três planos coordenados, o que é impossível. Resumindo: em dia de pouca sorte, você terá feito duas tentativas frustradas, mas na terceira as coisas vão funcionar. Voltando à resolução, vamos adotar o valor 0 para y:

$$\begin{cases} x + z = 1 \\ x - z = 0 \end{cases}$$

tem, por solução, $x = z = 1/2$. Logo, $A = (1/2, 0, 1/2)$ é um ponto de *r*. Se funcionou com y, continuemos com y, adotando o valor 1:

$$\begin{cases} x + z = 0 \\ x - z = -1 \end{cases}$$

A solução é $x = -1/2$, $z = 1/2$, e, portanto, $B = (-1/2, 1, 1/2)$ também pertence a *r*. Como $\overrightarrow{AB} = (-1, 1, 0)$, uma equação vetorial de *r* é $X = (1/2, 0, 1/2) + \lambda(-1, 1, 0)$. ◀

Agora está visível que todo ponto de *r* tem cota 1/2 e fica claro que, na primeira tentativa, enquanto não adotássemos esse valor para z, não teríamos sucesso.

(c) A x, só podemos atribuir o valor 3, e a z, o valor 7 (obtido substituindo-se x por 3 na segunda equação). Logo, nossa liberdade de escolha restringe-se a y. Para $y = 1$, obtemos $A = (3,1,7)$, e para $y = 2$, $B = (3,2,7)$. Desse modo, $\overrightarrow{AB} = (0,1,0)$ e uma equação vetorial de *r* é $X = (3,2,7) + \lambda(0,1,0)$. ◀

(d) Aqui, nossa liberdade de escolha restringe-se a x: atribuindo-lhe os valores 0 e 1, obtemos os pontos $A = (0,2,0)$ e $B = (1,2,0)$; portanto, $\overrightarrow{AB} = (1,0,0)$ e uma equação vetorial de *r* é $X = (0,2,0) + \lambda(1,0,0)$. ◀

15-12 Observação   Em Álgebra, diz-se que uma variável de um sistema de equações é *livre* se, para qualquer valor a ela atribuído, existir uma solução do sistema e todas as soluções puderem ser assim obtidas. O exercício resolvido anterior ilustra bem esse conceito. Vejamos, por exemplo, o item (a): passando para os segundos membros das equações uma das três variáveis, obtemos três sistemas equivalentes ao sistema dado:

$$\begin{cases} 2y + 3z = 1 - x \\ y - 2z = x \end{cases} \qquad \begin{cases} x + 3z = 1 - 2y \\ x + 2z = y \end{cases} \qquad \begin{cases} x + 2y = 1 - 3z \\ x - y = -2z \end{cases}$$

Para qualquer valor real atribuído a x, o primeiro torna-se um sistema compatível nas variáveis y e z; isso mostra que x é uma variável livre. O mesmo argumento, aplicado aos outros dois, mostra que y e z também são livres; o sistema tem, portanto, três variáveis livres. Note, porém, que *o grau de liberdade* do sistema é 1, isto é, ao escolhermos o valor de *uma* das variáveis, as outras duas ficam determinadas e não nos cabe escolher seus valores. Experimente resolver novamente o item (a) do Exercício Resolvido 15-11, exercendo a liberdade na escolha de x ou de z. Analisemos agora, sob esse mesmo ponto de vista, o item (b). Como vimos no segundo modo de resolução, y é uma variável livre, e z não é. Escrevendo o sistema sob a forma

$$\begin{cases} y + z = 1 - x \\ y - z = -x \end{cases}$$

vemos que a variável x também é livre. O sistema do item (b) tem grau de liberdade 1 e duas variáveis livres. Se você entendeu bem, não terá dificuldade em ver que, nos itens (c) e (d), o grau de liberdade também é 1, e que ambos têm apenas uma variável livre (que é y no primeiro e x no segundo). Na Álgebra Linear, demonstra-se que o grau de liberdade de um sistema é igual à dimensão do conjunto que ele descreve (não é de estranhar, pois, que os quatro sistemas do exercício resolvido anterior tenham grau de liberdade 1, uma vez que todos eles descrevem retas). Corroborando esta afirmação, uma equação geral de plano, $ax + by + cz + d = 0$, que pode ser vista como um sistema de uma equação a três incógnitas, tem grau de liberdade 2. De fato, um dos coeficientes a, b, c é certamente não-nulo; logo, podemos isolar no primeiro membro a variável correspondente a ele e atribuir às outras duas valores arbitrários para obter soluções da equação. A liberdade de escolha estende-se agora a *duas* variáveis, simultaneamente.

EXERCÍCIOS

15-13 Obtenha uma equação vetorial para a reta r.

(a) $r: \begin{cases} x - y - 3z + 4 = 0 \\ x + 2y - 3z - 5 = 0 \end{cases}$
(b) $r: \begin{cases} x + 3y - z = 2 \\ x - 3y + z = 4 \end{cases}$

15-14 Em relação a um sistema ortogonal de coordenadas, sejam

$r: X = (1,1,2) + \lambda(0,1,1)$

$s: x + 2 = y + z = z + 1$

$t: \begin{cases} x + z - 3 = 0 \\ x - 2y + z - 1 = 0 \end{cases}$

Mostre que existe um único ponto comum a essas três retas e calcule o volume do tetraedro determinado por elas e pelo plano $\pi: x + y - 3z = 0$.

15-15 Um triângulo retângulo de área 1 tem os catetos contidos nos eixos Ox e Oy e a hipotenusa na reta r. Seus vértices têm coordenadas inteiras, e r é concorrente com a reta

$s: \begin{cases} 6x + 3y - 4z - 6 = 0 \\ 3y - 2z - 3 = 0 \end{cases}$

Escreva uma equação vetorial de r (o sistema de coordenadas é ortogonal).

Vamos encerrar esta seção com um resultado análogo ao da Proposição 14-21, para retas descritas por equações na forma planar.

15-13 Proposição

Seja r a reta de equações planares

$$\begin{cases} a_1x + b_1y + c_1z + d_1 = 0 \\ a_2x + b_2y + c_2z + d_2 = 0 \end{cases}$$

O vetor $\vec{u} = (m,n,p)$ é paralelo a r se, e somente se, valem simultaneamente as igualdades

$$a_1m + b_1n + c_1p = 0 \qquad a_2m + b_2n + c_2p = 0$$

Demonstração

Se $A = (x_0, y_0, z_0)$ é um ponto de r, então

$$\begin{cases} a_1x_0 + b_1y_0 + c_1z_0 + d_1 = 0 \\ a_2x_0 + b_2y_0 + c_2z_0 + d_2 = 0 \end{cases} \qquad [15\text{-}7]$$

Consideremos o ponto $B = A + \vec{u} = (x_0 + m, y_0 + n, z_0 + p)$. O vetor $\vec{u}$ é paralelo a r se, e somente se, B pertence a r, isto é, se, e somente se,

$$\begin{cases} a_1(x_0 + m) + b_1(y_0 + n) + c_1(z_0 + p) + d_1 = 0 \\ a_2(x_0 + m) + b_2(y_0 + n) + c_2(z_0 + p) + d_2 = 0 \end{cases}$$

Eliminando os parênteses, vemos que, devido a [15-7], este sistema é equivalente a

$$\begin{cases} a_1m + b_1n + c_1p = 0 \\ a_2m + b_2n + c_2p = 0 \end{cases} \qquad \blacksquare$$

Exercícios

15-16 Demonstre a proposição anterior utilizando a Proposição 14-21.

15-17 Na noite de Natal, Michelle resolvia exercícios de Geometria Analítica enquanto esperava a chegada de Papai Noel. Em cada um dos itens, apresentamos as equações planares encontradas por Michelle e as respostas do livro. Quais exercícios Michelle acertou?

(a) $\begin{cases} x + 2y = 0 \\ 2x + y - z - 1 = 0 \end{cases}$ $\qquad \begin{cases} 3y + z + 1 = 0 \\ 3x - 2z - 2 = 0 \end{cases}$

(b) $\begin{cases} 4x + y + z - 3 = 0 \\ x - y + z + 1 = 0 \end{cases}$ $\qquad \begin{cases} 4x + y + z - 3 = 0 \\ 5x + 2z - 2 = 0 \end{cases}$

(c) $\begin{cases} x + 5y - 3z = 0 \\ 2x - y + 2z + 4 = 0 \end{cases}$ $\qquad \begin{cases} 8x + 7y + 12 = 0 \\ 11y - 8z - 4 = 0 \end{cases}$

CAPÍTULO 16
POSIÇÃO RELATIVA DE RETAS E PLANOS

Neste capítulo mostra-se como reconhecer a posição relativa de retas e planos no espaço $\mathbb{E}^3$, usando informações obtidas de suas equações. Como aplicação, são deduzidas equações para descrever feixes de planos em $\mathbb{E}^3$.

Em muitas situações da Geometria é necessário saber como se posicionam duas retas, ou dois planos, ou uma reta e um plano, uns em relação aos outros (é o que se chama *posição relativa*; por exemplo, conhecer a posição relativa de duas retas é saber se elas são paralelas distintas, ou paralelas coincidentes, ou concorrentes, ou reversas).

Quando a abordagem é analítica, essas informações devem ser obtidas a partir de equações das retas ou planos envolvidos, as quais sempre têm algo a nos dizer a respeito de seus pontos, vetores diretores, interseções etc. Este capítulo tem por objetivo dar uma idéia geral e mostrar alguns procedimentos sistemáticos para estudar a posição relativa de retas e planos.

Uma estratégia que se aplica a todas as situações (reta-reta, reta-plano, plano-plano) é começar por determinar a interseção dos dois conjuntos. Em muitos casos, o resultado é conclusivo (por exemplo, se a interseção de duas retas contém um único ponto, trata-se de retas concorrentes; se a interseção de dois planos é vazia, trata-se de planos paralelos distintos); em outros, não, mas permite eliminar algumas das possibilidades (por exemplo, se a interseção de duas retas é vazia, elas não são concorrentes nem coincidentes, mas podem ser paralelas distintas, ou reversas).

Outras estratégias baseiam-se nas peculiaridades de cada caso. O estudo da posição relativa de duas retas, por exemplo, pode ser feito a partir da análise de seus vetores diretores: se forem LD, as retas são paralelas (restando descobrir se são distintas ou coincidentes); se forem LI, elas não são paralelas (e devemos descobrir se são concorrentes ou reversas).

É grande a variedade de caminhos que podem ser seguidos, e não é raro que, dependendo das formas das equações ou da maneira com que as retas e planos são descritos, um método bom para uma situação não seja tão bom para outra. Por isso, a melhor postura não é memorizar os roteiros que vamos apresentar aqui. Muito mais importante é a compreensão dos procedimentos, que, aliada ao seu bom senso, vai ajudá-lo a organizar as idéias e criar seus próprios métodos.

As três primeiras seções do capítulo contêm comentários, exemplos e exercícios sobre os casos reta-reta, reta-plano e plano-plano. Na Seção D, como aplicação do material anterior, apresentamos uma ferramenta muito útil na resolução de problemas, já que simplifica o seu tratamento algébrico: trata-se das equações de feixes de planos.

188 — *Geometria Analítica — um tratamento vetorial*

Embora as relações de perpendicularidade e ortogonalidade também se encaixem no estudo da posição relativa, elas não estão incluídas aqui: por sua importância, merecerão um capítulo especial. Há mais um motivo para isso: no estudo da ortogonalidade, será conveniente supor sempre que os sistemas de coordenadas utilizados sejam ortogonais, hipótese que, neste capítulo, só faremos esporadicamente.

A Posição relativa de retas

Como se sabe da Geometria, são quatro as possibilidades para duas retas r e s de $\mathbb{E}^3$: serem *reversas*, *concorrentes*, *paralelas distintas* ou *paralelas coincidentes* (isto é, iguais). Se $\vec{r}$ é um vetor diretor da reta r e $\vec{s}$ é um vetor diretor da reta s (de agora em diante, usaremos com freqüência essa notação sugestiva), e se A e B são, respectivamente, pontos de r e s, alguns fatos nos quais podemos basear nosso raciocínio são:

- r e s são reversas se, e somente se, $(\vec{r},\vec{s},\overrightarrow{AB})$ é LI (Figura 16-1 (a)). Equivalentemente, r e s são coplanares se, e somente se, $(\vec{r},\vec{s},\overrightarrow{AB})$ é LD (isto inclui os casos: concorrentes, paralelas distintas e paralelas coincidentes).
- r e s são paralelas se, e somente se, $(\vec{r},\vec{s})$ é LD.
- r e s são concorrentes se, e somente se, são coplanares e não são paralelas, isto é, $(\vec{r},\vec{s},\overrightarrow{AB})$ é LD e $(\vec{r},\vec{s})$ é LI (Figura 16-1 (b)).

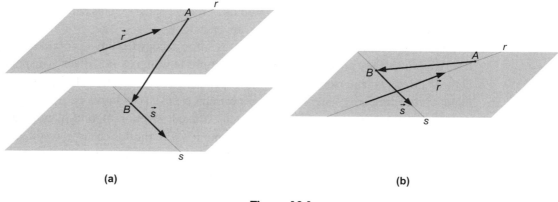

Figura 16-1

Eis, portanto, um roteiro possível para se estudar a posição relativa de r e s.

- Se $(\vec{r},\vec{s})$ é LD, r e s são paralelas. Para constatar se são distintas ou coincidentes, basta verificar se A pertence a s (é possível que este tenha sido o procedimento adotado por você na resolução do Exercício 14-1).
- Se $(\vec{r},\vec{s})$ é LI, as retas não são paralelas, podendo ser concorrentes ou reversas. Se $(\vec{r},\vec{s},\overrightarrow{AB})$ é LI, são reversas e, se $(\vec{r},\vec{s},\overrightarrow{AB})$ é LD, concorrentes.

Alternativamente, podemos basear-nos na interseção de r e s, que se obtém resolvendo o sistema formado pelas equações dessas retas. Se houver uma única solução, as retas são concorrentes. Se o sistema for indeterminado (infinitas soluções), então $r = s$. Se for incompatível, r e s são reversas ou paralelas distintas, conforme seus vetores diretores sejam, respectivamente, LI ou LD.

16-1 Exercício Resolvido

Estude a posição relativa das retas $r: X = (1,2,3) + \lambda(0,1,3)$ e s, nos casos:

(a) $s: X = (0,1,0) + \lambda(1,1,1)$ 　　　(b) $s: X = (1,3,6) + \lambda(0,2,6)$

(c) $s: \begin{cases} x + y + z = 6 \\ x - y - z = -4 \end{cases}$

Resolução

(a) Os vetores $\vec{r} = (0,1,3)$ e $\vec{s} = (1,1,1)$ são, respectivamente, vetores diretores de r e s, e são LI. Logo, as retas são concorrentes ou reversas. Escolhemos, por exemplo, os pontos $A = (1,2,3)$ de r e $B = (0,1,0)$ de s. Então, $\vec{AB} = (-1,-1,-3)$ e $(\vec{r},\vec{s},\vec{AB})$ é LI, pois

$$\begin{vmatrix} 0 & 1 & 3 \\ 1 & 1 & 1 \\ -1 & -1 & -3 \end{vmatrix} = 2 \neq 0$$

As retas r e s são, portanto, reversas. ◀

(b) Os vetores $\vec{r} = (0,1,3)$ e $\vec{s} = (0,2,6)$ são, respectivamente, vetores diretores de r e s, e são LD ($\vec{s} = 2\vec{r}$). Logo, as retas são paralelas. Para saber se são distintas ou coincidentes, basta verificar se o ponto $A = (1,2,3)$ de r pertence a s. Substituindo X por A na equação de s, obtemos $(1,2,3) = (1,3,6) + \lambda(0,2,6)$, que equivale a

$$\begin{cases} 2 = 3 + 2\lambda \\ 3 = 6 + 6\lambda \end{cases}$$

Como este sistema tem solução ($\lambda = -1/2$), A pertence a s; logo, $r = s$. ◀

(c) Devido às formas das equações de r e s, é muito simples determinar a sua interseção usando a técnica do λ (Capítulo 14): um ponto P pertence a $r \cap s$ se, e somente se, $P = (1, 2 + \lambda, 3 + 3\lambda)$ e P satisfaz as equações planares de s:

$$\begin{cases} 1 + (2 + \lambda) + (3 + 3\lambda) = 6 \\ 1 - (2 + \lambda) - (3 + 3\lambda) = -4 \end{cases}$$

A solução (única) deste sistema é $\lambda = 0$. Logo, as retas são concorrentes e seu ponto comum é $P = (1,2,3)$. Este "método da interseção" nos dá, como bônus, as coordenadas do ponto P. ◀

Apenas como ilustração, vamos resolver o item (c) novamente, usando o método empregado em (a) e (b). Um vetor diretor de r é $\vec{r} = (0,1,3)$. Para obter um vetor diretor $\vec{s}$ da reta s, escolhemos dois de seus pontos, B e C (veja o Exercício Resolvido 15-11, segundo modo), e a partir deles obtemos $\vec{s} = \vec{BC}$. Adotando o valor 0 para z nas equações planares de s, obtemos $x = 1$ e $y = 5$. Adotando o valor 1, obtemos $x = 1$ e $y = 4$. Portanto, os pontos $B = (1,5,0)$ e $C = (1,4,1)$ pertencem a s, e $\vec{s} = \overrightarrow{BC} = (0,-1,1)$. Então, $(\vec{r},\vec{s})$ é LI e as retas são concorrentes ou reversas. Tomamos um ponto de r, por exemplo, $A = (1,2,3)$; então $\overrightarrow{AB} = (0,3,-3)$ e $(\vec{r},\vec{s},\overrightarrow{AB})$ é LD, pois

$$\begin{vmatrix} 0 & 1 & 3 \\ 0 & -1 & 1 \\ 0 & 3 & -3 \end{vmatrix} = 0$$

Logo, r e s não são reversas, são concorrentes.

EXERCÍCIOS

16-1 Estude a posição relativa das retas r e s.

(a) r: $X = (1,-1,1) + \lambda(-2,1,-1)$ s: $\begin{cases} y + z = 3 \\ x + y - z = 6 \end{cases}$

(b) r: $\begin{cases} x - y - z = 2 \\ x + y - z = 0 \end{cases}$ s: $\begin{cases} 2x - 3y + z = 5 \\ x + y - 2z = 0 \end{cases}$

(c) r: $\dfrac{x+1}{2} = \dfrac{y}{3} = \dfrac{z+1}{2}$ s: $X = (0,0,0) + \lambda(1,2,0)$

(d) r: $\dfrac{x+3}{2} = \dfrac{y-1}{4} = z$ s: $\begin{cases} 2x - y + 7 = 0 \\ x + y - 6z = -2 \end{cases}$

(e) r: $X = (8,1,9) + \lambda(2,-1,3)$ s: $X = (3,-4,4) + \lambda(1,-2,2)$

(f) r: $\dfrac{x-1}{3} = \dfrac{y-5}{3} = \dfrac{z+2}{5}$ s: $x = -y = \dfrac{z-1}{4}$

(g) r: $\dfrac{x+1}{2} = y = -z$ s: $\begin{cases} x + y - 3z = 1 \\ 2x - y - 2z = 0 \end{cases}$

(h) r: $x + 3 = \dfrac{2y-4}{4} = \dfrac{z-1}{3}$ s: $X = (0,2,2) + \lambda(1,1,-1)$

16-2 Calcule m em cada caso, usando a informação dada sobre as retas

r: $\begin{cases} x - my + 1 = 0 \\ y - z - 1 = 0 \end{cases}$ s: $x = \dfrac{y}{m} = z$ t: $\begin{cases} x + y - z = 0 \\ y + z + 1 = 0 \end{cases}$

(a) r e s são paralelas.   (b) r, s e t são paralelas a um mesmo plano.

(c) r e t são concorrentes.   (d) s e t são coplanares.

(e) r e s são reversas.

16-3 No Exercício 16-1, obtenha, quando for o caso, uma equação geral do plano determinado pelas retas r e s.

16-4 Sejam $r: X = (1,0,2) + \lambda(2,1,3)$ e $s: X = (0,1,-1) + \lambda(1,m,2m)$. Estude, segundo os valores de m, a posição relativa de r e s e obtenha, quando for o caso, uma equação geral do plano determinado por elas.

16-5 Estude, segundo os valores de m e n, a posição relativa das retas r e s. Obtenha, quando for o caso, uma equação geral do plano determinado por elas.

$r: X = (1,m,0) + \lambda(1,2,1)$ $\qquad s: \begin{cases} x = z - 2 \\ y = nz - 1 \end{cases}$

16-6 Dê condições sobre m e n para que as retas r e s determinem um plano:

$r: \begin{cases} x - y = 1 \\ nx - y - 2z + m + 1 = 0 \end{cases} \qquad s: \begin{cases} x - nz + m + n = 0 \\ x + y - 2nz + 11 = 0 \end{cases}$

16-7 Mostre que as retas r e s determinam um plano π e obtenha uma equação geral de π.

(a) $r: x - 1 = y = 2z$ $\qquad s: x - 1 = y = z$
(b) $r: (x - 1)/2 = (y - 3)/3 = z/4$ $\qquad s: x/2 = y/3 = (z - 4)/4$

B POSIÇÃO RELATIVA DE RETA E PLANO

Para uma reta r e um plano π, são três as possibilidades: r estar *contida* em π, ou serem *paralelos*, ou serem *transversais*. Neste último caso, a interseção de r e π reduz-se a um único ponto; no segundo caso, essa interseção é vazia; e para que r esteja contida em π é suficiente que dois de seus pontos, distintos, pertençam a π, caso em que $r \cap \pi = r$.

Para estudar a posição relativa de r e π, utilizaremos o seguinte fato básico: r *é transversal a π se, e somente se, seu vetor diretor $\vec{r}$ não é paralelo a π* (equivalentemente, r é paralela a π ou está contida em π se, e somente se, $\vec{r}$ é paralelo a π). Lembremos que, para verificar se $\vec{r}$ é paralelo a π, dispomos de dois recursos: tomar um par $(\vec{u},\vec{v})$ de vetores diretores de π e analisar a dependência linear da tripla $(\vec{u},\vec{v},\vec{r})$ (veja a Definição 6-1 (c)), ou aplicar a Proposição 14-21.

Dados $\vec{r} = (m,n,p)$ e $\pi: ax + by + cz + d = 0$, podemos então estudar a posição relativa de r e π seguindo o roteiro:

- Se $am + bn + cp \neq 0$, r e π são transversais.
- Se $am + bn + cp = 0$, r e π não são transversais. Para esclarecer se r está contida em π ou é paralela a π, basta escolher um ponto A de r e verificar se ele pertence a π.

Por outro lado, se $(\vec{u},\vec{v})$ é um par de vetores diretores de π, podemos adotar um roteiro alternativo (veja a Figura 16-2):

- Se $(\vec{u},\vec{v},\vec{r})$ é LI, r e π são transversais.
- Se $(\vec{u},\vec{v},\vec{r})$ é LD, r e π não são transversais, e, como antes, saberemos se r está contida em π ou se r e π são paralelos verificando se um ponto escolhido em r pertence ou não a π.

Há também o "método da interseção", que consiste em determinar $r \cap \pi$ usando os procedimentos do Capítulo 15 e interpretar os resultados obtidos sob o ponto de vista da posição relativa.

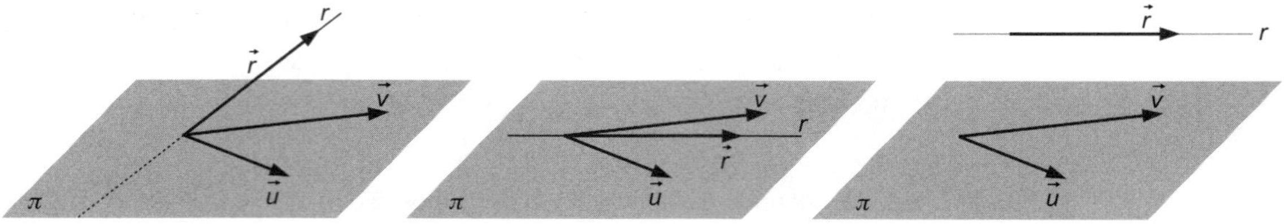

192 – Geometria Analítica – um tratamento vetorial

Figura 16-2

16-2 Exercício Resolvido

Estude a posição relativa de r e π:

(a) $r: \begin{cases} x = 1 + \lambda \\ y = 1 - \lambda \\ z = \lambda \end{cases}$ $\qquad \pi: x + y - z + 2 = 0$

(b) $r: X = (1,1,0) + \lambda(1,-1,1)$ $\qquad \pi: x + y - 2 = 0$

(c) $r: \begin{cases} 2x - y - z = 5 \\ x - 3y + 2z = 0 \end{cases}$ $\qquad \pi: x + y + 4z = 4$

Resolução

(a) As equações de r mostram que $\vec{r} = (1,-1,1)$ é um vetor diretor de r, e a de π tem coeficientes $a = 1$, $b = 1$, $c = -1$, $d = 2$. Pela Proposição 14-21, r é transversal a π, pois

$$am + bn + cp = 1 \cdot 1 + 1 \cdot (-1) + (-1) \cdot 1 = -1 \neq 0 \qquad ◄$$

Se quisermos obter o ponto de interseção P, devemos resolver o sistema das equações de r e π; usando a técnica do λ, chega-se rapidamente a $P = (5,-3,4)$.

(b) Um vetor diretor de r é $\vec{r} = (1,-1,1)$ e os coeficientes a, b, c da equação de π são, respectivamente, 1, 1, 0. Como

$$am + bn + cp = 1 \cdot 1 + 1 \cdot (-1) + 0 \cdot 1 = 0$$

r é paralela a π ou está contida em π. Tomemos um ponto de r, por exemplo, $A = (1,1,0)$. Esse ponto verifica a equação de π e, portanto, r não pode ser paralela a π. Conclusão: r está contida em π. ◄

(c) A interseção $r \cap \pi$ é o conjunto dos pontos cujas coordenadas satisfazem o sistema

$$\begin{cases} 2x - y - z = 5 \\ x - 3y + 2z = 0 \\ x + y + 4z = 4 \end{cases}$$

O determinante dos coeficientes,

$$\begin{vmatrix} 2 & -1 & -1 \\ 1 & -3 & 2 \\ 1 & 1 & 4 \end{vmatrix}$$

é diferente de 0 (seu valor é –30); logo, pelo Teorema de Cramer, a solução do sistema é única, o que nos leva a concluir que r e π são transversais. ◀

Se quisermos obter o ponto de interseção, devemos resolver o sistema. Faça isso, para obter $P = (3,1,0)$.

16-3 *Exercício Resolvido*

Estude a posição relativa de r e π.

(a) $r: X = (1,1,1) + \lambda(3,2,1)$ $\pi: X = (1,1,3) + \lambda(1,-1,1) + \mu(0,1,3)$
(b) $r: X = (2,2,1) + \lambda(3,3,0)$ $\pi: X = (1,0,1) + \lambda(1,1,1) + \mu(0,0,3)$
(c) $r: x - 2y = 3 - 2z + y = 2x - z$ $\pi: X = (1,4,0) + \lambda(1,1,1) + \mu(2,1,0)$

Resolução

(a) $\vec{r} = (3,2,1)$ é vetor diretor de r; $\vec{u} = (1,-1,1)$ e $\vec{v} = (0,1,3)$ são vetores diretores de π. A tripla $(\vec{u},\vec{v},\vec{r})$ é LI, pois

$$\begin{vmatrix} 3 & 2 & 1 \\ 1 & -1 & 1 \\ 0 & 1 & 3 \end{vmatrix} = -17 \neq 0$$

Logo, r e π são transversais. ◀

(b) $\vec{r} = (3,3,0)$ é um diretor de r; $\vec{u} = (1,1,1)$ e $\vec{v} = (0,0,3)$ são diretores de π. De

$$\begin{vmatrix} 3 & 3 & 0 \\ 1 & 1 & 1 \\ 0 & 0 & 3 \end{vmatrix} = 0$$

concluímos que $(\vec{u},\vec{v},\vec{r})$ é LD; portanto, r está contida em π ou é paralela a π. Tomemos um ponto de r, por exemplo, $A = (5,5,1)$, e verifiquemos se ele pertence a π, isto é, se existem λ e μ tais que $(5,5,1) = (1,0,1) + \lambda(1,1,1) + \mu(0,0,3)$. Essa igualdade equivale ao sistema incompatível

$$\begin{cases} 5 = 1 + \lambda \\ 5 = \lambda \\ 1 = 1 + \lambda + 3\mu \end{cases}$$

Logo, A não pertence a π e, portanto, r é paralela a π.

(c) As equações de r podem ser escritas sob a forma equivalente

$$\begin{cases} x - 3y + 2z = 3 \\ x + 2y - z = 0 \end{cases}$$

Vamos proceder como no Exercício Resolvido 15-11 (segundo modo) para obter um vetor diretor de r.

- Se adotarmos para y o valor 0, o sistema fica

$$\begin{cases} x + 2z = 3 \\ x = z \end{cases}$$

e tem por solução $x = z = 1$. Logo, $A = (1,0,1)$ é um ponto de r.

- Dando a x o valor 0, obtemos

$$\begin{cases} -3y + 2z = 3 \\ 2y = z \end{cases}$$

e, portanto, $y = 3$ e $z = 6$. O ponto $B = (0,3,6)$ pertence a r.

- Um vetor diretor de r é $\vec{r} = \overrightarrow{AB} = (-1,3,5)$.

Agora, repetimos o que foi feito nos itens (a) e (b): $\vec{u} = (1,1,1)$ e $\vec{v} = (2,1,0)$ são vetores diretores de π, e $(\vec{u},\vec{v},\vec{r})$ é LI, pois

$$\begin{vmatrix} 1 & 1 & 1 \\ 2 & 1 & 0 \\ -1 & 3 & 5 \end{vmatrix} = 2$$

Logo, r e π são transversais.

Uma resolução alternativa para os três itens é obter uma equação geral de π e proceder como no Exercício Resolvido 16-2.

EXERCÍCIOS

16-8 Estude a posição relativa de r e π e, quando forem transversais, obtenha o ponto de interseção P.

(a) $r: X = (1,1,0) + \lambda(0,1,1)$ $\quad\pi: x - y - z = 2$

(b) $r: (x-1)/2 = y = z$ $\quad\pi: X = (3,0,1) + \lambda(1,0,1) + \mu(2,2,0)$

(c) $r: \begin{cases} x - y + z = 0 \\ 2x + y - z - 1 = 0 \end{cases}$ $\quad\pi: X = (0,1/2,0) + \lambda(1,-1/2,0) + \mu(0,1,1)$

(d) $r: \begin{cases} x - y = 1 \\ x - 2y = 0 \end{cases}$ $\quad \pi: x + y = 2$

(e) $r: X = (0,0,0) + \lambda(1,4,1)$ $\quad \pi: X = (1,-1,1) + \lambda(0,1,2) + \mu(1,-1,0)$

(f) $r: (x + 2)/3 = y - 1 = (z + 3)/3$ $\quad \pi: 3x - 6y - z = 0$

16-9 Calcule m para que r seja paralela a π:

$r: X = (1,1,1) + \lambda(2,m,1)$ $\quad \pi: X = (0,0,0) + \lambda(1,2,0) + \mu(1,0,1)$

16-10 Calcule m e n para que r esteja contida em π.

(a) $r: X = (n,2,0) + \lambda(2,m,m)$ $\quad \pi: x - 3y + z = 1$

(b) $r: X = (m,3,n) + \lambda(1,1,n)$ $\quad \pi: nx - ny + mz = 1$

16-11 Para que valores de m a reta $r: (x - 1)/m = y/2 = z/m$ é transversal ao plano $\pi: x + my + z = 0$?

16-12 Sejam $r: X = (n,2,0) + \lambda(2,m,n)$ e $\pi: nx - 3y + z = 1$. Usando, em cada caso, a informação dada, obtenha condições sobre m e n.

(a) r e π são paralelos. (b) r e π são transversais. (c) r está contida em π.

16-13 A reta t é paralela a Oxz, está contida em $\pi: x + 2y - z = 2$, e é concorrente com s. Obtenha uma equação vetorial de t, nos casos:

(a) $s: X = (2,1,1) + \lambda(1,0,2)$ (b) $s: X = (2,1,1) + \lambda(0,1,1)$

16-14 Nos itens do Exercício 16-1 em que r e s são reversas, obtenha uma equação geral do plano que contém r e é paralelo a s.

C POSIÇÃO RELATIVA DE PLANOS

As possibilidades para dois planos π_1 e π_2 são: serem *paralelos distintos*, ou *paralelos coincidentes* (isto é, iguais), ou *transversais*. Neste último caso, sua interseção é uma reta; no primeiro, é vazia; e no segundo, um plano ($\pi_1 \cap \pi_2 = \pi_1 = \pi_2$). Assim, se você obtiver, pelos métodos estudados no Capítulo 15, a interseção de π_1 e π_2, poderá descrever a sua posição relativa. Vamos procurar agora outros caminhos.

Quando os planos são descritos por equações na forma geral, podemos obter informações sobre a posição relativa analisando os coeficientes dessas equações, como veremos na Proposição 16-4. Para que você tenha uma idéia da praticidade do processo, eis alguns exemplos de como se aplica essa proposição.

- Os planos $\pi_1: 2x - 3y + z - 4 = 0$ e $\pi_2: 6x - 9y + 3z - 12 = 0$ são iguais, porque os coeficientes $2,-3,1,-4$ e $6,-9,3,-12$ são proporcionais.
- Os planos $\pi_1: 2x - 3y + z - 4 = 0$ e $\pi_2: 6x - 9y + 3z + 5 = 0$ são paralelos distintos, porque os coeficientes $2,-3,1$ e $6,-9,3$ são proporcionais, mas os termos independentes, -4 e 5, não estão na mesma proporção.

- $\pi_1: 2x - 3y + z - 4 = 0$ e $\pi_2: x + 2y + 1 = 0$ são transversais, porque os coeficientes 2,–3,1 e 1,2,0 não são proporcionais.

Simples, não? Quando da apresentação das equações planares de reta, no Capítulo 15, já havíamos adiantado parte deste resultado. Vamos, então, à justificativa teórica.

16-4 Proposição

Sejam $\pi_1: a_1x + b_1y + c_1z + d_1 = 0$ e $\pi_2: a_2x + b_2y + c_2z + d_2 = 0$ dois planos quaisquer.

(a) π_1 e π_2 são paralelos se, e somente se, a_1,b_1,c_1 e a_2,b_2,c_2 são proporcionais.

(b) Nas condições do item (a):
- se d_1 e d_2 estão na mesma proporção, isto é, se a_1,b_1,c_1,d_1 e a_2,b_2,c_2,d_2 são proporcionais, então $\pi_1 = \pi_2$.
- Se d_1 e d_2 não seguem a proporcionalidade de a_1,b_1,c_1 e a_2,b_2,c_2, então π_1 e π_2 são paralelos distintos.

(c) π_1 e π_2 são transversais se, e somente se, a_1,b_1,c_1 e a_2,b_2,c_2 não são proporcionais.

Demonstração

(a) Suponhamos que a_1,b_1,c_1 e a_2,b_2,c_2 sejam proporcionais e provemos que todo vetor paralelo a um deles é também paralelo ao outro; isso garante que π_1 e π_2 são paralelos. Da proporcionalidade, decorre que existe k tal que $a_1 = ka_2$, $b_1 = kb_2$ e $c_1 = kc_2$ (note que $k \neq 0$ pois, como coeficientes de x, y e z em uma equação geral de plano, a_1, b_1 e c_1 não são simultaneamente nulos). Por isso, podemos escrever a equação de π_1 sob a forma $ka_2x + kb_2y + kc_2z + d_1 = 0$. Dividindo por k, obtemos outra equação geral de π_1:

$$a_2x + b_2y + c_2z + \frac{d_1}{k} = 0 \qquad \text{[16-1]}$$

Pela Proposição 14-21, todo vetor $\vec{u} = (m,n,p)$ paralelo a π_1 satisfaz, portanto, $a_2m + b_2n + c_2p = 0$. Mas isso equivale a dizer, pela mesma Proposição 14-21, que $\vec{u}$ é paralelo a π_2. Logo, todo vetor paralelo a π_1 é também paralelo a π_2, como queríamos provar.

Reciprocamente, vamos supor que π_1 e π_2 são paralelos e provar que a_1,b_1,c_1 e a_2,b_2,c_2 são proporcionais, ou seja, vamos provar que

$$\begin{vmatrix} a_1 & b_1 \\ a_2 & b_2 \end{vmatrix} = \begin{vmatrix} a_1 & c_1 \\ a_2 & c_2 \end{vmatrix} = \begin{vmatrix} b_1 & c_1 \\ b_2 & c_2 \end{vmatrix} = 0 \qquad \text{[16-2]}$$

Começaremos escolhendo, a dedo, três vetores: $\vec{u} = (-b_1,a_1,0)$, $\vec{v} = (-c_1,0,a_1)$ e $\vec{w} = (0,-c_1,b_1)$. Pela Proposição 14-21, $\vec{u}$, $\vec{v}$ e $\vec{w}$ são paralelos a π_1, pois

$$a_1(-b_1) + b_1a_1 + c_1 \cdot 0 = 0$$
$$a_1(-c_1) + b_1 \cdot 0 + c_1 a_1 = 0$$
$$a_1 \cdot 0 + b_1(-c_1) + c_1 b_1 = 0$$

Como, por hipótese, π_1 e π_2 são paralelos, $\vec{u}$, $\vec{v}$ e $\vec{w}$ são também paralelos a π_2. Logo, novamente pela Proposição 14-21,

$$a_2(-b_1) + b_2 a_1 + c_2 \cdot 0 = 0$$
$$a_2(-c_1) + b_2 \cdot 0 + c_2 a_1 = 0$$
$$a_2 \cdot 0 + b_2(-c_1) + c_2 b_1 = 0$$

Então, $a_1 b_2 - a_2 b_1 = a_1 c_2 - a_2 c_1 = b_1 c_2 - b_2 c_1 = 0$, que são as igualdades [16-2].

(b) Nas condições do item (a), se d_1 e d_2 estão na mesma proporção que os demais coeficientes, então $d_1 = k d_2$. Substituindo em [16-1], que é uma equação geral de π_1, concluímos que

$$\pi_1: a_2 x + b_2 y + c_2 z + d_2 = 0$$

Logo, os pontos de π_1 são os pontos que satisfazem a equação de π_2, isto é, $\pi_1 = \pi_2$.
Se, por outro lado, $d_1 \neq k d_2$, então [16-1] mostra que $\pi_1 \cap \pi_2 = \emptyset$ (planos paralelos distintos), pois, se $X = (x,y,z)$ pertence a π_1, então $a_2 x + b_2 y + c_2 z = -d_1/k \neq -d_2$, e, portanto, $a_2 x + b_2 y + c_2 z + d_2 \neq 0$, ou seja, X não pertence a π_2.

(c) A afirmação do item (c) é equivalente à do item (a), uma vez que dois planos são transversais se, e somente se, não são paralelos. ∎

A Proposição 16-4 sugere o seguinte roteiro para estudar a posição relativa de dois planos $\pi_1: a_1 x + b_1 y + c_1 z + d_1 = 0$ e $\pi_2: a_2 x + b_2 y + c_2 z + d_2 = 0$.

- Se a_1, b_1, c_1, d_1 e a_2, b_2, c_2, d_2 são proporcionais (isto é, se uma das equações é múltipla da outra), então $\pi_1 = \pi_2$.
- Se a_1, b_1, c_1 e a_2, b_2, c_2 são proporcionais, mas d_1 e d_2 não seguem essa proporcionalidade, então π_1 e π_2 são paralelos distintos.
- Se a_1, b_1, c_1 e a_2, b_2, c_2 não são proporcionais, então π_1 e π_2 são transversais (sua interseção é uma reta, cujas equações podem ser obtidas como no Exercício Resolvido 15-11).

Para uma alternativa a este roteiro, veja o Exercício 16-15.

16-5 Observação Eis um enunciado alternativo para a Proposição 16-4.
Sejam

$\pi_1: a_1 x + b_1 y + c_1 z + d_1 = 0$ $\pi_2: a_2 x + b_2 y + c_2 z + d_2 = 0$
$\vec{n}_1 = (a_1, b_1, c_1)$ $\vec{n}_2 = (a_2, b_2, c_2)$
$\vec{a}_1 = (b_1, c_1, d_1)$ $\vec{a}_2 = (b_2, c_2, d_2)$

(a) $\pi_1 = \pi_2$ se, e somente se, os pares $(\vec{n}_1, \vec{n}_2)$ e $(\vec{a}_1, \vec{a}_2)$ são ambos LD.
(b) π_1 e π_2 são paralelos distintos se, e somente se, $(\vec{n}_1, \vec{n}_2)$ é LD e $(\vec{a}_1, \vec{a}_2)$ é LI.
(c) π_1 e π_2 são transversais se, e somente se, $(\vec{n}_1, \vec{n}_2)$ é LI.

É claro que, em lugar de $(\vec{a}_1, \vec{a}_2)$, podemos usar $(\vec{b}_1, \vec{b}_2)$ ou $(\vec{c}_1, \vec{c}_2)$, em que $\vec{b}_1 = (a_1, c_1, d_1)$, $\vec{b}_2 = (a_2, c_2, d_2)$, $\vec{c}_1 = (a_1, b_1, d_1)$ e $\vec{c}_2 = (a_2, b_2, d_2)$.

16-6 Exercício Resolvido

Estude a posição relativa dos planos π_1 e π_2.

(a) π_1: $2x - y + z - 1 = 0$ $\quad\quad$ π_2: $4x - 2y + 2z - 9 = 0$
(b) π_1: $x + 10y - z - 4 = 0$ $\quad\quad$ π_2: $4x + 40y - 4z - 16 = 0$
(c) π_1 é determinado por $A = (1,4,0)$, $B = (2,2,1)$ e $C = (0,1,1)$.
π_2 é determinado por $P = (1,1,1)$ e r: $x - y = 2x + z = 1 - 3x - y$.

Resolução

(a) Os coeficientes $2,-1,1$ da equação de π_1 e $4,-2,2$ da equação de π_2 são proporcionais, mas os termos independentes -1 e -9 não estão na mesma proporção. Em outras palavras, os vetores $\vec{n}_1 = (2,-1,1)$ e $\vec{n}_2 = (4,-2,2)$ são LD, e os vetores $\vec{a}_1 = (-1,1,-1)$ e $\vec{a}_2 = (-2,2,-9)$ são LI (veja a Observação 16-5). Logo, os planos são paralelos distintos. ◀

(b) Os planos são coincidentes, pois os coeficientes $1,10,-1,-4$ e $4,40,-4,-16$ são proporcionais, ou seja, $\vec{n}_1 = (1,10,-1)$ e $\vec{n}_2 = (4,40,-4)$ são LD, e $\vec{a}_1 = (10,-1,-4)$ e $\vec{a}_2 = (40,-4,-16)$ são LD (também se pode argumentar dizendo que se obtém a equação de π_2 multiplicando os dois membros da equação de π_1 por 4, e que, por isso, essas equações têm as mesmas soluções). ◀

(c) Como $\vec{AB} = (1,-2,1)$ e $\vec{CB} = (2,1,0)$, uma equação geral de π_1 pode ser obtida de

$$\begin{vmatrix} x & y-1 & z-1 \\ 1 & -2 & 1 \\ 2 & 1 & 0 \end{vmatrix} = 0$$

Assim, π_1: $x - 2y - 5z + 7 = 0$. Logo, $\vec{n}_1 = (1,-2,-5)$.
Para obter uma equação geral de π_2, escolhemos inicialmente dois pontos A e B de r. Dando a x o valor 0 nas equações da reta, obtemos o sistema incompatível $-y = z = 1 - y$. Façamos, então, outra tentativa: adotando o valor 0 para y, obtemos $x = 2x + z = 1 - 3x$, sistema cuja solução é $x = 1/4$, $z = -1/4$. Logo, $A = (1/4,0,-1/4)$ pertence a r. Atribuindo a z o valor 0, encontramos $x - y = 2x = 1 - 3x - y$, cuja solução é $x = 1/4$, $y = -1/4$. O ponto $B = (1/4,-1/4,0)$ pertence também a r, e o plano π_2 é, portanto, determinado pelos pontos P, A e B. Logo, podemos usar os vetores $4\vec{AB} = (0,-1,1)$ e $4\vec{AP} = (3,4,5)$ como vetores diretores; de

$$\begin{vmatrix} x-1 & y-1 & z-1 \\ 0 & -1 & 1 \\ 3 & 4 & 5 \end{vmatrix} = 0$$

obtemos $3x - y - z - 1 = 0$, que é uma equação geral de π_2. Logo, $\vec{n}_2 = (3,-1,-1)$. Concluímos que π_1 e π_2 são transversais, pois $\vec{n}_1$ e $\vec{n}_2$ são LI. ◀

16-7 Exercício Resolvido

Estude a posição relativa dos planos
$\pi_1: X = (0,0,0) + \lambda(1,0,1) + \mu(-1,0,3)$ $\qquad$ $\pi_2: X = (1,0,1) + \lambda(1,1,1) + \mu(0,1,0)$

Resolução

Inicialmente, passamos as equações dos planos para a forma geral, obtendo $\pi_1: y = 0$ e $\pi_2: x - z = 0$. Os coeficientes de x, y e z dessas equações não são proporcionais, ou seja, $\vec{n}_1 = (0,1,0)$ e $\vec{n}_2 = (1,0,-1)$ são LI. Logo, π_1 e π_2 são transversais. ◄

É possível resolver sem passar as equações dos planos para a forma geral; veja o próximo exercício.

Exercícios

16-15 Sejam $\pi_1: X = A + \lambda\vec{u} + \mu\vec{v}$ e $\pi_2: X = B + \lambda\vec{w} + \mu\vec{t}$. Desenvolva um método para estudar a posição relativa desses planos sem utilizar equações gerais.

16-16 Estude a posição relativa dos planos π_1 e π_2.

(a) $\pi_1: X = (1,1,1) + \lambda(0,1,1) + \mu(-1,2,1)$ $\quad$ $\pi_2: X = (1,0,0) + \lambda(1,-1,0) + \mu(-1,-1,-2)$

(b) $\pi_1: X = (4,2,4) + \lambda(1,1,2) + \mu(3,3,1)$ $\quad$ $\pi_2: X = (3,0,0) + \lambda(1,1,0) + \mu(0,1,4)$

(c) $\pi_1: 2x - y + 2z - 1 = 0$ $\quad$ $\pi_2: 4x - 2y + 4z = 0$

(d) $\pi_1: x - y + 2z - 2 = 0$ $\quad$ $\pi_2: X = (0,0,1) + \lambda(1,0,3) + \mu(-1,1,1)$

16-17 Calcule m para que os planos $\pi_1: X = (1,1,0) + \lambda(m,1,1) + \mu(1,1,m)$ e $\pi_2: 2x + 3y + 2z + n = 0$ sejam paralelos distintos, nos casos:

(a) $n = -5$ $\qquad\qquad$ (b) $n = 1$

16-18 Mostre que os planos

$$\pi_1: \begin{cases} x = -\lambda + 2\mu \\ y = m\lambda \\ z = \lambda + \mu \end{cases} \qquad \pi_2: \begin{cases} x = 1 + m\lambda + \mu \\ y = 2 + \lambda \\ z = 3 + m\mu \end{cases}$$

são transversais, qualquer que seja o número real m.

16-19 Estude a posição relativa dos planos $\pi_1: 2x + y + 3z + 1 = 0$ e $\pi_2: X = (1,1,1) + \lambda(1,1,0) + \mu(2,-1,m)$.

16-20 Mostre que $a_1a_2 + b_1b_2 + c_1c_2 = 0$ é uma condição suficiente, mas não necessária, para que os planos $\pi_1: a_1x + b_1y + c_1z + d_1 = 0$ e $\pi_2: a_2x + b_2y + c_2z + d_2 = 0$ sejam transversais.

D Feixes de planos

Nesta seção, vamos estudar uma técnica específica para a resolução de alguns tipos de problemas. Não se trata de algo imprescindível, que você tenha obrigação de conhecer ou de utilizar.

Pelo contrário, qualquer problema que você resolva utilizando esta técnica poderá também ser resolvido sem ela. Vale a pena, no entanto, conhecê-la, pois simplifica e uniformiza as resoluções, além de ensejar economia de incógnitas, o que, sem dúvida, é um grande benefício. Mais adiante, você verá que a técnica é especialmente eficiente em problemas que envolvem ângulos e distâncias (Capítulos 19 e 20), quando as equações, com freqüência de grau maior que 1, exigirem um trabalho algébrico mais árduo na sua resolução.

O termo *feixe* será empregado aqui com o significado de conjunto de todos os objetos (retas, ou planos) de $\mathbb{E}^3$ com uma dada propriedade comum. Assim, por exemplo, feixe de retas concorrentes no ponto P é o conjunto de todas as retas de $\mathbb{E}^3$ que contêm P, e feixe de planos paralelos a uma reta r é o conjunto de todos os planos de $\mathbb{E}^3$ que são paralelos a r.

A técnica mencionada, que vamos chamar informalmente de "técnica do feixe", consiste em descrever cada feixe por meio de equações que dependem de parâmetros reais. Duas condições devem ser obedecidas:

- a cada valor permitido do(s) parâmetro(s) deve corresponder *algum* objeto do feixe;
- *todos* os objetos do feixe devem ser obtidos quando o(s) parâmetro(s) percorre(m) o conjunto dos números reais.

Dependendo do número de parâmetros envolvidos, alguns feixes prestam-se melhor que outros a este tratamento. Vamos dar destaque, nesta seção, a dois deles:

- **Feixe de planos paralelos a um plano** π, que é o conjunto de todos os planos de $\mathbb{E}^3$ que são paralelos a π (Figura 16-3 (a)).
- **Feixe de planos que contêm uma reta** r, que é o conjunto de todos os planos de $\mathbb{E}^3$ que contêm r (Figura 16-3 (b)). Também se diz **feixe de planos concorrentes em** r, ou, ainda, **feixe de planos por** r.

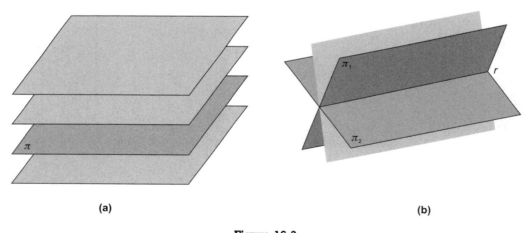

(a)   (b)

Figura 16-3

Em cada um desses casos, apresentaremos uma equação que caracteriza o feixe e mostraremos, em exercícios resolvidos, como utilizá-la. As equações de plano estarão sempre na forma geral, e as de reta, na forma planar. Para que você possa comparar os métodos e definir suas preferências por este ou aquele, veja no Apêndice SF a resolução dos mesmos exercícios, sem o auxílio da técnica do feixe.

D1   FEIXE DE PLANOS PARALELOS A UM PLANO

16-8 Proposição

Dado o plano π: $ax + by + cz + d = 0$, a equação

$$ax + by + cz + \alpha = 0 \qquad [16\text{-}3]$$

descreve, quando α percorre $\mathbb{R}$, o feixe de planos paralelos a π.

Demonstração

Para cada valor real de α, [16-3] é equação geral de um plano paralelo a π, devido à Proposição 16-4 (a). Por outro lado, se π_1: $a_1x + b_1y + c_1z + d_1 = 0$ é um plano paralelo a π, então, pela mesma Proposição 16-4 (a), existe um número real k não-nulo tal que $a_1 = ka$, $b_1 = kb$, $c_1 = kc$. Logo, π_1: $kax + kby + kcz + d_1 = 0$. Dividindo ambos os membros por k, obtemos outra equação geral de π_1:

$$ax + by + cz + \frac{d_1}{k} = 0$$

Portanto, π_1 tem uma equação geral da forma [16-3] (em que α toma o valor d_1/k). ■

16-9 Exercício Resolvido

(a) Obtenha uma equação geral do plano π que contém o ponto $P = (1,0,1)$ e é paralelo a π_1: $x - y + 3z - 20 = 0$.

(b) Suponha que o sistema de coordenadas seja ortogonal. Obtenha uma equação geral do plano π paralelo a π_1: $3x - y + 3z - 4 = 0$, sabendo que $P = (1,1,2)$ dista $\sqrt{5}$ do ponto Q em que π intercepta r: $X = (2,-3,6) + \lambda(1,-2,3)$.

(c) Supondo ainda que o sistema de coordenadas seja ortogonal, obtenha uma equação geral do plano π paralelo a π_1: $2x + y - 3z - 1 = 0$, que determina com os eixos coordenados um tetraedro cujo volume é 3/4.

Resolução

(a) O plano procurado pertence ao feixe de planos paralelos a π_1, e portanto tem equação geral da forma $x - y + 3z + \alpha = 0$. Para determinar o valor de α, impomos que as coordenadas de P satisfaçam essa equação: $1 - 0 + 3\cdot 1 + \alpha = 0$. Obtemos, assim, $\alpha = -4$ e π: $x - y + 3z - 4 = 0$. ◄

(b) Determinamos inicialmente as coordenadas de Q, usando a técnica do λ. Como Q pertence a r, sua tripla de coordenadas é da forma $(2 + \lambda, -3 - 2\lambda, 6 + 3\lambda)$. Além disso, $\|\overrightarrow{PQ}\| = \sqrt{5}$, isto é, $\|(1 + \lambda, -4 - 2\lambda, 4 + 3\lambda)\|^2 = 5$. Desta igualdade, obtemos

$$(1 + \lambda)^2 + (-4 - 2\lambda)^2 + (4 + 3\lambda)^2 = 5$$

que, simplificada, fica $\lambda^2 + 3\lambda + 2 = 0$. As raízes desta equação são -1 e -2; portanto, $Q = (1,-1,3)$ ou $Q = (0,1,0)$. Para cada um desses pontos, vamos proceder como no item (a).

Uma equação do feixe de planos paralelos a π_1 é $3x - y + 3z + \alpha = 0$.

- Usando $Q = (1,-1,3)$, obtemos $3 \cdot 1 - (-1) + 3 \cdot 3 + \alpha = 0$, isto é, $\alpha = -13$.
- Usando $Q = (0,1,0)$, obtemos $3 \cdot 0 - 1 + 3 \cdot 0 + \alpha = 0$; logo, $\alpha = 1$.

São, portanto, duas soluções: $\pi: 3x - y + 3z - 13 = 0$ e $\pi: 3x - y + 3z + 1 = 0$. ◀

(c) Por pertencer ao feixe de planos paralelos a π_1, π tem uma equação geral da forma $2x + y - 3z + \alpha = 0$. Indiquemos por $A = (x,0,0)$, $B = (0,y,0)$ e $C = (0,0,z)$, respectivamente, os pontos em que π intercepta Ox, Oy e Oz. Esses pontos satisfazem a equação de π; logo, $2x + \alpha = 0$, $y + \alpha = 0$ e $-3z + \alpha = 0$, isto é, $x = -\alpha/2$, $y = -\alpha$ e $z = \alpha/3$. Os vértices do tetraedro determinado por π com os eixos coordenados são, portanto, $O = (0,0,0)$, $A = (-\alpha/2,0,0)$, $B = (0,-\alpha,0)$ e $C = (0,0,\alpha/3)$, e seu volume, como vimos no Capítulo 12, é igual a $|[\overrightarrow{OA},\overrightarrow{OB},\overrightarrow{OC}]|/6$. Impondo que esse volume seja $3/4$, obtemos $|[\overrightarrow{OA},\overrightarrow{OB},\overrightarrow{OC}]| = 9/2$; como

$$\begin{vmatrix} -\alpha/2 & 0 & 0 \\ 0 & -\alpha & 0 \\ 0 & 0 & \alpha/3 \end{vmatrix} = \frac{\alpha^3}{6}$$

concluímos que $|\alpha^3|/6 = 9/2$, ou seja, $|\alpha^3| = 27$. Existem, portanto, dois valores para α, 3 e -3, que correspondem às duas soluções do problema:

$$2x + y - 3z + 3 = 0 \qquad \text{e} \qquad 2x + y - 3z - 3 = 0$$
◀

Exercício 16-21 Obtenha um plano π, paralelo a $\pi_1: x - y + 3z - 20 = 0$, que satisfaz a condição especificada em cada caso (o sistema de coordenadas é ortogonal).

(a) π intercepta o eixo Oz em um ponto que dista $\sqrt{6}$ do ponto $(-2,1,0)$.

(b) π intercepta os eixos coordenados nos vértices de um triângulo de área $\sqrt{11}/6$.

D2 Feixe de planos que contêm uma reta

16-10 Proposição Seja r a reta de equações planares

$$\begin{cases} a_1 x + b_1 y + c_1 z + d_1 = 0 \\ a_2 x + b_2 y + c_2 z + d_2 = 0 \end{cases}$$

O feixe de planos que contêm r pode ser descrito pela equação

$$\alpha(a_1 x + b_1 y + c_1 z + d_1) + \beta(a_2 x + b_2 y + c_2 z + d_2) = 0 \qquad [16\text{-}4]$$

em que α e β percorrem o conjunto dos números reais, *sob a condição de que não sejam simultaneamente nulos* (é claro que, se $\alpha = \beta = 0$, [16-4] não é equação de plano).

Demonstração

Mostremos que, para cada par de valores reais atribuídos a α e β, não simultaneamente nulos, a equação [16-4] descreve um plano que contém r. O conceito de equações planares exige que π_1: $a_1x + b_1y + c_1z + d_1 = 0$ e π_2: $a_2x + b_2y + c_2z + d_2 = 0$ sejam planos transversais, o que equivale à independência linear dos vetores $\vec{n}_1 = (a_1,b_1,c_1)$ e $\vec{n}_2 = (a_2,b_2,c_2)$. Para mostrar que [16-4] descreve um plano, vamos examinar a equação (equivalente a ela)

$$(\alpha a_1 + \beta a_2)x + (\alpha b_1 + \beta b_2)y + (\alpha c_1 + \beta c_2)z + \alpha d_1 + \beta d_2 = 0$$

que, como vimos no Capítulo 14, é equação geral de um plano se, e somente se, os coeficientes de x, y e z não são simultaneamente nulos. Ora, as igualdades

$$\alpha a_1 + \beta a_2 = \alpha b_1 + \beta b_2 = \alpha c_1 + \beta c_2 = 0$$

significam que $\alpha \vec{n}_1 + \beta \vec{n}_2 = \vec{0}$, e, como $\vec{n}_1$ e $\vec{n}_2$ são LI, isso equivale a $\alpha = \beta = 0$, o que, por hipótese, está descartado. Logo, trata-se mesmo de um plano. Para ver que r está contida nesse plano, note que para todo ponto $X = (x,y,z)$ de r valem as igualdades

$$a_1x + b_1y + c_1z + d_1 = 0 \qquad a_2x + b_2y + c_2z + d_2 = 0$$

e delas decorre $\alpha(a_1x + b_1y + c_1z + d_1) + \beta(a_2x + b_2y + c_2z + d_2) = \alpha \cdot 0 + \beta \cdot 0 = 0$. Assim, todo ponto de r pertence ao plano de equação [16-4].

Reciprocamente, mostremos que, para qualquer plano π que contenha r, existem valores reais de α e β, não simultaneamente nulos, tais que [16-4] é uma equação de π. Sejam $ax + by + cz + d = 0$ uma equação geral de π e $\vec{n} = (a,b,c)$. A interseção dos planos π_1, π_2 e π contém infinitos pontos, uma vez que r está contida em $\pi_1 \cap \pi_2 \cap \pi$. Assim, o sistema de equações

$$\begin{cases} a_1x + b_1y + c_1z = -d_1 \\ a_2x + b_2y + c_2z = -d_2 \\ ax + by + cz = -d \end{cases}$$

é indeterminado, e por isso o determinante de seus coeficientes é nulo:

$$\begin{vmatrix} a_1 & b_1 & c_1 \\ a_2 & b_2 & c_2 \\ a & b & c \end{vmatrix} = 0$$

Isso significa que os vetores $\vec{n}_1, \vec{n}_2$ e $\vec{n}$ são LD. Como os dois primeiros são LI, existem α e β (não ambos nulos, pois $\vec{n} \neq \vec{0}$) tais que $\vec{n} = \alpha \vec{n}_1 + \beta \vec{n}_2$ (Proposição 6-4). Então, $(a,b,c) = \alpha(a_1,b_1,c_1) + \beta(a_2,b_2,c_2)$, ou seja,

$$a = \alpha a_1 + \beta a_2 \qquad b = \alpha b_1 + \beta b_2 \qquad c = \alpha c_1 + \beta c_2 \qquad \textbf{[16-5]}$$

Tomemos um ponto $P = (x_0,y_0,z_0)$ de r. Como a reta está contida em π_1, π_2 e π, P pertence aos três planos; logo,

$$a_1x_0 + b_1y_0 + c_1z_0 + d_1 = 0$$

$$a_2x_0 + b_2y_0 + c_2z_0 + d_2 = 0$$

$$ax_0 + by_0 + cz_0 + d = 0$$

Multiplicando a primeira destas igualdades por α, a segunda por β, a terceira por -1 e somando, obtemos

$$(\alpha a_1 + \beta a_2 - a)x_0 + (\alpha b_1 + \beta b_2 - b)y_0 + (\alpha c_1 + \beta c_2 - c)z_0 + (\alpha d_1 + \beta d_2 - d) = 0$$

que, devido a [16-5], equivale a

$$d = \alpha d_1 + \beta d_2 \qquad \text{[16-6]}$$

Substituindo a, b, c e d por suas expressões de [16-5] e [16-6] na equação de π, chegamos a

$$(\alpha a_1 + \beta a_2)x + (\alpha b_1 + \beta b_2)y + (\alpha c_1 + \beta c_2)z + (\alpha d_1 + \beta d_2) = 0$$

que pode ser escrita sob a forma [16-4]:

$$\alpha(a_1x + b_1y + c_1z + d_1) + \beta(a_2x + b_2y + c_2z + d_2) = 0 \qquad \blacksquare$$

16-11 *Observação*   Merece atenção a seguinte diferença entre a equação [16-4], do feixe de planos que contém uma reta r, e a equação [16-3], do feixe de planos paralelos a um plano π. No caso desta última, há uma correspondência biunívoca entre parâmetros e objetos do feixe, mas isso não ocorre com [16-4]. Expliquemos melhor:

- Na situação da Proposição 16-8, para cada plano paralelo a π existe um *único* valor de α que faz de [16-3] uma equação geral desse plano. Isso ocorre porque, de acordo com a Proposição 16-4, se $\alpha \neq \alpha'$, as equações $ax + by + cz + \alpha = 0$ e $ax + by + cz + \alpha' = 0$ descrevem planos distintos.

- No caso da Proposição 16-10, porém, pares distintos de números reais (α,β) e (α',β') podem produzir em [16-4] equações de um mesmo plano do feixe; para que isso aconteça, basta que α,β e α',β' sejam proporcionais. Por exemplo, as equações $2(x + z - 1) + 3(2x + y - 2z) = 0$ e $4(x + z - 1) + 6(2x + y - 2z) = 0$, embora diferentes, descrevem o mesmo plano do feixe de planos que contêm a reta

$$r: \begin{cases} x + z - 1 = 0 \\ 2x + y - 2z = 0 \end{cases}$$

Qual é a importância disso? É que, ao trabalhar com [16-3], você recairá em problemas algébricos *determinados* (número finito de valores de α como solução), ao passo que [16-4] levará a problemas algébricos *indeterminados* (infinitas possibilidades para α e β), com grau de liberdade 1. Em outras palavras, você obterá *uma* equação nas *duas* incógnitas α e β. Convém não se esquecer disso, para não ficar, inutilmente, procurando uma segunda equação, independente daquela.

16-12 Exercício Resolvido

(a) Obtenha uma equação geral do plano π que contém o ponto $P = (1,1,-3)$ e a reta

$$r: \begin{cases} x - y + 2 = 0 \\ x + y + z = 0 \end{cases}$$

(b) O plano π contém a reta $r: X = (1,1,0) + \lambda(1,2,3)$ e é transversal aos eixos coordenados Oy e Oz, interceptando-os, respectivamente, nos pontos A e B. Obtenha uma equação geral de π, sabendo que O, A e B são vértices de um triângulo isósceles e que o sistema de coordenadas é ortogonal.

Resolução

(a) O plano π pertence ao feixe de planos por r; logo, tem uma equação geral da forma

$$\alpha(x - y + 2) + \beta(x + y + z) = 0$$

com α e β não simultaneamente nulos; procuramos valores de α e β tais que o ponto $P = (1,1,-3)$ satisfaça esta equação. Substituindo as coordenadas de P, obtemos $\alpha(1 - 1 + 2) + \beta(1 + 1 + (-3)) = 0$, isto é, $2\alpha = \beta$. Essa relação, levada à equação do feixe, fornece $\alpha(x - y + 2) + 2\alpha(x + y + z) = 0$, ou seja, $\alpha(3x + y + 2z + 2) = 0$. Note que $\alpha \neq 0$, caso contrário α e β seriam simultaneamente nulos. Podemos, então, dividir ambos os membros por α, obtendo $3x + y + 2z + 2 = 0$, que é uma equação geral de π. ◀

Uma alternativa para o final da resolução é escolher um valor para α e calcular o correspondente valor de β; por exemplo: $\alpha = 2$, $\beta = 4$. A equação obtida seria, neste caso, $2(x - y + 2) + 4(x + y + z) = 0$, isto é, $6x + 2y + 4z + 4 = 0$. Esse procedimento é válido porque o grau de liberdade na obtenção de α e β é 1 (uma equação, duas incógnitas).

(b) Comecemos passando a equação de r para a forma planar: da equação vetorial dada obtemos $x = 1 + \lambda$, $y = 1 + 2\lambda$, $z = 3\lambda$, e portanto $2x - y = 1$ e $3x - z = 3$. Logo,

$$r: \begin{cases} 2x - y - 1 = 0 \\ 3x - z - 3 = 0 \end{cases}$$

Uma equação do feixe de planos que contêm r é $\alpha(2x - y - 1) + \beta(3x - z - 3) = 0$, e portanto uma equação geral de π é da forma

$$(2\alpha + 3\beta)x - \alpha y - \beta z - (\alpha + 3\beta) = 0$$

em que α e β não são simultaneamente nulos. O ponto A tem abscissa e cota nulas: $x = z = 0$. Substituindo na equação de π, obtemos $-\alpha y - (\alpha + 3\beta) = 0$, e portanto $y = -(\alpha + 3\beta)/\alpha$. Então: $A = (0, -(\alpha + 3\beta)/\alpha, 0)$ (observe que $\alpha \neq 0$, caso contrário, pelo Corolário 14-22 (a), π não seria transversal a Oy). Argumento semelhante mostra que $\beta \neq 0$ e que $B = (0, 0, -(\alpha + 3\beta)/\beta)$. Os pontos A e B são distintos de O; logo, $\alpha + 3\beta \neq 0$. Sob esta condição, dizer que o triângulo OAB é isósceles equivale a dizer que $\|\overrightarrow{OA}\| = \|\overrightarrow{OB}\|$, ou seja, que as frações $(\alpha + 3\beta)/\alpha$ e $(\alpha + 3\beta)/\beta$ têm módulos iguais. Isto, por sua vez, equivale a $|\alpha| = |\beta| \neq 0$, isto é, $\alpha = \beta \neq 0$ ou $\alpha = -\beta \neq 0$ (o que garante a validade da condição $\alpha + 3\beta \neq 0$). Substituindo na equação de π e dividindo, em seguida, por β, obtemos duas soluções:

$$5x - y - z - 4 = 0 \qquad x + y - z - 2 = 0$$

EXERCÍCIOS

16-22 Obtenha uma equação geral do plano que contém o ponto P e a reta r.
(a) $P = (1,-1,1)$, $r: X = (0,2,2) + \lambda(1,1,-1)$. (b) $P = (1,0,-1)$, $r: (x-1)/2 = y/3 = 2 - z$.

16-23 Obtenha uma equação geral do plano que contém a interseção dos planos de equações gerais $x - y + z + 1 = 0$ e $x + y - z - 1 = 0$ e é paralelo à reta $r: X = (0,1,1) + \lambda(1,2,2)$.

16-24 Obtenha uma equação geral do plano π que contém $r: x + 2z + 1 = y = 1$ e é transversal aos eixos coordenados, interceptando-os em pontos que são vértices de um triângulo de área 3/2. Quais são as coordenadas desses vértices? O sistema de coordenadas é ortogonal.

16-25 Obtenha uma equação do plano que contém os pontos $(2,0,0)$ e $(0,2,0)$ e a reta interseção dos planos $\pi_1: 3x - 2y - z - 3 = 0$ e $\pi_2: 2x + y + 4z - 2 = 0$.

16-26 Sejam $\pi_1: a_1x + b_1y + c_1z + d_1 = 0$ e $\pi_2: a_2x + b_2y + c_2z + d_2 = 0$ planos transversais, e r sua interseção.
(a) Mostre que, para todo plano π que contém r e é diferente de π_2, existe um único número real λ tal que $\pi: a_1x + b_1y + c_1z + d_1 + \lambda(a_2x + b_2y + c_2z + d_2) = 0$.
(b) Mostre que não existe λ real tal que $\pi_2: a_1x + b_1y + c_1z + d_1 + \lambda(a_2x + b_2y + c_2z + d_2) = 0$.
(c) Conclua que $a_1x + b_1y + c_1z + d_1 + \lambda(a_2x + b_2y + c_2z + d_2) = 0$, em que λ percorre $\mathbb{R}$, é uma equação do "feixe incompleto" de planos que contêm a reta r (todos, menos π_2).
(d) Utilize a equação do feixe incompleto para obter o plano π que contém a reta interseção dos planos $\pi_3: x + y - 1 = 0$ e $\pi_4: x + 2y - z - 1 = 0$ e que determina com os eixos coordenados um tetraedro de volume 1/12 (o sistema é ortogonal).

16-27 Mostre que, se impusermos a [16-4] a restrição $\alpha \geq 0$, aquela equação ainda vai descrever o feixe de planos que contêm r (vale resultado semelhante para β).

16-28 Sejam $\pi_1: a_1x + b_1y + c_1z + d_1 = 0$ e $\pi_2: a_2x + b_2y + c_2z + d_2 = 0$ planos transversais, e r sua interseção. Mostre que o feixe de planos paralelos a r pode ser descrito pela equação

$$\alpha(a_1x + b_1y + c_1z + d_1) + \beta(a_2x + b_2y + c_2z + d_2) + \gamma = 0$$

em que α, β e γ percorrem $\mathbb{R}$ (α e β não simultaneamente nulos, e γ diferente de 0).

16-29 Obtenha uma equação geral do plano π que contém s e é paralelo a $r: X = (2,0,2) + \lambda(1,1,1)$, nos casos:

(a) $s: x - y = 2x + z - 1 = 1 - 2y$

(b) $s: x - y = z - 1 = x + 2y - z$

(c) $s: x + 3y = 2x - y + 3z + 5 = 4z + 2$

16-30 Sejam $\pi_1: a_1x + b_1y + c_1z + d_1 = 0$ e $\pi_2: a_2x + b_2y + c_2z + d_2 = 0$ planos transversais. Mostre que, se $r = \pi_1 \cap \pi_2$, então $a_1x + b_1y + c_1z + d_1 + \lambda(a_2x + b_2y + c_2z + d_2) + \gamma = 0$, em que λ e γ percorrem $\mathbb{R}$ e γ é não-nulo, é equação de um "feixe incompleto" de planos paralelos a r. Quais planos estão faltando?

CAPÍTULO 17
PERPENDICULARIDADE E ORTOGONALIDADE

Neste capítulo estudam-se ortogonalidade e perpendicularidade de retas e planos em $\mathbb{E}^3$.

Dentre as ferramentas algébricas utilizadas no estudo da ortogonalidade e da perpendicularidade de retas e planos, o produto escalar e o produto vetorial desempenham importante papel. Para que possamos calculá-los com auxílio das Proposições 9-4 e 11-4, será conveniente trabalhar apenas com bases ortonormais. Quando, devido ao uso do produto vetorial, for necessário orientar $\mathbb{V}^3$, suporemos, por comodidade, que a base do sistema de coordenadas é positiva. Fica então estabelecido que, ao longo de todo este capítulo, está fixado um sistema de coordenadas (O, E), cuja base $E = (\vec{i}, \vec{j}, \vec{k})$ é ortonormal (positiva, caso $\mathbb{V}^3$ esteja orientado).

A — Perpendicularidade e ortogonalidade entre retas

A diferença entre os termos *retas ortogonais* e *retas perpendiculares* é que duas retas ortogonais podem ser concorrentes ou reversas e duas retas perpendiculares são obrigatoriamente concorrentes. Assim, o segundo é um caso particular do primeiro. Naturalmente, duas retas são ortogonais se, e somente se, cada vetor diretor de uma é ortogonal a qualquer vetor diretor da outra.

17-1 Exercício Resolvido

Verifique se as retas $r: X = (1,1,1) + \lambda(2,1,-3)$ e $s: X = (0,1,0) + \lambda(-1,2,0)$ são ortogonais. Caso sejam, verifique se são perpendiculares.

Resolução

$\vec{r} = (2,1,-3)$ e $\vec{s} = (-1,2,0)$ são, respectivamente, vetores diretores de r e s. De

$$(2,1,-3) \cdot (-1,2,0) = 2(-1) + 1 \cdot 2 + (-3) \cdot 0 = 0$$

decorre que as retas *r* e *s* são ortogonais. Vamos verificar se elas são concorrentes, para responder à segunda questão. O ponto $A = (1,1,1)$ pertence a *r*, o ponto $B = (0,1,0)$ pertence a *s*, e $\overrightarrow{BA} = (1,0,1)$. Os vetores $\overrightarrow{BA}$, $\vec{r}$ e $\vec{s}$ são LI, pois

$$\begin{vmatrix} 1 & 0 & 1 \\ 2 & 1 & -3 \\ -1 & 2 & 0 \end{vmatrix} = 11 \neq 0$$

Logo, pelo que foi visto no capítulo anterior, *r* e *s* são reversas. A conclusão é que são ortogonais, mas não perpendiculares. ◀

EXERCÍCIOS

17-1 Verifique se as retas *r* e *s* são ortogonais ou perpendiculares.

(a) *r*: $X = (1,2,3) + \lambda(1,2,1)$ *s*: $X = (2,4,4) + \lambda(-1,1,-1)$

(b) *r*: $x + 3 = y = z/3$ *s*: $(x-4)/2 = (4-y)/(-1) = -z$

(c) *r*: $(x-1)/2 = (y-3)/5 = z/7$ *s*: $X = (1,3,0) + \lambda(0,-7,5)$

(d) *r*: $X = (0,1,0) + \lambda(3,1,4)$ *s*: $X = (-1,1,0) + \lambda(1,0,1)$

(e) *r*: $36x - 9y = 3y + 4z = 18$ *s*: $x + y = z - y - 2 = 0$

(f) *r*: $X = (2,-5,1) + \lambda(3,-2,-1)$ *s*: $(x-4)/2 = (y-2)/3 = (z+4)/(-5)$

17-2 Sejam *r*: $X = (1,1,1) + \lambda(1,1,1)$ e *s*: $X = (1,2,0) + \lambda(2,3,m)$. Verifique se existe algum valor de *m* tal que *r* e *s* sejam ortogonais ou perpendiculares.

17-2 *Exercício Resolvido*

Obtenha equações paramétricas da reta *s* que contém o ponto $P = (-1,3,1)$ e é perpendicular a *r*: $(x-1)/2 = (y-1)/3 = z$.

Resolução

Primeiro modo Vamos determinar o ponto de interseção das duas retas, *Q*, conhecido como *pé da perpendicular a r por P* (Figura 17-1 (a)).
Das equações de *r*, que estão na forma simétrica, obtemos um vetor diretor, $\vec{r} = (2,3,1)$, e as relações $x = 1 + 2z$, $y = 1 + 3z$. Conseqüentemente, como *Q* pertence a *r*, podemos escrever $Q = (1 + 2z, 1 + 3z, z)$; logo, $\overrightarrow{PQ} = (2 + 2z, 3z - 2, z - 1)$. Os vetores $\overrightarrow{PQ}$ e $\vec{r}$ são ortogonais, isto é,

$$0 = \overrightarrow{PQ} \cdot \vec{r} = 2(2 + 2z) + 3(3z - 2) + 1(z - 1)$$

Então, $z = 3/14$ e $\overrightarrow{PQ} = (34/14, -19/14, -11/14)$ (o que fizemos foi aplicar a técnica do λ, com λ "disfarçado de *z*"). Podemos usar $\vec{s} = (34, -19, -11)$ como vetor diretor de *s*, obtendo assim as equações paramétricas

$$\begin{cases} x = -1 + 34\lambda \\ y = 3 - 19\lambda \\ z = 1 - 11\lambda \end{cases}$$

◀

Fuja da tentação de escolher um vetor qualquer, ortogonal a $\vec{r} = (2,3,1)$, como vetor diretor de s. É preciso pontaria de Guilherme Tell para atingir a reta r, escolhendo a esmo um vetor ortogonal a $\vec{r}$! Veja a Figura 17-1 (b).

Segundo modo Se A é um ponto de r (por exemplo, $A = (1,1,0)$), então $\vec{s} = (\overrightarrow{AP} \wedge \vec{r}) \wedge \vec{r}$ é um vetor diretor de s (resultado análogo ao do Exercício 11-52). Feitos os cálculos, resulta $\vec{s} = (34,-19,-11)$ e podemos obter equações paramétricas de s.

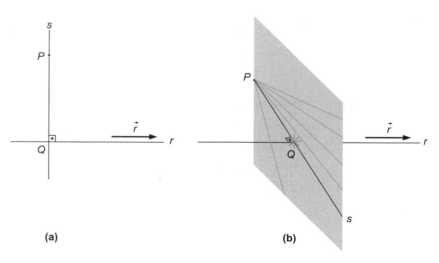

Figura 17-1

EXERCÍCIOS

17-3 Obtenha uma equação vetorial da reta s que contém P e é perpendicular a r, nos casos:

(a) $P = (2,6,1)$, r: $X = (-3,0,0) + \lambda(1,1,3)$.

(b) $P = (1,0,1)$, r contém $A = (0,0,-1)$ e $B = (1,0,0)$.

17-4 Determine Q, projeção ortogonal do ponto P sobre a reta r, nos casos:

(a) $P = (11,15,9)$, r: $x - 2y + z + 7 = 0 = x + y - 2z - 14$.

(b) P é o ortocentro do triângulo de vértices $A = (2,1,-1)$, $B = (1,-2,0)$ e $C = (12,6,-1)$ e r é a reta determinada por $M = (-2,6,10)$ e $N = (0,4,7)$.

17-5 Obtenha o ponto simétrico do ponto P em relação à reta r, nos casos:

(a) $P = (0,2,1)$ \qquad r: $X = (1,0,0) + \lambda(0,1,-1)$

(b) $P = (1,1,-1)$ \qquad r: $(x + 2)/3 = y = z$

(c) $P = (0,0,-1)$ \qquad r: $x - y - z = 0 = 2x + 3y - 1$

17-6 O que você acha de simplificar as respostas dos Exercícios 17-4 e 17-5, escrevendo $Q = (2,2,1)$ em vez de $Q = (14,14,7)$ e $Q = (1,1,2)$ em vez de $Q = (2,2,4)$ para o 17-4, e escrevendo $(-1,7,29)$ em vez de $(-1/11, 7/11, 29/11)$ e $(-8,18,-7)$ em vez de $(-8/19, 18/19, -7/19)$ para o 17-5?

17-7 Obtenha equações da reta perpendicular comum às retas r e s.

(a) r: $X = (2,0,-1) + \lambda(1,1,1)$ \qquad\qquad s: $x + y - 2 = z = 0$

(b) $r: x = y - 1 = z + 3$ $s: 2x - y = y + z = 2x - z + 1$
(c) $r: X = (4,3,3) + \lambda(2,-1,3)$ $s: 2 - 2x = y = -z$
(d) $r: X = (4,-1,0) + \lambda(2,-4,-1)$ $s: x + 2z = 4 = 4z - y - 1$

17-8 A diagonal BC de um quadrado $ABCD$ está contida na reta $r: X = (1,0,0) + \lambda(0,1,1)$. Conhecendo $A = (1,1,0)$, determine os outros três vértices.

B — VETOR NORMAL A UM PLANO

17-3 Definição Dado um plano π, qualquer vetor *não-nulo* ortogonal a π é um vetor **normal a π**.

É claro que um vetor $\vec{n}$, não-nulo, é normal a um plano π se, e somente se, $\vec{n}$ é ortogonal a qualquer vetor diretor de π. Um conhecido resultado da Geometria Euclidiana garante que $\vec{n}$ (não-nulo) é normal a π se, e somente se, $\vec{n}$ é ortogonal a dois vetores diretores de π. Como conseqüência, se $(\vec{u},\vec{v})$ é um par de vetores diretores de π, então $\vec{u} \wedge \vec{v}$ (ou qualquer um de seus múltiplos escalares não-nulos) é um vetor normal a π (Figura 17-2).

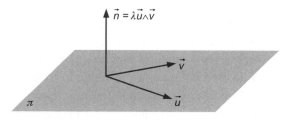

Figura 17-2

17-4 Exercício Resolvido Obtenha um vetor normal ao plano π determinado pelos pontos $A = (1,1,2)$, $B = (3,4,1)$ e $C = (2,2,-3)$.

Resolução

Primeiro modo Os vetores $\overrightarrow{AB} = (2,3,-1)$ e $\overrightarrow{AC} = (1,1,-5)$ são vetores diretores de π. Logo, um vetor normal a π é

$$\overrightarrow{AB} \wedge \overrightarrow{AC} = \begin{vmatrix} \vec{i} & \vec{j} & \vec{k} \\ 2 & 3 & -1 \\ 1 & 1 & -5 \end{vmatrix} = -14\vec{i} + 9\vec{j} - \vec{k} = (-14, 9, -1)$$

Segundo modo Seja $\vec{n} = (a,b,c)$ um vetor normal a π. Então, $\vec{n} \cdot \overrightarrow{AB} = 0$ e $\vec{n} \cdot \overrightarrow{AC} = 0$, isto é,

212 – Geometria Analítica – um tratamento vetorial

$$\begin{cases} 2a + 3b - c = 0 \\ a + b - 5c = 0 \end{cases}$$

Escrevendo esse sistema sob a forma

$$\begin{cases} 2a + 3b = c \\ a + b = 5c \end{cases}$$

vemos que se trata de um sistema com grau de liberdade 1 e que c é uma variável livre (veja a Observação 15-12), o que, aliás, era de se esperar: existem infinitos vetores normais a π, todos eles da forma $\lambda(\overrightarrow{AB}\wedge\overrightarrow{AC})$, e nossa liberdade restringe-se à escolha do valor de λ, ou, equivalentemente, do valor de c. Como queremos uma solução não-nula do sistema, atribuímos a c um valor não-nulo. Escolhendo $c = 1$, por exemplo, obtemos

$$\begin{cases} 2a + 3b = 1 \\ a + b = 5 \end{cases}$$

que tem por solução $a = 14$, $b = -9$; portanto, $\vec{n} = (14, -9, 1)$. ◄

17-5 Observação Por ser este um conceito delicado, vamos insistir um pouco na questão da orientação. A ortogonalidade é um fenômeno geométrico que não depende da orientação do espaço e, por isso, é natural esperar que um vetor normal a um plano possa ser obtido sem levá-la em conta, como no segundo modo de resolução do exercício resolvido anterior. Supor, como estamos fazendo, que $\mathbb{V}^3$ esteja orientado e que a base $(\vec{i},\vec{j},\vec{k})$ do sistema de coordenadas seja positiva é apenas uma questão de *comodidade*, não de *necessidade*. Dito isto, reiteramos: sempre que, por preferência ou comodidade, quisermos utilizar o produto vetorial, faremos isso sob a hipótese implícita de que a base $(\vec{i},\vec{j},\vec{k})$ do sistema de coordenadas fixado é ortonormal, positiva. Assim, poderemos utilizar a fórmula [11-4].

EXERCÍCIO 17-9 Obtenha um vetor normal ao plano π em cada caso:

(a) π contém $A = (1,1,1)$, $B = (1,0,1)$ e $C = (1,2,3)$.   (b) π: $x - 2y + 4z + 1 = 0$

(c) π: $X = (1,2,0) + \lambda(1,-1,1) + \mu(0,1,-2)$

É fácil obter uma equação geral de um plano π conhecendo um de seus pontos, $A = (x_0, y_0, z_0)$, e um vetor $\vec{n} = (a,b,c)$, normal a π. De fato, um ponto $X = (x,y,z)$ pertence a π se, e somente se, $\overrightarrow{AX}$ é ortogonal a $\vec{n}$, isto é, $\vec{n}\cdot\overrightarrow{AX} = 0$ (Figura 17-3). Logo, X pertence a π se, e somente se,

$$a(x - x_0) + b(y - y_0) + c(z - z_0) = 0$$

Se indicarmos por d a expressão $-ax_0 - by_0 - cz_0$, esta última igualdade fica

$$ax + by + cz + d = 0$$

e, como os coeficientes a, b e c não são todos nulos (pois $\vec{n} \neq \vec{0}$), esta é uma equação geral de π. Observe a particularidade importante: *os coeficientes de x, y e z formam, nessa ordem, a tripla de coordenadas de um vetor normal a π*.

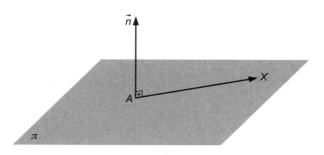

Figura 17-3

Reciprocamente, se $ax + by + cz + d = 0$ é uma equação geral de um plano π, então o vetor não-nulo $\vec{n} = (a,b,c)$ é um vetor normal a π. De fato, pela Proposição 14-21, se $\vec{u} = (m,n,p)$ é paralelo a π, então $am + bn + cp = 0$; como a base do sistema de coordenadas é ortonormal, isso significa $\vec{n} \cdot \vec{u} = 0$, ou seja, $\vec{n} \perp \vec{u}$. Logo, o vetor não-nulo $\vec{n}$ é ortogonal a qualquer vetor paralelo a π, isto é, $\vec{n}$ é um vetor normal a π. O que fizemos constitui a demonstração da proposição seguinte.

17-6 Proposição Se o sistema de coordenadas é ortogonal, então $\vec{n} = (a,b,c)$ é um vetor normal ao plano π se, e somente se, π tem uma equação geral da forma $ax + by + cz + d = 0$.

17-7 Observação A hipótese de que o sistema de coordenadas é ortogonal é essencial na Proposição 17-6, como podemos perceber no seguinte exemplo, tirado do Exercício 14-35 (c). Na Figura 17-4 está representado um cubo. Em relação ao sistema de coordenadas $(A, \overrightarrow{AB}, \overrightarrow{AC}, \overrightarrow{AF})$, o plano da face $BCGF$ tem equação geral $x + y + z - 1 = 0$. No entanto, todo vetor normal a esse plano é paralelo a $\overrightarrow{AB} = (1,0,0)$; logo, $(1,1,1)$ *não é* um vetor normal a ele. Assim, os coeficientes da equação geral *não são* coordenadas de um vetor normal. O exemplo mostra também que, utilizando as coordenadas de um vetor normal $\vec{n} = (\alpha,0,0)$ como coeficientes, *não se obtém* uma equação geral do plano.

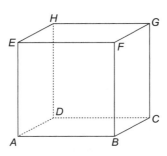

Figura 17-4

17-8 Exercício Resolvido

Obtenha uma equação geral do plano π que contém o ponto $A = (1,0,2)$, sabendo que $\vec{n} = (1,1,4)$ é um vetor normal a π.

Resolução

Primeiro modo De acordo com a Proposição 17-6, uma equação geral de π é da forma $x + y + 4z + d = 0$. Para determinar d, usamos o fato de que $A = (1,0,2)$ pertence a π: $1 + 0 + 4 \cdot 2 + d = 0$. Logo, $d = -9$ e, portanto, $x + y + 4z - 9 = 0$ é uma equação geral de π. ◄

Segundo modo O ponto $X = (x,y,z)$ pertence ao plano se, e somente se, $\vec{AX} \cdot \vec{n} = 0$, ou seja, $(x-1, y, z-2) \cdot (1,1,4) = 0$. Calculando, obtemos $(x-1) \cdot 1 + y \cdot 1 + (z-2) \cdot 4 = 0$, isto é, $x + y + 4z - 9 = 0$. ◄

17-9 Exercício Resolvido

Obtenha uma equação geral do plano π que contém o ponto $A = (9,-1,0)$ e é paralelo aos vetores $\vec{u} = (0,1,0)$ e $\vec{v} = (1,1,1)$.

Resolução

Este é o Exercício Resolvido 14-18 (a), que vamos resolver novamente, utilizando desta vez o conceito de vetor normal. O produto vetorial

$$\vec{u} \wedge \vec{v} = \begin{vmatrix} \vec{i} & \vec{j} & \vec{k} \\ 0 & 1 & 0 \\ 1 & 1 & 1 \end{vmatrix} = \vec{i} - \vec{k} = (1,0,-1)$$

é um vetor normal a π. Então, pela Proposição 17-6, π tem uma equação geral da forma $x - z + d = 0$. Como A pertence a π, suas coordenadas satisfazem essa equação, ou seja, $9 - 0 + d = 0$. Logo, $d = -9$ e, portanto, π: $x - z - 9 = 0$. ◄

Note que a resolução feita no Capítulo 14 é mais geral do que esta, pois não exige a ortonormalidade da base, nem que $\mathbb{V}^3$ esteja orientado.

Exercícios

17-10 (a) Obtenha uma equação geral do plano que contém o ponto $(1,1,2)$ e é paralelo ao plano de equação $x - y + 2z + 1 = 0$.

(b) O plano π contém $P = (2,0,2)$ e é paralelo a π_1: $X = (2,5,0) + \lambda(2,-1,-1) + \mu(-3,1,2)$. Escreva uma equação geral de π cujos coeficientes tenham soma 30.

17-11 O vetor $(1,1,m)$ é normal ao plano π, que contém a interseção dos planos π_1: $x - y + z + 1 = 0$ e Oyz. Determine m e obtenha uma equação geral de π.

17-12 Decomponha o vetor $\vec{u} = (-3,4,-5)$ em duas parcelas, uma paralela e outra ortogonal ao plano de equação vetorial $X = (1,-2,0) + \lambda(-1,0,1) + \mu(0,0,-1)$.

17-13 (a) Prove que o lugar geométrico dos pontos de $\mathbb{E}^3$ que eqüidistam de $A = (1,-1,2)$ e $B = (4,3,1)$ é um plano.

(b) Prove que o plano do item (a) é perpendicular ao segmento *AB* e contém o seu ponto médio (trata-se, pois, do **plano mediador** do segmento *AB*).

17-10 Observação

A Proposição 17-6 permite dar, *quando o sistema de coordenadas é ortogonal*, uma nova interpretação geométrica a alguns resultados obtidos anteriormente.

- Sejam $\pi: ax + by + cz + d = 0$ um plano e $\vec{n} = (a,b,c)$. Vimos, na Proposição 14-21, que o vetor $\vec{u} = (m,n,p)$ é paralelo ao plano se, e somente se, $am + bn + cp = 0$. Como $am + bn + cp$ é a expressão em coordenadas do produto escalar $\vec{n} \cdot \vec{u}$, aquela condição equivale à ortogonalidade entre os vetores $\vec{n}$ e $\vec{u}$. O significado geométrico da Proposição 14-21 é, portanto: $\vec{u}$ é paralelo a π se, e somente se, $\vec{u}$ é ortogonal a um vetor normal a π. Além disso, se r é uma reta que tem $\vec{u}$ por vetor diretor, vimos no Capítulo 16 que r é transversal a π se, e somente se, $am + bn + cp \neq 0$. Geometricamente, isso significa que r é transversal a π se, e somente se, $\vec{u}$ não é ortogonal a $\vec{n}$, e que r é paralela a π ou está contida em π se, e somente se, $\vec{u}$ é ortogonal a $\vec{n}$.

- Se a interseção dos planos $\pi_1: a_1x + b_1y + c_1z + d_1 = 0$ e $\pi_2: a_2x + b_2y + c_2z + d_2 = 0$ é a reta r, o significado geométrico da Proposição 15-13 é: o vetor $\vec{u} = (m,n,p)$ é paralelo a r se, e somente se, $\vec{u}$ é ortogonal aos vetores normais $\vec{n}_1 = (a_1,b_1,c_1)$ e $\vec{n}_2 = (a_2,b_2,c_2)$.

- Sejam $\pi_1: a_1x + b_1y + c_1z + d_1 = 0$ e $\pi_2: a_2x + b_2y + c_2z + d_2 = 0$. Vimos na Observação 16-5 que a posição relativa desses planos está diretamente associada à dependência linear dos vetores $\vec{n}_1 = (a_1,b_1,c_1)$ e $\vec{n}_2 = (a_2,b_2,c_2)$. Eis uma interpretação geométrica desse fato: como $\vec{n}_1$ e $\vec{n}_2$ são vetores normais a π_1 e π_2, se eles são paralelos, o mesmo ocorre com π_1 e π_2 (Figura 17-5 (a)). Se, ao contrário, $\vec{n}_1$ e $\vec{n}_2$ são LI, então π_1 e π_2 não são paralelos, mas transversais. Neste caso, $\vec{n}_1$ e $\vec{n}_2$ são ortogonais à reta interseção de π_1 e π_2 e, conseqüentemente, $\vec{n}_1 \wedge \vec{n}_2$, que não é nulo, é um vetor diretor dessa reta (Figura 17-5 (b)).

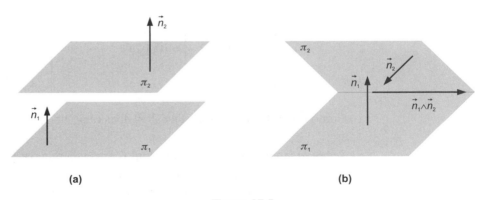

Figura 17-5

17-11 Exercício Resolvido

Obtenha equações paramétricas da reta r, interseção dos planos $\pi_1: 3x + y + 2z - 1 = 0$ e $\pi_2: 2x - y - 3 = 0$.

Resolução

Desde o Capítulo 15, temos feito várias vezes esta conversão (de equações planares em equações paramétricas). A novidade, aqui, reside na utilização de vetores normais aos planos. Os vetores $\vec{n}_1 = (3,1,2)$ e $\vec{n}_2 = (2,-1,0)$ são, respectivamente, vetores normais a π_1 e π_2. Como $(\vec{n}_1,\vec{n}_2)$ é LI, os planos são transversais, e pela observação anterior o produto vetorial

$$\vec{n}_2 \wedge \vec{n}_1 = \begin{vmatrix} \vec{i} & \vec{j} & \vec{k} \\ 2 & -1 & 0 \\ 3 & 1 & 2 \end{vmatrix} = -2\vec{i} - 4\vec{j} + 5\vec{k} = (-2,-4,5)$$

é um vetor diretor de r. Atribuindo a x o valor 0 no sistema das equações de π_1 e π_2, obtemos $y = -3$ e $z = 2$. Logo, o ponto $(0,-3,2)$ pertence a r, e

$$r: \begin{cases} x = -2\lambda \\ y = -3 - 4\lambda \\ z = 2 + 5\lambda \end{cases}$$ ◄

17-12 Exercício Resolvido

Verifique se as retas r e s são ortogonais e, se forem, verifique se são perpendiculares:

$$r: \begin{cases} x - y + 2z = 1 \\ x + y - 2z = 2 \end{cases} \qquad s: \begin{cases} 2x - y + z = 1 \\ x - y = 0 \end{cases}$$

Resolução

Primeiro modo Procedemos como no exercício resolvido anterior para obter vetores diretores de r e s:

$$\vec{u} = \begin{vmatrix} \vec{i} & \vec{j} & \vec{k} \\ 1 & -1 & 2 \\ 1 & 1 & -2 \end{vmatrix} = (0,4,2) \qquad \vec{v} = \begin{vmatrix} \vec{i} & \vec{j} & \vec{k} \\ 2 & -1 & 1 \\ 1 & -1 & 0 \end{vmatrix} = (1,1,-1)$$

Como $\vec{u} \cdot \vec{v} = 0 \cdot 1 + 4 \cdot 1 + 2(-1) = 2 \neq 0$, as retas r e s não são ortogonais. ◄

Segundo modo Escolhemos dois pontos em cada reta para obter seus vetores diretores (é como se passássemos as equações planares das retas para a forma vetorial). Faça os cálculos; é provável que você tenha resolvido assim o Exercício 17-1 (e). ◄

Exercícios

17-14 Dados π_1: $X = (1,-2,0) + \lambda(1,0,-1) + \mu(0,0,-1)$ e π_2: $X = (1,0,3) + \lambda(1,2,0) + \mu(-1,1,-1)$, obtenha uma equação vetorial de $\pi_1 \cap \pi_2$.

17-15 Obtenha uma equação geral do plano π_1 que contém r: $X = (1,0,1) + \lambda(0,3,1)$ e é perpendicular a π_2: $x + y - 2z - 2 = 0$, e obtenha uma equação vetorial de $\pi_1 \cap \pi_2$.

17-16 Escreva uma equação vetorial da reta r concorrente com s, paralela ao plano π, e perpendicular à reta AB. São dados: π: $2x - y + 3z - 1 = 0$, $A = (1,0,1)$, $B = (0,1,2)$, s: $X = (4,5,0) + \lambda(3,6,1)$.

C · PERPENDICULARIDADE ENTRE RETA E PLANO

Se $\vec{n}$ é um vetor normal ao plano π e $\vec{r}$ é um vetor diretor da reta r, então r e π são perpendiculares se, e somente se, $\vec{r}$ e $\vec{n}$ são paralelos (Figura 17-6).

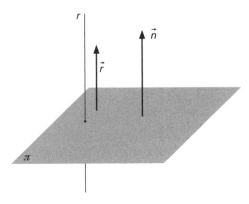

Figura 17-6

17-13 Exercício Resolvido

Verifique se a reta r e o plano π são perpendiculares.

(a) r: $X = (0,1,0) + \lambda(1,1,3)$ $\qquad$ π: $X = (3,4,5) + \lambda(6,7,8) + \mu(9,10,11)$

(b) r: $\begin{cases} 2x - y - z = 2 \\ 2x + y - z = 2 \end{cases}$ $\qquad$ π: $x + 2z = 14$

Resolução

(a) Como $(6,7,8)$ e $(9,10,11)$ são vetores diretores de π, um vetor normal a π é

$$\vec{n} = \begin{vmatrix} \vec{i} & \vec{j} & \vec{k} \\ 6 & 7 & 8 \\ 9 & 10 & 11 \end{vmatrix} = (-3, 6, -3)$$

Os vetores $\vec{r} = (1,1,3)$ (vetor diretor de r) e $\vec{n}$ são LI; logo, r e π não são perpendiculares.

(b) Podemos obter um vetor diretor de r como no Exercício Resolvido 17-11:

$$\vec{r} = \begin{vmatrix} \vec{i} & \vec{j} & \vec{k} \\ 2 & -1 & -1 \\ 2 & 1 & -1 \end{vmatrix} = (2,0,4)$$

Observando a equação geral de π, $x + 2z - 14 = 0$, escrevemos um vetor normal: $\vec{n} = (1,0,2)$. Como $\vec{r} = 2\vec{n}$, os vetores $\vec{r}$ e $\vec{n}$ são paralelos; logo, r e π são perpendiculares. ◄

EXERCÍCIOS

17-17 Verifique se r e π são perpendiculares:

(a) r: $X = (0,0,4) + \lambda(1,-1,1)$ π: $X = (1,2,3) + \lambda(1,2,1) + \mu(1,0,1)$

(b) r: $X = (3,1,4) + \lambda(-1,0,1)$ π: $X = (1,1,1) + \lambda(0,2,0) + \mu(1,1,1)$

(c) r: $X = (1,1,0) + \lambda(3,-3,1)$ π: $6x - 6y + 2z - 1 = 0$

(d) r: $\begin{cases} x + y + z = 1 \\ 2x + y - z = 0 \end{cases}$ π: $x - y + z = 1$

(e) r: $\begin{cases} x - y - z = 0 \\ x + y = 0 \end{cases}$ π: $2x - 2y + 4z = 1$

17-18 (a) Prove que o lugar geométrico dos pontos que são eqüidistantes de $A = (2,1,1)$, $B = (-1,0,1)$ e $C = (0,2,1)$ é uma reta e obtenha uma equação vetorial para ela.

(b) Mostre que a reta do item (a) é perpendicular ao plano ABC.

17-14 *Exercício Resolvido*

(a) Obtenha equações na forma simétrica da reta r que contém o ponto $P = (-1,3,5)$ e é perpendicular ao plano π: $x - y + 2z - 1 = 0$.

(b) Escreva uma equação geral do plano π que contém a origem O do sistema de coordenadas e é perpendicular à reta r: $X = (1,1,0) + \lambda(2,3,7)$.

Resolução

(a) O vetor $\vec{n} = (1,-1,2)$, sendo normal a π, é um vetor diretor de r. Logo,

$$r: \frac{x+1}{1} = \frac{y-3}{-1} = \frac{z-5}{2}$$ ◄

(b) Adotemos o vetor $(2,3,7)$, que é um vetor diretor de r, como vetor normal a π. Então, uma equação geral de π é da forma $2x + 3y + 7z + d = 0$. Como $O = (0,0,0)$ pertence a π, o termo independente d deve ser nulo. Uma equação geral de π é, portanto, $2x + 3y + 7z = 0$. ◄

EXERCÍCIOS

17-19 Obtenha uma equação vetorial da reta que contém o ponto P e é perpendicular ao plano π.

(a) $P = (1,3,7)$, $\pi: 2x - y + z = 6$.
(b) $P = (1,-1,0)$, $\pi: X = (1,-1,1) + \lambda(1,0,1) + \mu(1,1,1)$.
(c) $P = (1,2,3)$, $\pi: 2x + y - z = 2$.
(d) $P = (0,0,0)$, $\pi: X = (1,0,0) + \lambda(-1,1,1) + \mu(-1,1,0)$.

17-20 Obtenha uma equação geral do plano π que contém o ponto P e é perpendicular à reta r.

(a) $P = (0,1,-1)$ $r: X = (0,0,0) + \lambda(1,-1,1)$

(b) $P = (0,0,0)$ r contém $A = (1,-1,1)$ e $B = (-1,1,-1)$.

(c) $P = (1,1,-1)$ $r: \begin{cases} x - 2y + z = 0 \\ 2x - 3y + z - 1 = 0 \end{cases}$

17-15 *Exercício Resolvido*

Obtenha o ponto simétrico de $P = (0,2,1)$ em relação à reta $r: X = (1,0,0) + \lambda(0,1,-1)$.

Resolução

Você já resolveu este exercício na Seção A deste capítulo (Exercício 17-5 (a)). Lá, deve ter usado a técnica do λ para determinar o ponto Q, pé da perpendicular a r por P. Vamos partir agora de uma idéia geométrica um pouco diferente, que nos levará, praticamente, aos mesmos cálculos.

Seja π o plano que contém P e é perpendicular a r; uma equação geral de π é $y - z - 1 = 0$. O ponto Q pertence à interseção $r \cap \pi$; resolvendo o sistema das equações de r e π, obtemos $Q = (1, 1/2, -1/2)$. Se P_1 é o simétrico de P em relação a r, então

$$P_1 = P + 2\overrightarrow{PQ} = (0,2,1) + 2(1,-3/2,-3/2) = (2,-1,-2)$$

EXERCÍCIOS

17-21 Determine as coordenadas da projeção ortogonal do ponto P sobre o plano π, nos casos:

(a) $P = (1,0,1)$, $\pi: x - 2y + 4z = 1$.
(b) $P = (4,0,1)$, $\pi: 3x - 4y + 2 = 0$.

17-22 Obtenha o simétrico do ponto P em relação ao plano π, nos casos:

(a) $P = (1,4,2)$; $\pi: x - y + z - 2 = 0$.
(b) $P = (1,1,1)$; $\pi: 4y - 2z + 3 = 0$.

17-23 Determine a projeção ortogonal:

(a) da reta $r: x + 1 = y + 2 = 3z - 3$ sobre o plano $\pi: x - y + 2z = 0$;

(b) da origem $O = (0,0,0)$ sobre a reta interseção dos planos $\pi_1: X = (1,1,1) + \lambda(1,0,1) + \mu(0,1,1)$ e $\pi_2: x + y + z = 1$.

17-24 São dados o ponto $P = (2,1,0)$, a reta $r: X = (0,0,0) + \lambda(2,1,0)$ e o plano $\pi: x + y + z - 3 = 0$. Para cada ponto Q, seja Q' a projeção ortogonal de Q sobre π. Determine os pontos Q de r tais que o triângulo PQQ' tenha área $9\sqrt{6}/2$.

17-25 Sejam $\pi: x + y - z = 3$ e r a reta que contém os pontos $A = (1,0,0)$ e $B = (0,-1,-1)$. Obtenha uma equação vetorial da reta simétrica de r em relação a π.

17-26 Sejam $r: X = (1,0,0) + \lambda(1,1,0)$ e $s: X = (0,0,1) + \lambda(0,1,1)$.

(a) Mostre que essas retas são concorrentes.

(b) Obtenha equações na forma simétrica da reta perpendicular comum a r e s.

17-27 O vértice de uma pirâmide regular é $P = (\sqrt{2},2,0)$ e sua base é um quadrado $ABCD$ contido no plano $\pi: x - z = 0$. Sendo $A = (0,2,0)$, determine os outros três vértices e o volume da pirâmide.

17-28 Calcule a área das bases de um prisma triangular reto cujas faces laterais estão contidas nos planos

$$\pi_1: z - 1 = 0 \qquad \pi_2: x + y - z + 1 = 0 \qquad \pi_3: x + y + z + 1 = 0$$

D PERPENDICULARIDADE ENTRE PLANOS

Se $\vec{n}_1$ e $\vec{n}_2$ são vetores normais aos planos π_1 e π_2, então os planos são perpendiculares se, e somente se, $\vec{n}_1$ e $\vec{n}_2$ são ortogonais, isto é, $\vec{n}_1 \cdot \vec{n}_2 = 0$ (Figura 17-7).

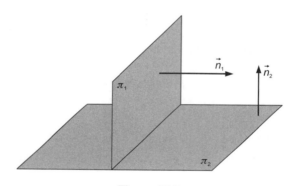

Figura 17-7

17-16 Exercício Resolvido

Verifique se $\pi_1: X = (0,0,1) + \lambda(1,0,1) + \mu(-1,-1,1)$ e $\pi_2: 2x - 7y + 16z - 40 = 0$ são perpendiculares.

Resolução

Como $(1,0,1)$ e $(-1,-1,1)$ são vetores diretores de π_1, seu produto vetorial é normal a π_1:

$$\vec{n}_1 = \begin{vmatrix} \vec{i} & \vec{j} & \vec{k} \\ 1 & 0 & 1 \\ -1 & -1 & 1 \end{vmatrix} = (1,-2,-1)$$

Extraímos um vetor normal a π_2 de sua equação geral: $\vec{n}_2 = (2,-7,16)$. Uma vez que $\vec{n}_1 \cdot \vec{n}_2 = (1,-2,-1) \cdot (2,-7,16) = 0$, π_1 e π_2 são perpendiculares.

Capítulo 17 — Perpendicularidade e ortogonalidade — 221

EXERCÍCIOS

17-29 Verifique se π_1 e π_2 são perpendiculares:

(a) π_1: $X = (1,-3,4) + \lambda(1,0,3) + \mu(0,1,3)$ π_2: $X = (0,0,0) + \lambda(1,1,6) + \mu(1,-1,0)$

(b) π_1: $X = (1,1,1) + \lambda(-1,0,-1) + \mu(4,1,1)$ π_2: $X = (3,1,1) + \lambda(1,-3,-1) + \mu(3,1,0)$

(c) π_1: $X = (4,3,1) + \lambda(1,0,1) + \mu(3,1,0)$ π_2: $y - 3z = 0$

(d) π_1: $x + y - z - 2 = 0$ π_2: $4x - 2y + 2z = 0$

17-30 Estude a posição relativa dos planos π_1: $2x + y + 3z + 1 = 0$ e π_2: $X = (1,1,1) + \lambda(1,1,0) + \mu(2,-1,m)$ e verifique se existe algum valor de *m* para o qual π_1 e π_2 sejam perpendiculares.

17-31 Obtenha uma equação geral do plano que contém o ponto $(2,1,0)$ e é perpendicular aos planos π_1: $x + 2y - 3z + 4 = 0$ e π_2: $8x - 4y + 16z - 1 = 0$.

17-32 Obtenha uma equação geral do plano que contém a reta r: $X = (1,0,2) + \lambda(4,1,0)$ e é perpendicular a π: $3x + y + z = 0$.

17-33 Obtenha uma equação geral do plano que contém $\pi_1 \cap \pi_2$ e é perpendicular a π_3, sendo

π_1: $x - y + z + 1 = 0$ π_2: $x + y - z - 1 = 0$ π_3: $x + y + 2z - 2 = 0$

17-34 Obtenha uma equação geral do plano que contém a origem do sistema de coordenadas, é paralelo a r: $-x = (1 - y)/4 = (1 - z)/5$ e perpendicular a π: $X = (1,2,3) + \lambda(0,4,-3) + \mu(1,-1,-2)$.

17-35 Determine os vértices *B*, *C* e *D* de um quadrado *ABCD*, sabendo que $A = (0,-19,4)$, um lado está contido no plano π_1: $2x - 2y + z = 15$, outro, no plano π_2: $2x + y - 2z = 0$, e o plano do quadrado é perpendicular à reta interseção de π_1 e π_2.

CAPÍTULO 18

MISCELÂNEA DE EXERCÍCIOS

Este capítulo consta de exercícios de revisão.

Este capítulo servirá para que você avalie quanto aprendeu até aqui, antes de enfrentar novos desafios. Intencionalmente, não agrupamos os exercícios propostos por assunto e omitimos a indicação dos mais difíceis. Com isso, pretendemos que você desenvolva a habilidade de inserir cada problema no contexto adequado e a de escolher os melhores procedimentos em cada caso (entenda-se por melhor não necessariamente o mais simples, mas aquele que você adota com segurança e conhecimento de causa; só a experiência e a prática farão com que os dois critérios coincidam).

A indicação (**SO**) em um enunciado significa que os dados do exercício se referem a um sistema *ortogonal* de coordenadas e será localizada, sempre que possível, de modo a sugerir por que isso é necessário (é instrutivo perceber o motivo). Na ausência da indicação, procure resolver o exercício sem fazer aquela hipótese. Começaremos resolvendo dois exercícios.

18-1 Exercício Resolvido

Dadas as retas $r: X = (0,1,0) + \lambda(1,0,0)$ e $s: X = (-1,2,-7) + \lambda(2,1,-3)$, obtenha uma equação vetorial da reta t, concorrente com r e s e paralela a $\vec{u} = (1,-5,-1)$.

Resolução

Primeiro modo (geométrico) Note que $\vec{u}$ não é paralelo a r nem a s (se fosse, poderíamos parar por aqui, já que não existiria a reta t). Se existir uma reta como pede o enunciado, ela determinará com r um plano π_1 e com s um plano π_2, e estará contida na interseção $\pi_1 \cap \pi_2$. Surge assim a idéia de escrever equações gerais desses dois planos e examinar sua interseção. Como $\vec{u}$ não é paralelo a r nem a s, esses planos podem ser caracterizados do seguinte modo: π_1 é o plano que contém r e é paralelo a $\vec{u}$, e π_2 é o plano que contém s e é paralelo a $\vec{u}$. Se π_1 e π_2 forem transversais (isso ocorre se, e somente se, $(\vec{u}, \vec{r}, \vec{s})$ é LI), sua interseção t será a reta procurada (Figura 18-1 (a)). De fato, $\vec{u}$ é paralelo a t porque é paralelo aos dois planos, t é concorrente com r porque são retas coplanares não-paralelas, e t é concorrente com s pelo mesmo motivo. Se a interseção $\pi_1 \cap \pi_2$ for vazia, o problema não terá solução (Figura 18-1 (b)), pois toda reta paralela a $\vec{u}$ e concorrente com r [respectivamente, com s] fica contida em π_1 [respectivamente, π_2], não podendo ser concorrente com s [respectivamente, r]. Se π_1 e π_2 forem iguais, haverá infinitas soluções: qualquer reta paralela a $\vec{u}$ contida em π_1 é concorrente com r e s (Figura 18-1 (c)). Agora, é só calcular.

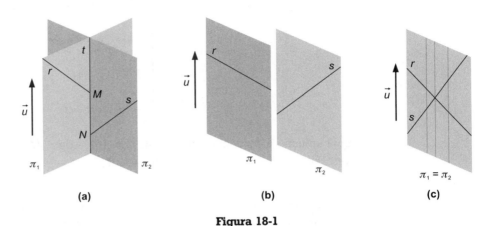

Figura 18-1

O plano π_1 contém $A = (0,1,0)$ e tem $\vec{u}$ e $\vec{r} = (1,0,0)$ como vetores diretores. Obtém-se uma equação geral desse plano desenvolvendo o determinante em

$$\begin{vmatrix} x & y-1 & z \\ 1 & -5 & -1 \\ 1 & 0 & 0 \end{vmatrix} = 0$$

Logo, π_1: $y - 5z - 1 = 0$.

O plano π_2, por sua vez, contém $B = (-1,2,-7)$ e tem $\vec{u}$ e $\vec{s} = (2,1,-3)$ como vetores diretores. Logo,

$$\pi_2: \begin{vmatrix} x+1 & y-2 & z+7 \\ 1 & -5 & -1 \\ 2 & 1 & -3 \end{vmatrix} = 0$$

ou seja, π_2: $16x + y + 11z + 91 = 0$.

Como os coeficientes de x, y e z das equações gerais dos dois planos não são proporcionais, π_1 e π_2 são transversais. Então, t é a reta de equações planares

$$\begin{cases} y - 5z - 1 = 0 \\ 16x + y + 11z + 91 = 0 \end{cases}$$

Atribuindo a z o valor 0, obtemos um ponto de t, $P = (-23/4, 1, 0)$. Portanto, uma equação vetorial de t é $X = (-23/4, 1, 0) + \lambda(1, -5, -1)$.

Segundo modo (algébrico) Se M e N são, respectivamente, os pontos em que t intercepta r e s, então $M = (\lambda,1,0)$ e $N = (-1 + 2\mu, 2 + \mu, -7 - 3\mu)$. Como $\vec{u}$ não é nulo, a reta t é paralela a $\vec{u}$ se, e somente se, existe um número real α tal que $\overrightarrow{MN} = \alpha\vec{u}$, ou seja, $(-1 + 2\mu - \lambda, 1 + \mu, -7 - 3\mu) = \alpha(1,-5,-1)$. Obtemos, assim, o sistema de equações

$$\begin{cases} -1 + 2\mu - \lambda = \alpha \\ 1 + \mu = -5\alpha \\ -7 - 3\mu = -\alpha \end{cases}$$

cuja solução é $\lambda = -23/4$, $\mu = -9/4$, $\alpha = 1/4$. Logo, $M = (-23/4, 1, 0)$ e uma equação vetorial de t é $X = (-23/4, 1, 0) + \lambda(1,-5,-1)$.

A comparação entre os dois modos de resolução do exercício anterior é instrutiva. O primeiro baseou-se na análise das circunstâncias geométricas do problema. Uma vez feita essa análise, que exige um certo grau de conhecimento e desenvoltura no trato com a Geometria, a execução tornou-se muito simples: resumiu-se, praticamente, ao cálculo de dois determinantes de ordem 3. No segundo modo de resolução fica mais evidente o método analítico. Não houve um raciocínio propriamente geométrico: uma leitura do enunciado e a sua tradução para a linguagem algébrica foram suficientes para obter o sistema de equações. Resolvê-lo talvez seja um pouco mais trabalhoso do que calcular dois determinantes, mas, em compensação, a Álgebra se encarrega de mostrar se existem soluções, quantas, e quais são elas; não precisamos pensar nisso antes de resolver o problema. O modo algébrico tem também a característica de uniformizar procedimentos e tornar semelhantes as resoluções de problemas diferentes. O geométrico, ao contrário, costuma cobrar-nos um raciocínio específico e uma boa idéia para cada caso. Para os apreciadores da Geometria, o modo geométrico pode trazer maior prazer estético, mas o outro costuma ser mais eficiente. Resumindo, o modo geométrico é poesia, o algébrico é prosa. No segundo exercício resolvido exemplificaremos novamente os dois enfoques.

18-2 Exercício Resolvido

Obtenha uma equação vetorial da reta t que contém o ponto $P = (2,-1,1)$ e é concorrente com as retas r: $X = (1,1,4) + \lambda(2,1,-1)$ e s: $X = (0,3,1) + \lambda(1,4,2)$.

Resolução

Primeiro modo (geométrico) Se existir uma reta como pede o enunciado, ela determinará com r um plano π_1, com s um plano π_2, e estará contida na interseção $\pi_1 \cap \pi_2$. Parece promissora, portanto, a idéia de escrever equações gerais desses dois planos e examinar sua interseção. Como você pode verificar facilmente, o ponto P não pertence a r nem a s, e por isso os planos podem ser caracterizados assim: π_1 é o plano que contém r e P, π_2 é o plano que contém s e P. Até aqui, tudo muito parecido com o primeiro modo de resolução do Exercício Resolvido 18-1, mas agora surge uma diferença importante. Mesmo que π_1 e π_2 sejam transversais, não podemos garantir que sua interseção seja a reta procurada (veja a Figura 18-2 (a)): se r for paralela a π_2, toda reta que contém P e é concorrente com s será disjunta de r; logo, não existirá solução para o problema. Por motivo análogo, não haverá solução se s for paralela a π_1. Excluídos esses dois casos (supondo ainda que π_1 e π_2 sejam transversais), $\pi_1 \cap \pi_2$ é a solução (veja a Figura 18-2 (b)), pois: contém P, é concorrente com r (coplanar, não paralela) e concorrente com s (coplanar, não paralela).

No caso em que π_1 e π_2 são paralelos, esses planos coincidem (pois ambos contêm P), e o problema admite uma infinidade de soluções: são as retas que contêm P, estão contidas em π_1 e não são paralelas a r nem a s (Figura 18-2 (c)). Vamos aos cálculos.

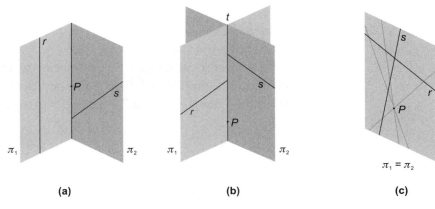

Figura 18-2

- *Equação geral de π_1* O ponto A = (1,1,4) pertence a r e os vetores $\vec{r}$ = (2,1,–1) e $\overrightarrow{AP}$ = (1,–2,–3) são vetores diretores de π_1. Uma equação desse plano é

$$\begin{vmatrix} x-1 & y-1 & z-4 \\ 2 & 1 & -1 \\ 1 & -2 & -3 \end{vmatrix} = 0$$

ou seja, π_1: $x - y + z - 4 = 0$.

- *Equação geral de π_2* O ponto B = (0,3,1) pertence a s; logo, $\overrightarrow{PB}/2$ = (–1,2,0) e $\vec{s}$ = (1,4,2) são paralelos a π_2 e uma equação desse plano é

$$\begin{vmatrix} x & y-3 & z-1 \\ -1 & 2 & 0 \\ 1 & 4 & 2 \end{vmatrix} = 0$$

ou seja, π_2: $2x + y - 3z = 0$.

- *Posição relativa de π_1 e π_2* Os vetores $\vec{n}_1$ = (1,–1,1) e $\vec{n}_2$ = (2,1,–3) são LI, e portanto π_1 e π_2 são transversais (Observação 16-5).

- *Posição relativa de s e π_1* Apliquemos a Proposição 14-21: o vetor $\vec{s}$ = (1,4,2) não é paralelo a π_1, pois $1\cdot 1 + (-1)\cdot 4 + 1\cdot 2 = -1 \neq 0$. Logo, s é transversal a π_1.

- *Posição relativa de r e π_2* Como $2\cdot 2 + 1\cdot 1 + (-3)\cdot(-1) = 8 \neq 0$, o vetor $\vec{r}$ = (2,1,–1) não é paralelo a π_2. Logo, r e π_2 são transversais.

Podemos então afirmar que a reta interseção de π_1 e π_2, que tem equações planares

$$\begin{cases} x - y + z - 4 = 0 \\ 2x + y - 3z = 0 \end{cases}$$

é a solução (única) do problema. Passando as equações para a forma vetorial, obtemos
$t: X = (0, -6, -2) + \lambda(2, 5, 3)$. ◄

Segundo modo (algébrico) Se M e N são, respectivamente, pontos genéricos de r e s, podemos escrever $M = (1 + 2\lambda, 1 + \lambda, 4 - \lambda)$, $N = (\mu, 3 + 4\mu, 1 + 2\mu)$. Existe uma reta t que contém P e é concorrente com r e s se, e somente se, existem λ e μ tais que P, M e N sejam colineares. Como $\overrightarrow{PN} \neq \vec{0}$ (pois P não pertence a s), isso equivale a existir α tal que $\overrightarrow{PM} = \alpha \overrightarrow{PN}$, ou seja, $(-1 + 2\lambda, 2 + \lambda, 3 - \lambda) = \alpha(\mu - 2, 4 + 4\mu, 2\mu)$. Obtemos assim o sistema

$$\begin{cases} -1 + 2\lambda = \alpha\mu - 2\alpha \\ 2 + \lambda = 4\alpha + 4\alpha\mu \\ 3 - \lambda = 2\alpha\mu \end{cases}$$

cuja solução é $\lambda = 9/8$, $\mu = -6$, $\alpha = -5/32$. Logo, $N = (-6, -21, -11)$ e, conseqüentemente, $\overrightarrow{PN} = (-8, -20, -12) = -4(2, 5, 3)$. Assim, uma equação vetorial de t é $X = P + \lambda(2, 5, 3)$, ou seja, $t: X = (2, -1, 1) + \lambda(2, 5, 3)$. ◄

Perceba a vantagem prática do método algébrico: o procedimento utilizado no segundo modo de resolução dos dois exercícios foi o mesmo, embora cada um tenha suas peculiaridades geométricas. Como já dissemos, o segundo modo de resolução uniformiza os procedimentos.

EXERCÍCIOS

18-1 Obtenha uma equação vetorial da reta t que contém P e é concorrente com r e s.

(a) $P = (1,1,1)$ $r: x + 3 = (y - 2)/2 = (z - 1)/3$ $s: X = (-2,0,4) + \lambda(1,1,-1)$

(b) $P = (-2,2,-4)$ $r: X = (-1,1,3) + \lambda(-2,-2,2)$ $s: X = (-2,4,4) + \lambda(1,2,3)$

(c) $P = (-1,-4,-6)$ $r: \begin{cases} x - y - z + 5 = 0 \\ 2x - z + 4 = 0 \end{cases}$ $s: \dfrac{x - 3}{2} = \dfrac{y - 2}{3} = \dfrac{z}{3}$

(d) $P = (1,-2,-1)$ $r: \begin{cases} z = x - 2 \\ y = 1 - x \end{cases}$ $s: \begin{cases} z = x - 1 \\ y = 1 + 2x \end{cases}$

(e) $P = (1,0,3)$ $r: X = (1,0,0) + \lambda(3,-1,2)$ $s: X = (-5,2,-4) + \lambda(1,5,-1)$

(f) **(SO)** $r: (x - 1)/2 = y = z + 1$, $s: X = (1,2,-1) + \lambda(-1,0,3)$ e P é o simétrico do ponto $(0,1,0)$ em relação à reta interseção dos planos $\pi_1: x + y + z = 4$ e $\pi_2: x - y + z = 0$.

18-2 Discuta, segundo os valores de a, a existência e a unicidade de uma reta t que contenha o ponto $P = (1,a,0)$ e seja concorrente com $r: X = (1,1,1) + \lambda(1,2,3)$ e $s: X = (1,2,1) + \mu(0,0,1)$.

18-3 Obtenha uma equação vetorial da reta concorrente com r e s, paralela à reta h.

(a) $r: X = (1,1,-1) + \lambda(2,1,-1)$ $s: \begin{cases} x + y - 3z = 1 \\ 2x - y - 2z = 0 \end{cases}$ h contém $A = (1,-1,4)$ e $B = (0,-3,-1)$

(b) $r: X = (1/3, 2/3, 0) + \lambda(5,4,3)$ $s: (x+1)/2 = y = -z$ $h: X = (0,0,0) + \lambda(1,0,1)$

(c) $r: X = (1,2,3) + \lambda(2,-1,0)$ $s: -x = y - 1 = (z+3)/2$ $h // \vec{u} = (43/9, 86/27, -43/27)$

(d) $r: X = (2,1,0) + \lambda(1,0,-1)$ $s: x + 2 = y = z$ $h: x = y - 1 = (2-z)/3$

18-4 Para que valores de m existe uma única reta paralela ao vetor $\vec{u} = (1,1,0)$ que seja concorrente com $r: X = (2,-1,1) + \lambda(1,m,3)$ e $s: X = (3,1,1) + \lambda(1,1,m)$?

18-5 Obtenha, em cada caso, uma equação vetorial da reta que contém P, é paralela ou contida no plano π e é concorrente com a reta r.

(a) $P = (1,1,0)$ $\pi: 2x + y - z - 3 = 0$ $r: X = (1,0,0) + \lambda(-1,0,1)$

(b) $P = (1,0,1)$ $\pi: x - 3y - z = 1$ $r: X = (0,0,0) + \lambda(2,1,-1)$

(c) $P = (1,2,1)$ $\pi: x - y = 0$ $r: X = (1,0,0) + \lambda(2,2,1)$

(d) $P = (2,-1,2)$ $\pi: x + y + z = 0$ r é a interseção dos planos $\pi_1: x = z$ e $\pi_2: z = y + 2$

18-6 Obtenha uma equação vetorial da reta contida em $\pi: x - y + z = 0$ que é concorrente com as retas

$r: \begin{cases} x + y + 2z = 2 \\ x + z = 1 \end{cases}$ $s: \begin{cases} x + 2 = z \\ y = 0 \end{cases}$

18-7 Obtenha uma equação vetorial da reta paralela a $\pi_1: x + 2y + z - 1 = 0$ e $\pi_2: x + 4y + 2z = 0$ e concorrente com as retas.

$r: \begin{cases} 2x - 2y = z \\ x - 3y = 1 \end{cases}$ $s: \begin{cases} 4x - 2y + z = 2 \\ x + 2y - z = 3 \end{cases}$

18-8 Sejam $r: X = (0,0,0) + \lambda(1,0,0)$, $s: X = (1,0,0) + \lambda(0,1,0)$ e $t: X = (0,1,0) + \lambda(0,0,1)$. Obtenha uma equação vetorial da reta concorrente com r, s e t, e paralela ao plano $\pi: 2x + y + z + 1 = 0$.

18-9 O segmento BE é a base de um triângulo isósceles de vértice A e é também a interseção desse triângulo com o retângulo de vértices B, C, D, E. Os cinco pontos são coplanares. Conhecendo $A = (1,1,0)$, $B = (2,0,1)$ e $C = (6,-2,3)$, obtenha as coordenadas de D e E **(SO)**.

18-10 Obtenha uma equação geral do plano que contém $P = (1,3,4)$ e é paralelo a $\pi: x + y + z + 1 = 0$.

18-11 Um hexágono regular de centro $O = (0,0,0)$, contido em Oxy, tem dois vértices em Oy e seu lado mede 1. É fácil concluir que os dois vértices que pertencem a Oy são $A = (0,1,0)$ e $B = (0,-1,0)$. Para obter as coordenadas de um terceiro vértice, $C = (x,y,z)$, imponha três condições sobre C: pertence a Oxy, sua distância a O é 1, e $\vec{AC} \perp \vec{BC}$. Faça os cálculos **(SO)**. O que diz a sua intuição geométrica: o resultado é razoável ou causa estranheza?

18-12 Verifique, em cada caso, se existe uma reta s paralela a r e contida em $\pi: x - 2y + 3z - 1 = 0$.

(a) $r: X = (0,1,1) + \lambda(1,-1,-1)$ e s contém $P = (2,1,0)$.

(b) r é o eixo das abcissas.

(c) $r: X = (1,0,0) + \lambda(-1,1,1)$ e s é paralela a Oxy.

18-13 Sejam $\pi_1: 2x = y$, $\pi_2: x = 0$, $\pi_3: z = 0$, e π_4 o plano determinado por $r: X = (1,2,0) + \lambda(1,2,-1)$ e $s: x + 1 = z + y = 1$. Verifique se esses planos determinam um tetraedro e calcule, se for o caso, o seu volume **(SO)**.

18-14 Calcule o volume do tetraedro **(SO)** determinado pelas retas r, s, t e pelo plano π, nos casos:

(a) $\pi: x + y + z - 5 = 0$ $r: x = z = 0$ $s: x = y = 0$ $t: x - 2y = z = 0$

(b) $\pi: x + y - z + 1 = 0$ $r: x = y = z + 1$ $s: x + y = 0 = z + 1$ $t: x + y - z = 1 = x + 1$

(c) $\pi: x - y + z = 0$ $r: x = y = z$ $s: x = y = 1$ $t: X = (1,2,3) + \lambda(0,2,1)$

18-15 Um hexágono regular contido em $\pi: x + y + z - 3 = 0$ tem centro $H = (1,1,1)$ e seu lado mede $\sqrt{2}$ **(SO)**. Determine seus vértices, sabendo que dois deles pertencem a $r: X = (1,1,1) + \lambda(1,0,-1)$.

18-16 O paralelogramo $ABCD$ tem os lados AB e CD paralelos a $r: X = (0,0,0) + \lambda(3,4,5)$ e os outros dois lados paralelos a $\pi: x + y + 3z = 0$. Sabendo que $A = (0,0,0)$ e $D = (1,1,1)$, determine B e C.

18-17 Considere as retas $r: X = (1,1,0) + \lambda(0,1,1)$ e $s: (x-1)/2 = y = z$. Sejam A o ponto de interseção de s com o plano π, e B e C, respectivamente, os pontos em que r intercepta Oxz e Oxy. Calcule a área do triângulo ABC **(SO)**, nos casos:

(a) $\pi: x - y + z = 2$ (b) $\pi: x - y - z = 2$ (c) $\pi: x - 4y + 2z = 1$

18-18 Determine a projeção do ponto $P = (1,4,0)$ sobre o plano $\pi: x + y - 2z + 1 = 0$, paralelamente à reta $r: X = (0,0,0) + \lambda(1,4,1)$.

18-19 Existe uma reta paralela a $\pi: X = (0,0,0) + \lambda(1,-1,-1) + \mu(3,0,-1)$, que contenha $P = (2,2,1)$ e seja concorrente com $r: X = (1,0,0) + \gamma(2,1,0)$? Por quê?

18-20 Obtenha uma equação geral do plano que contém a reta $r: X = (1,1,0) + \lambda(2,1,2)$ e é paralelo a $s: (x+1)/2 = y = z + 3$.

18-21 Obtenha uma equação vetorial da reta h paralela ao plano $\pi: x + y + z = 0$, concorrente com as retas $r: X = (0,0,2) + \alpha(1,1,1)$, $s: X = (2,0,-5) + \beta(0,1,1)$ e $t: X = (-3,-3,3) + \gamma(1,0,2)$.

18-22 Obtenha equações do lugar geométrico dos pontos médios dos segmentos com uma extremidade em r e outra em s e descreva-o geometricamente.

(a) $r: X = (1,2,2) + \lambda(0,1,1)$ $s: X = (0,0,0) + \mu(1,0,1)$

(b) $r: X = (1,2,3) + \lambda(1,2,3)$ $s: \begin{cases} x + y - z + 1 = 0 \\ 2x - y = 4 \end{cases}$

(c) $r: X = (1,0,0) + \lambda(-1,0,1)$ $\qquad$ $s: X = (0,0,1) + \mu(2,1,1)$

18-23 Sejam $A = (1,2,7)$ e $B = (1,1,4)$. Nos casos do exercício anterior, obtenha equações do lugar geométrico dos pontos médios dos segmentos paralelos a AB com uma extremidade em r e outra em s. Descreva o lugar geométrico.

18-24 Obtenha equações do lugar geométrico dos pontos médios dos segmentos com uma extremidade em π_1 e outra em π_2 e descreva-o geometricamente.

(a) $\pi_1: 2x - 3y + 3z - 4 = 0$ $\qquad$ $\pi_2: x + y - z + 2 = 0$
(b) $\pi_1: x - y + 3z = 0$ $\qquad$ $\pi_2: x - y + 3z - 1 = 0$

18-25 Sejam $A = (1,4,0)$ e $B = (0,1,-2)$. Nos casos do exercício anterior, obtenha equações do lugar geométrico dos pontos médios dos segmentos paralelos a AB com uma extremidade em π_1 e outra em π_2. Descreva o lugar geométrico.

18-26 Obtenha equações do lugar geométrico dos pontos médios dos segmentos com uma extremidade em r e outra em π e descreva-o geometricamente.

(a) $\pi: x - 2y - z = 1$ $\qquad$ $r: X = (1,0,2) + \lambda(2,-1,4)$
(b) $\pi: x + y + z = 0$ $\qquad$ $r: X = (0,0,0) + \lambda(1,1,1)$
(c) $\pi: x - 2y - z = 0$ $\qquad$ $r: X = (1,0,1) + \lambda(1,0,1)$

18-27 Sejam $A = (1,0,1)$ e $B = (1,2,3)$. Nos casos do exercício anterior, obtenha equações do lugar geométrico dos pontos médios dos segmentos paralelos a AB com uma extremidade em r e outra em π. Descreva o lugar geométrico.

18-28 Sejam $A = (2,1,1)$, $B = (-1,0,1)$, $C = (0,2,1)$ e $\pi: X = (2,4,0) + \alpha(-1,1,1) + \beta(-2,-1,0)$. Prove que o lugar geométrico dos pontos X do plano π tais que o tetraedro $ABCX$ tem volume 1 **(SO)** é a reunião de duas retas paralelas, contidas em π; obtenha equações vetoriais dessas retas.

18-29 As retas $r: X = (1,0,0) + \alpha(0,1,1)$, $s: X = (0,2,0) + \beta(1,0,1)$ e $t: X = (0,0,3) + \gamma(1,1,0)$ são concorrentes com h, respectivamente, nos pontos A, B e C. Sabendo que B é o ponto médio de AC, determine esses pontos e escreva uma equação vetorial de h.

18-30 O plano π contém $r: x - y = x + z - 1 = 0$ e determina, com os planos coordenados, um tetraedro de volume 1/12 **(SO)**. Obtenha os vértices do tetraedro e uma equação geral de π.

18-31 Sejam $A = (1,0,0)$, $B = (0,2,0)$, $C = (0,0,3)$ e $O = (0,0,0)$. Obtenha uma equação geral do plano paralelo ao plano ABC que intercepta as retas OA, OB, OC em pontos que são vértices de um triângulo de área 7/8 **(SO)**.

18-32 As arestas OA, OB, OC de um tetraedro e os ângulos $A\hat{O}B$, $B\hat{O}C$ e $C\hat{O}A$ medem, respectivamente, 2, 3, 4, 30°, 45° e 60°. Calcule o volume do tetraedro **(SO)**.

18-33 Um losango de vértices A, B, C e D e área $2\sqrt{6}$ **(SO)** está contido no plano π: $2x - y - z = 0$. Os pontos B e C são extremidades de uma diagonal e pertencem, respectivamente, aos planos Oxy e Oxz. Sabendo que $A = (0,0,0)$ e que D tem as três coordenadas negativas, determine B, C e D.

18-34 Um paralelogramo $ABCD$ tem um lado contido na reta r: $X = (1,0,1) + \lambda(1,1,1)$ e um vértice no plano π: $x - 3y + z = 5$. Sendo $A = (0,-1,0)$ e $B = (-1,0,1)$, determine C e D.

18-35 No prisma da Figura 18-3 (a), $A = (0,-1,1)$ e $E = (0,-3,0)$. Sabendo que C e D pertencem à reta s: $x - 1 = y = y - z$, determine B, C, D, F e o volume do prisma **(SO)**.

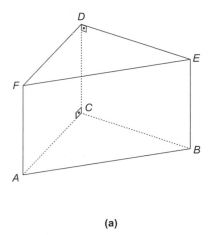 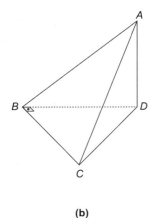

(a) (b)

Figura 18-3

18-36 A face BCD do tetraedro representado na Figura 18-3 (b) é um triângulo retângulo isósceles contido no plano π: $2x - y + z = 0$. A aresta AD é perpendicular a π e a aresta BC está contida em r: $X = (0,1,1) + \lambda(1,1,-1)$. Sendo $A = (2,-1,1)$, determine B, C, D e o volume do tetraedro **(SO)**.

18-37 Dados r: $x + 2y + 2z = 3 = x + z$, $P = (2,1,4)$ e s: $x - 3 = y + 1 = (z + 6)/2$, seja Q a projeção ortogonal de P sobre r **(SO)**. Obtenha o ponto A de s tal que a área do triângulo PQA seja 9.

18-38 Prove que existe um quadrado $ABCD$ tal que $A = (1,0,0)$, $B = (3,-2,1)$ e $C = (2,2,2)$, e determine D **(SO)**. Calcule as coordenadas do ponto H, sabendo que VH é altura da pirâmide de base $ABCD$ e vértice $V = (5,2,-5)$.

18-39 A, B, C e D são vértices de um trapézio isósceles de bases AB e CD e diagonais AC e BD **(SO)**.
(a) Determine A, supondo que $B = (1,-1,2)$, $C = (3,-2,3)$ e $D = (3,1,0)$.
(b) Determine C e D, supondo que $A = (2,2,-1)$ e $B = (0,3,0)$, que o lado BC tenha medida $\sqrt{6}$ e que o ponto de encontro das diagonais seja $H = (1,2,0)$.

18-40 Sejam π: $x + y = 1$, r: $X = (0,1,1) + \lambda(1,0,1)$, s: $X = (2,-1,1) + \lambda(0,1,1)$ e t: $X = (0,-1,3) + \lambda(1,1,0)$.
(a) Prove que existe um único ponto A comum às retas r, s e t e calcule suas coordenadas.

(b) Os pontos B, C e D pertencem, respectivamente, a r, s e t. Calcule suas coordenadas, sabendo que o plano BCD é paralelo a π e o volume do tetraedro ABCD é 1/6 **(SO)**.

18-41 Sejam $A = (2,1,3)$, $B = (0,0,1)$, $C = (-1,-2,-3)$, $D = (1,0,2)$ e P o ponto que divide (C,A) na razão 2. Obtenha uma equação geral do plano π que contém P e é paralelo a CD e cuja interseção com o tetraedro ABCD é um paralelogramo.

18-42 Uma pirâmide tem por base um retângulo ABCD e seu vértice $P = (1,1,1)$ projeta-se ortogonalmente sobre o centro da base. A face PAB está contida em π_1: $x - y + z - 1 = 0$ e a face PCD, em π_2: $x + y + z - 3 = 0$. Determine B, C e D, sabendo que $A = (1,0,0)$ e que o ponto $Q = (1,-1,0)$ pertence ao plano da base **(SO)**.

18-43 Determine o vértice B de um triângulo retângulo ABC, sabendo que **(SO)**:
- $A = (1,1,1)$ e a cota de C é maior que a de A;
- a hipotenusa AC mede $\sqrt{3}$ e é ortogonal ao plano de equação $x + y - z - 10 = 0$;
- o lado AB é ortogonal ao plano de equação $2x - y - z = 0$.

18-44 Mostre que a interseção dos planos π_1: $x - y = 0$, π_2: $x + z = 0$ e π_3: $x - y + 3z + 3 = 0$ contém um único ponto A e determine suas coordenadas. Calcule o volume do paralelepípedo **(SO)** que tem faces contidas em π_1, π_2 e π_3 e diagonal AH, sendo $H = (2,1,3)$.

18-45 Um cubo tem diagonal AB e uma das faces está contida no plano π: $x - y = 0$. Sabendo que $A = (1,1,0)$ e $B = (1,3,\sqrt{2})$, determine os demais vértices **(SO)**.

18-46 Verifique, em cada caso, se existe uma reta t que contém P e é concorrente com r e s nos pontos A e B, de tal modo que os segmentos AP e BP sejam congruentes; caso exista, obtenha uma equação vetorial de t.

(a) $P = (1,-1,-9)$ r: $X = (0,-4,1) + \lambda(2,1,0)$ s: $X = (0,-3,-3) + \mu(1,0,2)$

(b) $P = (1,2,3)$ r: $X = (0,0,0) + \lambda(1,0,1)$ s: $X = (1,1,1) + \mu(2,1,1)$

18-47 Especifique, de acordo com os valores de h e k, o lugar geométrico dos pontos de $\mathbb{E}^3$ caracterizado pelo sistema de equações
$$\begin{cases} 2x - y + z = 1 \\ kx - y + z = h \end{cases}$$

18-48 Obtenha os vértices de um triângulo retângulo cuja hipotenusa mede $2\sqrt{6}$, que tem um cateto contido na reta r: $X = (8,5,1) + \lambda(3,2,1)$, o outro paralelo a π: $3x + y + z = 0$, e um vértice na reta s: $X = (4,4,5) + \lambda(1,1,1)$ **(SO)**.

18-49 O triângulo retângulo ABC tem um vértice na reta r: $X = (1,2,3) + \lambda(1,1,-1)$. Sendo $A = (0,1,8)$ e $B = (-3,0,9)$, determine C **(SO)**.

18-50 O plano π contém a reta r e sua interseção com o tetraedro $ABCD$ é um paralelogramo. Sendo $r: X = (0,2,5) + \lambda(1,-2,6)$, $A = (1,1,1)$, $B = (-2,7,1)$, $C = (1,4,7)$ e $D = (7,-2,1)$, obtenha uma equação geral de π.

18-51 A reta s é paralela a $r: x + y + z = 2y = 12 - x - 4z$ e intercepta os planos coordenados Oxy e Oxz, respectivamente, nos pontos A e B. O segmento AB mede $4\sqrt{6}$ **(SO)** e A tem abscissa e ordenada iguais. Obtenha uma equação vetorial de s.

18-52 Obtenha, em cada caso, uma equação vetorial da reta s.

(a) s contém o baricentro do triângulo de vértices $P = (3,1,2)$, $Q = (1,2,0)$ e $R = (2,-3,1)$ e é paralela a $r: x + z = y = 1 + z - 2x$.

(b) Os pontos em que s intercepta Ox e Oyz determinam com O um triângulo de área $\sqrt{40}$, e s é paralela a $r: y - z = x = 1 - 2y - 2z$.

CAPÍTULO 19

MEDIDA ANGULAR

Neste capítulo mostra-se como obter a medida angular (entre retas, ou entre planos, ou entre reta e plano) a partir de vetores diretores e vetores normais. Esse conceito é aplicado na descrição dos semi-espaços de $\mathbb{E}^3$ determinados por um plano.

Situações geométricas envolvendo ângulos entre retas, entre planos, ou entre reta e plano são o objeto de estudo deste capítulo. O produto escalar, por sua estreita ligação com medidas angulares entre vetores, será a principal ferramenta, coadjuvada pela norma e pelo produto vetorial. Para poder usar [7-4] e a Proposição 9-4, suporemos que está fixado um sistema ortogonal de coordenadas $(O, \vec{i}, \vec{j}, \vec{k})$ em que $(\vec{i}, \vec{j}, \vec{k})$ é positiva caso intervenha um produto vetorial. A unidade de medida angular, sempre que não houver menção explícita, será o radiano.

A MEDIDA ANGULAR ENTRE RETAS

Se $\vec{r}$ e $\vec{s}$ são, respectivamente, vetores diretores das retas r e s, é tentadora a idéia de definir medida angular entre elas como sendo $\text{ang}(\vec{r}, \vec{s})$. Isso, porém, dependeria da escolha de $\vec{r}$ e $\vec{s}$, como está ilustrado na Figura 19-1, em que $\vec{r}_1$ e $\vec{r}_2$ são vetores diretores de r, $\theta_1 = \text{ang}(\vec{r}_1, \vec{s})$, $\theta_2 = \text{ang}(\vec{r}_2, \vec{s})$ e $\theta_1 \neq \theta_2$.

Figura 19-1

Para evitar a ambigüidade vamos assumir uma postura mais seletiva, escolhendo o menor dos números θ_1 e θ_2 como medida angular entre r e s. Este será, portanto, um número do intervalo $[0,\pi/2]$ ou do intervalo $[0,90]$, conforme estivermos usando radianos ou graus. Essas considerações nos levam a formular a definição seguinte.

19-1 Definição

Sejam r e s duas retas, $\vec{r}$ um vetor diretor da primeira, e $\vec{s}$ um vetor diretor da segunda. **Medida angular entre r e s** é a medida angular entre os vetores $\vec{r}$ e $\vec{s}$, se esta pertence ao intervalo $[0,\pi/2]$ (em radianos) ou ao intervalo $[0,90]$ (em graus), e é a medida angular entre $\vec{r}$ e $-\vec{s}$, se pertence a $[\pi/2,\pi]$ (em radianos) ou a $[90,180]$ (em graus). Indica-se por ang(r,s).

Esta definição leva imediatamente à conclusão de que, se $\theta = \mathrm{ang}(r,s)$, então $\theta = 0$ quando r e s são paralelas e $\theta = \pi/2$ quando r e s são ortogonais. Em qualquer outro caso, $0 < \theta < \pi/2$. Note que a definição permite considerar, com naturalidade, a medida angular entre retas reversas.

A Definição 19-1, assim como outras definições que encontraremos neste capítulo, remete-nos ao conceito de medida angular entre vetores, apresentado no Capítulo 9. Por isso, o espírito e a linguagem permanecerão os mesmos. Aqui, como lá, estamos mais interessados na *medida angular* do que no *ângulo* propriamente dito. Essa é a razão pela qual evitamos definir ângulo entre duas retas (tarefa bem complicada, por sinal: pense no caso de retas reversas). Apesar disso, aqui, como lá, usaremos por conveniência uma linguagem informal, dizendo, por exemplo, que duas retas r e s *formam ângulo de 30°* se ang$(r,s) = 30°$, ou *formam ângulo reto* se ang$(r,s) = \pi/2$ radianos, ou *formam ângulos congruentes* com a reta t se ang$(r,t) = $ ang(s,t). Nesta linguagem, de acordo com a Definição 19-1, *duas retas não-ortogonais quaisquer formam ângulo agudo*.

Para calcular a medida angular θ entre as retas r e s, indiquemos por φ a medida angular entre dois vetores diretores quaisquer dessas retas: $\varphi = \mathrm{ang}(\vec{r},\vec{s})$. Analisemos o sinal de $\cos\varphi$:

- se $\cos\varphi \geq 0$, então $0 \leq \varphi \leq \pi/2$ e, pela Definição 19-1, $\theta = \varphi$ (Figura 19-2 (a)). Logo,

$$\cos\theta = \cos\varphi$$

- se $\cos\varphi < 0$, então $\pi/2 < \varphi \leq \pi$. Neste caso, pela Definição 19-1, $\theta = \mathrm{ang}(\vec{r},-\vec{s})$ (Figura 19-2 (b)), e, portanto,

$$\cos\theta = \frac{\vec{r}\cdot(-\vec{s})}{\|\vec{r}\|\,\|-\vec{s}\|} = \frac{-\vec{r}\cdot\vec{s}}{\|\vec{r}\|\,\|\vec{s}\|} = -\cos\varphi$$

Resumindo:

$$\cos\varphi \geq 0 \Rightarrow \cos\theta = \cos\varphi$$
$$\cos\varphi < 0 \Rightarrow \cos\theta = -\cos\varphi$$

Concluímos que, em ambos os casos, $\cos\theta = |\cos\varphi|$, isto é,

$$\cos\theta = \frac{|\vec{r}\cdot\vec{s}|}{\|\vec{r}\|\,\|\vec{s}\|} \qquad [19\text{-}1]$$

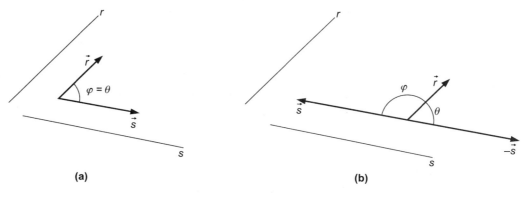

Figura 19-2

19-2 Exercício Resolvido

Calcule a medida angular θ entre as retas $r: X = (1,1,9) + \lambda(0,-1,1)$ e $s: x - y + 3 = z = 4$.

Resolução

Como se vê facilmente, $\vec{r} = (0,-1,1)$ e $\vec{s} = (1,1,0)$ são vetores diretores de r e s. Aplicando [19-1], obtemos:

$$\cos\theta = \frac{|(0,-1,1)\cdot(1,1,0)|}{\sqrt{2}\sqrt{2}} = \frac{1}{2}$$

e, portanto, $\theta = \pi/3$.

EXERCÍCIO

19-1 Seja $\theta = \text{ang}(r,s)$. Calcule $\text{sen}\,\theta$ nos casos (a) e (b) e $\cos\theta$ nos casos (c) e (d):

(a) $r: X = (-5/2,2,0) + \lambda(1/2,1,1)$ $s: z = 3x = 2y - 16$

(b) $r: X = (3,-2,0) + \lambda(1,-1,\sqrt{2})$ $s: X = (-2,3,-5) + \lambda(1,1,\sqrt{2})$

(c) $r: \begin{cases} x + 3z = 7 \\ y = 0 \end{cases}$ $s: \begin{cases} x - 4y - 2z = 5 \\ y = 0 \end{cases}$

(d) $r: x = \dfrac{1-y}{2} = \dfrac{z}{3}$ $s: \begin{cases} 3x + y - 5z = 0 \\ x - 2y + 3z + 1 = 0 \end{cases}$

19-3 Exercício Resolvido

O lado BC de um triângulo eqüilátero está contido na reta $r: X = (0,0,0) + \lambda(0,1,-1)$, e seu vértice oposto é $A = (1,1,0)$. Determine B e C.

Resolução

Queremos obter os pontos de r que determinam, com A, retas que formam ângulos de $60°$ com r. Excelente ocasião para usar a técnica do λ: seja $P = (0,\lambda,-\lambda)$ um ponto genérico de r. O vetor $\overrightarrow{AP} = (-1,\lambda-1,-\lambda)$ é um diretor da reta AP e $\vec{r} = (0,1,-1)$ é um diretor de r. Como $\cos 60° = 1/2$, a fórmula [19-1] fornece:

$$\frac{1}{2} = \frac{|\vec{r} \cdot \overrightarrow{AP}|}{\|\vec{r}\| \, \|\overrightarrow{AP}\|} = \frac{|2\lambda - 1|}{\sqrt{2}\sqrt{2\lambda^2 - 2\lambda + 2}}$$

Elevando ao quadrado e simplificando, chegamos à equação equivalente $\lambda^2 - \lambda = 0$, cujas raízes são 0 e 1. Substituindo na expressão de P, obtemos (0,0,0) e (0,1,–1), que são os vértices procurados.

EXERCÍCIOS

19-2 Obtenha uma equação vetorial da reta que forma ângulos congruentes com os eixos coordenados é e concorrente com r: 2x – 2 = 3y – 3 = –2z e s: X = (–1,1,0) + λ(5,3,1).

19-3 Obtenha uma equação vetorial da reta que contém o ponto P = (0,2,1) e forma ângulos congruentes com as retas r: X = (0,0,0) + λ(1,2,2), s: X = (1,2,3) + λ(0,3,0) e t: X = (1,2,0) + λ(0,0,3).

19-4 Obtenha equações na forma simétrica de uma reta que contém o ponto P = (1,–2,3) e forma ângulos de 45° e 60°, respectivamente, com os eixos Ox e Oy.

19-5 Obtenha equações da reta r que contém o ponto P = (1,1,1) e é concorrente com s: x = 2y = 2z, sabendo que o co-seno da medida angular entre r e s é igual a 1/√3.

19-6 Determine o ponto P na reta r: X = (0,2,0) + λ(0,1,0) e o ponto Q na reta s: X = (1,2,0) + λ(0,0,1), tais que a reta PQ forme ângulos de 45° com r e de 60° com s.

19-7 Obtenha uma equação vetorial da reta paralela ao plano π: 2x – y – z + 1 = 0, concorrente com as retas r: X = (1,0,0) + λ(1,1,0) e s: X = (0,1,0) + λ(0,1,1), que forma com elas ângulos congruentes.

19-8 Um hexágono regular está contido em π: x + y + z – 1 = 0. Sendo A = (1,0,0) e D = (–1/3,2/3,2/3) dois vértices diametralmente opostos, determine os outros quatro.

19-9 A diagonal BC de um quadrado ABCD está contida na reta r: X = (1,0,0) + λ(0,1,1). Conhecendo A = (1,1,0), determine os outros três vértices. (Este é o Exercício 17-8; resolva-o agora usando medida angular.)

19-10 O retângulo ABCD tem BC como diagonal e está contido no plano π: x + y + z = 0. As retas AB e BC formam ângulo de 30°. Determine B, C e D, sabendo que A = (1,–1,0) e que B pertence à reta r: X = (0,1,1) + λ(1,1,0).

19-11 O ângulo $\hat{A}$ do triângulo isósceles ABC mede 120°. Sabendo que A = (1,1,1) e que BC está contido na reta r: X = (2,1,0) + λ(1,–1,0), determine B e C e calcule o comprimento da altura relativa ao vértice A.

19-12 Uma fonte luminosa pontual, situada em F = (0,0,1), emite um raio luminoso na direção do ponto A = (1,1,0), que é refletido por um espelho plano contido em π: y = 3.

(a) Em que ponto do espelho incide o raio luminoso?

(b) Em que ponto o raio refletido atinge o plano Oxz? E $\pi_1: x + y + 1 = 0$?

19-4 Exercício Resolvido

Dado o ponto $P = (0,0,2)$, obtenha uma equação do lugar geométrico dos pontos X de $\mathbb{E}^3$ tais que a medida angular entre o eixo Oz e a reta XP seja $\pi/4$.

Resolução

Se Ω é o lugar geométrico, então $X = (x,y,z)$ pertence a Ω se, e somente se,

$$\frac{|\vec{PX} \cdot \vec{k}|}{\|\vec{PX}\| \, \|\vec{k}\|} = \frac{\sqrt{2}}{2}$$

isto é,

$$\frac{(z-2)^2}{x^2 + y^2 + (z-2)^2} = \frac{1}{2}$$

Se $z = 2$, a igualdade não se verifica; logo, ela equivale a $(z-2)^2 = x^2 + y^2 \neq 0$ e, portanto, uma equação de Ω é $(z-2)^2 = x^2 + y^2$, *sujeita à condição $z \neq 2$.* ◀

O único ponto de cota 2 que obedece à equação $(z-2)^2 = x^2 + y^2$ é P; logo, a restrição $z \neq 2$ equivale a $X \neq P$. De fato, para que a reta XP esteja determinada, é necessário que X e P sejam pontos distintos. Use sua intuição geométrica para perceber que Ω é uma superfície cônica circular, sem o seu vértice $P = (0,0,2)$, e Oz é o seu eixo de simetria.

EXERCÍCIOS

19-13 O plano π contém $A = (3,7,-2)$, é perpendicular a Oz e intercepta o conjunto Ω do exercício resolvido anterior em uma circunferência. Calcule o raio dessa circunferência.

19-14 Determine as extremidades B e D de uma das diagonais de um losango $ABCD$ contido no plano $\pi: x - y - z = 0$, sabendo que $A = (3,0,3)$, $C = (1,2,-1)$, e que o ângulo $A\hat{B}C$ mede $120°$.

19-15 O triângulo ABC é retângulo em B e está contido no plano $\pi_1: x + y + z = 1$. O cateto BC está contido no plano $\pi_2: x - 2y - 2z = 0$ e o ângulo $\hat{C}$ mede $30°$. Dado $A = (0,1,0)$, determine B e C e calcule o comprimento da altura relativa à hipotenusa.

19-16 Disputando uma partida de sinuca com seus amigos, Paulinho viu-se diante da situação ilustrada na Figura 19-3 (a), em que o ponto B representa a bola branca, P, a preta, e R, a rosa (esta era a bola da vez). Para sair da sinuca, Paulinho decidiu usar a tabela MN e acertou a bola rosa sem tocar na preta (Figura 19-3 (b)).

(a) Supondo que $M = (-2,-3,4)$, $N = (5,4,-3)$, $B = (12,5,20)$ e $R = (9,5,8)$, calcule as coordenadas do ponto T.

(b) Substitua os dados do item (a) por $M = (2,2,0)$, $N = (6,6,8)$, $B = (6,6,-1)$ e $R = (6,6,7/2)$ e veja o que acontece.

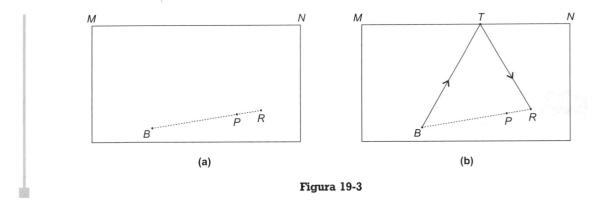

Figura 19-3

B — MEDIDA ANGULAR ENTRE RETA E PLANO

Na Geometria Euclidiana, quando se fala em ângulo entre uma reta r e um plano π, não perpendiculares, o que se tem em mente é o ângulo *agudo* entre a reta e sua projeção ortogonal r' sobre o plano (Figura 19-4 (a)), que, por sinal, é o de menor medida dentre todos os ângulos que r forma com retas contidas em π. Do ponto de vista analítico, porém, este não é o melhor enfoque, pois para calcular a medida desse ângulo usando [19-1] precisamos obter um vetor diretor de r', o que significa mais trabalho. Outra inconveniência é ter que tratar separadamente o caso em que r e π são perpendiculares, situação em que a projeção ortogonal de r sobre π é um ponto, não uma reta. Escolher ao acaso vetores diretores de π também não ajuda em nada: conforme ilustra a Figura 19-4 (b), para diferentes vetores $\vec{u}$, não-nulos e paralelos a π, podem ser diferentes as medidas angulares entre $\vec{r}$ e $\vec{u}$.

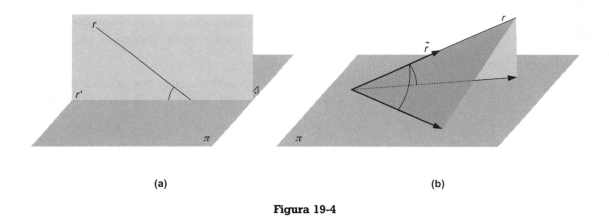

Figura 19-4

A melhor estratégia é usar a via indireta, relacionando o ângulo entre r e π com o ângulo entre r e uma reta s, perpendicular a π. Observe a Figura 19-5 (a): como o ângulo entre r e s e o ângulo entre r e π são complementares, conhecendo a medida do primeiro, obteremos facilmente a medida do segundo. Note que o resultado não depende da escolha da reta s, perpendicular a π, e que qualquer vetor normal a π é um vetor diretor de s.

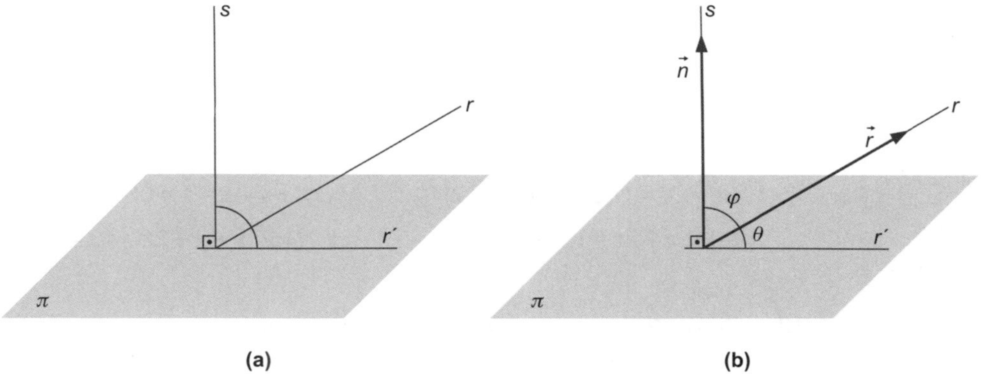

Capítulo 19 — Medida angular — 239

Figura 19-5

Esses são os motivos que nos levam a adotar a definição seguinte.

19-5 Definição — Sejam r uma reta e π um plano. A **medida angular entre r e π** é $90 - \text{ang}(r,s)$ (em graus), ou $\pi/2 - \text{ang}(r,s)$ (em radianos), sendo s uma reta qualquer, perpendicular a π. Indica-se pelo símbolo $\text{ang}(r,\pi)$.

Conforme vimos na Seção A, $0 \le \text{ang}(r,s) \le \pi/2$; logo, $0 \le \pi/2 - \text{ang}(r,s) \le \pi/2$, e, portanto, $0 \le \text{ang}(r,\pi) \le \pi/2$. Na linguagem informal que combinamos usar, isso quer dizer que *uma reta e um plano quaisquer, não-perpendiculares, formam ângulo agudo*.

Eis um modo bastante prático de calcular a medida angular entre r e π. Sejam $\vec{r}$ um vetor diretor de r, $\vec{n}$ um vetor normal a π, $\varphi = \text{ang}(r,s)$ e $\theta = \text{ang}(r,\pi)$ (Figura 19-5 (b)). Lembrando que $\vec{n}$ é um vetor diretor de s e usando [19-1], podemos escrever

$$\cos\varphi = \frac{|\vec{n}\cdot\vec{r}|}{\|\vec{n}\|\,\|\vec{r}\|}$$

Pela Definição 19-5, $\theta = \pi/2 - \varphi$; logo, $\cos\varphi = \text{sen}\,\theta$ e, portanto,

$$\text{sen}\,\theta = \frac{|\vec{n}\cdot\vec{r}|}{\|\vec{n}\|\,\|\vec{r}\|} \qquad [19\text{-}2]$$

Fique atento, pois, das três fórmulas apresentadas neste capítulo, esta a única em que se usa *seno*. Nas outras, usa-se *co-seno*.

19-6 Exercício Resolvido — Obtenha a medida angular em radianos entre a reta $r\colon X = (0,1,0) + \lambda(-1,-1,0)$ e o plano $\pi\colon y + z - 10 = 0$.

Resolução

Um vetor normal a π é $\vec{n} = (0,1,1)$, e um vetor diretor de r é $\vec{r} = (1,1,0)$. Calculando, obtemos $\|\vec{n}\| = \sqrt{2}$, $\|\vec{r}\| = \sqrt{2}$, $|\vec{n}\cdot\vec{r}| = 1$. De [19-2] resulta $\text{sen}\,\theta = 1/2$; como $0 \le \theta \le \pi/2$, isto equivale a $\theta = \pi/6$.

240 – Geometria Analítica – um tratamento vetorial

EXERCÍCIOS

19-17 Obtenha a medida angular em radianos entre a reta r e o plano π.

(a) $r: x = y - z = 0$ $\qquad$ $\pi: z = 0$

(b) $r: x = y = z$ $\qquad$ $\pi: z = 0$

(c) $r: X = (0,0,1) + \lambda(-1,1,0)$ $\qquad$ $\pi: 3x + 4y = 0$

(d) $r: X = (1,0,0) + \lambda(1,1,-2)$ $\qquad$ $\pi: x + y - z - 1 = 0$

(e) $r: x - 2z = y + 2z = 1$ $\qquad$ $\pi: \sqrt{45/7}\,x + y + 2z - 10 = 0$

19-18 Sejam $P = (1,2,-1)$, Q a projeção ortogonal de $R = (-1,-1,-2)$ sobre $\pi: x + y + z + 1 = 0$, e θ a medida angular entre a reta PQ e π. Calcule $\cos\theta$.

19-19 Renato inventou o seguinte método para calcular a medida angular θ entre uma reta r e um plano π: escolhe um vetor diretor $\vec{r}$ da reta, um vetor $\vec{n}$ normal ao plano, determina, em seguida, o vetor $\vec{u} = (\vec{n} \wedge \vec{r}) \wedge \vec{n}$, e obtém θ a partir da fórmula

$$\cos\theta = \frac{|\vec{u}\cdot\vec{r}|}{\|\vec{u}\|\,\|\vec{r}\|}$$

(a) Teste esse método resolvendo novamente alguns itens do Exercício 19-17.

(b) Mostre que o método de Renato não pode ser usado quando r é perpendicular a π.

♦ (c) Justifique a validade do método quando r e p não são perpendiculares.

19-7 Exercício Resolvido

Obtenha uma equação vetorial da reta r que contém o ponto $P = (1,1,1)$, é paralela ao plano $\pi_1: x + 2y - z = 0$ e forma ângulo de $\pi/3$ radianos com o plano $\pi_2: x - y + 2z = 1$.

Resolução

Primeiro modo Seja $\vec{r} = (m,n,p)$ um vetor diretor de r. O vetor $\vec{n}_1 = (1,2,-1)$ é normal a π_1 e, como r é paralela a π_1, vale a igualdade $\vec{r}\cdot\vec{n}_1 = 0$. Desta decorre

$$p = m + 2n \qquad [19\text{-}3]$$

Por outro lado, $\vec{n}_2 = (1,-1,2)$ é um vetor normal a π_2 e $\operatorname{sen}\pi/3 = \sqrt{3}/2$; aplicando [19-2], obtemos

$$\frac{\sqrt{3}}{2} = \frac{|(1,-1,2)\cdot(m,n,p)|}{\sqrt{6}\,\sqrt{m^2 + n^2 + p^2}} \qquad [19\text{-}4]$$

As equações [19-3] e [19-4] constituem um sistema indeterminado (com grau de liberdade 1), pois existem infinitos vetores diretores de r. Substituindo p por $m + 2n$ em [19-4], elevando os dois membros ao quadrado e simplificando, obtemos $n = 0$. Devido a [19-3], $p = m$; portanto, $\vec{r} = (m,0,m)$, com $m \neq 0$. Assim, um vetor diretor de r é $(1,0,1)$ e $r: X = (1,1,1) + \lambda(1,0,1)$. ◄

Note que r é, de fato, paralela a π_2, pois P não pertence a π_2.

Segundo modo Seja $Q = (x,y,z)$ o ponto em que r intercepta π_2. Tal ponto existe e é único, pois r é transversal a π_2 (senão, não poderia formar ângulo de $\pi/3$ radianos com esse plano). Em vista disso, devemos obter um sistema determinado (grau de liberda-

Capítulo 19 — Medida angular — 241

de 0) nas incógnitas x, y e z, o que significa que precisamos ao menos de três equações. A primeira traduz o fato de que Q pertence a π_2:

$$x - y + 2z = 1 \qquad \text{[19-5]}$$

Para obter a segunda, impomos que o vetor $\overrightarrow{PQ}$ seja paralelo a π_1, isto é, ortogonal a $\vec{n}_1$. De $\overrightarrow{PQ}\cdot\vec{n}_1 = 0$, ou seja, $(x-1, y-1, z-1)\cdot(1,2,-1) = 0$, resulta

$$x + 2y - z = 2 \qquad \text{[19-6]}$$

Finalmente, usamos a informação sobre a medida angular entre r e π_2:

$$\frac{\sqrt{3}}{2} = \frac{|(1,-1,2)\cdot(x-1, y-1, z-1)|}{\sqrt{6}\sqrt{(x-1)^2 + (y-1)^2 + (z-1)^2}} \qquad \text{[19-7]}$$

Resolva agora o sistema formado pelas equações [19-5], [19-6] e [19-7]. Um bom método é usar as duas primeiras, que são mais simples, para exprimir x e y em função de z, e substituir na terceira (a equação mais complicada ficará com apenas uma incógnita). Você obterá $Q = (2/3, 1, 2/3)$ e poderá escrever, por exemplo, a equação vetorial $X = P + \lambda \overrightarrow{PQ}$. ◀

EXERCÍCIOS

19-20 Obtenha um vetor diretor da reta que é paralela ao plano π: $x + y + z = 0$ e forma ângulo de 45° com o plano π_1: $x - y = 0$.

19-21 Calcule as medidas angulares entre a reta que contém a diagonal de um cubo e os planos que contêm suas faces.

19-22 O vértice de uma pirâmide regular é $P = (\sqrt{2}, 2, 0)$ e sua base é um quadrado $ABCD$ contido no plano π: $x - z = 0$. Sendo $A = (0, 2, 0)$, determine os outros três vértices.

19-23 Obtenha uma equação geral do plano que contém r e forma ângulo de θ radianos com s.

(a) $\cos\theta = 1/9$ s: $y + 2z = 4 = x + y + 5$ r: $X = (2, 0, 3) + \lambda(1, 1, 1)$

(b) $\cos\theta = 4\sqrt{3}/7$ s: $X = (1, 0, 0) + \lambda(1, 2, 3)$ r contém $A = (1, 0, -2)$ e $B = (1, 1, 0)$

(c) $\operatorname{sen}\theta = 1/\sqrt{11}$ s: $X = (1, 1, 0) + \lambda(3, 1, 1)$ r: $x - 3z + 3 = y = 2$

19-24 Obtenha uma equação vetorial da reta r, concorrente com s: $2x - y + z + 6 = 0 = x - z$ e contida em π_1: $3x - 2y - 2z + 7 = 0$, sabendo que a medida angular entre r e π_2: $x + y = 2$ é $\arccos(1/3)$.

19-25 São dados o ponto $P = (0, 1, 0)$, o plano π: $2x + y + z - 4 = 0$ e a reta s: $X = (1, -1, 1) + \lambda(2, 3, 1)$. Obtenha equações da reta que contém P e é concorrente com s, de tal modo que a medida angular entre ela e π seja $\arccos(\sqrt{35}/6)$.

19-26 Obtenha uma equação geral do plano π que contém a reta r: $X = (0, 4, 0) + \lambda(1, 4, -1)$ e forma ângulos congruentes com as retas s: $X = (1, 1, 0) + \lambda(1, 2, -6)$ e t: $X = (3, 1, 1) + \lambda(3, 4, 4)$.

242 – Geometria Analítica – um tratamento vetorial

19-27 Sejam $\vec{r}$ e $\vec{s}$, respectivamente, vetores diretores das retas r e s. Mostre que um plano π forma ângulos congruentes com essas retas se, e somente se, os comprimentos das projeções ortogonais de cada vetor normal a π sobre $\vec{r}$ e $\vec{s}$ são iguais.

C   MEDIDA ANGULAR ENTRE PLANOS

19-8 Definição A **medida angular entre os planos** π_1 e π_2, indicada por $\text{ang}(\pi_1,\pi_2)$, é a medida angular θ entre duas retas quaisquer r_1 e r_2, respectivamente perpendiculares a π_1 e π_2 (Figura 19-6 (a)).

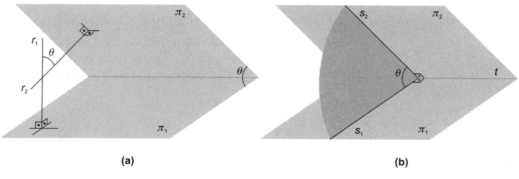

Figura 19-6

O conceito está bem definido, pois não depende da escolha de r_1 e r_2. Para calcular $\theta = \text{ang}(\pi_1,\pi_2)$ basta usar [19-1], lembrando que, se $\vec{n}_1$ e $\vec{n}_2$ são, respectivamente, vetores normais a π_1 e π_2, então $\vec{n}_1$ é um vetor diretor de r_1 e $\vec{n}_2$ é um vetor diretor de r_2:

$$\cos\theta = \frac{|\vec{n}_1 \cdot \vec{n}_2|}{\|\vec{n}_1\|\,\|\vec{n}_2\|} \qquad [19\text{-}8]$$

Observe que, se a interseção de π_1 e π_2 é a reta t, então a interseção de qualquer plano perpendicular a t com $\pi_1 \cup \pi_2$ é reunião de duas retas s_1 e s_2 tais que $\text{ang}(s_1,s_2) = \text{ang}(\pi_1,\pi_2)$ (veja a Figura 19-6 (b)).

Uma conseqüência da Definição 19-8 é que, se $\theta = \text{ang}(\pi_1,\pi_2)$, então $0 \le \theta \le \pi/2$ (em radianos), ou $0 \le \theta \le 90$ (em graus).

19-9 Exercício Resolvido Sendo $\pi_1: x - y + z = 20$ e $\pi_2: X = (1,1,-2) + \lambda(0,-1,1) + \mu(1,-3,2)$, calcule $\text{ang}(\pi_1,\pi_2)$.

Resolução

O vetor $\vec{n}_1 = (1,-1,1)$ é normal a π_1 e $\vec{n}_2 = (0,-1,1) \wedge (1,-3,2) = (1,1,1)$ é normal a π_2. Aplicando [19-8], obtemos $\cos\theta = 1/3$. Logo, $\theta = \arccos(1/3)$.

EXERCÍCIO

19-28 Calcule a medida angular entre os planos π_1 e π_2.

(a) $\pi_1: 2x + y - z - 1 = 0$ $\qquad \pi_2: x - y + 3z - 10 = 0$

(b) $\pi_1: X = (1,0,0) + \lambda(1,0,1) + \mu(-1,0,0)$ $\qquad \pi_2: x + y + z = 0$

(c) $\pi_1: X = (0,0,0) + \lambda(1,0,0) + \mu(1,1,1)$ $\qquad \pi_2: X = (1,0,0) + \lambda(-1,2,0) + \mu(0,1,0)$

19-10 Exercício Resolvido

Obtenha uma equação geral do plano π que contém a reta

$$r: \begin{cases} x - 2y + 2z = 0 \\ 3x - 5y + 7z = 0 \end{cases}$$

e forma com o plano $\pi_1: x + z = 0$ um ângulo de 60°.

Resolução

O plano π pertence ao feixe de planos que contêm r, e por isso tem equação da forma $\alpha(x - 2y + 2z) + \beta(3x - 5y + 7z) = 0$, em que α e β não são ambos nulos (Proposição 16-10). Logo,

$$\pi: (\alpha + 3\beta)x - (2\alpha + 5\beta)y + (2\alpha + 7\beta)z = 0$$

e $\vec{n} = (\alpha + 3\beta, -2\alpha - 5\beta, 2\alpha + 7\beta)$ é um vetor normal a π. Por outro lado, um vetor normal a π_1 é $\vec{n}_1 = (1,0,1)$, e cos 60° = 1/2. Aplicando [19-8], obtemos

$$\frac{1}{2} = \frac{|3\alpha + 10\beta|}{\sqrt{2}\sqrt{9\alpha^2 + 54\alpha\beta + 83\beta^2}}$$

Elevamos ambos os membros ao quadrado e simplificamos, para chegar à equação equivalente $3\alpha^2 + 22\alpha\beta + 39\beta^2 = 0$. Resolvendo como equação do segundo grau em α, obtemos $\alpha = -3\beta$ e $\alpha = -13\beta/3$. Logo, $\beta \neq 0$, senão α e β seriam ambos nulos. Substituindo na equação de π e dividindo os dois membros por β, obtemos duas soluções: $y + z = 0$ e $4x - 11y + 5z = 0$.

EXERCÍCIOS

19-29 Obtenha uma equação geral do plano que contém r e forma ângulo de θ radianos com π.

(a) $r: x = z + 1 = y + 2$ $\qquad \pi: x + 2y - 3z + 2 = 0$ $\qquad \theta = \pi/3$

(b) $r: X = (8,0,0) + \lambda(-8,0,8)$ $\qquad \pi: x + z + 1 = 0$ $\qquad \cos\theta = \sqrt{2/3}$

19-30 Obtenha uma equação geral do plano que contém a origem $O = (0,0,0)$ e forma ângulos de 60° com a reta $r: X = (1,1,1) + \lambda(0,1,-1)$ e com o plano $\pi: x - y + 4 = 0$.

19-31 Existem dois planos π_1 e π_2 tais que cada um contém a reta $t: X = (-1,4,0) + \lambda(1,2,3)$ e forma ângulos congruentes com as retas $r: X = (0,0,0) + \lambda(1,1,1)$ e $s: X = (-1,2,3) + \lambda(1,1,-1)$. Calcule a medida angular entre π_1 e π_2.

19-32 O vértice de uma pirâmide regular é $P = (3/2, 1/2, 1/2)$ e sua base é um quadrado $ABCD$ de centro Q, contido em Oxy. Um dos lados do quadrado tem extremidades $B = (1,0,0)$ e $C = (1,1,0)$ e AC é uma diagonal. Obtenha uma equação geral do plano que contém a reta PQ e forma ângulo de $60°$ com o plano PAB.

19-33 O quadrado $ABCD$ é uma face e CE é uma aresta de um cubo de diagonal AE. Obtenha uma equação geral do plano que contém AE e forma ângulo de $60°$ com a face $ABCD$, sabendo que $A = (2,2,0)$, $C = (0,2,0)$, $E = (0,2,\sqrt{2})$.

D SEMI-ESPAÇO

A Geometria Euclidiana nos ensina que, dado qualquer plano π, existem dois subconjuntos S_1 e S_2 de $\mathbb{E}^3$, não vazios e disjuntos, que obedecem às seguintes condições (veja a Figura 19-7):

- $\mathbb{E}^3 = S_1 \cup \pi \cup S_2$;
- Se P pertence a S_1 e Q pertence a S_2, então π contém um ponto interior ao segmento PQ.

Os conjuntos S_1 e S_2 são os **semi-espaços abertos** *de* $\mathbb{E}^3$ **determinados por** π; a palavra *abertos* serve para ressaltar o fato de que os pontos de π não pertencem a S_1 nem a S_2. Costuma-se dizer que S_1 e S_2 são **semi-espaços abertos opostos em relação** *a* π, ou **semi-espaços abertos opostos de origem** π. Por outro lado, **semi-espaços fechados** *de* $\mathbb{E}^3$, **determinados por** π, ou **de origem** π, são os conjuntos $\overline{S}_1 = S_1 \cup \pi$ e $\overline{S}_2 = S_2 \cup \pi$; a eles também se aplica o termo **opostos**. É claro que $\overline{S}_1 \cap \overline{S}_2 = \pi$. Quando dois pontos P e Q pertencem a semi-espaços abertos opostos em relação ao plano π, dizemos que π **separa** P e Q (compare com a situação descrita no Capítulo 6, logo após o Exercício 6-18).

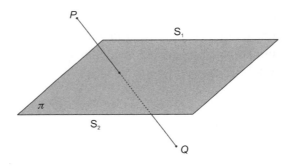

Figura 19-7

Vamos descrever algebricamente os semi-espaços abertos determinados por π. Fixados um ponto P desse plano e um vetor $\vec{n}$ normal a π, um dos semi-espaços é constituído dos pontos X tais que $\overrightarrow{PX}$ e $\vec{n}$ formam ângulo agudo, o que se traduz por $\vec{n} \cdot \overrightarrow{PX} > 0$ (Figura 19-8 (a)), e o outro, dos pontos X tais que $\overrightarrow{PX}$ e $\vec{n}$ formam ângulo obtuso, ou seja, tais que $\vec{n} \cdot \overrightarrow{PX} < 0$ (Figura 19-8 (b)).

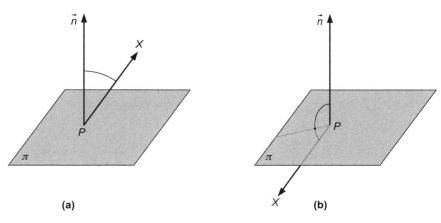

Figura 19-8

Se $P = (x_0, y_0, z_0)$, $X = (x,y,z)$ e $\pi: ax + by + cz + d = 0$, então $\vec{n} = (a,b,c)$ é um vetor normal a π, e $ax_0 + by_0 + cz_0 + d = 0$ (pois P pertence a π). Logo,

$$\begin{aligned}\vec{n} \cdot \overrightarrow{PX} &= (a,b,c) \cdot (x - x_0, y - y_0, z - z_0) \\ &= a(x - x_0) + b(y - y_0) + c(z - z_0) \\ &= ax + by + cz - (ax_0 + by_0 + cz_0) \\ &= ax + by + cz + d\end{aligned}$$

Assim, cada uma das inequações

$$ax + by + cz + d > 0 \qquad ax + by + cz + d < 0$$

descreve um dos semi-espaços abertos determinados por π. Para uma descrição dos semi-espaços fechados (que incluem π), basta substituir os símbolos > e <, respectivamente, por $\geq$ e $\leq$.

19-11 Observação

A descrição dos semi-espaços abertos determinados por π é apenas qualitativa: permite descobrir se dois pontos são ou não são separados por π, mas não ficamos sabendo *qual ponto* pertence a *qual semi-espaço* (bastaria multiplicar os dois membros da equação geral de π por -1 para que o semi-espaço "positivo" passasse a ser o "negativo", e vice-versa). É algo análogo ao que acontece na Aritmética: saber que a soma de dois números inteiros é ímpar nos dá a certeza de que um deles é par e o outro, ímpar, mas não permite concluir qual é par e qual é ímpar.

19-12 Exercício Resolvido

Verifique se o plano $\pi: 2x - 3y - z = 4$ separa os pontos $A = (1,2,4)$ e $B = (2,-1,-3)$.

Resolução

Antes de mais nada, passamos o termo independente, 4, para o primeiro membro da equação de π, para que ela fique na forma geral: $2x - 3y - z - 4 = 0$. Substituindo as coordenadas de A no primeiro membro, obtemos $2 \cdot 1 - 3 \cdot 2 - 4 - 4 = -12 < 0$. Fazendo o mesmo com B, obtemos $2 \cdot 2 - 3(-1) - (-3) - 4 = 6 > 0$. Logo, os pontos estão em semi-espaços opostos. Em outras palavras, π separa A e B.

EXERCÍCIO 19-34 Verifique se o plano π separa os pontos A e B.

(a) $A = (1,2,3)$ $B = (0,-1,-4)$ $\pi: x - 3y - z = 1$

(b) $A = (1,0,3)$ $B = (1,-1,-4)$ $\pi: x - y - z = 4$

(c) $A = (0,0,0)$ $B = (0,-1,-3)$ $\pi: x = 3y - z - 1$

19-13 Exercício Resolvido

Os planos $\pi_1: 2x - 3y + z = 0$ e $\pi_2: x - 3y - z - 2 = 0$ determinam quatro diedros. Sendo D_1 o diedro que contém $P = (1,0,0)$ e D_2 o que contém $Q = (3,2,-1)$, determine os pontos de $r: X = (1,2,-2) + \lambda(-1,1,1)$ que pertencem a cada um deles.

Resolução

Substituindo as coordenadas de P no primeiro membro da equação de π_1, obtemos $2 \cdot 1 - 3 \cdot 0 + 0 = 2 > 0$ e, fazendo o mesmo com π_2, obtemos $1 - 3 \cdot 0 - 0 - 2 = -1 < 0$. Logo, um ponto (x,y,z) está em D_1 se, e somente se, $2x - 3y + z > 0$ e $x - 3y - z - 2 < 0$. Aplicando essa condição a um ponto genérico da reta r, $(1 - \lambda, 2 + \lambda, -2 + \lambda)$, obtemos

$$2(1 - \lambda) - 3(2 + \lambda) + (-2 + \lambda) > 0 \quad \text{e} \quad (1 - \lambda) - 3(2 + \lambda) - (-2 + \lambda) - 2 < 0$$

isto é, $\lambda < -3/2$ e $\lambda > -1$. Como não existe λ nessas condições, nenhum ponto de r pertence a D_1. ◄

Repetimos o procedimento para D_2: substituindo as coordenadas de Q no primeiro membro da equação geral de π_1, obtemos $2 \cdot 3 - 3 \cdot 2 - 1 = -1 < 0$; substituindo na de π_2, $3 - 3 \cdot 2 - (-1) - 2 = -4 < 0$. Logo, um ponto de r está em D_2 se, e somente se,

$$2(1 - \lambda) - 3(2 + \lambda) + (-2 + \lambda) < 0 \quad \text{e} \quad (1 - \lambda) - 3(2 + \lambda) - (-2 + \lambda) - 2 < 0$$

isto é, $\lambda > -3/2$ e $\lambda > -1$, o que equivale a $\lambda > -1$. Portanto, os pontos de r que estão em D_2 são os pontos $(1 - \lambda, 2 + \lambda, -2 + \lambda)$, com $\lambda > -1$. Eles constituem uma semi-reta; veja a Figura 19-9. ◄

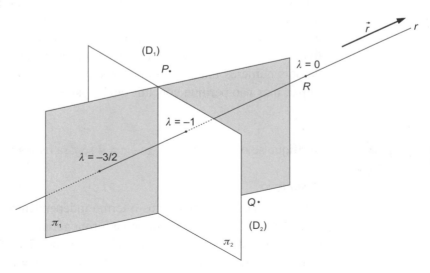

Figura 19-9

EXERCÍCIOS

19-35 Determine a parte da reta $r: X = (0,0,0) + \lambda(1,2,1)$ que é visível para um observador situado no ponto $(1,0,0)$, supondo que os planos $\pi_1: x + y - z - 2 = 0$ e $\pi_2: 2x - y + z + 2 = 0$ sejam opacos.

19-36 Sejam $A = (1,0,0)$, $B = (0,2,0)$, $C = (0,0,3)$, $\pi_1: 6x + 3y + 2z + 3 = 0$ e $\pi_2: 6x + 3y + 2z - 3 = 0$. Verifique se os planos interceptam o tetraedro $OABC$.

19-37 Descreva, em cada caso, a interseção entre o plano π e o tetraedro de vértices $A = (1,1,3)$, $B = (2,2,-4)$, $C = (2,-2,0)$ e $D = (-1,-1,2)$.

(a) $\pi: 4x - 3y + z - 1 = 0$ (b) $\pi: x + y + 3z - 11 = 0$

(c) $\pi: 2x - y - 3z + 4 = 0$ (d) $\pi: 8x - y + z - 10 = 0$

(e) $\pi: x + y + z = 0$

19-38 Determine o ponto do plano $\pi: 2x - y + z - 2 = 0$ tal que a soma de suas distâncias a P e Q seja a menor possível.

(a) $P = (2,1,0)$, $Q = (1,-1,-1)$. (b) $P = (2,1,0)$, $Q = (0,1,1)$.

(c) $P = (2,1,0)$, $Q = (1,-1,2)$.

19-39 Determine o ponto do plano $\pi: x - 3y + 2z = 0$ tal que o módulo da diferença entre suas distâncias a P e Q seja o maior possível.

(a) $P = (3,0,2)$, $Q = (1,-1,3)$. (b) $P = (3,0,2)$, $Q = (-1,0,-1)$.

(c) $P = (3,0,2)$, $Q = (1,1,1)$.

19-14 *Exercício Resolvido*

Mostre que, se o segmento PQ é paralelo ao plano π, então não existe um ponto de π tal que o módulo da diferença entre suas distâncias a P e Q seja o maior possível.

Resolução

Para cada ponto X de π, indiquemos por d_X o módulo de $\|\overrightarrow{XP}\| - \|\overrightarrow{XQ}\|$. Para mostrar que d_X não atinge um valor máximo quando X percorre π, basta mostrar que para todo ponto A de π existe outro ponto B de π tal que $d_B > d_A$.

Primeiro caso Se $d(A,P) \geq d(A,Q)$, então $d_A = \|\overrightarrow{AP}\| - \|\overrightarrow{AQ}\|$. O ponto $B = A + \overrightarrow{PQ}$ pertence a π, pois $\overrightarrow{PQ}$ é paralelo a π. Além disso, $\overrightarrow{AB} = \overrightarrow{PQ}$, e portanto P, Q, A e B são vértices de um paralelogramo de diagonais PB e AQ (Figura 19-10 (a)). Seja M o ponto de encontro das diagonais. Pela propriedade triangular, $\|\overrightarrow{AP}\| < \|\overrightarrow{PM}\| + \|\overrightarrow{MA}\|$; logo,

$$\|\overrightarrow{AP}\| + \|\overrightarrow{AP}\| = 2\|\overrightarrow{AP}\| < 2\|\overrightarrow{PM}\| + 2\|\overrightarrow{MA}\| = \|\overrightarrow{BP}\| + \|\overrightarrow{AQ}\|$$

e resulta

$$\|\overrightarrow{AP}\| - \|\overrightarrow{AQ}\| < \|\overrightarrow{BP}\| - \|\overrightarrow{AP}\| = \|\overrightarrow{BP}\| - \|\overrightarrow{BQ}\|$$

isto é, $d_A < d_B$.

Segundo caso Se $d(A,P) < d(A,Q)$, seja A' o simétrico de A em relação ao plano mediador do segmento PQ (Figura 19-10 (b)). O quadrilátero $APQA'$ é um trapézio isósceles, e portanto $d_{A'} = d_A$ e $d(A',P) \geq d(A',Q)$. Pelo primeiro caso, existe B tal que $d_B > d_{A'} = d_A$.

◀

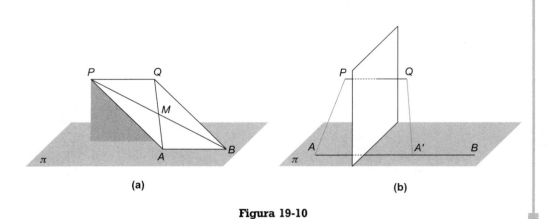

Figura 19-10

CAPÍTULO 20
DISTÂNCIA

Neste capítulo discute-se o conceito de distância entre pontos, retas e planos e deduzem-se fórmulas para o seu cálculo.

Neste capítulo, deduziremos fórmulas para calcular a distância entre pontos, retas e planos, utilizando os produtos escalar e vetorial. Por isso, será conveniente trabalhar apenas com bases ortonormais positivas. Assim, se não houver menção explícita a sistema de coordenadas, fica subentendido que está fixado (O,E), cuja base $E = (\vec{i},\vec{j},\vec{k})$ é ortonormal (positiva, caso $\mathbb{V}^3$ esteja orientado).

O conceito de distância entre pontos, retas e planos pode ser caracterizado pelo seu aspecto minimalista: se Γ e Ω são pontos, retas ou planos de $\mathbb{E}^3$, sua distância $d(\Gamma,\Omega)$ é o menor dos números $d(X,Y)$ quando X percorre Γ e Y percorre Ω (conseqüentemente, se $\Gamma \cap \Omega \neq \emptyset$, então $d(\Gamma,\Omega) = 0$). Sabe-se da Geometria Euclidiana que esse valor mínimo sempre existe e não raro está associado à idéia de perpendicularismo. Recordemos os fatos principais; sejam P um ponto, r e s retas, e π, π_1 e π_2 planos de $\mathbb{E}^3$.

- A distância entre P e r é a menor das distâncias entre P e pontos de r, e pode ser obtida calculando-se a distância de P ao pé da perpendicular a r por P (Figura 20-1 (a)).
- A distância entre P e π é a menor das distâncias entre P e pontos de π, e pode ser obtida calculando-se a distância de P ao pé da perpendicular a π por P (Figura 20-1 (b)).

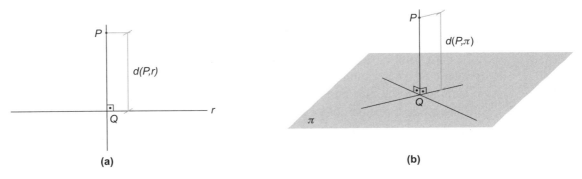

Figura 20-1

- A distância entre r e s é a menor das distâncias entre pontos de r e de s; é também a menor das distâncias entre uma delas e pontos da outra. Se uma reta perpendicular comum a r e s as intercepta, respectivamente, em P e Q, então $d(r,s) = d(P,s) = d(Q,r) = d(P,Q)$ (Figura 20-2).

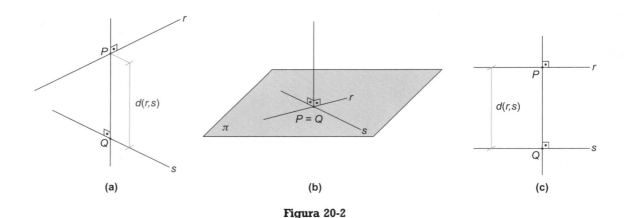

Figura 20-2

- A distância entre r e π é a menor das distâncias entre pontos de r e de π. Se r é paralela a π e A é um ponto qualquer de r, então $d(r,\pi) = d(A,\pi)$ (Figura 20-3 (a)).
- A distância entre π_1 e π_2 é a menor das distâncias entre pontos de π_1 e de π_2. Se uma reta perpendicular comum a π_1 e π_2 os intercepta, respectivamente, nos pontos P e Q, então $d(\pi_1,\pi_2) = d(P,\pi_2) = d(Q,\pi_1) = d(P,Q)$ (Figura 20-3 (b)).

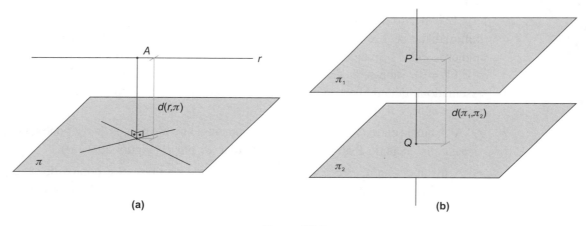

Figura 20-3

Para conjuntos que não sejam pontos, retas ou planos, porém, o conceito de distância pode perder esse caráter minimalista. Veja um exemplo: sejam $A = (1,0,0)$, $B = (2,0,0)$, $C = (3,0,0)$, e Ω o conjunto dos pontos interiores ao segmento AB. Não se pode dizer que $d(C,\Omega)$ seja a menor das distâncias de C aos pontos de Ω, pois, se X percorre Ω, isto é, se $X = (\lambda,0,0)$, com $1 < \lambda < 2$, então $d(X,C) = \sqrt{(3-\lambda)^2} = 3 - \lambda$ percorre o intervalo $]1,2[$ e não atinge valor mínimo. Em casos assim, a definição de distância utiliza o conceito de *ínfimo* de um conjunto de números reais e não se encaixa nos objetivos deste livro. Apenas como informação, deixamos registrado que, *se houver um valor mínimo, m, para as distâncias entre pontos de Γ e Ω, então $d(\Gamma,\Omega) = m$*.

A Distância entre pontos

Sejam $A = (x_1, y_1, z_1)$ e $B = (x_2, y_2, z_2)$. A distância $d(A,B)$ entre A e B é $\|\overrightarrow{BA}\|$, ou seja,

$$d(A,B) = \sqrt{(x_1 - x_2)^2 + (y_1 - y_2)^2 + (z_1 - z_2)^2} \qquad [20\text{-}1]$$

Exercícios

20-1 Calcule a distância entre os pontos P e Q, nos casos:

(a) $P = (0,-1,0)$, $Q = (-1,1,0)$.

(b) $P = (-1,-3,4)$, $Q = (1,2,-8)$.

20-2 Obtenha os pontos da reta $r\colon 2y + z = x + y = 2$ que distam 3 do ponto $A = (0,2,1)$.

20-1 Exercício Resolvido

Sejam $A = (x_1, y_1, z_1)$ e $B = (x_2, y_2, z_2)$ pontos distintos. Prove que o lugar geométrico dos pontos X de $\mathbb{E}^3$ que eqüidistam de A e B é um plano perpendicular ao segmento AB, que contém o seu ponto médio (veja a Figura 20-4). Esse plano é conhecido como *plano mediador* de AB.

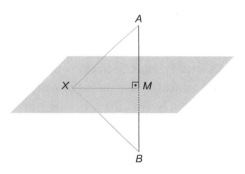

Figura 20-4

Resolução

Este exercício generaliza o Exercício 17-13. Um ponto $X = (x,y,z)$ pertence ao lugar geométrico se, e somente se, $d(X,A) = d(X,B)$, o que equivale a

$$(x - x_1)^2 + (y - y_1)^2 + (z - z_1)^2 = (x - x_2)^2 + (y - y_2)^2 + (z - z_2)^2$$

Desenvolvendo e simplificando, obtemos

$$2(x_2 - x_1)x + 2(y_2 - y_1)y + 2(z_2 - z_1)z + (x_1^2 + y_1^2 + z_1^2 - x_2^2 - y_2^2 - z_2^2) = 0$$

que é equação geral de um plano π, pois A e B são distintos e, portanto, ao menos uma das diferenças $x_2 - x_1$, $y_2 - y_1$, $z_2 - z_1$ é não-nula. Além disso, um vetor normal a esse plano é $2(x_2 - x_1, y_2 - y_1, z_2 - z_1)$, ou seja, $2\overrightarrow{AB}$. Logo, o plano é perpendicular a AB. ◄

Como foi visto no Exercício Resolvido 13-6 (b), o ponto médio de AB é

$$M = \left(\frac{x_1 + x_2}{2}, \frac{y_1 + y_2}{2}, \frac{z_1 + z_2}{2} \right)$$

Substituindo suas coordenadas no primeiro membro da equação de π, obtemos

$$(x_2 - x_1)(x_1 + x_2) + (y_2 - y_1)(y_1 + y_2) + (z_2 - z_1)(z_1 + z_2) + (x_1^2 + y_1^2 + z_1^2 - x_2^2 - y_2^2 - z_2^2) =$$
$$(x_2^2 - x_1^2 + y_2^2 - y_1^2 + z_2^2 - z_1^2 + x_1^2 + y_1^2 + z_1^2 - x_2^2 - y_2^2 - z_2^2) = 0$$

Portanto, M pertence a π.

Exercícios

20-3 Qual é o lugar geométrico dos pontos que eqüidistam de $A = (1,0,0)$ e $B = (-1,1,0)$ e também de $C = (0,2,0)$ e $D = (0,0,0)$? Descreva-o por meio de equações.

20-4 Obtenha os pontos da reta r que eqüidistam de A e B e comente as peculiaridades geométricas de cada caso.

(a) $r: x - 1 = 2y = z$ $A = (1,1,0)$ $B = (0,1,1)$

(b) $r: X = (0,0,4) + \lambda(4,2,-3)$ $A = (2,2,5)$ $B = (0,0,1)$

(c) $r: X = (2,3,-3) + \lambda(1,1,1)$ $A = (1,1,0)$ $B = (2,2,4)$

20-5 Descreva o lugar geométrico dos pontos do plano π que eqüidistam de A e B e comente as peculiaridades geométricas de cada caso.

(a) $\pi: X = (1,0,0) + \lambda(1,2,1) + \mu(2,3,2)$ $A = (1,2,2)$ $B = (2,2,-1)$

(b) $\pi: 2x + 2y - z = 0$ $A = (0,1,1/2)$ $B = (2,3,-1/2)$

(c) $\pi: x - 3y + z = 0$ $A = (1,4,0)$ $B = (3,-2,2)$

20-6 Prove que o lugar geométrico dos pontos de $\mathbb{E}^3$ que eqüidistam de três pontos dados, A, B e C, é:

(a) uma reta perpendicular ao plano ABC, se os três pontos não são colineares;

(b) o conjunto vazio, se A, B e C são colineares e $A \neq B \neq C \neq A$;

(c) um plano perpendicular à reta que contém A, B e C, se (apenas) dois desses pontos coincidem;

(d) o espaço $\mathbb{E}^3$, se $A = B = C$.

(Este exercício generaliza o Exercício 17-18.)

20-7 Obtenha equações do lugar geométrico dos pontos de $\mathbb{E}^3$ que eqüidistam de A, B e C e determine as coordenadas do circuncentro do triângulo ABC, nos casos:

(a) $A = (0,2,1)$ $B = (2,2,-1)$ $C = (-2,0,3)$

(b) $A = (3,0,1)$ $B = (2,1,0)$ $C = (4,-1,2)$

20-2 *Exercício Resolvido*

Uma carga elétrica está situada no ponto $P = (2,3,2)$. Determine em qual ponto da haste de extremidades $A = (2,0,-1)$ e $B = (-4,6,5)$ deve ser colocado um pequeno anel eletrizado para que a força exercida sobre o anel pela carga em P tenha intensidade

(a) mínima;   (b) máxima.

Resolução

(a) Pela Lei de Coulomb, a intensidade da força é inversamente proporcional ao quadrado da distância entre as cargas, de modo que se trata de determinar o ponto do segmento AB que está mais afastado de P. Vamos abordar esta questão de dois modos diferentes.

Primeiro modo (algébrico) Um ponto X pertence a AB se, e somente se, existe λ no intervalo $[0,1]$ tal que $X = A + \lambda \overrightarrow{AB} = (2,0,-1) + \lambda(-6,6,6) = (2 - 6\lambda, 6\lambda, 6\lambda - 1)$, e dizer que ele é o mais afastado de P equivale a dizer que $\|\overrightarrow{PX}\|^2$ tem o maior valor possível. Como $\|\overrightarrow{PX}\|^2 = (-6\lambda)^2 + (6\lambda - 3)^2 + (6\lambda - 3)^2 = 108(\lambda^2 - 2\lambda/3 + 1/6)$, o ponto procurado corresponde ao máximo valor atingido pelo trinômio de segundo grau $\lambda^2 - 2\lambda/3 + 1/6$ quando λ percorre $[0,1]$. Como você sabe, se $a > 0$, a função quadrática $q(\lambda) = a\lambda^2 + b\lambda + c$ tem como gráfico uma parábola com concavidade "para cima" e atinge seu valor mínimo em $\mathbb{R}$ quando $\lambda = -b/2a$. Logo, $q(\lambda) = \lambda^2 - 2\lambda/3 + 1/6$ atinge seu valor mínimo quando $\lambda = 1/3$, é crescente em $[1/3,1]$ e decrescente em $[0,1/3]$ (veja a Figura 20-5 (a)). Por isso, seu valor máximo em $[0,1/3]$ é $q(0) = 1/6$ e, em $[1/3,1]$, é $q(1) = 1/2$. Concluímos que o maior valor de $q(\lambda)$ em $[0,1]$ é atingido quando $\lambda = 1$. Isso quer dizer que o ponto procurado é $X = A + \overrightarrow{AB} = B$. ◀

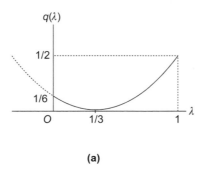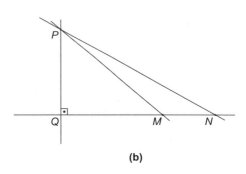

(a)   (b)

Figura 20-5

Segundo modo (geométrico) Da Geometria Euclidiana, sabemos que, se um ponto P não pertence à reta r e são traçadas por ele a perpendicular e várias oblíquas a r, o segmento determinado na perpendicular é menor que o segmento determinado em qualquer oblíqua. Além disso, consideradas duas oblíquas, o segmento maior é o que mais se afasta do pé da perpendicular; na Figura 20-5 (b), por exemplo, $d(P,Q) < d(P,M) < d(P,N)$. Conseqüentemente, o ponto procurado só pode ser uma das extremidades do segmento AB. Como $d(A,P) = \sqrt{18}$, e $d(B,P) = \sqrt{54}$, vemos que $d(B,P) > d(A,P)$; o ponto procurado é, portanto, o ponto B. ◀

(b) Queremos agora obter o ponto do segmento AB que está mais próximo de P.

Primeiro modo (*algébrico*) Pelo que vimos no item (a), o ponto procurado corresponde ao menor valor atingido pelo trinômio $\lambda^2 - 2\lambda/3 + 1/6$ quando λ percorre $[0,1]$, e é obtido para $\lambda = 1/3$. Trata-se do ponto $Q = (0,2,1)$. ◄

Segundo modo (*geométrico*) O ponto procurado é Q, projeção ortogonal de P sobre a reta AB, caso Q pertença ao segmento AB. Se não pertencer, o anel deve ser colocado na extremidade de AB mais próxima de P.

Como Q pertence à reta AB, podemos escrever $Q = A + \lambda\overrightarrow{AB} = (2 - 6\lambda, 6\lambda, 6\lambda - 1)$. Portanto, $\overrightarrow{PQ} = (-6\lambda, 6\lambda - 3, 6\lambda - 3)$ e, impondo a condição $\overrightarrow{AB}\cdot\overrightarrow{PQ} = 0$, obtemos $-6(-6\lambda) + 6(6\lambda - 3) + 6(6\lambda - 3) = 0$, ou seja, $\lambda = 1/3$. Então, $Q = A + \overrightarrow{AB}/3$ pertence ao segmento AB, pois $0 < 1/3 < 1$. O ponto procurado é $Q = (0,2,1)$. ◄

Exercícios

20-8 Determine o ponto do segmento AB que está mais próximo de P, e o que está mais afastado.

(a) $A = (-2,3,3)$, $B = (2,-1,-1)$, $P = (-4,1,0)$.
(b) $A = (1,2,-3)$, $B = (4,5,0)$, $P = (1,0,-4)$.
(c) $A = (2,3,4)$, $B = (1,1,2)$, $P = (2,-6,5)$.
(d) $A = (5,1,-2)$, $B = (3,3,0)$, $P = (1,0,-2)$.

20-9 Sejam p um número real positivo, A e B dois pontos tais que $d(A,B) = p$, e n, um número real qualquer. Prove que o lugar geométrico dos pontos X de $\mathbb{E}^3$ tais que $d(X,A)^2 - d(X,B)^2 = n$ é um plano perpendicular ao segmento AB, cuja interseção com a reta AB ou é o ponto B ou é o ponto que divide (A,B) na razão $\dfrac{p^2 + n}{p^2 - n}$ (para recordar este conceito, volte ao Capítulo 5).

B Distância de ponto a reta

Como já comentamos no início deste capítulo, um modo de obter a distância $d(P,r)$ do ponto P à reta r é determinar Q, projeção ortogonal de P sobre r, e calcular $d(P,Q)$ (Figura 20-1 (a)). Vamos apresentar agora uma alternativa que dispensa o conhecimento de Q. Sejam A e B dois pontos quaisquer de r, distintos. A área do triângulo ABP é $\|\overrightarrow{AP}\wedge\overrightarrow{AB}\|/2$; logo, se h é a altura relativa ao vértice P (Figura 20-6), então $\|\overrightarrow{AB}\|h/2 = \|\overrightarrow{AP}\wedge\overrightarrow{AB}\|/2$ e, como $h = d(P,r)$,

$$d(P,r) = \frac{\|\overrightarrow{AP}\wedge\overrightarrow{AB}\|}{\|\overrightarrow{AB}\|}$$

Indicando por $\vec{r}$ o vetor $\overrightarrow{AB}$, que é um vetor diretor de r, obtemos

$$d(P,r) = \frac{\|\overrightarrow{AP}\wedge\vec{r}\|}{\|\vec{r}\|} \qquad [20\text{-}2]$$

em que $\vec{r}$ é um vetor diretor e A é um ponto de r, ambos escolhidos arbitrariamente.

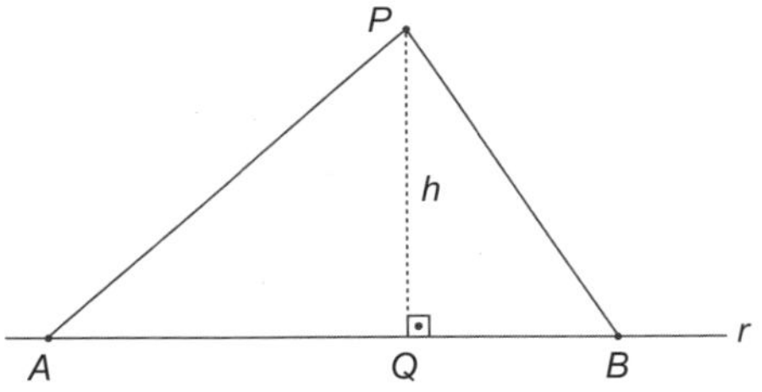

Figura 20-6

20-3 Exercício Resolvido

Calcule a distância de $P = (1,1,-1)$ à interseção de $\pi_1: x - y = 1$ e $\pi_2: x + y - z = 0$.

Resolução

Dando a x o valor 0 nas equações de π_1 e π_2, obtemos o ponto $A = (0,-1,-1)$, que pertence a r; dando o valor 1, obtemos $B = (1,0,1)$. Logo, $\vec{r} = \overrightarrow{AB} = (1,1,2)$ é um vetor diretor de r e $\overrightarrow{AP} = (1,2,0)$. Substituímos em [20-2]:

$$d(P,r) = \frac{\|(1,2,0) \wedge (1,1,2)\|}{\|(1,1,2)\|} = \frac{\|(4,-2,-1)\|}{\sqrt{6}} = \frac{\sqrt{14}}{2}$$

EXERCÍCIOS

20-10 Calcule a distância do ponto P à reta r.

(a) $P = (0,-1,0)$, $r: x = 2y - 3 = 2z - 1$.
(b) $P = (1,0,1)$, $r: x = 2y = 3z$.
(c) $P = (1,-1,4)$, $r: (x-2)/4 = y/(-3) = (1-z)/2$.
(d) $P = (-2,0,1)$, $r: X = (1,-2,0) + \lambda(3,2,1)$.

20-11 Obtenha os pontos da interseção dos planos $\pi_1: x + y = 2$ e $\pi_2: x = y + z$ que distam $\sqrt{14/3}$ da reta $s: x = y = z + 1$.

20-12 A diagonal BD de um quadrado está contida em $r: x - 1 = y - z = 0$. Sendo O um dos vértices, determine os outros três.

20-13 Obtenha os pontos da reta r que eqüidistam das retas s e t:

(a) $r: x - 1 = 2y = z$ $s: x = y = 0$ $t: x - 2 = z = 0$
(b) $r: x = y = z$ $s: X = (1,0,0) + \lambda(1,1,0)$ $t: X = (0,0,1) + \lambda(1,0,-1)$

20-14 Verifique para quais pontos X da reta r a área do triângulo ABX é a menor possível e comente as peculiaridades geométricas de cada caso.

(a) $A = (2,3,1)$ $B = (7,1,5)$ $r: X = (-4,6,1) + \lambda(1,2,2)$
(b) $A = (1,0,3)$ $B = (2,1,2)$ $r: 2x - y + z = 0 = x + z - 1$
(c) $A = (2,0,0)$ $B = (3,1,0)$ $r: X = (3,1,8) + \lambda(1,1,2)$
(d) $A = (3,2,1)$ $B = (0,1,2)$ $r: x = 2y - z = y - 2z + 3$

20-4 Exercício Resolvido

Obtenha uma equação vetorial da reta r que dista $\sqrt{20}/3$ do ponto $P = (1,0,1)$, está contida em $\pi: x - 4y + z = 0$ e é paralela a $s: X = (1,1,0) + \lambda(2,1,2)$.

Resolução

Um vetor diretor de r é $\vec{r} = (2,1,2)$ (pois este é um vetor diretor de s, que é paralela a r). Para escrever uma equação vetorial de r falta-nos conhecer um ponto $A = (x,y,z)$ dessa reta e, já que existem infinitos, estamos diante de um problema indeterminado. Como r está contida em π, A pertence a esse plano, ou seja, suas coordenadas satisfazem

$$x - 4y + z = 0 \qquad \text{[20-3]}$$

Devido a [20-2], a condição $d(P,r) = \sqrt{20}/3$ é equivalente a

$$\|\overrightarrow{AP} \wedge \vec{r}\|^2 = d^2(P,r) \cdot \|\vec{r}\|^2 = \frac{20}{9}(2^2 + 1^2 + 2^2) = 20$$

Calculando o produto vetorial, obtemos

$$\overrightarrow{AP} \wedge \vec{r} = \begin{vmatrix} \vec{i} & \vec{j} & \vec{k} \\ 1-x & -y & 1-z \\ 2 & 1 & 2 \end{vmatrix} = (-2y + z - 1, 2x - 2z, 1 - x + 2y)$$

e, portanto,

$$\|\overrightarrow{AP} \wedge \vec{r}\|^2 = 5x^2 + 8y^2 + 5z^2 - 4xy - 8xz - 4yz - 2x + 8y - 2z + 2$$

Comparando as duas expressões de $\|\overrightarrow{AP} \wedge \vec{r}\|^2$, obtemos

$$5x^2 + 8y^2 + 5z^2 - 4xy - 8xz - 4yz - 2x + 8y - 2z - 18 = 0 \qquad \text{[20-4]}$$

Cada solução do sistema formado por [20-3] e [20-4] fornece um ponto de r. Para obter uma delas, vamos atribuir um valor arbitrário a uma das incógnitas. Por exemplo, se dermos a y o valor 0, o sistema fica

$$\begin{cases} x + z = 0 \\ 5x^2 + 5z^2 - 8xz - 2x - 2z - 18 = 0 \end{cases}$$

Isolando x na primeira equação e substituindo na segunda, obtemos $z^2 = 1$; isso nos leva a duas possibilidades: $A = (-1,0,1)$ e $A = (1,0,-1)$. Existem, portanto, duas soluções: r_1: $X = (-1,0,1) + \lambda(2,1,2)$ e r_2: $X = (1,0,-1) + \lambda(2,1,2)$.

20-5 Observação

(a) Quando comentamos, na Observação 15-12, o conceito de variável livre de um sistema de equações, os exemplos disponíveis eram sistemas de primeiro grau, o que facilitava a tarefa de saber a quais incógnitas podíamos atribuir valores arbitrários. Não é este o caso do sistema do exercício que acabamos de resolver, que é de segundo grau e bem mais complicado do que aqueles. O procedimento que adotamos na resolução envolve alguns riscos. Suponha que todos os pontos de r tivessem ordenada igual a 1 (como acontece com r: $X = (0,1,2) + \lambda(2,0,3)$, por exemplo). A variável y não seria livre, e atribuindo a ela o valor 0 obteríamos um sistema incompatível. Seria necessária uma nova tentativa, de preferência usando x ou z. Há um jeito de evitar este procedimento de tentativa-e-erro, que exige em troca um pouco de trabalho algébrico. Exemplifiquemos com o sistema das equações [20-3] e [20-4]. De [20-3], tiramos $x = 4y - z$. Substituindo em [20-4] e simplificando, obtemos $4y^2 - 4yz + z^2 = 1$, que equivale a $(2y - z)^2 = 1$. Logo, o sistema é equivalente a

$$\begin{cases} x - 4y + z = 0 \\ (2y - z)^2 = 1 \end{cases}$$

e os pontos de r são aqueles cujas coordenadas satisfazem

$$\begin{cases} x - 4y + z = 0 \\ 2y - z = -1 \end{cases} \quad \text{ou} \quad \begin{cases} x - 4y + z = 0 \\ 2y - z = 1 \end{cases} \quad \textbf{[20-5]}$$

Agora é fácil constatar que o grau de liberdade do sistema é 1 e que qualquer uma das três variáveis é livre.

(b) O que foi dito na Observação (a) sugere outro rumo para a resolução do Exercício Resolvido 20-4. Os dois sistemas de [20-5] descrevem retas r_1 e r_2 (são equações na forma planar), e vimos que um ponto $A = (x,y,z)$ pertence a r se, e somente se, suas coordenadas satisfazem algum deles. Logo, a reta procurada pode ser r_1 ou r_2, restando passar as equações para a forma vetorial.

(c) Eis uma visualização geométrica interessante do Exercício Resolvido 20-4. A reunião das retas paralelas a s que estão à distância $\sqrt{20}/3$ de P é uma superfície cilíndrica circular S, de raio $a = \sqrt{20}/3$, cujo eixo de simetria é paralelo a s e contém P (Figura 20-7 (a)). A equação [20-4] descreve essa superfície, pois traduz algebricamente as condições $d(P,r) = \sqrt{20}/3$ e $r//s$. Assim, a reta procurada está contida na interseção de S com π. Esta interseção é a reunião das retas r_1 e r_2, cujas equações planares estão em [20-5]. Por outro lado, r_1 e r_2 são, respectivamente, as interseções de π: $x - 4y + z = 0$ com os planos paralelos π_1: $2y - z = -1$

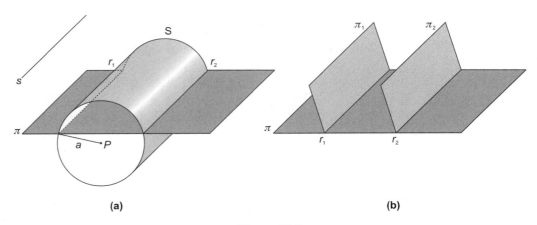

Figura 20-7

258 — *Geometria Analítica — um tratamento vetorial*

e π_2: $2y - z = 1$. Portanto, a transformação do sistema das equações [20-3] e [20-4] em [20-5] corresponde à substituição da superfície S pelo par de planos π_1 e π_2, sem afetar a interseção: $\pi \cap S = \pi \cap (\pi_1 \cup \pi_2)$. Veja a Figura 20-7 (b).

Exercícios

20-15 Obtenha uma equação vetorial da reta *r* que dista 1 do ponto $P = (1,2,1)$, é concorrente com *s*: $X = (-1,1,1) + \lambda(0,-1,2)$ e paralela a *t*: $2x - z - 1 = y = 2$.

20-16 Obtenha uma equação vetorial da reta *r* contida no plano π: $y = z$, sabendo que a medida angular entre *r* e *s*: $X = (1,1,2) + \lambda(1,-1,0)$ é 60° e que *r* dista 1 do ponto $P = (1,0,0)$.

20-17 ▸ Mostre que o lugar geométrico dos pontos de $\mathbb{E}^3$ que eqüidistam de *r*: $x = y = z$, *s*: $x - z = y = 0$ e $A = (1,0,1)$ é a reunião de duas retas paralelas, e obtenha equações dessas retas.

20-18 Mostre que o lugar geométrico dos pontos de $\mathbb{E}^3$ que eqüidistam das retas *r*: $x + y - 1 = z = 0$ e *s*: $x + z - 1 = y = 0$ é a reunião de dois planos transversais, e obtenha equações desses planos.

20-19 Descreva o lugar geométrico dos pontos de $\mathbb{E}^3$ que eqüidistam das retas *r*: $x - 1 = y + z = 3$, *s*: $3x + y + z = x - y - z = 0$ e *t*: $x - y = x + z = 1 + z$.

20-6 Exercício Resolvido

Deduza a fórmula [20-2] usando o fato de que existe um único ponto em *r* cuja distância a *P* é igual a $d(P,r)$.

Resolução

Sejam *A* um ponto de *r*, distinto de *P*, e $\vec{r}$ um vetor diretor. Indiquemos $d(P,r)$ por *d*, e seja *Q* o (único) ponto da reta tal que $d(P,Q) = d$. Então existe λ real tal que $Q = A + \lambda \vec{r}$, e portanto:

$$d^2 = \|\overrightarrow{QP}\|^2 = \|\overrightarrow{AP} - \lambda\vec{r}\|^2 = \|\overrightarrow{AP}\|^2 - 2(\vec{r} \cdot \overrightarrow{AP})\lambda + \lambda^2\|\vec{r}\|^2$$

Logo,

$$\|\vec{r}\|^2\lambda^2 - 2(\vec{r} \cdot \overrightarrow{AP})\lambda + \|\overrightarrow{AP}\|^2 - d^2 = 0$$

Como *Q* é o único ponto de *r* tal que $d(P,Q) = d$, esta equação de segundo grau em λ tem uma única solução e, portanto, seu discriminante é nulo:

$$\Delta = 4(\vec{r} \cdot \overrightarrow{AP})^2 - 4\|\vec{r}\|^2(\|\overrightarrow{AP}\|^2 - d^2) = 0$$

isto é,

$$d^2 = \frac{\|\vec{r}\|^2\|\overrightarrow{AP}\|^2 - (\vec{r} \cdot \overrightarrow{AP})^2}{\|\vec{r}\|^2} \qquad [20\text{-}6]$$

O vetor $\overrightarrow{AP}$ não é nulo, pois $A \neq P$; logo, podemos considerar a medida angular θ entre $\vec{r}$ e $\overrightarrow{AP}$. Então, devido a [20-6] e à igualdade $1 - \cos^2\theta = \text{sen}^2\theta$,

$$d^2 = \frac{\|\vec{r}\|^2\|\overrightarrow{AP}\|^2 - \|\vec{r}\|^2\|\overrightarrow{AP}\|^2\cos^2\theta}{\|\vec{r}\|^2} = \frac{\|\vec{r}\|^2\|\overrightarrow{AP}\|^2\text{sen}^2\theta}{\|\vec{r}\|^2} = \frac{\|\overrightarrow{AP}\wedge\vec{r}\|^2}{\|\vec{r}\|^2}$$

e, portanto,

$$d = \frac{\|\overrightarrow{AP}\wedge\vec{r}\|}{\|\vec{r}\|}$$

EXERCÍCIO

20-20 Deduza a fórmula [20-2]

(a) raciocinando assim: se $\vec{v} = \text{proj}_{\vec{r}}\overrightarrow{AP}$, então $\|\overrightarrow{AP} - \vec{v}\| = d(P,r)$ (recorde a condição (b) da Definição 9-12);

(b) aplicando o Teorema de Pitágoras ao triângulo APQ da Figura 20-6.

C DISTÂNCIA DE PONTO A PLANO

Para calcular a distância $d(P,\pi)$ do ponto P ao plano π, podemos determinar Q, a projeção ortogonal de P sobre π, e calcular $\|\overrightarrow{PQ}\|$ (Figura 20-1 (b)). Podemos também calculá-la sem conhecer Q: basta escolher um ponto A de π e um vetor $\vec{n}$, normal a π, e calcular a norma da projeção ortogonal de $\overrightarrow{AP}$ sobre $\vec{n}$ (Figura 20-8).

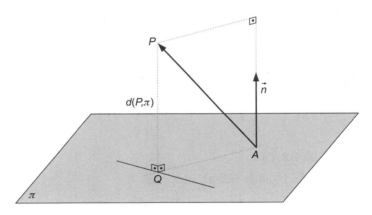

Figura 20-8

Conforme vimos no Capítulo 9 (fórmula [9-12]),

$$\|\text{proj}_{\vec{n}}\overrightarrow{AP}\| = \frac{|\overrightarrow{AP}\cdot\vec{n}|}{\|\vec{n}\|}$$

Logo,

$$d(P,\pi) = \frac{|\overrightarrow{AP}\cdot\vec{n}|}{\|\vec{n}\|} \quad\quad\quad \textbf{[20-7]}$$

Será útil conhecer a versão em coordenadas da fórmula [20-7]. Para obtê-la, suponhamos que $P = (x_0, y_0, z_0)$, $A = (x_1, y_1, z_1)$, e $\pi: ax + by + cz + d = 0$. Então, $\vec{n} = (a,b,c)$ é um vetor normal a π, e vale a relação $ax_1 + by_1 + cz_1 = -d$ (pois A pertence a π). Portanto,

$$\overrightarrow{AP} \cdot \vec{n} = a(x_0 - x_1) + b(y_0 - y_1) + c(z_0 - z_1)$$
$$= ax_0 + by_0 + cz_0 - (ax_1 + by_1 + cz_1)$$
$$= ax_0 + by_0 + cz_0 + d$$

e [20-7] pode ser escrita

$$d(P,\pi) = \frac{|ax_0 + by_0 + cz_0 + d|}{\sqrt{a^2 + b^2 + c^2}} \qquad \text{[20-8]}$$

Note que, para obter o numerador, basta substituir as coordenadas de P no primeiro membro da equação geral de π (não se esqueça do módulo!).

Para quem gosta de diversificar os procedimentos, eis um terceiro modo de calcular $d(P,\pi)$: escolher três pontos não-colineares, A, B e C, de π, calcular o volume do tetraedro $PABC$, e a área de sua face ABC. A partir desses valores, calcular a altura do tetraedro relativa a essa face, que é $d(P,\pi)$. O resultado que se obtém é

$$d(P,\pi) = \frac{|\overrightarrow{AP} \cdot \overrightarrow{AB} \wedge \overrightarrow{AC}|}{\|\overrightarrow{AB} \wedge \overrightarrow{AC}\|}$$

semelhante a [20-7], pois $\overrightarrow{AB} \wedge \overrightarrow{AC}$ é um vetor normal a π. É claro que não existe o tetraedro quando P pertence a π, mas neste caso também se obtém o resultado correto, já que $d(P,\pi) = 0$ e $\overrightarrow{AP} \cdot \overrightarrow{AB} \wedge \overrightarrow{AC} = 0$, pois $(\overrightarrow{AP}, \overrightarrow{AB}, \overrightarrow{AC})$ é LD.

20-7 Exercício Resolvido

Calcule a distância do ponto P ao plano π.
(a) $P = (1,2,-1)$ $\pi: 3x - 4y - 5z + 1 = 0$
(b) $P = (1,3,4)$ $\pi: X = (1,0,0) + \lambda(1,0,0) + \mu(-1,0,3)$

Resolução

(a) Usando [20-8], obtemos

$$d(P,\pi) = \frac{|3 \cdot 1 - 4 \cdot 2 - 5(-1) + 1|}{\sqrt{3^2 + (-4)^2 + (-5)^2}} = \frac{1}{\sqrt{50}}$$

(b) O vetor $\vec{n} = (1,0,0) \wedge (-1,0,3) = (0,-3,0)$ é um vetor normal a π, $A = (1,0,0)$ é um ponto de π, e $\overrightarrow{AP} = (0,3,4)$. Substituindo em [20-7], obtemos

$$d(P,\pi) = \frac{|(0,3,4) \cdot (0,-3,0)|}{\|(0,-3,0)\|} = \frac{9}{3} = 3$$

Exercícios

20-21 Calcule a distância do ponto P ao plano π.

(a) $P = (0,0,-6)$ $\qquad$ π: $x - 2y - 2z - 6 = 0$

(b) $P = (1,1,15/6)$ $\qquad$ π: $4x - 6y + 12z + 21 = 0$

(c) $P = (9,2,-2)$ $\qquad$ π: $X = (0,-5,0) + \lambda(0,5/12,1) + \mu(1,0,0)$

(d) $P = (1,1,1)$ $\qquad$ π: $2x - y + 2z - 3 = 0$

20-22 Calcule a distância do ponto de interseção de r e s ao plano determinado por t e h, sendo

r: $X = (1,3,4) + \lambda(1,2,3)$ $\qquad$ s: $X = (1,1,0) + \lambda(-1,0,1)$

t: $X = (0,1,0) + \lambda(0,6,1)$ $\qquad$ h: $x = y - 6z + 8 = 2x - 3$

20-23 As retas r, s e t determinam, com o plano π, um tetraedro. Calcule a altura relativa à face situada em π, sendo

π: $x + y - z + 1 = 0$ $\qquad$ r: $x = y = z + 1$ $\qquad$ s: $x - y = z + 1 = 0$ $\qquad$ t: $x - y - z = 1 + x = 1$

20-24 Mostre que os pontos $A = (-2,0,1)$, $B = (0,0,-1)$, $C = (1,1,1)$, $D = (-2,-1,-2)$ e $E = (1,2,2)$ são vértices de uma pirâmide e calcule seu volume.

20-25 Calcule a distância do segmento PQ ao plano π: $2x - 2y + z - 6 = 0$, nos casos:

(a) $P = (1,0,0)$, $Q = (2,3,2)$. $\qquad$ (b) $P = (2,1,5)$, $Q = (1,1,1)$.

(c) $P = (3,0,-1)$, $Q = (-1,-2,3)$.

20-26 Obtenha os pontos da reta r: $x = 2 - y = y + z$ que distam $\sqrt{6}$ do plano π: $x - 2y - z = 1$.

20-27 Determine os pontos da reta r que eqüidistam dos planos π_1 e π_2.

(a) r: $X = (0,1,1) + \lambda(1,1,2)$ $\qquad$ π_1: $x + 2y - z - 3 = 0$ $\qquad$ π_2: $x - y + 2z = 1$

(b) r: $x - 1 = 2y = z$ $\qquad$ π_1: $2x - 3y - 4z - 3 = 0$ $\qquad$ π_2: $4x - 3y - 2z + 3 = 0$

20-8 Exercício Resolvido

Obtenha uma equação geral do plano π que contém a reta r: $x - y = x + 2z = x + z$ e dista 2 do ponto $P = (1,0,2)$.

Resolução

O sistema de equações que descreve r é equivalente a

$$\begin{cases} y + 2z = 0 \\ z = 0 \end{cases}$$

(equações na forma planar). Como π pertence ao feixe de planos que contêm r, uma equação geral de π tem a forma

$$\alpha y + (2\alpha + \beta)z = 0 \qquad \text{[20-9]}$$

em que α e β não são ambos nulos. Aplicando [20-8], obtemos

262 — Geometria Analítica — um tratamento vetorial

$$2 = \frac{|\alpha \cdot 0 + (2\alpha + \beta) \cdot 2|}{\sqrt{\alpha^2 + (2\alpha + \beta)^2}}$$

Esta equação é equivalente a $(2\alpha + \beta)^2 = \alpha^2 + (2\alpha + \beta)^2$, da qual resulta $\alpha = 0$ (e, portanto, $\beta \neq 0$). Substituindo em [20-9] e dividindo por β, obtemos $z = 0$, que é uma equação geral de π. ◀

20-9 Exercício Resolvido

São dados o ponto P, o plano π e a reta r, contida em π. Mostre que $d(P, r) \geq d(P, \pi)$, e que vale a igualdade se, e somente se, a projeção ortogonal de P sobre π pertence a r.

Resolução

Vamos escolher um sistema de coordenadas conveniente, $\Sigma = (O, \vec{i}, \vec{j}, \vec{k})$, tal que a origem O seja a projeção ortogonal de P sobre π, $\vec{i}$ seja unitário e paralelo a r, $\vec{k}$ seja o versor de $\overrightarrow{OP}$, e $\vec{j} = \vec{k} \wedge \vec{i}$; a base $(\vec{i}, \vec{j}, \vec{k})$ é ortonormal positiva (Figura 20-9). Em relação a Σ, podemos escrever $P = (0, 0, p)$, $\pi: z = 0$ e, para todo ponto A de r, $A = (m, n, 0)$.

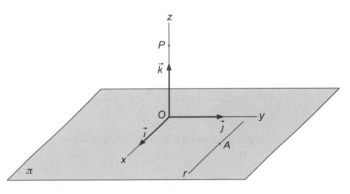

Figura 20-9

Usando [20-2] e [20-8], obtemos

$$d(P, r) = \|(-m, -n, p) \wedge (1, 0, 0)\| = \|(0, p, n)\| = \sqrt{p^2 + n^2} \qquad d(P, \pi) = |p| = p$$

Logo, $d(P, r) \geq \sqrt{p^2} = |p| = d(P, \pi)$. Além disso, a igualdade $d(P, r) = d(P, \pi)$ é verdadeira se, e somente se, $n = 0$, isto é, se, e somente se, $A = (m, 0, 0)$. Isso significa que $r = Ox$ e, portanto, que O pertence a r. ◀

Exercícios

20-28 Obtenha, em cada caso, uma equação geral do plano π que contém $r: X = (1,0,1) + \lambda(1,1,-1)$ e dista d de $P = (1,1,-1)$. Interprete os resultados de (a) e (b) usando o exercício resolvido anterior.

(a) $d = \sqrt{2}$ (b) $d = 2$ (c) $d = 1/\sqrt{2}$

20-29 Obtenha uma equação geral do plano que dista 1 de $O = (0,0,0)$ e contém a reta perpendicular comum às retas $r: X = (2,1,2) + \lambda(1,1,1)$ e $s: X = (-1,0,1) + \mu(1,1,2)$.

20-30 Obtenha uma equação geral do plano que contém a reta $r: x = -y = 1 - z$, eqüidista de $A = (1,0,0)$ e $B = (0,1,0)$, e separa A e B.

20-31 Obtenha uma equação geral do plano que contém os pontos $A = (1,1,1)$ e $B = (0,2,1)$ e eqüidista dos pontos $C = (2,3,0)$ e $D = (0,1,2)$.

20-32 Prove que todo plano que contém o ponto médio de um segmento PQ é eqüidistante de P e Q. Vale a recíproca?

20-10 Exercício Resolvido

Mostre que o lugar geométrico dos pontos de $\mathbb{E}^3$ que são eqüidistantes de dois planos transversais π_1 e π_2 é a reunião de dois planos que contêm a reta $\pi_1 \cap \pi_2$ e que formam ângulos congruentes com π_1 e π_2 (são os chamados *planos bissetores* dos diedros determinados por π_1 e π_2).

Resolução

Sejam $\vec{n}_1 = (a_1,b_1,c_1)$ e $\vec{n}_2 = (a_2,b_2,c_2)$ vetores unitários, respectivamente normais a π_1 e π_2, e suponhamos que $\pi_1: a_1x + b_1y + c_1z + d_1 = 0$ e $\pi_2: a_2x + b_2y + c_2z + d_2 = 0$. Aplicando [20-8], vemos que um ponto $X = (x,y,z)$ pertence ao lugar geométrico se, e somente se, $|a_1x + b_1y + c_1z + d_1| = |a_2x + b_2y + c_2z + d_2|$, isto é, se, e somente se,

$$(a_1x + b_1y + c_1z + d_1) + (a_2x + b_2y + c_2z + d_2) = 0$$

ou

$$(a_1x + b_1y + c_1z + d_1) - (a_2x + b_2y + c_2z + d_2) = 0$$

Estas são equações de dois planos do feixe de planos que contêm a reta $\pi_1 \cap \pi_2$, e o lugar geométrico é a reunião deles. Mais especificamente, é $\beta_1 \cup \beta_2$, sendo

$$\beta_1: (a_1 + a_2)x + (b_1 + b_2)y + (c_1 + c_2)z + (d_1 + d_2) = 0$$
$$\beta_2: (a_1 - a_2)x + (b_1 - b_2)y + (c_1 - c_2)z + (d_1 - d_2) = 0$$

Vamos mostrar que β_1 forma ângulos congruentes com π_1 e π_2 (você pode se encarregar depois de β_2, utilizando procedimento idêntico). Sejam $\theta_1 = \mathrm{ang}(\beta_1,\pi_1)$, $\theta_2 = \mathrm{ang}(\beta_1,\pi_2)$, e $\vec{n} = \vec{n}_1 + \vec{n}_2 = (a_1 + a_2, b_1 + b_2, c_1 + c_2)$, que é normal a β_1. Aplicando [19-8] e lembrando que $\vec{n}_1$ e $\vec{n}_2$ são unitários, obtemos

$$\cos\theta_1 = \frac{|\vec{n} \cdot \vec{n}_1|}{\|\vec{n}\|\,\|\vec{n}_1\|} = \frac{|(\vec{n}_2 + \vec{n}_1) \cdot \vec{n}_1|}{\|\vec{n}\|} = \frac{|\vec{n}_2 \cdot \vec{n}_1 + \|\vec{n}_1\|^2|}{\|\vec{n}\|} = \frac{|\vec{n}_2 \cdot \vec{n}_1 + 1|}{\|\vec{n}\|}$$

$$\cos\theta_2 = \frac{|\vec{n} \cdot \vec{n}_2|}{\|\vec{n}\|\,\|\vec{n}_2\|} = \frac{|(\vec{n}_1 + \vec{n}_2) \cdot \vec{n}_2|}{\|\vec{n}\|} = \frac{|\vec{n}_1 \cdot \vec{n}_2 + \|\vec{n}_2\|^2|}{\|\vec{n}\|} = \frac{|\vec{n}_1 \cdot \vec{n}_2 + 1|}{\|\vec{n}\|}$$

Logo, $\cos\theta_1 = \cos\theta_2$ e, como θ_1 e θ_2 pertencem a $[0,\pi/2]$, isso equivale a $\theta_1 = \theta_2$.

20-11 Observação

A caracterização feita no Exercício Resolvido 20-10 permite escrever equações gerais dos planos bissetores com facilidade, sem recorrer a medidas angulares: basta impor a condição $d(X,\pi_1) = d(X,\pi_2)$ a um ponto genérico $X = (x,y,z)$. Por exemplo, se π_1 e π_2 têm equações gerais $2x - 2y - z - 4 = 0$ e $4x - 3z + 1 = 0$, $d(X,\pi_1) = d(X,\pi_2)$ equivale a

$$\frac{|2x - 2y - z - 4|}{3} = \frac{|4x - 3z + 1|}{5}$$

isto é, $22x - 10y - 14z - 17 = 0$ ou $2x + 10y - 4z + 23 = 0$. Logo, estas duas últimas são equações gerais dos planos bissetores dos diedros determinados por π_1 e π_2.

Exercícios

20-33 Descreva o lugar geométrico dos pontos de $\mathbb{E}^3$ que eqüidistam dos planos π_1: $x + y - z = 0$, π_2: $x - y - z - 2 = 0$ e π_3: $x + y + z = 1$.

20-34 Descreva o lugar geométrico dos pontos de $\mathbb{E}^3$ cujas distâncias a π_1: $2x - y + 2z - 6 = 0$ são os dobros de suas distâncias a π_2: $x + 2y - 2z + 3 = 0$.

20-35 (a) Obtenha equações gerais dos dois planos bissetores dos diedros determinados pelos planos π_1: $x - 2y + 2z - 1 = 0$ e π_2: $4x + 3y = 0$.

(b) Confira o resultado obtido no item (a), mostrando que cada um dos planos encontrados contém a reta $\pi_1 \cap \pi_2$ e forma ângulos congruentes com π_1 e π_2.

(c) Verifique que os planos bissetores são perpendiculares.

20-36 Obtenha uma equação geral do plano bissetor do diedro agudo determinado pelos planos π_1: $x - 2y + 3z = 0$ e π_2: $2x + y - 3z = 0$.

20-37 Um dos diedros determinados pelos planos π_1: $x + 2y - 2z - 1 = 0$ e π_2: $2x + y + 2z + 2 = 0$ contém a origem $O = (0,0,0)$. Obtenha uma equação geral do seu plano bissetor.

D Distância entre retas

A distância $d(r,s)$ entre as retas r e s pode ser calculada, como já foi dito, com o auxílio de uma reta t perpendicular a ambas: se t intercepta r e s em P e Q, então $d(r,s) = d(P,Q)$. Sempre existe a reta t: se r e s são paralelas, há infinitas, e se r e s são concorrentes ou reversas, t é única (Figura 20-2). Vejamos agora como é possível calcular $d(r,s)$ sem conhecer t, P e Q; vamos considerar separadamente três casos.

- r e s *são reversas*. Existe um único plano π que contém r e é paralelo a s; se B é um ponto qualquer de s, então $d(r,s) = d(B,\pi)$ (Figura 20-10). Um vetor normal a π é $\vec{r} \wedge \vec{s}$; escolhendo um ponto A qualquer de r e aplicando [20-7] para calcular $d(B,\pi)$, obtemos

$$d(r,s) = \frac{|\overrightarrow{AB} \cdot \vec{r} \wedge \vec{s}|}{\|\vec{r} \wedge \vec{s}\|} \qquad [20\text{-}10]$$

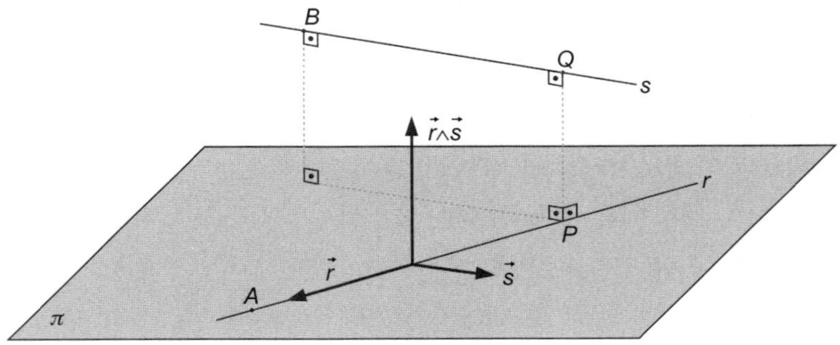

Figura 20-10

- *r e s são concorrentes.* Neste caso, $d(r,s) = 0$, pois $r \cap s \neq \emptyset$, e não necessitamos de fórmulas (Figura 20-2 (b)). Observe, no entanto, que [20-10] fornece o valor correto de $d(r,s)$, pois $(\vec{r},\vec{s},\overrightarrow{AB})$ é LD e portanto $\overrightarrow{AB} \cdot \vec{r} \wedge \vec{s} = 0$. É como se o plano π, na dedução de [20-10], fosse substituído pelo plano determinado por r e s.
- *r e s são paralelas.* A fórmula [20-10] *não pode ser aplicada* a este caso porque $\vec{r} \wedge \vec{s} = \vec{0}$ (observe que o plano π utilizado na dedução de [20-10] não fica determinado). Para calcular $d(r,s)$, escolhemos um ponto qualquer de uma delas e calculamos sua distância à outra (Figura 20-2 (c)).

20-12 Observação

(a) O método proposto pode dar a impressão de que é necessário estudar a posição relativa de r e s antes de calcular sua distância. Não é bem assim. Para aplicar [20-10] precisamos, de qualquer modo, calcular $\vec{r} \wedge \vec{s}$. Se o resultado for $\vec{0}$, percebemos que as retas são paralelas e mudamos de rumo (calculando a distância de um ponto qualquer de uma delas à outra). Se $\vec{r} \wedge \vec{s} \neq \vec{0}$, prosseguimos na aplicação da fórmula [20-10] com certeza de que r e s não são paralelas.

(b) Das fórmulas para o cálculo de distância deduzidas neste capítulo, [20-10] é a única cuja aplicação está sujeita a restrições, já que não pode ser usada para retas paralelas. Isto vai exigir atenção especial, particularmente em problemas em que uma das retas é dada e a outra é procurada: se alguma das soluções for paralela à reta dada, ela não será obtida a partir de [20-10]. Os Exercícios Resolvidos 20-15 e 20-16 exemplificam esta observação.

20-13 Exercício Resolvido

Calcule a distância entre $r: X = (-1,2,0) + \lambda(1,3,1)$ e $s: 3x - 2z - 3 = 0 = y - z - 2$.

Resolução

$\vec{r} = (1,3,1)$ é um vetor diretor de r, e $\vec{s} = (3,0,-2) \wedge (0,1,-1) = (2,3,3)$ é um vetor diretor de s. Logo, $\vec{r} \wedge \vec{s} = (1,3,1) \wedge (2,3,3) = (6,-1,-3) \neq \vec{0}$ e podemos aplicar [20-10]. O ponto $A = (-1,2,0)$ pertence a r e o ponto $B = (1,2,0)$ pertence a s (B foi obtido atribuindo-se a z o valor 0 nas equações de s). Assim, $\overrightarrow{AB} = (2,0,0)$ e $\overrightarrow{AB} \cdot \vec{r} \wedge \vec{s} = (2,0,0) \cdot (6,-1,-3) = 12$.
A fórmula [20-10] fornece

$$d(r,s) = \frac{12}{\|(6,-1,-3)\|} = \frac{12}{\sqrt{46}}$$

266 – Geometria Analítica – um tratamento vetorial

EXERCÍCIOS

20-38 Calcule a distância entre as retas r e s.

(a) r: $X = (2,1,0) + \lambda(1,-1,1)$ s: $x + y + z = 2x - y - 1 = 0$

(b) r: $(x + 4)/3 = y/4 = (z + 5)/(-2)$ s: $X = (21,-5,2) + \lambda(6,-4,-1)$

(c) r: $y = 3z - 2 = 3x + 1$ s: $3x - 2z + 3 = 0 = y - z - 2$

(d) r: $(x - 1)/(-2) = 2y = z$ s: $X = (0,0,2) + \lambda(-2,1/2,1)$

(e) r: $x = (y - 3)/2 = z - 2$ s: $x - 3 = (y + 1)/2 = z - 2$

20-39 Sendo r: $X = (1,0,2) + \lambda(0,0,2)$, s: $X = (-1,0,1) + \lambda(1,1,0)$ e t: $X = (0,0,0) + \lambda(1,-1,0)$, calcule a distância entre r e a reta perpendicular comum a s e t.

20-14 Exercício Resolvido

Sejam r e s retas reversas, e t a reta perpendicular comum a elas; indiquemos por P e Q, respectivamente, os pontos de interseção de t com r e s. Mostre que, quanto mais próximo um ponto de r estiver de P, mais próximo ele estará de s.

Resolução

Seja X um ponto genérico de r. Considere o sistema de coordenadas de origem P e base $B = (\vec{i},\vec{j},\vec{k})$ definida assim (acompanhe na Figura 20-11): $\vec{i}$ é unitário e paralelo a r, $\vec{k}$ é o versor de $\overrightarrow{PQ}$ e $\vec{j} = \vec{k} \wedge \vec{i}$ (B é ortonormal, positiva). Em relação a esse sistema, podemos escrever: $P = (0,0,0)$, $Q = (0,0,c)$, $X = (x,0,0)$. Seja $\vec{s}$ um vetor diretor unitário de s; em relação à base B, $\vec{s} = (m,n,0)$, pois $\vec{s} \cdot \vec{k} = 0$. Então

$$d^2(X,s) = \frac{\|\overrightarrow{QX} \wedge \vec{s}\|^2}{\|\vec{s}\|^2} = \|(x,0,-c) \wedge (m,n,0)\|^2 = \|(cn,-cm,xn)\|^2 = c^2n^2 + c^2m^2 + x^2n^2$$

Logo, quanto mais próximo X estiver de P, menor será x^2 e, portanto, menor será $d(X,s)$. ◂

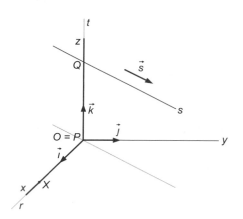

Figura 20-11

EXERCÍCIO

20-40 Calcule a distância do segmento AB à reta s, nos casos

(a) $A = (1,1,0)$ $B = (2,1,1)$ s: $X = (-1,-1,6) + \lambda(1,4,3)$

(b) $A = (2,3,0)$ $B = (-1,0,6)$ s: $X = (0,-3,-1) + \lambda(1,-1,0)$

20-15 Exercício Resolvido

Obtenha uma reta r que contém o ponto $A = (1,1,2)$, é paralela a $\pi: x - 2y + 2z - 4 = 0$ e dista $1/\sqrt{2}$ da reta $s: X = (3,1,1) + \lambda(4,1,-1)$.

Resolução

Já conhecemos um ponto de r (o ponto A); falta-nos um vetor diretor $\vec{r} = (m,n,p)$. Como r é paralela a π, o produto escalar de $\vec{r}$ por $(1,-2,2)$, que é um vetor normal a π, é nulo. Portanto,

$$m - 2n + 2p = 0 \qquad [20\text{-}11]$$

Devemos ser cautelosos ao utilizar a informação $d(r,s) = 1/\sqrt{2}$, pois não sabemos se r é ou não é paralela a s. Vamos considerar as duas possibilidades.

Primeiro caso Suponhamos que a reta procurada não seja paralela a s. Então, $\vec{r} \wedge \vec{s} \neq \vec{0}$, e podemos aplicar a fórmula [20-10] usando os pontos $A = (1,1,2)$ de r e $B = (3,1,1)$ de s, e os vetores $\vec{r} = (m,n,p)$, paralelo a r, e $\vec{s} = (4,1,-1)$, paralelo a s:

$$\frac{1}{\sqrt{2}} = \frac{|(2,0,-1) \cdot (m,n,p) \wedge (4,1,-1)|}{\|(m,n,p) \wedge (4,1,-1)\|} \qquad [20\text{-}12]$$

Como

$$(2,0,-1) \cdot (m,n,p) \wedge (4,1,-1) = (2,0,-1) \cdot (-n - p, m + 4p, m - 4n)$$
$$= -m + 2n - 2p$$
$$= -(m - 2n + 2p)$$

e, devido a [20-11], esta última expressão é igual a 0, [20-12] torna-se $1/\sqrt{2} = 0$, o que significa que não existe solução neste primeiro caso.

Segundo caso Se r for paralela a s, o que nos impede de aplicar a fórmula [20-10], então $r: X = (1,1,2) + \lambda(4,1,-1)$. Devemos verificar se esta reta satisfaz as condições do enunciado, para aceitá-la ou não como solução. Ela contém o ponto A e é paralela a π (pois $(4,1,-1) \cdot (1,-2,2) = 0$). Quanto à sua distância a s,

$$d(r,s) = d(A,s) = \frac{\|\vec{AB} \wedge \vec{s}\|}{\|\vec{s}\|} = \frac{\|(1,-2,2)\|}{\sqrt{18}} = \frac{3}{3\sqrt{2}} = \frac{1}{\sqrt{2}}$$

A reta $r: X = (1,1,2) + \lambda(4,1,-1)$ é, portanto, a única solução (e não pôde ser obtida por aplicação da fórmula [20-10]). ◀

Exercícios

20-41 Determine a reta r que contém o ponto A, é paralela ao plano π e dista d da reta s.

(a) $A = (1,3,-1)$ $\pi: x + z = 2$ $s: x - z = y + 2 = z - x + 4$ $d = 3$

(b) $A = (1,2,0)$ $\pi: x + y + z = 1$ $s: X = (0,3,2) + \lambda(1,1,0)$ $d = 2$

20-42 Obtenha uma equação vetorial da reta r que contém $A = (0,0,3)$, está contida em $\pi: x + z = 3$ e dista 3 de Oy.

20-43 Obtenha uma equação vetorial da reta que dista $2/\sqrt{6}$ de s: $X = (-1,2,3) + \lambda(-1,1,1)$, é concorrente com r: $X = (1,1,3) + \lambda(0,1,1)$ e está contida em π: $x - z + 1 = 0$.

20-16 Exercício Resolvido

Dadas as retas $r: X = (0,0,1) + \lambda(1,1,1)$ e $s: X = (0,0,0) + \lambda(0,1,0)$ e os pontos $P = (0,1,1)$ e $Q = (0,1,2)$, obtenha uma equação vetorial da reta t que contém P, é concorrente com r e eqüidista de Q e s.

Resolução

Já conhecemos um ponto de t, $P = (0,1,1)$; vamos usar a técnica do λ para obter um segundo ponto. Indicando por A o ponto de concorrência entre r e t, podemos escrever $A = (\lambda,\lambda,1+\lambda)$ (pois A pertence a r) e, portanto, $\vec{t} = \vec{PA} = (\lambda,\lambda-1,\lambda)$ é um vetor diretor de t. Como não sabemos se t é ou não é paralela a s, vamos considerar as duas possibilidades.

Primeiro caso Suponhamos que a reta procurada não seja paralela a s. Podemos então aplicar [20-10], utilizando os pontos $O = (0,0,0)$ de s e $P = (0,1,1)$ de t, e os vetores $\vec{s} = (0,1,0)$, diretor de s, e $\vec{t} = (\lambda,\lambda-1,\lambda)$, diretor de t. Assim, de $d(Q,t) = d(s,t)$ decorre (devido a [20-2] e [20-10])

$$\frac{\|\vec{PQ} \wedge \vec{t}\|^2}{\|\vec{t}\|^2} = \frac{|\vec{OP} \cdot \vec{s} \wedge \vec{t}|^2}{\|\vec{s} \wedge \vec{t}\|^2} \qquad [20\text{-}13]$$

Efetuando os cálculos, obtemos

$\vec{PQ} \wedge \vec{t} = (0,0,1) \wedge (\lambda,\lambda-1,\lambda) = (1-\lambda,\lambda,0)$ $\|\vec{PQ} \wedge \vec{t}\|^2 = 2\lambda^2 - 2\lambda + 1$

$\vec{s} \wedge \vec{t} = (0,1,0) \wedge (\lambda,\lambda-1,\lambda) = (\lambda,0,-\lambda)$ $\|\vec{s} \wedge \vec{t}\|^2 = 2\lambda^2$

$\vec{OP} \cdot \vec{s} \wedge \vec{t} = (0,1,1) \cdot (\lambda,0,-\lambda) = -\lambda$ $|\vec{OP} \cdot \vec{s} \wedge \vec{t}|^2 = \lambda^2$

Substituindo em [20-13] e levando em conta que $\|\vec{t}\|^2 = \|(\lambda,\lambda-1,\lambda)\|^2 = 3\lambda^2 - 2\lambda + 1$, chegamos a

$$\frac{2\lambda^2 - 2\lambda + 1}{3\lambda^2 - 2\lambda + 1} = \frac{1}{2}$$

que é equivalente a $\lambda^2 - 2\lambda + 1 = 0$. Assim, $\lambda = 1$ e $\vec{t} = (1,0,1)$. Uma primeira solução é, portanto, $X = (0,1,1) + \lambda(1,0,1)$.   ◀

Segundo caso Se t é paralela a s, não podemos aplicar [20-10], mas nesse caso t é a reta de equação vetorial $X = P + \lambda\vec{s}$, ou seja, $X = (0,1,1) + \lambda(0,1,0)$. Vamos verificar diretamente se essa reta satisfaz as condições do enunciado.

- Ela é concorrente com r no ponto $C = (0,0,1)$, como se pode verificar facilmente.
- É eqüidistante de Q e s, pois

$$d(Q,t) = \frac{\|\vec{PQ} \wedge (0,1,0)\|}{\|(0,1,0)\|} = \|(0,0,1) \wedge (0,1,0)\| = \|(-1,0,0)\| = 1$$

$$d(s,t) = d(P,s) = \frac{\|\overrightarrow{OP} \wedge \vec{s}\|}{\|\vec{s}\|} = \frac{\|(0,1,1) \wedge (0,1,0)\|}{\|(0,1,0)\|} = \|(-1,0,0)\| = 1$$

A reta t: $X = (0,1,1) + \lambda(0,1,0)$ é, portanto, uma segunda solução (e não pôde ser obtida por aplicação da fórmula [20-10]). ◀

EXERCÍCIOS

20-44 Dadas as retas r: $X = (0,0,1) + \lambda(1,1,0)$ e s: $X = (2,0,1) + \lambda(0,0,1)$, e os pontos $P = (1,0,1)$ e $Q = (2,1,1)$, obtenha uma equação vetorial da reta que contém P, é concorrente com r e eqüidistante de Q e s.

20-45 Obtenha uma equação vetorial da reta que contém a origem, dista 2 de s: $X = (0,1,2) + \lambda(0,1,0)$ e forma ângulos congruentes com t: $X = (1,1,2) + \lambda(1,-1,0)$ e h: $X = (2,3,-1) + \lambda(1,1,0)$.

20-46 Obtenha uma equação vetorial da reta que contém o ponto $A = (1,1,1)$, está à distância $1/\sqrt{2}$ de s: $X = (0,1,0) + \lambda(0,0,1)$ e forma com π: $2x - z = 0$ um ângulo cujo co-seno é $\sqrt{7/15}$.

20-47 Obtenha uma equação vetorial da reta que contém o ponto $A = (2,1,4)$, forma ângulo de 45° com a reta t, e dista 6 da reta s, sendo

$$t: \begin{cases} x = -2 + 2\lambda \\ y = 1 + 2\lambda \\ z = \lambda \end{cases} \qquad s: \begin{cases} x = -2 + \lambda \\ y = 3 \\ z = 8 + \lambda \end{cases}$$

20-48 Obtenha uma equação vetorial da reta r que dista 1 do eixo das abscissas, está contida no plano π_1: $x + y = 0$ e forma ângulo de 30° com o plano π_2: $y - z = 1$.

20-49 ▸ Descreva, em cada caso, o lugar geométrico dos pontos X de $\mathbb{E}^3$ tais que a distância entre a reta r: $X = (3,2,1) + \lambda(0,1,2)$ e a reta s determinada por B e X seja 3.

(a) $B = (0,2,1)$ (b) $B = (0,0,2)$ (c) $B = (3,1,0)$

20-50 Participando do "Show do Milhão", Angelique ouviu do apresentador:

"Próxima pergunta, valendo R$ 100.000,00: a reta r contém o ponto $P = (0,0,2)$ e é paralela ao plano Oxy. Diga qual das alternativas não pode ser a distância de r à reta s: $X = (1,2,1) + \lambda(0,1,0)$:

(A) $1/\sqrt{2}$ (B) $\sqrt{2}$ (C) 1 (D) $2/\sqrt{2}$

Angelique, você tem trinta segundos para a resposta."

Se Angelique pedisse ajuda aos universitários e você fosse um deles, que alternativa indicaria?

20-51 Interprete o segundo membro de [20-10] como:

(a) quociente de um volume por uma área;

(b) comprimento da projeção ortogonal de um vetor sobre outro.

E Distância entre reta e plano

Para calcular a distância entre uma reta r e um plano π não precisamos de uma fórmula específica: escolhemos um vetor diretor $\vec{r}$ da reta e um vetor normal $\vec{n}$ ao plano, calculamos $\vec{r} \cdot \vec{n}$, e então:

- se $\vec{r} \cdot \vec{n} \neq 0$, r é transversal a π e, portanto, $r \cap \pi \neq \emptyset$. Neste caso, $d(r,\pi) = 0$ (Figura 20-12 (a)).
- Se $\vec{r} \cdot \vec{n} = 0$, r está contida em π, e neste caso $d(r,\pi) = 0$ (Figura 20-12 (b)), ou r é paralela a π (Figura 20-12 (c)) e $d(r,\pi)$ é a distância de um ponto qualquer de r ao plano. Note que todos os pontos de r estão a igual distância de π, mas os pontos de π *não estão* todos à mesma distância de r. Não serve, portanto, escolher um ponto de π e calcular sua distância a r!

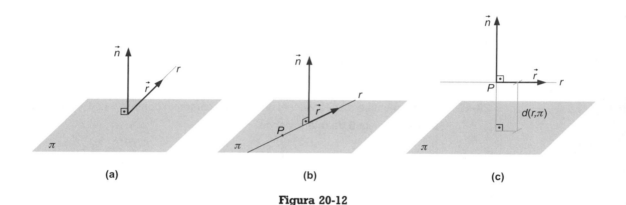

Figura 20-12

Exercícios

20-52 Calcule a distância entre a reta r e o plano π.

(a) $r: X = (1,9,4) + \lambda(3,3,3)$ $\pi: X = (5,7,9) + \lambda(1,0,0) + \mu(0,1,0)$

(b) $r: x - y + z = 0 = 2x + y - z - 3$ $\pi: y - z = 4$

(c) $r: x = y - 1 = z + 3$ $\pi: 2x + y - 3z - 10 = 0$

(d) r é o eixo das abscissas $\pi: y + z = \sqrt{2}$

(e) $r: X = (1,1,1) + \lambda(1,0,2)$ π é paralelo a r e contém $s: x + y = z + 2y = 2$

20-53 Dados os planos $\pi_1: x + y + z - 1 = 0$, $\pi_2: 3x + y - z = 0$ e $\pi_3: x + y + z = 0$, seja π o plano que contém $\pi_1 \cap \pi_2$ e é perpendicular a π_3. Calcule a distância de π a $r: X = (1,2,3) + \lambda(1,1,1)$.

20-54 Obtenha uma equação geral do plano que contém os pontos $P = (1,1,-1)$ e $Q = (2,1,1)$ e dista 1 da reta $r: X = (1,0,2) + \lambda(1,0,2)$.

20-55 Obtenha uma equação geral do plano que dista $1/\sqrt{29}$ da reta $r: X = (1,1,3) + \lambda(0,1,2)$ e é paralelo ao segmento de extremidades $M = (2,1,4)$ e $N = (0,1,1)$.

20-56 Obtenha uma equação vetorial da reta que dista 3 do plano π e é concorrente com as retas r e s.

(a) π é o plano Oxy $r: X = (1,-1,-1) + \lambda(1,2,4)$ $s: 3x + 3 = 3y + 6 = 2z$

(b) π é o plano Oxz $r: X = (2,3,1) + \lambda(1,4,2)$ $s: X = (1,3,0) + \lambda(2,3,2)$

20-57 Dados os planos π_1: $y + z - 5 = 0$ e π_2: $x + 2y + 2z = 0$, a reta s: $X = (1,2,3) + \lambda(0,1,-1)$, e o ponto $P = (-2,1,0)$, obtenha equações da reta contida em π_1, paralela a s, e eqüidistante de P e π_2.

20-58 Um dos diedros determinados pelos planos π_1: $2x + y - 2z - 1 = 0$ e π_2: $x + 2y + 2z + 2 = 0$ contém a origem. Obtenha uma equação vetorial da reta contida nesse diedro, eqüidistante de π_1 e π_2, cuja distância à origem é $\sqrt{5}/9$.

20-59 Um trecho de estrada de rodagem, contido em uma planície, passa sob três viadutos. Um levantamento topográfico mostrou que, com boa aproximação, a planície pode ser representada pelo plano π: $5x + 4y + 20z - 20 = 0$ e que cada viaduto tem seu ponto mais baixo em uma das retas r_1: $X = (5,6,3) + \lambda(4,0,-1)$, r_2: $X = (3,3,4) + \lambda(0,5,-1)$ e r_3: $X = (2,6,4) + \lambda(4,5,-2)$ (a unidade de medida adotada é o metro). Admitindo que as medições de altura estão sujeitas a erros de até 3%, escolha a melhor alternativa para as placas sinalizadoras de altura máxima dos veículos que podem trafegar por esse trecho da estrada:

(a) 3,9 m (b) 4,0 m (c) 4,1 m (d) 4,3 m

F DISTÂNCIA ENTRE PLANOS

Nesta seção, como na anterior, não precisamos de uma fórmula específica: para calcular a distância entre os planos π_1 e π_2, analisamos inicialmente a dependência linear de seus vetores normais $\vec{n}_1$ e $\vec{n}_2$.

- Se $(\vec{n}_1, \vec{n}_2)$ é LI, então π_1 e π_2 são transversais e sua interseção é não-vazia. Logo, $d(\pi_1, \pi_2) = 0$.
- Se $(\vec{n}_1, \vec{n}_2)$ é LD, então π_1 e π_2 são paralelos e $d(\pi_1, \pi_2)$ é a distância de um ponto qualquer de um deles ao outro.

Se você preferir, no entanto, usar uma fórmula para calcular a distância entre os planos paralelos π_1 e π_2, escreva equações gerais deles *com os mesmos* coeficientes a, b e c e use a resposta do Exercício 20-62 (b).

EXERCÍCIOS

20-60 Calcule a distância entre os planos π_1 e π_2:

(a) π_1: $2x - y + 2z + 9 = 0$ π_2: $4x - 2y + 4z - 21 = 0$
(b) π_1: $x + y + z = 0$ π_2: $x + y + z + 2 = 0$
(c) π_1: $x + y + z = 5/2$ π_2: $X = (2,1,2) + \lambda(-1,0,3) + \mu(1,1,0)$
(d) π_1: $x + y + z = 0$ π_2: $2x + y + z + 2 = 0$
(e) π_1: $x + y + z = 5/2$ π_2: $X = (2,0,0) + \lambda(-1,0,1) + \mu(-1,1,0)$

20-61 O plano π é determinado pelas retas r: $x + z = 5 = y + 4$ e s: $X = (4,1,1) + \lambda(4,2,-3)$. Obtenha equações gerais dos planos que distam 2 de π.

20-62 Para obter a distância entre os planos paralelos π_1: $ax + by + cz + d_1 = 0$ e π_2: $ax + by + cz + d_2 = 0$, o primeiro impulso de Ana Cristina foi calcular $|d_1 - d_2|$. Logo em seguida, pensando nos planos π_1: $x - y = 0$ e π_2: $x - y - 1 = 0$, Ana Cristina percebeu seu erro e calculou corretamente a distância.

(a) Faça os cálculos com π_1 e π_2 e confirme a percepção de Ana Cristina.

(b) Qual foi o resultado correto obtido por ela?

20-63 Dentre os planos que distam 2 de π: $x - y + z = 0$, qual é o que está mais próximo de $P = (2,1,1)$?

20-64 Os vértices de um tetraedro são $O = (0,0,0)$, $A = (1,0,0)$, $B = (0,2,0)$ e $C = (0,0,3)$. Obtenha uma equação geral do plano que dista 3/7 da face ABC e intercepta o tetraedro.

20-65 O plano que contém a face ABC de um tetraedro dista 3/7 de π: $6x + 3y + 2z - 3 = 0$. As outras três faces estão contidas nos planos coordenados. Determine os vértices do tetraedro.

20-66 Sejam r e s retas não-paralelas, contidas, respectivamente, nos planos paralelos π_1 e π_2. Mostre que $d(r,s) = d(\pi_1,\pi_2)$.

20-67 Sejam r e s retas paralelas distintas, contidas, respectivamente, nos planos paralelos π_1 e π_2. Prove que $d(r,s) = d(\pi_1,\pi_2)$ se, e somente se, o plano determinado por r e s é perpendicular a π_1 e a π_2.

20-68 Prove que o lugar geométrico dos pontos de $\mathbb{E}^3$ que eqüidistam dos planos paralelos distintos π_1 e π_2 é um plano π, paralelo a π_1 e a π_2. Prove também que π é eqüidistante de π_1 e π_2 e que, se A pertence a π_1 e B pertence a π_2, então A e B são separados por π.

CAPÍTULO 21
MUDANÇA DE SISTEMA DE COORDENADAS

Neste capítulo mostra-se como obter as novas coordenadas de um ponto e as novas equações de um lugar geométrico quando se substitui o sistema de coordenadas.

Este capítulo pode ser visto como uma extensão do Capítulo 8, em que estudamos mudança de base. Desta vez, vamos tratar da mudança de sistema de coordenadas, que significa mudança da origem ou da base do sistema. São várias as razões que podem nos levar a substituir um sistema de coordenadas por outro. Por exemplo, se o sistema adotado não é ortogonal e queremos calcular distâncias ou medidas angulares, é conveniente passar para um sistema ortogonal. Outras vezes, faremos a mudança para simplificar cálculos algébricos (amostras de como uma boa escolha do sistema de coordenadas pode facilitar a resolução de problemas, você encontra nos Exercícios Resolvidos 20-9 e 20-14).

Quando se faz a substituição de um sistema de coordenadas por outro, é fundamental estabelecer relações entre as coordenadas de um ponto genérico X em relação ao primeiro sistema e as coordenadas de X em relação ao segundo. Tais relações vão permitir não só a conversão das coordenadas, mas também a conversão de equações de retas, planos e lugares geométricos em geral. Usaremos os termos sugestivos *antigo* e *novo* para os dois sistemas envolvidos e tudo o que estiver associado a eles (origens, bases, eixos coordenados, planos coordenados, coordenadas de pontos, equações de retas, equações de planos etc). Indicaremos o sistema antigo por $\Sigma_1 = (O_1, E)$ e o novo por $\Sigma_2 = (O_2, F)$; suas bases, por $E = (\vec{e}_1, \vec{e}_2, \vec{e}_3)$ e $F = (\vec{f}_1, \vec{f}_2, \vec{f}_3)$. As coordenadas da nova origem em relação ao sistema antigo, por h, k, l:

$$O_2 = (h, k, l)_{\Sigma_1}$$

Suponhamos que $\vec{f}_1 = (a_{11}, a_{21}, a_{31})_E$, $\vec{f}_2 = (a_{12}, a_{22}, a_{32})_E$ e $\vec{f}_3 = (a_{13}, a_{23}, a_{33})_E$, de modo que a matriz de mudança da base E para a base F é

$$M_{EF} = \begin{bmatrix} a_{11} & a_{12} & a_{13} \\ a_{21} & a_{22} & a_{23} \\ a_{31} & a_{32} & a_{33} \end{bmatrix}$$

Se X é um ponto qualquer de $\mathbb{E}^3$, usaremos as letras x, y, z para indicar suas coordenadas antigas e u, v, w para indicar suas novas coordenadas: $X = (x,y,z)_{\Sigma_1}$ e $X = (u,v,w)_{\Sigma_2}$. Nosso objetivo é obter relações entre x, y, z e u, v, w. Sabemos que $X = (u,v,w)_{\Sigma_2}$ significa $\overrightarrow{O_2X} = (u,v,w)_F$; por outro lado, de $O_2 = (h,k,l)_{\Sigma_1}$ e $X = (x,y,z)_{\Sigma_1}$ decorre $\overrightarrow{O_2X} = (x-h, y-k, z-l)_E$. Aplicando a fórmula de mudança de base [8-5] ao vetor $\overrightarrow{O_2X}$, podemos escrever

$$\begin{bmatrix} x-h \\ y-k \\ z-l \end{bmatrix}_E = M_{EF} \begin{bmatrix} u \\ v \\ w \end{bmatrix}_F \qquad [21\text{-}1]$$

ou, equivalentemente,

$$\begin{bmatrix} x \\ y \\ z \end{bmatrix} = \begin{bmatrix} h \\ k \\ l \end{bmatrix} + M_{EF} \begin{bmatrix} u \\ v \\ w \end{bmatrix} \qquad [21\text{-}2]$$

Esta é a relação entre as antigas e as novas coordenadas de X. Efetuando os cálculos indicados, obtemos as chamadas **equações de mudança de coordenadas de Σ_1 para Σ_2**:

$$x = h + a_{11}u + a_{12}v + a_{13}w$$
$$y = k + a_{21}u + a_{22}v + a_{23}w \qquad [21\text{-}3]$$
$$z = l + a_{31}u + a_{32}v + a_{33}w$$

Elas permitem calcular rapidamente x, y e z, conhecidos u, v e w.

As equações de mudança de coordenadas de Σ_2 para Σ_1 podem ser obtidas resolvendo-se o sistema das equações [21-3] nas incógnitas u, v, w, ou então multiplicando-se à esquerda os dois membros de [21-1] pela matriz inversa de M_{EF}, que, conforme vimos no Capítulo 8, é M_{FE}:

$$\begin{bmatrix} u \\ v \\ w \end{bmatrix} = M_{EF}^{-1} \begin{bmatrix} x-h \\ y-k \\ z-l \end{bmatrix} = M_{FE} \begin{bmatrix} x-h \\ y-k \\ z-l \end{bmatrix} \qquad [21\text{-}4]$$

21-1 Observação

As equações de mudança de coordenadas [21-3] podem ser interpretadas geometricamente de um modo muito interessante, que nos dispensa de decorá-las. Voltemos à igualdade $\overrightarrow{O_2X} = (u,v,w)_F$, que equivale a

$$X = O_2 + u\vec{f}_1 + v\vec{f}_2 + w\vec{f}_3 \qquad [21\text{-}5]$$

Note a semelhança dessa igualdade com equações vetoriais de reta e plano: O_2 é o ponto fixado, u, v e w desempenham o papel de parâmetros, e $\vec{f}_1, \vec{f}_2$ e $\vec{f}_3$, que são LI, atuam como vetores diretores. O lugar geométrico descrito pela equação vetorial [21-5] é, nada mais nada menos, o espaço $\mathbb{E}^3$, pois F é base e, portanto, para todo ponto X de $\mathbb{E}^3$ existem números reais u, v e w tais que $\overrightarrow{O_2X} = u\vec{f}_1 + v\vec{f}_2 + w\vec{f}_3$. A analogia com retas e planos é perfeita; como $\mathbb{E}^3$ é tridimensional, usamos três vetores diretores e três parâmetros. Em relação ao sistema de coordenadas Σ_1, as equações paramétricas correspondentes a essa equação vetorial de $\mathbb{E}^3$ são exatamente as equações de mudança de coordenadas [21-3]. Para obtê-las, portanto, basta escrever, *em relação ao sistema antigo*, equações paramétricas do "espaço que contém o ponto O_2 e tem vetores diretores $\vec{f}_1$, $\vec{f}_2$ e $\vec{f}_3$".

Naturalmente, para escrever as equações de mudança de coordenadas de Σ_2 para Σ_1, você deverá pensar no "espaço que contém o ponto O_1 e tem $\vec{e}_1$, $\vec{e}_2$, $\vec{e}_3$ como vetores diretores" e escrever suas equações paramétricas *em relação ao sistema Σ_2*. Uma alternativa, como já dissemos, é resolver o sistema das equações [21-3] nas incógnitas u, v e w.

EXERCÍCIO 21-1 Adote o enfoque da observação anterior para escrever equações paramétricas de $\mathbb{E}^3$ em relação ao sistema novo.

Quando trabalhamos com mais de um sistema de coordenadas simultaneamente, é preciso que a notação não dê margem a dúvidas sobre qual é o sistema a que nos referimos em cada momento. Por isso, usamos índices (como, por exemplo, em $P = (1,2,1)_{\Sigma_2}$, $\vec{v} = (0,2,5)_E$) e convencionamos que as letras x, y, z indicam coordenadas antigas, e u, v, w, coordenadas novas. Ao escrever equações de retas, planos ou lugares geométricos em geral, usaremos por vezes o recurso de colocá-las entre colchetes, indicando o sistema de coordenadas por meio de um índice. Assim, por exemplo, $\pi\colon [x - y + z - 9 = 0]_{\Sigma_1}$ significa que o plano π tem equação geral $x - y + z - 9 = 0$ em relação ao sistema de coordenadas Σ_1, e $r\colon [X = (1,5,2) + \lambda(3,3,2)]_{\Sigma_2}$ significa que, em relação ao sistema Σ_2, a reta r tem equação vetorial $X = (1,5,2) + \lambda(3,3,2)$.

21-2 Exercício Resolvido

Sejam $\Sigma_1 = (O_1, \vec{e}_1, \vec{e}_2, \vec{e}_3)$ e $\Sigma_2 = (O_2, \vec{f}_1, \vec{f}_2, \vec{f}_3)$ dois sistemas de coordenadas tais que

$$O_2 = (1,2,-1)_{\Sigma_1} \qquad \vec{f}_1 = \vec{e}_1 \qquad \vec{f}_2 = \vec{e}_3 \qquad \vec{f}_3 = \vec{e}_1 + 2\vec{e}_2 - \vec{e}_3$$

(a) Sendo $P = (2,1,-3)_{\Sigma_1}$ e $Q = (0,1,-1)_{\Sigma_2}$, determine as coordenadas de P em relação a Σ_2 e as de Q em relação a Σ_1.

(b) Obtenha uma equação geral de $\pi\colon [x - 3y + 2z - 2 = 0]_{\Sigma_1}$ em relação a Σ_2.

(c) Obtenha uma equação vetorial de $r\colon [X = (1,1,2) + \lambda(3,1,-2)]_{\Sigma_1}$ em relação a Σ_2.

(d) Suponha agora que Σ_1 seja um sistema ortogonal e calcule o comprimento do segmento de extremidades $A = (-1,2,1)_{\Sigma_2}$ e $B = (3,6,1)_{\Sigma_1}$.

Resolução

Vamos começar escrevendo as equações de mudança de coordenadas de Σ_1 para Σ_2, procedendo como foi sugerido na Observação 21-1. Em relação à base E, $\vec{f}_1 = (1,0,0)$, $\vec{f}_2 = (0,0,1)$ e $\vec{f}_3 = (1,2,-1)$. Como $O_2 = (1,2,-1)_{\Sigma_1}$, as equações de mudança de coordenadas são

$$\begin{cases} x = 1 + u + w \\ y = 2 + 2w \\ z = -1 + v - w \end{cases} \quad \text{[21-6]}$$

Resolvendo esse sistema de equações em u, v e w, obtemos

$$\begin{cases} u = x - \dfrac{y}{2} \\ v = \dfrac{y}{2} + z \\ w = \dfrac{y}{2} - 1 \end{cases} \quad \text{[21-7]}$$

que são as equações de mudança de coordenadas de Σ_2 para Σ_1 (em casos algebricamente mais complicados, pode valer a pena usar [21-4] para obtê-las; faça isso para praticar). Podemos agora resolver os vários itens do exercício.

(a) Para o ponto P: $x = 2$, $y = 1$ e $z = -3$. Substituindo esses valores em [21-7], obtemos $u = 3/2$, $v = -5/2$, $w = -1/2$. Logo, $P = (3/2, -5/2, -1/2)_{\Sigma_2}$. ◄

Quanto a $Q = (0,1,-1)_{\Sigma_2}$: $u = 0$, $v = 1$ e $w = -1$. Substituindo em [21-6], obtemos $x = 0$, $y = 0$, $z = 1$, isto é, $Q = (0,0,1)_{\Sigma_1}$. ◄

(b) Na equação de π, $x - 3y + 2z - 2 = 0$, substituímos x, y e z por suas expressões dadas em [21-6]: $(1 + u + w) - 3(2 + 2w) + 2(-1 + v - w) - 2 = 0$. Dessa igualdade obtemos uma equação geral de π em relação a Σ_2: $u + 2v - 7w - 9 = 0$. ◄

(c) Da equação da reta r obtemos $x = 1 + 3\lambda$, $y = 1 + \lambda$, $z = 2 - 2\lambda$. Substituindo em [21-7] e efetuando os cálculos, chegamos a

$$u = \dfrac{1}{2} + \dfrac{5}{2}\lambda \qquad v = \dfrac{5}{2} - \dfrac{3}{2}\lambda \qquad w = -\dfrac{1}{2} + \dfrac{1}{2}\lambda$$

Logo, r: $[X = (1/2, 5/2, -1/2) + \lambda(5,-3,1)]_{\Sigma_2}$. ◄

(d) Vamos calcular as coordenadas de A em relação a Σ_1. De $A = (-1,2,1)_{\Sigma_2}$ decorre $u = -1$, $v = 2$ e $w = 1$; substituindo em [21-6], obtemos $x = 1$, $y = 4$ e $z = 0$. Então, em relação ao sistema ortogonal Σ_1, $A = (1,4,0)$ e $B = (3,6,1)$. Logo, $d(A,B) = \sqrt{2^2 + 2^2 + 1^2} = \sqrt{9} = 3$. ◄

Exercícios

21-2 Sejam $\Sigma_1 = (O_1, \vec{e}_1, \vec{e}_2, \vec{e}_3)$ e $\Sigma_2 = (O_2, \vec{f}_1, \vec{f}_2, \vec{f}_3)$ sistemas de coordenadas tais que

$$O_2 = (1,0,0)_{\Sigma_1} \qquad \vec{f}_1 = \vec{e}_1 \qquad \vec{f}_2 = -\vec{e}_3 \qquad \vec{f}_3 = \vec{e}_2$$

Obtenha, em relação a Σ_2,

(a) uma equação vetorial de r: $[X = (0,0,0) + \lambda(0,1,-1)]_{\Sigma_1}$;

(b) uma equação vetorial de r: $[x - 2y - 3z = 0 = x + y + 4z - 3]_{\Sigma_1}$;

(c) uma equação geral de π: $[2x - y + z = 0]_{\Sigma_1}$.

21-3 Sejam $\Sigma_1 = (O_1, \vec{e}_1, \vec{e}_2, \vec{e}_3)$ e $\Sigma_2 = (O_2, \vec{f}_1, \vec{f}_2, \vec{f}_3)$ sistemas de coordenadas tais que
$$O_2 = (1,1,1)_{\Sigma_1} \quad \vec{f}_1 = \vec{e}_1 + \vec{e}_2 \quad \vec{f}_2 = \vec{e}_2 \quad \vec{f}_3 = \vec{e}_2 + \vec{e}_3$$
Obtenha, em relação a Σ_2,

(a) equações de r: $[X = (0,0,0) + \lambda(0,1,1)]_{\Sigma_1}$;

(b) uma equação geral de π: $[2x - y + z = 0]_{\Sigma_1}$.

21-4 $\Sigma_1 = (O_1, \vec{e}_1, \vec{e}_2, \vec{e}_3)$ e $\Sigma_2 = (O_2, \vec{f}_1, \vec{f}_2, \vec{f}_3)$ são dois sistemas de coordenadas tais que $O_2 = (1,1,1)_{\Sigma_1}$ e a matriz de mudança da base $E = (\vec{e}_1, \vec{e}_2, \vec{e}_3)$ para a base $F = (\vec{f}_1, \vec{f}_2, \vec{f}_3)$ é

$$\begin{bmatrix} 1 & 0 & 0 \\ 1 & 1 & 1 \\ 0 & 0 & 1 \end{bmatrix}$$

(a) Obtenha, em relação ao sistema Σ_1, equações vetoriais dos eixos coordenados O_2u, O_2v e O_2w, e equações gerais dos planos coordenados O_2uv, O_2uw e O_2vw do sistema Σ_2.

(b) Supondo que Σ_1 seja ortogonal, obtenha, em relação a Σ_2, equações gerais dos planos bissetores dos diedros determinados pelos planos coordenados O_1xy, O_1xz e O_1yz.

21-5 Dadas equações do conjunto Ω em relação a um dos sistemas de coordenadas $\Sigma_1 = (O_1, \vec{e}_1, \vec{e}_2, \vec{e}_3)$ e $\Sigma_2 = (O_2, \vec{f}_1, \vec{f}_2, \vec{f}_3)$, obtenha equações de Ω em relação ao outro e identifique o conjunto.

(a) Ω: $[2yz + 6y - 6z - y^2 = 9]_{\Sigma_1}$ $\quad O_2 = (2,3,0)_{\Sigma_1} \quad \vec{f}_1 = \vec{e}_2 - \vec{e}_1 \quad \vec{f}_2 = \vec{e}_2 + \vec{e}_3 \quad \vec{f}_3 = \vec{e}_1$

(b) Ω: $[(2u + v)^2 = -w(4u + 2v + w)]_{\Sigma_2}$ $\quad O_2 = (0,0,0)_{\Sigma_1} \quad \vec{f}_1 = \vec{e}_1 + \vec{e}_2 \quad \vec{f}_2 = \vec{e}_3 \quad \vec{f}_3 = \vec{e}_2$

(c) Ω: $[(x - y)^2 + (x - 2)^2 + 2y = 2]_{\Sigma_1}$ $\quad O_2 = (1,0,1)_{\Sigma_1} \quad \vec{e}_2 = \vec{f}_1 + \vec{f}_3 \quad \vec{e}_3 = \vec{f}_2 - \vec{f}_1 - \vec{f}_3 \quad \vec{e}_1 = -\vec{f}_1$

Vamos examinar em seguida dois casos particulares de mudança de coordenadas, de especial interesse para a Geometria: as translações e as rotações.

Se as bases dos sistemas de coordenadas Σ_1 e Σ_2 são iguais, isto é, se $\Sigma_1 = (O_1, \vec{e}_1, \vec{e}_2, \vec{e}_3)$ e $\Sigma_2 = (O_2, \vec{e}_1, \vec{e}_2, \vec{e}_3)$, diremos que Σ_2 é obtido pela **translação de Σ_1 para o ponto O_2** (Figura 21-1).

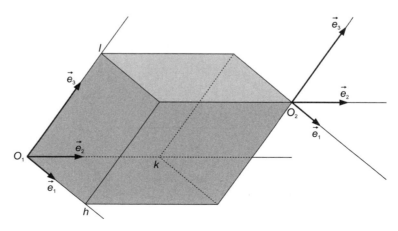

Figura 21-1

278 – Geometria Analítica – um tratamento vetorial

Neste caso, a matriz de mudança da base antiga para a base nova é a matriz identidade I_3, e as equações [21-3] ficam

$$x = h + u$$
$$y = k + v \qquad [21\text{-}8]$$
$$z = l + w$$

Estas equações são chamadas **equações da translação de Σ_1 para o ponto $O_2 = (h,k,l)_{\Sigma_1}$**.

EXERCÍCIOS

21-6 Seja $\pi: [2x + y - z - 5 = 0]_{\Sigma_1}$. Escreva as equações da translação de Σ_1 para um ponto O_2 do eixo O_1z, de tal modo que qualquer equação geral de π em relação ao novo sistema tenha termo independente nulo, isto é, seja da forma $au + bv + cw = 0$. Escreva também uma equação geral de π em relação ao novo sistema.

21-7 Seja Σ_2 o sistema obtido pela translação do sistema ortogonal Σ_1 para um ponto O_2 pertencente à reta $r: [X = (1,0,1) + \lambda(1,4,2)]_{\Sigma_1}$. Determine, em cada caso, as coordenadas de O_2 em relação a Σ_1.
(a) $P = (-1,-2,0)_{\Sigma_1}$ dista 3 de O_2vw. (b) $Q = (2,1,1)_{\Sigma_2}$ dista 3 de O_1xz.

O outro caso particular de especial interesse geométrico é o das rotações. Usaremos somente sistemas ortogonais, e, portanto, bases E e F ortonormais. Além disso, os dois sistemas terão a mesma origem: $\Sigma_1 = (O,\vec{e}_1,\vec{e}_2,\vec{e}_3)$, $\Sigma_2 = (O,\vec{f}_1,\vec{f}_2,\vec{f}_3)$. A idéia geométrica está retratada na Figura 21-2, em cuja parte (b) adotou-se o ponto de vista de um observador situado no ponto $O + \vec{e}_3$: é como se tivéssemos obtido F "fazendo E girar" em torno de Oz no sentido anti-horário (para aquele observador). A medida em radianos do ângulo de giro pode ser qualquer número θ do intervalo $[0,2\pi]$. Na situação da figura, em que $0 < \theta < \pi/2$, θ é a medida angular entre $\vec{f}_1$ e $\vec{e}_1$ (que é igual à medida angular entre $\vec{f}_2$ e $\vec{e}_2$, já que os ângulos $A\hat{O}B$ e $C\hat{O}D$ são congruentes). Merecem destaque a igualdade entre $\vec{f}_3$ e $\vec{e}_3$ e o fato de E e F serem concordantes (comprovado pela Regra da mão direita). Como veremos na Proposição 21-3, são esses os dois detalhes que caracterizam uma rotação em torno de Oz.

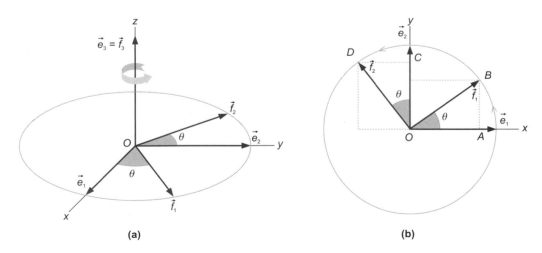

Figura 21-2

Observando os triângulos retângulos OAB e OCD, é fácil deduzir que $\vec{f}_1 = (\cos\theta, \sen\theta, 0)_E$ e $\vec{f}_2 = (-\sen\theta, \cos\theta, 0)_E$. Assim, a matriz de mudança de E para F é

$$M_{EF} = \begin{bmatrix} \cos\theta & -\sen\theta & 0 \\ \sen\theta & \cos\theta & 0 \\ 0 & 0 & 1 \end{bmatrix}$$ [21-9]

e as equações de mudança de coordenadas são

$$x = u\cos\theta - v\sen\theta$$
$$y = u\sen\theta + v\cos\theta$$ [21-10]
$$z = w$$

Será demonstrado na Proposição 21-3 que a expressão de M_{EF} e as equações de mudança são estas mesmas, para qualquer valor de θ, e não só quando $0 < \theta < \pi/2$. Naturalmente, os argumentos para a demonstração terão que ser outros, pois nem sempre θ será igual à medida angular entre $\vec{f}_1$ e $\vec{e}_1$ (por exemplo, se $\pi \leq \theta \leq 2\pi$, então $\text{ang}(\vec{f}_1, \vec{e}_1) = 2\pi - \theta$), e nem sempre θ será a medida de um ângulo de triângulo retângulo (para isso, é necessário que $0 < \theta \leq \pi/2$).

21-3 Proposição Sejam $E = (\vec{e}_1, \vec{e}_2, \vec{e}_3)$ e $F = (\vec{f}_1, \vec{f}_2, \vec{f}_3)$ bases ortonormais concordantes, com terceiros vetores iguais: $\vec{f}_3 = \vec{e}_3$ (Figura 21-3).
(a) Existe θ em $[0, 2\pi]$ tal que M_{EF} é como em [21-9].
(b) $\text{ang}(\vec{f}_1, \vec{e}_1) = \text{ang}(\vec{f}_2, \vec{e}_2)$.

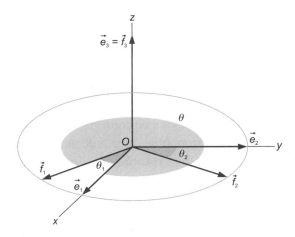

Figura 21-3

Demonstração

(a) Porque F é ortonormal e $\vec{f}_3 = \vec{e}_3$, os vetores $\vec{f}_1$ e $\vec{f}_2$ são gerados por $\vec{e}_1, \vec{e}_2$. Logo, podemos escrever $\vec{f}_1 = (a,c,0)_E$, $\vec{f}_2 = (b,d,0)_E$ e $\vec{f}_3 = (0,0,1)_E$. A matriz de mudança de E para F é, portanto,

$$M = \begin{bmatrix} a & b & 0 \\ c & d & 0 \\ 0 & 0 & 1 \end{bmatrix}$$

Essa matriz é ortogonal, isto é, $M^t \cdot M = I_3$, pois E e F são ortonormais (Exercício Resolvido 9-17). Como seu determinante é positivo, pois E e F são concordantes, decorre do Exercício 9-67 que $\det M = 1$. Calculando M^{-1} pelo método dos cofatores, obtemos

$$M^{-1} = \frac{1}{\det M}\begin{bmatrix} d & -b & 0 \\ -c & a & 0 \\ 0 & 0 & \det M \end{bmatrix} = \begin{bmatrix} d & -b & 0 \\ -c & a & 0 \\ 0 & 0 & 1 \end{bmatrix}$$

Logo, de $M^{-1} = M^t$ decorre que $a = d$ e $b = -c$. Por outro lado, $\|\vec{f}_1\|^2 = a^2 + c^2 = 1$; pela Trigonometria, existe θ no intervalo $[0, 2\pi]$ tal que $\cos\theta = a$ e $\operatorname{sen}\theta = c$. Assim, $a = d = \cos\theta$, $b = -\operatorname{sen}\theta$ e $c = \operatorname{sen}\theta$, e M é como em [21-9].

(b) Sejam $\theta_1 = \operatorname{ang}(\vec{f}_1, \vec{e}_1)$ e $\theta_2 = \operatorname{ang}(\vec{f}_2, \vec{e}_2)$. Devido à parte (a), sabemos que

$$\vec{f}_1 = (\cos\theta, \operatorname{sen}\theta, 0)_E \qquad \text{e} \qquad \vec{f}_2 = (-\operatorname{sen}\theta, \cos\theta, 0)_E$$

Logo,

$$\cos\theta_1 = \vec{f}_1 \cdot \vec{e}_1 = \cos\theta \qquad \cos\theta_2 = \vec{f}_2 \cdot \vec{e}_2 = \cos\theta$$

e, portanto, $\cos\theta_1 = \cos\theta_2$. Como θ_1 e θ_2 pertencem a $[0,\pi]$, isso acarreta $\theta_1 = \theta_2$. ∎

A proposição anterior e os comentários que a antecederam mostram que é razoável dizer que, se E e F são bases ortonormais concordantes e $\vec{f}_3 = \vec{e}_3$, então o sistema $\Sigma_2 = (O, \vec{f}_1, \vec{f}_2, \vec{f}_3)$ é obtido de $\Sigma_1 = (O, \vec{e}_1, \vec{e}_2, \vec{e}_3)$ por uma **rotação** em torno de Oz. Nessas condições, a matriz de mudança de E para F é da forma [21-9], em que θ é a medida do **ângulo de rotação**. As equações de mudança de coordenadas são as equações [21-10] e serão chamadas **equações da rotação de Σ_1 em torno de Oz, de θ radianos, em sentido anti-horário**.

A escolha do sentido anti-horário de rotação foi arbitrária. Fazer a opção contrária (mantendo a posição do observador), como indica a Figura 21-4, corresponderia a substituir θ por seu replemento $2\pi - \theta$ em [21-9] e [21-10]. Não há, portanto, necessidade de considerar essa alternativa, e por isso deixaremos muitas vezes de mencionar a nossa opção pelo sentido anti-horário.

Capítulo 21 – Mudança de sistema de coordenadas – 281

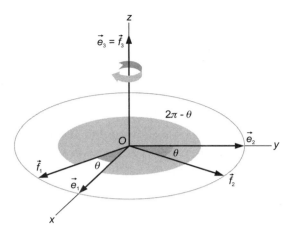

Figura 21-4

De modo perfeitamente análogo, podemos considerar rotações em torno de Ox e Oy, substituindo a hipótese $\vec{f}_3 = \vec{e}_3$ por $\vec{f}_1 = \vec{e}_1$ ou $\vec{f}_2 = \vec{e}_2$. Nestes casos, a matriz M_{EF} é, respectivamente, igual a

$$\begin{bmatrix} 1 & 0 & 0 \\ 0 & \cos\theta & -\mathrm{sen}\,\theta \\ 0 & \mathrm{sen}\,\theta & \cos\theta \end{bmatrix} \quad \text{e} \quad \begin{bmatrix} \cos\theta & 0 & \mathrm{sen}\,\theta \\ 0 & 1 & 0 \\ -\mathrm{sen}\,\theta & 0 & \cos\theta \end{bmatrix}$$

e dela obtêm-se facilmente as equações de rotação. O próximo exercício pede que você faça os detalhes.

Exercício 21-8 (a) Deduza as equações da rotação de θ radianos, em sentido anti-horário, do sistema ortogonal $\Sigma = (O, \vec{e}_1, \vec{e}_2, \vec{e}_3)$ em torno de Ox, e também em torno de Oy (Figura 21-5).

(b) Interprete as equações $x = u$, $y = w$, $z = -v$, como equações de rotação de um sistema ortogonal $\Sigma = (O, \vec{e}_1, \vec{e}_2, \vec{e}_3)$ em torno de um dos eixos coordenados.

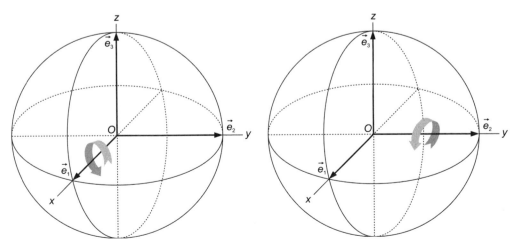

Figura 21-5

21-4 Exercício Resolvido

Um cubo tem uma face contida no plano π: $x - y = 0$ e outras duas paralelas a Oxy. Conhecendo as extremidades de uma diagonal, $A = (\sqrt{2},-\sqrt{2},1)$ e $G = (\sqrt{2},\sqrt{2},3)$, determine os outros seis vértices.

Resolução

Vamos resolver este exercício combinando as idéias de translação e rotação. Indiquemos por $\Sigma = (O,\vec{e}_1,\vec{e}_2,\vec{e}_3)$ o sistema fixado e por $\Sigma_1 = (O,\vec{f}_1,\vec{f}_2,\vec{f}_3)$ o obtido de Σ por uma rotação de $\pi/4$ radianos em torno de Oz (Figura 21-6 (a)). O plano π forma ângulos de $\pi/4$ radianos com Oxz e Oyz, por ser o plano bissetor dos diedros determinados por eles; logo, cada face do cubo é paralela a um dos novos planos coordenados. Seja $\Sigma_2 = (M,\vec{f}_1,\vec{f}_2,\vec{f}_3)$ o sistema obtido pela translação de Σ_1 para o ponto $M = (\sqrt{2},0,2)$, ponto médio de AG (Figura 21-6 (b)). Como o cubo apresenta total simetria, seja em relação aos planos coordenados, seja em relação aos eixos coordenados ou à origem de Σ_2, este é o sistema ideal para a resolução do problema.

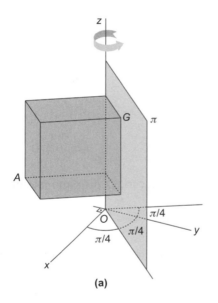
(a)

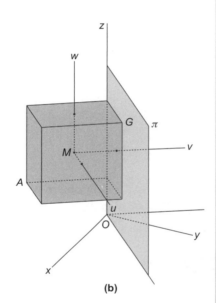
(b)

Figura 21-6

Substituindo θ por $\pi/4$ em [21-9], obtemos

$$M_{EF} = \begin{bmatrix} \sqrt{2}/2 & -\sqrt{2}/2 & 0 \\ \sqrt{2}/2 & \sqrt{2}/2 & 0 \\ 0 & 0 & 1 \end{bmatrix} = \frac{\sqrt{2}}{2}\begin{bmatrix} 1 & -1 & 0 \\ 1 & 1 & 0 \\ 0 & 0 & \sqrt{2} \end{bmatrix}$$

e, uma vez que E e F são bases ortonormais,

$$M_{EF}^{-1} = M_{EF}^{t} = \frac{\sqrt{2}}{2}\begin{bmatrix} 1 & 1 & 0 \\ -1 & 1 & 0 \\ 0 & 0 & \sqrt{2} \end{bmatrix}$$

Logo, [21-2] e [21-4] fornecem

$$\begin{cases} x = \sqrt{2} + \dfrac{\sqrt{2}}{2}(u-v) \\ y = \dfrac{\sqrt{2}}{2}(u+v) \\ z = 2 + w \end{cases} \quad \text{e} \quad \begin{cases} u = \dfrac{\sqrt{2}}{2}(x+y) - 1 \\ v = \dfrac{\sqrt{2}}{2}(-x+y) + 1 \\ w = z - 2 \end{cases} \quad \textbf{[21-11]}$$

Podemos agora calcular as coordenadas de A em relação a Σ_2, substituindo x por $\sqrt{2}$, y por $-\sqrt{2}$, e z por 1 em [21-11]; obtemos $A = (-1,-1,-1)_{\Sigma_2}$. Graças à simetria do cubo em relação ao novo sistema, podemos escrever as coordenadas dos demais vértices sem fazer cálculos:

$G = (1,1,1)_{\Sigma_2}$ (simétrico de A em relação à origem)
$E = (-1,-1,1)_{\Sigma_2}$ (simétrico de A em relação a Ouv)
$D = (-1,1,-1)_{\Sigma_2}$ (simétrico de A em relação a Ouw)
$B = (1,-1,-1)_{\Sigma_2}$ (simétrico de A em relação a Ovw)
$C = (1,1,-1)_{\Sigma_2}$ (simétrico de G em relação a Ouv)
$F = (1,-1,1)_{\Sigma_2}$ (simétrico de G em relação a Ouw)
$H = (-1,1,1)_{\Sigma_2}$ (simétrico de G em relação a Ovw)

Para dar a resposta em relação ao sistema original, utilizamos novamente [21-11]. Para o ponto B,

$$x = \sqrt{2} + \frac{\sqrt{2}}{2} \cdot 2 = 2\sqrt{2} \qquad y = \frac{\sqrt{2}}{2} \cdot 0 = 0 \qquad z = 2 - 1 = 1$$

Para o ponto C,

$$x = \sqrt{2} + \frac{\sqrt{2}}{2} \cdot 0 = \sqrt{2} \qquad y = \frac{\sqrt{2}}{2} \cdot 2 = \sqrt{2} \qquad z = 2 - 1 = 1$$

e assim por diante. O resultado é

$B = (2\sqrt{2},0,1) \qquad C = (\sqrt{2},\sqrt{2},1) \qquad D = (0,0,1)$
$E = (\sqrt{2},-\sqrt{2},3) \qquad F = (2\sqrt{2},0,3) \qquad H = (0,0,3)$

Exercícios

21-9 ▸ O ponto $A = (\sqrt{2},-\sqrt{2},3)$ é um dos vértices de um cubo de centro $P = (1 + \sqrt{2}/2, 1 - \sqrt{2}/2, 3)$, que tem uma face contida no plano π_1: $x - y = 0$ e outras duas paralelas ao plano π_2: $x + y - \sqrt{2}z = 0$. Faça uma mudança de coordenadas conveniente para que o cubo fique em posição de total simetria em relação ao novo sistema, como no exercício resolvido anterior. Em seguida, calcule as coordenadas dos outros sete vértices em relação aos dois sistemas.

21-10 ▸ Sejam E $= (\vec{e}_1,\vec{e}_2,\vec{e}_3)$ e F $= (\vec{f}_1,\vec{f}_2,\vec{f}_3)$ bases ortonormais tais que
$$\vec{f}_3 = \vec{e}_3 \qquad \theta_1 = \text{ang}(\vec{f}_1,\vec{e}_1) \qquad \theta_2 = \text{ang}(\vec{f}_2,\vec{e}_2)$$

(a) Se $\theta_1 = \theta_2$, pode-se afirmar que E e F são concordantes?

(b) Prove que, se E e F são discordantes, a matriz M_{EF} tem a forma
$$\begin{bmatrix} \cos\theta & \sen\theta & 0 \\ \sen\theta & -\cos\theta & 0 \\ 0 & 0 & 1 \end{bmatrix}$$
em que θ pertence ao intervalo $[0, 2\pi]$.

(c) Prove que, se $\theta_1 = \theta_2 \neq \pi/2$, então E e F são concordantes.

CAPÍTULO 22
Elipse, hipérbole, parábola

Neste capítulo são apresentadas as curvas elipse, hipérbole e parábola. Após deduzir suas equações reduzidas e aplicá-las ao estudo de algumas de suas propriedades geométricas, abordam-se temas como semelhança, separação, retas tangentes, secantes e normais, propriedades de reflexão, métodos de construção e definições alternativas. Comentam-se ainda a origem histórica dos nomes elipse, hipérbole e parábola e a obtenção dessas curvas como interseções de planos com superfícies cônicas. A última seção contém uma lista de exercícios suplementares. O capítulo permite várias leituras, dependendo do grau de profundidade desejado e do tempo que se queira dedicar ao assunto.

Até agora estivemos trabalhando com o espaço tridimensional dos pontos da Geometria Euclidiana. Neste capítulo, restringiremos nosso universo ao conjunto dos pontos de um plano π fixado; estaremos, assim, estudando um tópico de Geometria Analítica Plana. Quase tudo o que foi feito com o espaço pode ser adaptado ao plano (uma exceção é o produto vetorial, que "não cabe" em duas dimensões). Em lugar de $\mathbb{V}^3$, estará o seu subconjunto $\mathbb{V}_\pi$ dos vetores paralelos a π. Como sabemos, se $(\vec{u},\vec{v})$ é um par LI de vetores de $\mathbb{V}_\pi$, qualquer outro vetor $\vec{w}$ desse conjunto se escreve de modo único como combinação linear de $\vec{u}$, $\vec{v}$: $\vec{w} = \alpha\vec{u} + \beta\vec{v}$. Assim, é natural chamar E = $(\vec{u},\vec{v})$ de base de $\mathbb{V}_\pi$, α e β de coordenadas de $\vec{w}$ em relação a essa base, e escrever $\vec{w} = (\alpha,\beta)_E$. Se O é um ponto de π, o par $\Sigma = (O,E)$ é um sistema de coordenadas em π, também indicado por $(O,\vec{u},\vec{v})$. As coordenadas de um ponto P do plano π em relação a Σ são as coordenadas do vetor $\overrightarrow{OP}$ em relação à base E. Se $\overrightarrow{OP} = x\vec{u} + y\vec{v}$, x é a abscissa e y é a ordenada de P, o que se indica por $P = (x,y)_\Sigma$, ou, mais simplesmente, $P = (x,y)$. A analogia com o caso do espaço é evidente, e usaremos conceitos e nomenclatura semelhantes, tais como base ortonormal, sistema ortogonal de coordenadas etc. Fixado um sistema de coordenadas Σ, o conjunto dos pontos $P = (x,y)_\Sigma$ tais que $x \geq 0$ e $y \geq 0$ é chamado *primeiro quadrante*; os pontos tais que $x \leq 0$ e $y \geq 0$ constituem o *segundo quadrante*, o *terceiro quadrante* é caracterizado por $x \leq 0$ e $y \leq 0$, e o *quarto quadrante*, por $x \geq 0$ e $y \leq 0$.

Todas as bases utilizadas neste capítulo são ortonormais, e todos os sistemas de coordenadas, conseqüentemente, ortogonais. É claro que, se B = $(\vec{i},\vec{j})$ é uma base ortonormal de $\mathbb{V}_\pi$ e se $\mathbb{V}^3$ está orientado, então B' = $(\vec{i},\vec{j},\vec{i}\wedge\vec{j})$ e B" = $(\vec{i},\vec{j},\vec{j}\wedge\vec{i})$ são bases ortonormais de $\mathbb{V}^3$ (B', positiva, e B", negativa), e $\vec{w} = (m,n)_B$ se, e somente se, $\vec{w} = (m,n,0)_{B'} = (m,n,0)_{B"}$. Se O pertence a π, $\Sigma = (O,B)$ é um sistema ortogonal de coordenadas em π. Consideremos, em $\mathbb{E}^3$, os sistemas ortogonais de coordenadas $\Sigma' = (O,B')$ e $\Sigma'' = (O,B'')$. Então $P = (x,y)_\Sigma$ se, e somente se, $P = (x,y,0)_{\Sigma'} = (x,y,0)_{\Sigma''}$. Isso permite lançar um "olhar tridimensional" para π e adaptar a $\mathbb{V}_\pi$ a Álgebra Vetorial estudada em $\mathbb{V}^3$, bem como adaptar a π a Geometria Analítica estudada em $\mathbb{E}^3$, tornando realidade a deliciosa fantasia encontrada em [Abbott]. Veja dois exemplos:

- Se $\vec{u} = (m,n)_B$ e $\vec{v} = (p,q)_B$, então $\vec{u}\cdot\vec{v} = mp + nq$ (pois $\vec{u}\cdot\vec{v} = (m,n,0)_{B'}\cdot(p,q,0)_{B'} = mp + nq + 0\cdot 0$) e $\|\vec{u}\| = \sqrt{m^2 + n^2}$ (pois $\|\vec{u}\| = \|(m,n,0)_{B'}\| = \sqrt{m^2 + n^2 + 0^2}$).
- A distância entre os pontos $P_1 = (x_1,y_1)_\Sigma$ e $P_2 = (x_2,y_2)_\Sigma$ é $d(P_1,P_2) = \sqrt{(x_1 - x_2)^2 + (y_1 - y_2)^2}$, pois $d(P_1,P_2) = \|\overrightarrow{P_2P_1}\| = \|(x_1 - x_2, y_1 - y_2, 0 - 0)_{B'}\| = \sqrt{(x_1 - x_2)^2 + (y_1 - y_2)^2 + (0 - 0)^2}$.

Além disso, você pode utilizar os seus conhecimentos de Geometria Analítica Plana. Recorde, por exemplo, que, fixado um sistema ortogonal de coordenadas em π, toda reta r desse plano pode ser descrita por uma equação da forma $ax + by + c = 0$, com $(a,b) \neq (0,0)$ (chamada *equação geral* de r), e que o vetor não-nulo $\vec{n} = (a,b)$ é ortogonal a r. Equações gerais de retas de π têm comportamento análogo ao das equações gerais de planos de $\mathbb{E}^3$. Em particular, citemos o critério de separação: r separa dois pontos P e Q se, e somente se, os números obtidos substituindo-se as coordenadas de P e Q no primeiro membro de uma equação geral de r são de sinal contrário. Se $b \neq 0$, isto é, se r não é paralela a Oy (e só nesse caso), r pode ser descrita por uma única equação da forma $y = mx + n$, chamada *equação reduzida* de r. O número m é conhecido como *coeficiente angular* de r. Retas paralelas têm coeficientes angulares iguais; se m e m' são, respectivamente, os coeficientes angulares das retas r e s (não paralelas a Oy), elas são perpendiculares se, e somente se, $mm' = -1$.

EXERCÍCIO

22-1 (a) Sejam $B = (\vec{i},\vec{j})$ uma base ortonormal de $\mathbb{V}_\pi$, P um ponto qualquer de π, $\vec{u} = (m,n)_B$ e $\vec{v} = (p,q)_B$ vetores LI de $\mathbb{V}_\pi$. Mostre que a área do paralelogramo de vértices P, $P + \vec{u}$, $P + \vec{v}$ e $P + \vec{u} + \vec{v}$ é $|mq - np|$.

(b) Prove que, se $\vec{n}$ e $\vec{t}$ são vetores ortogonais de $\mathbb{V}_\pi$ e $\vec{n} \neq \vec{0}$, então todo vetor $\vec{r}$ de $\mathbb{V}_\pi$, ortogonal a $\vec{n}$, é paralelo a $\vec{t}$.

O tratamento dado pelo geômetra grego Apolônio às curvas planas *elipse*, *hipérbole* e *parábola* no século III a.C. é considerado uma das realizações mais profundas da Geometria clássica. Estudadas há mais de dois milênios, essas curvas têm aplicações importantes até hoje. A elipse ganhou relevo na Astronomia, desde que Kepler (1571-1630) estabeleceu que as órbitas dos planetas do sistema solar são elípticas (Exercício 22-14). Uma de suas propriedades geométricas é utilizada na fabricação de alguns tipos especiais de refletores (Figura 22-24, Proposição 22-33) e também explica o fenômeno que ocorre em câmaras de sussurro. A hipérbole é usada no método de navegação LORAN (*long-range navigation*, Exercício 22-25) e na descrição da trajetória de uma partícula-alfa sujeita ao campo elétrico gerado por um núcleo atômico. A parábola tem propriedades que são úteis na fabricação de espelhos de faróis de automóvel, de refletores de longo alcance e de antenas parabólicas, que não recebem esse nome por acaso (Figura 22-26, Proposição 22-35).

Vamos supor fixado de uma vez por todas um plano π de $\mathbb{E}^3$ e passar ao estudo analítico desses três importantes lugares geométricos em π. Esse plano será o nosso universo de trabalho, e, quando não houver menção explícita ao sistema de coordenadas adotado em π, ficará subentendido que se trata de um sistema ortogonal $\Sigma = (O,\vec{i},\vec{j})$.

A — Definições e equações reduzidas

A1 — Elipse

22-1 Definição

Sejam F_1 e F_2 pontos distintos, $2c$ sua distância e a um número real tal que $a > c$. O lugar geométrico **E** dos pontos X tais que $d(X,F_1) + d(X,F_2) = 2a$ chama-se **elipse**. Cada um dos pontos F_1 e F_2 é chamado **foco** da elipse, o segmento F_1F_2 é chamado **segmento focal**, seu ponto médio, **centro** da elipse, e $2c$, **distância focal**. A reta F_1F_2 chama-se **reta focal**, e qualquer segmento cujas extremidades (distintas) pertencem a **E** chama-se **corda** da elipse.

Exercício

22-2 Sejam **E** e a como na Definição 22-1. Prove que:

(a) os focos e o centro de **E** não pertencem a **E**;

(b) nenhum ponto do segmento focal de **E** pertence a **E**;

(c) existem precisamente dois pontos A_1 e A_2 da reta focal de **E** que pertencem a **E**;

➤ (d) se PQ é uma corda qualquer de **E**, então $d(P,Q) \leq 2a$;

➤ (e) a única corda de **E** de comprimento $2a$ é A_1A_2.

22-2 Observação

Pela definição anterior, uma elipse fica determinada se forem conhecidos os pontos F_1 e F_2 e o número a. Como veremos, há outros modos de determinar uma elipse (por exemplo, por meio da sua equação em relação a um sistema de coordenadas, ou da interseção de um plano com uma superfície cônica). Por isso é interessante, do ponto de vista conceitual, saber que a relação de causa e efeito pode ser invertida: dada uma elipse **E**, existem um único par de pontos F_1 e F_2 e um único número real a tal que $2a > d(F_1,F_2)$, que obedecem, em relação a **E**, às condições da Definição 22-1. Em outras palavras: a cada elipse estão associados um único "a" e um único segmento focal (e, conseqüentemente, um único centro e um único par de focos). Não faremos a demonstração desses fatos, que justificam a linguagem "o" centro da elipse, "o" segmento focal etc.

Para deduzir uma equação da elipse **E**, vamos escolher um sistema ortogonal de coordenadas tal que $F_1 = (-c,0)$, e $F_2 = (c,0)$. Há exatamente dois sistemas com essas características (eles estão representados na Figura 22-1), e o que vamos fazer não depende, absolutamente, da escolha de um ou outro. O que importa é que a origem do sistema de coordenadas seja o centro da elipse e os focos pertençam ao eixo dos x; isso vai simplificar enormemente os cálculos.

Um ponto $X = (x,y)$ pertence à elipse se, e somente se, $d(X,F_1) + d(X,F_2) = 2a$. Logo, X pertence a **E** se, e somente se, $d(X,F_1) = 2a - d(X,F_2)$, ou seja,

$$\sqrt{(x+c)^2 + y^2} = 2a - \sqrt{(x-c)^2 + y^2} \qquad [22\text{-}1]$$

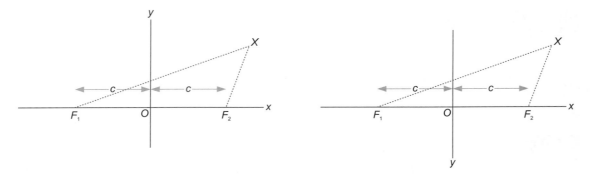

Figura 22-1

Devido às raízes quadradas, esta equação da elipse não é muito prática; vamos tentar obter outra, mais amigável. Elevando ao quadrado ambos os membros e agrupando termos, chegamos a

$$a\sqrt{(x-c)^2 + y^2} = a^2 - cx$$

Elevando novamente ao quadrado, obtemos

$$a^2[(x-c)^2 + y^2] = a^4 - 2a^2cx + c^2x^2$$

que equivale a

$$(a^2 - c^2)x^2 + a^2y^2 = a^2(a^2 - c^2)$$

Para tornar mais compacta essa igualdade, indiquemos por b o número real positivo $\sqrt{a^2 - c^2}$. Logo, $a^2 - c^2 = b^2$, e ela pode ser escrita sob a forma $b^2x^2 + a^2y^2 = a^2b^2$. Dividindo ambos os membros por a^2b^2, concluímos finalmente que, se $X = (x,y)$ pertence a **E**, então suas coordenadas satisfazem

$$\frac{x^2}{a^2} + \frac{y^2}{b^2} = 1 \qquad\qquad [22\text{-}2]$$

Merecem destaque as relações

$$a^2 = b^2 + c^2 \qquad a > b > 0 \qquad a > c > 0$$

Para chegar a [22-2], por duas vezes elevamos ao quadrado os membros de uma igualdade, e isso pode ter provocado o surgimento de raízes estranhas à equação de partida, [22-1] (este fenômeno algébrico é bem conhecido; se você quiser recordá-lo melhor, resolva a equação $1 + \sqrt{x^2 - x} = x - 2$, cujo conjunto-solução é vazio). Assim, poderia haver pontos que não pertencessem à elipse e, apesar disso, satisfizessem [22-2]. Certifiquemo-nos de que isso não acontece, verificando que, se $X = (x,y)$,

$$\frac{x^2}{a^2} + \frac{y^2}{b^2} = 1 \Rightarrow d(X,F_1) + d(X,F_2) = 2a$$

De fato, de $x^2/a^2 + y^2/b^2 = 1$ decorre $y^2 = b^2 - b^2x^2/a^2$. Portanto,

$$d^2(X,F_1) = (x+c)^2 + y^2$$
$$= x^2 + 2cx + c^2 + b^2 - \frac{b^2x^2}{a^2}$$
$$= \frac{(a^2-b^2)x^2}{a^2} + 2cx + c^2 + b^2$$
$$= \frac{c^2x^2}{a^2} + 2cx + a^2 = (\frac{cx}{a} + a)^2$$

(usamos a relação $a^2 = b^2 + c^2$). De modo análogo, obtemos $d^2(X,F_2) = (cx/a - a)^2$. Logo,

$$d(X,F_1) = |\frac{cx}{a} + a| \qquad [22\text{-}3]$$

$$d(X,F_2) = |\frac{cx}{a} - a| \qquad [22\text{-}4]$$

Da hipótese $x^2/a^2 + y^2/b^2 = 1$ decorre $x^2/a^2 \le 1$, que equivale a $|x| \le a$. Multiplicando os dois membros dessa desigualdade por c/a (que é um número positivo), concluímos que $c|x|/a \le c < a$. Logo, $-a < cx/a < a$ e, portanto, $cx/a + a > 0$ e $cx/a - a < 0$. Podemos agora desfazer-nos dos módulos em [22-3] e [22-4]: $d(X,F_1) = a + cx/a$, $d(X,F_2) = a - cx/a$. Assim, $d(X,F_1) + d(X,F_2) = 2a$. Concluímos que todo ponto $X = (x,y)$ que satisfaz [22-2] pertence à elipse.

Os números a, b e c são chamados **parâmetros geométricos** da elipse. A equação [22-2] é chamada **equação reduzida** da elipse de centro O e focos em Ox; indica-se **E**: $x^2/a^2 + y^2/b^2 = 1$.

Registramos, na proposição seguinte, as expressões obtidas para $d(X,F_1)$ e $d(X,F_2)$.

22-3 Proposição Um ponto $X = (x,y)$ é um ponto da elipse de equação reduzida $x^2/a^2 + y^2/b^2 = 1$ se, e somente se, as distâncias de X aos focos F_1 e F_2 são

$$d(X,F_1) = a + \frac{cx}{a} \qquad e \qquad d(X,F_2) = a - \frac{cx}{a} \qquad [22\text{-}5]$$

O objetivo da escolha que fizemos do sistema de coordenadas para deduzir a equação reduzida [22-2] foi que os focos tivessem ordenadas nulas e abscissas opostas ($-c$ e c). Não fosse assim, a equação obtida poderia não ser tão compacta e de aspecto tão peculiar. Por isso, é importante associar a forma da equação reduzida ao sistema de coordenadas adotado: [22-2] tem a forma que tem porque *o centro da elipse é a origem do sistema e os focos pertencem a Ox*. Após a resolução do Exercício 22-3, isso ficará mais evidente.

Exercício

22-3 São dados, em cada caso, o parâmetro geométrico *a* e os focos de uma elipse. Obtenha uma equação algébrica de segundo grau em *x* e *y* que todo ponto (*x*,*y*) da elipse deva satisfazer.

(a) $a = 4$ $F_1 = (-3,2)$ $F_2 = (-3,6)$ (b) $a = 3$ $F_1 = (-1,-1)$ $F_2 = (1,1)$

(c) $a = 3$ $F_1 = (0,0)$ $F_2 = (1,1)$

Vamos examinar mais atentamente a equação [22-2] para obter algumas informações úteis sobre a elipse **E** que ela descreve. Poderemos assim ter um idéia aproximada do aspecto de **E** e esboçar essa curva.

- Para qualquer solução (x,y) de [22-2], cada uma das frações do primeiro membro é menor ou igual a 1 e, portanto, $x^2 \leq a^2$ e $y^2 \leq b^2$. Logo, **E** é um conjunto limitado, pois está contido no retângulo caracterizado pelas desigualdades $-a \leq x \leq a$ e $-b \leq y \leq b$. Esse retângulo, que será chamado **retângulo fundamental** da elipse, está destacado na Figura 22-2 (a).

- De $a > b$ decorrem imediatamente as desigualdades

$$\frac{x^2}{a^2} + \frac{y^2}{a^2} \leq \frac{x^2}{a^2} + \frac{y^2}{b^2} \leq \frac{x^2}{b^2} + \frac{y^2}{b^2}$$

Por isso, todo ponto $X = (x,y)$ de **E** satisfaz

$$\frac{x^2}{a^2} + \frac{y^2}{a^2} \leq 1 \leq \frac{x^2}{b^2} + \frac{y^2}{b^2}$$

e, portanto, $b^2 \leq x^2 + y^2 \leq a^2$, que equivale a $b \leq d(O,X) \leq a$. Conclusão: **E** está contida na coroa circular de raios a e b, que chamaremos **coroa fundamental** da elipse (Figura 22-2 (b)). Esta é outra evidência de que a elipse é limitada.

- Como conseqüência, a elipse está contida na interseção do retângulo fundamental com a coroa fundamental, representada na Figura 22-2 (c).

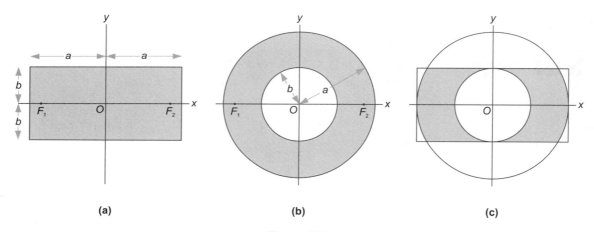

Figura 22-2

- Se (x,y) é uma solução qualquer de [22-2], então $(-x,-y)$, $(x,-y)$ e $(-x,y)$ também são, pois naquela equação todos os expoentes são pares. Assim, se $X = (x,y)$ pertence a **E**, seus simétricos em relação a O, a Ox e a Oy também pertencem. Conclusão: a elipse é simétrica em relação à reta focal (Ox), à mediatriz do segmento focal (Oy) e ao centro (O).

- $(x,0)$ é solução de [22-2] se, e somente se, $x = a$ ou $x = -a$; por sua vez, $(0,y)$ é solução se, e somente se, $y = b$ ou $y = -b$. Por isso, a interseção de **E** com a reta focal (Ox) é constituída pelos pontos $A_1 = (-a,0)$ e $A_2 = (a,0)$ (compare com o Exercício 22-2 (c), em que ainda não dispúnhamos de um sistema de coordenadas conveniente), e a interseção com a mediatriz do segmento focal (Oy) é constituída pelos pontos $B_1 = (0,-b)$ e $B_2 = (0,b)$. Note que a distância de cada um deles a cada um dos focos é a, pois $d(B_i,F_j) = \sqrt{c^2 + b^2} = a$, $(i,j = 1,2)$.

- Não existe nenhuma circunferência que contenha os pontos A_1, A_2, B_1 e B_2 (uma tal circunferência teria seu centro na interseção das mediatrizes de A_1A_2 e B_1B_2, que é o ponto O, e teria, portanto, dois diâmetros de comprimentos diferentes, A_1A_2 e B_1B_2, o que não pode acontecer). Como esses quatro pontos pertencem a **E**, podemos afirmar que a elipse não é uma circunferência, nem o conjunto vazio.

Graças à simetria de **E** em relação aos eixos coordenados, seu esboço pode ser facilmente completado se conhecermos a parte contida no primeiro quadrante. Impondo a condição $y \geq 0$ à equação [22-2], podemos exprimir y como função de x:

$$y = \frac{b}{a}\sqrt{a^2 - x^2}$$

Trata-se de uma função decrescente no intervalo $[0,a]$, isto é, quando x cresce (de 0 até a), y decresce (de b até 0). Na Figura 22-3 esboçamos, no primeiro quadrante, o gráfico dessa função e, por simetria, obtivemos o esboço completo da elipse. Repare que o Teorema de Pitágoras, aplicado ao triângulo retângulo B_2OF_2, confirma a a relação $a^2 = b^2 + c^2$.

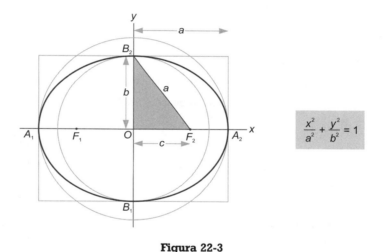

Figura 22-3

A rigor, as informações de que dispomos não nos dão a certeza, por exemplo, de que a elipse seja lisa (isto é, sem "bicos", ou "quinas"), ou de que, em todo o primeiro quadrante, tenha concavidade voltada para baixo. É necessário usar técnicas do Cálculo Diferencial para assegurar que isso é verdade e que o aspecto da elipse não pode ser, portanto, como o das curvas representadas na Figura 22-4 (o fato é que o método algébrico, que funcionou às mil maravilhas para retas e planos, não é tão eficiente para curvas e superfícies em geral). Se você já estudou Cálculo Diferencial, eis um bom momento para aplicar o que aprendeu: faça uma análise detalhada da função $y = b\sqrt{a^2 - x^2}/a$ no intervalo $[-a,a]$ e esboce o gráfico.

Figura 22-4

Ainda com relação ao esboço da elipse, é importante registrar que uma conjunção de circunstâncias e características muito específicas foi que resultou na Figura 22-3. Não é qualquer curva "ovalada" que merece o nome de elipse. É claro que um esboço é sempre um desenho aproximado, mas nem por isso devemos relaxar a ponto de desenhar uma elipse com "bicos", ou desrespeitar as suas simetrias. O retângulo fundamental e a coroa fundamental, fáceis de desenhar, ajudam bastante, assim como marcar alguns pontos da elipse na figura (quanto mais pontos, maior a precisão do desenho). Na Seção F, falaremos um pouco sobre a construção de pontos de uma elipse. E não nos esqueçamos dos recursos computacionais: este é o momento para "baixar" da Internet um programa gráfico, como por exemplo o WinPlot ou o Graphmatica.

22-4 Definição

Os pontos A_1 e A_2 em que a reta focal intercepta a elipse e os pontos B_1 e B_2 em que a mediatriz do segmento focal intercepta a elipse (Figura 22-3) são chamados **vértices**. As cordas A_1A_2 e B_1B_2 são, respectivamente, o **eixo maior** e o **eixo menor** da elipse. Chamaremos **amplitude focal** o comprimento de uma corda que contém um foco e é perpendicular ao segmento focal (existem duas; na literatura, cada uma delas é chamada *latus rectum*).

Exercícios

22-4 Mostre que:

(a) dentre as cordas perpendiculares à reta focal, B_1B_2 é a de maior comprimento, $2b$;

(b) a amplitude focal da elipse é $2b^2/a$.

22-5 Sejam A e B pontos distintos e p um número real maior que a distância entre eles. Prove que, dentre os triângulos de base AB e perímetro p, os de maior área são isósceles.

Foi muito boa a escolha do sistema de coordenadas na dedução de [22-2], já que obtivemos uma equação bem simples. Há, no entanto, outras escolhas tão boas quanto aquela. Se adotarmos, por exemplo, um sistema de coordenadas com origem no centro da elipse, de modo que os focos estejam em Oy, estes terão abscissas nulas e ordenadas opostas, digamos, $F_1 = (0,-c)$ e $F_2 = (0,c)$. Poderemos então reproduzir os passos daquela dedução: haverá uma inversão de papéis entre x e y, e chegaremos a

$$\frac{x^2}{b^2} + \frac{y^2}{a^2} = 1 \qquad [22\text{-}6]$$

Esta equação também é chamada **equação reduzida** da elipse. Para distingui-la de [22-2], mencionaremos, quando necessário, o eixo que contém os focos. Na parte (b) da Figura 22-5 está representada a elipse de equação [22-6]; na parte (a) reproduzimos, para efeito de comparação, a Figura 22-3.

A propósito da Figura 22-5 (e de várias figuras deste capítulo), vale destacar uma aparente impropriedade: se as deduções das equações [22-2] e [22-6] diferem *apenas* pela escolha do sistema de coordenadas, tratando-se da *mesma elipse* nos dois casos, os esboços não deveriam ser diferentes! Em outras palavras: se F_1, F_2 e a foram dados *a priori*, como se justifica a posição diferente da elipse nas partes (a) e (b) da figura? A resposta é que, na verdade, estamos supondo que o observador, como ser tridimensional que é, se reposiciona em relação ao plano da elipse de modo a vê-lo de frente, com Ox horizontal e "apontando para a direita", e Oy vertical e "apontando para cima". Quando vê a elipse como na Figura 22-5 (b), você é que está em posição diferente da que ocupava quando a via como na Figura 22-5 (a).

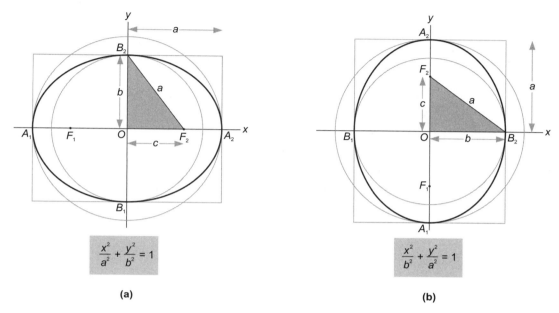

Figura 22-5

A diferença entre [22-2] e [22-6] é a ocorrência de a^2, ora como denominador de x^2, ora como denominador de y^2, e isso está diretamente associado à posição da elipse em relação ao sistema de coordenadas. Por esse motivo, freqüentemente será importante descrever essa posição.

A proposição seguinte caracteriza as equações reduzidas de elipse.

22-5 Proposição Uma equação da forma

$$\frac{x^2}{p} + \frac{y^2}{q} = 1 \qquad [22\text{-}7]$$

descreve uma elipse em relação ao sistema ortogonal de coordenadas Σ se, e somente se, os números reais p e q são distintos e positivos.

Demonstração

Suponhamos que [22-7] seja equação de uma elipse em relação a Σ e provemos que $p \neq q$, $p > 0$ e $q > 0$. Se p e q fossem ambos negativos, aquela equação não teria nenhuma solução. Como o conjunto vazio não é uma elipse, essa possibilidade está descartada, e podemos admitir que pelo menos um dos números p, q é positivo. Supondo que p seja positivo, provemos, por redução ao absurdo, que o mesmo ocorre com q (o outro caso é análogo). Se q fosse negativo, poderíamos considerar, para cada número inteiro positivo n, o ponto $P_n = (n\sqrt{p}, \sqrt{q(1-n^2)})$, que pertence à elipse, pois satisfaz [22-7]. Nesse caso, como $d(P_n,O) \geq n\sqrt{p}$, haveria pontos de **E** arbitrariamente afastados da origem e a elipse não seria limitada, contradizendo o que já vimos. Terminando a primeira parte da demonstração, notemos que p e q são distintos, caso contrário [22-7] poderia ser escrita como $x^2 + y^2 = p$, que descreve uma circunferência de centro O e raio $\sqrt{p}$, e, como sabemos, circunferências não são elipses.

Passemos à demonstração da recíproca: supondo que p e q sejam distintos e positivos, provaremos que [22-7] é equação de uma elipse. Analisemos os dois casos possíveis.

- Se $p > q > 0$, sejam $a = \sqrt{p}$ e $b = \sqrt{q}$; logo, $a > b$, $p = a^2$ e $q = b^2$. Como vimos na dedução de [22-2], a elipse de centro O e focos em Ox, de parâmetros geométricos a, b, tem equação reduzida

$$\frac{x^2}{a^2} + \frac{y^2}{b^2} = 1$$

que é a própria equação [22-7].

- Se $q > p > 0$, sejam $a = \sqrt{q}$ e $b = \sqrt{p}$. Então, $a > b$, $q = a^2$, $p = b^2$, e, pelo visto na dedução de [22-6], a elipse de centro O e focos em Oy, de parâmetros geométricos a, b, tem equação reduzida

$$\frac{x^2}{b^2} + \frac{y^2}{a^2} = 1$$

que é a equação [22-7]. ∎

22-6 Corolário

Fixado um sistema ortogonal de coordenadas Σ de origem O, sejam p e q números reais distintos e positivos e **E** a elipse de equação [22-7] e parâmetros geométricos a, b.
- Se $p > q$, então $a^2 = p$, $b^2 = q$ e **E** tem centro O e focos em Ox.
- Se $p < q$, então $a^2 = q$, $b^2 = p$ e **E** tem centro O e focos em Oy.

22-7 Exercício Resolvido

Mostre que a equação dada, em cada caso, descreve uma elipse de centro O e focos em Ox ou Oy. Calcule as medidas dos eixos maior e menor e a distância focal. Escreva as coordenadas dos vértices e dos focos.

(a) $16x^2 + y^2 = 1$
(b) $25x^2 + 169y^2 = 9$

Resolução

(a) A equação dada é equivalente a

$$\frac{x^2}{1/16} + \frac{y^2}{1} = 1$$

que é da forma [22-7], com $p = 1/16$ e $q = 1$. Como $p < q$, trata-se de uma elipse de centro O e focos em Oy (Corolário 22-6). Além disso, $a^2 = 1$ e $b^2 = 1/16$, e, portanto, $a = 1$ e $b = 1/4$. Logo, o eixo maior mede $2a = 2$, e o eixo menor mede $2b = 1/2$. Como $c^2 = a^2 - b^2 = 15/16$, o valor de c é $\sqrt{15}/4$ e a distância focal é

$2c = \sqrt{15}/2$. Os vértices são $A_1 = (0,-1)$, $A_2 = (0,1)$, $B_1 = (-1/4,0)$ e $B_2 = (1/4,0)$, e os focos, $F_1 = (0,-\sqrt{15}/4)$ e $F_2 = (0,\sqrt{15}/4)$. ◀

(b) Dividindo por 9, obtemos a equação equivalente $25x^2/9 + 169y^2/9 = 1$, que pode ser escrita sob a forma [22-7], com $p = 9/25$ e $q = 9/169$:

$$\frac{x^2}{9/25} + \frac{y^2}{9/169} = 1$$

Como $p > q$, trata-se de uma elipse de centro O e focos em Ox (Corolário 22-6), com $a^2 = 9/25$, $b^2 = 9/169$ e, conseqüentemente, $c^2 = a^2 - b^2 = (36/65)^2$. Assim, os eixos maior e menor medem, respectivamente, $2a = 6/5$ e $2b = 6/13$. A distância focal é $2c = 72/65$, os vértices, $A_1 = (-3/5,0)$, $A_2 = (3/5,0)$, $B_1 = (0,-3/13)$ e $B_2 = (0,3/13)$, e os focos, $F_1 = (-36/65,0)$ e $F_2 = (36/65,0)$. ◀

Exercício 22-6 Nos casos em que a equação dada descreve uma elipse de focos em algum dos eixos coordenados, especifique-o e calcule: a distância focal, a medida do eixo maior e a medida do eixo menor. Faça alguns esboços, a mão livre e com o auxílio do computador, para comparar.

(a) $4x^2 + 169y^2 = 676$ (b) $x^2 + 2y^2/3 = 8$ (c) $x^2/4 + y^2/2 = 0$

(d) $8x^2 + 3y^2 = 24$ (e) $(3x/5)^2 + y^2 = 9$ (f) $x^2 - 4y^2 = 1$

(g) $5x^2 + 9y^2 = 45$ (h) $3x^2 + 5y^2 = 15$ (i) $4x^2 + 9y^2 + 1 = 0$

(j) $16x^2 - 4 + 4y^2 = 0$ (l) $(1 + m^2)x^2 + y^2 = 1 + 2m^2 + m^4$ (m) $x^2 + m^2y^2 = m$

22-8 Exercício Resolvido Em cada caso, obtenha uma equação reduzida da elipse **E**.

(a) **E** tem centro O e focos em Ox; o eixo maior mede 10, e a distância focal é 6.
(b) Os focos são $F_1 = (-4,0)$ e $F_2 = (4,0)$, e o eixo maior tem medida 10.
(c) Os focos são $F_1 = (0,-2)$ e $F_2 = (0,2)$, e o eixo menor tem medida 4.
(d) $P = (2,3)$, $Q = (-2,-3)$ e $R = (2,-3)$ são vértices do retângulo fundamental de **E**.
(e) **E** tem centro O, eixos contidos nos eixos coordenados, e sua coroa fundamental é determinada pelas circunferências de equações $x^2 + y^2 = 3$ e $x^2 + y^2 = 5$.

Resolução

(a) Foram dados $2a = 10$ e $2c = 6$. Logo, $a = 5$ e $c = 3$ e, portanto, $b^2 = a^2 - c^2 = 16$. Como **E** tem centro O e focos em Ox, sua equação reduzida é da forma [22-2]:

$$\frac{x^2}{25} + \frac{y^2}{16} = 1$$ ◀

(b) De $2a = 10$ e $2c = d(F_1,F_2) = 8$, obtemos $a = 5$, $c = 4$ e $b^2 = a^2 - c^2 = 9$. Como o centro é $(0,0)$ (ponto médio de F_1F_2) e os focos pertencem a Ox, usamos [22-2]:

$$\frac{x^2}{25} + \frac{y^2}{9} = 1$$ ◀

(c) Foi dado $2b = 4$ e, portanto, $b = 2$. De $d(F_1, F_2) = 4$ concluímos que $2c = 4$ e $c = 2$. Então, $a^2 = b^2 + c^2 = 8$. Como a elipse tem centro O e focos em Oy, usamos [22-6]:

$$\frac{x^2}{4} + \frac{y^2}{8} = 1 \qquad \blacktriangleleft$$

(d) $\overrightarrow{PR}$ e $\overrightarrow{QR}$ são ortogonais, pois $\overrightarrow{PR} \cdot \overrightarrow{QR} = (0,-6) \cdot (4,0) = 0$. Logo, PR e QR são lados não-paralelos do retângulo, e PQ é uma diagonal. Concluímos que $O = (0,0)$ (ponto médio de PQ) é o centro da elipse, e as medidas dos lados do retângulo são $\|\overrightarrow{PR}\| = 6$ e $\|\overrightarrow{QR}\| = 4$. Então, $2a = 6$ e $2b = 4$, isto é, $a = 3$ e $b = 2$. A elipse tem centro O e focos em Oy, pois o lado maior do retângulo fundamental, PR, é paralelo a Oy. Uma equação reduzida é, portanto,

$$\frac{x^2}{4} + \frac{y^2}{9} = 1 \qquad \blacktriangleleft$$

(e) Os raios das circunferências dadas são os parâmetros geométricos a e b da elipse; logo, $a^2 = 5$ e $b^2 = 3$. Não há como saber se a elipse tem focos em Ox ou Oy. Existem, portanto, duas soluções:

$$\frac{x^2}{5} + \frac{y^2}{3} = 1 \qquad \text{e} \qquad \frac{x^2}{3} + \frac{y^2}{5} = 1 \qquad \blacktriangleleft$$

Exercícios

22-7 Escreva uma equação reduzida da elipse, nos casos:

(a) O centro é O, os focos estão em Ox, o eixo menor mede 6, e a distância focal é 8.

(b) O centro é O, os focos estão em Oy, o eixo maior mede 10, e a distância focal é 6.

(c) Os focos são $(0,6)$ e $(0,-6)$, e o eixo maior mede 34.

(d) Os focos são $(5,0)$ e $(-5,0)$ e um dos vértices é $(-13,0)$.

(e) Os focos são $(-1,0)$ e $(1,0)$ e um dos vértices é $(0,\sqrt{2})$.

(f) As extremidades do eixo menor são $(0,4)$ e $(0,-4)$, e a amplitude focal é 8/5.

(g) Os focos são $(0,2\sqrt{3})$ e $(0,-2\sqrt{3})$, e a amplitude focal é 2.

(h) O centro é a origem, $(0,-\sqrt{40})$ é um foco, e o ponto $(\sqrt{5}, 14/3)$ pertence à elipse.

22-8 Em cada caso, determine os vértices, os focos, e as medidas dos eixos maior e menor da elipse.

(a) **E**: $16x^2 + 25y^2 = 400$ (b) **E**: $x^2 + 9y^2 = 9$

(c) **E**: $50 - y^2 - 2x^2 = 0$ (d) **E**: $3x^2 + 4y^2 - 12 = 0$

22-9 Mostre que uma elipse fica determinada pelo seu retângulo fundamental, mas não por sua coroa fundamental. Em outras palavras: cada retângulo é retângulo fundamental de uma só elipse, mas várias elipses podem ter a mesma coroa circular como coroa fundamental.

22-10 A elipse **E** tem centro O, focos em um dos eixos coordenados, e contém os pontos A e B. Em cada caso, escreva uma equação reduzida de **E** e determine os focos.

(a) $A = (3,2)$, $B = (1,4)$. (b) $A = (5,2)$, $B = (2,4)$. (c) $A = (-4,-6)$, $B = (2,3)$.

22-11 Represente graficamente o conjunto Ω dos pontos X de coordenadas positivas para os quais existe uma elipse contendo X e $P = (2,3)$, de centro O e focos em um dos eixos coordenados.

22-12 Calcule a área do quadrado de lados paralelos aos eixos coordenados, inscrito na elipse de equação $9x^2 + 16y^2 = 100$.

22-13 Sendo $X = (x,y)$ um ponto de **E**: $x^2/b^2 + y^2/a^2 = 1$ e d_1 e d_2 as distâncias de X aos focos, calcule:

(a) d_1 e d_2 em função de y;

(b) os valores máximo e mínimo de d_1 e d_2; em que pontos ocorrem?

22-14 Pela Primeira Lei de Kepler, a trajetória da Terra é elíptica e o Sol ocupa a posição de um de seus focos. Calcule o periélio e o afélio da Terra (que são, respectivamente, a menor e a maior distância da Terra ao Sol), adotando os valores aproximados: distância focal da trajetória da Terra, $0{,}50 \cdot 10^7$ km; medida do eixo maior, $30{,}00 \cdot 10^7$ km.

22-15 As elipses **E** e **E'**, de parâmetros geométricos a, b, c e a', b', c', têm centro O e focos em um dos eixos coordenados. Sendo $a' = ka$ e $b' = kb$, prove que $c' = kc$ e que $P = (x,y)$ pertence a **E** se, e somente se, $P' = (kx,ky)$ pertence a **E'**.

A2 Hipérbole

Se fôssemos estabelecer laços de parentesco entre elipse e hipérbole, não seria exagero considerá-las irmãs gêmeas, tal a similaridade existente entre as duas (irmãs gêmeas bivitelinas, é bom que se frise, já que não há o menor risco de serem confundidas uma com a outra). Nesta seção, trataremos com brevidade os tópicos em que a analogia entre as duas curvas se manifestar com mais força.

22-9 Definição Sejam F_1 e F_2 pontos distintos, $2c$, sua distância, e a, um número real tal que $0 < a < c$. O lugar geométrico **H** dos pontos X tais que $|d(X,F_1) - d(X,F_2)| = 2a$ chama-se **hipérbole**. Cada um dos pontos F_1 e F_2 é chamado **foco** da hipérbole, o segmento F_1F_2 é chamado **segmento focal**, seu ponto médio, **centro** da hipérbole, e $2c$, **distância focal**. A reta F_1F_2 chama-se **reta focal**, e qualquer segmento cujas extremidades (distintas) pertencem a **H** chama-se **corda** da hipérbole.

Tal como ocorre com a elipse, a cada hipérbole estão associados um único "a" e um único segmento focal (veja a Observação 22-2).

Exercício 22-16 Sejam **H**, F_1, F_2 e a como na Definição 22-9. Prove que:

(a) os focos e o centro de **H** não pertencem a **H**;

(b) nenhum ponto da reta focal de **H**, exterior ao segmento focal, pertence a **H**;

(c) existem precisamente dois pontos A_1 e A_2 da reta focal de **H** que pertencem a **H**;

♦ (d) se PQ é uma corda de **H** tal que $d(P,F_1) - d(P,F_2) = 2a$ e $d(Q,F_2) - d(Q,F_1) = 2a$, então $d(P,Q) \geq 2a$;

♦ (e) a única corda nas condições do item (d) que tem comprimento $2a$ é A_1A_2.

A dedução de uma equação para a hipérbole **H** pode ser feita exatamente como para a elipse, fixando-se um dos dois sistemas de coordenadas representados na Figura 22-1. Optemos pelo da esquerda, em relação ao qual $F_1 = (-c,0)$ e $F_2 = (c,0)$. Um ponto $X = (x,y)$ pertence à hipérbole se, e somente se, $d(X,F_1) - d(X,F_2) = \pm 2a$, ou seja, $d(X,F_1) = \pm 2a + d(X,F_2)$, vigorando o sinal + se X está mais próximo de F_2 do que de F_1, e o sinal – se X está mais próximo de F_1 do que de F_2. Logo, X pertence a **H** se, e somente se,

$$\sqrt{(x+c)^2 + y^2} = \pm 2a + \sqrt{(x-c)^2 + y^2}$$

Como no caso da elipse, pretendemos obter uma equação equivalente a esta, livre de radicais. Para isso, elevamos ao quadrado ambos os membros, reagrupamos termos e elevamos novamente ao quadrado, chegando a

$$(c^2 - a^2)x^2 - a^2y^2 = a^2(c^2 - a^2)$$

Indiquemos por b o número real positivo $\sqrt{c^2 - a^2}$; essa igualdade fica $b^2x^2 - a^2y^2 = a^2b^2$, e, dividindo-a membro a membro por a^2b^2, obtemos

$$\frac{x^2}{a^2} - \frac{y^2}{b^2} = 1 \qquad\qquad [\text{22-8}]$$

São importantes as relações

$$c^2 = a^2 + b^2 \qquad c > b > 0 \qquad c > a > 0$$

Elevar ao quadrado os dois membros de uma igualdade, como você sabe, provoca a dúvida: terão surgido raízes estranhas à equação de partida? Ou seja: será que existe algum ponto que satisfaça [22-8] e não pertença à hipérbole? Para ver que não, mostremos que, se $X = (x,y)$,

$$x^2/a^2 - y^2/b^2 = 1 \Rightarrow |d(X,F_1) - d(X,F_2)| = 2a$$

De fato, de $x^2/a^2 - y^2/b^2 = 1$ decorre $y^2 = b^2x^2/a^2 - b^2$. Utilizando esta e a relação $c^2 = a^2 + b^2$, obtemos

$$d^2(X,F_1) = (x+c)^2 + y^2$$
$$= x^2 + 2cx + c^2 + \frac{b^2x^2}{a^2} - b^2$$
$$= \frac{(a^2 + b^2)x^2}{a^2} + 2cx + c^2 - b^2$$
$$= \frac{c^2x^2}{a^2} + 2cx + a^2 = \left(\frac{cx}{a} + a\right)^2$$

e, de modo análogo, $d^2(X,F_2) = (cx/a - a)^2$. Assim,

$$d(X,F_1) = |\frac{cx}{a} + a| \qquad d(X,F_2) = |\frac{cx}{a} - a| \qquad \textbf{[22-9]}$$

Da hipótese $x^2/a^2 - y^2/b^2 = 1$ decorre também que $x^2/a^2 \geq 1$ e, portanto, $x^2 \geq a^2$. Logo, há duas possibilidades: $x \leq -a$ e $x \geq a$. Analisemos cada uma, multiplicando por c/a (que é positivo) e notando que $cx/a - a < cx/a + a$.

- Se $x \leq -a$, então $cx/a \leq -c < -a$ e, portanto, $cx/a + a < 0$ e $cx/a - a < 0$. De [22-9], concluímos que $d(X,F_1) - d(X,F_2) = -cx/a - a - (-cx/a + a) = -2a$.

- Se $x \geq a$, então $cx/a \geq c > a$ e, portanto, $cx/a - a > 0$ e $cx/a + a > 0$. Decorre de [22-9] que $d(X,F_1) - d(X,F_2) = cx/a + a - (cx/a - a) = 2a$.

Em ambos os casos, $|d(X,F_1) - d(X,F_2)| = 2a$ e fica provado que todo ponto $X = (x,y)$ que satisfaz [22-8] pertence à hipérbole **H**. Vale destacar que

$$x \leq -a: \quad X \in \mathbf{H} \Leftrightarrow d(X,F_2) - d(X,F_1) = 2a$$

$$x \geq a: \quad X \in \mathbf{H} \Leftrightarrow d(X,F_1) - d(X,F_2) = 2a$$

[22-10]

Os números a, b e c são chamados **parâmetros geométricos**, e a equação [22-8], **equação reduzida** da hipérbole **H**; indica-se **H**: $x^2/a^2 - y^2/b^2 = 1$. Tal como no caso da elipse, é importante associar a equação reduzida [22-8] ao sistema de coordenadas adotado: essa equação descreve uma hipérbole de parâmetros geométricos a e b cujo centro é a origem do sistema de coordenadas e cujos focos pertencem a Ox.

Conforme [22-10], os pontos da hipérbole distribuem-se por dois conjuntos disjuntos, distinguidos pelas condições $x \leq -a$ e $x \geq a$, contidos em semiplanos opostos em relação a Oy. O primeiro, indicado por $\mathbf{H_1}$, é formado pelos pontos de **H** mais próximos de F_1 do que de F_2. O segundo, indicado por $\mathbf{H_2}$, pelos pontos de **H** mais próximos de F_2 do que de F_1. Cada um deles chama-se **ramo** da hipérbole; na proposição seguinte, registramos os resultados obtidos.

22-10 *Proposição* — Um ponto $X = (x,y)$ é um ponto da hipérbole **H**: $x^2/a^2 - y^2/b^2 = 1$ se, e somente se, as distâncias de X aos focos F_1 e F_2 são $d(X,F_1) = |cx/a + a|$ e $d(X,F_2) = |cx/a - a|$. Além disso,
- X pertence a $\mathbf{H_1}$ se, e somente se, $d(X,F_1) = -cx/a - a$ e $d(X,F_2) = -cx/a + a$;
- X pertence a $\mathbf{H_2}$ se, e somente se, $d(X,F_1) = cx/a + a$ e $d(X,F_2) = cx/a - a$.

Eis algumas propriedades da hipérbole **H** descrita pela equação [22-8]:

- Nenhum ponto $X = (x,y)$ de **H** é interior à faixa vertical caracterizada por $-a < x < a$, pois, se X satisfaz [22-8], então $x^2 \geq a^2$. Conseqüentemente, a interseção da hipérbole com a mediatriz do segmento focal (Oy) é vazia. Para a ordenada de X, porém, não há restrições: qualquer que seja o valor atribuído a y, existe x tal que (x,y) satisfaz [22-8] e, portanto, pertence à hipérbole. Isso mostra que, ao contrário da elipse, a hipérbole não é limitada.

- Se (x,y) é uma solução qualquer de [22-8], então $(-x,-y)$, $(x,-y)$ e $(-x,y)$ também são, pois naquela equação todos os expoentes são pares. Logo, a hipérbole é simétrica em relação à reta focal (Ox), à mediatriz do segmento focal (Oy) e ao centro (O).

- $(x,0)$ satisfaz [22-8] se, e somente se, $x = a$ ou $x = -a$. Por isso, a interseção de **H** com a reta focal (Ox) é constituída dos pontos $A_1 = (-a,0)$ e $A_2 = (a,0)$ (compare com o Exercício 22-16 (c)).

O retângulo caracterizado pelas desigualdades $-a \leq x \leq a$ e $-b \leq y \leq b$, que chamaremos **retângulo fundamental** da hipérbole, tem diagonais contidas nas retas

$$r_1: y = \frac{-b}{a}x \qquad r_2: y = \frac{b}{a}x \qquad \text{[22-11]}$$

que recebem o nome de **assíntotas** da hipérbole e são muito úteis na feitura do esboço, devido ao seu posicionamento especial em relação a ela.

Graças à simetria da hipérbole em relação aos eixos coordenados, podemos simplificar o trabalho de esboçá-la, restringindo-nos inicialmente ao primeiro quadrante e completando depois (foi o que fizemos com a elipse). Sob a condição $y \geq 0$, a equação [22-8] permite exprimir y como função crescente de x, no intervalo $[a,+\infty[$:

$$y = \frac{b}{a}\sqrt{x^2 - a^2}$$

Na Figura 22-6 (a) apresentamos o esboço da hipérbole com suas assíntotas, obtido por simetria a partir do gráfico dessa função. Vamos esclarecer o posicionamento da assíntota r_2 em relação à curva: para cada x maior que a, sejam H e R, respectivamente, os pontos da hipérbole e de r_2 que têm abscissa x e pertencem ao primeiro quadrante, isto é, $H = (x, b\sqrt{x^2 - a^2}/a)$ e $R = (x, bx/a)$. De $bx/a > b\sqrt{x^2 - a^2}/a$ concluímos que H está "abaixo" de R e que r_2 não intercepta **H** no primeiro quadrante. Devido às simetrias de **H** e r_2, podemos afirmar que $r_2 \cap \mathbf{H} = \emptyset$. Além disso, a distância $d(H,R)$ diminui à medida que x cresce no intervalo $[a,+\infty[$, pois

$$d(H,R) = \frac{b}{a}x - \frac{b}{a}\sqrt{x^2 - a^2}$$
$$= \frac{b}{a}(x - \sqrt{x^2 - a^2})$$

e, portanto,

$$d(H,R) = \frac{b}{a}(x - \sqrt{x^2 - a^2}) \frac{x + \sqrt{x^2 - a^2}}{x + \sqrt{x^2 - a^2}}$$
$$= \frac{b}{a} \frac{a^2}{x + \sqrt{x^2 - a^2}}$$

O comportamento de r_1 é análogo; utilizando esses fatos, podemos fazer, a mão livre, um esboço bastante razoável. Deve-se ressaltar, como foi feito no caso da elipse, que as informações de que dispomos não são suficientes para garantir que a hipérbole seja lisa e que tenha concavidade tal como indicado na figura; para isso, são necessárias ferramentas do Cálculo Diferencial. Se você já as conhece, pode dar mais legitimidade ao esboço fazendo o estudo detalhado da função $y = (b/a)\sqrt{x^2 - a^2}$ no intervalo $[a,+\infty[$ e desenhando o seu gráfico.

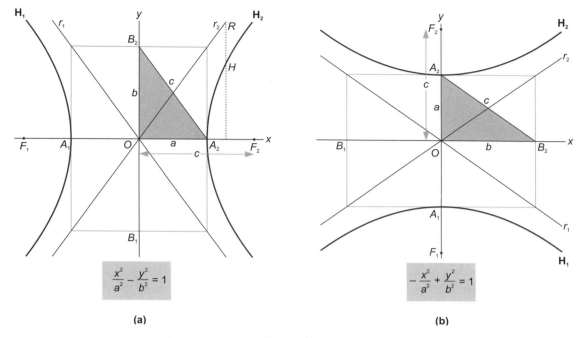

Figura 22-6

Repare que o Teorema de Pitágoras, aplicado ao triângulo retângulo OA_2B_2, confirma a relação $c^2 = a^2 + b^2$.

> **22-11 Definição** — Os pontos A_1 e A_2 em que a reta focal intercepta a hipérbole (Figura 22-6) são chamados **vértices**. A corda A_1A_2 é o **eixo transverso**, e o segmento B_1B_2 (interseção da mediatriz do segmento focal com o retângulo fundamental) é o **eixo conjugado**. Chama-se **amplitude focal** o comprimento de uma corda que contém um foco e é perpendicular ao segmento focal.

EXERCÍCIOS

22-17 Seja PQ uma corda da hipérbole **H**, com uma extremidade em cada ramo (por exemplo, P em **H**$_2$, Q em **H**$_1$). Prove que:

(a) $d(P,Q) \geq 2a$;

(b) $d(P,Q) = 2a$ se, e somente se, PQ é o eixo transverso A_1A_2.

22-18 Mostre que a amplitude focal da hipérbole é $2b^2/a$.

Para deduzir uma equação da hipérbole, poderíamos ter optado por outro sistema de coordenadas. Por exemplo, se escolhermos como origem o centro da hipérbole e o eixo Oy (em vez de Ox) contendo os focos, de tal modo que $F_1 = (0,-c)$ e $F_2 = (0,c)$, a dedução que fizemos de [22-8] poderá ser reproduzida, havendo uma simples inversão de papéis entre x e y. Chegaremos, assim, a outra **equação reduzida** da hipérbole,

$$-\frac{x^2}{b^2} + \frac{y^2}{a^2} = 1 \qquad \text{[22-12]}$$

e, para as assíntotas, obteremos as equações

$$y = \frac{-a}{b}x \qquad \text{e} \qquad y = \frac{a}{b}x \qquad \text{[22-13]}$$

(veja a Figura 22-6 (b), e lembre-se de que não foi a hipérbole, mas você, como observador, que mudou de posição).

Frisemos que (compare [22-8] e [22-12]): o termo com sinal + no primeiro membro da equação reduzida indica o eixo que contém os focos, e o denominador desse termo, em qualquer dos dois casos, é a^2 (não se trata mais de verificar, como fazíamos no caso da elipse, qual dos denominadores é maior, pois a pode ser maior, menor ou igual a b). No caso em que os focos estão em Oy, os dois ramos da hipérbole caracterizam-se por $y \geq a$ (H_2) e $y \leq -a$ (H_1). Note a diferença entre os coeficientes angulares das assíntotas nos dois casos (compare [22-13] e [22-11]). Para não se confundir, lembre-se de que elas contêm as diagonais do retângulo fundamental.

Qualquer outra escolha do sistema de coordenadas, seja com a origem diferente do centro da hipérbole, seja com os focos não pertencendo a nenhum dos eixos coordenados, levaria a equações mais complicadas do que [22-8] e [22-12]. Este é um assunto para o próximo capítulo.

Uma caracterização das equações reduzidas de hipérbole é dada pela proposição seguinte.

22-12 Proposição Seja Σ um sistema ortogonal de coordenadas de origem O. Uma equação da forma

$$\frac{x^2}{p} + \frac{y^2}{q} = 1 \qquad \text{[22-14]}$$

descreve uma hipérbole se, e somente se, os números reais p e q são de sinal contrário.

Demonstração

Se p e q são positivos, [22-14] é equação de uma elipse (Proposição 22-5) ou de uma circunferência que, por serem limitadas, não são hipérboles. Se p e q são negativos, aquela equação descreve o conjunto vazio. Logo, se o lugar geométrico descrito por [22-14] é uma hipérbole, p e q são de sinal contrário.

Reciprocamente, suponhamos que p e q sejam de sinal contrário. Se $p > 0$ e $q < 0$, sejam $a = \sqrt{p}$ e $b = \sqrt{-q}$, e **H**, a hipérbole de centro O, focos em Ox e parâmetros geométricos a, b. Uma equação reduzida de **H** é $x^2/a^2 - y^2/b^2 = 1$, isto é, $x^2/p + y^2/q = 1$, que é a equação [22-14]. Se $p < 0$ e $q > 0$, o argumento é semelhante: tomamos $a = \sqrt{q}$, $b = \sqrt{-p}$, e a hipérbole de centro O e focos em Oy, que tem equação reduzida $-x^2/b^2 + y^2/a^2 = 1$, ou seja, $x^2/p + y^2/q = 1$. ∎

22-13 Corolário Sejam Σ um sistema ortogonal de coordenadas de origem O, p e q números reais de sinal contrário e **H** a hipérbole de equação [22-14] e parâmetros geométricos a, b.
- Se $p > 0$ e $q < 0$, então $a^2 = p$, $b^2 = -q$ e **H** tem centro O e focos em Ox.
- Se $p < 0$ e $q > 0$, então $a^2 = q$, $b^2 = -p$ e **H** tem centro O e focos em Oy.

22-14 *Exercício Resolvido*

Mostre que a equação dada, em cada caso, descreve uma hipérbole de centro O e focos em Ox ou Oy. Calcule as medidas dos eixos transverso e conjugado e a distância focal. Escreva as coordenadas dos vértices, dos focos e das extremidades do eixo conjugado.

(a) $25x^2 - 144y^2 = 9$

(b) $16x^2 = y^2 - 1$

Resolução

(a) A equação é equivalente a

$$\frac{x^2}{9/25} - \frac{y^2}{9/144} = 1$$

que é da forma [22-14], com $p = 9/25 > 0$ e $q = -9/144 < 0$. Logo, trata-se de uma hipérbole de centro O e focos em Ox. Além disso, $a^2 = 9/25$ e $b^2 = 9/144 = 1/16$ e, portanto, o eixo transverso mede $2a = 2\cdot 3/5 = 6/5$, e o eixo conjugado mede $2b = 2\cdot 1/4 = 1/2$. Como $c^2 = a^2 + b^2 = 9/25 + 1/16 = 169/400$, a distância focal é $2c = 2\cdot 13/20 = 13/10$. ◀

Vértices: $A_1 = (-3/5, 0)$ e $A_2 = (3/5, 0)$; focos: $F_1 = (-13/20, 0)$ e $F_2 = (13/20, 0)$; extremidades do eixo conjugado: $B_1 = (0, -1/4)$ e $B_2 = (0, 1/4)$. ◀

(b) A equação dada é equivalente a

$$-\frac{x^2}{1/16} + y^2 = 1$$

que é da forma [22-14], com $p = -1/16 < 0$ e $q = 1 > 0$. Trata-se, pois, de uma hipérbole de centro O e focos em Oy. Seus parâmetros geométricos são tais que $a^2 = 1$, $b^2 = 1/16$ e $c^2 = a^2 + b^2 = 17/16$. Assim, o eixo transverso mede $2a = 2\cdot 1 = 2$, o eixo conjugado, $2b = 2\cdot 1/4 = 1/2$, e a distância focal é $2c = 2\sqrt{17}/4 = \sqrt{17}/2$. ◀

Vértices: $A_1 = (0, -1)$ e $A_2 = (0, 1)$; focos: $F_1 = (0, -\sqrt{17}/4)$ e $F_2 = (0, \sqrt{17}/4)$; extremidades do eixo conjugado: $B_1 = (-1/4, 0)$ e $B_2 = (1/4, 0)$. ◀

Exercícios

22-19 Nos casos em que a equação dada descreve uma hipérbole de focos em algum dos eixos coordenados, especifique-o e calcule a distância focal e as medidas dos eixos transverso e conjugado. Faça alguns esboços, a mão livre e com o auxílio do computador, para comparar.

(a) $9x^2 - 4y^2 = 36$
(b) $9x^2/25 - y^2 + 9 = 0$
(c) $x^2 + 2y^2 = 1$
(d) $-m^2x^2 + 9y^2 = 36$, $m > 0$
(e) $25x^2 - 100y^2 = 0$
(f) $5x^2 - 9y^2 - 45 = 0$
(g) $x^2 - y^2 + 1 = 0$
(h) $(x\operatorname{sen}\varphi)^2 - (y\cos\varphi)^2 + 1 = 0$ $(0 < \varphi < \pi/2)$

22-20 Determine, em cada caso, os vértices, os focos, as extremidades do eixo conjugado e equações das assíntotas da hipérbole:

(a) $25x^2 - 144y^2 = 3600$
(b) $16x^2 - 25y^2 = 400$
(c) $y^2 - x^2 = 16$
(d) $9y^2 - 4x^2 = 36$
(e) $3x^2 - y^2 = 3$
(f) $x^2 - y^2 = m^2$ $(m > 0)$

22-15 Exercício Resolvido

Em cada caso, obtenha uma equação reduzida da hipérbole **H** e equações de suas assíntotas.

(a) Os focos são $F_1 = (-\sqrt{13},0)$, $F_2 = (\sqrt{13},0)$, e a medida do eixo transverso é 6.

(b) Um foco é $F_1 = (0,-\sqrt{11})$, o centro é a origem, e o eixo conjugado mede $2\sqrt{7}$.

(c) $P = (1,2)$, $Q = (-1,-2)$ e $R = (1,-2)$ são vértices do retângulo fundamental de **H**.

(d) A distância focal é $\sqrt{20}$, os focos pertencem a Oy, e uma das assíntotas tem equação $y + 3x = 0$.

Resolução

(a) O eixo transverso mede $2a$; logo, $2a = 6$ e $a = 3$. O valor de c é $\sqrt{13}$, pois a distância focal é $2c = d(F_1,F_2) = 2\sqrt{13}$. Assim, $b^2 = c^2 - a^2 = 13 - 9 = 4$. Como o centro é $(0,0)$ (ponto médio de F_1F_2) e os focos pertencem a Ox, uma equação reduzida da hipérbole é da forma [22-8]: $x^2/9 - y^2/4 = 1$. ◀

As assíntotas têm equações como em [22-11]: $y = 2x/3$ e $y = -2x/3$. ◀

(b) O eixo conjugado mede $2b = 2\sqrt{7}$; logo, $b = \sqrt{7}$. A distância de F_1 ao centro O é igual a c e, portanto, $c = \sqrt{11}$. Então, $a^2 = c^2 - b^2 = 4$. Como o segmento OF_1 está contido em Oy, o mesmo acontece com os focos; logo, a hipérbole tem equação reduzida da forma [22-12]: $-x^2/7 + y^2/4 = 1$. ◀

Suas assíntotas têm equações como em [22-13]: $y = 2x/\sqrt{7}$ e $y = -2x/\sqrt{7}$. ◀

(c) $\overrightarrow{PR}$ e $\overrightarrow{QR}$ são ortogonais, pois $\overrightarrow{PR} \cdot \overrightarrow{QR} = (0,-4) \cdot (2,0) = 0$. Logo, PR e QR são lados não-paralelos do retângulo, e PQ é uma diagonal. Concluímos que $O = (0,0)$ (ponto médio de PQ) é o centro da hipérbole. Como PR é paralelo a Oy e QR é paralelo a Ox, os focos da hipérbole pertencem a um dos eixos coordenados. Caso pertençam a Ox, $2a = d(Q,R) = 2$ e $2b = d(P,R) = 4$, ou seja, $a = 1$ e $b = 2$. Assim, uma equação reduzida da hipérbole será $x^2 - y^2/4 = 1$, e suas assíntotas, $r_1: y = -2x$ e $r_2: y = 2x$. Se os focos pertencerem a Oy, então $2a = d(P,R) = 4$ e $2b = d(Q,R) = 2$, isto é, $a = 2$ e $b = 1$. Uma equação reduzida será, neste caso, $-x^2 + y^2/4 = 1$, e as assíntotas serão as mesmas retas r_1 e r_2 do outro caso. ◀

(d) A hipérbole tem equação $-x^2/b^2 + y^2/a^2 = 1$, pois tem focos em Oy e centro O (interseção da reta focal com a assíntota). As assíntotas são as retas de equações $y = ax/b$ e $y = -ax/b$. Comparando com a equação dada, $y + 3x = 0$, vemos que $-a/b = -3$, isto é, $a = 3b$. Por outro lado, $2c = \sqrt{20}$ e, portanto, $c = \sqrt{5}$. De $c^2 = a^2 + b^2$ obtemos $5 = 9b^2 + b^2$, ou seja, $b^2 = 1/2$. Uma equação reduzida da hipérbole é $-x^2/(1/2) + y^2/(9/2) = 1$, e as assíntotas têm equações $y = -3x$ (dada) e $y = 3x$. ◀

Exercícios

22-21 Obtenha, em cada caso, uma equação reduzida da hipérbole.

(a) Os vértices são $(2,0)$ e $(-2,0)$, e os focos, $(3,0)$ e $(-3,0)$.

(b) Os vértices são $(-15,0)$ e $(15,0)$ e as assíntotas têm equações $5y - 4x = 0$ e $5y + 4x = 0$.

(c) Os focos são $(-5,0)$ e $(5,0)$, e a amplitude focal é $9/2$.

(d) Os focos são $(-5,0)$ e $(5,0)$ e as assíntotas têm equações $2y = x$ e $2y = -x$.

(e) O ponto $(5,9)$ pertence à hipérbole, e as assíntotas têm equações $y = x$ e $y = -x$.

(f) Os focos estão no eixo Oy, as assíntotas têm equações $2y + 3x = 0$ e $2y - 3x = 0$, e o eixo conjugado mede 8.

22-22 A hipérbole **H** tem centro O, focos em um dos eixos coordenados, e contém os pontos A e B. Escreva equações reduzidas de **H** e de suas assíntotas e determine os focos e vértices.

(a) $A = (6,\sqrt{7})$, $B = (-1,0)$.

(b) $A = (3,2)$, $B = (1,4)$.

(c) $A = (3,2)$, $B = (1,\sqrt{2})$.

(d) $A = (1,1)$, $B = (4,4)$.

22-23 Prove que o produto das distâncias de um ponto de uma hipérbole às assíntotas é $(ab/c)^2$.

22-24 Seja **H** a hipérbole de equação reduzida $-x^2/a^2 + y^2/b^2 = 1$. Calcule as distâncias de um ponto genérico $X = (x,y)$ de **H** aos focos, em função de y.

22-25 A Figura 22-7 mostra um mapa onde figuram quatro estações transmissoras em terra, A, B, C e D. As estações B e C emitem simultaneamente sinais que são recebidos por um navio situado em P, e o sinal emitido por C chega ao navio com um atraso δ em relação ao emitido por B. As estações A e D operam do mesmo modo, emitindo simultaneamente seus sinais, sendo que o sinal emitido por D é recebido pelo navio com um atraso Δ em relação ao emitido por A. Explique como o pessoal de bordo pode estimar a posição do navio conhecendo a localização das estações e a velocidade v de propagação do sinal na atmosfera. Este é o princípio utilizado no método LORAN (*long-range navigation*) de navegação.

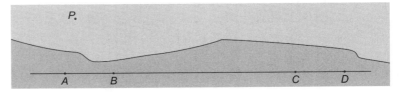

Figura 22-7

22-26 São dados, em cada caso, o parâmetro geométrico a e os focos de uma hipérbole. Obtenha uma equação algébrica de segundo grau em x e y que todo ponto (x,y) da hipérbole deva satisfazer.

(a) $a = 3$ $F_1 = (3,-3)$ $F_2 = (3,7)$

(b) $a = 1$ $F_1 = (3,4)$ $F_2 = (-1,-2)$

A3   PARÁBOLA

Das três curvas estudadas neste capítulo, a mais diferenciada é a parábola, que poderia ser considerada prima-irmã das gêmeas elipse e hipérbole. É também a de tratamento algébrico mais simples e, acreditamos, aquela com a qual você está mais familiarizado, pois o gráfico de uma função quadrática é uma parábola.

306 — Geometria Analítica — um tratamento vetorial

22-16 Definição Sejam r uma reta e F um ponto não pertencente a ela. O lugar geométrico **P** dos pontos eqüidistantes de F e r chama-se **parábola**. F é o **foco**, r é a **diretriz**, e chamaremos o número positivo p tal que $d(F,r) = 2p$ de **parâmetro** da parábola (outros autores definem o parâmetro como a distância do foco à diretriz). A reta que contém o foco e é perpendicular à diretriz chama-se **eixo**. Se H é o ponto de interseção da diretriz com o eixo, o ponto V, ponto médio de HF, é chamado **vértice**. Uma **corda** da parábola é qualquer segmento cujas extremidades (distintas) pertencem a ela. **Amplitude focal** de **P** é o comprimento da corda que contém o foco e é perpendicular ao eixo.

Pode-se demonstrar que a cada parábola estão associados um único foco e uma única diretriz.

Para obter uma equação da parábola **P**, tomemos o sistema ortogonal de coordenadas cuja origem é o vértice de **P**, tal que o foco pertença ao *semi-eixo positivo das abscissas* (conjunto dos pontos que têm abscissa positiva e ordenada nula), conforme a Figura 22-8 (a). Em relação a este sistema, o foco é $F = (p,0)$ e a diretriz é a reta r: $x = -p$.

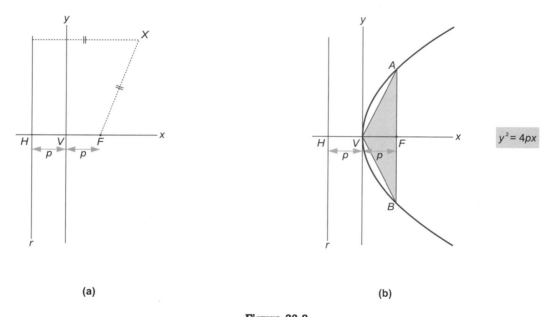

Figura 22-8

Se $X = (x,y)$, então $d(X,r) = |x + p|$ e $d(X,F) = \sqrt{(x-p)^2 + y^2}$. Logo, X pertence à parábola se, e somente se, $|x + p| = \sqrt{(x-p)^2 + y^2}$. Como os dois membros desta igualdade são não-negativos, elevando-os ao quadrado obtemos a igualdade equivalente $|x + p|^2 = (x - p)^2 + y^2$, que por sua vez é equivalente a $x^2 + 2px + p^2 = x^2 - 2px + p^2 + y^2$. Simplificando, obtemos

$$y^2 = 4px \qquad [22\text{-}15]$$

Esta equação é chamada **equação reduzida** da parábola **P**. Indica-se **P**: $y^2 = 4px$.

Eis algumas informações sobre a parábola que podem ser obtidas da equação [22-15]:

- Se (x,y) satisfaz a equação, então $x \geq 0$, isto é, nenhum ponto de **P** tem abscissa negativa. Não há restrições à ordenada e, portanto, a parábola não é limitada.

- A parábola é simétrica em relação ao seu eixo (Ox), mas não em relação à reta que contém o vértice e é perpendicular ao eixo (Oy), nem em relação ao vértice (O).
- O vértice (O) é o único ponto de interseção da parábola com seu eixo, pois $y = 0$ acarreta, em [22-15], $x = 0$.
- Isolando x no primeiro membro, obtemos a função quadrática $x = y^2/4p$ (aqui, ao contrário da notação tradicional, x é que é função de y). Veja o gráfico dessa função na Figura 22-8 (b); para garantir que o esboço está correto (em especial, que a parábola é lisa, e tem concavidade como mostra a figura), deve-se recorrer ao Cálculo Diferencial, uma vez que as ferramentas da Álgebra são inadequadas para abordar esse tipo de questão.

Sejam A e B as extremidades da corda que contém o foco da parábola e é perpendicular ao seu eixo. O triângulo VAB é chamado **triângulo fundamental** da parábola. Trata-se de um triângulo isósceles, de base igual à amplitude focal e altura igual ao parâmetro p.

EXERCÍCIOS

22-27 Mostre que:

(a) retas não são parábolas;

(b) a amplitude focal de uma parábola de parâmetro p é $4p$;

(c) circunferências não são parábolas.

22-28 Sejam F o foco e $P = (h,k)$ um ponto qualquer da parábola de equação $y^2 = 4px$. Calcule a distância de P a F.

Podemos obter equações tão simples quanto [22-15], optando por outros sistemas de coordenadas: o segredo é tomar o vértice V como origem e escolher os eixos de modo que o foco pertença a um deles. Assim, por exemplo, se o sistema tem origem V e o foco pertence ao semi-eixo negativo das abscissas, então $F = (-p,0)$ e a diretriz tem equação $x - p = 0$. Logo, um ponto $X = (x,y)$ pertence à parábola se, e somente se, $d^2(X,F) = d^2(X,r)$, isto é, $(x + p)^2 + y^2 = |x - p|^2$. Desenvolvendo os quadrados e simplificando, obtemos

$$y^2 = -4px \qquad \text{[22-16]}$$

que é outra **equação reduzida** da parábola. Esta equação resulta também da simples troca de x por $-x$ em [22-15].

Se $V = O$ e o foco pertencer ao semi-eixo positivo ou ao semi-eixo negativo das ordenadas, as equações obtidas serão, respectivamente,

$$x^2 = 4py \qquad \text{e} \qquad x^2 = -4py$$

também designadas como **equações reduzidas** da parábola. Os esboços correspondentes a estas equações e a [22-16] estão na Figura 22-9.

Como veremos no Capítulo 23, qualquer outra escolha do sistema de coordenadas, seja com a origem diferente do vértice da parábola, seja com o foco não pertencendo a nenhum dos eixos coordenados, leva a equações mais complicadas.

308 — Geometria Analítica — um tratamento vetorial

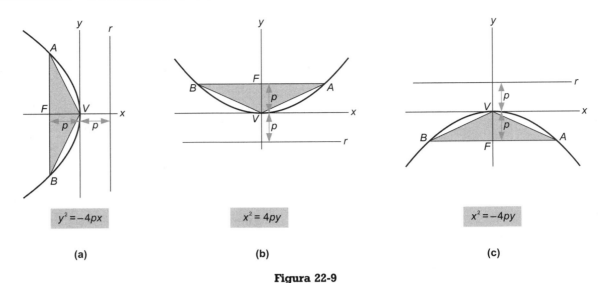

Figura 22-9

É fácil saber, examinando uma equação reduzida da parábola, qual é a sua posição em relação aos eixos coordenados e a qual dos quatro semi-eixos coordenados pertence o foco: basta impor que haja coerência entre os sinais dos dois membros da equação. Exemplificaremos no próximo exercício resolvido.

As equações reduzidas de parábola são caracterizadas pela seguinte proposição.

22-17 Proposição — Em relação a um sistema ortogonal de coordenadas, as equações $y^2 = qx$ e $x^2 = qy$ descrevem parábolas se, e somente se, $q \neq 0$.

Demonstração

Vamos considerar a equação $y^2 = qx$, deixando o outro caso como exercício. Se $q > 0$, seja $p = q/4$. A parábola de vértice $(0,0)$ e foco $(p,0)$ tem equação reduzida como [22-15], $y^2 = 4px$, isto é, $y^2 = qx$. Se $q < 0$, escolhemos $p = -q/4$. A parábola de vértice $(0,0)$ e foco $(-p,0)$ tem equação reduzida como [22-16], $y^2 = -4px$, ou seja, $y^2 = qx$. Logo, se $q \neq 0$, existe uma parábola que tem equação reduzida $y^2 = qx$. Quanto à recíproca: se $q = 0$, a equação $y^2 = qx$ é equação de uma reta (o eixo Ox), que, pelo Exercício 22-27 (a), não é parábola. Portanto, se a equação descreve uma parábola, q não é nulo. ∎

Exercício 22-29 Resolva o Exercício 22-28 nos casos em que a parábola tem equação reduzida

(a) $y^2 = -4px$ (b) $x^2 = 4py$ (c) $x^2 = -4py$

22-18 Exercício Resolvido Obtenha o parâmetro, o foco e a diretriz da parábola **P**, nos casos:

(a) **P**: $y^2 = 5x$ (b) **P**: $y^2 = -5x$ (c) **P**: $y = 10x^2$ (d) **P**: $y + x^2 = 0$

Resolução

(a) Toda solução (x,y) da equação dada obedece à condição $x \geq 0$; estamos, pois, no caso da Figura 22-8 (b), em que o foco pertence ao semi-eixo positivo das abscissas e a equação da parábola é da forma $y^2 = 4px$. Portanto, $4px = 5x$ para todo $x \geq 0$, ou seja, $4p = 5$. O parâmetro é $p = 5/4$, o foco é $F = (5/4,0)$ e a diretriz tem equação $x = -5/4$. ◀

(b) As soluções da equação devem satisfazer a condição $x \leq 0$, e por isso trata-se de uma parábola com vértice $(0,0)$ e foco no semi-eixo negativo das abscissas (caso da Figura 22-9 (a)). Sua equação reduzida tem a forma $y^2 = -4px$ e, portanto, $4p = 5$. O parâmetro é $p = 5/4$, o foco é $F = (-5/4,0)$ e a diretriz tem equação $x = 5/4$. ◀

(c) A equação dada é equivalente a $x^2 = y/10$, e toda solução (x,y) deve satisfazer a condição $y \geq 0$. Logo, trata-se de uma parábola de vértice $(0,0)$ e foco no semi-eixo positivo das ordenadas, cuja equação reduzida tem a forma $x^2 = 4py$ (Figura 22-9 (b)). Então: $4p = 1/10$, e o parâmetro é $p = 1/40$. O foco é $F = (0,1/40)$ e a diretriz tem equação $y = -1/40$. ◀

(d) A equação dada equivale a $x^2 = -y$; estamos no caso da Figura 22-9 (c), em que a equação da parábola é $x^2 = -4py$. Portanto, $4p = 1$, e $p = 1/4$ é o parâmetro. O foco é $F = (0,-1/4)$ e uma equação da diretriz é $y = 1/4$. ◀

Exercício 22-30 Determine o foco, o vértice, o parâmetro e a diretriz da parábola **P** e faça um esboço.

(a) **P**: $y^2 = 4x$
(b) **P**: $y^2 + 8x = 0$
(c) **P**: $x^2 + 6y = 0$
(d) **P**: $5y^2 = 8x$
(e) **P**: $5x^2 = 8y$
(f) **P**: $5x^2 = 16y$

22-19 Exercício Resolvido Obtenha, em cada caso, uma equação reduzida da parábola de vértice $(0,0)$.

(a) O parâmetro é 2 e o foco está no semi-eixo positivo das abscissas.
(b) O parâmetro é 1/8 e o foco está no semi-eixo negativo das ordenadas.
(c) A diretriz é $r: x - 1 = 0$.

Resolução

(a) Como o foco está no semi-eixo positivo das abscissas, a parábola tem equação da forma $y^2 = 4px$ (caso da Figura 22-8 (b)). Foi dado $p = 2$; logo, uma equação reduzida da parábola é $y^2 = 8x$. ◀

(b) O foco pertence ao semi-eixo negativo das ordenadas, e por isso a parábola tem equação da forma $x^2 = -4py$ (Figura 22-9 (c)). Pelo enunciado, $p = 1/8$; logo, uma equação reduzida da parábola é $x^2 = -y/2$. ◀

(c) Como r é paralela a Oy, a reta que contém $V = (0,0)$ e é perpendicular a r (isto é, o eixo da parábola) é Ox, que intercepta r no ponto $H = (1,0)$. Assim, $F = (-1,0)$, pois o vértice é o ponto médio de HF. O foco, portanto, pertence ao semi-eixo negativo das abscissas, e o parâmetro é $p = d(F,V) = 1$. Uma equação reduzida da parábola é $y^2 = -4px$, ou seja, $y^2 = -4x$. ◀

EXERCÍCIOS

22-31 Obtenha, em cada caso, uma equação da parábola de vértice (0,0), conhecendo seu parâmetro p e a localização do foco.

(a) $p = 2/3$ e o foco está no semi-eixo positivo das abscissas.

(b) $p = 4/3$ e o foco está no semi-eixo negativo das ordenadas.

(c) $p = 1$ e o foco está no semi-eixo negativo das abscissas.

(d) $p = 1/2$ e o foco está no semi-eixo positivo das ordenadas.

22-32 Obtenha, em cada caso, uma equação reduzida da parábola de vértice $V = (0,0)$, utilizando as informações dadas.

(a) O foco é (8,0).

(b) A diretriz tem equação $y = 2$.

(c) O eixo é Ox e o ponto (5,10) pertence à parábola.

(d) O ponto (4,7) pertence à diretriz e o eixo é Ox.

(e) O foco pertence ao semi-eixo positivo das abscissas e a amplitude focal é 8.

(f) O foco pertence ao semi-eixo positivo das ordenadas e o triângulo fundamental tem área 18.

22-33 (a) Prove que, se os pontos P e Q de uma parábola eqüidistam do vértice, e $P \neq Q$, eles são simétricos em relação ao eixo da parábola, isto é, a mediatriz de PQ contém esse eixo.

(b) Obtenha uma equação reduzida da parábola de vértice $V = (0,0)$ que contém os pontos (6,18) e (−6,18).

22-34 São dados, em cada caso, o foco e a diretriz de uma parábola. Obtenha uma equação algébrica de segundo grau em x e y que todo ponto (x,y) da parábola deva satisfazer.

(a) $F = (2,3)$ $r: x = 0$.   (b) $F = (3,1)$ $r: y + 3 = 0$.

(c) $F = (-4,-2)$ $r: 2x + y = 3$.

B   Forma e excentricidade

Nesta seção, discutiremos a questão da forma da elipse, da hipérbole e da parábola. Evitando teorizar a respeito, comecemos apresentando algumas idéias intuitivas que vão ajudá-lo a entender o que queremos dizer com *forma*. Todos os quadrados de um plano têm mesma forma, embora seus tamanhos e posições possam ser diferentes. O mesmo se pode dizer dos círculos e das circunferências, mas não dos triângulos e dos retângulos. Apesar de todos os retângulos terem o mesmo aspecto (e é por isso que você reconhece um retângulo à primeira vista), sua forma pode variar: alguns são mais alongados (tome como modelo uma régua escolar, de 30 cm), outros, menos, assemelhando-se a um quadrado (modelo: uma caixinha plástica de CD). Os triângulos também têm um aspecto inconfundível; sua forma, porém, pode variar bastante: um triângulo eqüilátero e um triângulo retângulo, por exemplo, têm formas diferentes. O capítulo da Geometria Euclidiana que se ocupa deste assunto é a Teoria da Semelhança, que trata por *semelhantes* duas figuras de mesma forma; acreditamos que você tenha algum conhecimento sobre semelhança de triângulos. Mas falemos especificamente de elipses, hipérboles e parábolas.

B1 FORMA E EXCENTRICIDADE DA ELIPSE

Sob o ponto de vista da forma, as elipses estão mais para os retângulos do que para os quadrados: há elipses alongadas, como as órbitas dos cometas, e arredondadas, mais parecidas com circunferências (é o caso das órbitas dos planetas do nosso Sistema Solar). Nem poderia ser diferente, pois cada elipse está tão estreitamente vinculada ao seu retângulo fundamental que fica determinada por ele (um exemplo disso é o Exercício Resolvido 22-8 (d)), e sua forma depende da forma dele: se o retângulo é alongado, o mesmo se dá com a elipse; se o retângulo é "quase um quadrado", a elipse é "quase uma circunferência".

A idéia de descrever a forma da elipse a partir de seus parâmetros geométricos a e b é, portanto, bastante natural, já que os lados do retângulo fundamental medem $2a$ e $2b$. Isoladamente, eles nos dizem pouco: a pode ser muito grande, mas, se b também for, o retângulo fundamental poderá ser parecido com um quadrado (além disso, *grande* é um termo vago: a medida de 50m é enorme para uma mesa de jantar, mas muito pequena para um transatlântico).

O que realmente importa é *quanto* a é maior do que b, e isso pode ser medido pelo quociente b/a, que pertence ao intervalo $]0,1[$ (pois $0 < b < a$). Quanto mais próximo b/a estiver de 1, mais o retângulo fundamental se parecerá com um quadrado, e portanto mais arredondada será a elipse; quanto mais próximo b/a estiver de 0, mais alongada ela será. Veja a Figura 22-10.

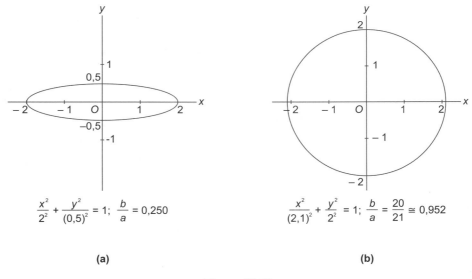

(a) $\quad\dfrac{x^2}{2^2} + \dfrac{y^2}{(0,5)^2} = 1;\ \dfrac{b}{a} = 0{,}250$

(b) $\quad\dfrac{x^2}{(2,1)^2} + \dfrac{y^2}{2^2} = 1;\ \dfrac{b}{a} = \dfrac{20}{21} \cong 0{,}952$

Figura 22-10

Também podemos usar, como indicador da forma da elipse, o número c/a. Uma vez que $(b/a)^2 + (c/a)^2 = 1$, existe uma complementaridade entre os dois, ou seja, quando um deles está próximo de 1, o outro está próximo de 0. Por isso, são mais alongadas as elipses para as quais c/a é próximo de 1, e mais arredondadas aquelas para as quais c/a está próximo de 0. Este segundo indicador, mais famoso que o primeiro, é conhecido como **excentricidade** da elipse e representado por e. O nome deve-se ao fato de que ele mede quanto os focos estão "fora do centro" (*ex centrum*). No mesmo espírito, diremos que b/a é a **centralidade** da elipse. Uma curiosidade: dentre os planetas do Sistema Solar, Plutão é o que tem órbita mais excêntrica ($e = 0{,}248$, aproximadamente); a excentricidade da órbita da Terra está próxima de $0{,}0164$. Compare: a excentricidade da elipse da Figura 22-10 (b) é cerca de 19 vezes a da órbita terrestre, o que mostra que a trajetória do nosso planeta em torno do Sol é praticamente circular.

Exercício 22-35 (a) Use a coroa fundamental em vez do retângulo fundamental para justificar porque, quanto mais próxima de 0 é a centralidade, mais alongada é a elipse, e quanto mais próxima de 1, mais arredondada.

(b) No triângulo retângulo OB_2F_2 da Figura 22-5, o ângulo de vértice B_2 tem seno igual a c/a e co-seno igual a b/a. Estabeleça uma relação entre esse ângulo e a forma da elipse.

As considerações feitas a respeito da forma de uma elipse levam-nos naturalmente a definir semelhança baseando-nos na centralidade: as elipses **E** e **E'** são **semelhantes** se, e somente se, suas centralidades (ou suas excentricidades) são iguais. Isso equivale a dizer que os parâmetros geométricos a, b, c (de **E**) e a', b', c' (de **E'**) são proporcionais. Se $k = a'/a = b'/b = c'/c$, dizemos que k é a **razão de semelhança de E' para E** (veja a Figura 22-11, em que usamos $k = 2$). O Exercício 22-15 descreve uma relação entre duas elipses, chamada *homotetia*, que é um caso particular da semelhança. Para que sejam semelhantes, no entanto, as elipses não precisam ter, como na figura, o mesmo centro, nem seus focos precisam pertencer a algum dos eixos coordenados. Semelhança nada tem a ver com posição, nem com tamanho.

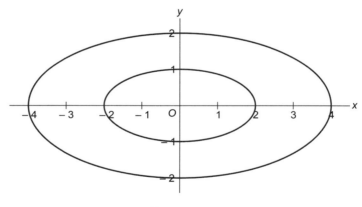

Figura 22-11

Exercício 22-36 Use o seu programa gráfico para desenhar várias elipses no computador, com excentricidades bem espalhadas pelo intervalo]0,1[. Para que a figura seja instrutiva, use para todas o mesmo valor de a e exagere, dando a b alguns valores muito próximos de 0 e outros muito próximos de a (não estranhe os resultados; lembre-se de que o computador não trabalha com valores exatos).

Embora elipses não sejam circunferências, o que se disse até aqui a respeito da sua forma torna plausível, em linguagem informal, a afirmação de que uma circunferência é uma "elipse de excentricidade nula" ($a = b$, $c = 0$). Na outra ponta, isto é, se a excentricidade pudesse ser igual a 1 ($a = c$, $b = 0$), a elipse seria um segmento e diríamos então que um segmento é uma "elipse de excentricidade 1".

EXERCÍCIOS

22-37 Escreva uma equação reduzida da elipse de excentricidade e = 3/5, sabendo que dois vértices são (5,0) e (–5,0) e que os focos estão em

(a) Ox   (b) Oy

22-38 Utilizando as informações dadas em cada caso, calcule a excentricidade da elipse **E**. Aponte, entre elas, quais são semelhantes, qual é a mais alongada e qual é a menos alongada.

(a) **E**: $16x^2 + 25y^2 = 400$

(b) A coroa fundamental de **E** tem raios 5 e 10.

(c) **E**: $2x^2 + y^2 - 50 = 0$

(d) O triângulo $F_1B_2F_2$ é retângulo.

(e) As diagonais do retângulo fundamental de **E** formam ângulos de 60°.

(f) A área do retângulo fundamental é 8, e a da coroa fundamental é 3π.

22-39 Obtenha uma equação reduzida da elipse de centro O que tem focos em um dos eixos coordenados, excentricidade $\sqrt{3}/2$, e contém o ponto $(\sqrt{3},1/2)$.

22-40 Um dos focos da órbita elíptica de um satélite artificial é o centro da Terra. No ponto de maior proximidade (*perigeu*), o satélite dista h da superfície terrestre; no ponto de maior afastamento (*apogeu*), essa distância é H. Calcule a excentricidade da órbita, conhecendo o raio da Terra, R (despreze as dimensões do satélite).

22-41 Dê condições sobre a excentricidade da elipse de equação $x^2/a^2 + y^2/b^2 = 1$ para que seus focos pertençam à coroa fundamental.

B2 FORMA E EXCENTRICIDADE DA HIPÉRBOLE

Devido ao modo como a hipérbole **H**: $x^2/a^2 - y^2/b^2 = 1$ se posiciona em relação às suas assíntotas, as inclinações dessas retas têm estreita ligação com a forma de **H**. As inclinações são determinadas pelo número b/a, que está associado também à forma do retângulo fundamental: valores de b/a próximos de 1 indicam que o retângulo se assemelha a um quadrado; valores muito maiores que 1 ou muito próximos de 0 indicam que ele é mais alongado (alto e estreito, ou baixo e largo). Como a relação $c^2 = a^2 + b^2$, dividida membro a membro por a^2, fornece $(c/a)^2 = 1 + (b/a)^2$, podemos utilizar o número $e = c/a$, chamado **excentricidade** da hipérbole, como indicador da sua forma (note que $e > 1$, ao contrário da excentricidade da elipse, que pertence ao intervalo]0,1[ ). Quando e é um número muito próximo de 1, b/a é muito próximo de 0, indicando que a altura do retângulo fundamental é muito menor que sua base. Os ramos da hipérbole são, portanto, mais fechados nas proximidades dos vértices, e abrem-se lentamente à medida que $|x|$ cresce (Figura 22-12 (a)). Se, por outro lado, e é muito maior que 1, b/a também é, e o retângulo fundamental tem altura muito maior que a base. Neste caso, na vizinhança dos vértices os ramos da hipérbole quase se confundem com as retas de equações $x = a$ e $x = -a$, e seus pontos afastam-se lentamente delas à medida que $|x|$ cresce (Figura 22-12 (b)).

Conclusões análogas podem ser tiradas se **H**: $x^2/b^2 - y^2/a^2 = 1$, isto é, se os focos da hipérbole pertencem a Oy.

314 – Geometria Analítica – um tratamento vetorial

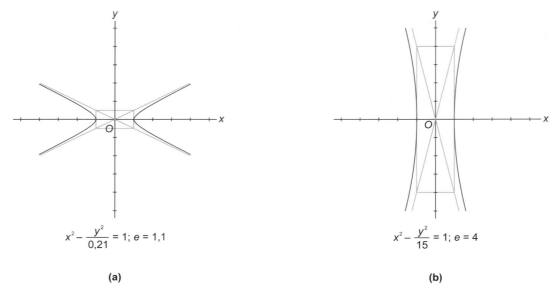

Figura 22-12

Tal como fizemos para a elipse, diremos que duas hipérboles são **semelhantes** se, e somente se, suas excentricidades são iguais. Intuitivamente, isso quer dizer que elas têm mesma forma.

EXERCÍCIOS

22-42 Utilize seu programa gráfico para desenhar, no computador, hipérboles com excentricidades variando no intervalo]1,+∞[. Desenhe algumas com focos em Ox, outras com focos em Oy; use o mesmo valor para *a* em todas, para facilitar a comparação.

22-43 Escreva, em cada caso, uma equação reduzida da hipérbole.

(a) Os focos são (–13,0) e (13,0), e a excentricidade, 13/12.

(b) Os vértices são (0,–4) e (0,4), e a excentricidade, $\sqrt{2}$.

(c) A excentricidade é 2, e as assíntotas têm equações $y = 2x$ e $y = -2x$.

(d) As extremidades do eixo conjugado são (–2,0) e (2,0), e a excentricidade é $2/\sqrt{5}$.

(e) As assíntotas têm equações $y = x/\sqrt{3}$ e $y = -x/\sqrt{3}$, e a excentricidade é 2.

22-44 Calcule, em cada caso, a excentricidade da hipérbole **H**.

(a) **H**: $4x^2 - y^2 = 16$.

(b) **H**: $x^2 - 2y^2 + 8 = 0$.

(c) O triângulo $F_1 B_2 F_2$ é retângulo.

(d) As diagonais do retângulo fundamental formam ângulos de 60°.

(e) Os pontos A_1, A_2, B_1 e B_2 são vértices de um quadrado.

22-45 Obtenha uma equação reduzida da hipérbole de centro O que tem focos em um dos eixos coordenados, excentricidade 2, e contém o ponto $(2,\sqrt{7})$.

B3 — FORMA E EXCENTRICIDADE DA PARÁBOLA

Uma definição de semelhança de parábolas análoga à que adotamos para elipses e hipérboles exigiria que definíssemos *excentricidade* (ou, então, *centralidade*) de uma parábola. Fazer isso no presente contexto, porém, soaria um tanto artificial, e por esse motivo evitaremos, por enquanto, essa analogia. Em busca de outro caminho, poderíamos pensar em associar a forma de uma parábola à forma do seu triângulo fundamental (Figuras 22-8 e 22-9). Se este fosse mais alongado, isto é, se p fosse bem maior que o comprimento de AB, a parábola seria mais fechada. Se, ao contrário, AB tivesse comprimento bem maior que p, a parábola seria mais aberta. Isso parece razoável, mas não é. Conforme o Exercício 22-27 (b), o comprimento de AB, para todas as parábolas, é $4p$ e, portanto, os triângulos fundamentais de todas as parábolas são semelhantes, independentemente do valor de p; veja a Figura 22-13. Note também que a medida do ângulo $A\hat{V}B$ é a mesma, qualquer que seja a parábola considerada. Razoável, então, é dizer que *todas as parábolas são semelhantes*. Sob esse aspecto, seu comportamento é igual ao das circunferências, quadrados e triângulos eqüiláteros.

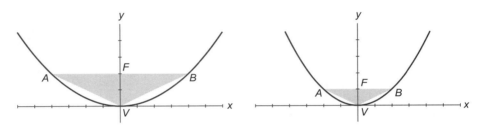

Figura 22-13

Pode parecer estranha a afirmação de que as parábolas da Figura 22-13 têm a mesma forma. Olhando apenas os trechos correspondentes aos triângulos fundamentais, no entanto, a sensação de estranheza desaparece (Figura 22-14).

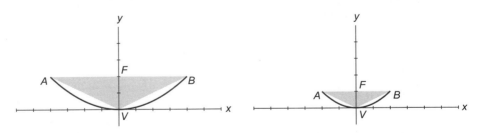

Figura 22-14

Quanto à excentricidade da parábola, na Observação 22-37 você encontrará uma justificativa para o anticlímax com que se encerra esta seção: *todas as parábolas têm excentricidade igual a 1*.

C | REGIÕES DO PLANO DETERMINADAS POR ELIPSE, HIPÉRBOLE E PARÁBOLA

O objetivo desta seção é descrever algebricamente as regiões E_1, E_2, P_1, P_2, R_0, R_1 e R_2 representadas nas Figuras 22-15 e 22-16; são regiões do plano determinadas por uma elipse, por uma hipérbole ou por uma parábola. Sua caracterização geométrica rigorosa é complicada e está fora do alcance deste livro; por isso, vamos dá-las por conhecidas por meio das figuras e tecer algumas considerações intuitivas.

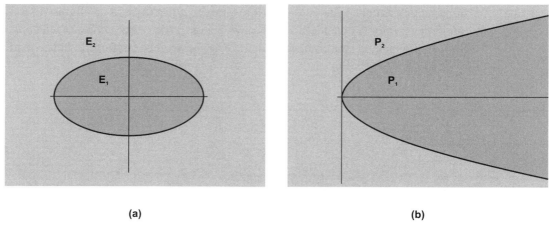

Figura 22-15

Sem medo de errar, afirmamos que dez entre dez pessoas concordariam em dizer que os pontos de E_1 são interiores à elipse, e os de E_2, exteriores (ou que E_1 é o *interior* e E_2 é o *exterior* de E). Porém, quando se trata da parábola (Figura 22-15 (b)), a unanimidade desaparece. Qual é sua opinião: os pontos de P_1 são interiores ou exteriores à parábola? Ou você acha que não são nem uma coisa nem outra? E como você vê o caso da hipérbole, que determina no plano as regiões R_0, R_1 e R_2 (Figura 22-16)?

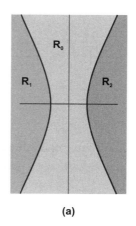

(a)

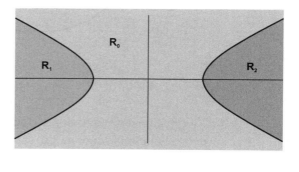

(b)

Figura 22-16

A opinião das pessoas pode sofrer, nos casos da parábola e da hipérbole, a influência de fatores como a cor de fundo da figura ou a excentricidade (forma) da hipérbole, mas costuma ser inabalável quanto à elipse. Por quê? Vamos arriscar uma explicação "psicogeométrica": a elipse, ao contrário das outras duas, é uma curva fechada, e a sensação visual que isso provoca influencia a nossa percepção de interior e exterior. Especulações à parte, eis o ponto a que queríamos chegar: tudo não passa mesmo de uma sensação (a sensação do peixe, por exemplo, é a de que o barco está do lado de fora da lagoa), e palavras como "dentro", "fora", "interior", "exterior", "entrar", "sair" carregam uma grande dose de subjetividade: "Sinto que, ao cruzar a cancela, não estarei entrando em algum lugar, mas saindo de todos os outros." (Chico Buarque). Isso não é motivo para deixarmos de utilizá-las, mas para que as utilizemos conscientemente.

Um critério geométrico objetivo para distinguir as regiões indicadas nas duas figuras anteriores é o da *convexidade*. Um conjunto é **convexo** se qualquer segmento de extremidades pertencentes a ele está nele contido, e **côncavo** no caso contrário, isto é, se existe um segmento que não satisfaz essa condição. Do ponto de vista intuitivo é bem claro que:

- E_1 é convexo e E_2 é côncavo;
- R_1 e R_2 são convexos e R_0 é côncavo;
- P_1 é convexo e P_2 é côncavo.

Note que, das sete regiões em questão, as quatro convexas são exatamente aquelas que contêm algum foco. Adotaremos este critério nas duas próximas definições.

22-20 Definição Sejam E_1 e E_2 as regiões determinadas pela elipse E (Figura 22-15 (a)). O conjunto E_1 chama-se **região focal** da elipse. Um ponto que não pertence a E é **interior** à elipse se pertence à região focal; caso contrário, é **exterior**. Também se usam os termos **região convexa determinada por E** e **região côncava determinada por E** para designar, respectivamente, E_1 e E_2.

Vamos caracterizar algebricamente as regiões E_1 e E_2. Observe a Figura 22-17, em que estão representados a elipse E: $x^2/a^2 + y^2/b^2 = 1$, um ponto $X = (x,y)$ qualquer de E_2 tal que $|x| \leq a$ e $y \geq 0$ e o ponto $P = (x,y_0)$ da elipse tal que $y_0 \geq 0$ (P tem abscissa igual à de X). Devido à simetria da elipse em relação a Ox, não há necessidade de considerar o caso em que $y \leq 0$, para o qual escolheríamos $y_0 \leq 0$.

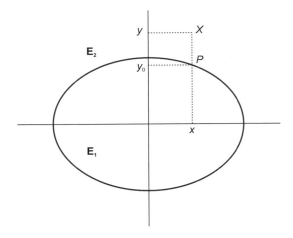

Figura 22-17

318 — Geometria Analítica — um tratamento vetorial

Como $y^2 > y_0^2$ e $x^2/a^2 + y_0^2/b^2 = 1$, as coordenadas de X satisfazem a relação $x^2/a^2 + y^2/b^2 > 1$. Essa desigualdade também vale para os pontos de E_2 tais que $|x| > a$, pois nesse caso $x^2/a^2 > 1$. Com argumentos análogos, verificamos que os pontos de E_1 satisfazem $x^2/a^2 + y^2/b^2 < 1$.

22-21 Definição

Sejam **H** uma hipérbole e **P** uma parábola, R_0, R_1 e R_2 as regiões determinadas por **H** (Figura 22-16), P_1 e P_2 as regiões determinadas por **P** (Figura 22-15 (b)).

(a) O conjunto $R_1 \cup R_2$ chama-se **região focal** da hipérbole.

(b) O conjunto R_0 chama-se **região côncava determinada por H**.

(c) O conjunto P_1 chama-se **região focal** da parábola, ou **região convexa determinada por P**.

(d) O conjunto P_2 chama-se **região côncava determinada por P**.

Note que a região focal da hipérbole não é convexa, embora seja a reunião dos conjuntos convexos R_1 e R_2.

Vamos caracterizar algebricamente as regiões R_0 e $R_1 \cup R_2$ (acompanhe na Figura 22-18 (a)). Sejam **H**: $x^2/a^2 - y^2/b^2 = 1$, $X = (x,y)$ um ponto qualquer de R_0 e $P = (x_0,y)$ um ponto de **H** de ordenada igual à de X. Assim, $x_0^2/a^2 - y^2/b^2 = 1$ e $|x| < |x_0|$, ou seja, $x^2 < x_0^2$, e portanto $x^2/a^2 - y^2/b^2 < 1$. Utilizando um argumento semelhante podemos mostrar que os pontos de $R_1 \cup R_2$ satisfazem $x^2/a^2 - y^2/b^2 > 1$; os de R_1 satisfazem, além desta, a condição $x < 0$, e os de R_2, $x > 0$.

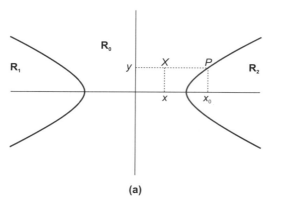
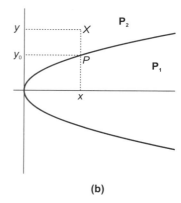

(a) (b)

Figura 22-18

Para caracterizar algebricamente a região côncava (P_2) determinada pela parábola **P**: $y^2 = 4px$ ($p > 0$), tomemos um ponto $X = (x,y)$ pertencente a ela. Se $x < 0$, então $y^2 > 4px$. Se, por outro lado, $x > 0$, como na Figura 22-18 (b), seja $P = (x,y_0)$ um ponto da parábola com abscissa igual à de X. Então, $y_0^2 < y^2$ e, de $y_0^2 = 4px$, concluímos que $y^2 > 4px$. Assim, todo ponto de P_2 satisfaz a inequação $y^2 > 4px$. De modo análogo, você pode verificar que os pontos de P_1 satisfazem $y^2 < 4px$.

Em resumo, se

$$E: \frac{x^2}{a^2} + \frac{y^2}{b^2} = 1 \qquad H: \frac{x^2}{a^2} - \frac{y^2}{b^2} = 1 \qquad P: y^2 = 4px \; (p > 0)$$

as regiões E_1, E_2, R_0, $R_1 \cup R_2$, P_1 e P_2 determinadas por essas curvas caracterizam-se pelas inequações

$$E_1: \frac{x^2}{a^2} + \frac{y^2}{b^2} < 1 \qquad E_2: \frac{x^2}{a^2} + \frac{y^2}{b^2} > 1$$

$$R_0: \frac{x^2}{a^2} - \frac{y^2}{b^2} < 1 \qquad R_1 \cup R_2: \frac{x^2}{a^2} - \frac{y^2}{b^2} > 1$$

$$P_1: y^2 < 4px \qquad P_2: y^2 > 4px$$

EXERCÍCIOS

22-46 Em cada caso, escreva desigualdades que caracterizem os pontos da região focal.

(a) **E**: $x^2/b^2 + y^2/a^2 = 1$ (b) **H**: $-x^2/b^2 + y^2/a^2 = 1$ (c) **P**: $y^2 = -mx$ ($m > 0$)

(d) **P**: $x^2 = my$ ($m > 0$)   (e) **P**: $x^2 = -my$ ($m > 0$)

22-47 Prove que:

(a) todo ponto do segmento focal de uma elipse é interior a ela;

(b) as duas retas assíntotas de uma hipérbole estão contidas na região côncava determinada por ela;

(c) qualquer ponto pertencente a um dos eixos de uma elipse, com exceção dos vértices, é interior a ela;

(d) se A_1A_2 e B_1B_2 são os eixos maior e menor de uma elipse, todo ponto do segmento A_2B_2, com exceção de A_2 e B_2, é interior a ela (vale resultado análogo para A_1B_2, A_2B_1 e A_1B_1).

22-48 Seja $P = (h,k)$ um ponto não-pertencente à elipse **E**: $x^2/p + y^2/q = 1$, distinto da origem. Prove que:

(a) se P é interior à elipse, existe Q em **E** tal que P é interior a OQ;

(b) se P é exterior a **E**, existe Q em **E** interior a OP.

(lembre-se: um ponto X é interior ao segmento AB se, e somente se, existe λ tal que $0 < \lambda < 1$ e $X = A + \lambda \overrightarrow{AB}$).

22-49 Se F_1 e F_2 são os focos da elipse **E**: $x^2/a^2 + y^2/b^2 = 1$, prove que:

(a) P é um ponto interior a **E** se, e somente se, $d(P,F_1) + d(P,F_2) < 2a$;

(b) P é exterior à elipse se, e somente se, $d(P,F_1) + d(P,F_2) > 2a$.

22-50 Sejam F_1 e F_2 os focos da hipérbole **H**: $x^2/a^2 - y^2/b^2 = 1$ e $P = (h,k)$. Prove que:

(a) P pertence à região côncava determinada por **H** se, e somente se, $|d(P,F_1) - d(P,F_2)| < 2a$;

(b) P pertence à região focal de **H** se, e somente se, $|d(P,F_1) - d(P,F_2)| > 2a$.

22-51 Sejam F o foco, p o parâmetro e r a diretriz de uma parábola **P**. Prove que:

(a) Q pertence à região focal de **P** se, e somente se, $d(Q,F) < d(Q,r)$;

(b) Q pertence à região côncava determinada por **P** se, e somente se, $d(Q,F) > d(Q,r)$.

D — RETAS SECANTES, TANGENTES E NORMAIS

Nossa "próxima atração" é o estudo da posição relativa de retas e cada uma das curvas elipse, hipérbole e parábola.

Sejam $r: X = (h,k) + \lambda(m,n)$ uma reta e **C** uma curva, que pode ser elipse, hipérbole ou parábola (utilizaremos essa notação sempre que quisermos abranger as três, ou duas delas, no mesmo raciocínio), e suponhamos conhecida uma equação reduzida de **C**. Imitando um dos procedimentos utilizados no Capítulo 16 para retas e planos, vamos examinar a interseção de r e **C** para obter informações sobre sua posição relativa.

Um ponto $X = (x,y)$ pertence a $r \cap \mathbf{C}$ se, e somente se, $X = (h + \lambda m, k + \lambda n)$ e X satisfaz a equação da curva, que é uma equação de segundo grau nas variáveis x e y. Por isso, ao substituir x e y pelas coordenadas de X na equação de **C**, obteremos certamente uma equação de grau menor ou igual a 2 em λ, e a cada solução dela corresponde um ponto da interseção $r \cap \mathbf{C}$. Há, portanto, somente três possibilidades: ou $r \cap \mathbf{C}$ é constituído de dois pontos distintos, ou de um único ponto, ou a interseção é o conjunto vazio.

22-22 Definição — Seja **C** uma elipse, hipérbole ou parábola. Uma reta r é **secante** a **C** se $r \cap \mathbf{C}$ contém dois pontos distintos (Figura 22-19).

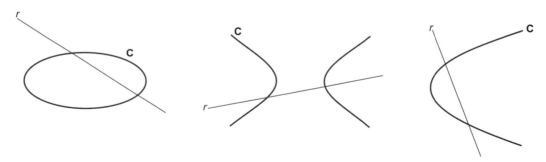

Figura 22-19

Para descrever o conjunto $r \cap \mathbf{C}$, vamos substituir as coordenadas de $X = (h + \lambda m, k + \lambda n)$ em uma equação reduzida da curva **C**. Se **C** é elipse ou hipérbole, essa equação reduzida é da forma $x^2/p + y^2/q = 1$; substituindo x por $h + \lambda m$ e y por $k + \lambda n$, obtemos

$$\frac{(h + \lambda m)^2}{p} + \frac{(k + \lambda n)^2}{q} = 1 \qquad [22\text{-}17]$$

e, desenvolvendo os quadrados e agrupando termos,

$$\left(\frac{m^2}{p} + \frac{n^2}{q}\right)\lambda^2 + 2\left(\frac{hm}{p} + \frac{kn}{q}\right)\lambda + \frac{h^2}{p} + \frac{k^2}{q} - 1 = 0 \qquad [22\text{-}18]$$

Vejamos em que condições essa equação em λ é de segundo grau.

- Se **C** é elipse, p e q são positivos. Como ao menos um dos números m e n é diferente de 0, concluímos que $m^2/p + n^2/q \neq 0$ e que, portanto, [22-18] é de segundo grau.
- Se **C** é hipérbole com focos em Ox e parâmetros geométricos a e b, sabemos que $p = a^2$ e $q = -b^2$. Logo, o coeficiente $m^2/p + n^2/q$ é nulo se, e somente se, $m^2/a^2 - n^2/b^2 = 0$, isto é, $(m/a + n/b)(m/a - n/b) = 0$. Isso quer dizer que (m,n) é paralelo a (a,b) ou a $(a,-b)$, que são vetores diretores das assíntotas da hipérbole. Concluímos que [22-18] tem grau 2 se, e somente se, r não é paralela a nenhuma das assíntotas. Se a hipérbole tem focos em Oy, um raciocínio análogo leva à mesma conclusão.

Nos casos em que [22-18] é de segundo grau, seu discriminante é

$$\Delta = 4[(\frac{hm}{p} + \frac{kn}{q})^2 - (\frac{m^2}{p} + \frac{n^2}{q})(\frac{h^2}{p} + \frac{k^2}{q} - 1)] \qquad [22\text{-}19]$$

Se Δ for positivo, r é secante a **C**; se Δ for negativo, $r \cap \mathbf{C}$ é vazio. O caso $\Delta = 0$ está relacionado com retas tangentes e vai merecer atenção especial nas subseções D1 e D2. Uma expressão simplificada de Δ, obtida de [22-19], é

$$\Delta = \frac{4}{pq}[-(nh - mk)^2 + qm^2 + pn^2] \qquad [22\text{-}20]$$

Quando **C** é a parábola de equação $y^2 = 4px$, a substituição de x e y pelas coordenadas de X fornece

$$(k + \lambda n)^2 = 4p(h + \lambda m) \qquad [22\text{-}21]$$

Desenvolvendo o quadrado e simplificando, obtemos

$$n^2\lambda^2 + 2(kn - 2pm)\lambda + k^2 - 4ph = 0 \qquad [22\text{-}22]$$

que é uma equação de segundo grau em λ se, e somente se, $n \neq 0$, ou seja, se, e somente se, r não é paralela ao eixo da parábola. Seu discriminante, neste caso, é

$$\Delta = 4[(kn - 2pm)^2 - n^2(k^2 - 4ph)] \qquad [22\text{-}23]$$

Se $\Delta > 0$, r é secante à parábola **C**; se $\Delta < 0$, $r \cap \mathbf{C} = \emptyset$. O caso $\Delta = 0$ será examinado na subseção D3, que trata de retas tangentes à parábola.

EXERCÍCIOS

22-52 Mostre que qualquer reta que contém o centro da elipse **E**: $x^2/a^2 + y^2/b^2 = 1$ é secante a ela, e determine os pontos de interseção em função das coordenadas de um vetor diretor $\vec{r} = (m,n)$ da reta. Em seguida, analise os casos particulares em que r contém um dos eixos de simetria ou uma das diagonais do retângulo fundamental da elipse.

22-53 Prove que:

(a) se P é um ponto interior à elipse **E**, então qualquer reta que contém P é secante a **E**;

(b) se s é uma reta disjunta de **E**, todos os pontos de s são exteriores a **E** (por essa razão, retas disjuntas de **E** são também chamadas *exteriores* a **E**).

22-23 Exercício Resolvido

Prove que, se P é um ponto da região focal da hipérbole **H**, então as retas que contêm P e não são paralelas a nenhuma das assíntotas são secantes a **H**.

Resolução

Adotemos um sistema ortogonal de coordenadas tal que **H**: $x^2/a^2 - y^2/b^2 = 1$ e $P = (h,k)$ (logo, $p = a^2$ e $q = -b^2$ nas fórmulas [22-17] a [22-20]). Seja $r: X = P + \lambda(m,n)$ uma reta não paralela a nenhuma das assíntotas; como vimos, esta condição garante que [22-18] tem grau 2 em λ, e para provar que r é secante devemos provar que seu discriminante Δ é positivo. De [22-20] decorre $a^2b^2\Delta = 4[(nh - mk)^2 + b^2m^2 - a^2n^2]$; logo,

$$a^2b^2\Delta = 4[(b^2 + k^2)m^2 - 2hkmn + (h^2 - a^2)n^2] \qquad [22\text{-}24]$$

e portanto Δ tem o sinal da expressão entre colchetes. Esta, por sua vez, é um trinômio de segundo grau em m cujo coeficiente dominante $b^2 + k^2$ é positivo, e seu discriminante é

$$\Delta_1 = 4n^2[h^2k^2 - (b^2 + k^2)(h^2 - a^2)] = 4n^2(a^2b^2 - b^2h^2 + a^2k^2) = -4a^2b^2n^2(\frac{h^2}{a^2} - \frac{k^2}{b^2} - 1)$$

Como $h^2/a^2 - k^2/b^2 - 1 > 0$ (pois P pertence à região focal), concluímos que:

- se $n \neq 0$, então $\Delta_1 < 0$ e, portanto, $\Delta > 0$;
- se $n = 0$, então $m \neq 0$ e, devido a [22-24], $a^2b^2\Delta = 4(b^2 + k^2)m^2 > 0$. Logo, $\Delta > 0$.

Em qualquer dos casos, concluímos que r é secante à hipérbole. ◂

Exercícios

22-54 Sejam **H** a hipérbole de equação reduzida $x^2/a^2 - y^2/b^2 = 1$, r_1 e r_2 suas assíntotas, e r uma reta.

(a) Prove que, se r é uma das assíntotas, então $r \cap \mathbf{H} = \emptyset$.

(b) Prove que, se r não é assíntota, mas paralela a uma delas, então $r \cap \mathbf{H}$ contém um único ponto.

(c) Prove que, se r contém o centro da hipérbole, então $r \cap \mathbf{H} = \emptyset$ ou r é secante a **H**. Descreva a localização de r em cada um dos dois casos.

(d) Suponha que $r: y = dx + l$ seja secante a **H**. A que condições devem obedecer d e l para que os pontos de $r \cap \mathbf{H}$ pertençam ao mesmo ramo da hipérbole? E para que não pertençam?

(e) Prove que, para cada número real $\delta > 0$, existem um único ponto P do ramo $\mathbf{H}_2$ e um único ponto Q do ramo $\mathbf{H}_1$ tais que $d(P,r_2) = d(Q,r_2) = \delta$. Faça uma figura para visualizar esta propriedade (vale resultado análogo para r_1).

22-55 (a) Prove que uma reta paralela ao eixo de uma parábola tem com ela um único ponto comum.

(b) Prove que, se P pertence à região focal da parábola **P**, então qualquer reta que contém P e não é paralela ao eixo da parábola é secante a **P**.

22-24 Exercício Resolvido

Prove que, se $P = (h,k)$ é interior à elipse **E**: $x^2/p + y^2/q = 1$ e $Q = (u,v)$ é exterior, então o segmento PQ intercepta a elipse (Figura 22-20).

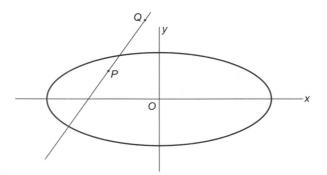

Figura 22-20

Resolução

P ser interior à elipse e Q ser exterior significa

$$\frac{h^2}{p} + \frac{k^2}{q} < 1 \qquad \frac{u^2}{p} + \frac{v^2}{q} > 1 \qquad \text{[22-25]}$$

A reta PQ tem equação vetorial $X = (h,k) + \lambda \overrightarrow{PQ} = (h,k) + \lambda(u - h, v - k)$ e é secante à elipse (Exercício 22-53 (a)). Os valores de λ que fornecem os pontos de interseção são as raízes λ_1 e λ_2 (suporemos $\lambda_1 < \lambda_2$) da equação obtida de [22-17] por substituição de (m,n) por $(u - h, v - k)$:

$$\frac{[h + \lambda(u - h)]^2}{p} + \frac{[k + \lambda(v - k)]^2}{q} - 1 = 0$$

Indicando por $\varphi(\lambda)$ o primeiro membro e utilizando [22-25], verificamos que

$$\varphi(0)\varphi(1) = (\frac{h^2}{p} + \frac{k^2}{q} - 1)(\frac{u^2}{p} + \frac{v^2}{q} - 1) < 0$$

que é uma condição suficiente para que a função quadrática φ tenha uma raiz no intervalo $]0,1[$. De fato: se $\varphi(0)$ e $\varphi(1)$ têm sinal contrário, os números 0 e 1 são diferentes de λ_1 e λ_2 e não podem estar ambos entre λ_1 e λ_2, nem ambos fora do intervalo $[\lambda_1, \lambda_2]$. Assim, as únicas possibilidades são $0 < \lambda_1 < 1 < \lambda_2$ e $\lambda_1 < 0 < \lambda_2 < 1$. No primeiro caso, o ponto $P + \lambda_1 \overrightarrow{PQ}$ pertence à elipse e ao segmento PQ. No outro caso, $P + \lambda_2 \overrightarrow{PQ}$ é que pertence à interseção $PQ \cap \mathbf{E}$. ◄

Observe a analogia com o que vimos no Capítulo 6 (retas separando pontos de um plano) e no Capítulo 19 (planos separando pontos de $\mathbb{E}^3$): aqui, podemos dizer que a elipse *separa* os pontos P e Q quando um deles é interior, e o outro, exterior a ela.

22-25 Observação O método utilizado na resolução anterior para localizar as raízes de $\varphi(\lambda)$ em relação ao intervalo $]0,1[$ pode ser generalizado para uma classe de funções bem mais ampla que a das funções quadráticas, e para intervalos quaisquer (o Teorema de Bolzano, estudado no Cálculo, trata dessa questão). Para nosso uso imediato, convém observar que ele também vale para funções polinomiais de primeiro grau: $\varphi(0)\varphi(1) < 0$ é uma

324 – Geometria Analítica – um tratamento vetorial

condição suficiente para que a raiz $-b/a$ da função $\varphi(\lambda) = a\lambda + b$ ($a \neq 0$) pertença ao intervalo $]0,1[$. De fato, para valores de λ maiores que $-b/a$, $\varphi(\lambda)$ tem o mesmo sinal que a, e, para valores menores que $-b/a$, $\varphi(\lambda)$ tem sinal contrário ao de a. Logo, se $\varphi(0)\varphi(1) < 0$, 0 e 1 não podem ser ambos maiores, nem ambos menores que $-b/a$ (você pode verificar, neste caso específico, que a condição também é necessária).

EXERCÍCIO **22-56** Prove, em cada caso, que, se P pertence à região focal de **C** e Q, não, então PQ intercepta **C**.
(a) **C**: $x^2/a^2 - y^2/b^2 = 1$ (b) **C**: $y^2 = 4px$

O conceito de tangência entre uma reta e uma curva é bastante delicado e está diretamente relacionado com as idéias fundamentais do Cálculo Diferencial. Para não nos afastarmos dos objetivos deste livro, faremos apenas alguns comentários informais a esse respeito.

Você deve ter aprendido que retas tangentes a uma circunferência são retas contidas no plano da circunferência que têm em comum com ela apenas um ponto. Esta simples e corretíssima definição funciona muito bem para circunferências, mas esconde a profundidade do conceito. No caso de curvas quaisquer, para que a reta r seja tangente à curva γ no ponto T, o que realmente interessa não é que a interseção contenha apenas um ponto, e sim a maneira como r se posiciona em relação a γ. Observe a Figura 22-21 (a) (uma imagem vale mais do que mil palavras...): r é tangente a γ em T, apesar de interceptá-la em dois pontos, pois não há reta que melhor se "adapte" a γ nas proximidades de T. A Figura 22-21 (b), por outro lado, mostra uma reta que intercepta a curva em um único ponto e, no entanto, não merece ser considerada tangente a ela.

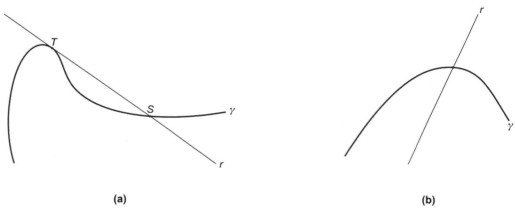

Figura 22-21

Falando especificamente da elipse, da hipérbole e da parábola, o que nos diz a intuição geométrica sobre as retas tangentes a essas curvas? O caso mais simples é o da elipse, que lembra o da circunferência: as retas tangentes são exatamente as retas do plano da elipse que a interceptam em apenas um ponto (Figura 22-22 (a)). Para a hipérbole, porém, as coisas são um pouco diferentes: é verdade que toda reta tangente à hipérbole tem um único ponto em comum com ela, mas nem toda reta com essa propriedade é tangente. Para visualizar isso, observe a Figura 22-22 (b): a reta r, que não gostaríamos de considerar tangente, é paralela à assíntota r_2 e contém um ponto P do ramo $\mathbf{H}_2$. Este é o único ponto de $r \cap \mathbf{H}$, pois:

- o paralelismo entre r e r_2 impede que r encontre o outro ramo, e
- r não encontra **H$_2$** em pontos distintos de P porque um ponto que percorre **H$_2$** a partir de P se afasta ou se aproxima de r_2, não podendo, portanto, permanecer em r.

(A verificação formal de que $r \cap \mathbf{H}$ contém um só ponto foi objeto do Exercício 22-54 (b).) A reta t da figura, por sua vez, é uma legítima reta tangente à hipérbole.

Quanto à parábola, em matéria de retas tangentes o seu comportamento está mais para o da hipérbole do que para o da elipse: as retas tangentes à parábola interceptam-na em um só ponto, mas nem toda reta com essa propriedade é tangente. Um exemplo é o eixo da parábola, que tem em comum com ela apenas o vértice; na verdade, conforme o Exercício 22-55 (a), qualquer reta paralela ao eixo comporta-se desse modo (Figura 22-22 (c)).

Já que o conceito de tangência está sendo tratado aqui de maneira intuitiva, pois tratá-lo com rigor exigiria o auxílio do Cálculo Diferencial, adotaremos definições que levem em conta os fatos geométricos que acabamos de comentar.

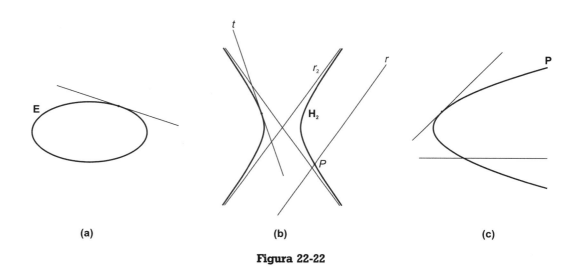

Figura 22-22

D1 RETAS TANGENTES E RETAS NORMAIS À ELIPSE

22-26 Definição Sejam r uma reta e **E** uma elipse.
(a) r é **tangente** a **E** se $r \cap \mathbf{E}$ contém apenas um ponto, T, chamado **ponto de tangência**. Também se diz que r **tangencia E**, ou que r e **E** são **tangentes** (em T). Qualquer vetor diretor de r é um **vetor tangente** a **E** no ponto T.
(b) Se r é tangente a **E** em T, a reta que contém T e é perpendicular a r chama-se **reta normal** a **E** em T. Qualquer vetor diretor dessa reta é um **vetor normal** a **E no ponto** T.

Exercício 22-57 Prove que, se r é uma reta tangente à elipse **E**, então todos os seus pontos, exceto o ponto de tangência, são exteriores a **E**.

Vejamos como obter uma equação da reta r, tangente à elipse $\mathbf{E}$: $x^2/p + y^2/q = 1$, conhecendo o ponto de tangência $T = (h,k)$. Se indicarmos por $\vec{r} = (m,n) \neq (0,0)$ um vetor diretor de r, uma equação vetorial dessa reta será $X = (h,k) + \lambda(m,n)$, e a notação será a mesma de [22-17], [22-18], [22-19] e [22-20]. Vimos no início da seção que, no caso da elipse, [22-18] é uma equação de segundo grau. Como $h^2/p + k^2/q = 1$ (pois T é um ponto da elipse), a expressão de Δ em [22-19] reduz-se a

$$\Delta = 4\left(\frac{hm}{p} + \frac{kn}{q}\right)^2$$

A tangência impõe que Δ seja igual a 0. Logo, $hm/p + kn/q = 0$, ou seja, $qhm + pkn = 0$. Isso quer dizer que o produto escalar de $\vec{r}$ pelo vetor não-nulo $\vec{n} = (qh, pk)$ é 0, isto é, $\vec{r}$ e $\vec{n}$ são ortogonais. Decorre do Exercício 22-1 (b) que $\vec{r}$ é paralelo a $\vec{t} = (pk,-qh)$ e, portanto, existe uma única reta r tangente a $\mathbf{E}$ no ponto T. Uma equação vetorial de r é

$$X = (h,k) + \lambda(pk,-qh)$$

Passando para a forma paramétrica e eliminando λ, obtemos $qhx + pky = qh^2 + pk^2$, e dividindo ambos os membros por pq chegamos a

$$\frac{hx}{p} + \frac{ky}{q} = 1 \qquad \text{[22-26]}$$

Essa equação, sob a condição $h^2/p + k^2/q = 1$, é uma equação da reta tangente à elipse no ponto $T = (h,k)$. Para escrevê-la, basta substituir x^2 por hx e y^2 por ky na equação reduzida da elipse (veja também o Exercício 22-58). Fica assim demonstrada a proposição seguinte.

22-27 Proposição Se $T = (h,k)$ pertence à elipse $\mathbf{E}$: $x^2/p + y^2/q = 1$, então [22-26] é equação da (única) reta tangente a $\mathbf{E}$ em T, e $\vec{t} = (pk,-qh)$ é um vetor tangente a $\mathbf{E}$ em T. A reta normal a $\mathbf{E}$ em T também é única, e $\vec{n} = (qh,pk)$ é um vetor normal à elipse em T.

Exercícios

22-58 Mostre que a regra prática para se obter uma equação da reta tangente no ponto $T = (h,k)$ não exige que a equação da elipse esteja na forma reduzida: é suficiente que ela contenha apenas termos em x^2 e y^2 e o termo independente (por exemplo, $\alpha x^2 + \beta y^2 + \gamma = 0$).

22-59 A elipse da Figura 22-23 tem equação $x^2/p + y^2/q = 1$.
(a) Desenhe, para cada ponto indicado, o representante do versor de $\vec{t} = (pk,-qh)$, que tem origem nesse ponto.
(b) Uma partícula desloca-se ao longo da elipse e sua velocidade em cada ponto $P = (h,k)$ é o vetor tangente $\vec{t} = (pk,-qh)$ nesse ponto. Calcule, em função dos parâmetros geométricos a, b, as velocidades escalares máxima e mínima da partícula e os pontos em que ela atinge essas velocidades.

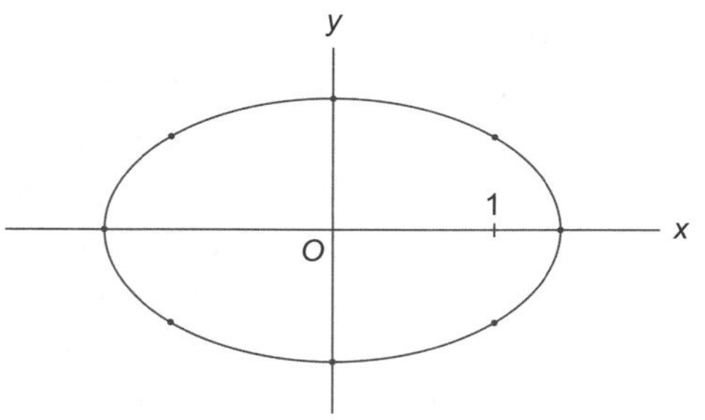

Figura 22-23

22-60 Obtenha equações da reta tangente à elipse **E**: $x^2 + 2y^2 = 3$ em $P = (1,-1)$ e da reta normal a **E** em $Q = (1,1)$.

22-61 ▸ Sejam P e Q pontos distintos, pertencentes a uma elipse **E**. Prove que as retas tangentes a **E** em P e Q são paralelas se, e somente se, o centro da elipse é o ponto médio de PQ.

22-28 Exercício Resolvido

Determine a reta r, tangente à elipse **E**, em cada caso.

(a) **E**: $x^2/9 + y^2/25 = 1$ e r é paralela a s: $4x + y - 3 = 0$.

(b) **E**: $x^2/36 + y^2/25 = 1$ e r é perpendicular à diagonal do retângulo fundamental contida na reunião do primeiro com o terceiro quadrante.

(c) **E**: $x^2 + 4y^2 = 20$ e r contém $P = (-6,4)$.

Resolução

(a) *Primeiro modo* O ponto de tangência $T = (h,k)$ não é conhecido; vamos determiná-lo. Uma equação da reta tangente à elipse em T é, como em [22-26],

$$\frac{hx}{9} + \frac{ky}{25} = 1 \qquad \text{[22-27]}$$

Uma condição para que essa reta seja paralela a s é que os coeficientes de x e y nas duas equações sejam proporcionais, isto é, $(h/9):4 = (k/25):1$. Como T pertence à elipse, vale também a igualdade $h^2/9 + k^2/25 = 1$. Resolvendo o sistema formado por essas equações, obtemos duas soluções, $h = 36/13$, $k = 25/13$, e $h = -36/13$, $k = -25/13$, que, levadas a [22-27], fornecem equações das duas retas tangentes paralelas a s. São elas: $4x + y - 13 = 0$ e $4x + y + 13 = 0$. ◂

Segundo modo Qualquer reta paralela a s tem coeficiente angular -4, e portanto sua equação pode ser escrita sob a forma $y = -4x + n$. Impondo que o sistema formado por esta e pela equação da elipse tenha solução única ($\Delta = 0$), obtém-se n.

(b) Seja $T = (h,k)$ o ponto de tangência. Uma equação de r é

$$\frac{hx}{36} + \frac{ky}{25} = 1$$

Por outro lado, a equação reduzida da elipse mostra que ela tem centro O e focos em Ox; logo, a diagonal citada contém os pontos $O = (0,0)$ e $P = (a,b) = (6,5)$. Como $y = 5x/6$ é uma equação da reta OP e a reta s: $y = -6x/5$ é perpendicular a ela, r é paralela a s. Recaímos em uma situação semelhante à do item (a): escrevemos a equação de s sob a forma $6x + 5y = 0$ e impomos a condição de proporcionalidade entre os coeficientes desta e os da equação de r, $(h/36):6 = (k/25):5$, obtendo $h = 216k/125$. Resolvendo o sistema formado por esta equação e por $h^2/36 + k^2/25 = 1$, chegamos a duas soluções: são as retas descritas pelas equações $6x + 5y + \sqrt{1921} = 0$ e $6x + 5y - \sqrt{1921} = 0$. ◄

(c) Indiquemos por $T = (h,k)$ o ponto de tangência, que não é P, pois este não pertence à elipse: $(-6)^2 + 4 \cdot 4^2 \neq 20$. Uma equação da reta tangente a **E** em T é $hx + 4ky = 20$; como P pertence a essa reta, suas coordenadas obedecem à equação:

$$-6h + 16k = 20 \qquad \text{[22-28]}$$

Por outro lado, T pertence à elipse e, portanto,

$$h^2 + 4k^2 = 20 \qquad \text{[22-29]}$$

Resolvendo o sistema das equações [22-28] e [22-29], encontramos $(h,k) = (2,2)$ e $(h,k) = (-22/5,-2/5)$. Existem, portanto, duas retas tangentes a **E** que contêm P: são as retas de equações $2x + 8y = 20$ e $-22x/5 - 8y/5 = 20$. ◄

EXERCÍCIOS

22-62 Determine as retas tangentes à elipse **E** que são paralelas à reta s.

(a) **E**: $4x^2 + 2y^2 = 1$ s: $y = 2x$

(b) **E**: $x^2/p + y^2/q = 1$ s: $y = mx$

22-63 Determine as retas tangentes à elipse **E**: $x^2 + 3y^2 = 7$ que contêm o ponto $P = (-1,-3)$.

22-64 Conhecendo o vértice $P = (2,3)$ de um paralelogramo circunscrito à elipse **E**: $4x^2 + y^2 = 20$, determine os outros três.

22-65 Um dos lados de um retângulo circunscrito à elipse **E**: $x^2 + 2y^2 = 6$ é paralelo à reta de equação $y = x$. Determine os vértices do retângulo.

22-66 Quais são os pontos da elipse **E**: $x^2/a^2 + y^2/b^2 = 1$ em que a reta normal contém

(a) o centro?   (b) um foco?

22-67 ♦ Sejam **E**: $x^2/a^2 + y^2/b^2 = 1$, θ um número qualquer do intervalo $[0,\pi[$, e $\vec{u} = (\cos\theta,\text{sen}\theta)$.

(a) Prove que existem duas retas tangentes a **E** paralelas a $\vec{u}$ e calcule sua distância δ ao centro da elipse em função de a, b, θ.

(b) Seja r uma reta paralela a $\vec{u}$. Prove que r é secante a **E** se $d(O,r) < \delta$ e que $r \cap \mathbf{E} = \emptyset$ se $d(O,r) > \delta$.

(c) Conclua do item (b) que $r \cap \mathbf{E} = \emptyset$ se $d(O,r) > a$ e que r é secante a **E** se $d(O,r) < b$.

22-68 ♦ Sejam **E** uma elipse e $\vec{u}$ um vetor não-nulo. Prove que:

(a) os pontos médios das cordas de **E** paralelas a $\vec{u}$ pertencem a uma reta que contém o centro;

(b) se *PQ* é uma corda paralela a $\vec{u}$ que contém o centro da elipse, então as retas tangentes em *P* e *Q* são paralelas à reta do item (a).

22-69 Caso *t* seja tangente a alguma elipse **E** de focos F_1 e F_2, obtenha uma equação de **E**.

(a) $t: x - 3y + 12 = 0$ $F_1 = (-2,0)$ $F_2 = (2,0)$

(b) $t: x - 3y + 12 = 0$ $F_1 = (0,-4)$ $F_2 = (0,4)$

(c) $t: x - 3y + 12 = 0$ $F_1 = (-15,0)$ $F_2 = (15,0)$

22-70 Prove que uma reta tangente a uma elipse não separa os focos.

22-71 ♦ A reta $t: x - y + 2 = 0$ tangencia uma elipse **E** de focos $F_1 = (2,3)$ e $F_2 = (3,1)$. Determine o ponto de tangência *T* e os parâmetros geométricos de **E**.

22-72 ♦ Prove que, se $P = (h,k)$ é um ponto exterior à elipse **E**: $x^2/p + y^2/q = 1$, então existem exatamente duas retas tangentes a **E** que contém *P*.

D2   RETAS TANGENTES E RETAS NORMAIS À HIPÉRBOLE

22-29 *Definição*   Sejam *r* uma reta e **H** uma hipérbole.

(a) *r* é **tangente** a **H** se não é paralela a nenhuma das assíntotas e $r \cap \mathbf{H}$ contém apenas um ponto, *T*, chamado **ponto de tangência**. Diz-se também que *r* **tangencia** **H**, ou que *r* e **H** **são tangentes** (em *T*). Qualquer vetor diretor de *r* é um **vetor tangente** a **H** no ponto *T*.

(b) Se *r* é tangente a **H** em *T*, a reta que contém *T* e é perpendicular a *r* chama-se **reta normal** a **H** em *T*. Qualquer vetor diretor dessa reta é um **vetor normal** a **H** no ponto *T*.

EXERCÍCIO   **22-73**   Prove que, se *r* é uma reta tangente à hipérbole **H**, então todos os seus pontos, exceto o ponto de tangência, pertencem à região côncava determinada por **H**.

O procedimento para obter uma equação da reta *r*, tangente à hipérbole **H**: $x^2/p + y^2/q = 1$, conhecendo o ponto de tangência $T = (h,k)$, é idêntico ao adotado no caso da elipse. Se $\vec{r} = (m,n)$ é um vetor diretor de *r*, a hipótese de que esta reta não é paralela a nenhuma das assíntotas garante, como vimos no início da seção, que [22-18] é uma equação de segundo grau em λ. Como $h^2/p + k^2/q = 1$ (pois *T* pertence a **H**), a igualdade [22-19] fica

$$\Delta = 4\left(\frac{hm}{p} + \frac{kn}{q}\right)^2$$

e a condição de tangência ($\Delta = 0$) acarreta $hm/p + kn/q = 0$, ou seja, $qhm + pkn = 0$. Assim, os vetores $\vec{r} = (m,n)$ e $\vec{n} = (qh, pk)$ são ortogonais, e, como $\vec{n}$ não é nulo, $\vec{r}$ é paralelo a $\vec{t} = (pk,-qh)$ (Exercício 22-1 (b)). Então, a reta tangente a **H** no ponto T é única e tem equação vetorial

$$X = (h,k) + \lambda(pk,-qh)$$

Passando para a forma paramétrica e eliminando λ, obtemos $qhx + pky = qh^2 + pk^2$; dividindo ambos os membros por pq, chegamos a

$$\frac{hx}{p} + \frac{ky}{q} = 1 \qquad \text{[22-30]}$$

Esta equação, sob a condição $h^2/p + k^2/q = 1$, é uma equação da reta tangente à hipérbole no ponto $T = (h,k)$. Para escrevê-la, basta substituir x^2 por hx e y^2 por ky na equação reduzida da hipérbole (veja também o Exercício 22-74). Fica assim demonstrada a proposição seguinte.

22-30 Proposição Se $T = (h,k)$ pertence à hipérbole **H**: $x^2/p + y^2/q = 1$, então [22-30] é equação da (única) reta tangente a **H** em T, e $\vec{t} = (pk,-qh)$ é um vetor tangente a **H** em T. A reta normal a **H** em T também é única, e $\vec{n} = (qh,pk)$ é um vetor normal à hipérbole em T.

EXERCÍCIOS

22-74 Mostre que a regra prática para se obter uma equação da reta tangente no ponto $T = (h,k)$ não exige que a equação da hipérbole esteja na forma reduzida: é suficiente que ela contenha apenas termos em x^2 e y^2 e termo independente (por exemplo, $\alpha x^2 + \beta y^2 + \gamma = 0$).

22-75 Uma partícula desloca-se ao longo de um ramo da hipérbole **H**: $x^2/p + y^2/q = 1$ com velocidade, em cada ponto $P = (h,k)$, igual ao vetor tangente $\vec{t} = (pk,-qh)$ nesse ponto. Obtenha os valores máximo e mínimo da velocidade escalar da partícula em função dos parâmetros geométricos a e b, e os pontos em que esses valores são atingidos.

22-76 Calcule a medida angular entre as retas tangentes à hipérbole de equação $x^2 - 2y^2 = 2$ nos pontos $P = (2,-1)$ e $Q = (\sqrt{2},0)$.

22-77 Obtenha equações das retas tangentes à hipérbole **H**: $-4x^2 + 2y^2 = 3$ que são paralelas à reta de equação $\sqrt{6}x - 3y = 0$.

22-78 Obtenha equações das retas que contêm o ponto $P = (1,-9)$ e são tangentes à hipérbole de equação $3x^2 - y^2 = 39$. Determine os pontos de tangência e a reta normal em cada um deles.

22-79 Um babuíno de altura 4 circula por uma montanha, cujo perfil é a parte da hipérbole de equação $x^2 - y^2 = 1$ contida no primeiro quadrante. Um caçador, de espingarda, arma tocaia no ponto $(0,-3)$. Determine o trecho do perfil em que o babuíno estará seguro.

22-80 (a) O paralelogramo ABCD tem os lados AB e DC paralelos ao eixo transverso da hipérbole H: $x^2/3 - y^2/2 = 1$ e os lados AD e BC contidos em retas tangentes a H. Os pontos de tangência têm coordenadas inteiras, e um dos lados tem comprimento $2\sqrt{2}$. Conhecendo $A = (-4,-5)$, determine B, C e D.

(b) Resolva o item (a), com "eixo conjugado" em lugar de "eixo transverso".

22-81 ♦ Sejam P e Q pontos distintos, pertencentes a uma hipérbole H. Prove que as retas tangentes a H em P e Q são paralelas se, e somente se, o centro da hipérbole é o ponto médio de PQ.

22-82 Quais são os pontos da hipérbole em que a reta normal contém

(a) o centro? (b) um foco?

22-83 ♦ Sejam H: $x^2/a^2 - y^2/b^2 = 1$ e $\vec{u} = (\cos\theta, \sen\theta)$, com θ em $[0,\pi[$. Dê condições sobre θ para que

(a) exista uma reta tangente a H, paralela a $\vec{u}$;

(b) exista uma reta normal a H, paralela a $\vec{u}$.

Interprete geometricamente os resultados.

22-84 ♦ Sejam H: $x^2/a^2 - y^2/b^2 = 1$, θ um número do intervalo $[0,\pi[$, $\alpha = a^2\sen^2\theta - b^2\cos^2\theta$, e $\vec{u} = (\cos\theta, \sen\theta)$.

(a) Prove que, se $\alpha < 0$, qualquer reta r paralela a $\vec{u}$ é secante à hipérbole.

(b) Supondo que $\alpha > 0$, prove que existem duas retas tangentes paralelas a $\vec{u}$ e calcule sua distância δ ao centro da hipérbole, em função de a, b, θ.

(c) Seja r uma reta paralela a $\vec{u}$. Supondo que $\alpha > 0$, prove que r é secante a H se $d(O,r) > \delta$ e que $r \cap H = \emptyset$ se $d(O,r) < \delta$.

22-85 ♦ Sejam H uma hipérbole e $\vec{u}$ um vetor não-nulo. Prove que:

(a) os pontos médios das cordas de H paralelas a $\vec{u}$ pertencem a uma reta que contém o centro;

(b) se PQ é uma corda paralela a $\vec{u}$ que contém o centro da hipérbole, então as retas tangentes em P e Q são paralelas à reta do item (a).

22-86 Caso t seja tangente a alguma hipérbole H de focos F_1 e F_2, obtenha uma equação de H.

(a) $F_1 = (-2\sqrt{2},0)$ $F_2 = (2\sqrt{2},0)$ $t: 3x - \sqrt{5}y - 4 = 0$

(b) $F_1 = (0,-4)$ $F_2 = (0,4)$ $t: \sqrt{2}x + y + 2 = 0$

(c) $F_1 = (-5,0)$ $F_2 = (5,0)$ $t: 2x + 3y + 12 = 0$

22-87 Prove que qualquer reta tangente a uma hipérbole separa os focos.

22-88 ♦ A reta $t: x - y + 2 = 0$ tangencia uma hipérbole de focos $F_1 = (1,1)$ e $F_2 = (0,3)$. Determine o ponto de tangência e os parâmetros geométricos da hipérbole.

22-89 Sejam $T = (h,k)$ um ponto da hipérbole H: $x^2/a^2 - y^2/b^2 = 1$ e A e B os pontos em que a reta tangente à hipérbole em T intercepta as assíntotas.

(a) Escreva as coordenadas de A e B em termos de a, b, h e k.

(b) Mostre que *T* é o ponto médio de *AB*.

(c) Prove que todos os paralelogramos cujos vértices pertencem às assíntotas de **H** e que têm dois lados contidos em retas tangentes à hipérbole têm áreas iguais a 4*ab* (não por acaso, esta é a área do retângulo fundamental: ele é um desses paralelogramos).

22-90 Os vértices do paralelogramo *ABCD* pertencem às assíntotas da hipérbole **H**: $x^2 - 4y^2 + 7 = 0$ e um de seus lados mede $\sqrt{73}$ e está contido em uma reta tangente a **H**. Determine *A, B, C, D*.

22-91 ▸ Prove que, se $P = (h,k)$ pertence à região côncava determinada pela hipérbole **H**: $x^2/p + y^2/q = 1$, existem duas retas tangentes a **H** que contêm *P*.

D3 — RETAS TANGENTES E RETAS NORMAIS À PARÁBOLA

22-31 *Definição* Sejam *r* uma reta e **P** uma parábola.

(a) *r* é **tangente** a **P** se não é paralela ao eixo da parábola e $r \cap \mathbf{P}$ contém apenas um ponto, *T*, chamado **ponto de tangência**. Também se diz que *r* **tangencia P**, ou que *r* e **P** são **tangentes** (em *T*). Qualquer vetor diretor de *r* é um **vetor tangente** a **P** no ponto *T*.

(b) Se *r* é tangente a **P** em *T*, a reta que contém *T* e é perpendicular a *r* chama-se **reta normal** a **P** em *T*. Qualquer vetor diretor dessa reta é um **vetor normal** a **P** no ponto *T*.

Vamos obter equações de uma reta *r*, tangente à parábola **P**: $y^2 = 4px$, conhecendo o ponto de tangência $T = (h,k)$. Seja $\vec{r} = (m,n) \neq (0,0)$ um vetor diretor de *r*, de modo que uma equação vetorial dessa reta é $X = (h,k) + \lambda(m,n)$. Devido à Definição 22-31 (a), faremos a hipótese de que *r* não é paralela a *Ox* (eixo da parábola), isto é, $n \neq 0$. A notação é a mesma de [22-22] e [22-23], e portanto $n \neq 0$ garante que [22-22] é uma equação de segundo grau em λ. Além disso, as coordenadas de *T* satisfazem a equação da parábola: $k^2 = 4ph$. Substituindo em [22-23] e impondo a condição de tangência, $\Delta = 0$, obtemos $kn - 2pm = 0$, ou seja, $\vec{r} \cdot (-2p,k) = 0$, e portanto $\vec{r}$ é ortogonal ao vetor não-nulo $\vec{n} = (-2p,k)$. Concluímos do Exercício 22-1 (b) que $\vec{r}$ é paralelo a $\vec{t} = (k,2p)$. Logo, a reta tangente à parábola em *T* é única e tem equação vetorial

$$X = (h,k) + \lambda(k,2p)$$

Um vetor tangente a **P** em *T* é $\vec{t} = (k,2p)$, e um vetor normal é $\vec{n} = (-2p,k)$. Da unicidade da reta tangente decorre a unicidade da reta normal em *T*. Note que, se $T = V$, a reta tangente é *Oy*, pois $k = 0$ e $\vec{t} = (0,2p)$; nos outros pontos da parábola, observe como os sinais das coordenadas de $\vec{t}$ se relacionam com a posição do ponto de tangência: se este pertence ao primeiro quadrante, $\vec{t}$ tem coordenadas positivas; se pertence ao quarto quadrante, a primeira é negativa e a segunda, positiva (faça uma figura).

Eliminando λ das equações paramétricas de *r*, obtemos $2px - ky = 2ph - k^2$, ou seja,

$$ky = 2px + 2ph \qquad [22\text{-}31]$$

pois $k^2 = 4ph$. Sob esta condição, [22-31] é uma equação da reta tangente a **P** no ponto $T = (h,k)$. Uma regra para escrevê-la a partir da equação reduzida da parábola é: coloque esta última sob a forma $yy = 2px + 2px$, substitua um y por k e um x por h. Você pode verificar que essa regra também vale para as equações reduzidas $y^2 = -4px$, $x^2 = 4py$ e $x^2 = -4py$, bem como para as "quase reduzidas" $\alpha x^2 + y = 0$ e $\beta y^2 + x = 0$.

22-32 Proposição Se $T = (h,k)$ pertence à parábola **P**: $y^2 = 4px$, então [22-31] é equação da (única) reta tangente a **P** em T, e $\vec{t} = (k,2p)$ é um vetor tangente a **P** em T. A reta normal a **P** em T também é única, e $\vec{n} = (-2p,k)$ é um vetor normal à parábola em T.

Exercícios

22-92 Obtenha um vetor tangente, um vetor normal, e equações das retas tangente e normal à parábola **P**: $x^2 = 4py$ no ponto $T = (h,k)$.

22-93 Uma partícula desloca-se ao longo da parábola **P**: $y^2 = 4px$ ($p > 0$), e sua velocidade em cada ponto (h,k) é igual ao vetor tangente $\vec{t} = (k,2p)$ nesse ponto.

(a) Quais são os valores máximo e mínimo da velocidade escalar da partícula, e em que pontos esses valores são atingidos?

(b) Sejam O, A e B os vértices do triângulo fundamental da parábola. Calcule o tempo necessário para que a partícula se desloque de A até B.

(c) Calcule o tempo gasto pela partícula para se deslocar de $M = (m,-2\sqrt{pm})$ até $N = (n,2\sqrt{pn})$.

22-94 Dada a parábola **P**: $y^2 = 8x$, obtenha equações

(a) da reta tangente a **P** no ponto $(2,-4)$;

(b) da reta tangente a **P**, paralela a s: $y = 4x$;

(c) das retas que contêm o ponto $(2,5)$ e são tangentes a **P**;

(d) da reta normal a **P** no ponto $(25/2,10)$;

(e) da reta que contém o ponto $(5/2,35)$ e é normal à parábola.

22-95 Obtenha, em cada caso, uma equação reduzida da parábola **P**, de vértice $(0,0)$ e foco em um dos eixos coordenados, supondo que t seja tangente a **P**.

(a) t: $y + 2x + 1 = 0$ (b) t: $y = 3x$ (c) t: $x - 4 = 0$

22-96 A reta t: $y = 2$ tangencia uma parábola de foco $F = (1,1)$ e eixo s: $y = x$. Obtenha uma equação da diretriz, o parâmetro, o vértice e o ponto de tangência.

22-97 A reta t: $y = 2x + 4$ tangencia a parábola **P** em um ponto de abscissa 2, e r: $x = -8$ é a diretriz de **P**. Obtenha uma equação reduzida da parábola.

22-98 As retas s: $y = x + 1$ e t: $y = 2x + 1/2$ são tangentes a uma parábola **P**, cuja diretriz é r: $x = -1$. Obtenha uma equação reduzida de **P**.

22-99 Seja **P** a parábola de equação $y^2 = 4px$ ($p > 0$).

(a) Prove que, se o vetor $\vec{u} = (m,n)$ não é paralelo ao eixo da parábola, existe e é única a reta tangente a **P** paralela a $\vec{u}$. Determine o ponto de tangência e uma equação da reta tangente em função de m, n.

(b) Que condições devem satisfazer as coordenadas de $\vec{v}$ para que ele seja vetor normal a **P** em algum ponto?

(c) Sendo $\vec{v} = (m,n)$ um vetor não-ortogonal ao eixo da parábola, determine a reta tangente a **P** que é ortogonal a $\vec{v}$, e o respectivo ponto de tangência.

22-100 ♦ Sejam **P**: $y^2 = 4px$ ($p > 0$), $\vec{u} = (\cos\theta, \text{sen}\theta)$, com $0 < \theta < \pi$, r uma reta paralela a $\vec{u}$, e t a reta tangente a **P** paralela a $\vec{u}$. Calcule, em função de p, θ, a distância δ do vértice da parábola à reta t. Em seguida, prove que:

(a) se $d(O,r) < \delta$, então r é secante a **P**;

(b) se $d(O,r) > \delta$ e r não intercepta o semi-eixo positivo das abscissas, então $r \cap \mathbf{P} = \emptyset$;

(c) se $d(O,r) > \delta$ e r intercepta o semi-eixo positivo das abscissas, então r é secante a **P**.

22-101 ♦ Sejam **P**: $y^2 = 4px$ ($p > 0$) e $P = (h,k)$. Prove que:

(a) se P pertence à região focal da parábola, nenhuma reta que contém P é tangente a ela;

(b) se P pertence à região côncava determinada pela parábola, existem duas retas tangentes a ela que contêm P. Determine os vetores diretores dessas retas que têm segunda coordenada igual a $2p$.

22-102 Sejam P um ponto qualquer de uma parábola, distinto do vértice, R a sua projeção ortogonal sobre o eixo da parábola, M e N, respectivamente, os pontos em que esse eixo intercepta a reta tangente e a reta normal em P. Prove que o comprimento do segmento RN não depende de P, que o foco é o ponto médio de MN, e que o vértice é o ponto médio de RM.

22-103 Mostre que, com exceção do eixo, toda reta normal a uma parábola **P** é secante a ela.

22-104 No planeta Paraboleus, uma arma parabólica circunscreve uma região plana para atacá-la com raios *laser*. Em cada ponto da parábola o raio é disparado na direção da reta normal, mas, por um defeito de fabricação, nenhum raio é disparado do vértice. Existe algum lugar seguro na região?

E   Propriedade de reflexão

Pense em uma partida de sinuca jogada em mesa elíptica. Quando deseja utilizar a tabela, o jogador arquiteta suas jogadas de acordo com a lei experimental da Física segundo a qual os ângulos de incidência e de reflexão são congruentes, como na teoria dos espelhos planos. Acompanhe na Figura 22-24 (a), em que a posição da bola branca é indicada por B: o jogador imagina o ponto de impacto da bola com a tabela (T), visualiza mentalmente as retas tangente e normal à elipse nesse ponto (PQ e TN) e prevê que, no seu retorno, a bola branca passará pelo ponto A (posição da bola a ser atingida), desde que sejam congruentes os ângulos $A\hat{T}N$ e $B\hat{T}N$ (ou, então,

$A\hat{T}P$ e $B\hat{T}Q$). Baseado nesse critério, ele escolhe a posição do ponto T; é provável que todo este processo seja inconsciente, o que só comprova a maravilha que é o cérebro humano. Quanto ao sucesso da tacada... bem, isso vai depender do "golpe de vista elíptico" de cada um e de outras habilidades, não exatamente geométricas. Não há dúvida, porém, de que conhecer um pouco de Geometria pode ajudar, como ocorreu com o grande campeão Eli P. Sé no momento de maior glória de sua carreira esportiva. Disputando uma importante partida de torneio, ele percebeu, em dado instante, que a bola branca e a bola a ser atingida ocupavam, cada uma, a posição de um dos focos da elipse. Conhecedor da propriedade que vamos demonstrar na Proposição 22-33, Eli deu sua tacada de costas, em uma posição estudadamente acrobática, e acertou em cheio, arrancando aplausos da platéia!

Deve-se dizer, no entanto, que o gesto foi puramente teatral. Sem que isso desmereça as habilidades de Eli como jogador de sinuca, mais importante do que elas foi o seu conhecimento de Geometria, pois qualquer pessoa com um mínimo de coordenação motora poderia executar a tacada tão bem quanto ele. O fato é que, onde quer que a bola branca batesse na tabela, ela passaria, na volta, pelo outro foco, graças à *propriedade de reflexão da elipse*, segundo a qual a reta normal em qualquer ponto T forma ângulos congruentes com os segmentos TF_1 e TF_2, ou, equivalentemente, a reta tangente em T forma ângulos congruentes com esses dois segmentos (veja a Figura 22-24 (b)). Além de servir para a autopromoção de geômetras que jogam sinuca em mesas elípticas, essa propriedade tem aplicações interessantes. Se uma fonte de luz está situada em um dos focos, qualquer raio luminoso, ao incidir na elipse, reflete-se de modo a convergir ao outro foco. Vale o mesmo para fontes sonoras, como acontece nas *galerias de sussurro*: uma pessoa posiciona-se em um foco e sussurra; as pessoas próximas podem não ouvir bem, mas alguém situado no outro foco ouve perfeitamente. Há também o ricaço preguiçoso, que mandou construir em sua mansão uma quadra de *squash* elíptica. Ele e seu parceiro colocavam-se um em cada foco, e assim não precisavam fazer muito esforço...

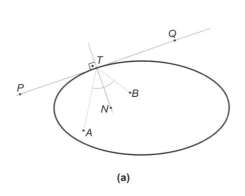
(a)

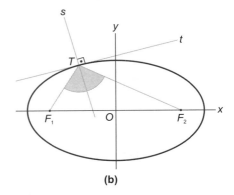
(b)

Figura 22-24

22-33 *Proposição*   Seja $T = (h,k)$ um ponto da elipse $\mathbf{E}$: $x^2/a^2 + y^2/b^2 = 1$. A reta s, normal a $\mathbf{E}$ no ponto T, contém a bissetriz do ângulo $F_1\hat{T}F_2$.

Demonstração

Sejam $F_1 = (-c,0)$ e $F_2 = (c,0)$ os focos da elipse. Devido ao Exercício 9-46, basta demonstrar que $\vec{u} = \|\overrightarrow{TF_2}\|\overrightarrow{TF_1} + \|\overrightarrow{TF_1}\|\overrightarrow{TF_2}$ é não-nulo e paralelo ao vetor $\vec{n} = (b^2h, a^2k)$, normal à elipse em T. De acordo com a Proposição 22-3, $\|\overrightarrow{TF_1}\| = a + ch/a$ e $\|\overrightarrow{TF_2}\| = a - ch/a$; logo, as coordenadas de $\vec{u}$ são

$$u_1 = (a - \frac{ch}{a})(-c-h) + (a + \frac{ch}{a})(c-h)$$

$$= -ac - ah + \frac{c^2h}{a} + \frac{ch^2}{a} + ac - ah + \frac{c^2h}{a} - \frac{ch^2}{a}$$

$$= -2ah + \frac{2c^2h}{a} = \frac{-2h(a^2 - c^2)}{a} = \frac{-2b^2h}{a}$$

$$u_2 = (a - \frac{ch}{a})(-k) + (a + \frac{ch}{a})(-k)$$

$$= (a - \frac{ch}{a} + a + \frac{ch}{a})(-k) = -2ak$$

Assim,

$$\vec{u} = (-\frac{2b^2h}{a}, -2ak) = \frac{-2}{a}(b^2h, a^2k) = \frac{-2}{a}\vec{n}$$

e, portanto, $\vec{u}$ não é nulo e é paralelo a $\vec{n}$. ∎

EXERCÍCIOS

22-105 Sejam $T = (h,k)$ um ponto da elipse **E**: $x^2/p + y^2/q = 1$ e $\vec{n} = (qh, pk)$.

(a) Mostre que $\vec{n}$ forma ângulos obtusos com $\overrightarrow{TF_1}$ e $\overrightarrow{TF_2}$, ou seja, $\vec{n} \cdot \overrightarrow{TF_1} < 0$ e $\vec{n} \cdot \overrightarrow{TF_2} < 0$.

(b) Mostre que, para todo $\lambda > 0$, o ponto $X = T + \lambda\vec{n}$ é exterior à elipse.

(c) Dê uma interpretação geométrica para os resultados dos itens (a) e (b).

22-106 Verifique se vale uma propriedade semelhante à propriedade de reflexão:

(a) quando se substituem, no seu enunciado, F_1 e F_2 por A_1 e A_2;

(b) quando se substituem F_1 e F_2 por B_1 e B_2.

22-107 ◆ Sejam e a excentricidade da elipse **E**: $x^2/p + y^2/q = 1$ e F um de seus focos. Prove que, se P é um ponto qualquer de **E**, não pertencente ao eixo maior, e N é o ponto de interseção da reta normal à elipse em P com o eixo maior, então $d(F,N)/d(F,P) = e$.

22-108 ◆ Seja $T = (h,k)$ um ponto da elipse **E** de focos $F_1 = (-c,0)$ e $F_2 = (c,0)$ e parâmetros geométricos a, b, e seja r a reta tangente a **E** em T.

(a) Prove que, se G é o ponto simétrico de F_2 em relação a r, então G, T e F_1 são colineares.

(b) Prove que $d(F_1, G) = 2a$.

(c) Sejam G' um ponto da circunferência de centro F_1 e raio $2a$ e T' o ponto em que a reta F_1G' intercepta **E**. Prove que G' é o ponto simétrico de F_2 em relação à reta tangente a **E** em T'.

(d) Conclua que o lugar geométrico dos pontos simétricos de F_2 em relação às retas tangentes à elipse é a circunferência de centro F_1 e raio $2a$ (*circunferência diretora* do foco F_1). Por simetria, o resultado permanece válido quando permutamos F_1 e F_2.

A propriedade de reflexão da elipse tem sua correspondente para a hipérbole, com a reta tangente fazendo as vezes da reta normal (Figura 22-25).

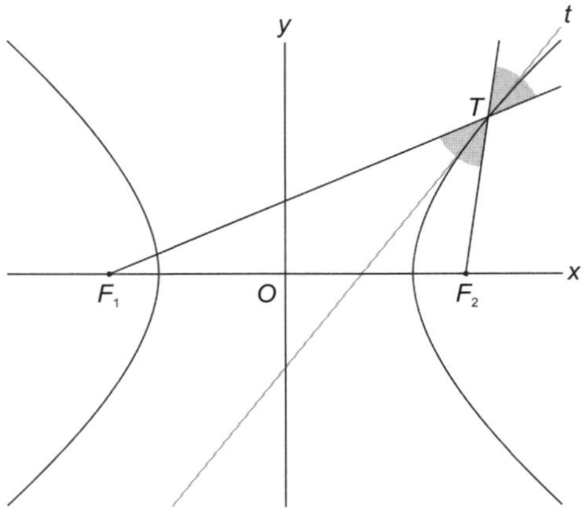

Capítulo 22 – Elipse, hipérbole, parábola – 337

Figura 22-25

22-34 Proposição Seja $T = (h,k)$ um ponto da hipérbole **H**: $x^2/a^2 - y^2/b^2 = 1$. A reta t, tangente a **H** em T, contém a bissetriz do ângulo $F_1\hat{T}F_2$.

Demonstração

Devido às simetrias da hipérbole, podemos supor que T pertence ao ramo $\mathbf{H}_2$, ou seja, $h \geq a$. Pelo Exercício 9-46, basta provar que $\vec{u} = \|\overrightarrow{TF_2}\|\overrightarrow{TF_1} + \|\overrightarrow{TF_1}\|\overrightarrow{TF_2}$ é não-nulo e paralelo a $\vec{t} = (a^2k, b^2h)$, que é um vetor tangente a **H** em T. Sabemos, da Proposição 22-10, que $\|\overrightarrow{TF_1}\| = ch/a + a$ e $\|\overrightarrow{TF_2}\| = ch/a - a$. Logo,

$$\vec{u} = (\frac{ch}{a} - a)(-c - h, -k) + (\frac{ch}{a} + a)(c - h, -k)$$

$$= \frac{2}{a}(-ch^2 + a^2c, -chk)$$

$$= \frac{2}{a}(\frac{-a^2k^2c}{b^2}, -chk) = \frac{-2ck}{ab^2}(a^2k, b^2h)$$

e, portanto, $\vec{u} = \dfrac{-2ck}{ab^2}\vec{t}$. Assim, se $T \neq A_2$ (isto é, se $k \neq 0$), concluímos que $\vec{u} \neq \vec{0}$ e $\vec{u}/\!/\vec{t}$, como queríamos. Se $T = A_2$, no entanto, $k = 0$ e $\vec{u} = \vec{0}$. Neste caso, o argumento é outro: a bissetriz de $F_1\hat{A}_2F_2$ está contida na reta de equação $x = a$, que é tangente à hipérbole em A_2. ∎

Exercícios

22-109 A planta baixa de um muro tem a forma de um ramo de hipérbole. Bernardes, encostado ao muro, foi atingido por um tiro disparado por Artur, que ocupava o foco. Durante o inquérito policial, Artur alegou que fora um acidente: a bala ricocheteara após atingir o muro, ferindo Bernardes. Admitindo que a propriedade de reflexão é válida para a bala, prove que Artur mentiu.

22-110 Supondo que a reta $t: x - y + 2 = 0$ tangencie uma única curva **C** (elipse ou hipérbole) de focos F_1 e F_2, verifique em cada caso se **C** é elipse ou hipérbole e utilize a propriedade de reflexão para determinar o ponto de tangência e os parâmetros geométricos de **C**.

(a) $F_1 = (1,1)$ e $F_2 = (0,3)$.

(b) $F_1 = (2,3)$ e $F_2 = (3,1)$.

22-111 ◆ Seja $T = (h,k)$ um ponto da hipérbole **H** de focos $F_1 = (-c,0)$ e $F_2 = (c,0)$ e parâmetros geométricos a, b, e seja r a reta tangente a **H** em T.

(a) Prove que, se G é o ponto simétrico de F_2 em relação a r, então G, T e F_1 são colineares.

(b) Prove que $d(F_1,G) = 2a$.

(c) Sejam G' um ponto da circunferência de centro F_1 e raio $2a$ e T' o ponto em que a reta F_1G' intercepta **H**. Prove que G' é o ponto simétrico de F_2 em relação à reta tangente a **H** em T'.

(d) Conclua que o lugar geométrico dos pontos simétricos de F_2 em relação às retas tangentes à hipérbole é a circunferência de centro F_1 e raio $2a$ (*circunferência diretora* do foco F_1). Por simetria, o resultado permanece válido quando permutamos F_1 e F_2.

A parábola também tem a sua propriedade de reflexão, ilustrada na Figura 22-26.

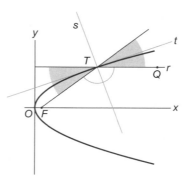

Figura 22-26

22-35 *Proposição*

Sejam $T = (h,k)$ um ponto da parábola **P**: $y^2 = 4px$, t a reta tangente e s a reta normal a **P** em T. Seja r a reta que contém T e é paralela ao eixo da parábola. Então, s e t contêm as bissetrizes dos ângulos formados pelas retas r e TF.

Demonstração

Seja $Q = (q,k)$ um ponto qualquer de r, distinto de T, tal que $q > h$. É suficiente provar que a reta normal contém a bissetriz do ângulo $F\hat{T}Q$, e, devido ao Exercício 9-46, podemos fazer isso provando que o vetor $\vec{u} = \|\overrightarrow{TF}\|\overrightarrow{TQ} + \|\overrightarrow{TQ}\|\overrightarrow{TF}$ é não-nulo e paralelo a $\vec{n} = (-2p,k)$, que é um vetor normal à parábola em T.

Do Exercício 22-28, sabemos que $\|\overrightarrow{TF}\| = p + h$. Além disso, $\|\overrightarrow{TQ}\| = q - h$, e, portanto, $\vec{u} = (p+h)(q-h,0) + (q-h)(p-h,-k)$. Fazendo os cálculos, obtemos

$$\vec{u} = (q-h)(2p,-k) = (h-q)\vec{n}$$

Logo, $\vec{u}$ não é nulo (pois $h \neq q$) e é paralelo a $\vec{n}$. ∎

A propriedade demonstrada na proposição anterior tem aplicações na fabricação de refletores, em particular, de espelhos refletores de faróis de automóvel. Estes têm a forma de superfície gerada pela rotação de uma parábola em torno do seu eixo, o que faz com que uma fonte de luz situada no foco da parábola produza um feixe de raios refletidos paralelos. O facho de luz obtido é, portanto, de longo alcance. Invertendo o sentido dos raios, temos aí o princípio de funcionamento das antenas parabólicas, que recebem raios (praticamente) paralelos e os fazem refletir-se de modo concentrado, passando pelo foco.

Exercícios

22-112 Um espelho parabólico é obtido por rotação de uma parábola **P** em torno do seu eixo. Um raio luminoso parte do foco, atinge a superfície do espelho, e vai iluminar um ponto A de um anteparo. Determine a medida do ângulo agudo que o raio luminoso forma com o eixo da parábola, sabendo que o quociente entre a distância de A ao eixo e o parâmetro de **P** é $2\sqrt{3} + 4$.

22-113 Sejam F o foco e r a diretriz da parábola **P**: $y^2 = 4px$. Prove que:

(a) os simétricos de F em relação às retas tangentes à parábola pertencem a r;

(b) se Q é um ponto da diretriz, a mediatriz do segmento QF é uma reta tangente a **P**.

Conclua de (a) e (b) que o lugar geométrico dos pontos simétricos de F em relação às retas tangentes a **P** é a diretriz de **P**.

F MÉTODOS DE CONSTRUÇÃO

Devido às múltiplas aplicações que têm as nossas três curvas, incluindo-se as aplicações tecnológicas, é útil e necessário dispormos de métodos de construção gráfica com razoável grau de precisão. Na falta de recursos sofisticados (os computacionais, por exemplo), podemos lançar mão de métodos de construção mais modestos, como os que utilizam os bons e velhos régua e compasso. Além disso, não é raro que o fundamento teórico desses métodos sirva também de base para os computacionais e propiciem a produção de *softwares* eficientes.

F 1 ELIPSÓGRAFO, HIPERBOLÓGRAFO E PARABOLÓGRAFO

Em primeiro lugar, descreveremos um *elipsógrafo* (máquina de desenhar elipses) caseiro, que você mesmo pode montar. Para desenhar uma elipse conhecendo seus parâmetros geométricos a e c, coloque a folha de papel sobre uma prancheta, escolha os pontos F_1 e F_2 que serão os focos da elipse (à distância $2c$ um do outro) e fixe pinos (alfinetes, pregos etc.) em F_1 e F_2. Pegue um fio inextensível com as pontas ligadas e comprimento $2a + 2c$ e coloque-o em volta dos pinos. Fazendo a ponta do lápis deslizar pelo papel de modo a manter o fio sempre esticado, conforme ilustra a Figura 22-27 (a), você obterá um caprichadíssimo esboço da elipse.

A justificativa deste método baseia-se na definição de elipse: se P é a posição da ponta do lápis, então

$$d(P,F_1) + d(P,F_2) = (2a + 2c) - 2c = 2a$$

e isso significa que P pertence à elipse. Quando fizer a experiência, escolha diferentes valores de a e c, para desenhar elipses de excentricidades variadas.

340 — Geometria Analítica — um tratamento vetorial

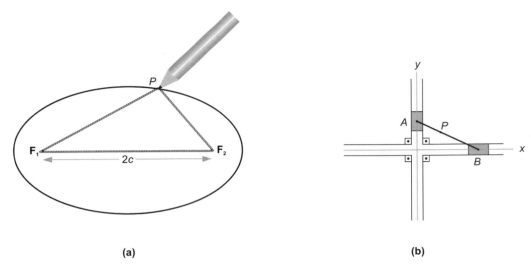

(a)   (b)

Figura 22-27

Exercício 22-114 O mecanismo da Figura 22-27 (b), conhecido como *compasso elíptico*, é formado por uma haste rígida, de comprimento m, cujas extremidades A e B são articuladas a blocos obrigados a movimentar-se nas respectivas guias.

(a) Fixado um ponto P da haste, diferente de A e B, mostre que, em um ciclo completo do mecanismo, P descreverá uma elipse ou uma circunferência. Especifique as posições de P para que ocorra uma coisa ou outra.

(b) Supondo que P divide (A,B) na razão 4, determine os focos, os vértices, a excentricidade e os parâmetros geométricos da elipse, em função de m.

(c) Como você utilizaria o instrumento para traçar uma elipse, dados seus parâmetros geométricos a e b?

(d) Descreva as trajetórias de A e B em um ciclo completo do mecanismo.

Com pequenas adaptações, podemos transformar o elipsógrafo em *hiperbológrafo* e desenhar arcos de hipérboles conhecendo seus parâmetros geométricos a e c. Além do fio, de comprimento f, utilizaremos agora uma haste rígida de comprimento $h = f + 2a$, articulada por uma das extremidades a um dos pinos, para que ela possa girar em torno dele. As extremidades do fio são presas ao outro pino e à extremidade livre da haste (A), conforme a Figura 22-28 (a). Fazendo a ponta do lápis deslizar pelo papel de modo a manter o fio sempre esticado (Figura 22-28 (b)), você obterá um trecho de um dos ramos da hipérbole, cujo tamanho depende do valor de h. Para obter um trecho do outro ramo, articule a haste ao pino F_2 e prenda o fio a F_1, ou aproveite-se da simetria da hipérbole.

Para justificar este método de construção note que, se P é a posição da ponta do lápis, então

$$d(P,F_1) - d(P,F_2) = [h - d(A,P)] - [f - d(A,P)] = h - f = 2a$$

Logo, pela Definição 22-9, P é um ponto da hipérbole.

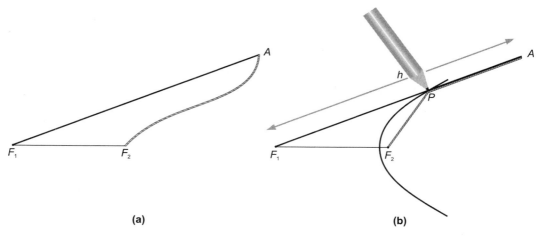

Figura 22-28

O material necessário para construir o *parabológrafo* inclui uma régua e um esquadro, além da prancheta, de um pino e de um fio de comprimento f igual ao de um dos catetos do esquadro. Nesse cateto, escolha a extremidade que é vértice de ângulo agudo para prender uma das pontas do fio (Figura 22-29 (a)). Fixe o pino na posição que deseja para o foco (F) e prenda a ele a outra ponta do fio. Desenhe a diretriz r, à distância $2p$ de F (p, o parâmetro da parábola, deve ser menor que f). Apoiando o outro cateto do esquadro sobre uma régua fixa, ajustada à diretriz, use a ponta do lápis para manter o fio esticado, como mostra a Figura 22-29 (b). Quando o esquadro deslizar sobre a régua, a ponta do lápis percorrerá um arco da parábola de foco F e diretriz r (quanto maior a diferença $f - p$, tanto maior o arco obtido). De fato: se P é a posição da ponta do lápis, então

$$d(P,F) = f - d(P,N) = d(M,N) - d(P,N) = d(P,M) = d(P,r)$$

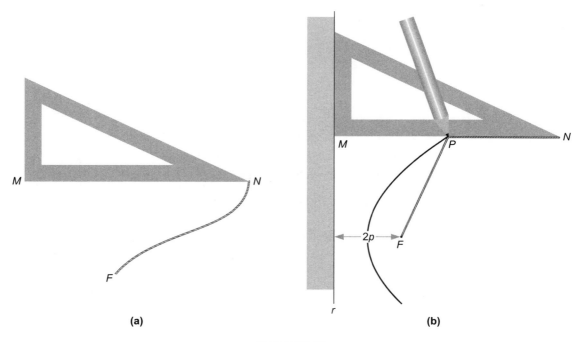

Figura 22-29

F2   Construção com régua e compasso

Um método para construir pontos da elipse $x^2/a^2 + y^2/b^2 = 1$ baseia-se na Trigonometria: vale a igualdade $(x/a)^2 + (y/b)^2 = 1$ se, e somente se, existe um (único) t em $[0,2\pi[$ tal que $\cos t = x/a$ e $\sen t = y/b$. Logo, $P = (x,y)$ pertence à elipse se, e somente se, existe t em $[0,2\pi[$ tal que

$$\begin{cases} x = a\cos t \\ y = b\sen t \end{cases}$$

(Estas são **equações paramétricas da elipse**.) A Figura 22-30 sugere um significado geométrico para t, e o método de construção: para cada t em $[0,2\pi[$, sejam $P_1 = (b\cos t, b\sen t)$ e $P_2 = (a\cos t, a\sen t)$. Como $d(P_1,O) = b$ e $d(P_2,O) = a$, o primeiro pertence à circunferência de centro O e raio b, e o segundo, à circunferência de centro O e raio a (são as circunferências que determinam a coroa fundamental da elipse). A reta que contém P_2 e é paralela a Oy intercepta a reta que contém P_1 e é paralela a Ox no ponto $P = (a\cos t, b\sen t)$, que pertence à elipse.

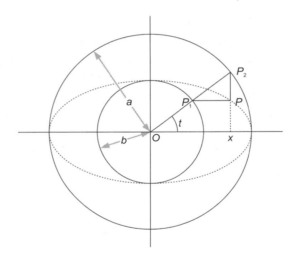

Figura 22-30

Resumindo, para obter com régua e compasso um ponto da elipse:
- trace as duas circunferências de centro O e raios a e b;
- trace uma semi-reta de origem O e marque P_1 e P_2;
- por P_2, trace a paralela a Oy, e por P_1, a paralela a Ox. O ponto comum a elas (P) é um ponto da elipse.

Você pode obter, imediatamente, mais três pontos, explorando as simetrias da elipse. Repare que este método permite construir um ponto da elipse cuja abscissa x tenha sido dada previamente. Para isso, em vez de escolher a inclinação da reta OP_2 (ou seja, em vez de escolher o valor de t), partimos do ponto $(x,0)$, traçamos por ele a perpendicular a Ox e obtemos P_2; a reta OP_2 determina P_1 na circunferência de raio b, e de P_1 e P_2 obtemos P como antes.

É fácil obter graficamente os focos da elipse (para obter um segmento de comprimento c, basta construir um triângulo retângulo de hipotenusa a e cateto b, e o outro cateto será c). Após construir um ponto P da elipse e seus focos, podemos construir, com régua e compasso, a reta normal em P (bissetriz de $F_1\hat{P}F_2$) e a reta tangente em P (perpendicular à reta normal).

Exercício 22-115 São dados, graficamente, o eixo maior e os focos de uma elipse. Descreva um método de construção de pontos da elipse com régua e compasso, baseado apenas na Definição 22-1.

A Trigonometria também nos dá subsídios para escrever **equações paramétricas da hipérbole**: se α e β são números reais tais que $\alpha^2 - \beta^2 = 1$ (e, conseqüentemente, $\alpha \geq 1$ ou $\alpha \leq -1$), sabemos que, se $\alpha \geq 1$, existe um único t no intervalo $]-\pi/2, \pi/2[$ tal que $\sec t = \alpha$ e $\operatorname{tg} t = \beta$, e que, se $\alpha \leq -1$, existe um único t no intervalo $]\pi/2, 3\pi/2[$ satisfazendo as mesmas igualdades. Utilizando esse fato, e pensando em α como x/a e em β como y/b, podemos descrever a hipérbole de equação reduzida $x^2/a^2 - y^2/b^2 = 1$ pelo sistema de equações

$$\begin{cases} x = a\sec t \\ y = b\operatorname{tg} t \end{cases}$$

em que t percorre o conjunto $]-\pi/2,\pi/2[\cup]\pi/2,3\pi/2[$. Note que, se t percorre o primeiro intervalo, $]-\pi/2,\pi/2[$, então $x \geq a$ e obtemos o ramo $\mathbf{H_2}$ da hipérbole, e, se t percorre o intervalo $]\pi/2,3\pi/2[$, obtemos o ramo $\mathbf{H_1}$, pois, neste caso, $x \leq -a$.

Utilizando essas equações paramétricas, você pode justificar o seguinte roteiro para a construção de pontos da hipérbole (acompanhe na Figura 22-31, meramente ilustrativa, pois b pode ser maior, menor ou igual a a).

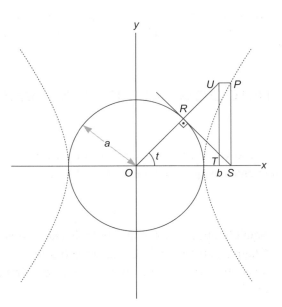

Figura 22-31

- Trace a circunferência de centro O e raio a.
- Trace, no primeiro quadrante, uma semi-reta de origem O, não perpendicular a Ox, que encontra a circunferência em R.
- Trace por R a reta perpendicular a OR, obtendo S em Ox.
- Por $T = (b,0)$, trace a paralela a Oy, obtendo U na reta OR.
- Trace por S a paralela a Oy e por U a paralela a Ox; elas têm em comum um ponto P da hipérbole, e, graças às simetrias, você obtém imediatamente outros três.

Assim como no caso da elipse, este método permite construir um ponto da hipérbole de abscissa dada *a priori*. Faça os detalhes.

Exercícios

22-116 Justifique o roteiro anterior.

22-117 São dados, graficamente, o eixo transverso ($A_1 A_2$) e os focos (F_1 e F_2) de uma hipérbole. Descreva um método de construção com régua e compasso:

(a) de pontos da hipérbole, baseado apenas na Definição 22-9;

(b) da reta tangente e da reta normal à hipérbole, conhecido o ponto de tangência (T).

22-118 São dados, graficamente, o foco e a diretriz de uma parábola, respectivamente F e r. Descreva um método de construção com régua e compasso:

(a) de pontos da parábola, baseado apenas na Definição 22-16;

(b) da reta tangente e da reta normal à parábola, conhecido o ponto de tangência (T).

22-119 Descreva a construção com régua e compasso de um ponto P da parábola, conhecidos a projeção ortogonal de P sobre o eixo (P'), o foco (F) e a diretriz (r).

G — Definições alternativas

Nesta seção você encontra exercícios que levam a outras definições de elipse, hipérbole e parábola, equivalentes às que adotamos na Seção A.

22-36 Definição

Seja **C** uma elipse ou hipérbole de excentricidade e e parâmetros geométricos a, b, c. Chama-se **diretriz** de **C** cada uma das retas perpendiculares à reta focal cuja distância ao centro é a/e. Se F é um foco de **C**, **diretriz associada a** F é a diretriz mais próxima de F.

(Uma das diretrizes da hipérbole desempenhou papel relevante na resolução do Exercício 22-50.)

Capítulo 22 – Elipse, hipérbole, parábola – 345

EXERCÍCIO **22-120** Sejam: *e* a excentricidade de uma curva **C** (elipse ou hipérbole), *F* um foco, *r* a diretriz associada a *F*, e *m* a distância de *F* a *r*. Exprima *a*, *b* e *c* em função de *e*, *m*, nos casos:
(a) **C** é uma elipse.   (b) **C** é uma hipérbole.

Uma conseqüência do Exercício 22-120 é que, dados a excentricidade, um foco e a diretriz a ele associada (respectivamente, *e*, *F* e *r*), a curva **C** (elipse ou hipérbole) fica determinada. De fato:
- trata-se de elipse ou hipérbole, conforme *e* seja menor ou maior que 1;
- *a*, *b*, *c* são determinados por *e* e $m = d(F,r)$, como no Exercício 22-120;
- a reta focal está determinada, pois é a reta perpendicular a *r* que contém *F*;
- o centro *O* é o (único) ponto da reta focal que dista *c* de *F* e a/e de *r*;
- conhecidos o centro e um foco, o outro foco está determinado, pois *O* é o ponto médio de F_1F_2;
- conhecidos os focos e o parâmetro geométrico *a*, a curva **C** fica determinada, devido à Definição 22-1 (caso seja elipse) ou à Definição 22-9 (caso seja hipérbole).

EXERCÍCIOS **22-121** Sejam: *e* a excentricidade de uma curva **C** (elipse ou hipérbole) de parâmetros geométricos *a*, *b*, *c*; *F* um foco; e *r* a diretriz associada a *F*. Mostre que, se *P* pertence a **C**, então $d(P,F) = e \cdot d(P,r)$.

22-122 ➤ Sejam *k* um número real, *r* uma reta e *F* um ponto, tais que $m = d(F,r) > 0$. Prove que:
(a) se $0 < k < 1$, todo ponto *Q* tal que $d(Q,F) = k \cdot d(Q,r)$ pertence à elipse de excentricidade *k* que tem *F* por foco e *r* por diretriz associada a ele;
(b) se $k > 1$, todo ponto *Q* tal que $d(Q,F) = k \cdot d(Q,r)$ pertence à hipérbole de excentricidade *k* que tem *F* por foco e *r* por diretriz associada a ele.

22-37 *Observação* Os exercícios 22-121 e 22-122 permitem-nos uniformizar as definições de elipse, hipérbole e parábola: dados um ponto *F* e uma reta *r* (foco e diretriz) tais que *F* não pertença a *r*, o lugar geométrico dos pontos tais que $d(X,F) = e \cdot d(X,r)$ é
- uma elipse de excentricidade *e*, se $0 < e < 1$;
- uma hipérbole de excentricidade *e*, se $e > 1$;
- uma parábola, se $e = 1$ (isto é o que diz a Definição 22-16).

Agora fica claro o motivo da escolha do valor 1 para a excentricidade das parábolas, que na Seção B pareceu gratuita.

EXERCÍCIOS **22-123** Dada a elipse **E** de parâmetros geométricos *a*, *b*, *c*, e eixo maior A_1A_2, sejam *P* um ponto e *Q* sua projeção ortogonal sobre a reta focal. Mostre que, se *P* pertence à elipse, então *Q* pertence ao segmento A_1A_2 e $\|\overrightarrow{PQ}\|^2 = (b/a)^2 \|\overrightarrow{A_1Q}\| \, \|\overrightarrow{A_2Q}\|$.

22-124 Sejam *M* e *N* pontos distintos, *k* um número tal que $0 < k < 1$, e *P* um ponto cuja projeção ortogonal *Q* sobre a reta *MN* pertence ao segmento *MN*. Mostre que, se $\|\overrightarrow{PQ}\|^2 = k^2 \|\overrightarrow{MQ}\| \, \|\overrightarrow{NQ}\|$, então *P* pertence à elipse de centralidade *k* e eixo maior *MN*.

22-38 Observação Os exercícios 22-123 e 22-124 mostram que se pode definir elipse a partir de um segmento MN (eixo maior) e um número real k tal que $0 < k < 1$ (centralidade), como o lugar geométrico dos pontos X cuja projeção ortogonal Q sobre a reta MN pertence ao segmento MN e satisfaz a relação $\|\overrightarrow{XQ}\|^2 = k^2\|\overrightarrow{MQ}\|\,\|\overrightarrow{NQ}\|$. Resolvendo o próximo exercício, você mostrará que, se $k > 1$, essa mesma relação caracteriza os pontos da elipse de centralidade $1/k$ e eixo menor MN.

Exercício 22-125 Dados os pontos distintos M e N e o número k, prove que, se $k > 1$, o lugar geométrico dos pontos X cuja projeção ortogonal Q sobre a reta MN pertence ao segmento MN e satisfaz a relação $\|\overrightarrow{XQ}\|^2 = k^2\|\overrightarrow{MQ}\|\,\|\overrightarrow{NQ}\|$ é a elipse de centralidade $1/k$ e eixo menor MN. O que ocorre se $k = 1$?

O último exercício desta seção mostra que a Observação 22-38 pode ser adaptada à hipérbole: basta impor que o ponto Q não pertença ao interior do segmento MN.

Exercício 22-126 Dados os pontos distintos M e N e um número real não-nulo k, prove que o lugar geométrico dos pontos X tais que sua projeção ortogonal Q sobre a reta MN não pertence ao interior do segmento MN e satisfaz a relação $\|\overrightarrow{XQ}\|^2 = k^2\|\overrightarrow{MQ}\|\,\|\overrightarrow{NQ}\|$ é a hipérbole de excentricidade $\sqrt{1 + k^2}$ e eixo transverso MN.

H Seções cônicas. Origem dos nomes elipse, hipérbole e parábola

Nesta seção, voltamos ao espaço tridimensional $\mathbb{E}^3$, para dar uma rápida notícia sobre como eram concebidas, pelos geômetras gregos da Antigüidade, as três fascinantes curvas elipse, hipérbole e parábola.

Seja V o vértice da superfície cônica circular reta Ω mostrada na Figura 22-32 (a). Tais superfícies serão estudadas no Capítulo 26, mas para os nossos propósitos do momento é suficiente saber que Ω é a reunião das retas que contêm V e formam com s ângulos de medida fixa θ ($0 < \theta < \pi/2$). Tais retas são chamadas **geratrizes** de Ω, e, como já dissemos, V é o **vértice** de Ω. Cada uma das duas partes da superfície, separadas por V (incluído V), é uma **folha**. A reta s é o **eixo** da superfície cônica.

Na Antigüidade, elipse, hipérbole e parábola eram definidas como interseções de superfícies cônicas com planos. Não se conhecia naquela época o método analítico, utilizado neste livro, que teve seu advento somente no século XVII da nossa era. No século III a.C., a elipse era vista como interseção de uma superfície cônica Ω com um plano π que não contém o vértice, não é perpendicular ao eixo e intercepta apenas uma das folhas (acompanhe na Figura 22-32 (b)). A hipérbole, como interseção de Ω com π no caso em que π não contém o vértice e intercepta as duas folhas. A parábola, como interseção de Ω com π no caso em que este é paralelo a uma geratriz. Por esse motivo, as três curvas são conhecidas como **seções cônicas**.

Hoje, sabe-se provar que essa abordagem é equivalente à que adotamos. Uma demonstração elegante foi descoberta, em 1822, pelo matemático belga G. P. Dandelin (1794-1847) (consulte [Heinhold, Riedmüller], páginas 240 a 243).

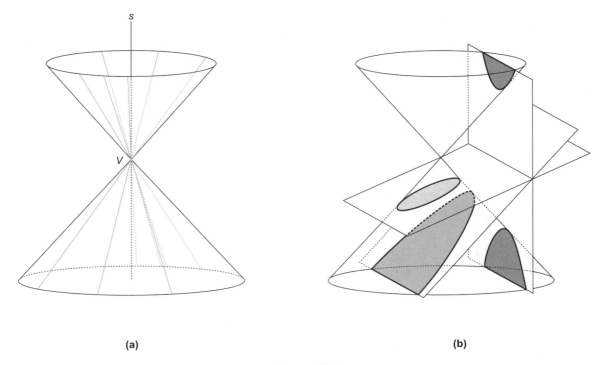

(a)　　　　　　　　　　　　　　　　(b)

Figura 22-32

Se π não contém V e é perpendicular a s, a interseção $\pi \cap \Omega$ é uma circunferência. Se π contém V, sua interseção com a superfície cônica pode ser o conjunto $\{V\}$, uma reta, ou a reunião de duas retas concorrentes em V. Faça uma figura mostrando esses casos.

Foi o grego Menaechmo, em torno de 350 a.C., quem considerou pela primeira vez as seções cônicas, quando tentava resolver o problema da duplicação do cubo. A maior parte do seu trabalho foi perdida. Em sua obra *Seções cônicas*, Apolônio de Perga, o grande sucessor de Euclides, sintetizou e estendeu os resultados conseguidos pelos seus predecessores. É a ele que devemos as denominações elipse (falta), hipérbole (excesso) e parábola (justaposição). O que ele tinha em mente, traduzido para a linguagem moderna, é descrito a seguir.

Dada uma elipse de eixo maior $A_1 A_2$ e parâmetros geométricos a, b, c, adotemos A_1 como origem do sistema de coordenadas, escolhendo os eixos de modo que os focos pertençam ao semi-eixo positivo das abscissas. Uma equação da elipse em relação a este sistema, como você verá ao resolver o Exercício 22-127, é $y^2 = (2b^2/a)x - b^2 x^2/a^2$. Se f é a amplitude focal, ou seja, $f = 2b^2/a$ (Exercício 22-4 (b)), a equação fica $y^2 = fx - b^2 x^2/a^2$. Isso mostra que, para todo ponto (x,y) da elipse, com exceção de A_1, vale a relação $y^2 < fx$, quer dizer, y^2 está "em falta" em relação a fx.

Dada uma hipérbole de vértices A_1, A_2, parâmetros geométricos a, b, c, e amplitude focal $f = 2b^2/a$ (Exercício 22-18), fixemos o sistema de coordenadas de origem A_2 tal que o foco F_2 pertença ao semi-eixo positivo das abscissas. Em relação a ele, a hipérbole tem equação $y^2 = (2b^2/a)x + b^2 x^2/a^2$, isto é, $y^2 = fx + b^2 x^2/a^2$, como você obterá no Exercício 22-127. Logo, para todo ponto (x,y) da hipérbole, com exceção de A_2, vale a desigualdade $y^2 > fx$. Agora, y^2 está "em excesso" em relação a fx.

Quanto à parábola, não há falta nem excesso, pois, se p é o parâmetro e f é a amplitude focal da parábola de vértice na origem e foco no semi-eixo positivo das abscissas, sabemos que $f = 4p$ (Exercício 22-27 (b)) e uma equação da parábola é $y^2 = 4px$, ou seja, $y^2 = fx$.

A linguagem de Apolônio, evidentemente, era outra: ele trabalhava com áreas de retângulos. A Figura 22-33 mostra, nos três casos, um ponto $P = (x,y)$ de coordenadas positivas pertencente à curva, um retângulo de base x e altura f (área fx) e um quadrado de lado y (área y^2). Na figura (a), a área do quadrado é menor que a do retângulo, pois, como vimos, $y^2 < fx$. Na figura (b), o quadrado tem área maior que a do retângulo ($y^2 > fx$), e na figura (c) as áreas são iguais ($y^2 = fx$).

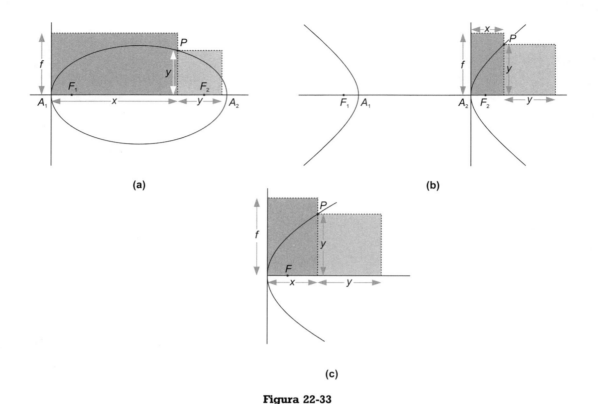

Figura 22-33

Apolônio construía retângulos de bases coincidentes com as bases dos retângulos da Figura 22-33 e áreas iguais às dos quadrados, isto é, y^2. A superposição dos dois retângulos evidencia a "falta" no caso da elipse (Figura 22-34 (a)) e o "excesso" no caso da hipérbole (Figura 22-34 (b)). No caso da parábola, a justaposição é perfeita (Figura 22-34 (c)).

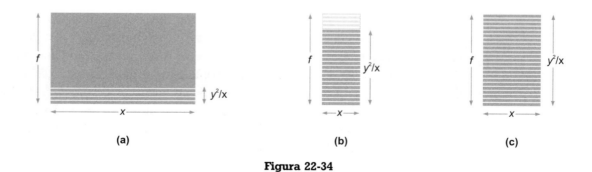

Figura 22-34

EXERCÍCIO 22-127 Deduza as equações da elipse e da hipérbole que foram citadas no texto.

Capítulo 22 — Elipse, hipérbole, parábola — 349

Exercícios suplementares

Exercícios

22-128 Calcule a área do losango cujos vértices são os focos e as extremidades do eixo menor da elipse de equação $x^2/a^2 + y^2/b^2 = 1$. Em que condições esse losango é um quadrado?

22-129 Dê condições sobre a e b para que o losango cujos vértices são os focos e as extremidades do eixo conjugado da hipérbole **H**: $x^2/a^2 - y^2/b^2 = 1$ seja um quadrado. Calcule a área do losango.

22-130 (a) Determine, em função de a e b, os vértices e a área do quadrado de lados paralelos aos eixos coordenados, inscrito na elipse **E**: $x^2/a^2 + y^2/b^2 = 1$.

(b) Mostre que, se dois lados do quadrado do item (a) contêm os focos da elipse, então b é média geométrica entre a e c, e o lado maior do retângulo fundamental é média geométrica entre a diagonal e o lado menor.

22-131 Imponha condições sobre a e b para que exista um quadrado de lados paralelos aos eixos coordenados com vértices na hipérbole **H**: $x^2/a^2 - y^2/b^2 = 1$, e calcule sua área.

22-132 Sejam A e B, respectivamente, extremidades dos eixos maior e menor de uma elipse de centro O, F um dos focos, e C um ponto da elipse tal que CF é perpendicular ao eixo maior.

(a) Supondo que $\|\overrightarrow{OC}\| = k\|\overrightarrow{AB}\|$, exprima k em função da excentricidade da elipse.

(b) Supondo que $\overrightarrow{OC}$ e $\overrightarrow{AB}$ sejam paralelos, determine a excentricidade e mostre que o losango $B_1F_1B_2F_2$ é um quadrado.

22-133 Os pontos A e B são, respectivamente, extremidades do eixo transverso e do eixo conjugado de uma hipérbole de centro O, e F é um dos focos. C é um ponto da hipérbole tal que CF é perpendicular ao eixo transverso e $\|\overrightarrow{OC}\| = k\|\overrightarrow{AB}\|$.

(a) Exprima k em função da excentricidade da hipérbole.

(b) Mostre que OC e AB não são paralelos.

22-134 Calcule a excentricidade de uma elipse, sabendo que as cordas que contêm algum foco e são perpendiculares ao eixo maior são lados de um quadrado inscrito na elipse.

22-135 Calcule a excentricidade de uma hipérbole, sabendo que as extremidades das cordas que contêm algum foco e são perpendiculares à reta focal são vértices de um quadrado.

22-136 ⇒ Sejam F_1 e F_2 os focos da elipse **E**: $x^2/a^2 + y^2/b^2 = 1$, e r_1 e r_2, as respectivas diretrizes associadas. Seja **E'** a elipse definida como na Observação 22-37, tomando-se $e = c/a$, $F = F_1$ e $r = r_2$. Explique por que as duas elipses são semelhantes e calcule a razão de semelhança de **E'** para **E**.

22-137 Sejam F_1 e F_2 os focos da hipérbole **H**: $x^2/a^2 - y^2/b^2 = 1$, e r_1 e r_2, as respectivas diretrizes associadas. Seja **H'** a hipérbole determinada como na Observação 22-37, tomando-se $e = c/a$, $F = F_1$ e $r = r_2$. Explique por que as duas hipérboles são semelhantes.

22-138 Seja P um ponto da elipse **E**: $x^2/a^2 + y^2/b^2 = 1$.

(a) Suponha que $P \neq B_1$ e $P \neq B_2$ e considere os pontos R e S de interseção de Ox com as retas B_1P e B_2P. Prove que $\|\overrightarrow{OR}\| \|\overrightarrow{OS}\| = a^2$.

(b) Seja F um foco da elipse. Suponha que $P \neq A_1$ e $P \neq A_2$ e considere os pontos M e N de interseção da diretriz associada a F com as retas A_1P e A_2P. Prove que o ângulo $M\hat{F}N$ é reto.

22-139 ◆ Seja $X = (x,y)$ um ponto da elipse **E**: $x^2/a^2 + y^2/b^2 = 1$, de focos F_1 e F_2 e excentricidade e.

(a) Mostre que $\overrightarrow{XF_1} \cdot \overrightarrow{XF_2} = e^2x^2 + a^2(1 - 2e^2)$.

(b) Analisando o sinal de $\overrightarrow{XF_1} \cdot \overrightarrow{XF_2}$ em função dos valores de e, estude a natureza do ângulo (reto, agudo, obtuso) sob o qual o ponto X vê o segmento focal (esta linguagem é usual em Geometria: trata-se do ângulo $F_1\hat{X}F_2$).

22-140 Estude a natureza do ângulo sob o qual um ponto $X = (x,y)$ da elipse **E**: $x^2/a^2 + y^2/b^2 = 1$ vê:

(a) o eixo maior (suponha que $y \neq 0$, isto é, $X \neq A_1$ e $X \neq A_2$);

(b) o eixo menor (suponha que $x \neq 0$, isto é, $X \neq B_1$ e $X \neq B_2$);

(c) a corda de **E** que contém $F_1 = (-c,0)$, perpendicular ao eixo maior (suponha que $x \neq -c$);

(d) a corda de **E** que contém $F_2 = (c,0)$, perpendicular ao eixo maior (suponha que $x \neq c$).

22-141 ◆ Resolva o Exercício 22-139 substituindo a elipse pela hipérbole **H**: $x^2/a^2 - y^2/b^2 = 1$.

22-142 ◆ Seja F o foco da parábola **P**: $y^2 = 4px$. Localize os pontos Q do eixo da parábola para os quais todos os pontos de **P** vêem o segmento FQ sob ângulo agudo.

22-143 Sejam **E**: $x^2/a^2 + y^2/b^2 = 1$ uma elipse e **H**: $x^2/m^2 - y^2/n^2 = 1$ uma hipérbole confocais, isto é, de mesmos focos. Prove que

(a) **E**∩**H** contém exatamente quatro pontos;

(b) em cada ponto T da interseção **E**∩**H**, as duas curvas se interceptam ortogonalmente, isto é, as retas tangentes a elas em T são perpendiculares.

22-144 ◆ Seja **P** uma parábola. Determine o lugar geométrico dos pontos X para os quais existem duas retas tangentes a **P** que contêm X e são perpendiculares.

22-145 ◆ Dados os pontos distintos F_1 e F_2 e a reta t, prove que uma condição necessária e suficiente para que t seja tangente a alguma elipse de focos F_1 e F_2 é que esta reta não separe F_1 e F_2.

22-146 ◆ Dados os pontos distintos A_1 e A_2 e a reta t, prove que:

(a) se t é perpendicular a A_1A_2, uma condição necessária e suficiente para que t seja tangente a alguma hipérbole de vértices A_1 e A_2 é que esta reta contenha A_1 ou A_2;

(b) se t não é perpendicular nem paralela a A_1A_2, uma condição necessária e suficiente para que t seja tangente a alguma hipérbole de vértices A_1 e A_2 é que esta reta separe A_1 e A_2 e não contenha seu ponto médio.

CAPÍTULO 23
CÔNICAS

Este capítulo trata das cônicas, curvas planas descritas, em relação a um sistema ortogonal de coordenadas, por uma equação de segundo grau em duas variáveis. Apresentam-se métodos para reconhecer e esboçar tais curvas.

Este capítulo é uma continuação (e uma extensão) do Capítulo 22. Trabalharemos, como lá, em um plano π fixado, e só utilizaremos sistemas ortogonais de coordenadas. Daremos um tratamento unificado às curvas planas que podem ser descritas por equações de segundo grau em duas variáveis, entre elas a elipse, a hipérbole e a parábola.

A DEFINIÇÃO DE CÔNICA

23-1 Definição Fixado um sistema ortogonal de coordenadas, chama-se **cônica** o lugar geométrico dos pontos $X = (x,y)$ que satisfazem uma equação de segundo grau $g(x,y) = 0$, em que

$$g(x,y) = ax^2 + bxy + cy^2 + dx + ey + f \qquad [23\text{-}1]$$

A condição sobre o grau significa que ao menos um dos números a, b, c é diferente de zero. Dizemos que $ax^2 + bxy + cy^2 + dx + ey + f = 0$ é uma **equação da cônica**; ax^2, bxy e cy^2 são os **termos quadráticos**, e para distinguir bxy dos outros dois referimo-nos a ele como **termo quadrático misto**. Por sua vez, dx e ey são os **termos lineares** e f é o **termo independente**.

Eis alguns exemplos:

- Conjunto vazio: a equação $x^2 + y^2 + 1 = 0$ não é satisfeita por nenhum par (x,y).
- Conjunto formado por um ponto: a equação $(x-1)^2 + y^2 = 0$, ou seja, $x^2 + y^2 - 2x + 1 = 0$, admite apenas a solução $(1,0)$.
- Reta: a equação $(x+y)^2 = 0$, isto é, $x^2 + 2xy + y^2 = 0$, descreve a reta $r: x + y = 0$.
- Reunião de duas retas paralelas: $(x+y)(x+y+1) = 0$, ou seja, $x^2 + 2xy + y^2 + x + y = 0$, descreve a reunião das retas $r: x + y = 0$ e $s: x + y + 1 = 0$.

- Reunião de duas retas concorrentes: $(x-y)(x+y)=0$, isto é, $x^2-y^2=0$, descreve a reunião das retas $r: x-y=0$ e $s: x+y=0$.
- Circunferência: $(x-1)^2+(y-2)^2=4$, ou seja, $x^2+y^2-2x-4y+1=0$, descreve a circunferência de centro $(1,2)$ e raio 2.
- Elipse: $x^2+2y^2-1=0$.
- Hipérbole: $x^2-y^2-1=0$.
- Parábola: $x-y^2=0$.

A proposição seguinte, que será demonstrada no Apêndice C, mostra que esta lista de exemplos esgota as possibilidades.

23-2 Proposição

Um subconjunto de π é uma cônica se, e somente se: é o conjunto vazio, ou o conjunto formado por um ponto, ou uma reta, ou a reunião de duas retas (paralelas ou concorrentes), ou uma circunferência, ou uma elipse, ou uma hipérbole, ou uma parábola.

O objetivo deste capítulo é apresentar um método que permita, conhecida a equação da cônica, identificá-la e fazer seu esboço. Graças ao que foi visto no Capítulo 22 sobre equações reduzidas de elipse, hipérbole e parábola, sabemos fazer isso quando, em [23-1], os coeficientes b, d e e são nulos, pois recaímos facilmente em equações reduzidas. Surge daí a idéia de tentar fazer mudanças de variáveis que transformem a equação da cônica em outra que não apresente o termo quadrático misto nem os termos lineares. Nesse processo, utilizaremos translações e rotações.

Será útil associar à função polinomial g de [23-1] a matriz simétrica

$$M_3 = \begin{bmatrix} a & b/2 & d/2 \\ b/2 & c & e/2 \\ d/2 & e/2 & f \end{bmatrix} \qquad [23\text{-}2]$$

chamada **matriz de g**.

B Translação e eliminação dos termos lineares

Seja $\Sigma_1 = (O, \vec{e}_1, \vec{e}_2)$ um sistema ortogonal de coordenadas. Como no caso tridimensional (Capítulo 21), dizemos que o sistema de coordenadas $\Sigma_2 = (O', \vec{e}_1, \vec{e}_2)$ (Figura 23-1 (a)) é **obtido pela translação de Σ_1 para o ponto O'**. Como as bases dos dois sistemas são iguais, a matriz de mudança de base é a matriz identidade 2×2. Então, se $O' = (h,k)_{\Sigma_1}$ e $P = (x,y)_{\Sigma_1} = (u,v)_{\Sigma_2}$, a versão para este caso da fórmula [21-3] é

$$\begin{cases} x = h + u \\ y = k + v \end{cases} \qquad [23\text{-}3]$$

As equações [23-3] são chamadas **equações da translação de Σ_1 para o ponto O'** e estão ilustradas na Figura 23-1 (b), no caso em que h, k, x e y são positivos.

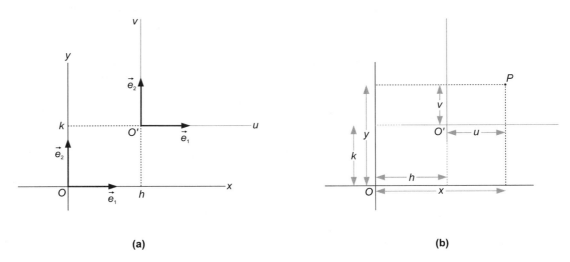

(a)   (b)

Figura 23-1

Vejamos agora que alterações sofre $g(x,y) = ax^2 + bxy + cy^2 + dx + ey + f$ quando fazemos a mudança de coordenadas [23-3]. Seja g' a função polinomial tal que $g'(u,v) = g(h + u, k + v)$. Substituindo x por $h + u$ e y por $k + v$ em $g(x,y)$, desenvolvendo os quadrados e ordenando as potências de u e v, obtemos, para $g'(u,v)$, a expressão

$$au^2 + buv + cv^2 + (2ah + bk + d)u + (bh + 2ck + e)v + ah^2 + bhk + ck^2 + dh + ek + f$$

ou seja, observando que o termo independente é $g(h,k)$,

$$g'(u,v) = au^2 + buv + cv^2 + (2ah + bk + d)u + (bh + 2ck + e)v + g(h,k) \qquad \text{[23-4]}$$

Como vimos na Seção A, interessa-nos eliminar os termos lineares em u e v: procuramos valores de h e k tais que $2ah + bk + d = 0$ e $bh + 2ck + e = 0$. Por conveniência, dividiremos todos os membros por 2, obtendo o sistema linear

$$\begin{cases} ah + \dfrac{b}{2}k + \dfrac{d}{2} = 0 \\[2mm] \dfrac{b}{2}h + ck + \dfrac{e}{2} = 0 \end{cases} \qquad \text{[23-5]}$$

Se o determinante dos coeficientes

$$\begin{vmatrix} a & b/2 \\ b/2 & c \end{vmatrix} = ac - \dfrac{b^2}{4} \qquad \text{[23-6]}$$

é diferente de 0, o sistema tem solução única; se o determinante é nulo, o sistema pode ter infinitas soluções ou ser incompatível. Neste último caso, é impossível eliminar os termos lineares por meio de uma translação.

Se (h,k) é uma solução de [23-5], a expressão de $g(h,k)$ pode ser simplificada:

$$g(h,k) = ah^2 + bhk + ck^2 + dh + ek + f$$

$$= ah^2 + \frac{b}{2}hk + \frac{b}{2}hk + ck^2 + \frac{d}{2}h + \frac{d}{2}h + \frac{e}{2}k + \frac{e}{2}k + f$$

$$= h(ah + \frac{b}{2}k + \frac{d}{2}) + k(\frac{b}{2}h + ck + \frac{e}{2}) + \frac{d}{2}h + \frac{e}{2}k + f$$

$$= h \cdot 0 + k \cdot 0 + \frac{d}{2}h + \frac{e}{2}k + f = \frac{d}{2}h + \frac{e}{2}k + f$$

e portanto a expressão de $g'(u,v)$ em [23-4] fica

$$g'(u,v) = au^2 + buv + cv^2 + \frac{d}{2}h + \frac{e}{2}k + f \qquad \text{[23-7]}$$

Eis um modo prático de obter essa expressão.

- Escreve-se M_3 (veja [23-2]). Utilizando as duas primeiras linhas, escreve-se [23-5].
- Obtidos h e k, a terceira linha da matriz permite escrever a expressão simplificada de $g(h,k)$.
- Os coeficientes dos termos quadráticos são os mesmos em $g'(u,v)$ e $g(x,y)$.

23-3 Exercício Resolvido

Usando uma translação, procure transformar $g(x,y)$ de modo que os coeficientes dos termos lineares passem a ser nulos.

(a) $g(x,y) = x^2 + 2y^2 - 4x - 4y - 1$
(b) $g(x,y) = 3x^2 + 12xy + 12y^2 - 2x - 4y - 9$
(c) $g(x,y) = x^2 - 6x - 5y + 14$

Resolução

(a) Os coeficientes da função polinomial são: $a = 1$, $b = 0$, $c = 2$, $d = -4$, $e = -4$, $f = -1$. Logo, a matriz de g é

$$M_3 = \begin{bmatrix} 1 & 0 & -2 \\ 0 & 2 & -2 \\ -2 & -2 & -1 \end{bmatrix}$$

Olhando para as duas primeiras linhas, escrevemos o sistema [23-5]

$$\begin{cases} 1 \cdot h + 0k - 2 = 0 \\ 0 \cdot h + 2k - 2 = 0 \end{cases}$$

cuja solução é $h = 2$, $k = 1$. Olhando para a terceira linha de M_3 e utilizando esses valores, obtemos $g(2,1) = (-2) \cdot 2 + (-2) \cdot 1 - 1 = -7$. Lembrando que os coeficientes dos termos quadráticos não se alteram no processo, obtemos, finalmente,

$$g'(u,v) = u^2 + 2v^2 - 7 \qquad \blacktriangleleft$$

(b) Os coeficientes de $g(x,y)$ são: $a = 3, b = 12, c = 12, d = -2, e = -4, f = -9$, e a matriz de g é

$$M_3 = \begin{bmatrix} 3 & 6 & -1 \\ 6 & 12 & -2 \\ -1 & -2 & -9 \end{bmatrix}$$

Com o auxílio das duas primeiras linhas de M_3, escrevemos o sistema [23-5]:

$$\begin{cases} 3h + 6k - 1 = 0 \\ 6h + 12k - 2 = 0 \end{cases}$$

que se reduz a uma única equação, pois a segunda é a primeira multiplicada membro a membro por 2. Logo, existem infinitas soluções. Escolhemos uma qualquer, por exemplo, $h = 0$, $k = 1/6$, e calculamos $g(0,1/6)$ observando a terceira linha de M_3: $g(0,1/6) = (-1) \cdot 0 + (-2) \cdot 1/6 - 9 = -28/3$. Portanto, como os coeficientes dos termos quadráticos não são alterados pela translação,

$$g'(u,v) = 3u^2 + 12uv + 12v^2 - 28/3 \qquad \blacktriangleleft$$

Pode-se demonstrar que, quando [23-5] é indeterminado, como neste caso, a escolha arbitrária da solução não interfere no resultado; veja o Exercício 23-10.

(c) A matriz de g, neste caso, é

$$M_3 = \begin{bmatrix} 1 & 0 & -3 \\ 0 & 0 & -5/2 \\ -3 & -5/2 & 14 \end{bmatrix}$$

Como nos itens anteriores, escrevemos, com o auxílio das duas primeiras linhas,

$$\begin{cases} 1 \cdot h + 0 \cdot k - 3 = 0 \\ 0 \cdot h + 0 \cdot k - 5/2 = 0 \end{cases}$$

Como esse sistema é incompatível, não é possível eliminar os termos lineares por meio de uma translação. $\blacktriangleleft$

356 – Geometria Analítica – um tratamento vetorial

Exercício

23-1 Usando uma translação, procure transformar $g(x,y)$ de modo que os coeficientes dos novos termos lineares sejam nulos.

(a) $g(x,y) = 12x^2 + 8xy - 3y^2 + 64x + 30y$

(b) $g(x,y) = 2x^2 - 4xy - y^2 - 4x - 8y + 14$

(c) $g(x,y) = 4x^2 - 4xy + y^2 - 4x - 30y + 175$

(d) $g(x,y) = 7x^2 + 28xy + 28y^2 - 2x - 4y - 1$

No Capítulo 22, ficou evidenciada a importância das simetrias da elipse, da hipérbole e da parábola, em particular a simetria das duas primeiras em relação ao seu centro. Vamos estender o conceito de centro para uma cônica não-vazia qualquer.

23-4 Definição Um ponto C é **centro** de uma cônica não-vazia se, para todo ponto P que pertence à cônica, o simétrico de P em relação a C também pertence.

Consideremos, por exemplo, o caso em que a função polinomial g de [23-1] não contém termos lineares (isto é, $d = e = 0$). Então, todos os expoentes de x e y são pares e, portanto, $g(x,y) = g(-x,-y)$. Como $(-x,-y)$ é o simétrico de (x,y) em relação a $O = (0,0)$, isso significa que O é centro da cônica de equação $g(x,y) = 0$.

Com base nesse fato, podemos deduzir que, se g é uma função polinomial qualquer de segundo grau, todo ponto $C = (h,k)$ cujas coordenadas satisfazem [23-5] é centro da cônica de equação $g(x,y) = 0$; basta fazer uma translação para C: em relação ao novo sistema, cuja origem é C, a nova equação da cônica não conterá termos lineares e recairemos na situação anterior. A recíproca é verdadeira, e está demonstrada no Apêndice C (Proposições C-12, C-13 e C-14). Podemos, portanto, enunciar:

Se g é a função polinomial de [23-1], $C = (h,k)$ é centro da cônica não-vazia de equação $g(x,y) = 0$ se, e somente se, (h,k) é solução de [23-5].

Vejamos como essa propriedade pode facilitar o reconhecimento da cônica. É intuitivo que elipse, circunferência, hipérbole, conjunto formado por um único ponto e reunião de duas retas concorrentes são cônicas que possuem um único centro, ao passo que reta e reunião de duas retas paralelas possuem infinitos. A parábola, apesar de ter um eixo de simetria, não possui centro. Com base nesses fatos, podemos fazer uma pré-classificação da cônica de acordo com a quantidade de soluções do sistema [23-5]. Se houver uma única solução (devido a [23-6], isso ocorre se, e somente se, $4ac - b^2 \neq 0$), a cônica certamente não será parábola, nem reta, nem reunião de duas retas paralelas. Reduzem-se de nove para seis as possibilidades. Se, por outro lado, $4ac - b^2 = 0$, o sistema [23-5] pode ter infinitas soluções (indicando, por exclusão, que as possibilidades se reduzem a três: conjunto vazio, reta e reunião de duas retas paralelas), ou pode ser incompatível, caso em que, se não for o conjunto vazio, a cônica é certamente uma parábola. Resumindo:

$4ac - b^2 \neq 0$	vazio, ponto, circunferência, elipse, hipérbole, ou reunião de duas retas concorrentes
$4ac - b^2 = 0$	vazio, reta ou reunião de duas retas paralelas (se [23-5] é indeterminado)
$4ac - b^2 = 0$	vazio ou parábola (se [23-5] é incompatível)

23-5 *Exercício Resolvido*

Considere o gráfico da função quadrática $y = ax^2 + bx + c$, que é a cônica de equação $ax^2 + bx - y + c = 0$.

(a) Faça uma translação de eixos para mostrar que a cônica é uma parábola e determine o foco, o vértice, a diretriz, o eixo e o parâmetro em função dos coeficientes a, b, c.

(b) Deduza uma condição sobre a, b e c para que a parábola intercepte o eixo Ox e obtenha as coordenadas dos pontos de interseção.

Resolução

Como você deve ter percebido ao ler o enunciado, queremos relacionar o assunto deste capítulo ao que se estuda no curso médio a respeito da função quadrática.

(a) Comecemos completando quadrados:

$$\begin{aligned} ax^2 + bx &= a(x^2 + \frac{b}{a}x) \\ &= a(x^2 + \frac{b}{a}x + \frac{b^2}{4a^2} - \frac{b^2}{4a^2}) \\ &= a[(x + \frac{b}{2a})^2 - \frac{b^2}{4a^2}] \\ &= a(x + \frac{b}{2a})^2 - \frac{b^2}{4a} \end{aligned}$$

Portanto,

$$\begin{aligned} y &= ax^2 + bx + c \\ &= a(x + \frac{b}{2a})^2 - \frac{b^2}{4a} + c \\ &= a(x + \frac{b}{2a})^2 + \frac{4ac - b^2}{4a} \\ &= a(x + \frac{b}{2a})^2 - \frac{\Delta}{4a} \end{aligned}$$

em que Δ indica, como é tradicional, o discriminante $b^2 - 4ac$; essa equação é equivalente a

$$y + \frac{\Delta}{4a} = a(x + \frac{b}{2a})^2 \qquad \text{[23-8]}$$

Façamos a translação do sistema de coordenadas para $O' = (-b/2a, -\Delta/4a)$. As equações de translação são

$$x = \frac{-b}{2a} + u \qquad\qquad y = \frac{-\Delta}{4a} + v$$

e a nova equação da cônica é $v = au^2$, isto é, $u^2 = v/a$. De acordo com o Capítulo 22, trata-se de uma parábola de parâmetro $p = 1/4|a|$, de vértice O' e foco no eixo Ov (no semi-eixo positivo se $a > 0$, no semi-eixo negativo se $a < 0$).

Em relação ao sistema novo, o foco é $F = (0, 1/4a)$, a diretriz, r: $v = -1/4a$, e o eixo, s: $u = 0$. Logo, em relação ao sistema antigo,

$$F = (\frac{-b}{2a}, \frac{1-\Delta}{4a}) \qquad V = (\frac{-b}{2a}, \frac{-\Delta}{4a}) \qquad r: y = \frac{-1-\Delta}{4a} \qquad s: x = \frac{-b}{2a} \quad \blacktriangleleft$$

(b) Um ponto $X = (x, y)$ pertence à interseção da parábola com Ox se, e somente se, $y = 0$ e X satisfaz [23-8], isto é,

$$\frac{\Delta}{4a^2} = (x + \frac{b}{2a})^2$$

Uma condição necessária e suficiente para que exista X nessas condições é $\Delta \geq 0$, e nesse caso

$$x = \frac{-b}{2a} + \frac{\sqrt{\Delta}}{2a} \qquad\qquad \text{ou} \qquad\qquad x = \frac{-b}{2a} - \frac{\sqrt{\Delta}}{2a}$$

(Essas expressões, nossas velhas conhecidas, fornecem as abscissas dos pontos de interseção da parábola com Ox, ou seja, as raízes do trinômio de segundo grau.) Então, a condição requerida é $\Delta = b^2 - 4ac \geq 0$, e os pontos de interseção,

$$P = (\frac{-b + \sqrt{\Delta}}{2a}, 0) \qquad \text{e} \qquad Q = (\frac{-b - \sqrt{\Delta}}{2a}, 0)$$

(distintos, se $\Delta > 0$, e coincidentes, se $\Delta = 0$). $\quad\blacktriangleleft$

Observe ainda que o ponto médio de PQ é $M = (-b/2a, 0)$, que pertence ao eixo da parábola.

C ROTAÇÃO E ELIMINAÇÃO DO TERMO QUADRÁTICO MISTO

Podemos considerar mudanças de sistema de coordenadas no plano π lançando mão do recurso de estender os sistemas a $\mathbb{E}^3$ e utilizar os resultados do Capítulo 21. Apliquemos essa idéia às rotações.

Dados um número θ do intervalo $[0,2\pi]$ e um sistema ortogonal de coordenadas $\Sigma_1 = (O,\vec{e}_1,\vec{e}_2)$ no plano, consideremos o sistema ortogonal $\Sigma_1' = (O,\vec{e}_1,\vec{e}_2,\vec{e}_1\wedge\vec{e}_2)$ em $\mathbb{E}^3$ e o sistema obtido dele por uma rotação de θ radianos em torno de Oz, que indicamos por $\Sigma_2' = (O,\vec{f}_1,\vec{f}_2,\vec{e}_1\wedge\vec{e}_2)$. Seja $\Sigma_2 = (O,\vec{f}_1,\vec{f}_2)$. Como vimos no Capítulo 21 (equações [21-10]), as equações de mudança de coordenadas de Σ_1' para Σ_2' são

$$x = u\cos\theta - v\sen\theta$$
$$y = u\sen\theta + v\cos\theta$$
$$z = w$$

De volta a π, basta ignorar a terceira coordenada, pois, se P é um ponto de π, então $P = (x,y)_{\Sigma_1}$ se, e somente se, $P = (x,y,0)_{\Sigma_1'}$, e $P = (u,v)_{\Sigma_2}$ se, e somente se, $P = (u,v,0)_{\Sigma_2'}$. Diremos que Σ_2 foi **obtido de Σ_1 por rotação de θ radianos, em sentido anti-horário** (Figura 23-2), e que

$$\begin{cases} x = u\cos\theta - v\sen\theta \\ y = u\sen\theta + v\cos\theta \end{cases} \qquad \text{[23-9]}$$

são as **equações de rotação**. Este mesmo procedimento poderia ter sido utilizado para as translações, na Seção B. Porém, pela simplicidade daquele caso, preferimos tratá-lo diretamente.

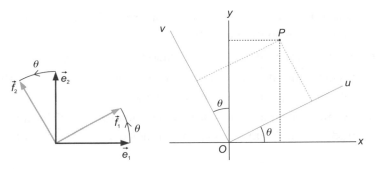

Figura 23-2

Resolvendo o sistema das equações [23-9] nas incógnitas u e v, você obterá as expressões das coordenadas novas em relação às antigas:

$$\begin{cases} u = x\cos\theta + y\sen\theta \\ v = -x\sen\theta + y\cos\theta \end{cases} \qquad \text{[23-10]}$$

Se preferir, você pode escrever matricialmente as relações [23-9] e [23-10]:

$$\begin{bmatrix} x \\ y \end{bmatrix} = M \begin{bmatrix} u \\ v \end{bmatrix} \qquad \begin{bmatrix} u \\ v \end{bmatrix} = M^{-1} \begin{bmatrix} x \\ y \end{bmatrix}$$

e usar o fato de que a matriz de mudança de base

$$M = \begin{bmatrix} \cos\theta & -\text{sen}\theta \\ \text{sen}\theta & \cos\theta \end{bmatrix}$$

é ortogonal, isto é, $M^{-1} = M^t$.

Vejamos como uma rotação afeta a função polinomial $g(x,y) = ax^2 + bxy + cy^2 + dx + ey + f$. Substituindo x e y por suas expressões [23-9] e utilizando as conhecidas identidades trigonométricas sen$2\theta = 2\text{sen}\theta\cos\theta$ e $\cos 2\theta = \cos^2\theta - \text{sen}^2\theta$, obtemos

$$g(x,y) = g'(u,v) = a'u^2 + b'uv + c'v^2 + d'u + e'v + f'$$

em que

$$\begin{aligned} a' &= a\cos^2\theta + b\text{sen}\theta\cos\theta + c\text{sen}^2\theta \\ b' &= (c-a)\text{sen}2\theta + b\cos 2\theta \\ c' &= a\text{sen}^2\theta - b\text{sen}\theta\cos\theta + c\cos^2\theta \\ d' &= d\cos\theta + e\text{sen}\theta \\ e' &= -d\text{sen}\theta + e\cos\theta \\ f' &= f \end{aligned} \qquad \textbf{[23-11]}$$

Notemos, desde já, que
- se a equação original não apresenta termos lineares (isto é, se $d = e = 0$), o mesmo sucede com a nova equação ($d' = e' = 0$);
- o termo independente não é afetado pela rotação, pois $f' = f$;
- as expressões de d' e e' são semelhantes às igualdades [23-10] (troque x por d, y por e, u por d', v por e'), o que facilita sua memorização.

Vamos procurar valores de θ para os quais $b' = 0$. Naturalmente, estamos supondo $b \neq 0$; logo, da expressão de b' em [23-11] concluímos que $b' = 0$ se, e somente se,

$$\text{cotg}2\theta = \frac{a-c}{b} \qquad \textbf{[23-12]}$$

É possível simplificar o cálculo de a' e c'. Observemos que, devido a [23-11],

$$a' + c' = a(\cos^2\theta + \text{sen}^2\theta) + c(\text{sen}^2\theta + \cos^2\theta) = a + c$$

$$\begin{aligned} a' - c' &= a(\cos^2\theta - \text{sen}^2\theta) + 2b\text{sen}\theta\cos\theta + c(\text{sen}^2\theta - \cos^2\theta) \\ &= a\cos 2\theta + b\text{sen}2\theta - c\cos 2\theta = (a-c)\cos 2\theta + b\text{sen}2\theta \end{aligned}$$

Logo, se θ satisfaz [23-12], então

$$a' - c' = b\text{cotg}2\theta\cos 2\theta + b\text{sen}2\theta = b\left(\frac{\cos^2 2\theta}{\text{sen}2\theta} + \text{sen}2\theta\right) = \frac{b(\cos^2 2\theta + \text{sen}^2 2\theta)}{\text{sen}2\theta} = \frac{b}{\text{sen}2\theta}$$

Assim, conhecendo $\text{cotg}2\theta$ (obtida de [23-12]), calculamos sen2θ e obtemos a' e c' resolvendo o sistema

Capítulo 23 — Cônicas — 361

$$\begin{cases} a' + c' = a + c \\ a' - c' = \dfrac{b}{\text{sen}2\theta} \end{cases} \qquad \text{[23-13]}$$

Podemos utilizar a identidade $\text{sen}^2 2\theta = 1/(1 + \text{cotg}^2 2\theta)$ para calcular $\text{sen}2\theta$, e na extração da raiz quadrada coloca-se a questão do sinal. Note que 2θ pode ser escolhido no intervalo $]0,\pi[$, não importa qual seja o valor obtido para $\text{cotg}2\theta$, e neste caso $\text{sen}2\theta > 0$ (e $0 < \theta < \pi/2$). Daremos preferência para esta escolha, de modo que $\text{sen}2\theta = 1/\sqrt{1 + \text{cotg}^2 2\theta}$. Veja, no Exercício 23-2, uma alternativa para obter a segunda equação de [23-13].

Se $d \neq 0$ ou $e \neq 0$, é necessário calcular d' e e'. Neste caso, as identidades trigonométricas $\text{sen}^2\theta + \cos^2\theta = 1$ e $\cos 2\theta = \cos^2\theta - \text{sen}^2\theta$ ajudam no cálculo de $\text{sen}\theta$ e $\cos\theta$ (note que o valor de $\cos 2\theta$ está à mão: $\cos 2\theta = \text{cotg}2\theta \, \text{sen}2\theta$).

Como se vê, *é sempre possível*, por meio de uma rotação conveniente, obter uma nova equação da cônica que não contenha o termo quadrático misto. Bem diferente do que ocorreu na Seção B: lá, mostramos que o método de eliminação dos termos lineares por meio de uma translação nem sempre chega a bom termo, pois há casos em que o sistema [23-5] é incompatível.

EXERCÍCIO 23-2 Mostre que, se θ satisfaz [23-12], então $b^2/\text{sen}^2 2\theta = b^2 + (a-c)^2$. Conclua que, se 2θ é escolhido em $]0,\pi[$, então $a' - c' = \sqrt{b^2 + (a-c)^2}$ quando $b > 0$ e $a' - c' = -\sqrt{b^2 + (a-c)^2}$ quando $b < 0$ (portanto, $a' - c'$ e b têm mesmo sinal).

23-6 *Exercício Resolvido* Utilize uma rotação para que a nova expressão de g não contenha o termo quadrático misto.

(a) $g(x,y) = 52x^2 - 72xy + 73y^2 - 400$

(b) $g(x,y) = 4x^2 + 4\sqrt{5}xy + 5y^2 - 12\sqrt{5}x + 24y - 36$

Resolução

(a) Da expressão de $g(x,y)$ obtemos $a = 52$, $b = -72$, $c = 73$, $d = e = 0$, $f = -400$. Apliquemos [23-12]:

$$\text{cotg}2\theta = \frac{a-c}{b} = \frac{52-73}{-72} = \frac{-21}{72} = \frac{7}{24} > 0$$

Vamos escolher 2θ em $]0,\pi[$; então,

$$\text{sen}2\theta = \frac{1}{\sqrt{1 + \text{cotg}^2 2\theta}} = \frac{1}{\sqrt{1 + (7/24)^2}} = \frac{24}{25}$$

e o sistema [23-13] fica

$$\begin{cases} a' + c' = 125 \\ a' - c' = -75 \end{cases}$$

Logo, $a' = 25$ e $c' = 100$. Como $d = e = 0$, os coeficientes d' e e' também são nulos, e como o termo independente não é alterado por rotações, $f' = f = -400$. Portanto, $g'(u,v) = 25u^2 + 100v^2 - 400$. ◀

(b) Os coeficientes são $a = 4$, $b = 4\sqrt{5}$, $c = 5$, $d = -12\sqrt{5}$, $e = 24$, $f = -36$. Por [23-12], $\cotg 2\theta = -1/4\sqrt{5}$ e, se escolhermos 2θ no intervalo $]0,\pi[$,

$$\sen 2\theta = \frac{1}{\sqrt{1 + \cotg^2 2\theta}} = \frac{4\sqrt{5}}{9}$$

O sistema [23-13] é formado, pois, pelas equações $a' + c' = 9$ e $a' - c' = 9$, e sua solução é $a' = 9$, $c' = 0$. Para calcular d' e e' utilizando [23-11], é necessário conhecer $\cos\theta$ e $\sen\theta$. Como $\cos^2\theta - \sen^2\theta = \cos 2\theta = \cotg 2\theta \sen 2\theta = -1/9$, $\sen\theta$ e $\cos\theta$ satisfazem as relações

$$\cos^2\theta - \sen^2\theta = \cos 2\theta = \frac{-1}{9} \qquad \sen^2\theta + \cos^2\theta = 1$$

e são positivos, já que $0 < 2\theta < \pi$ acarreta $0 < \theta < \pi/2$. Logo, $\cos\theta = 2/3$ e $\sen\theta = \sqrt{5}/3$, e, por [23-11],

$$d' = d\cos\theta + e\sen\theta = -12\sqrt{5}\,\frac{2}{3} + 24\,\frac{\sqrt{5}}{3} = 0$$

$$e' = -d\sen\theta + e\cos\theta = 12\sqrt{5}\,\frac{\sqrt{5}}{3} + 24\,\frac{2}{3} = 36$$

O termo independente não se altera por rotação; logo, $f' = -36$. Como $b' = 0$ (razão de ser de tudo isto), $g'(u,v) = 9u^2 + 36v - 36$. ◀

Exercício 23-3 Faça uma rotação conveniente para eliminar o termo quadrático misto nos casos:

(a) $g(x,y) = 13x^2 + 6xy + 21y^2$

(b) $g(x,y) = 4x^2 - 4xy + y^2 - 8\sqrt{5}x - 16\sqrt{5}y$

23-7 Observação Eis outro modo de obter a' e c'. Vimos que $a' + c' = a + c$. Com um pouco de traquejo em Trigonometria, pode-se provar, utilizando [23-11], que $a'c' - b'^2/4 = ac - b^2/4$. Se escolhermos θ de modo que $b' = 0$, essa igualdade fica $a'c' = ac - b^2/4$. Portanto, a' e c' são raízes da equação $\lambda^2 - (a+c)\lambda + ac - b^2/4 = 0$, que pode ser escrita na forma (mais fácil de memorizar)

$$\begin{vmatrix} a - \lambda & b/2 \\ b/2 & c - \lambda \end{vmatrix} = 0$$

(O enfoque é típico da Álgebra Linear, em que esse método é generalizado para dimensões maiores. Lá, a' e c' recebem o nome de *autovalores*, ou *valores próprios da forma quadrática* $ax^2 + bxy + cy^2$.) Resolvida a equação de segundo grau em λ, decidimos qual das raízes é a' e qual é c', lembrando que, se 2θ é escolhido em $]0,\pi[$, $a' - c'$ e b são de mesmo sinal. No item (a) do Exercício Resolvido 23-6, por exemplo, a equação de segundo grau é $\lambda^2 - 125\lambda + 2500 = 0$, cujas raízes são 25 e 100. Como $b = -72$, $a' - c'$ é negativo, e portanto $a' = 25$ e $c' = 100$. Se tivéssemos escolhido 2θ no intervalo $]\pi,2\pi[$, $a' - c'$ teria sinal contrário ao de b (pois $\operatorname{sen}2\theta < 0$), acarretando $a' = 100$ e $c' = 25$.

D IDENTIFICAÇÃO E ESBOÇO DE UMA CÔNICA

Já estamos em condições de executar a estratégia descrita na Seção A para identificar e esboçar uma cônica, conhecendo sua equação. Recordemos: a idéia é eliminar o termo quadrático misto utilizando uma rotação e tentar eliminar os termos lineares utilizando uma translação. A equação obtida, com certeza mais simples, pode, eventualmente, ser transformada em uma das equações reduzidas conhecidas ou, pelo menos, em uma equação que favoreça a identificação da cônica. Para esta última etapa, dispomos dos recursos da Álgebra Elementar, incluídas as técnicas de completação de quadrados e de fatoração.

Vamos combinar que, se houver necessidade de um terceiro sistema de coordenadas, em relação a ele a abscissa de um ponto genérico será indicada por t e a ordenada, por w.

Por onde começar: pela translação ou pela rotação? Em princípio, tanto faz, já que se obtêm resultados equivalentes. Preferimos, no entanto, começar pela translação, porque, se ela tiver sucesso, não teremos o trabalho de calcular d' e e' ao fazer a rotação. Você pode pensar que, se a translação não for bem-sucedida, teremos perdido tempo, mas não é o caso; o fato de não existir solução para o sistema [23-5] está carregado de significado, pois ocorre somente se a cônica for o conjunto vazio ou uma parábola. Sete possibilidades descartadas de uma vez!

Começando pela translação, o que podemos esperar? Se conseguirmos eliminar os termos lineares e fizermos em seguida a rotação, a equação final obtida terá a forma $a''t^2 + c''w^2 + f'' = 0$, e, como veremos nos exercícios resolvidos, sua identificação será bem fácil. Se não conseguirmos, obteremos, após a rotação, $a'u^2 + c'v^2 + d'u + e'v + f' = 0$, em que d' e e' não são ambos nulos, o mesmo acontecendo com a' e c'. Se a esta altura ainda não reconhecemos a cônica, completar quadrados pode sugerir uma translação capaz de eliminar um dos termos lineares, facilitando a identificação. Veja, no Apêndice C, o método alternativo de identificação.

23-8 *Exercício Resolvido*

Identifique e esboce a cônica de equação $4x^2 - 4xy + 7y^2 + 12x + 6y - 9 = 0$.

Resolução

Os coeficientes do primeiro membro são $a = 4$, $b = -4$, $c = 7$, $d = 12$, $e = 6$, $f = -9$. Logo, $4ac - b^2 \neq 0$ e a cônica certamente não é parábola, nem reta, nem reunião de duas retas paralelas. A matriz da função polinomial é

$$M_3 = \begin{bmatrix} 4 & -2 & 6 \\ -2 & 7 & 3 \\ 6 & 3 & -9 \end{bmatrix}$$

e o sistema [23-5], obtido da inspeção das duas primeiras linhas, é

$$\begin{cases} 4h - 2k + 6 = 0 \\ -2h + 7k + 3 = 0 \end{cases}$$

e tem solução única: $h = -2$, $k = -1$. O termo independente da nova equação, obtido a partir dos elementos da terceira linha e dos valores de h e k, é $6(-2) + 3(-1) - 9 = -24$. Como uma translação não altera os coeficientes dos termos quadráticos, podemos escrever a nova equação:

$$4u^2 - 4uv + 7v^2 - 24 = 0$$

Vamos eliminar o termo quadrático misto. De [23-12], obtemos $\cotg 2\theta = 3/4$, e, portanto, escolhendo 2θ em $]0,\pi[$, $\sen 2\theta = 1/\sqrt{1 + \cotg^2 2\theta} = 4/5$. O sistema [23-13] fica

$$\begin{cases} a' + c' = 11 \\ a' - c' = -5 \end{cases}$$

e sua solução é $a' = 3$, $c' = 8$. O termo independente não é afetado pela rotação e continua sendo -24; os coeficientes dos termos lineares são nulos antes da rotação e assim continuam, devido a [23-11]. O coeficiente do termo quadrático misto é nulo, pois esse é o efeito pretendido da rotação.

Com isso, podemos escrever a novíssima equação da cônica, isto é, a equação em relação ao terceiro sistema de coordenadas:

$$3t^2 + 8w^2 - 24 = 0$$

ou, na forma reduzida,

$$\frac{t^2}{8} + \frac{w^2}{3} = 1$$

Trata-se, pois, de uma elipse. ◄

Após ter estudado o Capítulo 22, você já sabe como esboçar a elipse em relação ao terceiro sistema de coordenadas. Interessa-nos, porém, relacionar esse esboço com o sistema de coordenadas inicial, e para isso vamos desenhar os eixos $O't$ e $O'w$ em relação ao sistema cujos eixos são Ox e Oy. Acompanhe na Figura 23-3:

- Marcamos o ponto O', cujas coordenadas no sistema antigo são $h = -2$ e $k = -1$.
- Desenhamos o triângulo retângulo destacado na figura, cujos catetos medem 3 e 4. Como $\cotg 2\theta = 3/4$, sua hipotenusa forma com $O'u$ um ângulo de medida 2θ.
- Desenhamos $O't$, que contém a bissetriz daquele ângulo.
- Desenhamos $O'w$, perpendicular a $O't$. ◄

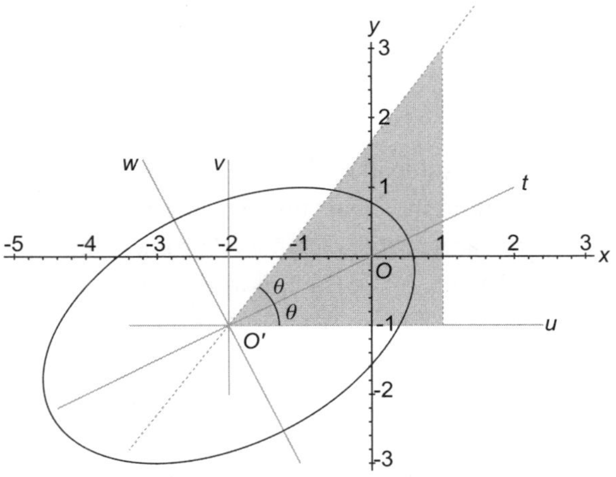

$$4x^2 - 4xy + 7y^2 + 12x + 6y - 9 = 0$$

Figura 23-3

23-9 Exercício Resolvido

Identifique e faça o esboço da cônica de equação $x^2 - 4xy + 4y^2 - 6x + 12y + 8 = 0$.

Resolução

Os coeficientes do primeiro membro são $a = 1$, $b = -4$, $c = 4$, $d = -6$, $e = 12$, $f = 8$. Como $4ac - b^2 = 0$, as possibilidades para esta cônica são: Ø, reta, reunião de duas retas paralelas e parábola. A matriz da função polinomial é

$$M_3 = \begin{bmatrix} 1 & -2 & -3 \\ -2 & 4 & 6 \\ -3 & 6 & 8 \end{bmatrix}$$

O sistema [23-5], neste caso, é

$$\begin{cases} h - 2k - 3 = 0 \\ -2h + 4k + 6 = 0 \end{cases}$$

e tem infinitas soluções, pois a segunda equação é múltipla da primeira. Escolhamos, por exemplo, a solução $h = 1$, $k = -1$. Os termos quadráticos da equação nova têm os mesmos coeficientes que os da antiga, e o termo independente é obtido a partir dos valores de h e k e da terceira linha da matriz M_3: $-3 \cdot 1 + 6(-1) + 8 = -1$. Portanto, uma equação da cônica em relação ao sistema novo é

$$u^2 - 4uv + 4v^2 - 1 = 0$$

Vamos agora eliminar o termo quadrático misto. De [23-12] decorre $\cotg 2\theta = 3/4$; escolhemos 2θ no intervalo $]0,\pi[$, e portanto $\sen 2\theta = 1/\sqrt{1 + \cotg^2 2\theta} = 4/5$. O sistema [23-13] fica

$$\begin{cases} a' + c' = 5 \\ a' - c' = -5 \end{cases}$$

e sua solução é $a' = 0$, $c' = 5$. A nova equação da cônica é, portanto, $0t^2 + 5w^2 - 1 = 0$ (lembremos mais uma vez: a rotação não afeta o termo independente e não cria termos lineares, isto é, se antes da rotação não havia termos lineares, após a rotação também não há). A cônica é, portanto, a reunião das retas (paralelas a $O't$)

$$r_1: w = \frac{1}{\sqrt{5}} \quad \text{e} \quad r_2: w = \frac{-1}{\sqrt{5}} \quad \blacktriangleleft$$

Para desenhar os eixos $O't$ e $O'w$ em relação ao sistema inicial, de eixos Ox e Oy, procedemos como no Exercício Resolvido 23-8. As coordenadas antigas de O' são $h = 1$ e $k = -1$. A hipotenusa do triângulo retângulo destacado na Figura 23-4, de catetos 3 e 4, forma com $O'u$ um ângulo de medida 2θ, pois $\cotg 2\theta = 3/4$. Logo, $O't$ contém a bissetriz desse ângulo. $\blacktriangleleft$

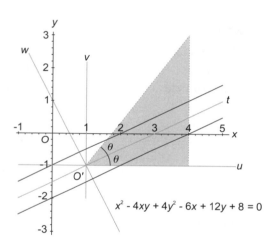

Figura 23-4

23-10 *Observação* (a) Às vezes há uma via rápida, que depende de percebermos uma fatoração. No exercício resolvido anterior, por exemplo, o primeiro membro da equação da cônica pode ser fatorado assim:

$$x^2 - 4xy + 4y^2 - 6x + 12y + 8 = (x - 2y)^2 - 6(x - 2y) + 8$$
$$= (x - 2y - 2)(x - 2y - 4)$$

Portanto, a equação dada equivale a [$x - 2y - 2 = 0$ ou $x - 2y - 4 = 0$], o que mostra que a cônica é a reunião das retas $s_1: x - 2y - 2 = 0$ e $s_2: x - 2y - 4 = 0$. Você pode verificar que estas são as retas r_1 e r_2 obtidas na resolução. Se não percebermos a fatoração, temos ainda uma segunda chance com a equação obtida após a translação: $u^2 - 4uv + 4v^2 - 1 = 0$ pode ser escrita $(u - 2v)^2 = 1$, que é equivalente a [$u - 2v = 1$ ou $u - 2v = -1$]. Novamente, são equações das retas r_1 e r_2, agora em relação ao segundo sistema de coordenadas.

(b) Outro recurso algébrico, nem sempre eficaz, é considerar a equação dada como equação de segundo grau em uma das variáveis (x ou y) e resolvê-la. Por exemplo:

$$x^2 - 4xy + 4y^2 - 6x + 12y + 8 = x^2 - (4y + 6)x + 4y^2 + 12y + 8 = 0$$

Neste caso, como o discriminante da equação é

$$\Delta = (4y + 6)^2 - 4(4y^2 + 12y + 8) = 4$$

obtém-se $x = (4y + 6 \pm 2)/2$, isto é, $x = 2y + 4$ ou $x = 2y + 2$, que são equações das retas r_1 e r_2.

23-11 Exercício Resolvido Identifique e esboce a cônica de equação $2x^2 + 4xy + 2y^2 - 6x - 6y + 5 = 0$.

Resolução

Neste caso, $4ac - b^2 = 0$, e as possibilidades são: vazio, reta, reunião de duas retas paralelas, parábola. A matriz da função polinomial e o sistema [23-5] são

$$M_3 = \begin{bmatrix} 2 & 2 & -3 \\ 2 & 2 & -3 \\ -3 & -3 & 5 \end{bmatrix}$$

$$\begin{cases} 2h + 2k - 3 = 0 \\ 2h + 2k - 3 = 0 \end{cases}$$

O sistema tem infinitas soluções e, portanto, não se trata de parábola. Uma delas, por exemplo, é $h = 0$, $k = 3/2$; com ela e com os elementos da terceira linha de M_3, calculamos o novo termo independente: $(-3)0 + (-3)(3/2) + 5 = 1/2$. A nova equação, com coeficientes dos termos quadráticos iguais aos da antiga, é

$$2u^2 + 4uv + 2v^2 + \frac{1}{2} = 0$$

Este caso ilustra bem a Observação 23-10 (a), pois é visível a fatoração

$$2u^2 + 4uv + 2v^2 = 2(u^2 + 2uv + v^2) = 2(u + v)^2$$

e a equação da cônica pode ser escrita sob a forma $2(u + v)^2 + 1/2 = 0$, mostrando que se trata do conjunto vazio (tente algo parecido com a equação original). ◄

Para exemplificar, no entanto, vale a pena prosseguir como se não houvéssemos percebido a possibilidade de fatorar, pois nem sempre ela existe ou é perceptível. Para eliminar o termo quadrático misto, podemos tomar $\theta = \pi/4$, pois [23-12] acarreta $\cotg 2\theta = 0$. Logo, $\sen 2\theta = 1$ e o sistema [23-13] fica

$$\begin{cases} a' + c' = 4 \\ a' - c' = 4 \end{cases}$$

Obtemos, assim, $a' = 4$, $c' = 0$. Quanto aos outros coeficientes, já sabemos: o termo independente é 1/2 (o mesmo de antes da rotação), o termo quadrático misto tem coeficiente nulo, e os termos lineares continuam ausentes. A nova equação da cônica é $4t^2 + 0 \cdot w^2 + 1/2 = 0$, ou seja, $4t^2 + 1/2 = 0$, que descreve o conjunto vazio.

EXERCÍCIO 23-4 Identifique e esboce a cônica, conhecendo sua equação.

(a) $3x^2 + 2xy + 3y^2 + 6\sqrt{2}\,x + 2\sqrt{2}\,y + 2 = 0$

(b) $x^2 + 4y^2 + 3\sqrt{3}\,xy - 1 = 0$

(c) $x^2 + 4xy + 4y^2 - 1 = 0$

(d) $7x^2 + 5y^2 + 2\sqrt{3}\,xy - (14 + 2\sqrt{3})x - (10 + 2\sqrt{3})y + 8 + 2\sqrt{3} = 0$

(e) $7x^2 + 6xy - y^2 + 28x + 12y + 28 = 0$

(f) $16x^2 - 108xy - 29y^2 + 260 = 0$

(g) $5x^2 + 2y^2 + 2xy + 2 = 0$

23-12 Exercício Resolvido Identifique e esboce a cônica de equação $x^2 - 2xy + y^2 - 2x - 2y + 1 = 0$.

Resolução

A matriz da função polinomial é

$$M_3 = \begin{bmatrix} 1 & -1 & -1 \\ -1 & 1 & -1 \\ -1 & -1 & 1 \end{bmatrix}$$

O sistema [23-5], que neste caso é

$$\begin{cases} h - k - 1 = 0 \\ -h + k - 1 = 0 \end{cases}$$

é incompatível. Não existe, portanto, uma translação que elimine os termos lineares (por isso, esta cônica é uma parábola ou o conjunto vazio).

Para a rotação, escolhemos $\theta = \pi/4$, pois de [23-12] decorre $\cotg 2\theta = 0$. Logo, $\sen 2\theta = 1$ e o sistema [23-13] fica

$$\begin{cases} a' + c' = 2 \\ a' - c' = -2 \end{cases}$$

Assim, $a' = 0$ e $c' = 2$. Sabemos também que $b' = 0$ e $f' = f = 1$. Para calcular d' e e', utilizamos [23-11]:

$$d' = d\cos\frac{\pi}{4} + e\sen\frac{\pi}{4} = -2\frac{\sqrt{2}}{2} - 2\frac{\sqrt{2}}{2} = -2\sqrt{2}$$

$$e' = -d\sen\frac{\pi}{4} + e\cos\frac{\pi}{4} = 2\frac{\sqrt{2}}{2} - 2\frac{\sqrt{2}}{2} = 0$$

A nova equação é, portanto, $0 \cdot u^2 + 2v^2 - 2\sqrt{2}u + 0 \cdot v + 1 = 0$ e descreve uma parábola, visto que pode ser colocada sob a forma

$$u = \frac{1}{\sqrt{2}}v^2 + \frac{1}{2\sqrt{2}}$$

(veja o Exercício Resolvido 23-5). Para obter uma equação reduzida, escrevemos

$$v^2 = \sqrt{2}u - \frac{1}{2} = \sqrt{2}(u - \frac{1}{2\sqrt{2}})$$

e notamos que a translação do sistema de coordenadas para o ponto $O' = (1/2\sqrt{2}, 0)$ ($u = t + 1/2\sqrt{2}$, $v = w$) transforma a equação em $w^2 = \sqrt{2}t$. Veja o esboço da cônica na Figura 23-5.

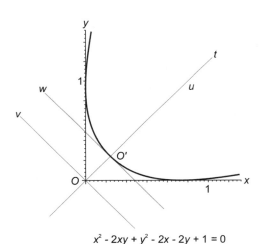

$x^2 - 2xy + y^2 - 2x - 2y + 1 = 0$

Figura 23-5

Exercício 23-5 (a) Mostre que, conforme sugere a Figura 23-5, os eixos Ox e Oy são tangentes à parábola.

(b) Utilize o resultado da parte (a) e o Exercício 22-144 para concluir que O pertence à diretriz.

23-13 Exercício Resolvido

Esboce a cônica de equação $16x^2 - 24xy + 9y^2 - 85x - 30y + 175 = 0$

Resolução

Como $4ac - b^2 = 0$, esta cônica é uma parábola, ou uma reta, ou a reunião de duas retas paralelas, ou o conjunto vazio. A matriz da função polinomial é

$$M_3 = \begin{bmatrix} 16 & -12 & -85/2 \\ -12 & 9 & -15 \\ -85/2 & -15 & 175 \end{bmatrix}$$

O sistema

$$\begin{cases} 16h - 12k - \dfrac{85}{2} = 0 \\ -12h + 9k - 15 = 0 \end{cases}$$

cujos coeficientes são os elementos das duas primeiras linhas da matriz, é incompatível. Não existe, pois, translação que elimine os termos lineares: trata-se de parábola ou do vazio.

Eliminemos o termo quadrático misto: de [23-12] obtemos cotg$2\theta = -7/24$, e, portanto (escolhendo 2θ em $]0,\pi[$), sen$2\theta = 1/\sqrt{1 + \text{cotg}^2 2\theta} = 24/25$. O sistema [23-13],

$$\begin{cases} a' + c' = 25 \\ a' - c' = -25 \end{cases}$$

fornece $a' = 0$ e $c' = 25$, e o termo independente não é afetado por rotação, de modo que $f' = 175$. Para obter d' e e' utilizando [23-11], devemos calcular senθ e cosθ. Como cos2θ = cotg2θsen$2\theta = -7/25$, senθ e cosθ satisfazem as relações

$$\cos^2\theta - \text{sen}^2\theta = \cos 2\theta = \dfrac{-7}{25} \qquad \text{e} \qquad \text{sen}^2\theta + \cos^2\theta = 1$$

e são positivos, pois se 2θ pertence a $]0,\pi[$, θ pertence a $]0,\pi/2[$. Logo, sen$\theta = 4/5$, cos$\theta = 3/5$ e, por [23-11],

$$d' = d\cos\theta + e\,\text{sen}\theta = (-85)\dfrac{3}{5} + (-30)\dfrac{4}{5} = -75$$

$$e' = -d\,\text{sen}\theta + e\cos\theta = -(-85)\dfrac{4}{5} + (-30)\dfrac{3}{5} = 50$$

Portanto, a nova equação é $25v^2 - 75u + 50v + 175 = 0$, ou seja, $v^2 - 3u + 2v + 7 = 0$, e a cônica é uma parábola, pois é o gráfico, em relação ao sistema novo, da função quadrática $u = v^2/3 + 2v/3 + 7/3$. Vamos obter uma equação reduzida completando quadrados: como $v^2 + 2v = v^2 + 2v + 1 - 1 = (v + 1)^2 - 1$, a equação obtida é equivalente a $(v + 1)^2 - 3u + 6 = 0$, ou seja, $(v + 1)^2 = 3(u - 2)$. A translação do sistema de coordenadas para o ponto $O' = (2,-1)$ transforma esta equação em $w^2 = 3t$ (as equações de translação são $u = t + 2$, $v = w - 1$). A parábola tem vértice O', foco no semi-eixo positivo dos t, parâmetro $p = 3/4$; é fácil esboçá-la no sistema cujos eixos são $O't$ e $O'w$. Para desenhar esses eixos em relação ao sistema inicial, traçamos a reta r (veja a Figura 23-6), que contém O e forma com Ox um ângulo de medida 2θ (note que $\pi/2 < 2\theta < \pi$, pois cotg$2\theta = -7/24 < 0$). O eixo Ou contém a bissetriz desse ângulo e, uma vez desenhados Ou e Ov, é fácil obter $O't$ e $O'w$, paralelos a eles.

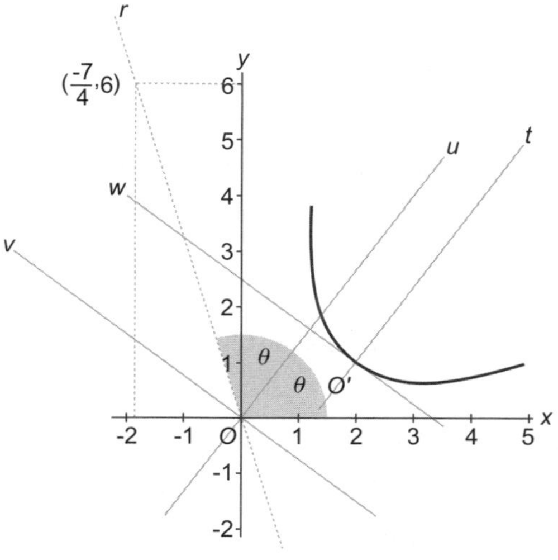

Capítulo 23 — Cônicas — 371

$16x^2 - 24xy + 9y^2 - 85x - 30y + 175 = 0$

Figura 23-6

EXERCÍCIOS

23-6 Faça o esboço da cônica descrita pela equação dada em cada caso.

(a) $x^2 + 2\sqrt{3}xy + 3y^2 + 8\sqrt{3}x - 8y + 32 = 0$

(b) $x^2 - 2xy + y^2 - 5\sqrt{2}x + 3\sqrt{2}y + 10 = 0$

23-7 Utilizando translações e rotações, reduza a equação a uma forma mais simples e identifique a cônica correspondente. Especifique a medida em radianos do ângulo de rotação utilizado.

(a) $32x^2 + 52xy - 7y^2 + 180 = 0$

(b) $7x^2 - 6\sqrt{3}xy + 13y^2 - 16 = 0$

(c) $x^2 - 5xy - 11y^2 - x + 37y + 52 = 0$

(d) $4x^2 - 4xy + y^2 - 8\sqrt{5}x - 16\sqrt{5}y = 0$

(e) $x^2 + y^2 - 2xy - 8\sqrt{2}x - 8\sqrt{2}y = 0$

(f) $8y^2 + 6xy - 12x - 26y + 11 = 0$

(g) $17x^2 - 12xy + 8y^2 = 0$

(h) $19x^2 + 6xy + 11y^2 + 38x + 6y + 29 = 0$

23-8 Identifique a cônica e, quando for o caso, obtenha seus parâmetros geométricos (*a*, *b*, *c* ou *p*) e determine, em relação ao sistema inicial, os elementos geométricos principais: centro, focos, vértices, eixos, assíntotas, diretriz etc.

(a) $3x^2 + 4xy + y^2 - 2x - 1 = 0$

(b) $7x^2 + 24xy - 256x - 192y + 1456 = 0$

(c) $5x^2 + 4xy + y^2 - 6x - 2y + 2 = 0$

(d) $2x^2 + 3y^2 - 8x + 6y - 7 = 0$

(e) $4x^2 - 4xy + y^2 - 6x + 3y + 2 = 0$

(f) $x^2 - 2xy + y^2 - 10x - 6y + 25 = 0$

(g) $x^2 + 4y^2 + 4xy + 2x + 4y + 1 = 0$

(h) $16x^2 + 16y^2 - 16x + 8y - 59 = 0$

23-9 Associe a cada equação de cônica da coluna da esquerda as equações de cônicas congruentes a ela da coluna da direita.

(a) $4x^2 + y^2 + 8x - 10y + 13 = 0$

(A) $y^2 - 4x = 0$

(b) $4x^2 - 3y^2 + 24x - 12y + 17 = 0$

(B) $x^2 + y^2 + 1 = 0$

(c) $4x^2 - 5y^2 + 12x + 40y + 29 = 0$

(C) $4x^2 - 5y^2 + 100 = 0$

(d) $y^2 - 4x + 10y + 13 = 0$

(D) $4x^2 + y^2 - 16 = 0$

(e) $4x^2 - 12xy + 9y^2 - 8\sqrt{13}x - 14\sqrt{13}y + 117 = 0$

(E) $x^2 + 2y^2 = 2$

(f) $3x^2 - 2xy + 3y^2 + 2\sqrt{2}x - 6\sqrt{2}y + 2 = 0$

(F) $4x^2 - 3y^2 - 7 = 0$

(g) $6x^2 - 4xy + 9y^2 - 20x - 10y - 5 = 0$

(G) $x^2 - 1 = 0$

(h) $25x^2 + 20xy + 4y^2 + 30x + 12y - 20 = 0$

(H) $x^2 + 2y^2 - 6 = 0$

23-10 Dada a função polinomial de segundo grau $g(x,y) = ax^2 + bxy + cy^2 + dx + ey + f$, prove que, se [23-5] tem infinitas soluções, o valor de $g(h,k)$ não depende da escolha da solução (h,k).

23-11 Seja **P** a parábola de equação $x^2 - 2xy + y^2 - (6 + \sqrt{2})x + (6 - \sqrt{2})y + 9 + \sqrt{2} = 0$. Obtenha uma equação da reta tangente a **P** no seu vértice.

23-12 Obtenha, em cada caso, equações das retas que contêm o ponto P e são tangentes à cônica.

(a) $2x^2 + 6xy + 2y^2 + 6x - 6y - 27 = 0$ $\quad P = ((6 - 3\sqrt{2})/2, (-6 + 9\sqrt{2})/2)$

(b) $x^2 + y^2 - 4x - 6y + 8 = 0$ $\quad P = (1,0)$

(c) $16x^2 - 24xy + 9y^2 + 125x + 100 = 0$ $\quad P = (-1,-3)$

(d) $13x^2 + 6\sqrt{3}xy + 7y^2 - 32 = 0$ $\quad P = (1 + \sqrt{3}/2, -\sqrt{3} + 1/2)$

23-14 *Observação*

Vamos refletir sobre a seguinte resolução alternativa do Exercício 23-11: reagrupamos os termos do primeiro membro da equação da parábola

$$x^2 - 2xy + y^2 - (6 + \sqrt{2})x + (6 - \sqrt{2})y + 9 + \sqrt{2}$$
$$= (x^2 - 2xy + y^2) - 6x + 6y - \sqrt{2}x - \sqrt{2}y + 9 + \sqrt{2}$$
$$= (x - y)^2 - 6(x - y) - \sqrt{2}(x + y) + 9 + \sqrt{2}$$

e fazemos a mudança de variáveis

$$u = x - y \qquad v = x + y \qquad \qquad \text{[23-14]}$$

Com isso, a equação se transforma em $u^2 - 6u + 9 = \sqrt{2}(v - 1)$, que pode ser escrita $(u - 3)^2 = \sqrt{2}(v - 1)$; fazemos então a translação do sistema para o ponto O', de abscissa $u = 3$ e ordenada $v = 1$. As equações de translação são $u = t + 3$, $v = w + 1$, e resulta $t^2 = \sqrt{2}w$, que é uma equação reduzida de parábola. Obtemos uma equação da reta tangente em O' em relação ao novíssimo sistema e voltamos ao sistema inicial.

Este procedimento está correto? Note que os pontos $O = (0,0)$ e $P = (1,1)$ (coordenadas no sistema antigo) têm suas coordenadas transformadas, respectivamente, em $(0,0)$ e $(0,2)$, e calculando $d(O,P)$ obtemos $\sqrt{2}$ em um caso e 2 no outro. Isso mostra que a mudança de variáveis [23-14] não corresponde a uma rotação e que, portanto, o procedimento não se justifica pelo que foi visto neste capítulo. No entanto, podemos interpretar [23-14] como uma "deformação" do plano, em que pontos são transformados em outros. Em linguagem mais precisa, trata-se da função $\varphi: \mathbb{R}^2 \to \mathbb{R}^2$ definida por $(u,v) = \varphi(x,y) = (x + y, x - y)$. Sugestivamente, funções como esta são chamadas de *transformações* de $\mathbb{R}^2$; o estudo das transformações e de suas aplicações à Geometria abre as portas para um vasto e maravilhoso mundo de idéias matemáticas. A transformação φ aqui utilizada deforma a parábola, mas tem a propriedade de preservar relações de tangência, e é por isso que esta resolução alternativa do Exercício 23-11 funciona (complete-a, para confirmar).

CAPÍTULO 24
SUPERFÍCIE ESFÉRICA

Neste capítulo aplica-se o conteúdo de capítulos anteriores (especialmente distância e perpendicularidade) ao estudo das superfícies esféricas.

A EQUAÇÕES DE UMA SUPERFÍCIE ESFÉRICA

Como sabemos da Geometria Euclidiana, dados um ponto C e um número real positivo ρ, a **superfície esférica S** de centro C e raio ρ é o lugar geométrico dos pontos X de $\mathbb{E}^3$ tais que $d(X,C) = \rho$, ou, equivalentemente, $d^2(X,C) = \rho^2$ (Figura 24-1).

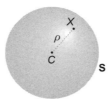

Figura 24-1

Em vista disso, e pelas razões que você já conhece bem, este é mais um capítulo em que utilizaremos apenas sistemas ortogonais de coordenadas. Fixemos, pois, um sistema ortogonal $\Sigma = (O,\vec{i},\vec{j},\vec{k})$ e suponhamos que, em relação a ele, $C = (x_0, y_0, z_0)$ e $X = (x,y,z)$. Então, X pertence a **S** se, e somente se,

$$(x - x_0)^2 + (y - y_0)^2 + (z - z_0)^2 = \rho^2 \qquad [24\text{-}1]$$

Esta equação é chamada **equação reduzida** da superfície esférica. Indica-se do modo habitual, **S**: $(x - x_0)^2 + (y - y_0)^2 + (z - z_0)^2 = \rho^2$. Assim, por exemplo, $(x + 1)^2 + (y - 2)^2 + z^2 = 4$ é equação reduzida da superfície esférica de centro $C = (-1,2,0)$ e raio $\rho = \sqrt{4} = 2$.

Desenvolvendo os quadrados em [24-1] e passando ρ^2 para o primeiro membro, obtemos

$$x^2 + y^2 + z^2 - 2x_0 x - 2y_0 y - 2z_0 z + x_0^2 + y_0^2 + z_0^2 - \rho^2 = 0$$

que é da forma

$$x^2 + y^2 + z^2 + ax + by + cz + d = 0 \qquad \text{[24-2]}$$

Uma equação da superfície esférica **S**, quando escrita sob esta forma, chama-se **equação geral** de **S**; indica-se **S**: $x^2 + y^2 + z^2 + ax + by + cz + d = 0$. Note que, na equação geral, os coeficientes de x^2, y^2 e z^2 são todos iguais a 1. Note também que o primeiro membro de [24-2] nada mais é do que a expressão em coordenadas de $d^2(X,C) - \rho^2$.

Nem toda equação da forma [24-2], no entanto, descreve uma superfície esférica. Considere, por exemplo, $x^2 + y^2 + z^2 + 1 = 0$ e $x^2 + y^2 + z^2 - 2z + 1 = 0$. A primeira, que não admite soluções reais, descreve o conjunto vazio; a segunda é satisfeita unicamente pelo ponto (0,0,1), pois é equivalente a $x^2 + y^2 + (z - 1)^2 = 0$. Para descobrir se uma equação da forma [24-2] é ou não equação geral de uma superfície esférica, usamos inicialmente o recurso de completar quadrados:

$$x^2 + ax = x^2 + 2x\frac{a}{2} + (\frac{a}{2})^2 - (\frac{a}{2})^2 = (x + \frac{a}{2})^2 - \frac{a^2}{4}$$

$$y^2 + by = (y + \frac{b}{2})^2 - \frac{b^2}{4} \qquad z^2 + cz = (z + \frac{c}{2})^2 - \frac{c^2}{4}$$

Em seguida, substituímos em [24-2]:

$$(x + \frac{a}{2})^2 + (y + \frac{b}{2})^2 + (z + \frac{c}{2})^2 = \frac{a^2 + b^2 + c^2 - 4d}{4} \qquad \text{[24-3]}$$

Esta equação, equivalente a [24-2], descreve uma superfície esférica se, e somente se,

$$a^2 + b^2 + c^2 - 4d > 0 \qquad \text{[24-4]}$$

e, nesse caso, o centro e o raio são

$$C = (\frac{-a}{2}, \frac{-b}{2}, \frac{-c}{2}) \qquad \rho = \frac{\sqrt{a^2 + b^2 + c^2 - 4d}}{2} \qquad \text{[24-5]}$$

Se $a^2 + b^2 + c^2 - 4d < 0$, a equação [24-3] e sua equivalente [24-2] descrevem o conjunto vazio; se $a^2 + b^2 + c^2 - 4d = 0$, descrevem o conjunto $\{(-a/2, -b/2, -c/2)\}$. Registremos.

24-1 *Proposição* A equação $x^2 + y^2 + z^2 + ax + by + cz + d = 0$ descreve, em relação a um sistema ortogonal de coordenadas fixado,

(a) a superfície esférica de centro C e raio ρ como em [24-5], se $a^2 + b^2 + c^2 - 4d > 0$;

(b) o conjunto formado pelo ponto $(-a/2, -b/2, -c/2)$, se $a^2 + b^2 + c^2 - 4d = 0$;

(c) o conjunto vazio, se $a^2 + b^2 + c^2 - 4d < 0$.

Uma conseqüência dessa proposição é que, em relação ao sistema fixado, cada superfície esférica tem uma única equação geral. De fato, se

$$x^2 + y^2 + z^2 + a_1x + b_1y + c_1z + d_1 = 0 \quad \text{e} \quad x^2 + y^2 + z^2 + a_2x + b_2y + c_2z + d_2 = 0$$

são equações gerais da superfície esférica de centro C e raio ρ, então

$$C = \left(\frac{-a_1}{2}, \frac{-b_1}{2}, \frac{-c_1}{2}\right) = \left(\frac{-a_2}{2}, \frac{-b_2}{2}, \frac{-c_2}{2}\right)$$

$$\rho = \frac{\sqrt{a_1^2 + b_1^2 + c_1^2 - 4d_1}}{2} = \frac{\sqrt{a_2^2 + b_2^2 + c_2^2 - 4d_2}}{2}$$

e, portanto, $a_1 = a_2$, $b_1 = b_2$, $c_1 = c_2$, $d_1 = d_2$.

24-2 Exercício Resolvido

(a) Obtenha a equação reduzida e a equação geral da superfície esférica de centro $(1,-1,3)$ e raio 4.

(b) Mostre que $x^2 + y^2 + z^2 - 4x - 2y + 8z + 12 = 0$ é a equação geral de uma superfície esférica e obtenha o centro e o raio.

(c) Qual é o conjunto descrito pela equação $x^2 + y^2 + z^2 - \sqrt{3}x - 4y + 8 = 0$?

Resolução

(a) Seja $X = (x,y,z)$. Impondo a condição $d^2(X,C) = \rho^2$, obtemos a equação reduzida

$$(x-1)^2 + (y+1)^2 + (z-3)^2 = 16 \qquad \blacktriangleleft$$

Desenvolvendo os quadrados e simplificando, chegamos à equação geral

$$x^2 + y^2 + z^2 - 2x + 2y - 6z - 5 = 0 \qquad \blacktriangleleft$$

(b) Completando quadrados, obtemos

$$x^2 - 4x = (x-2)^2 - 4 \qquad y^2 - 2y = (y-1)^2 - 1 \qquad z^2 + 8z = (z+4)^2 - 16$$

Logo, a equação dada equivale a

$$(x-2)^2 + (y-1)^2 + (z+4)^2 = 9$$

Trata-se, portanto, da superfície esférica de centro $(2,1,-4)$ e raio 3. $\qquad \blacktriangleleft$

(c) Como $a^2 + b^2 + c^2 - 4d = (-\sqrt{3})^2 + (-4)^2 + 0^2 - 4 \cdot 8 = 3 + 16 - 32 < 0$, trata-se do conjunto vazio (Proposição 24-1 (c)). $\qquad \blacktriangleleft$

Exercícios

24-1 Obtenha a equação reduzida da superfície esférica de centro C e raio ρ.

(a) $C = (1,-1,3)$, $\rho = 2$.
(b) $C = (0,0,0)$, $\rho = 1$.
(c) $C = (\sqrt{2},1,-3)$, $\rho = \sqrt{2}$.
(d) $C = (18,-17,-1)$, $\rho = 50$.
(e) $C = (0,1,0)$, $\rho = 4$.

24-2 Nos casos em que a equação dada descreve uma superfície esférica, determine o centro e o raio.

(a) $(x-2)^2 + (y+6)^2 + z^2 = 25$

(b) $x^2 + y^2 + z^2 - 4x + 6y + 2z - 2 = 0$

(c) $x^2 + y^2 + z^2 - 2x - 4y + 10 = 0$

(d) $x^2 + y^2 + z^2 - 2x + 2y = 0$

(e) $x^2 + y^2 + z^2 - 2x - 4y - 6z + 16 = 0$

(f) $2x^2 + 2y^2 + 2z^2 - 6x + 2y - 4z + 7 = 0$

(g) $4x^2 + 4y^2 + 4z^2 - 8x - 8y - 8z + 10 = 0$

(h) $x^2 + y^2 + z^2 - 2x + 4y + 15 = 0$

(i) $x^2 + y^2 + z^2 - 2x + 4y + 5 = 0$

24-3 Mostre que, se $k < 0$, a equação $x^2 + y^2 + z^2 + ax + by + cz + k = 0$ descreve uma superfície esférica, quaisquer que sejam os números reais a, b e c.

24-4 (a) Seja ρ um número real não-negativo. Mostre que, para todo ϕ e todo θ reais, o ponto P de coordenadas $x = \rho\,\text{sen}\,\phi\cos\theta$, $y = \rho\,\text{sen}\,\phi\,\text{sen}\,\theta$ e $z = \rho\cos\phi$ pertence à superfície esférica de centro $O = (0,0,0)$ e raio ρ. Dê uma interpretação geométrica para ρ, ϕ e θ.

(b) Mostre que, para todo ponto $P = (x,y,z)$ de $\mathbb{E}^3$, existem números reais ρ, θ e ϕ tais que $x = \rho\,\text{sen}\,\phi\cos\theta$, $y = \rho\,\text{sen}\,\phi\,\text{sen}\,\theta$ e $z = \rho\cos\phi$ (quando sujeitos às condições $\rho \geq 0$, $0 \leq \phi \leq \pi$ e $0 \leq \theta < 2\pi$, esses números são chamados **coordenadas esféricas** de P).

24-5 Obtenha uma equação da superfície esférica de centro $(1,1,2)$ que contém o ponto $(1,1,3)$.

24-6 Obtenha uma equação da superfície esférica, conhecendo as extremidades de um diâmetro: $A = (2,-3,-5)$ e $B = (4,1,-3)$.

24-7 Obtenha equações da reta perpendicular ao plano π: $10x - 2y + 4z - 1 = 0$, que contém um diâmetro da superfície esférica **S**: $x^2 + y^2 + z^2 + 2x - 6y + z - 11 = 0$.

24-8 Determine o diâmetro da superfície esférica **S**: $x^2 + y^2 + z^2 + 2x - 2y = 0$ que é perpendicular ao plano π: $x - y - 2 = 0$.

24-9 Calcule a distância de $P = (1,-1,3)$ à superfície esférica **S**: $x^2 + y^2 + z^2 - 6x + 4y - 10z - 62 = 0$ (isto é, a menor das distâncias de P aos pontos de **S**).

24-10 Nos casos em que o lugar geométrico é uma superfície esférica, determine o centro e o raio.

(a) Lugar geométrico dos pontos X de $\mathbb{E}^3$ tais que $d(X,O) = 2d(X,A)$, sendo $A = (10,0,0)$ e O a origem do sistema de coordenadas.

(b) Lugar geométrico dos pontos X de $\mathbb{E}^3$ tais que $d(X,B)$ e $d(X,D)$ estejam na razão 2:3, sendo $B = (-2,2,-2)$ e $D = (3,-3,3)$.

(c) Lugar geométrico dos pontos X de $\mathbb{E}^3$ tais que a soma dos quadrados de suas distâncias aos eixos coordenados seja 30.

(d) Lugar geométrico dos pontos X de $\mathbb{E}^3$ tais que a soma dos quadrados de suas distâncias aos planos π_1: $x - y + 4 = 0$, π_2: $x + y - 2 = 0$ e π_3: $z + 1 = 0$ seja 20.

(e) Lugar geométrico dos pontos X de $\mathbb{E}^3$ tais que $\overrightarrow{MX}$ e $\overrightarrow{NX}$ sejam ortogonais, sendo $M = (1,1,0)$, $N = (0,1,0)$.

24-11 Sejam $A = (x_1, y_1, z_1)$ e $B = (x_2, y_2, z_2)$ as extremidades de um diâmetro da superfície esférica **S** e P um ponto distinto de A e B. Prove que:

(a) $(x - x_1)(x - x_2) + (y - y_1)(y - y_2) + (z - z_1)(z - z_2) = 0$ é uma equação de **S** (**equação diametral**);

(b) P pertence a **S** se, e somente se, P vê o diâmetro AB sob ângulo reto.

24-3 Exercício Resolvido

Obtenha a equação geral da superfície esférica que contém os pontos $P = (0,0,0)$, $Q = (1,0,0)$, $R = (0,2,0)$ e $S = (0,0,3)$.

Resolução

Primeiro modo A equação procurada é da forma $x^2 + y^2 + z^2 + ax + by + cz + d = 0$, e seus coeficientes a, b, c e d devem obedecer à condição $a^2 + b^2 + c^2 - 4d > 0$ (Proposição 24-1). Impondo que os pontos dados pertençam à superfície, obtemos

$$d = 0$$
$$1 + a + d = 0$$
$$4 + 2b + d = 0$$
$$9 + 3c + d = 0$$

A solução do sistema formado por essas equações é $a = -1$, $b = -2$, $c = -3$, $d = 0$, e pode ser aceita, pois $a^2 + b^2 + c^2 - 4d = 1 + 4 + 9 - 0 > 0$. Logo, a superfície esférica tem equação geral $x^2 + y^2 + z^2 - x - 2y - 3z = 0$. ◄

Na verdade, a Proposição 24-1 torna desnecessário o cuidado de verificar a relação [24-4]. De fato, como os quatro pontos P, Q, R e S satisfazem a equação obtida, esta não se encaixa nas situações (b) e (c) daquela proposição. Por exclusão, concluímos que vale a relação $a^2 + b^2 + c^2 - 4d > 0$.

Segundo modo Sejam $C = (x_0, y_0, z_0)$ o centro e ρ o raio da superfície esférica. Por ser eqüidistante de P, Q, R e S, o ponto C pertence à interseção dos planos mediadores de PQ, PR e PS, cujas equações são, respectivamente, $2x - 1 = 0$, $y - 1 = 0$ e $2z - 3 = 0$ (veja o Exercício Resolvido 20-1). Logo, $x_0 = 1/2$, $y_0 = 1$, $z_0 = 3/2$ e $C = (1/2, 1, 3/2)$. Por outro lado, $\rho^2 = \|\overrightarrow{PC}\|^2 = 1/4 + 1 + 9/4 = 7/2$. Assim, a equação reduzida da superfície esférica é $(x - 1/2)^2 + (y - 1)^2 + (z - 3/2)^2 = 7/2$, e dela obtemos a equação geral: $x^2 + y^2 + z^2 - x - 2y - 3z = 0$. ◄

Exercício

24-12 Obtenha uma equação da superfície esférica que contém P, Q, R e S.

(a) $P = (1,0,0)$ $Q = (0,1,0)$ $R = (1/2, 1/2, \sqrt{2}/2)$ $S = (0,0,1)$

(b) $P = (0,2,-1)$ $Q = (1,1,-1)$ $R = (1,-1,1)$ $S = (-1,1,1)$

(c) $P = (3,0,0)$ $Q = (-1,2,2)$ $R = (2,-1,2)$ $S = (2,2,-1)$

(d) $P = (1,0,0)$ $Q = (0,1,0)$ $R = (0,0,1)$ $S = ((\sqrt{3}+3)/6, (\sqrt{3}-3)/6, \sqrt{3}/3)$

24-4 Exercício Resolvido

Prove que existe uma única superfície esférica que contém os pontos distintos P, Q, R e S se, e somente se, esses pontos não são coplanares.

Resolução

Sejam $\vec{PQ} = (a_1,b_1,c_1)$, $\vec{PR} = (a_2,b_2,c_2)$, $\vec{PS} = (a_3,b_3,c_3)$. Existir uma única superfície esférica que contém P, Q, R e S equivale a existir um único ponto C (o centro) eqüidistante desses quatro pontos, isto é, a existir um único ponto comum aos planos mediadores de PQ, PR e PS. Como $\vec{PQ}$, $\vec{PR}$ e $\vec{PS}$ são vetores normais a esses planos, eles têm equações gerais

$$a_1 x + b_1 y + c_1 z + d_1 = 0 \qquad a_2 x + b_2 y + c_2 z + d_2 = 0 \qquad a_3 x + b_3 y + c_3 z + d_3 = 0$$

e têm um único ponto comum se, e somente se, o sistema formado por elas tem solução única. Isso equivale, pela Regra de Cramer, a

$$\begin{vmatrix} a_1 & b_1 & c_1 \\ a_2 & b_2 & c_2 \\ a_3 & b_3 & c_3 \end{vmatrix} \neq 0$$

Esta última condição equivale, por sua vez, à independência linear de $\vec{PQ}$, $\vec{PR}$ e $\vec{PS}$, que é condição necessária e suficiente para que os pontos P, Q, R e S não sejam coplanares. ◄

24-5 *Exercício Resolvido*

Os pontos $P = (-2, 1, \sqrt{26})$, $Q = (1,2,-4)$ e $R = (2,2,3)$ pertencem à superfície esférica de raio ρ, cujo centro C pertence a Oxy. Determine C e ρ.

Resolução

Primeiro modo Seja $C = (m,n,0)$. A equação reduzida da superfície esférica tem, portanto, a forma $(x-m)^2 + (y-n)^2 + z^2 = \rho^2$. Impondo que os pontos dados satisfaçam essa equação, obtemos o sistema

$$\begin{cases} (-2-m)^2 + (1-n)^2 + (\sqrt{26})^2 = \rho^2 \\ (1-m)^2 + (2-n)^2 + (-4)^2 = \rho^2 \\ (2-m)^2 + (2-n)^2 + 3^2 = \rho^2 \end{cases}$$

cuja solução é $m = -2$, $n = 1$ e $\rho = \sqrt{26}$. Logo, o centro é $C = (-2,1,0)$ e o raio, $\sqrt{26}$. ◄

Segundo modo O centro $C = (m,n,0)$ é eqüidistante de P, Q e R e, portanto, pertence aos planos mediadores de PQ e QR, que têm equações

$$3x + y - (4 + \sqrt{26})z + 5 = 0 \qquad \text{e} \qquad x + 7z + 2 = 0$$

Logo,

$$3m + n + 5 = 0 \qquad \text{e} \qquad m + 2 = 0$$

o que resulta em $m = -2$ e $n = 1$, ou seja, $C = (-2,1,0)$. O raio é $\rho = \|\vec{CR}\| = \sqrt{26}$. ◄

EXERCÍCIOS

24-13 Obtenha uma equação da superfície esférica que contém os pontos (0,0,1), (1,0,0), (0,1,0), cujo centro pertence ao plano π: $x + y - z = 0$.

24-14 Obtenha uma equação da superfície esférica que contém os pontos (6,–1,3) e (0,7,5), cujo centro pertence à reta interseção dos planos π_1: $x = 2z - 3$ e π_2: $y = z - 1$.

24-6 Definição

Seja **S** a superfície esférica de centro C e raio ρ. Dizemos que o ponto P é **interior a S** se $d(P,C) < \rho$, e **exterior a S** se $d(P,C) > \rho$. Um conjunto de pontos é **interior a S** [respectivamente, **exterior a S**] se todos os seus pontos são interiores [respectivamente, exteriores] a **S**.

24-7 Exercício Resolvido

(a) Mostre que P é interior [respectivamente, exterior] a **S** se, e somente se, substituindo x, y e z pelas coordenadas de P no primeiro membro da equação geral de **S**, obtemos um número negativo [respectivamente, positivo].

(b) Localize os pontos $M = (1,2,1)$, $N = (-1,-1,0)$ e $Q = (1,0,-1)$ em relação à superfície esférica **S**: $x^2 + y^2 + z^2 - 2x + 4y - z - 1 = 0$ (isto é, verifique se cada um deles é interior, exterior, ou pertence à superfície).

(c) Determine o subconjunto da reta r: $X = (1,0,0) + \lambda(1,-1,1)$ que é interior à superfície esférica do item (b).

Resolução

(a) O primeiro membro da equação geral de **S**, conforme vimos na obtenção de [24-2] a partir de [24-1], é igual a $d^2(X,C) - \rho^2$. Logo, substituindo X por P obtemos um valor negativo se P é interior a **S**, positivo se P é exterior, e obtemos 0 se P pertence a **S**. ◄

(b) Devido à parte (a), M é exterior a **S** (pois $1^2 + 2^2 + 1^2 - 2 \cdot 1 + 4 \cdot 2 - 1 - 1 = 10 > 0$) e N é interior (pois $(-1)^2 + (-1)^2 + 0^2 - 2(-1) + 4(-1) - 0 - 1 = -1 < 0$). O ponto Q pertence a **S**, pois $1^2 + 0^2 + (-1)^2 - 2 \cdot 1 + 4 \cdot 0 - (-1) - 1 = 0$. ◄

(c) Se $X = (x,y,z)$ pertence a r, então $x = 1 + \lambda$, $y = -\lambda$, $z = \lambda$. Esse ponto é interior a **S** se, e somente se, $(1+\lambda)^2 + (-\lambda)^2 + \lambda^2 - 2(1+\lambda) + 4(-\lambda) - \lambda - 1 < 0$, o que equivale a $3\lambda^2 - 5\lambda - 2 < 0$. Resolvendo esta inequação, obtemos $-1/3 < \lambda < 2$. Portanto, a parte de r interior a **S** é o conjunto dos pontos $(1+\lambda,-\lambda,\lambda)$ tais que $-1/3 < \lambda < 2$ (é um segmento desprovido das extremidades). ◄

EXERCÍCIO

24-15 Localize, em relação à superfície esférica de equação: $x^2 + y^2 + z^2 - 6x + 2y - 2z + 7 = 0$, os pontos $A = (2,-1,3)$ e $B = (3,-1,0)$.

24-8 Proposição

Se A é interior, e B, exterior à superfície esférica **S** de centro C e raio ρ, então **S** contém um ponto interior ao segmento AB.

Demonstração

Fixemos um sistema ortogonal de coordenadas de origem $O = C$, tal que B pertença a Oy e A pertença a Oxy (Figura 24-2); em relação a ele, $A = (m,n,0)$, $B = (0,p,0)$, a equação geral de **S** é $x^2 + y^2 + z^2 = \rho^2$, e uma equação vetorial da reta r que contém A e B é $X = B + \lambda \overrightarrow{BA}$, ou seja, $X = (0,p,0) + \lambda(m, n-p, 0)$. Então, o ponto X pertence a $r \cap \mathbf{S}$ se, e somente se, $X = (\lambda m, p + \lambda(n-p), 0)$ e $d^2(X,C) - \rho^2 = 0$, isto é,

$$\lambda^2 m^2 + [p + \lambda(n-p)]^2 - \rho^2 = 0$$

O primeiro membro dessa equação é um trinômio de segundo grau $\varphi(\lambda)$ cujo coeficiente dominante é $m^2 + (n-p)^2 > 0$. Observe que $\varphi(0) = d^2(B,C) - \rho^2 > 0$ (pois B é exterior a **S**) e $\varphi(1) = d^2(A,C) - \rho^2 < 0$ (pois A é interior a **S**). Logo, $\varphi(\lambda)$ tem duas raízes reais distintas ($\lambda_1 < \lambda_2$), e $\varphi(\lambda) < 0$ se, e somente se, $\lambda_1 < \lambda < \lambda_2$. Concluímos que $0 < \lambda_1 < 1 < \lambda_2$, o que mostra que o ponto $R = B + \lambda_1 \overrightarrow{BA}$ pertence a **S** e ao interior do segmento AB. ■

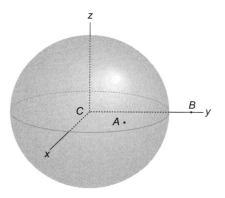

Figura 24-2

Exercício 24-16 Sejam A e B pontos distintos, pertencentes à superfície esférica **S** de centro C e raio ρ. Mostre que todos os pontos interiores ao segmento AB são interiores a **S**, e todos os pontos da reta AB, exteriores ao segmento AB, são exteriores a **S**.

24-9 Exercício Resolvido

(a) Dado $C = (x_0, y_0, z_0)$, obtenha uma equação que descreva o feixe (isto é, o conjunto) de superfícies esféricas de centro C.

(b) Seja $x^2 + y^2 + z^2 + ax + by + cz + d = 0$ a equação geral de uma superfície esférica **S**. Obtenha uma equação que descreva o feixe de superfícies esféricas concêntricas com **S**.

(c) Seja **S**: $x^2 + y^2 + z^2 - 2x + 3y - z = 0$. Obtenha a equação geral da superfície esférica que contém o ponto $P = (1,1,0)$ e é concêntrica com **S**.

Resolução

(a) A equação procurada é $(x - x_0)^2 + (y - y_0)^2 + (z - z_0)^2 = \alpha$, em que o parâmetro α percorre o conjunto $\mathbb{R}^{++}$.

(b) O centro da superfície esférica dada é $C = (-a/2, -b/2, -c/2)$. Pela parte (a), a equação pedida é $(x + a/2)^2 + (y + b/2)^2 + (z + c/2)^2 = \alpha$ ($\alpha > 0$). Também podemos escrevê-la sob a forma

$$x^2 + y^2 + z^2 + ax + by + cz + \lambda = 0 \qquad \blacktriangleleft$$

em que $\lambda = (a^2 + b^2 + c^2 - 4\alpha)/4$. O parâmetro λ, neste caso, está sujeito à restrição $\lambda < (a^2 + b^2 + c^2)/4$ (equivalente a $\alpha > 0$).

(c) Pela parte (b), a equação geral da superfície esférica procurada é da forma

$$x^2 + y^2 + z^2 - 2x + 3y - z + \lambda = 0 \qquad (\lambda < \frac{(-2)^2 + 3^2 + (-1)^2}{4} = \frac{7}{2})$$

Substituindo as coordenadas de P nessa equação, obtemos $\lambda = -3$, que obedece à condição $\lambda < 7/2$. Assim, a equação pedida é

$$x^2 + y^2 + z^2 - 2x + 3y - z - 3 = 0 \qquad \blacktriangleleft$$

Exercício 24-17 Obtenha a equação geral da superfície esférica que contém o ponto P e é concêntrica com **S**: $x^2 + y^2 + z^2 + x + 2y - 2z - 1 = 0$, nos casos:

(a) $P = (1,0,0)$ (b) $P = (-1/2, -1, 1)$

B Interseção e posição relativa de reta e superfície esférica

A interseção entre uma reta e uma superfície esférica e, consequentemente, sua posição relativa, pode ser descrita a partir da comparação entre o raio e a distância da reta ao centro da superfície. É o que mostra a proposição seguinte.

24-10 Proposição Sejam r uma reta e **S** a superfície esférica de centro C e raio ρ.

(a) Se $d(C, r) > \rho$, então r é exterior a **S** e, portanto, $r \cap \mathbf{S} = \emptyset$ (Figura 24-3 (a)).

(b) Se $d(C, r) = \rho$, então $r \cap \mathbf{S}$ contém um único ponto, que é a projeção ortogonal de C sobre r (Figura 24-3 (b)). Os demais pontos de r são exteriores a **S**.

(c) Se $d(C, r) < \rho$, então $r \cap \mathbf{S}$ é formado por dois pontos distintos, A e B, cujo ponto médio é a projeção ortogonal de C sobre r (Figura 24-3 (c)). Neste caso, todos os pontos interiores ao segmento AB são interiores a **S**, e todos os pontos da reta AB, exteriores ao segmento AB, são exteriores a **S**.

382 — Geometria Analítica — um tratamento vetorial

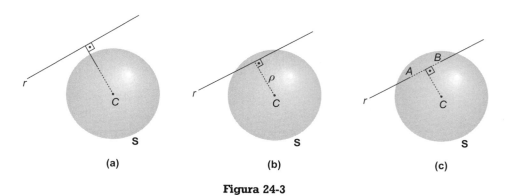

Figura 24-3

Demonstração

(a) Sabemos que $d(C,r)$ é a menor das distâncias de C a pontos de r. Logo, se X é um ponto qualquer de r, então $d(C,X) \geq d(C,r) > \rho$ e, portanto, X é exterior a **S**.

(b) e (c) Fixemos um sistema ortogonal de coordenadas de origem $O = C$, de tal modo que o eixo Oz seja paralelo a r (Figura 24-4 (a)); em relação a esse sistema, a equação geral de **S** é $x^2 + y^2 + z^2 = \rho^2$.

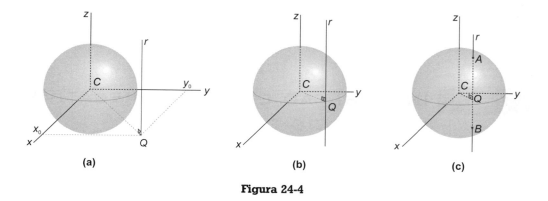

Figura 24-4

Seja $Q = (x_0, y_0, 0)$ o ponto de interseção de r com Oxy; uma equação vetorial de r é, portanto, $X = (x_0, y_0, 0) + \lambda(0, 0, 1)$. Um ponto X pertence à interseção $r \cap \mathbf{S}$ se, e somente se, $X = (x_0, y_0, \lambda)$ e X satisfaz a equação de **S**, isto é, $x_0^2 + y_0^2 + \lambda^2 = \rho^2$. Como CQ é perpendicular a r, $d^2(C,r) = d^2(C,Q) = x_0^2 + y_0^2$. Logo, $\lambda^2 = \rho^2 - (x_0^2 + y_0^2) = \rho^2 - d^2(C,r)$. Assim:

- Se $d(C,r) = \rho$, o único valor possível de λ é 0 e, portanto, o único ponto comum a r e **S** é Q, que é a projeção ortogonal de C sobre r (Figura 24-4 (b)). Como Q é o ponto de r mais próximo de C, todos os demais estão a distância maior do que ρ do centro de **S**, isto é, são exteriores a **S**.

- Se $d(C,r) < \rho$, existem dois valores opostos de λ que, levados à equação vetorial de r, fornecem dois pontos distintos, A e B, simétricos em relação ao ponto Q (Figura 24-4 (c)). Logo, Q é o ponto médio de AB. A posição dos pontos da reta AB em relação a **S** foi objeto do Exercício 24-16. ∎

Capítulo 24 — Superfície esférica — 383

24-11 *Definição* Sejam **S** uma superfície esférica e r uma reta. Se $r \cap \mathbf{S} = \{T\}$, dizemos que r é **tangente a S em** T e que T é o **ponto de tangência**. Dizemos também que r e **S** são **tangentes**, ou que se **tangenciam em** T. Se $r \cap \mathbf{S}$ contém dois pontos distintos, dizemos que r é **secante a S**.

24-12 *Exercício Resolvido*

(a) Determine a interseção entre a reta $r\colon X = (1,0,2) + \lambda(-1,1,1)$ e a superfície esférica **S**: $x^2 + y^2 + z^2 - 2x - 23 = 0$.

(b) Verifique se $r\colon x = y - 1 = z$ é tangente a **S**: $(x-1)^2 + y^2 + (z-1)^2 = 8/3$ e, se for o caso, determine o ponto de tangência.

(c) Calcule a para que $r\colon x = y = z - a$ seja exterior a **S**: $x^2 + y^2 + z^2 - 2x + 3y - z - 3 = 0$.

Resolução

(a) Um ponto $X = (1-\lambda, \lambda, 2+\lambda)$ de r pertence a **S** se, e somente se, satisfaz a equação de **S**, ou seja, $(1-\lambda)^2 + \lambda^2 + (2+\lambda)^2 - 2(1-\lambda) - 23 = 0$. Esta equação é equivalente a $3\lambda^2 + 4\lambda - 20 = 0$, cujas raízes são 2 e $-10/3$. Logo, $r \cap \mathbf{S}$ é o conjunto formado pelos pontos $(-1,2,4)$ e $(13/3, -10/3, -4/3)$. ◄

(b) *Primeiro modo* Vamos comparar $d(C, r)$ com ρ e aplicar a Proposição 24-10. O ponto $A = (0,1,0)$ pertence a r e $\vec{r} = (1,1,1)$ é um vetor diretor dessa reta. Observando a equação reduzida de **S**, vemos que $C = (1,0,1)$ é o centro e $\rho = \sqrt{8/3}$ é o raio. Então: $\overrightarrow{AC} = (1,-1,1)$, $\overrightarrow{AC} \wedge \vec{r} = (-2,0,2)$ e, portanto,

$$d(C,r) = \frac{\|(-2,0,2)\|}{\|(1,1,1)\|} = \frac{\sqrt{8}}{\sqrt{3}} = \rho$$

Pela Proposição 24-10, concluímos que r é tangente a **S**. ◄

Para obter o ponto de tangência, determinamos a projeção ortogonal de C sobre r, ou procedemos como no segundo modo.

Segundo modo O sistema formado pelas equações de r e **S** é

$$\begin{cases} (x-1)^2 + y^2 + (z-1)^2 = 8/3 \\ x = y - 1 \\ x = z \end{cases}$$

e a sua única solução é $x = z = 1/3$, $y = 4/3$. Então, r e **S** são tangentes e o ponto de tangência é $T = (1/3, 4/3, 1/3)$. ◄

(c) *Primeiro modo* Da equação de **S** obtemos seu centro e seu raio: $C = (1, -3/2, 1/2)$, $\rho = \sqrt{26}/2$. Observando as equações de r, obtemos um ponto, $P = (0,0,a)$, e um vetor diretor dessa reta: $\vec{r} = (1,1,1)$. Devemos impor a condição $d(C,r) > \rho$, que é equivalente a $d^2(C,r) > \rho^2 = 13/2$.

Como $\|\overrightarrow{CP} \wedge \vec{r}\| = \|(-1, 3/2, a - 1/2) \wedge (1,1,1)\| = \|(2-a, a+1/2, -5/2)\|$ e $\|\vec{r}\| = \sqrt{3}$, essa condição fica, após alguns cálculos,

$$d^2(C,r) = \frac{\|\overrightarrow{CP} \wedge \vec{r}\|^2}{\|\vec{r}\|^2} = \frac{4a^2 - 6a + 21}{6} > \frac{13}{2}$$

Logo, a deve satisfazer $2a^2 - 3a - 9 > 0$, isto é, $a < -3/2$ ou $a > 3$. ◄

Segundo modo Se X é um ponto da interseção $r \cap \mathbf{S}$, então $X = (x,x,x+a)$ e X satisfaz a equação de $\mathbf{S}$; portanto, $x^2 + x^2 + (x+a)^2 - 2x + 3x - (x+a) - 3 = 0$, ou seja, $3x^2 + 2ax + a^2 - a - 3 = 0$. Para que r seja exterior a $\mathbf{S}$, é necessário e suficiente que essa equação não admita solução real, isto é, $\Delta = 4a^2 - 12(a^2 - a - 3) < 0$. Esta desigualdade é equivalente a $2a^2 - 3a - 9 > 0$; resolvendo a inequação, obtemos a resposta: $a < -3/2$ ou $a > 3$. ◄

EXERCÍCIOS

24-18 Determine a interseção da reta $r: x - 1 = y/2 = z$ com a superfície esférica $\mathbf{S}$ de centro $(1,2,1)$ e raio $\sqrt{21}$.

24-19 Sejam $r: X = (1,0,a) + \lambda(a,a,0)$ e $\mathbf{S}: 8x^2 + 8y^2 + 8z^2 - 16x + 24y - 8z + 19 = 0$. Determine a, em cada caso:

(a) r é tangente a $\mathbf{S}$.   (b) r é secante a $\mathbf{S}$.   (c) r é exterior a $\mathbf{S}$.

24-20 (a) Seja $\mathbf{S}: x^2 + y^2 + z^2 + x + 2y - 2z - 1 = 0$. Obtenha a equação geral da superfície esférica concêntrica com $\mathbf{S}$ que determina sobre $r: X = (3,-2,-3) + \lambda(-1,2,2)$ uma corda de comprimento 3.

(b) Obtenha uma equação da superfície esférica de centro $(2,3,-1)$, que determina sobre a reta interseção dos planos $\pi_1: 5x - 4y + 3z + 20 = 0$ e $\pi_2: 3x - 4y + z - 8 = 0$ uma corda de comprimento 16.

24-21 Dados o ponto P e a superfície esférica $\mathbf{S}$ de centro C e raio ρ, sejam $\alpha = d(P,C)$ e r uma reta que contém P e intercepta $\mathbf{S}$ nos pontos A e B (eventualmente, iguais). Seja D o simétrico de B em relação a C.

(a) Prove que $\overrightarrow{PA} \cdot \overrightarrow{PB} = \overrightarrow{PD} \cdot \overrightarrow{PB}$.

(b) Exprima $\overrightarrow{PB}$ e $\overrightarrow{PD}$ como combinação linear de $\overrightarrow{PC}$, $\overrightarrow{CB}$ e mostre que $\overrightarrow{PD} \cdot \overrightarrow{PB} = \alpha^2 - \rho^2$. Conclua que $\overrightarrow{PA} \cdot \overrightarrow{PB}$ não depende de r, mas apenas de $\mathbf{S}$ e P. Esse número chama-se **potência de P em relação a $\mathbf{S}$**.

(c) Mostre que o módulo da potência de P em relação a $\mathbf{S}$ é $\|\overrightarrow{PA}\| \|\overrightarrow{PB}\|$, e que ela é positiva se P é exterior a $\mathbf{S}$, negativa se P é interior, e nula se P pertence a $\mathbf{S}$.

(d) Se $P = (x_0,y_0,z_0)$ e $\mathbf{S}: x^2 + y^2 + z^2 + ax + by + cz + d = 0$, mostre que a potência de P em relação a $\mathbf{S}$ é $x_0^2 + y_0^2 + z_0^2 + ax_0 + by_0 + cz_0 + d$, valor do primeiro membro se $(x,y,z) = (x_0,y_0,z_0)$.

(e) Calcule a potência de $P = (1,0,0)$ em relação a $\mathbf{S}: x^2 + y^2 + z^2 + x + 2y - 2z - 1 = 0$ e obtenha dois pontos cuja potência em relação a essa mesma superfície seja 23.

(f) Dado o número real p, descreva o lugar geométrico dos pontos de $\mathbb{E}^3$ cuja potência em relação a $\mathbf{S}$ é p.

24-22 Obtenha uma equação da superfície esférica de centro $(6,3,-4)$ que é tangente ao eixo Ox.

24-23 Obtenha a equação reduzida da superfície esférica que tangencia a reta interseção dos planos $\pi_1: x - y + z = 0$ e $\pi_2: 2x - y - z = 3$, e é concêntrica com $S: x^2 + y^2 + z^2 - 6y - 8z + 16 = 0$.

24-24 Obtenha a equação geral da superfície esférica que tangencia os eixos Ox e Oy, cujo centro tem as três coordenadas negativas e pertence à reta determinada por $P = (1,3,-1)$ e $Q = (-1,0,-2)$.

24-13 Exercício Resolvido

Obtenha uma equação que descreva o conjunto Ω, reunião das retas paralelas ao vetor $\vec{u} = (2,-1,1)$ que são tangentes à superfície esférica $S: x^2 + y^2 + z^2 = 1$.

Resolução

É intuitivo, do ponto de vista geométrico, que Ω é a superfície cilíndrica circunscrita a S cujas geratrizes são paralelas a $\vec{u}$ (Figura 24-5 (a)).

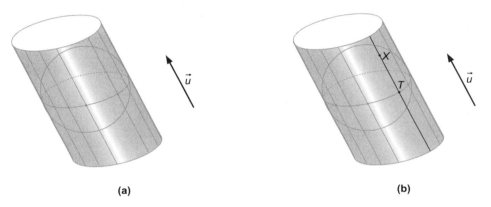

Figura 24-5

Um ponto $X = (x,y,z)$ pertence a Ω se, e somente se, existe uma reta paralela a $\vec{u}$ que contém X e é tangente a S (Figura 24-5 (b)). Se $T = (m,n,p)$ é o ponto de tangência, existe λ tal que $T = X + \lambda\vec{u}$, ou seja, $(m,n,p) = (x,y,z) + \lambda(2,-1,1)$. Assim,

$$m = x + 2\lambda \qquad n = y - \lambda \qquad p = z + \lambda$$

Como T pertence a S, suas coordenadas satisfazem a relação $m^2 + n^2 + p^2 = 1$, ou seja, $(x + 2\lambda)^2 + (y - \lambda)^2 + (z + \lambda)^2 = 1$, e desta resulta

$$6\lambda^2 + 2(2x - y + z)\lambda + x^2 + y^2 + z^2 - 1 = 0$$

T ser ponto de tangência equivale a existir um único λ nessas condições. Logo,

$$\Delta = 4(2x - y + z)^2 - 24(x^2 + y^2 + z^2 - 1) = 0$$

e, portanto, $(2x - y + z)^2 - 6(x^2 + y^2 + z^2 - 1) = 0$ é uma equação de Ω.

386 – Geometria Analítica – um tratamento vetorial

Exercícios

24-25 Obtenha uma equação que descreva o conjunto Ω, reunião das retas paralelas a $\vec{u} = (3, -2, 1)$ que são tangentes à superfície esférica de centro $(1, -2, 2)$ e raio $\sqrt{3}$.

24-26 Sendo $\vec{u}$ e **S** como no Exercício Resolvido 24-13, obtenha uma equação do conjunto Ω, reunião das retas paralelas a $\vec{u}$ que determinam, com **S**, cordas de comprimento $\sqrt{3}$.

24-14 *Exercício Resolvido*

Obtenha uma equação do conjunto Ω, reunião das retas que contêm o ponto $V = (4, 4, 0)$ e tangenciam a superfície esférica **S**: $x^2 + y^2 + z^2 - 2x - 2y + 1 = 0$.

Resolução

O centro de **S** é $C = (1, 1, 0)$ e seu raio é $\rho = 1$. Como $d(V, C) = 3\sqrt{2} > \rho$, V é exterior a **S**. Isso nos leva a intuir que Ω é uma superfície cônica de vértice V (Figura 24-6 (a)). Um ponto $X = (x, y, z)$ pertence a Ω se, e somente se, X pertence a uma reta tangente a **S** que contém V. Seja $T = (m, n, p)$ o ponto de tangência (veja a Figura 24-6 (b)).

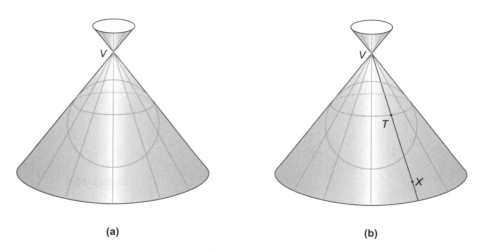

Figura 24-6

Se $X \neq V$, existe um único λ real tal que $T = V + \lambda \overrightarrow{VX}$ pertence a **S**, o que significa que $T = (4 + \lambda(x - 4), 4 + \lambda(y - 4), \lambda z)$ satisfaz a equação de **S**. Substituindo as coordenadas de T na equação, obtemos, após alguns cálculos,

$$[(x - 4)^2 + (y - 4)^2 + z^2]\lambda^2 + 6(x + y - 8)\lambda + 17 = 0$$

A unicidade de λ equivale a ser nulo o discriminante dessa equação:

$$\Delta = 36(x + y - 8)^2 - 68[(x - 4)^2 + (y - 4)^2 + z^2] = 0$$

ou seja,

$$9(x + y - 8)^2 - 17[(x - 4)^2 + (y - 4)^2 + z^2] = 0 \qquad \textbf{[24-6]}$$

Capítulo 24 — Superfície esférica — 387

Assim, um ponto $X \neq V$ pertence a Ω se, e somente se, suas coordenadas satisfazem [24-6]. Quanto a V, que evidentemente pertence a Ω, é fácil verificar que suas coordenadas também satisfazem [24-6]. Esta equação descreve, portanto, o conjunto Ω. ◀

Exercício

24-27 Obtenha uma equação da superfície cônica de vértice $V = (0,0,0)$, circunscrita à superfície esférica **S**: $x^2 + y^2 + z^2 - 3x - y + 2 = 0$.

C · Interseção e posição relativa de plano e superfície esférica

No estudo da interseção e da posição relativa entre plano e superfície esférica, seguiremos as idéias da seção anterior, partindo da comparação entre o raio da superfície e a distância do plano ao seu centro. A Proposição 24-15 dá a justificativa teórica.

24-15 Proposição Sejam π um plano e **S** a superfície esférica de centro C e raio ρ.
(a) Se $d(C,\pi) > \rho$, então π é exterior a **S** e, portanto, $\pi \cap S = \emptyset$ (Figura 24-7 (a)).
(b) Se $d(C,\pi) = \rho$, então $\pi \cap S$ contém um único ponto, que é a projeção ortogonal de C sobre π (Figura 24-7 (b)). Os demais pontos de π são exteriores a **S**.
(c) Se $d(C,\pi) < \rho$, então $\pi \cap S$ é a circunferência de raio $\sigma = \sqrt{\rho^2 - d^2(C,\pi)}$, contida em π, cujo centro é a projeção ortogonal de C sobre π (Figura 24-7 (c)).

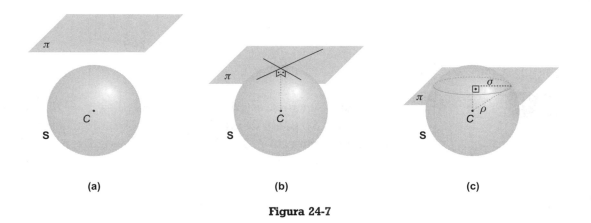

(a)   (b)   (c)

Figura 24-7

Demonstração
(a) Se X é um ponto de π, então $d(C,X) \geq d(C,\pi)$, pois $d(C,\pi)$ é a menor das distâncias de C a pontos de π. Logo, se $d(C,\pi) > \rho$, todo ponto de π é exterior a **S**.

(b) e (c) Fixemos um sistema ortogonal de coordenadas de origem $O = C$, tal que Oxy seja paralelo a π e os pontos de π tenham cota não-negativa (Figura 24-8 (a)). Em relação a ele, $x^2 + y^2 + z^2 = \rho^2$ é uma equação de **S** e $z = m$ ($m \geq 0$), uma equação de π. Note que $d(C,\pi) = m$ (logo, $m \leq \rho$) e que a projeção ortogonal de C sobre π é o ponto $Q = (0,0,m)$.

Algebricamente, é fácil ver que o sistema formado pelas equações de **S** e π é equivalente a

$$\begin{cases} x^2 + y^2 + (m-z)^2 = \rho^2 - m^2 \\ z = m \end{cases}$$ [24-7]

Como a primeira das equações [24-7] traduz a igualdade $d^2(X,Q) = \rho^2 - m^2$ em coordenadas, $\pi \cap \mathbf{S}$ é o conjunto dos pontos de π que distam $\sigma = \sqrt{\rho^2 - m^2}$ de Q.

- Se $m = \rho$, então $\sigma = 0$ e $\pi \cap \mathbf{S}$ contém apenas o ponto Q (Figura 24-8 (b)). Se X é outro ponto qualquer de π, então $d(X,C) > d(Q,C) = \rho$ e, portanto, X é exterior a **S**. Isto demonstra o item (b).

- Se $m < \rho$, então $\sigma > 0$. Neste caso, $\pi \cap \mathbf{S}$ é o conjunto dos pontos de π que distam σ de Q, ou seja, é a circunferência contida em π, de centro Q e raio σ (Figura 24-8 (c)). Está provado o item (c). ■

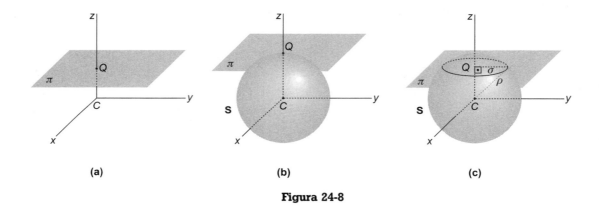

Figura 24-8

24-16 *Definição*   Sejam **S** uma superfície esférica e π um plano. Se $\pi \cap \mathbf{S} = \{T\}$, π é **tangente a S em** T. Nesse caso, T é o **ponto de tangência**. Dizemos também que π e **S** são **tangentes**, ou que se **tangenciam em** T. Se $\pi \cap \mathbf{S}$ contém ao menos dois pontos distintos, π é chamado **plano secante a S**.

Devido à Proposição 24-15, o plano π é tangente à superfície esférica **S** de centro C e raio ρ se, e somente se, $d(C,\pi) = \rho$. Podemos também caracterizar a tangência pela perpendicularidade entre π e o raio que contém o ponto de tangência (Figura 24-7 (b)), conforme o corolário seguinte.

24-17 *Corolário*   Seja T um ponto qualquer da superfície esférica **S** de centro C e raio ρ. O plano π que contém T e é perpendicular a CT é o único plano tangente a **S** em T.

Capítulo 24 — Superfície esférica — 389

Demonstração

O ponto T é a projeção ortogonal de C sobre π; logo, $d(C,\pi) = d(C,T) = \rho$. Pela Proposição 24-15 (b), concluímos que π é tangente a **S** em T. Para provar a unicidade, suponhamos que π' seja um plano tangente a **S** em T e mostremos que $\pi = \pi'$. Decorre da mesma Proposição 24-15 (b) que $\pi' \cap \mathbf{S}$ é o conjunto constituído apenas da projeção ortogonal de C sobre π'. Como $\pi' \cap \mathbf{S} = \{T\}$, concluímos que essa projeção é T e, portanto, $\overrightarrow{CT}$ é um vetor normal a π'. Assim, os planos π e π' são iguais, pois ambos contêm o ponto T e são ortogonais a $\overrightarrow{CT}$. ∎

24-18 Exercício Resolvido

Seja **S**: $x^2 + y^2 + z^2 - 2x - 1 = 0$. Obtenha uma equação geral do plano π, tangente a **S** em $T = (1,-1,1)$.

Resolução

Observemos inicialmente que T pertence a **S**, pois suas coordenadas satisfazem a equação de **S**. Logo, T é o ponto de tangência e π é o plano que contém T e é perpendicular a CT (Corolário 24-17). O centro de **S** é $C = (1,0,0)$ e, portanto, $\overrightarrow{CT} = (0,-1,1)$ é um vetor normal a π, e uma equação geral desse plano é da forma $-y + z + d = 0$. Substituindo as coordenadas de T, obtemos $d = -2$. Assim, π: $-y + z - 2 = 0$. ◄

EXERCÍCIOS

24-28 Obtenha uma equação geral do plano tangente à superfície esférica **S** em T, nos casos:

(a) $T = (-1/3, 1/3, -1/3)$ **S**: $x^2 + y^2 + z^2 - 2x - 1 = 0$

(b) $T = (0, \sqrt{95}, 0)$ **S**: $x^2 + y^2 + z^2 - 2x - 4z - 95 = 0$

24-29 Uma corda PQ da superfície esférica **S**: $x^2 + y^2 + z^2 - 4x + 2y - 8z + 10 = 0$ está contida na reta interseção dos planos π_1: $x = 2z - 1$ e π_2: $y = 1 - z$. Obtenha equações dos planos tangentes à superfície esférica em P e Q.

24-30 Prove que, se uma superfície esférica de centro $C = (m,n,p)$ e raio ρ é tangente aos três planos coordenados, então $|m| = |n| = |p| = \rho$.

24-31 Das superfícies esféricas cujos centros pertencem ao plano de equação geral $3x + 2y - z - 8 = 0$, quantas tangenciam os três planos coordenados? Escreva suas equações.

24-32 (a) Mostre que uma equação geral do plano π tangente à superfície esférica **S**: $x^2 + y^2 + z^2 = \rho^2$ em $T = (h,k,l)$ é $hx + ky + lz = \rho^2$.

(b) Generalize o resultado do item (a) para a superfície esférica de centro $C = (x_0, y_0, z_0)$ e raio ρ.

(c) Dê uma interpretação vetorial para os resultados dos itens (a) e (b).

24-33 (a) Sejam **S** a superfície esférica de centro C e raio ρ, e π, o plano tangente a **S** em T. Prove que todos os pontos de **S**, exceto T, pertencem ao semi-espaço aberto de origem π que contém C (isto é, π não os separa de C).

(b) Calcule o raio de uma superfície esférica tangente aos três planos coordenados que contém o ponto $(1,-1,2)$.

24-34 Obtenha uma equação da superfície esférica de centro $C = (3,2,-2)$ que tangencia o plano $\pi: x + 3y - 2z + 1 = 0$.

24-35 Calcule m para que o plano $\pi: x + y + z = m$ seja tangente à superfície esférica $S: x^2 + y^2 + z^2 = 12$, e determine o ponto de tangência.

24-36 Imponha uma condição aos coeficientes a, b, c e d para que o plano $\pi: ax + by + cz + d = 0$ seja tangente à superfície esférica $S: x^2 + y^2 + z^2 = \rho^2$.

24-37 Obtenha a equação reduzida da superfície esférica que é tangente aos planos $\pi_1: x = 2z + 8$ e $\pi_2: 2x - z + 5 = 0$, cujo centro pertence à reta $r: x + 2 = y = 0$.

24-38 ⇒ Obtenha uma equação da superfície esférica inscrita no tetraedro determinado pelos planos

$\pi_1: y = 3$ $\quad$ $\pi_2: z + 2 = 0$ $\quad$ $\pi_3: 2x - 2y - z + 4 = 0$ $\quad$ $\pi_4: 2x + y - 2z = 13$

24-39 Obtenha uma equação da superfície esférica circunscrita ao tetraedro determinado pelos planos

$\pi_1: y - z + 2 = 0$ $\quad$ $\pi_2: x - 1 = 0$ $\quad$ $\pi_3: x + z - 2 = 0$ $\quad$ $\pi_4: y - 1 = 0$

24-40 Obtenha a equação geral da superfície esférica que contém o ponto $A = (-1,6,-3)$ e tangencia o plano $\pi: 4x + 4y + 7z - 96 = 0$ em $T = (7,3,8)$.

24-41 Em cada caso, obtenha uma equação da superfície esférica tangente aos planos π_1 e π_2, sabendo que T é um dos pontos de tangência.

(a) $\pi_1: x = 0$ $\quad\quad$ $\pi_2: 3x + y + z - 2 = 0$ $\quad\quad$ $T = (0,2,-1)$
(b) $\pi_1: 6x - 3y - 2z - 35 = 0$ $\quad\quad$ $\pi_2: 6x - 3y - 2z + 63 = 0$ $\quad\quad$ $T = (5,-1,-1)$

24-19 Exercício Resolvido

Obtenha uma equação geral do plano π que contém a reta

$$s: \begin{cases} x + y + z = 0 \\ 2x - 6y + 3z - 49 = 0 \end{cases}$$

e é tangente à superfície esférica S de centro $O = (0,0,0)$ e raio 7.

Resolução

Como π pertence ao feixe de planos por s, podemos escrever

$$\pi: (\alpha + 2\beta)x + (\alpha - 6\beta)y + (\alpha + 3\beta)z - 49\beta = 0$$

em que α e β não são ambos nulos. A condição de tangência, $d(O,\pi) = 7$, equivale a

$$\frac{49^2\beta^2}{(\alpha + 2\beta)^2 + (\alpha - 6\beta)^2 + (\alpha + 3\beta)^2} = 49$$

Simplificando, obtemos $3\alpha^2 - 2\alpha\beta = 0$, ou seja, $\alpha(3\alpha - 2\beta) = 0$. Logo, $\alpha = 0$ ou $\alpha = 2\beta/3$. Substituindo na equação de π, obtemos duas soluções: $2x - 6y + 3z - 49 = 0$ e $8x - 16y + 11z - 147 = 0$. ◄

Exercícios

24-42 Obtenha os planos tangentes à superfície esférica **S**: $x^2 + y^2 + z^2 = 1$ que contêm a reta interseção dos planos π_1: $x + y + z = 0$ e π_2: $x - y - z - 2 = 0$.

24-43 Obtenha, em cada caso, uma equação do plano que contém a reta r e é tangente à superfície esférica **S**. Interprete os resultados.

(a) r: $(x + 6)/2 = y + 3 = z + 1$ **S**: $x^2 + y^2 + z^2 - 4x + 2y - 4z + 4 = 0$

(b) r: $X = (4,1,1) + \lambda(4,3,1)$ **S**: $x^2 + y^2 + z^2 - 2x + 6y + 2z + 8 = 0$

24-44 Obtenha uma equação geral do plano que contém os pontos $P = (1,1,-1)$ e $Q = (1,2,1)$ e tangencia a superfície esférica **S**: $x^2 + y^2 + z^2 - 4x - 2y - 4z + 8 = 0$.

24-20 Exercício Resolvido

Obtenha equações gerais dos planos paralelos a π_1: $x - y - 2z - 2 = 0$ que são tangentes à superfície esférica **S**: $x^2 + y^2 + z^2 + 2x + 2y - 1 = 0$.

Resolução

Se π é um plano paralelo a π_1, então π: $x - y - 2z + d = 0$. Como $C = (-1,-1,0)$ é o centro de **S** e $\sqrt{3}$ é o raio, a condição de tangência $d(C,\pi) = \rho$ acarreta

$$\frac{|-1 + 1 - 2\cdot 0 + d|}{\sqrt{6}} = \sqrt{3}$$

e, portanto, $d = \sqrt{18}$ ou $d = -\sqrt{18}$. Existem, pois, dois planos tangentes paralelos a π_1; são os planos de equações gerais $x - y - 2z + \sqrt{18} = 0$ e $x - y - 2z - \sqrt{18} = 0$. ◄

Exercícios

24-45 Determine os planos tangentes à superfície esférica **S**: $(x - 1)^2 + (y - 2)^2 + z^2 = 1$ que são paralelos ao plano π: $2x + y - z = 0$.

24-46 Determine os planos tangentes à superfície esférica **S**: $(x - 1)^2 + y^2 + z^2 = 6$ que são perpendiculares à reta r: $(x - 1)/2 = y = z - 1$.

24-47 Determine os valores máximo e mínimo atingidos pela expressão $x - 2y + z$ (e os pontos X_{max} e X_{min} em que ocorrem) quando X percorre a superfície esférica **S**: $x^2 + y^2 + z^2 = 6$.

Vamos falar agora sobre circunferências no espaço, começando por chamar a sua atenção para o fato de que, ao contrário do que ocorre na Geometria Plana, uma circunferência em $\mathbb{E}^3$ *não fica determinada pelo centro e pelo raio*. Isto está ilustrado na Figura 24-9 (a), em que estão representadas várias circunferências máximas da mesma superfície esférica **S**, todas elas circunferências de centro e raio iguais aos de **S**. Para determinar uma circunferência de $\mathbb{E}^3$, além de centro e raio devemos conhecer o plano que a contém.

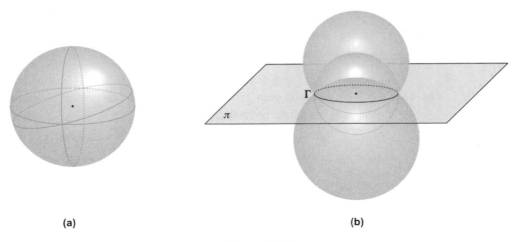

Figura 24-9

Vimos na Proposição 24-15 (c) que, se π é um plano secante à superfície esférica de centro C e raio ρ, a interseção $\pi \cap \mathbf{S}$ é uma circunferência cujo centro G é a projeção ortogonal de C sobre π e cujo raio é

$$\sigma = \sqrt{\rho^2 - d^2(C,\pi)} \qquad [24\text{-}8]$$

Vale também a recíproca, ou seja, toda circunferência pode ser vista como interseção do plano que a contém com uma superfície esférica, e existem, na verdade, infinitas superfícies esféricas que podem cumprir esse papel (veja a Figura 24-9 (b)); uma delas, em particular, tem centro e raio iguais ao da circunferência (é a menor de todas) e sua obtenção, geralmente, é mais rápida. Em vista disso, fixado um sistema ortogonal de coordenadas, qualquer circunferência pode ser descrita por um sistema de duas equações, uma de plano, outra de superfície esférica, sob a condição de que o plano seja secante à superfície, e todo sistema de equações com essas características descreve uma circunferência em $\mathbb{E}^3$. Como já fizemos no caso das equações planares de reta, vamos omitir a palavra sistema, referindo-nos a esse par de equações como **equações da circunferência**. A notação será a tradicional; por exemplo,

$$\Gamma : \begin{cases} x^2 + y^2 + (z-1)^2 = 4 \\ x = 1 \end{cases}$$

significa que Γ é a interseção da superfície esférica **S**: $x^2 + y^2 + (z-1)^2 = 4$ (centro $C = (0,0,1)$, raio 2) com o plano π: $x - 1 = 0$. Como $d(C,\pi) = 1 < \rho$, Γ é uma circunferência.

24-21 Exercício Resolvido

Determine o centro G e o raio σ da circunferência

$$\Gamma: \begin{cases} x^2 + y^2 + z^2 + 3x - y = 0 \\ 2x - y - 2z - 1 = 0 \end{cases}$$

Resolução

O centro e o raio da superfície esférica **S**: $x^2 + y^2 + z^2 + 3x - y = 0$ são $C = (-3/2, 1/2, 0)$ e $\rho = \sqrt{10}/2$. Obter G, projeção ortogonal de C sobre o plano $\pi: 2x - y - 2z - 1 = 0$, é um exercício do Capítulo 17: sabemos que $\vec{n} = (2,-1,-2)$ é um vetor normal a π; logo, $G = C + \lambda\vec{n} = (-3/2 + 2\lambda, 1/2 - \lambda, -2\lambda)$. Como G pertence a π,

$$2\left(\frac{-3}{2} + 2\lambda\right) - \left(\frac{1}{2} - \lambda\right) - 2(-2\lambda) - 1 = 0$$

e, portanto, $\lambda = 1/2$. O centro da circunferência é $G = (-1/2, 0, -1)$.

Como $d^2(C, \pi) = \|\overrightarrow{CG}\|^2 = 1 + 1/4 + 1 = 9/4$, o raio da circunferência é

$$\sigma = \sqrt{\rho^2 - d^2(C,\pi)} = \sqrt{\frac{10}{4} - \frac{9}{4}} = \frac{1}{2}$$

Exercício 24-48

Determine o centro e o raio da circunferência interseção do plano $\pi: 2x - 2y - z + 9 = 0$ com a superfície esférica **S**: $x^2 + y^2 + z^2 - 6x + 4y - 2z - 86 = 0$.

24-22 Exercício Resolvido

Obtenha equações da circunferência Γ de centro $G = (1,1,-2)$ que contém os pontos $A = (2,3,0)$ e $B = (-1,-1,-1)$.

Resolução

A primeira providência é verificar se $\|\overrightarrow{GA}\| = \|\overrightarrow{GB}\|$, que é uma condição necessária para que exista uma circunferência de centro G contendo A e B. Como $\overrightarrow{GA} = (1,2,2)$ e $\overrightarrow{GB} = (-2,-2,1)$, vemos que sim: as duas normas são iguais a 3, que é o raio da circunferência. Vemos também que $\overrightarrow{GA}$ e $\overrightarrow{GB}$ são LI; logo, os pontos A, B e G determinam um plano π, que é o plano da circunferência. Obtém-se uma equação geral de π de

$$\begin{vmatrix} x-1 & y-1 & z+2 \\ 1 & 2 & 2 \\ -2 & -2 & 1 \end{vmatrix} = 0$$

Assim, $\pi: 6x - 5y + 2z + 3 = 0$.

Das superfícies esféricas que contêm a circunferência Γ, a de obtenção mais rápida é aquela que tem o mesmo centro, $G = (1,1,-2)$ e o mesmo raio, 3, que Γ. Sua equação reduzida é $(x-1)^2 + (y-1)^2 + (z+2)^2 = 9$. Portanto,

394 – Geometria Analítica – um tratamento vetorial

$$\Gamma: \begin{cases} (x-1)^2 + (y-1)^2 + (z+2)^2 = 9 \\ 6x - 5y + 2z + 3 = 0 \end{cases}$$

EXERCÍCIOS

24-49 Obtenha equações da circunferência Γ de centro G que contém os pontos A e B, nos casos:

(a) $G = (1,2,1)$, $A = (2,2,0)$, $B = (1,1,4)$.   (b) $G = (1,1,4)$, $A = (0,3,2)$, $B = (2,3,6)$.

(c) $G = (2,1,1)$, $A = (1,0,2)$, $B = (3,2,0)$.

24-50 Dados os pontos $A = (3,-2,5)$, $B = (-1,6,-3)$ e $P = (1,-4,1)$, obtenha equações da circunferência de diâmetro AB que contém P.

24-51 Obtenha equações da circunferência circunscrita ao triângulo PQR, nos casos:

(a) $P = (3,-1,-2)$, $Q = (1,1,-2)$ e $R = (-1,3,0)$.

(b) P, Q e R são os pontos de interseção do plano $\pi: 3x + 2y + 6z = 6$ com os eixos coordenados.

24-52 Dados os pontos $A = (3,-1,-2)$ e $B = (1,1,-2)$, obtenha equações do lugar geométrico dos pontos X tais que o triângulo ABX seja eqüilátero. Descreva-o geometricamente.

24-53 Obtenha equações da circunferência de centro $(1,-1,-2)$ que determina uma corda de comprimento 8 sobre a reta interseção dos planos $\pi_1: 2x - y + 2z - 12 = 0$ e $\pi_2: 4x - 7y - z + 6 = 0$.

24-54 Obtenha uma equação geral do plano paralelo ao plano $\pi: x - 2y - z = 0$, que determina na superfície esférica **S**: $x^2 + y^2 + z^2 + 2x + 2y - 2z = 0$ uma circunferência de raio $\sqrt{3/2}$.

24-55 Obtenha a equação reduzida da superfície esférica que contém a circunferência Γ e tem raio ρ.

(a) $\Gamma: \begin{cases} (x+3)^2 + (y+1)^2 + (z-1)^2 = 10 \\ x - 2y + 2z - 4 = 0 \end{cases}$ $\rho = 5$

(b) $\Gamma: \begin{cases} (x-5)^2 + (y-2)^2 + (z-1)^2 = 14 \\ x + y - z = 0 \end{cases}$ $\rho = \sqrt{2}$

24-56 Determine os vértices de um hexágono regular inscrito na circunferência

$$\Gamma: \begin{cases} x^2 + y^2 + z^2 + 2x + 2y + 2z - 3 = 0 \\ x + y + z = 1 \end{cases}$$

sabendo que um deles pertence à reta $r: X = (-1,1,1/3) + \lambda(2,-1,1)$.

D INTERSEÇÃO E POSIÇÃO RELATIVA DE SUPERFÍCIES ESFÉRICAS

Consideremos as superfícies esféricas distintas S_1: $x^2 + y^2 + z^2 + a_1x + b_1y + c_1z + d_1 = 0$ e S_2: $x^2 + y^2 + z^2 + a_2x + b_2y + c_2z + d_2 = 0$, a primeira de centro C_1 e raio ρ_1, a segunda de centro C_2 e raio ρ_2. Suporemos que $\rho_2 \geq \rho_1$ e indicaremos por δ a distância entre os centros: $\delta = d(C_1, C_2)$.

Estudar a interseção $S_1 \cap S_2$ remete-nos ao sistema de equações

$$\begin{cases} x^2 + y^2 + z^2 + a_1x + b_1y + c_1z + d_1 = 0 \\ x^2 + y^2 + z^2 + a_2x + b_2y + c_2z + d_2 = 0 \end{cases} \quad \textbf{[24-9]}$$

que é equivalente a

$$\begin{cases} x^2 + y^2 + z^2 + a_1x + b_1y + c_1z + d_1 = 0 \\ (a_2 - a_1)x + (b_2 - b_1)y + (c_2 - c_1)z + d_2 - d_1 = 0 \end{cases} \quad \textbf{[24-10]}$$

e também a

$$\begin{cases} x^2 + y^2 + z^2 + a_2x + b_2y + c_2z + d_2 = 0 \\ (a_2 - a_1)x + (b_2 - b_1)y + (c_2 - c_1)z + d_2 - d_1 = 0 \end{cases} \quad \textbf{[24-11]}$$

(A segunda equação dos dois últimos sistemas foi obtida, por subtração, das equações [24-9].)

Se $C_1 = C_2$, então $\rho_1 \neq \rho_2$, pois S_1 e S_2 são distintas. Das relações [24-5] decorre que $a_1 = a_2$, $b_1 = b_2$, $c_1 = c_2$ e $d_1 \neq d_2$ e, portanto, a segunda equação de [24-10] não admite solução e o sistema é incompatível. Assim, duas superfícies esféricas concêntricas distintas têm interseção vazia, o que nossa intuição geométrica já fazia prever.

Trabalhemos com a hipótese $C_1 \neq C_2$. Neste caso, o vetor $2\overrightarrow{C_2C_1} = (a_2 - a_1, b_2 - b_1, c_2 - c_1)$ é não-nulo, e por isso a segunda equação de [24-10] e [24-11] é equação geral de um plano π ortogonal ao segmento C_1C_2; este plano é chamado **plano radical** do par de superfícies esféricas não concêntricas S_1 e S_2. A equivalência dos três sistemas garante que $S_1 \cap S_2 = S_1 \cap \pi = S_2 \cap \pi$, e recaímos no caso de interseção de plano e superfície esférica, estudado na Seção C. De acordo com a Proposição 24-15, são três as possibilidades:

- $S_1 \cap S_2$ é uma circunferência Γ contida no plano radical, cujo centro é o ponto em que a reta C_1C_2 intercepta π. Neste caso, dizemos que S_1 e S_2 são **secantes** (Figura 24-10).

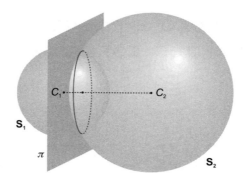

Figura 24-10

- $S_1 \cap S_2$ contém um único ponto T, que é o ponto em que a reta C_1C_2 intercepta π. Neste caso, dizemos que S_1 e S_2 são **tangentes em** T e que este é o **ponto de tangência**. Os pontos de π, com exceção de T, são exteriores a S_1 e a S_2 (Figura 24-11).

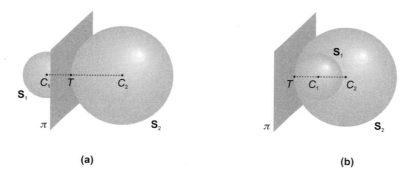

Figura 24-11

- $S_1 \cap S_2 = \emptyset$; neste caso, S_1 e S_2 são **disjuntas** e π é exterior a ambas (Figura 24-12).

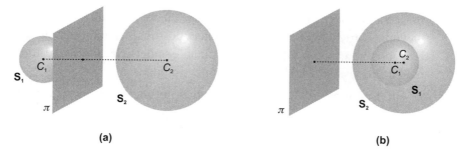

Figura 24-12

Note que, devido à equivalência dos sistemas [24-10] e [24-11] e à Proposição 24-15,

$$d(C_1,\pi) < \rho_1 \text{ se, e somente se, } d(C_2,\pi) < \rho_2;$$
$$d(C_1,\pi) = \rho_1 \text{ se, e somente se, } d(C_2,\pi) = \rho_2;$$
$$d(C_1,\pi) > \rho_1 \text{ se, e somente se, } d(C_2,\pi) > \rho_2.$$

Portanto, para obter a interseção $S_1 \cap S_2$, podemos trabalhar com uma das superfícies esféricas (por exemplo, S_2) e o plano π, ignorando a outra:

S_1 e S_2 são secantes se, e somente se, $d(C_2,\pi) < \rho_2$;
S_1 e S_2 são tangentes se, e somente se, $d(C_2,\pi) = \rho_2$; **[24-12]**
S_1 e S_2 são disjuntas se, e somente se, $d(C_2,\pi) > \rho_2$.

Na próxima proposição, deduzimos expressões para $d(C_2,\pi)$ e para a diferença $d(C_2,\pi) - \rho_2$ em função dos centros e raios das duas superfícies esféricas.

24-23 Proposição

Sejam $S_1: x^2 + y^2 + z^2 + a_1x + b_1y + c_1z + d_1 = 0$, $S_2: x^2 + y^2 + z^2 + a_2x + b_2y + c_2z + d_2 = 0$ superfícies esféricas não-concêntricas, C_1 e C_2, os respectivos centros, ρ_1 e ρ_2, os respectivos raios, tais que $\rho_2 \geq \rho_1$. Se $\delta = d(C_1,C_2)$ e π é o plano radical de S_1 e S_2, então $d(C_2,\pi) = \dfrac{\delta^2 + \rho_2^2 - \rho_1^2}{2\delta}$ e, conseqüentemente,

$$d(C_2,\pi) - \rho_2 = \frac{(\rho_2 + \rho_1 - \delta)(\rho_2 - \rho_1 - \delta)}{2\delta} \quad \textbf{[24-13]}$$

Demonstração

Uma equação geral do plano radical, obtida por subtração membro a membro das equações de S_2 e S_1, é

$$(a_2 - a_1)x + (b_2 - b_1)y + (c_2 - c_1)z + d_2 - d_1 = 0 \quad \textbf{[24-14]}$$

e $\vec{n} = (a_2 - a_1, b_2 - b_1, c_2 - c_1) = 2\overrightarrow{C_2C_1}$ é o vetor normal a π associado a ela. Sabemos que o primeiro membro da equação geral de uma superfície esférica de centro C e raio ρ é a expressão em coordenadas de $d^2(X,C) - \rho^2$ (em que $X = (x,y,z)$); logo, ao substituir as coordenadas de C_2 no primeiro membro de [24-14], obteremos (primeiro membro da equação geral de S_2 menos primeiro membro da equação geral de S_1):

$$[d^2(C_2,C_2) - \rho_2^2] - [d^2(C_2,C_1) - \rho_1^2] = -\delta^2 - (\rho_2^2 - \rho_1^2) < 0$$

Em vista disso, e devido à fórmula [20-8] (distância de ponto a plano),

$$d(C_2,\pi) = \frac{|-\delta^2 - (\rho_2^2 - \rho_1^2)|}{\|\vec{n}\|} = \frac{\delta^2 + \rho_2^2 - \rho_1^2}{2\delta}$$

Mostremos que vale a igualdade [24-13]:

$$d(C_2,\pi) - \rho_2 = \frac{\delta^2 + \rho_2^2 - \rho_1^2}{2\delta} - \rho_2 = \frac{\delta^2 + \rho_2^2 - 2\delta\rho_2 - \rho_1^2}{2\delta}$$
$$= \frac{(\rho_2 - \delta)^2 - \rho_1^2}{2\delta} = \frac{(\rho_2 + \rho_1 - \delta)(\rho_2 - \rho_1 - \delta)}{2\delta} \quad \blacksquare$$

Exercícios

24-57 Nas condições da proposição anterior:

(a) exprima $d(C_1,\pi)$ em função de ρ_1, ρ_2, δ;

(b) mostre que $d(C_1,\pi) \leq d(C_2,\pi)$ (dos dois centros, o mais próximo de π é o da superfície esférica menor);

(c) seja N o ponto de interseção da reta C_1C_2 com o plano radical π. Calcule a razão r em que N divide (C_1,C_2) e mostre que $|r| \leq 1$ (o que confirma a conclusão tirada no item (b)).

24-58 (a) Prove que o plano radical de duas superfícies esféricas não-concêntricas é o lugar geométrico dos pontos de igual potência em relação a essas superfícies (veja o Exercício 24-21).

(b) Qual é esse lugar geométrico no caso em que as superfícies são concêntricas e distintas?

Passemos ao estudo da posição relativa de $\mathbf{S}$ e $\mathbf{S}$. O caso em que $C = C$ é fácil: $\mathbf{S} = \mathbf{S}$ se os raios são iguais e $\mathbf{S}$ é interior a $\mathbf{S}$ se $\rho < \rho$. Se as superfícies esféricas não são concêntricas, a proposição seguinte descreve um método simples para verificar se são secantes, tangentes ou disjuntas.

24-24 Proposição

Sejam $\mathbf{S}_1$ e $\mathbf{S}_2$ superfícies esféricas não-concêntricas, C_1 e C_2, os respectivos centros, ρ_1 e ρ_2, os respectivos raios ($\rho_1 \leq \rho_2$), e seja $\delta = d(C_1,C_2)$.

(a) $\mathbf{S}_1$ e $\mathbf{S}_2$ são secantes se, e somente se, $\rho_2 - \rho_1 < \delta < \rho_2 + \rho_1$.

(b) $\mathbf{S}_1$ e $\mathbf{S}_2$ são tangentes se, e somente se, $\delta = \rho_2 - \rho_1$ ou $\delta = \rho_2 + \rho_1$.

(c) $\mathbf{S}_1$ e $\mathbf{S}_2$ são disjuntas se, e somente se, $\delta < \rho_2 - \rho_1$ ou $\delta > \rho_2 + \rho_1$.

Demonstração

Seja π o plano radical de $\mathbf{S}$ e $\mathbf{S}$. A demonstração consiste em combinar [24-12] com [24-13]; note que $\rho - \rho < \rho < \rho + \rho$.

(a) $\mathbf{S}$ e $\mathbf{S}$ são secantes se, e somente se, $d(C,\pi) < \rho$, ou seja, $d(C,\pi) - \rho < 0$. Devido a [24-13], isto equivale a $(\rho + \rho - \delta)(\rho - \rho - \delta) < 0$, isto é,

$$[\rho + \rho - \delta < 0 \text{ e } \rho - \rho - \delta > 0] \quad \text{ou} \quad [\rho + \rho - \delta > 0 \text{ e } \rho - \rho - \delta < 0]$$

A primeira alternativa leva a $\rho + \rho < \delta < \rho - \rho$, o que é falso. Ficamos então com a segunda, que equivale a $\rho - \rho < \delta < \rho + \rho$.

(b) $\mathbf{S}$ e $\mathbf{S}$ são tangentes se, e somente se, $d(C,\pi) = \rho$, ou seja, devido a [24-13], $(\rho + \rho - \delta)(\rho - \rho - \delta) = 0$. Esta igualdade equivale a

$$[\rho + \rho - \delta = 0 \text{ ou } \rho - \rho - \delta = 0] \quad \text{isto é} \quad [\delta = \rho + \rho \text{ ou } \delta = \rho - \rho]$$

(c) $\mathbf{S}$ e $\mathbf{S}$ são disjuntas se, e somente se, $d(C,\pi) > \rho$, o que, por sua vez, é equivalente a $(\rho + \rho - \delta)(\rho - \rho - \delta) > 0$ (devido a [24-13]). Esta desigualdade é verdadeira se, e somente se,

$$[\rho + \rho - \delta > 0 \text{ e } \rho - \rho - \delta > 0] \quad \text{ou} \quad [\rho + \rho - \delta < 0 \text{ e } \rho - \rho - \delta < 0]$$

ou seja,

$$[\delta < \rho_2 + \rho_1 \text{ e } \delta < \rho_2 - \rho_1] \quad \text{ou} \quad [\delta > \rho_2 + \rho_1 \text{ e } \delta > \rho_2 - \rho_1]$$

Como $\rho_2 - \rho_1 < \rho_2 + \rho_1$, a primeira alternativa equivale a $\delta < \rho_2 - \rho_1$ e a segunda, a $\delta > \rho_2 + \rho_1$. ■

O diagrama seguinte, em que δ percorre o eixo horizontal, ilustra o que foi demonstrado.

24-25 Definição

Sejam S_1 e S_2 superfícies esféricas tangentes em T. Dizemos que S_1 e S_2 são **tangentes interiormente** se todo ponto de uma delas (a menor), distinto de T, é interior à outra; e **tangentes exteriormente** se todo ponto de qualquer uma delas, distinto de T, é exterior à outra.

A proposição seguinte caracteriza os tipos de tangência referidos na Definição 24-25. A argumentação que usaremos baseia-se na propriedade triangular, conseqüência do Exercício 9-51, e que convém recordar:

se A, B e C são pontos quaisquer, então $d(A,C) \leq d(A,B) + d(B,C)$;
vale a igualdade se, e somente se, B pertence ao segmento AC.

24-26 Proposição

Sejam S_1 e S_2 superfícies esféricas não-concêntricas, C_1 e C_2, os respectivos centros, ρ_1 e ρ_2, os respectivos raios ($\rho_1 \leq \rho_2$), e seja $\delta = d(C_1, C_2)$.
Suponhamos que S_1 e S_2 sejam tangentes em T (logo, $\delta = \rho_2 + \rho_1$ ou $\delta = \rho_2 - \rho_1$).
(a) Se $\delta = \rho_2 + \rho_1$, S_1 e S_2 são tangentes exteriormente.
(b) Se $\delta = \rho_2 - \rho_1$, S_1 e S_2 são tangentes interiormente.

Demonstração

(a) Se P é um ponto qualquer de S_2, diferente de T, então P não pertence a S_1, pois o único ponto comum a S_1 e S_2 é T (Figura 24-13 (a)). Pela propriedade triangular, $\delta \leq d(P,C_1) + d(P,C_2) = d(P,C_1) + \rho_2$. Logo, $d(P,C_1) \geq \delta - \rho_2 = \rho_1$, e concluímos que $d(P,C_1) > \rho_1$, pois $d(P,C_1) \neq \rho_1$. Isto quer dizer que P é exterior a S_1. De modo análogo, permutando-se os índices 1 e 2, prova-se que todo ponto de S_1, diferente de T, é exterior a S_2.

(b) A demonstração é semelhante à da parte (a) (acompanhe na Figura 24-13 (b)). Se Q é um ponto qualquer de S_1, diferente de T, então Q não pertence a S_2 e, portanto, $d(Q,C_2) \neq \rho_2$. Pela propriedade triangular, $d(Q,C_2) \leq d(Q,C_1) + d(C_1,C_2)$, isto é, $d(Q,C_2) \leq \rho_1 + \delta = \rho_2$. Logo, $d(Q,C_2) < \rho_2$ e Q é interior a S_2. ■

400 – Geometria Analítica – um tratamento vetorial

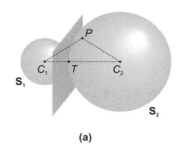
(a)

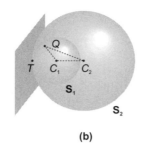
(b)

Figura 24-13

EXERCÍCIO 24-59 Prove, no caso (b) da Proposição 24-26, que todo ponto de S_2, diferente de T, é exterior a S_1.

A demonstração da proposição seguinte, muito semelhante à da Proposição 24-26, é deixada como exercício.

24-27 Proposição Suponhamos que S_1 e S_2 sejam disjuntas (logo, $\delta > \rho_2 + \rho_1$ ou $\delta < \rho_2 - \rho_1$).
(a) Se $\delta > \rho_2 + \rho_1$, cada uma das duas superfícies é exterior à outra (Figura 24-12 (a)).
(b) Se $\delta < \rho_2 - \rho_1$, S_1 é interior a S_2 e S_2 é exterior a S_1 (Figura 24-12 (b)).

EXERCÍCIO 24-60 Demonstre a Proposição 24-27.

O diagrama apresentado após a Proposição 24-24 pode agora ser enriquecido com novas informações:

disjuntas S_1 interior a S_2 S_2 exterior a S_1	tangentes interiormente	secantes	tangentes exteriormente	disjuntas S_1 exterior a S_2 S_2 exterior a S_1
	$\rho_2 - \rho_1$		$\rho_2 + \rho_1$	

24-28 Exercício Resolvido Estude a posição relativa das superfícies esféricas $S_1: x^2 + y^2 + z^2 + 2x + 2y + 2z - 3 = 0$ e $S_2: x^2 + y^2 + z^2 + 2z - 6 = 0$. Se forem secantes, obtenha o centro e o raio da circunferência-interseção; se forem tangentes, determine o ponto de tangência.

Resolução

Os centros de S_1 e S_2 são, respectivamente, $C_1 = (-1,-1,-1)$ e $C_2 = (0,0,-1)$. Os raios, $\rho_1 = \sqrt{6}$ e $\rho_2 = \sqrt{7}$. Como $d(C_1,C_2) = \sqrt{2}$ e $\sqrt{7} - \sqrt{6} < \sqrt{2} < \sqrt{7} + \sqrt{6}$, as superfícies esféricas são secantes (Proposição 24-24).

$S_1 \cap S_2$ é uma circunferência, cujo centro G é o ponto de interseção da reta C_1C_2 com π, o plano radical de S_1 e S_2. Subtraindo membro a membro as equações gerais de S_1 e S_2, obtemos uma equação geral de π: $2x + 2y + 3 = 0$. Tomemos um ponto genérico da reta C_1C_2: $X = (\lambda, \lambda, -1)$. Substituindo suas coordenadas na equação de π, obtemos $\lambda = -3/4$. Logo, $G = (-3/4, -3/4, -1)$. Para obter o raio da circunferência, utilizamos [24-8]: $\sigma^2 = \rho_2^2 - d^2(C_2, G) = 7 - 9/16 - 9/16 = 94/16$. Logo, $\sigma = \sqrt{94}/4$. ◀

Exercícios

24-61 Estude a posição relativa e descreva a interseção das superfícies esféricas

S_1: $x^2 + y^2 + z^2 - 2x - 2y - 2z + 2 = 0$ S_2: $x^2 + y^2 + z^2 + 2x + 2y + 2z - 4 = 0$

24-62 As superfícies esféricas S_1: $(x-1)^2 + (y-3)^2 + z^2 = 1$ e S_2: $x^2 + y^2 + z^2 - 2mx + 4my + 4mz = 0$ são tangentes. Quanto vale m?

24-63 Obtenha a equação reduzida da superfície esférica tangente ao plano π: $z = 0$ no ponto $(1, -2, 0)$, que tangencia exteriormente a superfície esférica S: $x^2 + y^2 + z^2 - 6x - 8y - 2z + 1 = 0$.

24-64 Seja S: $x^2 + y^2 + z^2 - 2x + y - 10 = 0$. Obtenha a equação geral da superfície esférica S_1 de centro $(1, 0, 1)$, sabendo que S e S_1 são tangentes interiormente.

24-65 Sejam S_1: $x^2 + y^2 + z^2 = 9$ e S_2: $x^2 + y^2 + z^2 - 6x - 12y + 12z + 72 = 0$. Obtenha a equação reduzida de uma superfície esférica tangente a ambas, sendo colineares os três centros.

24-66 Sejam S_1 e S_2 superfícies esféricas não-concêntricas, C_1 e C_2, os respectivos centros, ρ_1 e ρ_2, os respectivos raios, tais que $\rho_2 \geq \rho_1$. Sejam $\delta = d(C_1, C_2)$ e π o plano radical de S_1 e S_2. Mostre, sem utilizar a Proposição 24-24, que $\rho_2 - \rho_1 < \delta < \rho_2 + \rho_1$ se, e somente se, $d(C_1, \pi) < \rho_1$ (esta é uma demonstração alternativa para a Proposição 24-24 (a)).

CAPÍTULO 25

QUÁDRICAS

Neste capítulo faz-se uma breve descrição das principais superfícies quádricas a partir de suas equações reduzidas.

Pelo nome genérico de *quádrica* vamos designar algumas superfícies de $\mathbb{E}^3$ que podem ser consideradas, por assim dizer, a versão tridimensional das cônicas. Não é nossa intenção fazer um estudo detalhado de tais superfícies nem classificá-las nos moldes do Apêndice C, mas tão-somente apresentar as chamadas *equações reduzidas* de algumas quádricas, que nos fornecerão informações geométricas interessantes a seu respeito. Por isso, vamos adotar definições estritamente algébricas, ao contrário do que foi feito para as cônicas no Capítulo 22. O leitor interessado em conhecer mais sobre este assunto poderá consultar [Efimov], [Heinhold; Riedmüller] ou [Oliva]. Trabalharemos exclusivamente com sistemas ortogonais de coordenadas.

25-1 Definição

Chama-se **quádrica** qualquer subconjunto Ω de $\mathbb{E}^3$ que possa ser descrito, em relação a um sistema ortogonal de coordenadas, por uma equação de segundo grau

$$ax^2 + by^2 + cz^2 + dxy + exz + fyz + gx + hy + iz + j = 0 \quad \text{[25-1]}$$

A condição sobre o grau da equação significa, naturalmente, que pelo menos um dos números a, b, c, d, e, f é diferente de zero. Diz-se que [25-1] é **uma equação de** Ω, e indica-se esse fato por Ω: $ax^2 + by^2 + cz^2 + dxy + exz + fyz + gx + hy + iz + j = 0$. Eis alguns exemplos de equações de quádricas:

- $x^2 + y^2 + z^2 + 1 = 0$ (conjunto vazio).
- $(x-1)^2 + y^2 + z^2 = 0$, ou seja, $x^2 + y^2 + z^2 - 2x + 1 = 0$ (conjunto formado pelo ponto $(1,0,0)$).
- $(x-y)^2 + (y-z)^2 = 0$, ou seja, $x^2 + 2y^2 + z^2 - 2xy - 2yz = 0$ (reta r: $x = y = z$).
- $(x-y)^2 = 0$, isto é, $x^2 - 2xy + y^2 = 0$ (plano π: $x - y = 0$).
- $(x+y+z)(x+y+z-1) = 0$, ou seja, $x^2 + y^2 + z^2 + 2xy + 2xz + 2yz - x - y - z = 0$ (reunião dos planos paralelos π_1: $x + y + z = 0$ e π_2: $x + y + z - 1 = 0$).

- $(x-z)(x+z) = 0$, isto é, $x^2 - z^2 = 0$ (reunião dos planos transversais $\pi_1: x = z$ e $\pi_2: x = -z$).
- $x^2 + y^2 + z^2 - 2x - 2y - 2z = 0$ (superfície esférica de centro $(1,1,1)$ e raio $\sqrt{3}$).

Nosso objetivo é destacar alguns casos particulares da equação [25-1] que, por sua forma especial, permitem descobrir propriedades geométricas das quádricas correspondentes e esboçá-las com relativa facilidade. Muito úteis na feitura do esboço serão as informações que pudermos obter a respeito das simetrias da quádrica em relação aos planos coordenados, aos eixos coordenados, e à origem do sistema de coordenadas adotado. Na Observação 25-2 recordamos a propriedade, já utilizada no estudo das cônicas, que relaciona simetrias com a paridade dos expoentes das incógnitas na equação. Enunciamos também uma condição suficiente para a simetria total de um conjunto em relação a um sistema ortogonal de coordenadas.

25-2 Observação

(a) Se uma equação da quádrica Ω é da forma $ax^2 + by^2 + cz^2 + j = 0$, isto é, se as incógnitas x, y e z comparecem apenas com expoentes pares, então Ω é **totalmente simétrica em relação ao sistema de coordenadas**, isto é, Ω é simétrica em relação aos planos coordenados, aos eixos coordenados, e à origem.

(b) Para que um conjunto Ω seja totalmente simétrico em relação a um sistema de coordenadas, basta que seja simétrico em relação aos planos coordenados. De fato: se $P = (x,y,z)$, considere a seqüência de pontos $P_1 = (-x,y,z)$, $P_2 = (-x,-y,z)$, $P_3 = (-x,-y,-z)$, cada um deles simétrico do anterior em relação a um dos planos coordenados. Se Ω é simétrico em relação a esses planos, e se P pertence a Ω, então P_1, P_2 e P_3 também pertencem a Ω. Assim, se P pertence a Ω, seu simétrico em relação à origem (P_3) e seu simétrico em relação a Oz (P_2) também pertencem a Ω. Isso mostra que Ω é simétrico em relação a O e a Oz. De modo análogo mostra-se a simetria de Ω em relação aos eixos Oy e Ox.

Exercício 25-1

(a) Justifique a afirmação feita na Observação 25-2 (a).

(b) Examine as simetrias da quádrica Ω: $x^2 + y^2 + 3z^2 - 2xy - 7 = 0$ em relação à origem, aos eixos coordenados e aos planos coordenados.

(c) Repita o item (b) para a quádrica Ω: $x^2 + y^2 + 3z^2 - 2xy + 1 = 0$.

A ELIPSÓIDE

25-3 Definição

Uma quádrica Ω é um **elipsóide** se existem números reais positivos a, b, c, pelo menos dois deles distintos, e um sistema ortogonal de coordenadas em relação ao qual Ω pode ser descrita pela equação

$$\frac{x^2}{a^2} + \frac{y^2}{b^2} + \frac{z^2}{c^2} = 1 \qquad [25\text{-}2]$$

chamada **equação reduzida** de Ω. Indica-se Ω: $x^2/a^2 + y^2/b^2 + z^2/c^2 = 1$.

(Se a, b e c fossem iguais, Ω seria uma superfície esférica de centro $(0,0,0)$ e raio a.)

Devido à Observação 25-2 (a), o elipsóide Ω: $x^2/a^2 + y^2/b^2 + z^2/c^2 = 1$ é totalmente simétrico em relação ao sistema de coordenadas. Sua interseção com Ox contém apenas os pontos $(a,0,0)$ e $(-a,0,0)$, pois um ponto $(x,0,0)$ pertence a Ω se, e somente se, $x^2 = a^2$. De modo análogo, vê-se que $Oy \cap \Omega = \{(0,b,0),(0,-b,0)\}$ e $Oz \cap \Omega = \{(0,0,c),(0,0,-c)\}$. Estes seis pontos são chamados **vértices** do elipsóide.

Vamos submeter o elipsóide Ω: $x^2/a^2 + y^2/b^2 + z^2/c^2 = 1$ a uma "tomografia", examinando suas interseções com planos paralelos aos planos coordenados. Este é um recurso utilizado com freqüência quando se quer ter uma noção do aspecto de um sólido ou de uma superfície: conhecer as fatias ajuda a descobrir o aspecto do pão.

A interseção de Ω com o plano π: $z = k$, paralelo a Oxy, é descrita pelo sistema formado pelas equações de Ω e π, que é equivalente a

$$\begin{cases} \dfrac{x^2}{a^2} + \dfrac{y^2}{b^2} = 1 - \dfrac{k^2}{c^2} \\ z = k \end{cases}$$

Se $k^2 > c^2$, a primeira equação do sistema não admite soluções. Logo, a interseção é não-vazia se, e somente se, $k^2 \leq c^2$, isto é, $-c \leq k \leq c$. Se $k = c$, ela se reduz ao ponto $(0,0,c)$, e se $k = -c$, ao ponto $(0,0,-c)$. Se $k^2 < c^2$, isto é, $-c < k < c$, dividimos os dois membros da primeira equação por $p = 1 - k^2/c^2 > 0$, obtendo o sistema equivalente

$$\begin{cases} \dfrac{x^2}{pa^2} + \dfrac{y^2}{pb^2} = 1 \\ z = k \end{cases}$$

- Se $a = b$, este sistema descreve a circunferência contida em π, de centro $(0,0,k)$ e raio $a\sqrt{p}$.
- Se $a > b$, o sistema descreve uma elipse contida em π, de centro $(0,0,k)$, cujos focos pertencem à reta r: $X = (0,0,k) + \lambda(1,0,0)$ (paralela a Ox).
- Se $a < b$, o sistema descreve uma elipse contida em π, de centro $(0,0,k)$, que tem por reta focal a reta s: $X = (0,0,k) + \lambda(0,1,0)$ (paralela a Oy).

Note que, quanto maior for k^2, menor será p, de modo que os comprimentos dos eixos da elipse (no caso $a \neq b$) ou o raio da circunferência (no caso $a = b$) decrescem à medida que o plano π se afasta da origem. Assim, a interseção "máxima", obtida quando $k = 0$ e π é o plano Oxy, é descrita pelo sistema de equações

$$\begin{cases} \dfrac{x^2}{a^2} + \dfrac{y^2}{b^2} = 1 \\ z = 0 \end{cases}$$

Tomar planos paralelos a Oyz (π: $x = k$) ou a Oxz (π: $y = k$) conduz a conclusões semelhantes. Veja o esboço na Figura 25-1 (a). As Figuras 25-1 (b), (c) e (d) mostram interseções do elipsóide com planos paralelos aos planos coordenados.

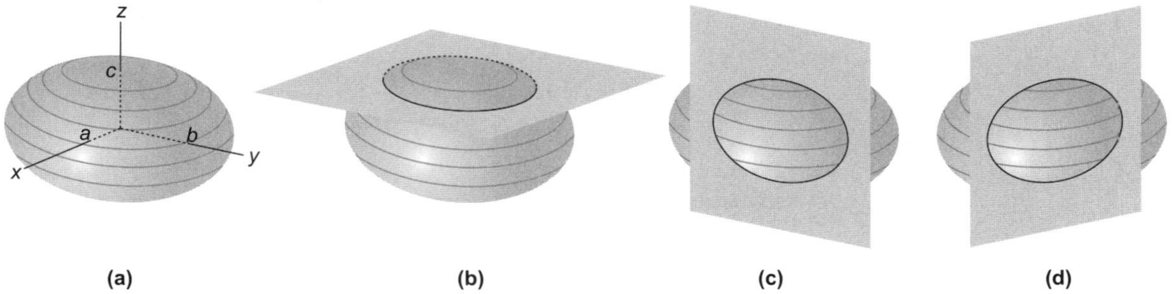

Capítulo 25 — Quádricas — 405

(a) (b) (c) (d)

Figura 25-1

EXERCÍCIOS

25-2 Quais dos seguintes objetos não podem ser associados a elipsóides, pelo aspecto da sua superfície externa?

(a) Um ovo. (b) Uma bola de *rugby*. (c) Uma câmara de ar.

(d) Uma bola de futebol. (e) Um charuto.

25-3 Seja Ω: $x^2/a^2 + y^2/b^2 + z^2/c^2 = 1$. Deduza uma condição sobre os números *a*, *b* e *c* para que:

(a) as interseções de Ω com planos paralelos a *Oxy* sejam elipses semelhantes;

(b) as interseções de Ω com planos paralelos a *Oxy* sejam elipses semelhantes às interseções com planos paralelos a *Oxz*.

25-4 (a) Prove que o elipsóide Ω: $x^2/a^2 + y^2/b^2 + z^2/c^2 = 1$ é limitado.

(b) Generalize os conceitos de retângulo fundamental e coroa fundamental de uma elipse (Capítulo 22) para o elipsóide Ω: $x^2/a^2 + y^2/b^2 + z^2/c^2 = 1$.

25-5 Nos casos em que a interseção do plano π com o elipsóide Ω for uma elipse, determine seu centro, focos, vértices e excentricidade. Se for uma circunferência, determine o centro e o raio.

(a) Ω: $x^2/64 + y^2/100 + z^2/4 = 1$ π: $y - 5 = 0$

(b) Ω: $x^2 + 9y^2 + 4z^2 = 36$ π: $x + 2\sqrt{5} = 0$

(c) Ω: $4x^2 + 4y^2 + 9z^2 - 2 = 0$ π: $z + 1/3 = 0$

25-4 *Exercício Resolvido*

Sejam $A = (0,3,0)$ e $B = (0,-3,0)$. Obtenha uma equação do lugar geométrico dos pontos X de $\mathbb{E}^3$ tais que $d(X,A) + d(X,B) = 10$, e identifique-o.

Resolução

O ponto $X = (x,y,z)$ pertence ao lugar geométrico se, e somente se,

$$d(X,A) = 10 - d(X,B) \qquad [25\text{-}3]$$

e esta igualdade acarreta

$$d^2(X,A) = 100 - 20 \cdot d(X,B) + d^2(X,B) \qquad [25\text{-}4]$$

ou seja, $20 \cdot d(X,B) = 100 + d^2(X,B) - d^2(X,A)$. Efetuando os cálculos e simplificando, obtemos

$$5 \cdot d(X,B) = 3y + 25 \qquad [25\text{-}5]$$

e, conseqüentemente,

$$25 \cdot d^2(X,B) = (3y + 25)^2 \qquad [25\text{-}6]$$

Esta igualdade equivale a $25x^2 + 16y^2 + 25z^2 = 400$, isto é,

$$\frac{x^2}{16} + \frac{y^2}{25} + \frac{z^2}{16} = 1 \qquad [25\text{-}7]$$

que é equação reduzida de um elipsóide Ω. Concluir, porém, que o lugar geométrico é esse elipsóide é ainda prematuro, porque não ficou estabelecida a equivalência entre as equações [25-7] e [25-3]. O que fizemos até agora foi mostrar que qualquer ponto do lugar geométrico satisfaz a equação [25-7]; falta verificar se todo ponto que satisfaz [25-7] pertence ao lugar geométrico. Nos cálculos feitos, há duas passagens críticas a examinar: a de [25-3] para [25-4] e a de [25-5] para [25-6] (que correspondem às duas vezes em que elevamos ao quadrado). [25-5] é equivalente a [25-6] se, e somente se, $3y + 25 \geq 0$, isto é,

$$y \geq \frac{-25}{3} \qquad [25\text{-}8]$$

Por sua vez, [25-3] equivale a [25-4] se, e somente se, $d(X,B) \leq 10$, ou seja,

$$100 - [x^2 + (y + 3)^2 + z^2] \geq 0 \qquad [25\text{-}9]$$

Vejamos se os pontos do elipsóide Ω satisfazem as condições [25-8] e [25-9].
Para todo ponto $P = (x,y,z)$ de Ω vale a relação $y^2 \leq 25$, isto é, $-5 \leq y \leq 5$. Logo, todo ponto de Ω obedece a [25-8]. Para verificar se P satisfaz [25-9] substituímos x^2, no primeiro membro, por sua expressão obtida de [25-7]: $x^2 = 16 - 16 y^2/25 - z^2$. Obtemos

$$100 - [16 - \frac{16y^2}{25} - z^2 + (y + 3)^2 + z^2] = -\frac{9y^2}{25} - 6y + 75$$

As raízes desse trinômio de segundo grau são -25 e $25/3$; logo, seu valor é positivo para todo y tal que $-25 < y < 25/3$ e, portanto, para todo y do intervalo $[-5,5]$. Assim, todo ponto do elipsóide Ω: $x^2/16 + y^2/25 + z^2/16 = 1$ pertence ao lugar geométrico. ◄

EXERCÍCIOS

25-6 Identifique, em cada caso, o lugar geométrico dos pontos X de $\mathbb{E}^3$ tais que $d(X,A) + d(X,B) = m$.
(a) $A = (1,0,0)$ $B = (-1,0,0)$ $m = 2$
(b) $A = (2,0,2)$ $B = (2,0,0)$ $m = 1$

25-7 Prove que, se a, b e c não são todos iguais, a equação $(x-h)^2/a^2 + (y-k)^2/b^2 + (z-l)^2/c^2 = 1$ descreve um elipsóide.

25-8 Seja Ω a quádrica de equação $4x^2 + y^2 + 4z^2 - 8x - 4y - 8z + 8 = 0$.

(a) Complete quadrados para provar que Ω é um elipsóide.

(b) Faça uma translação do sistema de coordenadas para eliminar os termos de primeiro grau e obter uma equação reduzida de Ω.

(c) Obtenha, em relação ao sistema antigo, equações do plano paralelo a Oxy que determina elipse ou circunferência máxima no elipsóide. Faça o mesmo em relação a Oxz e a Oyz.

(d) Faça um esboço do elipsóide e desenhe, em vista frontal, suas projeções ortogonais sobre os planos Oxy, Oxz e Oyz.

25-9 Se $a = b \neq c$, ou $a = c \neq b$, ou $b = c \neq a$, o elipsóide Ω: $x^2/a^2 + y^2/b^2 + z^2/c^2 = 1$ é chamado **elipsóide de rotação**. Dê uma explicação intuitiva para isso.

B HIPERBOLÓIDE

25-5 Definição Uma quádrica Ω é um **hiperbolóide de uma folha** se existem números reais positivos a, b, c, e um sistema ortogonal de coordenadas em relação ao qual Ω pode ser descrita pela equação

$$\frac{x^2}{a^2} + \frac{y^2}{b^2} - \frac{z^2}{c^2} = 1 \qquad [25\text{-}10]$$

chamada **equação reduzida** de Ω. Indica-se Ω: $x^2/a^2 + y^2/b^2 - z^2/c^2 = 1$.

Devido à Observação 25-2 (a), o hiperbolóide de uma folha Ω: $x^2/a^2 + y^2/b^2 - z^2/c^2 = 1$ é totalmente simétrico em relação ao sistema de coordenadas. Sua interseção com Ox contém apenas os pontos $(a,0,0)$ e $(-a,0,0)$, pois um ponto $(x,0,0)$ pertence a Ω se, e somente se, $x^2 = a^2$. De modo análogo, vê-se que $Oy \cap \Omega = \{(0,b,0),(0,-b,0)\}$. Como um ponto $(0,0,z)$ pertence a Ω se, e somente se, $z^2 = -c^2$, a interseção $Oz \cap \Omega$, por sua vez, é o conjunto vazio. Por distinguir-se dos demais, o único dos três eixos coordenados que não tem ponto comum com o hiperbolóide de uma folha (neste caso, Oz) é chamado **eixo distinguido**.

Vamos submeter o hiperbolóide de uma folha Ω: $x^2/a^2 + y^2/b^2 - z^2/c^2 = 1$ ao mesmo procedimento "tomográfico" que utilizamos para o elipsóide, examinando suas interseções com planos paralelos aos planos coordenados.

A interseção de Ω com um plano paralelo a Oxy, π: $z = k$, é descrita pelo sistema das equações de Ω e π, que é equivalente a

$$\begin{cases} \dfrac{x^2}{a^2} + \dfrac{y^2}{b^2} = 1 + \dfrac{k^2}{c^2} \\ z = k \end{cases}$$

Dividindo os dois membros da primeira equação por $p = 1 + k^2/c^2 > 0$, obtemos o sistema equivalente

$$\begin{cases} \dfrac{x^2}{pa^2} + \dfrac{y^2}{pb^2} = 1 \\ z = k \end{cases}$$

- Se $a = b$, esse sistema descreve a circunferência contida em π, de centro $(0,0,k)$ e raio $a\sqrt{p}$.
- Se $a > b$, o sistema descreve uma elipse contida em π, de centro $(0,0,k)$, cuja reta focal, paralela a Ox, é $r: X = (0,0,k) + \lambda(1,0,0)$.
- Se $a < b$, o sistema descreve uma elipse contida em π, de centro $(0,0,k)$, cuja reta focal, paralela a Oy, é $s: X = (0,0,k) + \lambda(0,1,0)$.

Note que, quanto maior for k^2, maior será p, de modo que os comprimentos dos eixos da elipse (ou o raio da circunferência, se $a = b$) crescem à medida que o plano π se afasta da origem. Assim, a interseção "mínima" é obtida quando $k = 0$ e π é o plano Oxy, e é descrita pelo sistema de equações

$$\begin{cases} \dfrac{x^2}{a^2} + \dfrac{y^2}{b^2} = 1 \\ z = 0 \end{cases}$$

Ao contrário do que ocorre com o elipsóide, tomar planos paralelos a Oxz ou a Oyz leva a conclusões diferentes destas. A interseção de Ω com o plano $\pi: y = k$ é descrita pelo sistema de equações

$$\begin{cases} \dfrac{x^2}{a^2} - \dfrac{z^2}{c^2} = 1 - \dfrac{k^2}{b^2} \\ y = k \end{cases} \quad \text{[25-11]}$$

Se $k^2 = b^2$, a primeira equação do sistema fica $x^2/a^2 - z^2/c^2 = 0$, ou seja, $(x/a - z/c)(x/a + z/c) = 0$; logo, $\pi \cap \Omega$ é a reunião das retas concorrentes

$$r: \begin{cases} \dfrac{x}{a} - \dfrac{z}{c} = 0 \\ y = k \end{cases} \quad \text{e} \quad s: \begin{cases} \dfrac{x}{a} + \dfrac{z}{c} = 0 \\ y = k \end{cases}$$

Se, por outro lado, $k^2 \neq b^2$, podemos dividir os dois membros da primeira equação de [25-11] por $p = 1 - k^2/b^2$; obtemos o sistema equivalente

$$\begin{cases} \dfrac{x^2}{pa^2} - \dfrac{z^2}{pc^2} = 1 \\ y = k \end{cases}$$

- Se $k < -b$ ou $k > b$, isto é, se $p < 0$, $\pi \cap \Omega$ é uma hipérbole contida em π, de centro $(0,k,0)$, cuja reta focal é $s: X = (0,k,0) + \lambda(0,0,1)$ (paralela a Oz).
- Se $-b < k < b$, isto é, se $p > 0$, $\pi \cap \Omega$ é uma hipérbole contida em π, de centro $(0,k,0)$, cuja reta focal é $r: X = (0,k,0) + \lambda(1,0,0)$ (paralela a Ox). Em particular, se $k = 0$, a hipérbole está contida no plano Oxz e tem equações

$$\begin{cases} \dfrac{x^2}{a^2} - \dfrac{z^2}{c^2} = 1 \\ y = 0 \end{cases}$$

Analisar a interseção de Ω com planos paralelos a Oyz (π: $x = k$) leva a conclusões inteiramente análogas, bastando inverter os papéis de x e y, e os de a e b, no que acabamos de fazer. Veja o esboço do hiperbolóide de uma folha na Figura 25-2 (a). As figuras 25-2 (b), (c) e (d) mostram as interseções de Ω com o plano de equação $y = k$, respectivamente, nos casos $0 < k < b$, $k = b$ e $k > b$.

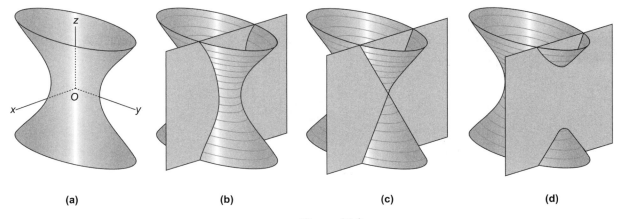

Figura 25-2

Alguns cestos de arame (dos usados para coleta de lixo nas ruas e praças), banquinhos e ampulhetas têm o aspecto de hiperbolóide de uma folha. Um jeito interessante de construir um modelo é segurar com as duas mãos um feixe de espetinhos de churrasco ou varetas e torcê-lo, girando as mãos em sentido contrário. Uma versão mais artística é a "escultura de linha": tome duas argolas de mesmo tamanho e marque em cada uma n pontos, dividindo-as em arcos congruentes. Ligue pares de pontos, um em cada argola, por fios de mesmo comprimento, de modo que, mantendo as argolas paralelas, uma em cada mão, os fios fiquem paralelos uns aos outros e perpendiculares aos planos das argolas (Figura 25-3 (a)). Agora, gire as mãos em sentido contrário e você obterá modelos de (pedaços de) hiperbolóide de uma folha (Figura 25-3 (b)).

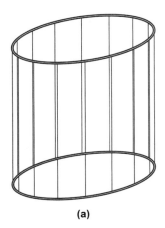
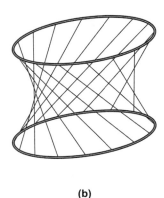

Figura 25-3

Este modelo suscita uma questão muito interessante. Pelo que nos foi dado perceber até aqui (não esquecendo que os métodos utilizados são precários), esta superfície não possui, em toda a sua extensão, nenhuma região plana, por pequena que seja. Será possível que, apesar disso, haja retas inteiras contidas nela? Como se verá no próximo exercício, a resposta é sim: por estranho que possa parecer, um hiperbolóide de uma folha é uma reunião de retas. Para amenizar a surpresa causada por esta afirmação, pense em superfícies com as quais você está mais familiarizado, tais como superfícies cônicas e cilíndricas. Também elas são reuniões de retas, apesar de não possuírem nenhum pedacinho plano. Superfícies que são reuniões de retas são chamadas **superfícies regradas**. Já temos três exemplos, aliás, quatro, pois planos também são superfícies regradas. Alguns contra-exemplos são: superfícies esféricas, elipsóides, ou qualquer superfície limitada.

25-6 *Exercício Resolvido*

Seja Ω o hiperbolóide de uma folha de equação $x^2/a^2 + y^2/b^2 - z^2/c^2 = 1$, que pode ser escrita sob a forma

$$\left(\frac{x}{a} + \frac{z}{c}\right)\left(\frac{x}{a} - \frac{z}{c}\right) = \left(1 + \frac{y}{b}\right)\left(1 - \frac{y}{b}\right) \qquad \text{[25-12]}$$

Prove que:

(a) para cada número real α, o sistema

$$\begin{cases} \dfrac{x}{a} + \dfrac{z}{c} = \alpha\left(1 + \dfrac{y}{b}\right) \\ \\ \alpha\left(\dfrac{x}{a} - \dfrac{z}{c}\right) = 1 - \dfrac{y}{b} \end{cases} \qquad \text{[25-13]}$$

descreve uma reta r_α;

(b) r_α está contida no hiperbolóide, para todo α;

(c) se $P = (h,k,l)$ é um ponto qualquer de Ω e $k \neq -b$, então P pertence a uma das retas r_α;

(d) Ω é uma superfície regrada.

Resolução

(a) Cada uma das equações de [25-13] é uma equação de plano, e os vetores $\vec{n_1} = (1/a, -\alpha/b, 1/c)$ e $\vec{n_2} = (\alpha/a, 1/b, -\alpha/c)$ são normais a esses planos. Devido à Proposição 7-4, de

$$\begin{vmatrix} 1/a & -\alpha/b \\ \alpha/a & 1/b \end{vmatrix} = \frac{1 + \alpha^2}{ab} \neq 0$$

concluímos que $(\vec{n_1}, \vec{n_2})$ é LI e que, portanto, as equações [25-13] são equações planares de uma reta. ◀

(b) Se $X = (x,y,z)$ é um ponto qualquer de r_α, suas coordenadas satisfazem as equações [25-13]. Multiplicando-as membro a membro, obtemos

$$\alpha(\frac{x^2}{a^2} - \frac{z^2}{c^2}) = \alpha(1 - \frac{y^2}{b^2})$$

Se $\alpha \neq 0$, decorre que $x^2/a^2 - z^2/c^2 = 1 - y^2/b^2$, isto é, $x^2/a^2 + y^2/b^2 - z^2/c^2 = 1$, o que mostra que X pertence a Ω. Assim, qualquer reta r_α, com $\alpha \neq 0$, está contida em Ω.

Falta examinar r_0, que é a reta de equações

$$\begin{cases} \dfrac{x}{a} + \dfrac{z}{c} = 0 \\ y = b \end{cases}$$

Vimos anteriormente que esta é uma das duas retas concorrentes em que o plano $\pi: y = b$ intercepta o hiperbolóide, mas não custa mostrar diretamente que r_0 está contida em Ω: qualquer ponto $X = (x,y,z)$ de r_0 satisfaz $x/a = -z/c$ e $y = b$ e, portanto, $x^2/a^2 + y^2/b^2 - z^2/c^2 = z^2/c^2 + 1 - z^2/c^2 = 1$, ou seja, X pertence a Ω. ◀

(c) P pertence a Ω; logo, suas coordenadas satisfazem a equação [25-12]:

$$(\frac{h}{a} + \frac{l}{c})(\frac{h}{a} - \frac{l}{c}) = (1 + \frac{k}{b})(1 - \frac{k}{b}) \qquad [25\text{-}14]$$

Da hipótese $k \neq -b$ decorre $1 + k/b \neq 0$, e podemos escolher

$$\alpha = (\frac{h}{a} + \frac{l}{c})(1 + \frac{k}{b})^{-1}$$

(este palpite sobre o valor de α baseia-se na comparação entre [25-13], que são as equações de r_α, e [25-14]). Mostremos que, para esse valor de α, as coordenadas de P satisfazem [25-13].

Primeira equação: $x/a + z/c = \alpha(1 + y/b)$. Substituindo y por k, no segundo membro, obtemos

$$(\frac{h}{a} + \frac{l}{c})(1 + \frac{k}{b})^{-1} = \frac{h}{a} + \frac{l}{c}$$

Logo, P satisfaz a primeira equação.

Segunda equação: $\alpha(x/a - z/c) = 1 - y/b$. Substituindo as coordenadas de P no primeiro membro e usando [25-14], obtemos

$$(\frac{h}{a} + \frac{l}{c})(1 + \frac{k}{b})^{-1}(\frac{h}{a} - \frac{l}{c}) = (1 + \frac{k}{b})^{-1}(\frac{h}{a} + \frac{l}{c})(\frac{h}{a} - \frac{l}{c})$$
$$= (1 + \frac{k}{b})^{-1}(1 + \frac{k}{b})(1 - \frac{k}{b})$$
$$= 1 - \frac{k}{b}$$

e, portanto, P satisfaz a segunda equação. ◀

(d) Vejamos o que acontece com os pontos que foram excluídos no item (c), isto é, os pontos de Ω de ordenada $-b$. Tais pontos constituem a interseção de Ω com o plano π: $y = -b$, a qual, como sabemos, é a reunião das retas (contidas em Ω)

$$s_1: \begin{cases} \dfrac{x}{a} + \dfrac{z}{c} = 0 \\ y = -b \end{cases} \quad \text{e} \quad s_2: \begin{cases} \dfrac{x}{a} - \dfrac{z}{c} = 0 \\ y = -b \end{cases}$$

concorrentes em $Q = (0,-b,0)$. Consideremos a coleção de retas constituída por s_1, s_2 e todas as retas r_α. São retas contidas em $Omega$ e todo ponto de Ω pertence a alguma delas. Portanto, sua reunião é Ω. ◄

(Na verdade, a reta s_1 é desnecessária; veja o Exercício 25-10 (a).)

Não há nada de misterioso com as equações [25-13], aparentemente caídas do céu. Heuristicamente, elas provêm de [25-12], da qual se obtém (com as devidas ressalvas quanto ao anulamento dos denominadores)

$$\dfrac{\dfrac{x}{a} + \dfrac{z}{c}}{1 + \dfrac{y}{b}} = \dfrac{1 - \dfrac{y}{b}}{\dfrac{x}{a} - \dfrac{z}{c}}$$

Indicando por α o valor comum a essas duas frações, chegamos a [25-13]. Baseando-se neste comentário, tente imaginar outra coleção de retas contidas no hiperbolóide.

EXERCÍCIOS

25-10 (a) Sejam r_α, s_1 e s_2 como no exercício resolvido anterior. Mostre que nenhum ponto de s_2 pertence à reunião das retas r_α e que cada ponto de s_1, com exceção de $(0,-b,0)$, pertence a alguma delas.

(b) Prove que o hiperbolóide de uma folha Ω: $x^2/a^2 + y^2/b^2 - z^2/c^2 = 1$ é uma superfície regrada, utilizando, no lugar das retas r_α do exercício resolvido anterior, as retas

$$s_\beta: \begin{cases} \dfrac{x}{a} + \dfrac{z}{c} = \beta(1 - \dfrac{y}{b}) \\ \beta(\dfrac{x}{a} - \dfrac{z}{c}) = 1 + \dfrac{y}{b} \end{cases}$$

(c) Prove que a quádrica Ω: $x^2 - y^2 - xy + yz = 0$ é uma superfície regrada.

25-11 Seja Ω: $x^2/a^2 + y^2/b^2 - z^2/c^2 = 1$ um hiperbolóide de uma folha.

(a) Prove que, se $a \neq b$, todas as elipses obtidas como interseção de Ω com planos paralelos a Oxy são semelhantes.

(b) Prove que, se k varia em $]-b,b[$, as interseções de Ω com planos de equação $y = k$ são hipérboles semelhantes.

(c) Prove que, se k varia na reunião dos intervalos $]-\infty,-b[$ e $]b,\infty[$, as interseções de Ω com planos de equação $y = k$ são hipérboles semelhantes.

(d) A que condições devem estar submetidos a, b e c para que as hipérboles do item (b) sejam semelhantes às do item (c)?

25-7 Exercício Resolvido

Prove que toda quádrica Ω descrita por equação de uma das formas

$$\frac{x^2}{a^2} - \frac{y^2}{b^2} + \frac{z^2}{c^2} = 1 \qquad -\frac{x^2}{a^2} + \frac{y^2}{b^2} + \frac{z^2}{c^2} = 1 \qquad [25\text{-}15]$$

é um hiperbolóide de uma folha.

Resolução

Trataremos apenas da primeira equação, deixando a outra para o Exercício 25-12. Façamos uma mudança de coordenadas de modo a obter uma equação do tipo [25-10]. É razoável adotar

$$x = u \qquad y = w \qquad z = v \qquad [25\text{-}16]$$

como equações de mudança de coordenadas pois, com essa escolha, sendo $\Sigma = (O, \vec{i}, \vec{j}, \vec{k})$ o sistema antigo, a nova base é $F = (\vec{i}, \vec{k}, \vec{j})$, ortonormal (como deve ser), e a nova equação da quádrica,

$$\frac{u^2}{a^2} + \frac{v^2}{c^2} - \frac{w^2}{b^2} = 1$$

De acordo com a Definição 25-5, Ω é um hiperbolóide de uma folha. ◀

Note que a nova base é discordante da antiga (o que não é proibido) e que a origem permaneceu a mesma (Figura 25-4 (a)).

Há outras mudanças de coordenadas que produzem o mesmo efeito, como por exemplo

$$\begin{array}{ccc} x = u & x = -u & x = u \\ y = w \quad \text{ou} & y = w \quad \text{ou} & y = -w \quad \text{etc.} \\ z = -v & z = v & z = -v \end{array}$$

Se, por algum motivo, quisermos que a nova base seja concordante com a antiga, podemos adotar a primeira dessas alternativas, indicada na Figura 25-4 (b). A Figura 25-4 (c) mostra um esboço do hiperbolóide de uma folha neste caso.

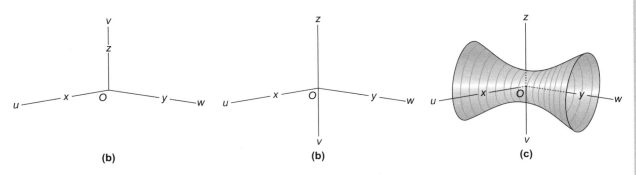

Figura 25-4

EXERCÍCIO 25-12

Prove que a quádrica Ω: $-x^2/a^2 + y^2/b^2 + z^2/c^2 = 1$ é um hiperbolóide de uma folha. Faça um esboço.

25-8 Observação

(a) No Exercício Resolvido 25-7 (e também no exercício anterior), os planos coordenados são iguais aos do sistema antigo, com nomes diferentes (por exemplo, após a mudança caracterizada pelas equações [25-16], o plano Oxy passa a ser chamado plano Ouw). Por isso, as simetrias que percebemos examinando [25-10] seriam percebidas igualmente se trabalhássemos com qualquer uma das equações [25-15]. Vale o mesmo para as interseções com os eixos coordenados e para o "fatiamento" por planos paralelos aos planos coordenados. Convém distinguir, porém, o papel de cada uma das variáveis nessa história; para isso, coloquemos juntas as três equações

$$\frac{x^2}{a^2} + \frac{y^2}{b^2} - \frac{z^2}{c^2} = 1 \qquad \frac{x^2}{a^2} - \frac{y^2}{b^2} + \frac{z^2}{c^2} = 1 \qquad -\frac{x^2}{a^2} + \frac{y^2}{b^2} + \frac{z^2}{c^2} = 1$$

O que as distingue, fundamentalmente, é a ocorrência do sinal $-$, ora no termo em x^2, ora no termo em y^2, ora no termo em z^2. Assim, o que ocorre com z na primeira equação ocorre igualmente com y na segunda e com x na terceira. Em particular, o eixo distinguido no caso da primeira é Oz, no da segunda é Oy e, no caso da terceira, Ox (para obter essa informação, observamos a posição do sinal $-$).

(b) Qualquer uma das três equações será chamada **equação reduzida**, e eventualmente complementaremos essa expressão mencionando o eixo distinguido. Por exemplo, $x^2/4 - y^2/6 + z^2/9 = 1$ é equação reduzida de um hiperbolóide de uma folha, totalmente simétrico em relação ao sistema de coordenadas, e Oy é o seu eixo distinguido.

Na comparação entre as equações reduzidas de elipsóide e de hiperbolóide de uma folha (equações [25-2], [25-10] e [25-15]), salta à vista a diferença com relação aos sinais: no caso do elipsóide os três termos do primeiro membro apresentam sinal +, e no caso do hiperbolóide de uma folha são dois com sinal + e um com sinal −. Você pode perguntar: e se fossem dois sinais −? Passaremos, em seguida, a estudar esse tipo de quádrica.

25-9 Definição

Uma quádrica Ω é um **hiperbolóide de duas folhas** se existem números reais positivos a, b, c e um sistema ortogonal de coordenadas em relação ao qual Ω pode ser descrita pela equação

$$-\frac{x^2}{a^2} + \frac{y^2}{b^2} - \frac{z^2}{c^2} = 1$$

chamada **equação reduzida** de Ω. Indica-se Ω: $-x^2/a^2 + y^2/b^2 - z^2/c^2 = 1$.

No estudo desta quádrica, o procedimento adotado será exatamente o mesmo que nos dois casos anteriores (elipsóide e hiperbolóide de uma folha). Por isso, desta vez seremos mais econômicos nos detalhes.

A Observação 25-2 (a) garante a total simetria de Ω em relação ao sistema de coordenadas, e as interseções com os eixos coordenados são $Ox \cap \Omega = Oz \cap \Omega = \emptyset$ e $Oy \cap \Omega = \{(0,b,0),(0,-b,0)\}$. Por distinguir-se dos demais, o único dos três eixos coordenados que intercepta o hiperbolóide de duas folhas (neste caso, Oy) é chamado **eixo distinguido** e pode ser identificado pela posição do sinal + no primeiro membro da equação reduzida. Os pontos em que o eixo distinguido intercepta o hiperbolóide de duas folhas (neste caso, $(0,b,0)$ e $(0,-b,0)$) são chamados **vértices**.

Passemos ao fatiamento do hiperbolóide de duas folhas por planos paralelos aos planos coordenados.

A interseção de Ω com o plano π: $z = k$, paralelo a Oxy, é descrita pelas equações

$$\begin{cases} -\dfrac{x^2}{pa^2} + \dfrac{y^2}{pb^2} = 1 \\ z = k \end{cases}$$

em que $p = 1 + k^2/c^2 > 0$. Trata-se de uma hipérbole, contida em π, de centro $(0,0,k)$, e sua reta focal, paralela a Oy, é r: $X = (0,0,k) + \lambda(0,1,0)$.

A interseção de Ω com o plano π: $x = k$, paralelo a Oyz, é descrita pelas equações

$$\begin{cases} \dfrac{y^2}{pb^2} - \dfrac{z^2}{pc^2} = 1 \\ x = k \end{cases}$$

em que $p = 1 + k^2/a^2 > 0$. É, portanto, uma hipérbole contida em π, de centro $(k,0,0)$, e sua reta focal, paralela a Oy, é s: $X = (k,0,0) + \lambda(0,1,0)$.

A interseção de Ω com o plano π: $y = k$, paralelo a Oxz, é descrita pelas equações

$$\begin{cases} \dfrac{x^2}{a^2} + \dfrac{z^2}{c^2} = \dfrac{k^2}{b^2} - 1 \\ y = k \end{cases}$$

- Se $k^2 < b^2$, isto é, $-b < k < b$, a primeira equação não admite soluções e, portanto, $\pi \cap \Omega = \emptyset$.
- Se $k^2 = b^2$, isto é, $k = b$ ou $k = -b$, $\pi \cap \Omega$ contém apenas o ponto $(0,k,0)$.
- Se $k^2 > b^2$, isto é, $k < -b$ ou $k > b$, seja $p = k^2/b^2 - 1 > 0$. Dividindo os dois membros da primeira equação por p, obtemos

$$\begin{cases} \dfrac{x^2}{pa^2} + \dfrac{z^2}{pc^2} = 1 \\ y = k \end{cases}$$

e, nesse caso,
  - se $a = c$, $\pi \cap \Omega$ é a circunferência de centro $(0,k,0)$ e raio $a\sqrt{p}$;
  - se $a > c$, $\pi \cap \Omega$ é a elipse contida em π cuja reta focal é r: $X = (0,k,0) + \lambda(1,0,0)$ (paralela a Ox), e cujo centro é $(0,k,0)$.

- se $a < c$, $\pi \cap \Omega$ é a elipse contida em π cuja reta focal é s: $X = (0,k,0) + \lambda(0,0,1)$ (paralela a Oz), e cujo centro é $(0,k,0)$.

Como p cresce à medida que k cresce, os comprimentos dos eixos dessas elipses (ou os raios das circunferências, no caso $a = c$) serão tanto maiores quanto mais afastado estiver o plano π da origem.

Essas informações nos permitem fazer um esboço razoável do hiperbolóide de duas folhas; veja a Figura 25-5 (a). As figuras (b), (c) e (d) mostram interseções de Ω com planos paralelos aos planos coordenados.

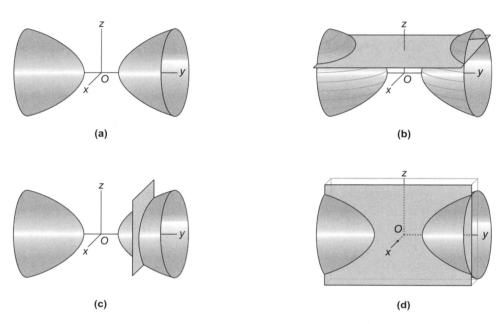

Figura 25-5

Exercícios

25-13 Prove que as equações $x^2/a^2 - y^2/b^2 - z^2/c^2 = 1$ e $-x^2/a^2 - y^2/b^2 + z^2/c^2 = 1$ descrevem hiperbolóides de duas folhas, esboce-os e estabeleça uma relação entre os sinais do primeiro membro e o eixo distinguido.

25-14 Descreva a curva interseção do hiperbolóide Ω com o plano π e determine, quando for o caso: centro, focos, assíntotas, raio.

(a) Ω: $x^2 - 4y^2 + 5z^2 = 1$ π: $z + 1/\sqrt{5} = 0$

(b) Ω: $-3x^2 - 4z^2 + 5y^2 = -43$ π: $y = 1$

(c) Ω: $x^2/2 - y^2/2 - z^2 = 1$ π: $y + 2 = 0$

25-15 Sendo Ω: $2x^2 - y^2 + 4z^2 = 1$, determine os planos paralelos aos planos coordenados que interceptam Ω em uma cônica de distância focal $\sqrt{6}$.

25-16 Os hiperbolóides de equações $x^2/a^2 + y^2/a^2 - z^2/c^2 = 1$ e $-x^2/a^2 + y^2/b^2 - z^2/a^2 = 1$ são chamados **hiperbolóides de rotação**. Por quê?

25-17 Sejam $A = (0,3,0)$ e $B = (0,-3,0)$. Obtenha uma equação do lugar geométrico dos pontos X de $\mathbb{E}^3$ tais que $d(X,A) - d(X,B) = m$ e identifique o lugar geométrico, nos casos:

(a) $m = 2$ (b) $m = 6$ (c) $m = 10$ (d) $m = -2$

25-18 Prove que a equação dada descreve um hiperbolóide, classifique-o quanto ao número de folhas e escreva uma equação vetorial de seu eixo distinguido. Determine seus vértices, se for o caso.

(a) $(x-h)^2/a^2 + (y-k)^2/b^2 - (z-l)^2/c^2 = 1$ (b) $(x-h)^2/a^2 - (y-k)^2/b^2 - (z-l)^2/c^2 = 1$

25-19 Seja Ω a quádrica de equação $9x^2 + 36y^2 - 4z^2 - 18x + 72y + 16z - 7 = 0$.

(a) Faça uma translação do sistema de coordenadas para eliminar os termos de primeiro grau e concluir que se trata de um hiperbolóide de uma folha.

(b) Obtenha, em relação ao sistema antigo, uma equação do plano que contém a "cintura" de Ω.

(c) Faça um esboço de Ω e desenhe, em vista frontal, suas projeções ortogonais sobre os planos coordenados Oxy, Oxz e Oyz.

25-20 Seja Ω a quádrica de equação $11x^2 + 24xy + 4y^2 + 20z^2/9 + 20 = 0$.

(a) Obtenha, por rotação em torno de Oz, um sistema de coordenadas em relação ao qual a equação de Ω não apresenta termo quadrático misto e identifique a quádrica.

(b) Faça um esboço de Ω e desenhe, em vista frontal, suas projeções ortogonais sobre os planos Oxy, Oxz e Oyz.

C PARABOLÓIDE

25-10 Definição

Se existem números reais positivos a e b e um sistema ortogonal de coordenadas em relação ao qual uma quádrica Ω seja descrita pela equação

$$z = \frac{x^2}{a^2} + \frac{y^2}{b^2} \qquad [25\text{-}17]$$

então:

(a) se $a \neq b$, Ω é um **parabolóide elíptico**;

(b) se $a = b$, Ω é um **parabolóide de rotação**.

Em qualquer dos dois casos, [25-17] é chamada **equação reduzida** do parabolóide. Indica-se $\Omega: z = x^2/a^2 + y^2/b^2$.

No Exercício 25-21, pediremos que você verifique que o parabolóide $\Omega: z = x^2/a^2 + y^2/b^2$ é simétrico em relação a Oxz e Oyz e, conseqüentemente, à sua interseção Oz, mas não em relação a Oxy, Ox e Oy. Por ser o único dos eixos coordenados em relação ao qual Ω é simétrico, Oz é chamado **eixo de simetria** de Ω. **Vértice** de Ω é o seu ponto de interseção com o eixo de simetria (neste caso, $(0,0,0)$). A interseção de Ω com qualquer dos três eixos coordenados reduz-se ao vértice, e seu fatiamento por planos paralelos aos planos coordenados leva às conclusões seguintes.

- Se π: $x = k$, $\pi \cap \Omega$ é uma parábola contida em π, de eixo r: $X = (k,0,k^2/a^2) + \lambda(0,0,1)$, paralelo a Oz, e vértice $(k,0,k^2/a^2)$. Fazendo variar o valor de k, obtemos parábolas congruentes (isto é, cada uma é transladada de qualquer outra).

- Se π: $y = k$, $\pi \cap \Omega$ é uma parábola contida em π, de eixo s: $X = (0,k,k^2/b^2) + \lambda(0,0,1)$, paralelo a Oz, e vértice $(0,k,k^2/b^2)$. Fazendo variar o valor de k, obtemos parábolas congruentes.

- Se π: $z = k$, então:
  - se $k < 0$, $\pi \cap \Omega = \emptyset$.
  - se $k = 0$, $\pi \cap \Omega = \{(0,0,0)\}$.
  - se $k > 0$, há três casos a considerar.
    - $a < b$: $\pi \cap \Omega$ é uma elipse contida em π, de centro $(0,0,k)$, cuja reta focal, paralela a Oy, é s: $X = (0,0,k) + \lambda(0,1,0)$. Todas as elipses assim obtidas são semelhantes.
    - $a = b$: $\pi \cap \Omega$ é a circunferência contida em π, de centro $(0,0,k)$ e raio $a\sqrt{k}$.
    - $a > b$: $\pi \cap \Omega$ é uma elipse contida em π, de centro $(0,0,k)$, cuja reta focal, paralela a Ox, é t: $X = (0,0,k) + \lambda(1,0,0)$. Todas as elipses assim obtidas são semelhantes.

Quanto mais afastado estiver o plano π: $z = k$ da origem, maiores serão os comprimentos dos eixos das elipses (ou os raios das circunferências, caso a e b sejam iguais).

Na parte (a) da Figura 25-6 vemos o esboço de um parabolóide elíptico e nas partes (b), (c) e (d), suas interseções com os planos de equações $z = k$, $x = k$ e $y = k$.

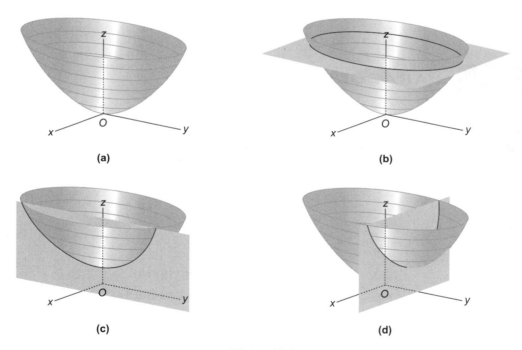

Figura 25-6

EXERCÍCIOS

25-21 (a) Prove que o parabolóide elíptico Ω: $z = x^2/a^2 + y^2/b^2$ é simétrico em relação aos planos Oxz e Oyz e, conseqüentemente, à sua interseção Oz.

(b) Dê contra-exemplos para mostrar que Ω: $z = x^2/a^2 + y^2/b^2$ não é simétrico em relação a Oxy, nem a Ox nem a Oy.

25-22 Prove que as equações abaixo descrevem parabolóides elípticos e esboce-os.

$x = y^2/a^2 + z^2/b^2$ $\qquad$ $y = x^2/a^2 + z^2/b^2$ $\qquad$ $z = -x^2/a^2 - y^2/b^2$

$x = -y^2/a^2 - z^2/b^2$ $\qquad$ $y = -x^2/a^2 - z^2/b^2$

25-23 Descreva a curva interseção do parabolóide Ω com o plano π e determine, quando for o caso, centro, focos, vértices, excentricidade, assíntotas, raio etc.

(a) Ω: $z + x^2 + 3y^2 = 0$ $\qquad$ π: $z + 9 = 0$ $\qquad$ (b) Ω: $4y - 4x^2 - z^2 = 0$ $\qquad$ π: $z - 1 = 0$

(c) Ω: $x + y^2 + 2z^2 = 0$ $\qquad$ π: $x - 1 = 0$

25-24 Obtenha uma equação do lugar geométrico dos pontos de $\mathbb{E}^3$ que são eqüidistantes de π: $x = 2$ e $P = (-2,0,0)$, e identifique-o. Compare com a definição de parábola dada no Capítulo 22.

25-25 Prove que, se $a \ne b$ [respectivamente, $a = b$], a quádrica Ω: $(x + h)^2/a^2 + (z + l)^2/b^2 + y + k = 0$ é um parabolóide elíptico [respectivamente, de rotação] de vértice $(-h,-k,-l)$ e eixo de simetria r: $X = (-h,-k,-l) + \lambda(0,1,0)$.

25-26 Seja Ω a quádrica de equação $x^2 + 6z^2 - 4x + y - 12z = 0$.

(a) Faça uma translação do sistema de coordenadas para eliminar os termos de primeiro grau e identifique a quádrica.

(b) Obtenha, em relação ao sistema antigo, equações dos planos paralelos aos planos coordenados cujas interseções com Ω sejam elipses de distância focal 10.

(c) Faça um esboço da quádrica e desenhe, em vista frontal, suas projeções ortogonais sobre os planos Oxy, Oxz e Oyz.

25-27 Obtenha uma equação do lugar geométrico dos pontos de $\mathbb{E}^3$ que são eqüidistantes de $P = (1,1,0)$ e π: $z + 2 = 0$, e identifique-o.

25-28 Prove que Ω: $z = 8x^2 - 2xy + 8y^2$ é um parabolóide elíptico e faça um esboço.

25-11 **Definição** Uma quádrica Ω é um **parabolóide hiperbólico** se existem números reais positivos a e b e um sistema ortogonal de coordenadas em relação ao qual Ω pode ser descrita pela equação

$$z = -\frac{x^2}{a^2} + \frac{y^2}{b^2}$$

chamada **equação reduzida** de Ω. Indica-se Ω: $z = -x^2/a^2 + y^2/b^2$.

A esta altura, cremos que você não terá dificuldades em verificar que o parabolóide hiperbólico Ω: $z = -x^2/a^2 + y^2/b^2$ é simétrico em relação aos planos Oxz e Oyz (e, conseqüentemente, em relação à sua interseção Oz), mas não é simétrico em relação a Oxy, Ox e Oy (use o ponto $(a,0,-1)$ como contra-exemplo). Por isso, Oz é chamado **eixo de simetria** de Ω. Você também pode mostrar facilmente que cada um dos eixos coordenados tem em comum com Ω apenas o ponto $(0,0,0)$. Seguindo a rotina estabelecida neste capítulo, analisemos as interseções de Ω com planos paralelos aos planos coordenados.

A interseção de Ω com o plano π: $z = k$ é descrita pelo sistema

$$\begin{cases} -\dfrac{x^2}{a^2} + \dfrac{y^2}{b^2} = k \\ z = k \end{cases}$$

- Se $k = 0$, trata-se da reunião das retas (concorrentes na origem) de equações

$$\begin{cases} -\dfrac{x}{a} + \dfrac{y}{b} = 0 \\ z = 0 \end{cases} \quad \text{e} \quad \begin{cases} \dfrac{x}{a} + \dfrac{y}{b} = 0 \\ z = 0 \end{cases}$$

- Se $k \neq 0$, podemos dividir por k os dois membros da primeira equação, obtendo

$$\begin{cases} -\dfrac{x^2}{ka^2} + \dfrac{y^2}{kb^2} = 1 \\ z = k \end{cases}$$

e, portanto:
- se $k < 0$, a interseção $\pi \cap \Omega$ é uma hipérbole contida em π, de centro $(0,0,k)$, cuja reta focal é r: $X = (0,0,k) + \lambda(1,0,0)$, paralela a Ox;
- se $k > 0$, a interseção $\pi \cap \Omega$ é uma hipérbole contida em π, de centro $(0,0,k)$, cuja reta focal é s: $X = (0,0,k) + \lambda(0,1,0)$, paralela a Oy.

Quanto mais afastado estiver π da origem, maiores serão as dimensões dos retângulos fundamentais dessas hipérboles.

A interseção de Ω com o plano π: $y = k$ é descrita por

$$\begin{cases} z = -\dfrac{x^2}{a^2} + \dfrac{k^2}{b^2} \\ y = k \end{cases}$$

sendo, pois, uma parábola contida em π, de vértice $(0,k,k^2/b^2)$ e eixo t: $X = (0,k,k^2/b^2) + \lambda(0,0,1)$ (paralelo a Oz), com concavidade "para baixo" em relação a Oz. Todas as parábolas obtidas quando k percorre $\mathbb{R}$ são congruentes. Em particular, se $k = 0$, a parábola é descrita pelo sistema formado pelas equações $z = -x^2/a^2$ e $y = 0$, está contida no plano Oxz, tem vértice $(0,0,0)$ e eixo de simetria Oz.

A interseção de Ω com o plano π: $x = k$, descrita por

$$\begin{cases} z = -\dfrac{k^2}{a^2} + \dfrac{y^2}{b^2} \\ x = k \end{cases}$$

é uma parábola contida em π, de vértice $(k,0,-k^2/a^2)$ e eixo h: $X = (k,0,-k^2/a^2) + \lambda(0,0,1)$ (paralelo a Oz), com concavidade "para cima" em relação a Oz. Todas as parábolas assim obtidas são congruentes. Em particular, se $k = 0$, a parábola é descrita pelo sistema formado pelas equações $z = y^2/b^2$ e $x = 0$, está contida no plano Oyz, tem vértice $(0,0,0)$ e eixo de simetria Oz.

Eis um modo eficiente de utilizar essas informações para obter um esboço razoável do parabolóide hiperbólico. Começamos desenhando as interseções de Ω com o plano Oyz (parábola $\mathbf{P}_1$, com concavidade para cima, vértice O, eixo de simetria Oz) e com o plano Oxy (reunião de duas retas concorrentes em O); veja a Figura 25-7 (a). Em seguida, desenhamos a interseção de Ω com o plano Oxz (parábola $\mathbf{P}_2$, com concavidade para baixo, vértice O, eixo de simetria Oz). Acompanhe agora na Figura 25-7 (b): "penduramos" cópias de $\mathbf{P}_2$, pelos vértices, em $\mathbf{P}_1$ (essas cópias interceptam as duas retas mencionadas). A reunião das parábolas penduradas é o parabolóide hiperbólico. A Figura 25-7 (c) mostra o resultado final; não é à toa que o parabolóide hiperbólico é conhecido como **sela**. Você pode também imaginar que a parábola $\mathbf{P}_1$ usa $\mathbf{P}_2$ como escorregador, ou vice-versa. A Figura 25-7 (d) mostra interseções de Ω com dois planos de equações $z = k$, um com $k > 0$ e outro com $k < 0$.

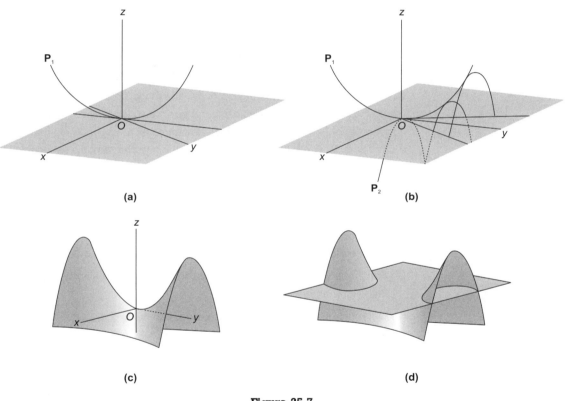

Figura 25-7

EXERCÍCIO **25-29** Adapte ao parabolóide elíptico o método que utilizamos para esboçar o parabolóide hiperbólico.

Agora, prepare-se para uma grande surpresa: a sela é uma superfície regrada, ou seja, é reunião de retas, tal como acontece com o hiperbolóide de uma folha (veja o Exercício Resolvido 25-6 e o parágrafo que o antecede). O próximo exercício trata da demonstração dessa propriedade. Sugerimos que você experimente fazer uma escultura de linha que sirva de modelo para o parabolóide hiperbólico. Você deverá escolher o material adequado, sua forma (será que argolas vão servir?), fazer um projeto e executá-lo. Seus pendores artísticos também podem manifestar-se na escolha das cores e textura da linha, e na ambientação do modelo. O maior desafio, porém, será utilizar o resultado do Exercício 25-30 em benefício do projeto. Sugerimos que você considere um caso particular, escolhendo valores para a e b (por exemplo, $a = b = 1$).

EXERCÍCIOS

25-30 Prove que o parabolóide hiperbólico Ω: $z = -x^2/a^2 + y^2/b^2$ é uma superfície regrada, exibindo um conjunto de retas cuja reunião seja Ω. No caso particular em que $a = b = 1$, obtenha vetores diretores dessas retas e os pontos em que elas interceptam o plano Oxy (isso pode ser útil no projeto da escultura de linha).

25-31 Prove que são selas as quádricas descritas pelas equações.

$x = y^2/a^2 - z^2/b^2$ $\qquad$ $y = x^2/a^2 - z^2/b^2$ $\qquad$ $z = x^2/a^2 - y^2/b^2$

$x = -y^2/a^2 + z^2/b^2$ $\qquad$ $y = -x^2/a^2 + z^2/b^2$

Supondo que a cabeça do cavaleiro esteja no semi-eixo positivo da variável do primeiro membro, estabeleça uma relação entre os sinais do segundo membro e a posição da montaria.

25-32 Considere as selas Ω_1: $z = -x^2/a^2 + y^2/b^2$ e Ω_2: $z = x^2/a^2 - y^2/b^2$. Como os segundos membros das equações são opostos um do outro, o esboço de Ω_2 pode ser obtido "virando de ponta-cabeça" o esboço de Ω_1. É de se esperar que o eixo longitudinal continue o mesmo. No entanto, a resposta do Exercício 25-31 parece desmentir isso. Segundo ela, para Ω_1, o eixo longitudinal é Oy, e para Ω_2, é Ox. Isso nos induz a concluir que obteremos o esboço de Ω_2 fazendo o esboço de Ω_1 girar de 90° em torno de Oz. Explique o aparente paradoxo.

25-33 Prove que a quádrica Ω: $z = l - (x - h)^2/a^2 + (y - k)^2/b^2$ é um parabolóide hiperbólico.

25-34 Seja Ω a quádrica de equação $y^2 - 4z^2 + x - 2y + 16z - 15 = 0$.

(a) Faça uma translação do sistema de coordenadas para eliminar os termos de primeiro grau e identifique a quádrica.

(b) Obtenha, em relação ao sistema antigo, equações dos planos paralelos aos planos coordenados que interceptam Ω em hipérboles de distância focal 5.

(c) Faça um esboço da quádrica e desenhe, em vista frontal, suas projeções ortogonais sobre os planos Oxy, Oxz e Oyz.

25-35 Faça uma mudança de coordenadas conveniente para concluir que Ω: $z = xy$ é um parabolóide hiperbólico, e esboce-o.

25-36 Obtenha uma equação do lugar geométrico dos pontos de $\mathbb{E}^3$ que são eqüidistantes das retas r: $X = (0,-1/2,0) + \lambda(1,0,0)$ e s: $X = (0,1/2,0) + \lambda(0,0,1)$, e identifique-o.

D. QUÁDRICA CILÍNDRICA

25-12

Uma quádrica Ω é uma **quádrica cilíndrica elíptica**, ou **quádrica cilíndrica hiperbólica**, ou **quádrica cilíndrica parabólica**, se existem números reais positivos a, b, c e um sistema ortogonal de coordenadas em relação ao qual Ω pode ser descrita, respectivamente, pelas equações

$$\frac{x^2}{a^2} + \frac{y^2}{b^2} = 1 \ (a \neq b) \qquad \frac{x^2}{a^2} - \frac{y^2}{b^2} = 1 \qquad y^2 = cx$$

Ω é chamada **quádrica cilíndrica de rotação** se existe um número positivo a e um sistema ortogonal de coordenadas em relação ao qual Ω pode ser descrita pela equação

$$x^2 + y^2 = a^2$$

Cada uma dessas equações é chamada **equação reduzida** da quádrica correspondente. Indica-se, respectivamente,

$\Omega: x^2/a^2 + y^2/b^2 = 1 \qquad \Omega: x^2/a^2 - y^2/b^2 = 1 \qquad \Omega: y^2 = cx \qquad \Omega: x^2 + y^2 = a^2$

Essas quádricas, com exceção da quádrica cilíndrica parabólica, são simétricas em relação a Ox, Oy e Oz, que por essa razão são chamados **eixos** (**de simetria**) da quádrica.

Nesta seção, em vez de analisar simetrias e fatiar a quádrica para chegar ao seu esboço, vamos utilizar outro recurso, propiciado pelo fato de uma das variáveis estar ausente da equação. A proposição seguinte vai tornar muito simples a tarefa de esboçar quádricas cilíndricas.

25-13

Se Ω é um subconjunto não vazio de $\mathbb{E}^3$ descrito por uma equação da forma $g(x,y) = 0$ (da qual está ausente a variável z) e Γ é o conjunto dos pontos do plano Oxy que satisfazem a mesma equação $g(x,y) = 0$, então Ω é a reunião das retas paralelas a Oz que interceptam Oxy em pontos de Γ. Resultado análogo vale para equações da forma $g(x,z) = 0$ ou $g(y,z) = 0$.

Um ponto $P = (x,y,z)$ de $\mathbb{E}^3$ pertence à reta paralela a Oz que contém $Q = (x,y,0)$, e todos os pontos dessa reta têm abscissa x e ordenada y. Logo, P pertence a Ω (isto é, $g(x,y) = 0$) se, e somente se, todos os pontos da reta pertencem a Ω (e Q, além disso, pertence a Γ). Ω é, portanto, a reunião de tais retas. ∎

Se Ω é uma quádrica cilíndrica, cada reta contida em Ω, paralela ao eixo Oz (eixo da variável ausente da equação da quádrica), é chamada **geratriz** de Ω.

Suponhamos que o sistema ortogonal de coordenadas fixado seja $(O,\vec{i},\vec{j},\vec{k})$. As equações reduzidas das quádricas cilíndricas apresentadas na Definição 25-12 obedecem à condição da proposi-

424 – *Geometria Analítica – um tratamento vetorial*

ção anterior. Para fazer o esboço de tais quádricas, portanto, basta desenhar no plano Oxy a curva que, em relação ao sistema de coordenadas $(O,\vec{i},\vec{j})$, é descrita pela mesma equação, e traçar retas paralelas a Oz por pontos da curva. Veja, na Figura 25-8, os esboços das quádricas cilíndrica elíptica, hiperbólica e parabólica (nessa ordem).

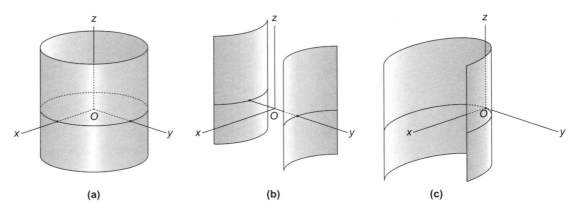

Figura 25-8

EXERCÍCIOS

25-37 Identifique, em cada caso, a quádrica cilíndrica descrita pela equação dada e comente a posição das geratrizes em relação aos eixos coordenados.

(a) $y^2/a^2 + z^2/b^2 = 1$ (b) $z^2/a^2 - y^2/b^2 = 1$ (c) $z^2 = cx$

(d) $x^2/a^2 + z^2/b^2 = 1$ (e) $y^2 = cz$ (f) $x^2/a^2 - z^2/b^2 = 1$

25-38 Identifique a quádrica descrita pela equação dada.

(a) $x^2 + 2xy - y^2 + 6x - 2y - 3 = 0$ (b) $3x^2 + y^2 - 2xy - 6x + 2y - 1 = 0$

(c) $-10 + 8x - 8z - x^2 + 6xz - z^2 = 0$ (d) $y^2 + 2yz + z^2 + y - z - 2 = 0$

(e) $x^2 - 2xy + y^2 = 0$ (f) $x^2 + 4xy + 4y^2 + 6x + 12y + 5 = 0$

25-39 Obtenha uma equação do lugar geométrico dos pontos de $\mathbb{E}^3$ que são eqüidistantes de O e $r: X = (1,0,0) + \lambda(0,1,0)$, e identifique-o.

E QUÁDRICA CÔNICA

25-14 **Definição** Uma quádrica Ω é uma **quádrica cônica** se existem números reais positivos a e b e um sistema ortogonal de coordenadas em relação ao qual Ω pode ser descrita por

$$z^2 = \frac{x^2}{a^2} + \frac{y^2}{b^2} \qquad [25\text{-}18]$$

chamada **equação reduzida** de Ω. Se $a = b$, Ω é uma **quádrica cônica de rotação** e, se $a \neq b$, uma **quádrica cônica elíptica**. Indica-se Ω: $z^2 = x^2/a^2 + y^2/b^2$.

Pela Observação 25-2 (a), uma quádrica cônica é totalmente simétrica em relação ao sistema de coordenadas e é fácil ver que a origem é seu único ponto comum com os eixos coordenados. À primeira vista, portanto, parece que nenhum dos eixos coordenados merece destaque (como já ocorreu, por sinal, com o elipsóide). Porém, sofisticando um pouco o critério, observamos que a interseção de Ω com qualquer plano que contém Oz é reunião de duas retas concorrentes (chamadas **geratrizes** de Ω), ao contrário do que ocorre com Ox e Oy (este é o tema do Exercício 25-40). Por isso, Oz é chamado **eixo distinguido** de Ω. O eixo distinguido corresponde, como se vê, à variável que está isolada no primeiro membro da equação reduzida. O ponto de interseção da quádrica cônica com seu eixo distinguido (neste caso, o ponto O) chama-se **vértice**.

Para esboçar uma quádrica cônica, coletamos dados examinando suas interseções com planos paralelos aos planos coordenados (como nas Seções A, B e C). Enunciamos a seguir os resultados, deixando para você o detalhamento. Comecemos com a quádrica cônica elíptica ($a \neq b$).

Planos paralelos a Oxy interceptam Ω em elipses semelhantes, exceto o próprio plano Oxy, cuja interseção com Ω é o ponto O. Os centros das elipses pertencem a Oz, e os segmentos focais são paralelos a Ox, se $a > b$, e a Oy, se $a < b$. Quanto mais se afastar o plano da origem, maiores serão os comprimentos dos eixos da elipse.

Planos paralelos a Oyz interceptam Ω em hipérboles semelhantes, exceto o próprio Oyz, cuja interseção com Ω é a reunião das retas concorrentes

$$r_1: \begin{cases} z = \dfrac{y}{b} \\ x = 0 \end{cases} \quad \text{e} \quad s_1: \begin{cases} z = \dfrac{-y}{b} \\ x = 0 \end{cases}$$

Os centros das hipérboles pertencem a Ox, e os segmentos focais são paralelos a Oz. Analogamente, planos paralelos a Oxz interceptam Ω em hipérboles semelhantes, exceto o próprio plano Oxz, cuja interseção com Ω é a reunião das retas concorrentes

$$r_2: \begin{cases} z = \dfrac{x}{a} \\ y = 0 \end{cases} \quad \text{e} \quad s_2: \begin{cases} z = \dfrac{-x}{a} \\ y = 0 \end{cases}$$

Os centros das hipérboles pertencem a Oy, e os segmentos focais são paralelos a Oz. Cada vértice das elipses e hipérboles mencionadas pertence a alguma das retas r_1, s_1, r_2, s_2. A Figura 25-9 mostra o esboço de Ω na parte (a), interseções de Ω com os planos coordenados e com um plano paralelo a Oxy na parte (b), e a interseção com um plano paralelo a Oxz na parte (c).

Com a hipótese $a = b$ e algumas alterações necessárias (por exemplo, a substituição de *elipse* por *circunferência*), esses resultados aplicam-se à quádrica cônica de rotação.

426 — Geometria Analítica — um tratamento vetorial

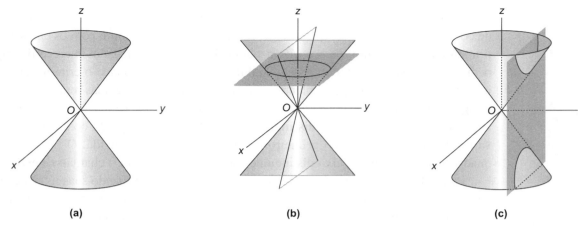

Figura 25-9

EXERCÍCIOS

25-40 (a) Prove que a interseção de Ω: $z^2 = x^2/a^2 + y^2/b^2$ com qualquer plano que contém Oz é reunião de duas retas concorrentes em O.

(b) Prove que existem planos contendo Oy e existem planos contendo Ox cuja interseção com Ω se reduz à origem.

25-41 Prove, em cada caso, que a equação dada descreve uma quádrica cônica.

(a) $y^2 = x^2/a^2 + z^2/b^2$
(b) $x^2 = y^2/a^2 + z^2/b^2$
(c) $(z - l)^2 = (x - h)^2/a^2 + (y - k)^2/b^2$
(d) $(y - k)^2 = (x - h)^2/a^2 + (z - l)^2/b^2$
(e) $(x - h)^2 = (y - k)^2/a^2 + (z - l)^2/b^2$

25-42 Prove, em cada caso, que a equação dada descreve uma quádrica cônica.

(a) $x^2 - y^2 + z^2 - 4x - 6y - 2z - 4 = 0$
(b) $2xz + y^2 = 0$

25-43 Em cada caso, obtenha uma equação do lugar geométrico dos pontos de $\mathbb{E}^3$ que eqüidistam de r e π, e identifique-o.

(a) r: $x - y = z = 0$ π: $x + y = 0$ ◆ (b) r: $x - z = y = 0$ π: $x - z + 2 = 0$

F Sobre a nomenclatura e a classificação das quádricas e tabela-resumo

Embora os nomes dados às quádricas possam parecer confusos e complicados, há uma boa dose de coerência nesta bem estruturada nomenclatura. A tal ponto isso é verdade que entender o mecanismo de formação dos nomes e sobrenomes dessas superfícies ajuda a visualizá-las rapidamente e memorizar algumas das suas características. Vamos tentar desvendar esse mecanismo, em forma de perguntas e respostas.

Por que *quádrica*?

O termo *quádrica* foi adotado para evocar o fato de que as equações que as descrevem são equações de segundo grau, ou equações quadráticas (Definição 25-1). Sob o mesmo critério, adota-se *cúbica* para designar lugares geométricos descritos por equações de terceiro grau, *quártica* se o grau for quatro etc. Veja exemplos no Exercício 25-44.

Por que *elipsóide*, *hiperbolóide*, *parabolóide*?

O critério para a escolha desses nomes baseia-se nas interseções das quádricas com planos paralelos aos planos coordenados. Quando se obtêm exclusivamente elipses, não há melhor nome do que *elipsóide*. Como, porém, não há exclusividade de hipérboles em nenhum caso, o nome *hiperbolóide* é usado quando as hipérboles prevalecem. Da mesma forma, na prevalência de parábolas o nome mais adequado é *parabolóide*.

Por que se dá o sobrenome *elíptico*, *hiperbólico* e *de rotação* aos parabolóides?

Para distinguir os tipos de parabolóide, observamos as fatias que não são parábolas: podem ser elipses, hipérboles, ou circunferências. Esse é o critério para chamá-los de *parabolóide elíptico*, ou *parabolóide hiperbólico*, ou *parabolóide de rotação*. Muitos autores consideram os parabolóides de rotação como parabolóides elípticos, pensando nas circunferências como se fossem elipses de excentricidade nula. É uma opção. O termo *parabolóide de rotação* ressalta a idéia geométrica intuitiva de uma parábola girando em torno de seu eixo.

E o que dizer dos sobrenomes *uma folha* e *duas folhas* dado aos hiperbolóides?

Pelo critério utilizado para dar sobrenome aos parabolóides, todos os hiperbolóides (exceto os de rotação) são elípticos, pois as fatias, quando não são hipérboles, são elipses (no caso dos de rotação, circunferências). Por isso, para distinguir os hiperbolóides, utilizam-se os sobrenomes sugestivos *uma folha* e *duas folhas*.

Qual foi o critério para escolher o sobrenome das quádricas cilíndricas?

Na equação reduzida de uma quádrica cilíndrica, como você sabe, falta uma das três variáveis. Se faltar z, por exemplo, as interseções da quádrica com planos paralelos a Oxz e a Oyz são reuniões de retas. Por isso, as fatias mais significativas, isto é, as que fornecem maior quantidade de informações sobre a quádrica, são as obtidas de planos paralelos a Oxy (vamos chamá-las *cortes transversais* da quádrica). É justo que o sobrenome da quádrica cilíndrica homenageie seus cortes transversais: se estes são elipses, a quádrica cilíndrica é *elíptica*; se os cortes transversais são parábolas, a quádrica cilíndrica é *parabólica*, e assim por diante.

Por que não foram mencionadas quádricas cônicas *hiperbólicas* nem *parabólicas*?

Lendo a resposta anterior, ficamos tentados a classificar e nomear as quádricas cônicas pelo mesmo critério utilizado para quádricas cilíndricas. Vejamos como seria isso, tomando por base a equação [25-18]:

$$z^2 = \frac{x^2}{a^2} + \frac{y^2}{b^2} \qquad (a > 0, b > 0)$$

Se $a \neq b$, a interseção com planos π: $z = k$ são elipses (circunferências, se $a = b$) e a quádrica é uma *quádrica cônica elíptica*. Seria razoável, portanto, chamar as quádricas descritas (em relação a um sistema ortogonal de coordenadas) por equações como

$$z^2 = \frac{x^2}{a^2} - \frac{y^2}{b^2} \qquad \text{e} \qquad z^2 = y^2 - cx$$

respectivamente, de *quádricas cônicas hiperbólicas* e *quádricas cônicas parabólicas*. Não fizemos isso por dois motivos:

- a primeira dessas duas equações é equivalente a

$$x^2 = \frac{y^2}{b^2/a^2} + \frac{z^2}{1/a^2}$$

que é equação reduzida de uma quádrica cônica elíptica (se $b^2 \neq 1$) ou de rotação (se $b^2 = 1$);

- a equação $z^2 = y^2 - cx$ é equivalente, se $c \neq 0$, a

$$x = \frac{y^2}{c} - \frac{z^2}{c}$$

que é equação reduzida de um parabolóide hiperbólico (sela). Se $c = 0$, aquela equação é $z^2 = y^2$, que descreve a reunião dos planos $\pi_1: y = z$ e $\pi_2: y = -z$.

Conclusão: não precisamos dos nomes *quádrica cônica hiperbólica* e *quádrica cônica parabólica*, pois as quádricas que eles designariam já têm nome. Como curiosidade, fica registrado que selas são quádricas cônicas ("parabólicas") e que quádricas cônicas elípticas são também "hiperbólicas".

Exercícios

25-44 Descreva geometricamente a cúbica e as quárticas:

(a) $\Omega: x^3 + y^3 = 0$ (b) $\Omega: x^4 = 1$

(c) $\Omega: x^4 + 2x^2z + z^2 - y^4 = 0$

25-45 Escreva uma equação de uma superfície merecedora do nome *superfície cilíndrica senoidal* (não se trata de uma quádrica; o objetivo deste exercício é verificar se você entendeu o mecanismo de adoção de nomes).

O título desta seção promete um comentário sobre a classificação das quádricas que, como já foi dito no início do capítulo, não faz parte dos nossos objetivos. Apenas como informação, queremos registrar que métodos semelhantes aos utilizados para cônicas no Apêndice C permitem provar que o elenco das quádricas é constituído por (e somente por):

> superfície esférica, elipsóide, hiperbolóide, parabolóide, quádrica cilíndrica, quádrica cônica, conjunto vazio, conjunto formado por um só ponto, reta, plano, reunião de dois planos paralelos e reunião de dois planos transversais

A demonstração pode ser encontrada em [Efimov], [Heinhold; Riedmüller] ou [Oliva].

Para encerrar, apresentamos na tabela seguinte algumas equações reduzidas das principais quádricas.

Elipsóide e superfície esférica	$\dfrac{x^2}{a^2} + \dfrac{y^2}{b^2} + \dfrac{z^2}{c^2} = 1$
Hiperbolóide de uma folha	$\dfrac{x^2}{a^2} + \dfrac{y^2}{b^2} - \dfrac{z^2}{c^2} = 1$
Hiperbolóide de duas folhas	$-\dfrac{x^2}{a^2} + \dfrac{y^2}{b^2} - \dfrac{z^2}{c^2} = 1$
Parabolóide (elíptico e de rotação)	$z = \dfrac{x^2}{a^2} + \dfrac{y^2}{b^2}$
Parabolóide hiperbólico	$z = -\dfrac{x^2}{a^2} + \dfrac{y^2}{b^2}$
Quádrica cilíndrica (elíptica e de rotação)	$\dfrac{x^2}{a^2} + \dfrac{y^2}{b^2} = 1$
Quádrica cilíndrica hiperbólica	$\dfrac{x^2}{a^2} - \dfrac{y^2}{b^2} = 1$
Quádrica cilíndrica parabólica	$y^2 = cx$
Quádrica cônica (elíptica e de rotação)	$z^2 = \dfrac{x^2}{a^2} + \dfrac{y^2}{b^2}$

CAPÍTULO 26
GERAÇÃO DE SUPERFÍCIES

Neste capítulo apresenta-se uma técnica geral para obter equações de superfícies cilíndricas, cônicas, e de rotação.

A. GENERALIDADES SOBRE CURVAS E SUPERFÍCIES

A idéia intuitiva de superfície é a de um conjunto de pontos do espaço $\mathbb{E}^3$, com caráter bidimensional, e pode ser concretizada, por exemplo, pela deformação sem rompimento de uma placa delgada de borracha (Figura 26-1 (a)). Essa idéia leva a uma vastíssima variedade de possibilidades, tornando árduo o estudo geral das superfícies de $\mathbb{E}^3$. Neste capítulo, em que utilizaremos apenas sistemas ortogonais de coordenadas, vamos dedicar nossa atenção a três categorias particulares de superfícies, com o modesto objetivo de mostrar como obter equações que as descrevam. Para um aprofundamento maior, são necessárias ferramentas do Cálculo Diferencial, mais sofisticadas que as da Álgebra Elementar e as da Álgebra Vetorial, que conduzem a um importante ramo da Matemática, chamado Geometria Diferencial.

Planos, superfícies esféricas, elipsóides, hiperbolóides, parabolóides, quádricas cônicas e quádricas cilíndricas encaixam-se bem na idéia intuitiva de superfície apresentada acima. Todos eles são descritos por equações em x, y e z, e este é o critério que vamos adotar: um subconjunto Ω de $\mathbb{E}^3$ é chamado **superfície** se existem um sistema ortogonal de coordenadas e uma função $f: D \subset \mathbb{R}^3 \to \mathbb{R}$ tais que Ω seja o lugar geométrico dos pontos $X = (x,y,z)$ que satisfazem a equação $f(x,y,z) = 0$. Diz-se que esta é uma equação de Ω, fato indicado por

$$\Omega: f(x,y,z) = 0 \qquad \text{[26-1]}$$

Por esse critério, qualquer quádrica é uma superfície, de modo que o conjunto vazio, um conjunto formado por um só ponto e uma reta são considerados como tal. Nesses casos, a idéia de bidimensionalidade fica prejudicada, mas, como não pretendemos aprofundar o assunto, não daremos importância a esse pormenor.

A interseção de duas superfícies será designada pelo termo **curva** (Figura 26-1 (b)). Embora a idéia intuitiva de curva seja a de um subconjunto de $\mathbb{E}^3$ de caráter unidimensional (como circunferências, retas, elipses), tal terminologia pode atribuir o nome *curva* a conjuntos que não têm essa característica. Por exemplo, a interseção de uma superfície esférica com um plano pode ser vazia ou formada por um único ponto, apesar de plano e superfície esférica serem "boas" superfícies.

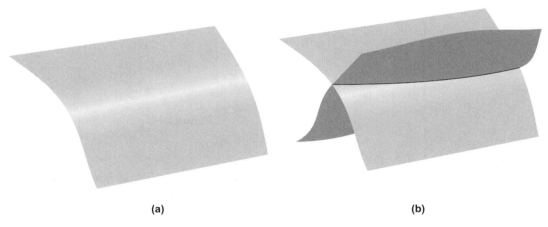

(a)   (b)

Figura 26-1

Se $\Omega_1: f(x,y,z) = 0$ e $\Omega_2: g(x,y,z) = 0$, a curva Γ, interseção de Ω_1 e Ω_2, é descrita pelo sistema formado pelas duas equações. Indica-se por

$$\Gamma: \begin{cases} f(x,y,z) = 0 \\ g(x,y,z) = 0 \end{cases}$$

Uma superfície também pode ser descrita por equações envolvendo dois parâmetros; é o caso de equações paramétricas de plano. Outro exemplo, apresentado no Exercício 24-4, é o das equações $x = \rho \text{sen}\phi\cos\theta$, $y = \rho\text{sen}\phi\text{sen}\theta$, $z = \rho\cos\phi$, que descrevem a superfície esférica de centro $(0,0,0)$ e raio ρ (ϕ e θ são os parâmetros). Curvas, por sua vez, podem ser descritas parametricamente utilizando-se apenas um parâmetro. Exemplos disso são equações paramétricas de retas, que você já utilizou à exaustão, e equações paramétricas de elipses ($x = a\cos t$, $y = b\text{sen}t$) e de hipérboles ($x = a\sec t$, $y = b\text{tg}t$), apresentadas no Capítulo 22. Em geral, equações paramétricas de uma curva e de uma superfície têm, respectivamente, as formas

$$\begin{cases} x = f(\lambda) \\ y = g(\lambda) \\ z = h(\lambda) \end{cases} \quad \text{e} \quad \begin{cases} x = f(\lambda,\mu) \\ y = g(\lambda,\mu) \\ z = h(\lambda,\mu) \end{cases}$$

Um terceiro método, de sabor geométrico mais acentuado, para descrever superfícies por equações, consiste em concebê-las como reunião de uma família de curvas. Por exemplo, se AB é um diâmetro de uma superfície esférica, como na Figura 26-2 (a), ela é a reunião das circunferências contidas em planos secantes perpendiculares a AB, acrescida dos pontos A e B. Outro exemplo é o de um plano determinado por duas retas concorrentes r e s, que é a reunião das retas paralelas a s que são concorrentes com r (Figura 26-2 (b)).

432 — Geometria Analítica — um tratamento vetorial

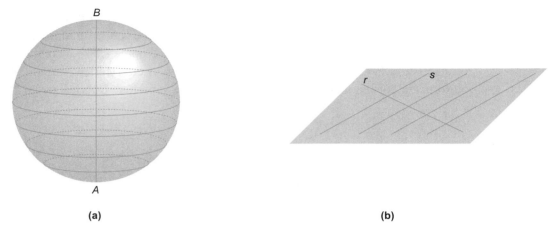

Figura 26-2

Vimos outros exemplos no Capítulo 25, ao examinar as interseções das quádricas com planos paralelos aos planos coordenados: um elipsóide é reunião de elipses (ou circunferências), acrescida de dois pontos; um hiperbolóide de uma folha é reunião de hipérboles e retas, ou reunião de elipses, ou reunião de circunferências; um parabolóide hiperbólico é reunião de parábolas, ou de hipérboles e retas etc. Conforme o Exercício Resolvido 25-6, um hiperbolóide de uma folha é reunião de retas; o mesmo ocorre com um parabolóide hiperbólico (Exercício 25-30) e com uma quádrica cilíndrica (Proposição 25-13). Nas próximas seções, veremos três tipos especiais de superfície que se encaixam nesse modelo: *superfícies cônicas* e *superfícies cilíndricas*, que são reuniões de retas (*superfícies regradas*), e *superfícies de rotação*, que são reuniões de circunferências.

Não é necessário, mas é conveniente, que as curvas da família sejam disjuntas duas a duas, para que cada ponto da superfície pertença exclusivamente a uma delas. É o que ocorre com quase todos os exemplos citados; uma exceção é o hiperbolóide de uma folha, quando visto como reunião de uma família de hipérboles e (quatro) retas, que são concorrentes duas a duas. Veja a Figura 25-2 (c).

Suponhamos que Ω seja a reunião da família de curvas Γ_λ, dependendo de um parâmetro real λ, e que essa família possa ser descrita, em relação a um sistema ortogonal de coordenadas, pelo par de equações $f(x,y,z,\lambda) = 0$ e $g(x,y,z,\lambda) = 0$ (para cada λ, uma curva da família). Neste caso, podemos adotar o sistema formado por elas para descrever a superfície Ω; se λ varia no conjunto L, indicamos

$$\Omega: \begin{cases} f(x,y,z,\lambda) = 0 \\ g(x,y,z,\lambda) = 0 \end{cases} \qquad (\lambda \in L) \qquad \text{[26-2]}$$

A conversão de equações das formas [26-1] e [26-2] uma na outra lembra o que fazíamos na passagem de equações paramétricas para equação geral de plano, e vice-versa: consiste em eliminar ou introduzir o parâmetro. Para distingui-las, referimo-nos a [26-1] como *equação livre de parâmetros* e a [26-2] como *equações dependendo de um parâmetro*.

26-1 *Exercício Resolvido*

(a) Escreva equações da superfície esférica **S**: $(x-2)^2 + y^2 + (z+1)^2 = 1$ sob a forma [26-2].

(b) Faça o mesmo para o plano π: $2x - y - 2z + 3 = 0$.

(c) Escreva uma equação livre de parâmetros para a superfície

$$\Omega: \begin{cases} x = \lambda z \\ y - z = \lambda \end{cases} \quad (\lambda \in \mathbb{R})$$

(d) Descreva geometricamente a família de curvas do item (c).

(e) Escreva equações dependendo de um parâmetro para Ω: $x^2 + y^2 + z^2 + (x+y)^2 = 1$. Tente obter informações sobre Ω, baseando-se nas equações obtidas.

Resolução

(a) **S** tem centro $C = (2,0,-1)$ e raio 1. Tomemos um plano que contém C, por exemplo, π: $y = 0$. Como **S** é a reunião das suas interseções com planos paralelos a π (que podem ser circunferências, pontos ou vazias), podemos descrever a superfície esférica pelo sistema de equações

$$\begin{cases} (x-2)^2 + y^2 + (z+1)^2 = 1 \\ y = \lambda \end{cases} \quad (\lambda \in \mathbb{R})$$

ou pelo sistema equivalente

$$\begin{cases} (x-2)^2 + (z+1)^2 = 1 - \lambda^2 \\ y = \lambda \end{cases} \quad (\lambda \in \mathbb{R}) \quad \blacktriangleleft$$

Dizer que este sistema descreve **S** significa dizer que **S** é a reunião dos conjuntos Γ_λ (λ percorrendo $\mathbb{R}$), sendo Γ_λ, para cada λ, o conjunto dos pontos que satisfazem o sistema. É claro que λ percorrer $\mathbb{R}$ é um exagero: basta considerar valores no intervalo $[-1,1]$, pois Γ_λ é vazio se $|\lambda| > 1$.

(b) As retas r: $X = (0,3,0) + \lambda(1,0,1)$ e s: $X = (0,3,0) + \lambda(1,2,0)$ são concorrentes e estão contidas em π. Logo, π é a reunião das retas paralelas a s, concorrentes com r. Para cada valor real de λ ficam determinados o ponto $P_\lambda = (\lambda, 3, \lambda)$ de r e, conseqüentemente, uma dessas retas, s_λ: $X = P_\lambda + \mu\vec{s} = (\lambda, 3, \lambda) + \mu(1,2,0)$, que tem equações planares

$$\begin{cases} 2x - y = 2\lambda - 3 \\ z = \lambda \end{cases}$$

Quando λ percorre $\mathbb{R}$, essas equações descrevem o plano. $\blacktriangleleft$

(Note que, escrevendo as equações de s_λ na forma paramétrica ($x = \lambda + \mu$, $y = 3 + 2\mu$, $z = \lambda$), e permitindo que λ percorra o conjunto dos números reais, você terá obtido equações paramétricas de π. Releia a Observação 14-12 (c).)

(c) Substituindo, na primeira equação, λ por $y - z$, obtemos $x + z^2 - yz = 0$. ◀

(d) Para cada λ real, a curva

$$\Gamma_\lambda: \begin{cases} x = \lambda z \\ y - z = \lambda \end{cases}$$

é a reta interseção dos planos transversais $\pi_1: x - \lambda z = 0$ e $\pi_2: y - z = \lambda$ e tem equação vetorial $X = (0,\lambda,0) + \mu(\lambda,1,1)$. Quando λ percorre $\mathbb{R}$, o ponto $P_\lambda = (0,\lambda,0)$ percorre o eixo Oy e as projeções ortogonais dessas retas sobre Oyz formam ângulos de $45°$ com Oy e com Oz. Como a primeira coordenada do vetor diretor $\vec{u}_\lambda = (\lambda,1,1)$ é igual à ordenada de P_λ, fica fácil visualizar essas retas. ◀

(e) Vamos introduzir o parâmetro λ tomando, por exemplo, $\lambda = x + y$. A equação dada equivale a

$$\begin{cases} x^2 + y^2 + z^2 = 1 - \lambda^2 \\ x + y = \lambda \end{cases}$$

Para cada λ, esse sistema descreve a interseção de $\mathbf{S}_\lambda: x^2 + y^2 + z^2 = 1 - \lambda^2$ (superfície esférica, ponto ou $\emptyset$) com o plano $\pi_\lambda: x + y = \lambda$. A distância de $(0,0,0)$ (centro de $\mathbf{S}_\lambda$) a π_λ é $|\lambda|/\sqrt{2}$, e o raio de $\mathbf{S}_\lambda$ é $\sqrt{1 - \lambda^2}$. Assim, as condições para que a interseção $\pi_\lambda \cap \mathbf{S}_\lambda$ não seja vazia são

$$\lambda^2 \leq 1 \quad \text{e} \quad \frac{|\lambda|}{\sqrt{2}} \leq \sqrt{1 - \lambda^2}$$

isto é, $\lambda^2 \leq 2/3$. Quando $\lambda^2 < 2/3$, a interseção é uma circunferência cujo centro é a projeção ortogonal de $(0,0,0)$ sobre π_λ, ou seja, $G_\lambda = (\lambda/2, \lambda/2, 0)$, que pertence à reta $r: X = (0,0,0) + \mu(1,1,0)$. O raio de cada circunferência é

$$\sigma_\lambda = \sqrt{1 - \lambda^2 - \lambda^2/2} = \sqrt{1 - 3\lambda^2/2}$$

Se $\lambda = \sqrt{2/3}$ ou $\lambda = -\sqrt{2/3}$, $\pi_\lambda \cap \mathbf{S}_\lambda$ contém um único ponto, respectivamente $(\sqrt{6}/6, \sqrt{6}/6, 0)$ e $(-\sqrt{6}/6, -\sqrt{6}/6, 0)$, que também pertence a r. ◀

Este método generaliza a técnica de "fatiamento" utilizada no Capítulo 25: em vez de utilizar planos paralelos aos planos coordenados (caso em que teríamos adotado $x = \lambda$, ou $y = \lambda$, ou $z = \lambda$ para introduzir o parâmetro), estivemos analisando as interseções de Ω com planos paralelos ao plano de equação geral $x + y = 0$.

B SUPERFÍCIE CILÍNDRICA

26-2 *Definição* Um subconjunto Ω de $\mathbb{E}^3$ é uma **superfície cilíndrica** se existem uma curva Γ e uma reta r tais que Ω seja a reunião das retas paralelas a r que contêm algum ponto de Γ (Figura 26-3 (a)). Cada uma dessas retas é chamada **geratriz** de Ω, e Γ é chamada **diretriz** de Ω.

Uma superfície cilíndrica é, portanto, reunião de uma família de retas paralelas (trata-se de uma superfície regrada, conceito definido no Capítulo 25). Se Γ é uma circunferência, Ω é chamada **superfície cilíndrica circular**; se, além disso, r é perpendicular ao plano da circunferência, Ω é uma **superfície cilíndrica circular reta**, e a reta paralela a r que contém o centro de Γ é o **eixo** da superfície cilíndrica.

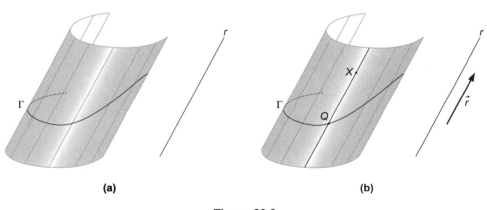

Figura 26-3

Vejamos como obter equações nas formas [26-1] e [26-2] para a superfície cilíndrica Ω de diretriz Γ e geratrizes paralelas a r. Em relação a um sistema ortogonal de coordenadas, sejam $\vec{r} = (m,n,p)$ um vetor diretor de r e

$$\Gamma: \begin{cases} f(x,y,z) = 0 \\ g(x,y,z) = 0 \end{cases}$$

De acordo com a definição, um ponto $X = (x,y,z)$ pertence a Ω se, e somente se, existem um ponto $Q = (u,v,w)$ de Γ e um número real λ tais que $\overrightarrow{XQ} = \lambda \vec{r}$ (observe a Figura 26-3 (b)), ou seja,

$$\begin{cases} u = x + \lambda m \\ v = y + \lambda n \\ w = z + \lambda p \end{cases} \qquad [26\text{-}3]$$

Logo, X pertence a Ω se, e somente se, existe um número real λ tal que

436 – Geometria Analítica – um tratamento vetorial

$$\begin{cases} f(x + \lambda m, y + \lambda n, z + \lambda p) = 0 \\ g(x + \lambda m, y + \lambda n, z + \lambda p) = 0 \end{cases} \quad [26\text{-}4]$$

pois essas relações significam que Q pertence a Γ. Desse modo, obtivemos um sistema de duas equações dependendo do parâmetro λ, que caracteriza os pontos de Ω. O conjunto dos valores que podem ser atribuídos a λ depende do domínio das funções f e g e devemos estar atentos a isso, fazendo as restrições necessárias. Obter uma equação de Ω sob a forma [26-1] (livre de parâmetros) consiste em eliminar λ. As restrições a que λ estiver sujeito vão acarretar restrições sobre x, y e z, que devem ser explicitadas.

As equações [26-4] descrevem uma família de curvas Γ_λ, dependendo de um parâmetro, cuja reunião é Ω, isto é, são equações da forma [26-2] para Ω. Dado λ real, Γ_λ é obtida somando-se a cada ponto Q de Γ o vetor $-\lambda\vec{r}$; logo, Γ_λ é uma *transladada* de Γ. Esta, por sua vez, é a curva Γ_0 da família (veja a Figura 26-4).

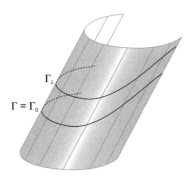

Figura 26-4

26-3 Exercício Resolvido

Obtenha, nas formas [26-1] e [26-2], equações da superfície cilíndrica Ω cujas geratrizes são paralelas à reta r: $X = (0,1,0) + \lambda(1,1,2)$, que tem por diretriz Γ a interseção das superfícies Ω_1: $x^2 + y^2 + z^2 = 4$ e Ω_2: $z = 0$.

Resolução

Um vetor diretor de r é $\vec{r} = (1,1,2)$. As relações [26-3] ficam, neste caso,

$$u = x + \lambda \qquad v = y + \lambda \qquad w = z + 2\lambda \quad [26\text{-}5]$$

Se $Q = (u,v,w)$ pertence a Γ, então $u^2 + v^2 + w^2 = 4$ e $w = 0$, o que equivale a

$$\begin{cases} u^2 + v^2 = 4 \\ w = 0 \end{cases} \quad [26\text{-}6]$$

De [26-5] e [26-6], obtemos o sistema correspondente a [26-4] para este exemplo,

$$\begin{cases} (x + \lambda)^2 + (y + \lambda)^2 = 4 \\ z + 2\lambda = 0 \end{cases} \quad (\lambda \in \mathbb{R}) \quad [26\text{-}7]$$

que descreve Ω como reunião de uma família de circunferências Γ_λ: para cada λ real, Γ_λ é a circunferência de centro $(-\lambda,-\lambda,-2\lambda)$ e raio 2, contida no plano π_λ: $z + 2\lambda = 0$. Obtemos uma equação livre de parâmetros eliminando λ em [26-7]: da segunda equação resulta $\lambda = -z/2$, que, substituído na primeira, fornece $(x - z/2)^2 + (y - z/2)^2 = 4$. Como λ pode tomar qualquer valor real, não há restrições a fazer à variação de z, x e y. Logo,

$$\Omega: (x - \frac{z}{2})^2 + (y - \frac{z}{2})^2 = 4 \qquad \blacktriangleleft$$

Este resultado mostra que a superfície é uma quádrica, mas a equação obtida não está sob nenhuma das formas reduzidas apresentadas no Capítulo 25. Você pode fazer um esboço baseando-se na descrição que fizemos das curvas Γ_λ ou na descrição de Ω feita no enunciado; note que Γ é uma circunferência.

EXERCÍCIOS

26-1 Obtenha, em cada caso, uma equação livre de parâmetros para a superfície cilíndrica cuja diretriz é a interseção das superfícies Ω_1 e Ω_2 e cujas geratrizes são paralelas à reta r.

(a) Ω_1: $x^2 + y^2 = z$ Ω_2: $x - y + z = 0$ r: $X = (1,2,3) + \lambda(1,1,1)$

(b) Ω_1: $x^2 - xy + 1 = 0$ Ω_2: $z = 0$ r: $x - 2z + 3 = y - z = 3$

(c) Ω_1: $xy = z$ Ω_2: $x + y - z = 0$ r: $x = y = z$

(d) Ω_1: $x + y + xy = 0$ Ω_2: $z = 0$ r: $x = y = z$

(e) Ω_1: $f(x,y) = 0$ Ω_2: $z = 0$ r: $X = (0,0,0) + \lambda(m,n,1)$

26-2 (a) Prove que uma equação da forma $h(x,y) = 0$ (note a ausência de z) descreve uma superfície cilíndrica de geratrizes paralelas a Oz e diretriz

$$\Gamma: \begin{cases} h(x,y) = 0 \\ z = 0 \end{cases}$$

(vale resultado análogo para equações da forma $h(x,z) = 0$ e $h(y,z) = 0$).

(b) Conclua que toda quádrica cilíndrica (Capítulo 25) é uma superfície cilíndrica.

26-3 Seja Ω a superfície cilíndrica circunscrita à superfície esférica S: $x^2 + y^2 + z^2 = 1$, cujas geratrizes são paralelas a $\vec{u} = (2,1,-1)$. Obtenha equações de uma diretriz de Ω e deduza uma equação livre de parâmetros para esta superfície.

26-4 Descreva, em cada caso, a curva-interseção do plano π com a superfície cilíndrica de geratrizes paralelas a $\vec{r}$, cuja diretriz é a interseção das superfícies Ω_1 e Ω_2.

(a) Ω_1: $x^2 + y^2 + (z-1)^2 = 1$ Ω_2: $y + z = 2$ $\vec{r} = (0,1,1)$ π: $z = 0$

(b) Ω_1: $x^2 + 3y^2 + z^2 = 17/4$ Ω_2: $2x - y = 0$ $\vec{r} = (1,1,-2)$ π: $2x + z = 0$

C SUPERFÍCIE CÔNICA

26-4 *Definição* Um subconjunto Ω de $\mathbb{E}^3$ é uma **superfície cônica** se existem uma curva Γ e um ponto V não-pertencente a Γ tais que Ω é a reunião das retas que contêm V e algum ponto de Γ (Figura 26-5 (a)). Cada uma dessas retas é chamada **geratriz**, Γ é chamada **diretriz** e V, **vértice** de Ω.

O ponto V, naturalmente, pertence a Ω. Por ser uma reunião de retas, uma superfície cônica é uma superfície regrada (Capítulo 25). Se Γ é uma circunferência cujo plano não contém V, Ω é chamada **superfície cônica circular**. Se, além disso, a projeção ortogonal G de V sobre o plano da circunferência é o seu centro, Ω é uma **superfície cônica circular reta** e a reta VG é o **eixo** de Ω.

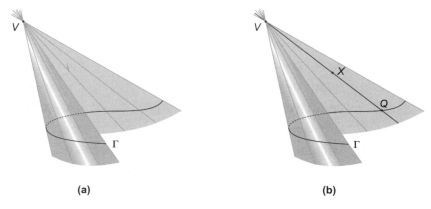

Figura 26-5

Vejamos como obter equações nas formas [26-1] e [26-2] para a superfície cônica Ω de diretriz Γ e vértice V. Em relação a um sistema ortogonal de coordenadas, sejam $V = (h,k,l)$ e

$$\Gamma: \begin{cases} f(x,y,z) = 0 \\ g(x,y,z) = 0 \end{cases}$$

Conforme a definição, um ponto $X = (x,y,z)$, distinto de V, pertence a Ω se, e somente se, existem um ponto $Q = (u,v,w)$ em Γ e λ não-nulo tais que $\overrightarrow{VQ} = \lambda \overrightarrow{VX}$ (Figura 26-5 (b)), isto é,

$$\begin{cases} u = h + \lambda(x - h) \\ v = k + \lambda(y - k) \\ w = l + \lambda(z - l) \end{cases} \qquad [26\text{-}8]$$

Logo, X pertence a Ω se, e somente se, $X = V$ ou existe um número real não-nulo λ tal que

$$\begin{cases} f(h + \lambda(x-h), k + \lambda(y-k), l + \lambda(z-l)) = 0 \\ g(h + \lambda(x-h), k + \lambda(y-k), l + \lambda(z-l)) = 0 \end{cases}$$ [26-9]

pois essas igualdades equivalem a Q pertencer a Γ. Obtivemos, assim, um sistema de duas equações dependendo do parâmetro λ, que caracteriza os pontos de $\Omega - \{V\}$ (note que V não satisfaz [26-9]). Desde que não nos esqueçamos de acrescentar o vértice, não é grave dizer, imprecisamente, que as equações [26-9] são equações de Ω dependendo do parâmetro λ. O conjunto dos valores que podem ser atribuídos a λ depende do domínio das funções f e g, e em cada caso devemos fazer as restrições pertinentes. Desde já, sabemos que é vedado atribuir a λ o valor 0, pois, como V não pertence a Γ, $f(h,k,l) \neq 0$ ou $g(h,k,l) \neq 0$. Para obter uma equação livre de parâmetros que caracterize os pontos de $\Omega - \{V\}$, eliminamos λ em [26-9], não nos esquecendo de impor as restrições necessárias a x, y e z. É de se esperar que o vértice não satisfaça a equação obtida; às vezes, porém, é possível "corrigi-la", isto é, transformá-la em outra equação (não-equivalente) que tenha como soluções exatamente os pontos de Ω, inclusive V (freqüentemente isso se consegue eliminando denominadores). Sem essa "correção", ficamos obrigados a esclarecer que Ω é o conjunto dos pontos que satisfazem a equação, *acrescido do ponto V*.

As equações [26-9] descrevem uma família de curvas Γ_λ dependendo de um parâmetro λ cuja reunião é $\Omega - \{V\}$. Para cada valor não-nulo de λ no seu domínio de validade, Γ_λ é constituída dos pontos $X = V + \overrightarrow{VQ}/\lambda$ tais que Q pertence a Γ. A diretriz Γ é a curva Γ_1 da família (Figura 26-6).

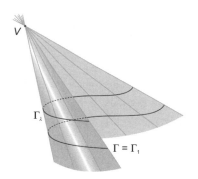

Figura 26-6

26-5 *Exercício Resolvido* — Obtenha equações da superfície cônica Ω de vértice $V = (1,-1,3)$ que tem por diretriz a circunferência Γ, interseção da superfície cilíndrica Ω_1: $x^2 + y^2 = 1$ com o plano Oxy.

Resolução

As relações [26-8] ficam, neste caso,

$$u = 1 + \lambda(x-1) \qquad v = -1 + \lambda(y+1) \qquad w = 3 + \lambda(z-3)$$

Como $Q = (u,v,w)$ pertence a Γ, valem as igualdades $u^2 + v^2 = 1$ e $w = 0$ e, portanto,

$$[1 + \lambda(x-1)]^2 + [-1 + \lambda(y+1)]^2 = 1 \qquad 3 + \lambda(z-3) = 0 \quad \textbf{[26-10]}$$

são as equações [26-9] para este caso.

Para todo λ não-nulo existem x, y, z que satisfazem [26-10] (escolha, por exemplo, x e y tais que $1 + \lambda(x - 1) = 0$ e $-1 + \lambda(y + 1) = 1$). Logo, não há restrições a impor sobre λ, exceto a obrigatória, $\lambda \neq 0$. Para obter uma equação de Ω livre de parâmetros, note que $z = 3$ não satisfaz a segunda equação (confirmando que o vértice não satisfaz o sistema); assim, $\lambda = 3/(3 - z)$. Levando à primeira equação, obtemos:

$$[1 + \frac{3(x-1)}{3-z}]^2 + [-1 + \frac{3(y+1)}{3-z}]^2 = 1$$

Efetuando alguns cálculos, obtemos a equação equivalente

$$\frac{(3x-z)^2}{(3-z)^2} + \frac{(3y+z)^2}{(3-z)^2} = 1$$

Esta última caracteriza, portanto, os pontos de Ω diferentes de V (não há restrições a fazer sobre x, y e z, além de $z \neq 3$). Eis um exemplo em que é possível "recuperar" o vértice: multiplicando os dois membros da equação por $(3 - z)^2$, obtemos

$$(3x - z)^2 + (3y + z)^2 = (3 - z)^2$$

cujas soluções são as da equação anterior, mais o anulador da expressão pela qual multiplicamos: $z = 3$ e, conseqüentemente, $x = 1$ e $y = -1$. Como isso corresponde ao ponto V, obtivemos uma equação da superfície cônica (completa) Ω. ◄

EXERCÍCIOS

26-5 Obtenha uma equação livre de parâmetros para a superfície cônica de vértice V e diretriz $\Gamma = \Omega_1 \cap \Omega_2$, nos casos:

(a) $V = (0,0,0)$ Ω_1: $x^2 - 2z + 1 = 0$ Ω_2: $y - z + 1 = 0$

(b) $V = (0,0,1)$ Ω_1: $x^2 + y^2 - x = 0$ Ω_2: $z = 0$

(c) $V = (0,0,0)$ Ω_1: $xz = 1$ Ω_2: $y = 1$

(d) $V = (0,0,0)$ Ω_1: $xz = 1$ Ω_2: $y = 0$

26-6 No exercício anterior, reconheça cada curva Γ e faça um esboço da superfície.

26-7 Mostre que toda quádrica cônica é uma superfície cônica.

26-8 Prove que superfícies cilíndricas circulares e superfícies cônicas circulares são quádricas.

26-6 *Observação*

Eis um conceito que generaliza a idéia de superfície cônica: se uma reta r e um plano π são transversais e Γ é uma curva, a reunião Ω das retas paralelas ou contidas em π que interceptam r e Γ chama-se **conóide**. Cada uma dessas retas é uma **geratriz**, Γ é a **diretriz**, os pontos de $r \cap \Omega$ são os **vértices**, r é a **reta dos vértices** e π é o **plano diretor** do conóide. Conóides são, portanto, superfícies regradas. Os métodos vistos para obter equações de superfícies cilíndricas e de superfícies cônicas adaptam-se aos conóides. Experimente aplicá-los ao próximo exercício.

Capítulo 26 — Geração de superfícies — 441

EXERCÍCIO

26-9 ♦ (a) Obtenha uma equação livre de parâmetros para a superfície Ω, reunião das retas paralelas ou contidas em Oyz e concorrentes com Ox que interceptam a circunferência Γ de centro $(0,0,2)$, raio 1, contida no plano π: $z = 2$. Tente visualizar a superfície.

(b) Obtenha uma equação livre de parâmetros para o conóide de plano diretor π: $x - y = 0$ cuja diretriz Γ é a interseção dos planos de equações $x = 0$ e $z = 1$, sabendo que Ox é a reta dos vértices.

D Superfície de rotação

26-7 **Definição** Um subconjunto Ω de $\mathbb{E}^3$ é uma **superfície de rotação** se existem uma reta r e uma curva Γ tais que Ω seja a reunião das circunferências (eventualmente de raio nulo, isto é, pontos) de centros pertencentes a r, contidas em planos perpendiculares a r, que interceptam Γ (Figura 26-7 (a)). Cada uma dessas circunferências é um **paralelo**, a interseção de Ω com cada semiplano de origem r é um **meridiano**, r é o **eixo de rotação** ou **eixo de simetria**, e Γ, a **diretriz** de Ω. Diz-se que Ω é **gerada pela rotação de Γ em torno de r**.

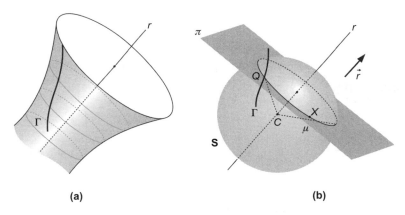

Figura 26-7

Vamos obter equações para a superfície Ω gerada pela rotação de Γ em torno de r. Em relação a um sistema ortogonal de coordenadas, sejam $C = (h,k,l)$ um ponto escolhido de r, $\vec{r} = (m,n,p)$ um vetor diretor dessa reta, e

$$\Gamma: \begin{cases} f(x,y,z) = 0 \\ g(x,y,z) = 0 \end{cases}$$

A definição diz que $X = (x,y,z)$ pertence a Ω se, e somente se, X pertence a um paralelo que intercepta Γ em $Q = (u,v,w)$ (Figura 26-7 (b)). Esse paralelo é a interseção do plano que contém Q e é perpendicular a r, π: $mx + ny + pz = \lambda$, com a superfície esférica de centro C que contém Q, ou seja, $\mathbf{S}$: $(x - h)^2 + (y - k)^2 + (z - l)^2 = \mu^2$ (indicamos por μ a distância de C a Q). Logo, X pertence a Ω se, e somente se, existem números reais u, v, w, λ e μ tais que $\mu \geq 0$ e

$$\begin{cases} mx + ny + pz = \lambda \\ (x-h)^2 + (y-k)^2 + (z-l)^2 = \mu^2 \end{cases} \qquad \text{[26-11]}$$

$$\begin{cases} f(u,v,w) = 0 \\ g(u,v,w) = 0 \end{cases} \qquad \text{[26-12]}$$

$$\begin{cases} mu + nv + pw = \lambda \\ (u-h)^2 + (v-k)^2 + (w-l)^2 = \mu^2 \end{cases} \qquad \text{[26-13]}$$

([26-11] significa que X pertence ao paralelo, [26-12], que Q pertence a Γ e [26-13], que Q pertence ao paralelo). Vamos supor que possamos eliminar as variáveis u, v e w em [26-12] e [26-13] e obter a equação

$$\varphi(\lambda,\mu) = 0 \qquad \text{[26-14]}$$

Utilizando [26-11], podemos transformá-la em uma equação nas variáveis x, y, z, que é satisfeita pelos pontos de Ω (como nas seções anteriores, os parâmetros λ e μ podem estar sujeitos a restrições que vão repercutir sobre x, y e z). Obtemos, assim, uma equação livre de parâmetros para Ω, e o seu domínio de validade.

26-8 Exercício Resolvido

Obtenha uma equação da superfície Ω gerada pela rotação da curva Γ em torno da reta $r: x = y = z$, sendo

$$\Gamma: \begin{cases} x^2 + y^2 = 1 \\ x + z = 0 \end{cases}$$

Resolução

Vamos escolher o ponto $C = (0,0,0)$ no eixo de rotação e o vetor $\vec{r} = (1,1,1)$ como seu vetor diretor. Como equações de um paralelo, tomemos

$$\begin{cases} x^2 + y^2 + z^2 = \mu^2 \\ x + y + z = \lambda \end{cases} \qquad \text{[26-15]}$$

Um ponto $Q = (u,v,w)$ pertence à interseção do paralelo com Γ se, e somente se, suas coordenadas satisfazem as relações

$$\begin{cases} u^2 + v^2 + w^2 = \mu^2 \\ u + v + w = \lambda \\ u^2 + v^2 = 1 \\ u + w = 0 \end{cases}$$

Da última equação, obtemos $w = -u$; substituindo nas demais e isolando u e v nos primeiros membros, obtemos o sistema equivalente

$$\begin{cases} v = \lambda \\ u^2 = \dfrac{\mu^2 - \lambda^2}{2} \\ u^2 = 1 - \lambda^2 \\ w = -u \end{cases}$$

que tem solução se, e somente se, $\mu^2 - \lambda^2 \geq 0$, $1 - \lambda^2 \geq 0$ e $(\mu^2 - \lambda^2)/2 = 1 - \lambda^2$, ou seja, $\mu^2 \geq \lambda^2$, $\lambda^2 \leq 1$ e $\mu^2 + \lambda^2 = 2$. Da última igualdade, que é a equação [26-14] para este caso, decorre que $\lambda^2 \leq 1$ se, e somente se, $\mu^2 \geq 1$; logo, o sistema tem solução se, e somente se,

$$\mu^2 + \lambda^2 = 2 \quad \text{e} \quad \mu^2 \geq 1 \qquad \text{[26-16]}$$

Esta é uma condição necessária e suficiente para que exista um ponto $Q = (u,v,w)$ na interseção de Γ com o paralelo descrito pelas equações [26-15]. Assim, $X = (x,y,z)$ pertence a Ω se, e somente se, valem [26-15] e [26-16]; substituindo λ e μ^2 por suas expressões dadas em [26-15], obtemos uma equação da superfície de rotação Ω e seu domínio de validade:

$$x^2 + y^2 + z^2 + (x + y + z)^2 - 2 = 0 \qquad (x^2 + y^2 + z^2 \geq 1)$$

Exercícios

26-10 Obtenha uma equação da superfície gerada pela rotação da curva Γ em torno da reta r.

(a) $\Gamma: \begin{cases} x^2 + 2y^2 = 1 \\ y - z = 0 \end{cases}$ $\quad r: x = z - 1 = 0$

(b) $\Gamma: \begin{cases} x - 1 = y \\ z = 0 \end{cases}$ $\quad r: x = y = z$

(c) $\Gamma: \begin{cases} x - y = 0 \\ z = 0 \end{cases}$ $\quad r: x = y = z$

26-11 Se as retas r e s são reversas, não-ortogonais, a superfície gerada pela rotação de s em torno de r é uma que já estudamos. Identifique-a.

26-12 Obtenha, em cada caso, uma equação livre de parâmetros para a superfície gerada pela rotação da curva Γ em torno de Oz (Γ é descrita por equações paramétricas).

(a) $\Gamma: x = \lambda,\ y = \lambda^2,\ z = \lambda^2\ (\lambda \in \mathbb{R})$.

(b) $\Gamma: x = \lambda,\ y = \lambda^2,\ z = \lambda^3\ (\lambda \in \mathbb{R})$.

(c) $\Gamma: x = \lambda + 1,\ y = \lambda - 1,\ z = \lambda^2 + 1\ (0 \leq \lambda \leq 2)$.

26-13 Obtenha, em cada caso, uma equação da superfície gerada pela rotação da curva $\Gamma = \Omega_1 \cap \Omega_2$ em torno de Ox (no item (c), e é o número de Euler).

(a) $\Omega_1: y = 0 \qquad \Omega_2: x^2 + z^2 = 1$

(b) $\Omega_1: y = 0 \qquad \Omega_2: x + z = 1$

(c) $\Omega_1: y = 0$ $\Omega_2: x = e^z$ (d) $\Omega_1: y = 0$ $\Omega_2: 3x^2 + 3z = 1$

(e) $\Omega_1: y = 0$ $\Omega_2: (x-2)^2 + (z-1)^2 = 1$ (f) $\Omega_1: y = 0$ $\Omega_2: x = 2$

26-14 Se r é uma reta qualquer, contida no plano da circunferência Γ, escolha um sistema de coordenadas tal que $r = Oz$ e a circunferência tenha equações $(y-a)^2 + z^2 = \sigma^2$, $x = 0$ ($a > 0$, $\sigma > 0$), e obtenha, em relação a ele, uma equação livre de parâmetros para a superfície gerada pela rotação de Γ em torno de r (se r e Γ são disjuntas, isto é, se $a > \sigma$, trata-se de um *toro*, superfície com o aspecto de uma câmara de ar para pneus; se $a = 0$, é uma superfície esférica).

26-9 Observação

(a) Dada a curva

$$\Gamma: \begin{cases} f(x,z) = 0 \\ y = 0 \end{cases}$$

(note a ausência de y na primeira equação), suponha que todos os seus pontos têm cota não-negativa. Para obter uma equação da superfície Ω gerada pela rotação de Γ em torno de Ox, podemos adotar o procedimento prático ilustrado na Figura 26-8 (a). Os pontos $X = (x,y,z)$ de Ω e $Q = (u,v,w)$ de Γ estão no mesmo paralelo, que é a circunferência de centro $(x,0,0)$ e raio w (por hipótese, $w \geq 0$; se $w = 0$, a "circunferência" é um ponto). Por essa razão, $w = \sqrt{y^2 + z^2}$ e $u = x$. Por outro lado, como Q pertence a Γ, $f(u,w) = 0$. Substituindo as expressões de u e w nessa igualdade, obtemos

$$f(x, \sqrt{y^2 + z^2}) = 0$$

que é uma equação de Ω. Chega-se ao mesmo resultado pelo método utilizado no Exercício Resolvido 26-8, que você deve ter aplicado ao resolver o Exercício 26-13. Quando utilizar este procedimento prático, tome o cuidado de verificar previamente se a hipótese sobre Γ está satisfeita. Em alguns itens do Exercício 26-13, por exemplo, isso não acontece.

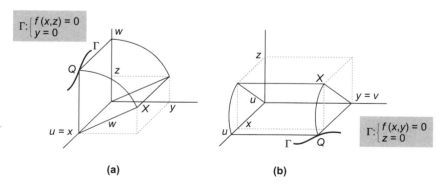

Figura 26-8

Do mesmo modo, se Γ é descrita pelo sistema formado pelas equações $f(x,y) = 0$ e $z = 0$, com $x \geq 0$, a superfície gerada pela rotação de Γ em torno de Oy tem equação $f(\sqrt{x^2 + z^2},y) = 0$ (veja a Figura 26-8 (b)). Há vários outros casos, análogos a estes (ao todo, são doze). Por exemplo:

$$\Gamma: \begin{cases} f(x,z) = 0 \\ y = 0 \end{cases} x \geq 0 \qquad \Gamma: \begin{cases} f(y,z) = 0 \\ x = 0 \end{cases} z \geq 0 \qquad \Gamma: \begin{cases} f(x,z) = 0 \\ y = 0 \end{cases} z \leq 0$$

em torno de Oz \qquad em torno de Oy \qquad em torno de Ox

(No último, uma equação de Ω é $f(x,-\sqrt{y^2 + z^2}) = 0$.)

(b) Eis algumas propriedades evidentes que podem ser úteis quando trabalhamos com superfícies de rotação:

- Se Γ_1 e Γ_2 são curvas simétricas em relação a uma reta r, elas geram a mesma superfície pela rotação em torno de r.
- Se Ω é uma superfície de rotação, então Ω é gerada pela rotação de qualquer um de seus meridianos em torno do eixo de rotação.

EXERCÍCIOS

26-15 Obtenha uma equação da superfície gerada pela rotação de $\Gamma = \Omega_1 \cap \Omega_2$ em torno de Oz.

(a) Ω_1: $y = 0$ \qquad Ω_2: $x^2 + z^2 = 1$ \qquad (b) Ω_1: $y = 0$ \qquad Ω_2: $3x^2 + 3z = 1$

(c) Ω_1: $y = 0$ \qquad Ω_2: $(x - 2)^2 + (z - 1)^2 = 1$

26-16 Obtenha uma equação da superfície gerada pela rotação, em torno de Oy, da curva-interseção das superfícies Ω_1: $z = y^2 - 1$ e Ω_2: $x = 0$.

26-17 Seja

$$\Gamma: \begin{cases} \dfrac{z^2}{a^2} + \dfrac{y^2}{b^2} = 1 \\ x = 0 \end{cases}$$

Obtenha uma equação da superfície gerada pela rotação de Γ

(a) em torno de Oy; \qquad (b) em torno de Oz.

26-18 Prove que, se dois dos números a, b e c são iguais, o elipsóide Ω: $x^2/a^2 + y^2/b^2 + z^2/c^2 = 1$ é uma superfície de rotação. Especifique o eixo de rotação.

26-19 Verifique se a superfície dada é uma superfície de rotação em torno de algum dos eixos coordenados e especifique o eixo de rotação se for o caso (suponha que $a \neq b$).

(a) $x^2/a^2 + y^2/a^2 - z^2/b^2 = 1$ (hiperbolóide de uma folha).

(b) $-x^2/a^2 - y^2/b^2 + z^2/a^2 = 1$ (hiperbolóide de duas folhas).

(c) $-x^2/a^2 + y^2/b^2 - z^2/a^2 = 1$ (hiperbolóide de duas folhas).

(d) $x = y^2/a^2 + z^2/a^2$ (parabolóide elíptico).

(e) $y = x^2/a^2 - z^2/a^2$ (parabolóide hiperbólico).

26-20 A que condições devem obedecer os números a, b e c para que a superfície dada seja uma superfície de rotação em torno de algum dos eixos coordenados? Especifique o eixo de rotação.

(a) Elipsóide: $x^2/a^2 + y^2/b^2 + z^2/c^2 = 1$.

(b) Hiperbolóide de uma folha: $-x^2/a^2 + y^2/b^2 + z^2/c^2 = 1$.

(c) Hiperbolóide de duas folhas: $-x^2/a^2 - y^2/b^2 + z^2/c^2 = 1$.

(d) Parabolóide elíptico ou de rotação: $y = x^2/a^2 + z^2/c^2$.

(e) Parabolóide hiperbólico: $x = -y^2/b^2 + z^2/c^2$.

(f) Quádrica cilíndrica hiperbólica: $x^2/a^2 - z^2/c^2 = 1$.

(g) Quádrica cônica: $x^2 = -y^2/b^2 - z^2/c^2$.

APÊNDICE C

CLASSIFICAÇÃO DAS CÔNICAS

Neste apêndice apresenta-se um método para identificação de uma cônica a partir dos coeficientes de sua equação e demonstra-se a Proposição 23-2.

No Capítulo 23 vimos como identificar uma cônica e fazer seu esboço, utilizando translações e rotações. Levando adiante as idéias lá desenvolvidas, veremos neste apêndice que a identificação pode ser feita a partir da análise dos coeficientes da equação original (a equação da cônica *antes* das mudanças de coordenadas). O resultado será útil quando não houver interesse em fazer o esboço. Optaremos pela abordagem matricial, que torna as expressões mais compactas e encurta os cálculos. Como no Capítulo 23, trabalharemos em um plano π fixado, e todos os sistemas de coordenadas utilizados serão ortogonais.

Relembremos que a matriz

$$M_3 = \begin{bmatrix} a & b/2 & d/2 \\ b/2 & c & e/2 \\ d/2 & e/2 & f \end{bmatrix} \qquad \text{[C-1]}$$

é a matriz da função polinomial

$$g(x,y) = ax^2 + bxy + cy^2 + dx + ey + f$$

Sempre que quisermos descrever uma cônica por meio da equação $g(x,y) = 0$, suporemos que g é de segundo grau, isto é, que a, b e c não são todos nulos. A **parte linear** de g é a função polinomial $l(x,y) = dx + ey$; por sua vez, $q(x,y) = ax^2 + bxy + cy^2$ é a **parte quadrática** de g. As matrizes

$$L = \begin{bmatrix} d & e \end{bmatrix} \qquad \text{e} \qquad M_2 = \begin{bmatrix} a & b/2 \\ b/2 & c \end{bmatrix}$$

são a **matriz da parte linear** e a **matriz da parte quadrática** de g. Dizer que g é de segundo grau equivale, portanto, a dizer que a matriz M_2 não é nula. O Princípio de identidade de polinômios permite concluir que, dada g, as matrizes M_3, M_2 e L ficam univocamente determinadas.

Um cálculo direto mostra que, para todo par (x,y), valem as igualdades

$$\begin{bmatrix} g(x,y) \end{bmatrix} = \begin{bmatrix} x & y & 1 \end{bmatrix} M_3 \begin{bmatrix} x \\ y \\ 1 \end{bmatrix} \qquad \textbf{[C-2]}$$

$$\begin{bmatrix} g(x,y) \end{bmatrix} = \begin{bmatrix} x & y \end{bmatrix} M_2 \begin{bmatrix} x \\ y \end{bmatrix} + L \begin{bmatrix} x \\ y \end{bmatrix} + \begin{bmatrix} f \end{bmatrix} \qquad \textbf{[C-3]}$$

(os primeiros membros, $[\,g(x,y)\,]$, são matrizes 1×1).

Fixado um sistema ortogonal de coordenadas Σ, seja Σ' o sistema obtido pela translação de Σ para um ponto $O' = (h,k)$, combinada com uma rotação de θ radianos no sentido anti-horário. Uma mudança de coordenadas desse tipo, que tem como casos particulares as rotações e as translações, chama-se **mudança ortogonal de coordenadas**. A matriz de mudança de base correspondente é

$$M = \begin{bmatrix} \cos\theta & -\operatorname{sen}\theta \\ \operatorname{sen}\theta & \cos\theta \end{bmatrix} \qquad \textbf{[C-4]}$$

e as equações de mudança de coordenadas, uma versão bidimensional das equações [21-3], são

$$\begin{cases} x = h + u\cos\theta - v\operatorname{sen}\theta \\ y = k + u\operatorname{sen}\theta + v\cos\theta \end{cases} \qquad \textbf{[C-5]}$$

Matricialmente, essas equações podem ser escritas como

$$\begin{bmatrix} x \\ y \end{bmatrix} = M \begin{bmatrix} u \\ v \end{bmatrix} + \begin{bmatrix} h \\ k \end{bmatrix} \qquad \textbf{[C-6]}$$

que corresponde à igualdade [21-2] em dimensão 2. Outra versão matricial das equações [C-5], útil apesar da aparência artificial, é

$$\begin{bmatrix} x \\ y \\ 1 \end{bmatrix} = T \begin{bmatrix} u \\ v \\ 1 \end{bmatrix} \qquad \textbf{[C-7]}$$

em que T é a matriz

$$T = \begin{bmatrix} \cos\theta & -\sen\theta & h \\ \sen\theta & \cos\theta & k \\ 0 & 0 & 1 \end{bmatrix} \qquad \text{[C-8]}$$

Sua verificação, bem como a de [C-6], é feita pelo cálculo direto.

Substituindo x e y em $g(x,y)$ por suas expressões [C-5], obtemos uma função polinomial $g'(u,v)$, que chamaremos **transformada de g pela mudança ortogonal de coordenadas** descrita por [C-5], ou, mais simplesmente, **transformada de g pelas equações** [C-5]. Diremos também que a mudança ortogonal de coordenadas **transforma** g em g'.

Indicaremos por M'_3 a matriz de g', por M'_2 a matriz de sua parte quadrática q', e por L' a matriz de sua parte linear l'. As matrizes M'_3, M'_2 e L' são, portanto, as únicas tais que

$$\begin{bmatrix} g'(u,v) \end{bmatrix} = \begin{bmatrix} u & v & 1 \end{bmatrix} M'_3 \begin{bmatrix} u \\ v \\ 1 \end{bmatrix}$$

$$\begin{bmatrix} q'(u,v) \end{bmatrix} = \begin{bmatrix} u & v \end{bmatrix} M'_2 \begin{bmatrix} u \\ v \end{bmatrix}$$

$$\begin{bmatrix} g'(u,v) \end{bmatrix} = \begin{bmatrix} u & v \end{bmatrix} M'_2 \begin{bmatrix} u \\ v \end{bmatrix} + L' \begin{bmatrix} u \\ v \end{bmatrix} + \begin{bmatrix} f' \end{bmatrix}$$

em que f' é o termo independente de g'. A proposição seguinte estabelece relações importantes entre M_3 e M'_3, entre M_2 e M'_2, e entre L e L'.

C-1 *Proposição* Sejam M e T como em [C-4] e [C-8]. Então:

(a) $M'_2 = M^t M_2 M$

(b) $M'_3 = T^t M_3 T$

(c) Se a mudança de coordenadas é uma rotação, $L' = LM$.

Demonstração

(a) Indiquemos, para compactar a notação,

$$X = \begin{bmatrix} x \\ y \end{bmatrix} \qquad U = \begin{bmatrix} u \\ v \end{bmatrix} \qquad H = \begin{bmatrix} h \\ k \end{bmatrix}$$

Com isso, as igualdades [C-6] e [C-3] tornam-se

$$X = MU + H \qquad \text{e} \qquad \begin{bmatrix} g(x,y) \end{bmatrix} = X^t M_2 X + LX + \begin{bmatrix} f \end{bmatrix}$$

Substituindo X por $MU + H$ na segunda, lembrando que $[\,g(x,y)\,] = [\,g'(u,v)\,]$, e utilizando as propriedades $(A + B)^t = A^t + B^t$ e $(AB)^t = B^t A^t$, obtemos

$$[\,g'(u,v)\,] = (U^t M^t + H^t)M_2(MU + H) + L(MU + H) + [\,f\,]$$
$$= (U^t M^t M_2 + H^t M_2)(MU + H) + LMU + LH + [\,f\,] \quad \textbf{[C-9]}$$
$$= U^t M^t M_2 MU + U^t M^t M_2 H + H^t M_2 MU + H^t M_2 H + LMU + LH + [\,f\,]$$

Devido à ocorrência de U^t e U, a primeira parcela da última expressão é composta exclusivamente de termos quadráticos, ao passo que as outras seis parcelas contêm apenas termos lineares ou termos independentes. Isso significa que $U^t M^t M_2 MU$ é a parte quadrática de $g'(u,v)$, ou seja, pela unicidade da matriz da parte quadrática, $M'_2 = M^t M_2 M$.

(b) Transpondo os dois membros de [C-7], obtemos

$$\begin{bmatrix} x & y & 1 \end{bmatrix} = \begin{bmatrix} u & v & 1 \end{bmatrix} T^t$$

e, combinando esta igualdade e [C-7] com [C-2], podemos escrever

$$\begin{bmatrix} g'(u,v) \end{bmatrix} = \begin{bmatrix} g(x,y) \end{bmatrix} = \begin{bmatrix} u & v & 1 \end{bmatrix} T^t M_3 T \begin{bmatrix} u \\ v \\ 1 \end{bmatrix}$$

Da unicidade da matriz de uma função polinomial decorre, pois, que $M'_3 = T^t M_3 T$.

(c) A mudança de coordenadas é uma rotação se, e somente se, $h = k = 0$, isto é, H é matriz nula. Aproveitando os cálculos feitos em [C-9], concluímos, neste caso, que $[\,g'(u,v)\,] = U^t M^t M_2 MU + LMU + [\,f\,]$ (esta é a versão matricial das relações [23-11]). Isso mostra que LMU é a parte linear de g', o que equivale a $L' = LM$, versão matricial das expressões de d' e e' em [23-11]. ∎

C-2 Corolário
Se g é de segundo grau, o mesmo ocorre com sua transformada g'.

Demonstração

Como M é matriz ortogonal, isto é, $M^t = M^{-1}$, multiplicando ambos os membros da igualdade $M'_2 = M^t M_2 M$, à esquerda por M e à direita por M^t, obtemos $MM'_2 M^t = M_2$. Se o grau de g' não fosse 2, a matriz M'_2 seria nula e, portanto, M_2 também seria nula, contrariando a hipótese sobre o grau de g. ∎

Recordemos que *traço* de uma matriz quadrada $A = (a_{ij})$ é o número $\mathrm{tr}A = a_{11} + a_{22} + \ldots + a_{nn}$, soma dos elementos da diagonal principal de A. Uma propriedade do traço que utilizaremos em seguida é $\mathrm{tr}(AB) = \mathrm{tr}(BA)$, de verificação simples, especialmente no caso que nos interessa, em que as matrizes são de ordem 2.

C-3 Proposição Sejam g uma função polinomial de segundo grau e g' sua transformada pelas equações [C-5]. Sejam M_3, M_2 e L, respectivamente, as matrizes de g e de suas partes quadrática e linear, e M_3', M_2' e L', respectivamente, as de g' e de suas partes quadrática e linear. Então:

(a) $\mathrm{tr} M_2 = \mathrm{tr} M_2'$

(b) $\det M_2 = \det M_2'$

(c) $\det M_3 = \det M_3'$

(d) Se a mudança de coordenadas é uma rotação, $LL^t = L'(L')^t$.

Demonstração

Utilizaremos a Proposição C-1.

(a) De $M_2' = M^t M_2 M$ obtemos, pela propriedade do traço do produto de duas matrizes: $\mathrm{tr} M_2' = \mathrm{tr}((M^t M_2)M) = \mathrm{tr}(M(M^t M_2)) = \mathrm{tr}((MM^t)M_2) = \mathrm{tr}(I_2 M_2) = \mathrm{tr} M_2$.

(b) Aplicando a propriedade do determinante do produto de matrizes, obtemos: $\det M_2' = \det(M^t M_2 M) = (\det M^t)(\det M_2)(\det M)$. Como $\det M^t = \det M = 1$, concluímos que $\det M_2' = \det M_2$.

(c) $M_3' = T^t M_3 T$ acarreta $\det M_3' = \det(T^t M_3 T) = (\det T^t)(\det M_3)(\det T) = \det M_3$, pois $\det T^t = \det T = 1$

(d) De $L' = LM$ decorre $L'(L')^t = LM(LM)^t = LMM^tL^t = LL^t$, pois M^t é a inversa de M. ∎

C-4 Observação (a) A parte (a) da proposição anterior nada mais é do que a igualdade $a' + c' = a + c$, utilizada com freqüência no Capítulo 23. Lá, sua comprovação foi feita diretamente a partir das relações [23-11], que se referem a rotações. Como translações não afetam os termos quadráticos, ela vale para qualquer mudança ortogonal de coordenadas. O mesmo se diga com relação à parte (b), que corresponde à igualdade $a'c' - (b')^2/4 = ac - b^2/4$, citada na Observação 23-7. Sua verificação a partir das relações [23-11] é trabalhosa, mostrando que o método matricial aqui utilizado tem suas vantagens.

(b) O significado de $LL^t = L'(L')^t$ é, simplesmente, $d^2 + e^2 = (d')^2 + (e')^2$, isto é, a soma dos quadrados dos coeficientes dos termos lineares permanece inalterada quando se faz uma rotação. Como translações podem afetar tais coeficientes, não há garantia de que essa propriedade valha para qualquer mudança ortogonal de coordenadas (é fácil inventar contra-exemplos). A igualdade $d^2 + e^2 = (d')^2 + (e')^2$ também pode ser verificada com facilidade a partir das relações [23-11].

A Proposição C-3 mostrou que o traço e o determinante da parte quadrática de g, bem como o determinante da matriz de g, permanecem inalterados, ou seja, *não variam*, quando se transforma g em g' por uma mudança ortogonal de coordenadas. Isso motiva a nomenclatura introduzida na próxima definição.

C-5 Definição

Sejam g uma função polinomial de segundo grau, M_3, sua matriz, e M_2, a matriz de sua parte quadrática. Os números $\Delta_1 = \mathrm{tr}M_2$, $\Delta_2 = \det M_2$ e $\Delta_3 = \det M_3$ são chamados **invariantes (ortogonais)** de g.

Como veremos, os invariantes ortogonais de g desempenham papel fundamental no processo de identificação da cônica descrita, em relação a um sistema ortogonal de coordenadas, pela equação $g(x,y) = 0$. As duas proposições seguintes, além de preparar o terreno, serão úteis na resolução de exercícios.

C-6 Proposição

Se $g(x,y) = ax^2 + bxy + cy^2 + dx + ey + f$ é uma função polinomial de segundo grau e $g'(u,v) = pu^2 + qv^2 + mu + nv + f'$ é a transformada de $g(x,y)$ por uma conveniente mudança ortogonal de coordenadas, então $p = q$ se, e somente se, $a = c$ e $b = 0$.

Demonstração

(Note que g' não apresenta termo quadrático misto.) A Proposição C-3 afirma que os invariantes ortogonais de g são respectivamente iguais aos de g'. Das matrizes de g e g', que são

$$M_3 = \begin{bmatrix} a & b/2 & d/2 \\ b/2 & c & e/2 \\ d/2 & e/2 & f \end{bmatrix} \quad \text{e} \quad M'_3 = \begin{bmatrix} p & 0 & m/2 \\ 0 & q & n/2 \\ m/2 & n/2 & f' \end{bmatrix}$$

obtemos $a + c = \Delta_1 = p + q$ e $ac - b^2/4 = \Delta_2 = pq$. Portanto, por um lado,

$$\Delta_1^2 - 4\Delta_2 = (a + c)^2 - 4ac + b^2 = (a - c)^2 + b^2$$

e, por outro,

$$\Delta_1^2 - 4\Delta_2 = (p + q)^2 - 4pq = (p - q)^2$$

Logo,

$$p = q \Leftrightarrow (a - c)^2 + b^2 = 0 \Leftrightarrow a = c \text{ e } b = 0 \qquad \blacksquare$$

C-7 Proposição

Sejam $g(x,y) = ax^2 + bxy + cy^2 + dx + ey + f$ uma função polinomial de segundo grau, Δ_1, Δ_2, Δ_3, seus invariantes ortogonais, e Σ, um sistema ortogonal de coordenadas fixado.

(a) Se $\Delta_2 \neq 0$, existe uma mudança ortogonal de coordenadas que transforma $g(x,y)$ em $g'(u,v) = pu^2 + qv^2 + r$, com $p \neq 0$ e $q \neq 0$.

(b) Se $\Delta_2 = 0$ e $\Delta_3 \neq 0$, existe uma mudança ortogonal de coordenadas (na verdade, uma rotação) que transforma $g(x,y)$ em $g'(u,v) = qv^2 + mu + nv + f$, com $q \neq 0$ e $m \neq 0$.

(c) Se $\Delta_2 = \Delta_3 = 0$, existe uma mudança ortogonal de coordenadas (na verdade, uma rotação) que transforma $g(x,y)$ em $g'(u,v) = qv^2 + nv + f$, com $q \neq 0$.

Demonstração

(a) A hipótese $\Delta_2 \neq 0$ garante, pelo Teorema de Cramer, que existe uma (única) solução para o sistema de equações

$$\begin{cases} ah + \dfrac{b}{2}k + \dfrac{d}{2} = 0 \\ \dfrac{b}{2}h + ck + \dfrac{e}{2} = 0 \end{cases} \qquad \text{[C-10]}$$

Pelo que vimos no Capítulo 23, se (h,k) é uma solução desse sistema (que lá está identificado por [23-5]), uma translação para o ponto $O' = (h,k)$ transforma g em uma função polinomial cujos termos lineares têm coeficientes nulos. Combinando-a com uma rotação que elimine o termo quadrático misto, obtemos uma mudança ortogonal de coordenadas que transforma $g(x,y)$ em $g'(u,v) = pu^2 + qv^2 + r$. Resta provar que p e q não são nulos. Pela Proposição C-3, os invariantes ortogonais de g e g' são iguais; como a matriz da parte quadrática de g' é

$$M'_2 = \begin{bmatrix} p & 0 \\ 0 & q \end{bmatrix}$$

concluímos que $\Delta_2 = pq$ e, portanto, $pq \neq 0$, ou seja, $p \neq 0$ e $q \neq 0$.

(b) Do Capítulo 23, sabemos que existe uma rotação que transforma g na função polinomial sem termo quadrático misto $g'(u,v) = pu^2 + qv^2 + mu + nv + f$. Como g é de segundo grau, o mesmo ocorre com g' (Corolário C-2), e portanto p e q não são ambos nulos. Da matriz de g',

$$\begin{bmatrix} p & 0 & m/2 \\ 0 & q & n/2 \\ m/2 & n/2 & f \end{bmatrix}$$

obtemos seus invariantes ortogonais

$$\Delta'_2 = pq \qquad \Delta'_3 = pqf - \dfrac{qm^2 + pn^2}{4} \qquad \text{[C-11]}$$

que são respectivamente iguais a Δ_2 e Δ_3, devido à Proposição C-3. Assim, as hipóteses $\Delta_2 = 0$ e $\Delta_3 \neq 0$ acarretam $\Delta'_2 = 0$ e $\Delta'_3 \neq 0$, o que equivale a

$$pq = 0 \qquad \text{e} \qquad qm^2 + pn^2 \neq 0 \qquad \text{[C-12]}$$

454 — Geometria Analítica — um tratamento vetorial

Da primeira dessas igualdades decorre $p = 0$ ou $q = 0$, e, como p e q não são ambos nulos, temos apenas duas alternativas a considerar:

- $p = 0$ e $q \neq 0$. Neste caso, $g'(u,v) = qv^2 + mu + nv + f$, comprovando a tese, pois $m \neq 0$ (devido a [C-12]) e $q \neq 0$.

- $p \neq 0$ e $q = 0$. Este caso seria idêntico ao anterior, não fosse por uma pequeníssima diferença formal. Resolvendo o Exercício C-3, você ficará sabendo do que se trata.

(c) Procedemos como na demonstração da parte (b), transformando, com o auxílio de uma rotação, g em g'. Desta vez as hipóteses são $\Delta_2 = \Delta_3 = 0$ e, portanto, $\Delta'_2 = \Delta'_3 = 0$. De [C-11], obtemos

$$pq = 0 \qquad \text{e} \qquad qm^2 + pn^2 = 0 \qquad \textbf{[C-13]}$$

e novamente, como p e q não são ambos nulos, temos que examinar somente dois casos: $p = 0$, $q \neq 0$, e $p \neq 0$, $q = 0$. No primeiro, concluímos de [C-13] que $m = 0$, e resulta a tese. O segundo caso é deixado para o Exercício C-3. ■

As proposições C-7 e C-3 ajudam na identificação de uma cônica a partir dos coeficientes de sua equação. O método, que pode ser vislumbrado na demonstração anterior, está exemplificado no próximo exercício resolvido.

C-8 *Exercício Resolvido*

Identifique a cônica descrita pela equação dada.
(a) $g(x,y) = 4x^2 - 4xy + 7y^2 + 12x + 6y - 9 = 0$
(b) $g(x,y) = x^2 - 2xy + y^2 - 2x - 2y + 1 = 0$
(c) $g(x,y) = x^2 - 4xy + 4y^2 - 6x + 12y + 8 = 0$
(d) $g(x,y) = x^2 - 2xy + y^2 + x - y + 1 = 0$

(As equações dos itens (a), (b) e (c) são, respectivamente, as mesmas dos exercícios resolvidos 23-8, 23-12 e 23-9. Compare os métodos de resolução.)

Resolução

(a) A matriz de g e os invariantes ortogonais são

$$\begin{bmatrix} 4 & -2 & 6 \\ -2 & 7 & 3 \\ 6 & 3 & -9 \end{bmatrix} \qquad \begin{array}{l} \Delta_1 = 11 \\ \Delta_2 = 24 \neq 0 \\ \Delta_3 = -576 \neq 0 \end{array}$$

Pela parte (a) da proposição anterior, existe uma mudança ortogonal de coordenadas que transforma $g(x,y)$ em $g'(u,v) = pu^2 + qv^2 + r$ ($p \neq 0$, $q \neq 0$), que tem os mesmos invariantes ortogonais. Em relação ao novo sistema, uma equação da cônica é

$$pu^2 + qv^2 + r = 0 \qquad \textbf{[C-14]}$$

e a matriz de g' é

$$\begin{bmatrix} p & 0 & 0 \\ 0 & q & 0 \\ 0 & 0 & r \end{bmatrix}$$

Logo, $\Delta_1 = p + q = 11$, $\Delta_2 = pq = 24$, $\Delta_3 = pqr = -576$. Decorre que p e q são positivos (produto positivo, soma positiva) e r é negativo, e conseqüentemente [C-14] é equação de uma elipse ou circunferência. É fácil perceber que $p \neq q$ ($p = q$ na equação $p + q = 11$ produz $p = q = 11/2$, o que não condiz com $pq = 24$), e por isso trata-se de uma elipse. ◄

Podemos obter mais informações sobre a elipse resolvendo o sistema formado pelas três equações em p, q, r. São duas soluções: $r = -24$, $p = 3$, $q = 8$ e $r = -24$, $p = 8$, $q = 3$, que fornecem as equações $3t^2 + 8w^2 - 24 = 0$ e $8t^2 + 3w^2 - 24 = 0$. O motivo de existirem duas soluções é que a rotação que elimina o termo quadrático misto não é única: se, para uma escolha de θ, obtivermos uma das equações, a outra será obtida escolhendo $\theta + \pi/2$ como medida do ângulo de rotação.

(b) A matriz de g e os invariantes ortogonais são

$$\begin{bmatrix} 1 & -1 & -1 \\ -1 & 1 & -1 \\ -1 & -1 & 1 \end{bmatrix} \quad \begin{array}{l} \Delta_1 = 2 \\ \Delta_2 = 0 \\ \Delta_3 = -4 \end{array}$$

Estamos nas condições da parte (b) da Proposição C-7: $\Delta_2 = 0$ e $\Delta_3 \neq 0$. Logo, existe uma rotação que transforma $g(x,y)$ em $g'(u,v) = qv^2 + mu + nv + f$, com q e m não-nulos. Uma equação da cônica em relação ao novo sistema de coordenadas é

$$u = -\frac{q}{m} v^2 - \frac{n}{m} v - \frac{f}{m}$$

ou seja, a cônica é o gráfico da função quadrática $u = \varphi(v)$ assim definida. Trata-se, pois, de uma parábola, de acordo com o Exercício Resolvido 23-5. ◄

Neste caso, não foi necessário utilizar a igualdade dos invariantes ortogonais de g e g' para identificar a cônica.

(c) Procedemos como nos itens anteriores:

$$\begin{bmatrix} 1 & -2 & -3 \\ -2 & 4 & 6 \\ -3 & 6 & 8 \end{bmatrix} \quad \begin{array}{l} \Delta_1 = 5 \\ \Delta_2 = 0 \\ \Delta_3 = 0 \end{array}$$

Este exemplo obedece à hipótese da parte (c) da Proposição C-7: $\Delta_2 = \Delta_3 = 0$. Logo, existe uma rotação que transforma $g(x,y)$ em $g'(u,v) = qv^2 + nv + f\,(q \neq 0)$, cujos invariantes ortogonais são iguais aos de g. Uma equação da cônica em relação ao novo sistema de coordenadas é $qv^2 + nv + f = 0$, que tem discriminante $\Delta = n^2 - 4qf$. Se $\Delta < 0$, a cônica é o conjunto vazio; se $\Delta = 0$, a equação é equivalente a $v = -n/2q$, que descreve uma reta; se $\Delta > 0$, trata-se da reunião das retas de equações $v = v_1$ e $v = v_2$, paralelas a Ou, em que v_1 e v_2 são as raízes da equação. A matriz de g' é

$$\begin{bmatrix} 0 & 0 & 0 \\ 0 & q & n/2 \\ 0 & n/2 & f \end{bmatrix}$$

e dela obtemos apenas uma informação significativa sobre os invariantes ortogonais: $q = 5$, insuficiente para sabermos o que se passa com Δ. Um recurso que podemos utilizar, neste caso, para distinguir entre reta, reunião de retas paralelas e vazio, é determinar a interseção da cônica com Ox ou Oy. Substituindo x por 0 na equação original da cônica, obtemos $4y^2 + 12y + 8 = 0$, que tem duas soluções: $y = -2$ e $y = -1$. Como sua interseção com Oy constitui-se de (apenas) dois pontos, a cônica não pode ser uma reta nem o conjunto vazio. Trata-se, portanto, da reunião de duas retas paralelas. ◄

Outro modo de identificar a cônica quando $\Delta_2 = \Delta_3 = 0$ será apresentado na Proposição C-10.

(d) Você já conhece o caminho:

$$\begin{bmatrix} 1 & -1 & 1/2 \\ -1 & 1 & -1/2 \\ 1/2 & -1/2 & 1 \end{bmatrix} \quad \begin{array}{l} \Delta_1 = 2 \\ \Delta_2 = 0 \\ \Delta_3 = 0 \end{array}$$

Pela Proposição C-7 (c), existe uma rotação que transforma $g(x,y)$ em $g'(u,v) = qv^2 + nv + f\,(q \neq 0)$, cujos invariantes ortogonais são iguais aos de g e, em relação ao novo sistema, a cônica tem equação $qv^2 + nv + f = 0$. A matriz de g' é igual à do item (c), e dela obtemos somente a informação $q = 2$, que não basta para distinguir as três possibilidades (reta, vazio, reunião de duas retas paralelas). Vamos determinar sua interseção com os eixos coordenados. Dando a x o valor 0 na equação antiga, obtemos $y^2 - y + 1 = 0$, que não tem raízes reais. Isso mostra que a cônica não intercepta Oy. (Cuidado, não vá concluir apressadamente que se trata do conjunto vazio, pois ainda poderia ser uma reta paralela a Oy, ou a reunião de duas retas paralelas a Oy.) A interseção com Ox se obtém substituindo y por 0, o que conduz a $x^2 + x + 1 = 0$, que também não possui raízes reais. Agora, sim, podemos afirmar que a cônica é o conjunto vazio. ◄

C-9 *Observação*   Considere as seguintes funções polinomiais: $g_1(x,y) = -2x^2 + 4xy - 6y^2 + 4x + 12$ e $g_2(x,y) = x^2 - 2xy + 3y^2 - 2x - 6$. Como $g_1 = -2g_2$, as equações $g_1(x,y) = 0$ e $g_2(x,y) = 0$ são equivalentes e descrevem a mesma cônica; observe, no entanto, que os invariantes ortogonais de g_1 e g_2 não são os mesmos: para g_1, $\Delta_1 = -8$, $\Delta_2 = 8$, $\Delta_3 = 120$, e, para g_2, $\Delta_1 = 4$, $\Delta_2 = 2$, $\Delta_3 = -15$ (isso não contraria a Proposição C-3, pois g_2 não é uma transformada de g_1 por uma mudança ortogonal de coordenadas). Como o procedimento adotado para identificar a cônica no exercício resolvido anterior utilizou a igualdade dos invariantes de g e g', caberia perguntar: não há perigo de chegar a conclusões diferentes, se substituirmos a equação $g_1(x,y) = 0$ por $g_2(x,y) = 0$? A argumentação seguinte mostra que a resposta é não. Como veremos na Proposição C-10, e um rápido exame do quadro [C-15] deixa claro, o que determina a natureza de uma cônica não são propriamente os valores de seus invariantes ortogonais, mas o fato de serem iguais ou diferentes de 0 os números Δ_1, Δ_2, Δ_3 e δ (este último está definido no enunciado da proposição), bem como os sinais de Δ_2, δ e do produto $\Delta_1\Delta_3$. Essas características não são alteradas quando multiplicamos todos os coeficientes da função polinomial por λ não-nulo, pois isso faz com que seu invariante ortogonal Δ_1 fique multiplicado por λ, Δ_2 por λ^2, Δ_3 por λ^3 e δ por λ^2.

EXERCÍCIOS

C-1   Identifique as cônicas de equações:

(a) $35x^2 - 2xy + 35y^2 - 34x - 34y - 289 = 0$ (b) $3x^2 + 12xy + 8y^2 - 18x - 28y + 11 = 0$

(c) $4x^2 - 4xy + y^2 - 2x + y + 15 = 0$

C-2   Em cada caso, identifique a cônica utilizando o método empregado no Exercício Resolvido C-8 (são as cônicas do Exercício 23-8).

(a) $3x^2 + 4xy + y^2 - 2x - 1 = 0$ (b) $7x^2 + 24xy - 256x - 192y + 1456 = 0$

(c) $5x^2 + 4xy + y^2 - 6x - 2y + 2 = 0$ (d) $2x^2 + 3y^2 - 8x + 6y - 7 = 0$

(e) $4x^2 - 4xy + y^2 - 6x + 3y + 2 = 0$ (f) $x^2 - 2xy + y^2 - 10x - 6y + 25 = 0$

(g) $x^2 + 4y^2 + 4xy + 2x + 4y + 1 = 0$ (h) $16x^2 + 16y^2 - 16x + 8y - 59 = 0$

C-3   Demonstre as partes (b) e (c) da Proposição C-7 nos casos em que $p \neq 0$ e $q = 0$.

C-4   Mostre que, para toda função polinomial g, se $\Delta_2 > 0$ então $\Delta_1 \neq 0$.

C-5   Dada a cônica de equação $g(x,y) = ax^2 + bxy + cy^2 + dx + ey + f = 0$, suponha que o sistema de equações [C-10] tenha uma única solução (h,k). Prove que $g(h,k) = \Delta_3/\Delta_2$ (ou seja, a translação para o ponto (h,k) transforma $g(x,y)$ em $g'(u,v) = au^2 + buv + cv^2 + \Delta_3/\Delta_2$).

A proposição que demonstraremos em seguida fornece um método sistemático para se reconhecer uma cônica com o auxílio de seus invariantes ortogonais; é o que chamamos *classificação das cônicas*. Ela tem como conseqüência imediata o resultado enunciado na Proposição 23-2, aqui designada como Corolário C-11: existem apenas nove tipos de cônica.

Antes, recordemos que *co-fator* do elemento a_{rs} da matriz quadrada $M = (a_{ij})$ de ordem n ($n > 1$) é o produto de $(-1)^{r+s}$ pelo determinante da submatriz obtida por exclusão da linha e da coluna que contêm esse elemento. Indica-se o co-fator de w por $\text{cof}(w)$ ou, se necessário especificar M, por $\text{cof}_M(w)$. Por exemplo, se

$$M = \begin{bmatrix} a & 2 & 5 \\ 3 & 0 & 2 \\ 4 & b & 9 \end{bmatrix}$$

então

$$\text{cof}(a) = (-1)^{1+1}\begin{vmatrix} 0 & 2 \\ b & 9 \end{vmatrix} = -2b \quad \text{e} \quad \text{cof}(b) = (-1)^{3+2}\begin{vmatrix} a & 5 \\ 3 & 2 \end{vmatrix} = 15 - 2a$$

C-10 Proposição Sejam Δ_1, Δ_2 e Δ_3 os invariantes ortogonais da função polinomial de segundo grau

$$g(x,y) = ax^2 + bxy + cy^2 + dx + ey + f$$

e $\delta = \text{cof}_{M_3}(a) + \text{cof}_{M_3}(c)$. Fixado um sistema ortogonal de coordenadas, a identificação da cônica de equação $g(x,y) = 0$ pode ser feita com o auxílio do quadro sinóptico:

$$\Delta_2 \neq 0 \begin{cases} \Delta_3 \neq 0 \begin{cases} \Delta_2 < 0 \text{ hipérbole} \\ \Delta_2 > 0 \;(\therefore \Delta_1 \neq 0) \begin{cases} \Delta_1\Delta_3 > 0 \text{ conjunto vazio} \\ \Delta_1\Delta_3 < 0 \begin{cases} \text{elipse } (a \neq c \text{ ou } b \neq 0) \\ \text{circunferência } (a = c \text{ e } b = 0) \end{cases} \end{cases} \\ \Delta_3 = 0 \begin{cases} \Delta_2 < 0 \text{ duas retas concorrentes} \\ \Delta_2 > 0 \text{ ponto} \end{cases} \end{cases}$$

$$\Delta_2 = 0 \begin{cases} \Delta_3 \neq 0 \text{ parábola} \\ \Delta_3 = 0 \begin{cases} \delta < 0 \text{ duas retas paralelas} \\ \delta = 0 \text{ reta} \\ \delta > 0 \text{ conjunto vazio} \end{cases} \end{cases}$$

[C-15]

Demonstração

A demonstração que faremos inspira-se na resolução do Exercício Resolvido C-8 e consiste em combinar as várias possibilidades para Δ_1, Δ_2, Δ_3 e δ, analisar cada caso e tirar as conclusões. Serão úteis a Proposição C-7, um pouco de paciência e bastante organização.

Primeiro caso $\Delta_2 \neq 0$

Sabemos, devido à Proposição C-7, que existe uma mudança ortogonal de coordenadas que transforma $g(x,y)$ em $g'(u,v) = pu^2 + qv^2 + r$ ($p \neq 0$, $q \neq 0$); logo, os invariantes ortogonais de g e g' são $\Delta_1 = p + q$, $\Delta_2 = pq$, $\Delta_3 = pqr$. Pelo que foi visto no Capítulo 22, a identificação da cônica pode ser feita facilmente analisando-se os sinais de p, q e r, incluindo-se nessa análise os casos em que $r = 0$. A tabela [C-16] apresenta todas as combinações possíveis (colunas p, q e r). Com isso, a coluna *cônica* pôde ser preenchida. As quatro últimas colunas dão informações sobre os invariantes ortogonais, obtidas do que se sabe sobre p, q e r em cada linha. Agrupamos na parte superior da tabela os casos em que $\Delta_3 \neq 0$ e, na parte inferior, os casos em que $\Delta_3 = 0$.

	p	q	r	cônica	$\Delta_1 = p+q$	$\Delta_2 = pq$	$\Delta_3 = pqr$	$\Delta_1\Delta_3$
$\Delta_3 \neq 0$	+	+	+	conjunto vazio	+	+	+	+
	+	+	−	elipse ou circunferência	+	+	−	−
	+	−	+	hipérbole		−	−	
	+	−	−	hipérbole		−	+	
	−	+	+	hipérbole		−	−	
	−	+	−	hipérbole		−	+	
	−	−	+	elipse ou circunferência	−	+	+	−
	−	−	−	conjunto vazio	−	+	−	+
$\Delta_3 = 0$	+	+	0	ponto	+	+	0	
	+	−	0	duas retas concorrentes		−	0	
	−	+	0	duas retas concorrentes		−	0	
	−	−	0	ponto	−	+	0	

[C-16]

- Suponhamos $\Delta_3 \neq 0$ (estamos na parte superior da tabela [C-16]).
    - Em todas as linhas em que $\Delta_2 < 0$, a cônica é uma hipérbole.
    - Em duas das quatro linhas em que $\Delta_2 > 0$, a cônica é o conjunto vazio: são justamente as linhas em que $\Delta_1\Delta_3 > 0$.
    - Nas outras duas linhas em que $\Delta_2 > 0$, a cônica é uma elipse ou uma circunferência: são as linhas em que $\Delta_1\Delta_3 < 0$.
- Suponhamos $\Delta_3 = 0$ (estamos na parte inferior da tabela [C-16]).
    - Em duas das quatro linhas, a cônica é reunião de duas retas concorrentes; são as linhas em que $\Delta_2 < 0$.
    - Nas outras duas linhas, que são aquelas em que $\Delta_2 > 0$, a cônica é um conjunto formado por apenas um ponto.

Nos dois casos em que $\Delta_2 > 0$ e $\Delta_1\Delta_3 < 0$, a tabela não é conclusiva, já que a cônica pode ser elipse (se $p \neq q$) ou circunferência (se $p = q$). A Proposição C-6 mostra que a distinção entre as duas se faz com um simples exame de a, b e c.

Fica, assim, verificada a parte superior do quadro [C-15].

Segundo caso $\Delta_2 = 0$ e $\Delta_3 \neq 0$

A Proposição C-7 (b) afirma que, neste caso, existe uma rotação que transforma $g(x,y)$ em $g'(u,v) = qv^2 + mu + nv + f$ ($q \neq 0$, $m \neq 0$). O argumento empregado na resolução da parte (b) do Exercício Resolvido C-8 vale em geral: sendo o gráfico da função quadrática $u = -qv^2/m - nv/m - f/m$, a cônica é uma parábola. Está verificado mais um dos itens do quadro [C-15].

Terceiro caso $\Delta_2 = \Delta_3 = 0$

Como vimos na Proposição C-7 (c), existe uma rotação que transforma a função polinomial $g(x,y)$ em $g'(u,v) = qv^2 + nv + f$, com $q \neq 0$. A equação da cônica em relação ao novo sistema de coordenadas é $qv^2 + nv + f = 0$, que tem discriminante $\Delta = n^2 - 4qf$.

- Se $\Delta < 0$, a equação não admite soluções e a cônica é o conjunto vazio.
- Se $\Delta = 0$, a única solução da equação $qv^2 + nv + f = 0$ é $-n/2q$ e, portanto, um ponto (u,v) pertence à cônica se, e somente se, $v = -n/2q$. Trata-se da reta r: $v + n/2q = 0$.
- Se $\Delta > 0$, a equação $qv^2 + nv + f = 0$ tem duas raízes distintas, v_1 e v_2, e um ponto (u,v) pertence à cônica se, e somente se, $v = v_1$ ou $v = v_2$. Trata-se, portanto, da reunião das retas r_1: $v = v_1$ e r_2: $v = v_2$, paralelas a Ou.

Precisamos agora exprimir estas três condições, $\Delta < 0$, $\Delta = 0$ e $\Delta > 0$, em termos de δ, para verificar a parte inferior do quadro [C-15]. A matriz de g' e seus invariantes ortogonais, iguais aos de g, são

$$\begin{bmatrix} 0 & 0 & 0 \\ 0 & q & n/2 \\ 0 & n/2 & f \end{bmatrix} \quad \begin{array}{l} \Delta_1 = q \\ \Delta_2 = 0 \\ \Delta_3 = 0 \end{array}$$

e, portanto, $q = a + c$. Por outro lado, observando a matriz M_3 em [C-1] vemos que $\text{cof}(a) = cf - e^2/4$ e $\text{cof}(c) = af - d^2/4$. Logo,

$$\delta = \text{cof}(a) + \text{cof}(c) = (a+c)f - \frac{d^2+e^2}{4} = qf - \frac{d^2+e^2}{4} \qquad [\text{C-17}]$$

Como foi comentado na Observação C-4 (b), a soma dos quadrados dos coeficientes dos termos lineares não é afetada por rotações; logo, $d^2 + e^2 = 0^2 + n^2 = n^2$. De [C-17], obtemos (lembrando que $\Delta = n^2 - 4qf$)

$$\delta = qf - \frac{d^2+e^2}{4} = qf - \frac{n^2}{4} = \frac{4qf - n^2}{4} = \frac{-\Delta}{4}$$

Assim, as condições $\delta < 0$, $\delta = 0$ e $\delta > 0$ equivalem, respectivamente, a $\Delta > 0$, $\Delta = 0$ e $\Delta < 0$, o que permite concluir que a cônica é a reunião de duas retas paralelas se $\delta < 0$, uma reta se $\delta = 0$, e o conjunto vazio se $\delta > 0$. ∎

Da Proposição C-10 decorre o resultado enunciado na Proposição 23-2.

C-11 *Corolário* Um subconjunto de π é uma cônica se, e somente se: é o conjunto vazio, ou o conjunto formado por um ponto, ou uma reta, ou a reunião de duas retas (paralelas ou concorrentes), ou uma circunferência, ou uma elipse, ou uma hipérbole, ou uma parábola.

EXERCÍCIOS

C-6 Aplique a Proposição C-10 para identificar a cônica conforme os valores de m.
(a) $x^2 + 4xy + y^2 + 2mx + m^2 = 0$
(b) $x^2 + 4xy + my^2 - 2x - 2my + m = 0$
(c) $mx^2 + 2\sqrt{2}xy + (m-1)y^2 - 9 = 0$
(d) $mx^2 - 2xy + my^2 + 2mx - 2my + 1 + 2m = 0$

C-7 Prove, usando o quadro [C-15], que a cônica de equação $ax^2 + bxy + cy^2 + dx + ey + f = 0$ é uma circunferência se, e somente se, $a = c$, $b = 0$ e $d^2 + e^2 > 4af$.

C-8 ♦ Identifique as interseções da quádrica cônica Ω: $z^2 = x^2 + y^2$ com cada plano que contém a reta de equação $X = (2,0,1) + \mu(0,1,0)$ (este exercício ilustra o que foi dito na Seção H do Capítulo 22 a respeito das interseções de um plano com uma superfície cônica de rotação).

Vimos no Capítulo 23 que, se (h,k) é uma solução do sistema [C-10], então o ponto $C = (h,k)$ é centro da cônica de equação $ax^2 + bxy + cy^2 + dx + ey + f = 0$. A recíproca dessa propriedade, sob a hipótese de que a cônica seja não-vazia, foi lá admitida como verdadeira, com a promessa de demonstração neste apêndice. As proposições seguintes cumprem a promessa.

C-12 Proposição

Seja Γ a cônica de equação

$$ax^2 + bxy + cy^2 + dx + ey + f = 0 \qquad \text{[C-18]}$$

Se $\Gamma = \{(0,0)\}$ ou se Γ é uma reta que contém $(0,0)$, então $d = e = 0$.

Demonstração

Em ambos os casos, $(0,0)$ satisfaz a equação de Γ, e portanto $f = 0$. Além disso, para todo $m \in \mathbb{R}$ (com uma eventual exceção, caso Γ seja uma reta) a interseção de Γ com a reta r: $y = mx$ contém apenas a origem. Logo, a equação obtida substituindo-se y por mx em [C-18],

$$(a + bm + cm^2)x^2 + (d + em)x = 0$$

tem solução única. Isso equivale a

$$[a + bm + cm^2 = 0 \quad \text{e} \quad d + em \neq 0] \quad \text{ou} \quad [a + bm + cm^2 \neq 0 \quad \text{e} \quad d + em = 0]$$

Como a, b e c não são todos nulos, a primeira alternativa é verdadeira para, no máximo, dois valores de m. Isso obriga a segunda a ser verdadeira para infinitos valores de m, o que acarreta $d = e = 0$. ∎

C-13 Proposição

Se $(0,0)$ é centro da cônica não-vazia Γ: $ax^2 + bxy + cy^2 + dx + ey + f = 0$, então $d = e = 0$.

Demonstração

Se $X = (x,y)$ é um ponto qualquer de Γ, então $(-x,-y)$ também pertence a Γ e, portanto,

$$ax^2 + bxy + cy^2 + dx + ey + f = 0 \quad \text{e} \quad ax^2 + bxy + cy^2 - dx - ey + f = 0$$

Subtraindo membro a membro essas duas igualdades e simplificando, obtemos a equação $dx + ey = 0$; assim, se Γ_1 indica o conjunto descrito por ela, podemos concluir que todo ponto de Γ pertence a Γ_1, ou seja, $\Gamma \subset \Gamma_1$.

Raciocinemos por redução ao absurdo: se d ou e fossem diferentes de 0, Γ_1 seria uma reta. Para Γ, contida em Γ_1, haveria portanto apenas duas possibilidades, devido ao Corolário C-11: ser um conjunto unitário (e, portanto, $\Gamma = \{(0,0)\}$, já que $(0,0)$ é centro de Γ) ou ser uma reta. Neste último caso, Γ seria igual a Γ_1, que contém $(0,0)$. Da proposição anterior, decorreria, em ambos os casos, $d = e = 0$, contrariando nossa hipótese de absurdo. ∎

C-14 Proposição Se $O' = (h,k)$ é centro da cônica não-vazia $\Gamma: ax^2 + bxy + cy^2 + dx + ey + f = 0$, então (h,k) é solução do sistema [C-10].

Demonstração

Seja $a'u^2 + b'uv + c'v^2 + d'u + e'v + f'$ a transformada do primeiro membro da equação de Γ pela translação para o ponto O'. Sabemos que (veja [23-4])

$$d' = 2ah + bk + d \quad \text{e} \quad e' = bh + 2ck + e \quad \textbf{[C-19]}$$

Em relação ao novo sistema, $O' = (0,0)$; a Proposição C-13 permite, pois, afirmar que $d' = e' = 0$. Substituindo em [C-19] e dividindo membro a membro por 2, obtemos

$$ah + \frac{b}{2}k + \frac{d}{2} = 0 \quad \text{e} \quad \frac{b}{2}h + ck + \frac{e}{2} = 0$$

o que mostra que (h,k) é solução de [C-10]. ∎

APÊNDICE EV — EQUAÇÕES VETORIAIS

Neste apêndice estudam-se equações vetoriais lineares tais como $\vec{x}\cdot\vec{u} = m$ e $\vec{x}\wedge\vec{u} = \vec{v}$ e descrevem-se geometricamente suas soluções.

Nos Capítulos 9 e 11 resolvemos algumas equações vetoriais do tipo $\vec{x}\cdot\vec{u} = m$ e $\vec{x}\wedge\vec{u} = \vec{v}$, e também sistemas formados por tais equações. O objetivo deste apêndice é generalizar os procedimentos lá utilizados e interpretar os resultados do ponto de vista geométrico.

Comecemos estudando a equação vetorial

$$\vec{x}\cdot\vec{u} = m \qquad \text{[EV-1]}$$

em que $\vec{u}$ e m são conhecidos e $\vec{x}$ é a incógnita. Se $\vec{u} = \vec{0}$, a equação é de pouco interesse, pois se reduz à identidade $0 = 0$ (se $m = 0$) ou não admite soluções (se $m \neq 0$). Por isso, vamos fazer a hipótese $\vec{u} \neq \vec{0}$. O método de resolução que adotaremos baseia-se na proposição seguinte.

EV-1 Proposição Conhecida uma solução particular de [EV-1], isto é, conhecido um vetor $\vec{x}_p$ tal que $\vec{x}_p\cdot\vec{u} = m$, o conjunto S de todas as soluções pode ser obtido somando-se $\vec{x}_p$ a cada vetor ortogonal a $\vec{u}$.

Demonstração

Notando que

$$\vec{x} \in S \Leftrightarrow \vec{x}\cdot\vec{u} = m \Leftrightarrow \vec{x}\cdot\vec{u} = \vec{x}_p\cdot\vec{u} \Leftrightarrow (\vec{x} - \vec{x}_p)\cdot\vec{u} = 0 \Leftrightarrow (\vec{x} - \vec{x}_p) \perp \vec{u}$$

e indicando por $\vec{w}$ o vetor $\vec{x} - \vec{x}_p$, podemos concluir que

$$\vec{x} \in S \Leftrightarrow [\vec{x} - \vec{x}_p = \vec{w} \quad \text{e} \quad \vec{w} \perp \vec{u}]$$
$$\Leftrightarrow [\vec{x} = \vec{x}_p + \vec{w} \quad \text{e} \quad \vec{w} \perp \vec{u}] \qquad \blacksquare$$

Como é fácil descrever, quer algebricamente, quer geometricamente, os vetores ortogonais a $\vec{u}$, a proposição mostra que obter uma solução particular $\vec{x}_p$ é praticamente tudo o que temos a fazer para resolver a equação [EV-1]. Isto é, sem dúvida, uma grande simplificação: em primeiro lugar, porque reduzimos a busca a um único vetor; em segundo, porque podemos impor condições que facilitem essa busca. Procuremos, por exemplo, uma solução $\vec{x}_p$ tal que $\vec{x}_p /\!/ \vec{u}$, isto é, $\vec{x}_p = \lambda \vec{u}$:

$$\vec{x}_p = \lambda \vec{u} \in S \Leftrightarrow \lambda \vec{u} \cdot \vec{u} = m \Leftrightarrow \lambda = \frac{m}{\|\vec{u}\|^2}$$

Logo,

$$\vec{x}_p = \frac{m}{\|\vec{u}\|^2} \vec{u} \qquad \text{[EV-2]}$$

é uma solução particular de [EV-1], o que também pode ser verificado diretamente, por substituição de $\vec{x}$ por $\vec{x}_p$ no primeiro membro da equação.

Combinando esse resultado com a Proposição EV-1, podemos enunciar a proposição seguinte.

EV-2 Proposição Se $\vec{u} \neq \vec{0}$, um vetor $\vec{x}$ é solução de $\vec{x} \cdot \vec{u} = m$ se, e somente se,

$$\vec{x} = \frac{m}{\|\vec{u}\|^2} \vec{u} + \vec{w} \qquad \text{e} \qquad \vec{w} \perp \vec{u} \qquad \text{[EV-3]}$$

EV-3 Observação (a) Sejam $\vec{a}$ e $\vec{b}$ dois vetores LI, ortogonais a $\vec{u}$. Pelo Exercício 9-25 (e), um vetor $\vec{w}$ é ortogonal a $\vec{u}$ se, e somente se, $\vec{w}$ é combinação linear de $\vec{a}$ e $\vec{b}$. Por isso, podemos afirmar que $\vec{x}$ é solução da equação $\vec{x} \cdot \vec{u} = m$ ($\vec{u} \neq \vec{0}$) se, e somente se, existem escalares λ e μ tais que

$$\vec{x} = \frac{m}{\|\vec{u}\|^2} \vec{u} + \lambda \vec{a} + \mu \vec{b} \qquad \text{[EV-4]}$$

(b) A Proposição EV-1 não exige, é claro, que a solução particular escolhida seja o vetor $\vec{x}_p$ de [EV-2]. Tome como exemplo a equação $\vec{x} \cdot (\vec{i} - 2\vec{j} + \vec{k}) = 3$, supondo que $(\vec{i}, \vec{j}, \vec{k})$ seja base ortonormal. Uma simples inspeção mostra que os vetores $3\vec{i}$, $-3\vec{j}/2$ e $3\vec{k}$, entre outros, são soluções particulares. Por experimentação, também é fácil ver que $\vec{a} = 2\vec{i} + \vec{j}$ e $\vec{b} = -\vec{i} + \vec{k}$ são LI e ortogonais a $\vec{i} - 2\vec{j} + \vec{k}$. Então, $\{3\vec{i} + \lambda(2\vec{i} + \vec{j}) + \mu(-\vec{i} + \vec{k}): \lambda, \mu \in \mathbb{R}\}$ e $\{3\vec{k} + \lambda(2\vec{i} + \vec{j}) + \mu(-\vec{i} + \vec{k}); \lambda, \mu \in \mathbb{R}\}$ são dois modos de descrever o conjunto-solução da equação.

Para interpretar geometricamente a Proposição EV-2, notemos que $\vec{x} \cdot \vec{u} = m$ se, e somente se,

$$\frac{m}{\|\vec{u}\|^2} \vec{u} = \frac{\vec{x} \cdot \vec{u}}{\|\vec{u}\|^2} \vec{u} = \text{proj}_{\vec{u}} \vec{x}$$

Assim, $\vec{x}$ é solução de [EV-1] se, e somente se, sua projeção ortogonal sobre $\vec{u}$ é o vetor $\vec{x}_p$ de [EV-2]. Veja a Figura EV-1 (a).

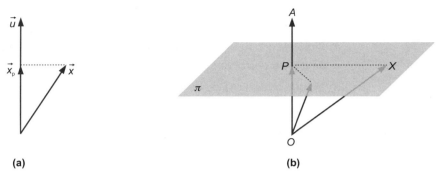

Figura EV-1

Fixemos agora um ponto O e indiquemos por A e P os pontos tais que $\vec{u} = \overrightarrow{OA}$ e $\vec{x}_p = \overrightarrow{OP}$. Esses três pontos são colineares, pois $\vec{x}_p$ é paralelo a $\vec{u}$. Para cada solução $\vec{x}$ de [EV-1], seja X o ponto tal que $\vec{x} = \overrightarrow{OX}$. Quando $\vec{x}$ percorre o conjunto-solução da equação, o ponto X percorre o plano π que contém P e é ortogonal a $\vec{u}$ (Figura EV-1 (b)). A equação [EV-1] serve, portanto (uma vez fixado O), para caracterizar o plano π; ela é conhecida como **equação plückeriana** de π em relação ao ponto O. Note que a distância de O a π é $\|\vec{x}_p\| = |m|/\|\vec{u}\|$.

Exercícios

EV-1 Sejam $\vec{u}$ um vetor não-nulo, A e P pontos tais que $P = A + \vec{u}$ e m um número real maior que $\|\vec{u}\|$.

(a) Resolva a equação $\vec{x} \cdot \vec{u} = \|\vec{u}\|^2$.

(b) Seja Γ o conjunto dos pontos X tais que $\|\overrightarrow{AX}\| = m$ e $\overrightarrow{AX}$ satisfaz a equação do item (a). Mostre que Γ é uma circunferência de centro P, determine o seu raio e descreva o plano que a contém.

EV-2 Considere o sistema de equações vetoriais

$$\begin{cases} \vec{x} + \vec{y} = \vec{u} \\ \vec{x} \cdot \vec{v} = m \end{cases}$$

em que $\vec{v}$ não é nulo.

(a) Utilize a Proposição EV-2 para obter as soluções da segunda equação e substitua na primeira para obter $\vec{y}$.

(b) A primeira equação fornece $\vec{x} = \vec{u} - \vec{y}$; substitua na segunda, simplifique, resolva-a aplicando a Proposição EV-2 e volte a $\vec{x} = \vec{u} - \vec{y}$ para obter $\vec{x}$.

(c) Compare os resultados encontrados em (a) e (b).

EV-3 Dados os escalares m e n e os vetores não-nulos $\vec{u}$ e $\vec{v}$, considere o sistema de equações

$$\begin{cases} \vec{x} \cdot \vec{u} = m \\ \vec{x} \cdot \vec{v} = n \end{cases}$$

(a) Prove que, se $\vec{x}_p$ é uma solução particular do sistema, então $\vec{x}$ é solução se, e somente se, existe $\vec{w}$ ortogonal a $\vec{u}$ e a $\vec{v}$ tal que $\vec{x} = \vec{x}_p + \vec{w}$.

(b) Suponha que $(\vec{u},\vec{v})$ seja LD e que o sistema admita solução. Prove que $m = 0$ e $n = 0$, ou, então, $m \neq 0$, $n \neq 0$ e $\vec{u} = m\vec{v}/n$.

(c) Para cada uma das alternativas do item (b), descreva o conjunto-solução do sistema.

(d) Supondo que $(\vec{u},\vec{v})$ seja LI, prove que existe uma solução particular que é combinação linear de $\vec{u}$ e $\vec{v}$ e descreva o conjunto-solução do sistema.

(e) Aplique o resultado do item anterior ao sistema do Exercício Resolvido 9-19 (b).

EV-4 Seja $(\vec{i},\vec{j},\vec{k})$ uma base ortonormal. Sem fazer cálculos, mostre que são incompatíveis os sistemas

(a) $\begin{cases} \vec{x}\cdot(\vec{i} + 2\vec{j}) = 0 \\ \vec{x}\cdot(2\vec{i} + 4\vec{j}) = 1 \end{cases}$ (b) $\begin{cases} \vec{x}\cdot(\vec{i} + 2\vec{j}) = 1 \\ \vec{x}\cdot(2\vec{i} + 4\vec{j}) = 3 \end{cases}$

O restante deste apêndice utiliza o produto vetorial e o duplo produto vetorial, estudados no Capítulo 11.

EXERCÍCIO

EV-5 Mostre que, se $(\vec{u},\vec{v})$ é LI e $\vec{x}_p$ é uma solução particular do sistema de equações do Exercício EV-3, então, para toda solução $\vec{x}$, existe um escalar λ tal que $\vec{x} = \vec{x}_p + \lambda \vec{u} \wedge \vec{v}$.

Passemos agora ao estudo da equação

$$\vec{x} \wedge \vec{u} = \vec{v} \qquad \text{[EV-5]}$$

em que $\vec{u}$ e $\vec{v}$ são vetores dados e $\vec{x}$ é a incógnita. Note que, se existe um vetor $\vec{x}$ que satisfaça [EV-5], o vetor $\vec{v}$, como produto vetorial de $\vec{x}$ por $\vec{u}$, é ortogonal a ambos. Logo, *uma condição necessária para que a equação admita solução é que $\vec{u}$ e $\vec{v}$ sejam ortogonais.* Note também que, para $\vec{u} = \vec{0}$, a equação [EV-5] torna-se uma identidade se $\vec{v} = \vec{0}$ e uma equação incompatível se $\vec{v} \neq \vec{0}$. Vamos, então, supor que $\vec{u} \neq \vec{0}$ e que $\vec{u}$ e $\vec{v}$ sejam ortogonais. Sob essas hipóteses, podemos resolver a equação $\vec{x} \wedge \vec{u} = \vec{v}$ por um método semelhante ao utilizado na resolução de $\vec{x} \cdot \vec{u} = m$, que se baseia na proposição seguinte.

EV-4 Proposição Sejam $\vec{u}$ e $\vec{v}$ vetores ortogonais, $\vec{u} \neq \vec{0}$, e $\vec{x}_p$ uma solução particular de [EV-5]. O conjunto S de todas as soluções pode ser obtido somando-se $\vec{x}_p$ a cada múltiplo escalar de $\vec{u}$.

Demonstração

Das equivalências

$$\vec{x} \in S \Leftrightarrow \vec{x} \wedge \vec{u} = \vec{v} \Leftrightarrow \vec{x} \wedge \vec{u} = \vec{x}_p \wedge \vec{u} \Leftrightarrow (\vec{x} - \vec{x}_p) \wedge \vec{u} = \vec{0} \Leftrightarrow (\vec{x} - \vec{x}_p) // \vec{u}$$

concluímos, uma vez que $\vec{u} \neq \vec{0}$, que $\vec{x}$ é solução se, e somente se, existe λ real tal que $\vec{x} - \vec{x}_p = \lambda \vec{u}$, isto é, $\vec{x} = \vec{x}_p + \lambda \vec{u}$. ∎

Graças à proposição anterior, a resolução da equação $\vec{x} \wedge \vec{u} = \vec{v}$ reduz-se à busca de uma solução particular, e podemos, nessa busca, fazer hipóteses simplificadoras. Como qualquer solução é necessariamente ortogonal a $\vec{v}$, podemos tentar, por exemplo, obter uma solução $\vec{x}_p$ paralela a $\vec{u} \wedge \vec{v}$, ou seja, $\vec{x}_p = \alpha \vec{u} \wedge \vec{v}$. Este vetor satisfaz [EV-5] se, e somente se, $\alpha(\vec{u} \wedge \vec{v}) \wedge \vec{u} = \vec{v}$, isto é, devido à expressão [11-11] do duplo produto vetorial, $\alpha[-(\vec{v} \cdot \vec{u})\vec{u} + (\vec{u} \cdot \vec{u})\vec{v}] = \vec{v}$. Como $\vec{v} \cdot \vec{u} = 0$, isso equivale a $\alpha \|\vec{u}\|^2 \vec{v} = \vec{v}$. Assim, se escolhermos $\alpha = 1/\|\vec{u}\|^2$, obteremos a solução particular

$$\vec{x}_p = \frac{1}{\|\vec{u}\|^2} \vec{u} \wedge \vec{v}$$

Combinado com a Proposição EV-4, esse resultado permite enunciar a proposição seguinte.

EV-5 *Proposição* Se $\vec{u}$ e $\vec{v}$ são ortogonais e $\vec{u} \neq \vec{0}$, um vetor $\vec{x}$ é solução da equação $\vec{x} \wedge \vec{u} = \vec{v}$ se, e somente se, existe λ tal que

$$\vec{x} = \frac{\vec{u} \wedge \vec{v}}{\|\vec{u}\|^2} + \lambda \vec{u} \qquad \text{[EV-6]}$$

EV-6 *Observação* A Proposição EV-4 aplica-se a qualquer solução particular, e não apenas à solução $\vec{x}_p$ utilizada em [EV-6]. Assim, por exemplo, se $(\vec{i}, \vec{j}, \vec{k})$ é uma base ortonormal positiva, as soluções da equação $\vec{x} \wedge (\vec{i} + \vec{j}) = 2\vec{k}$ podem ser descritas por $\vec{x} = 2\vec{i} + \lambda(\vec{i} + \vec{j})$, ou por $\vec{x} = 4\vec{i} + 2\vec{j} + \lambda(\vec{i} + \vec{j})$, já que $2\vec{i}$ e $4\vec{i} + 2\vec{j}$ são soluções.

Para uma interpretação geométrica da Proposição EV-5, veja a Figura EV-2. Fixado o ponto O, seja P tal que $\overrightarrow{OP} = \vec{x}_p = \vec{u} \wedge \vec{v}/\|\vec{u}\|^2$ e seja r a reta que contém P e é paralela a $\vec{u}$. Para cada solução $\vec{x}$ da equação $\vec{x} \wedge \vec{u} = \vec{v}$, seja $X = O + \vec{x}$. Quando $\vec{x}$ percorre o conjunto-solução da equação, o ponto X percorre a reta r. Tendo sido fixado O, a equação [EV-5] serve, pois, para caracterizar essa reta; note que a distância de r a O é $\|\vec{x}_p\| = \|\vec{v}\|/\|\vec{u}\|$. [EV-5] é conhecida como **equação plückeriana** de r em relação a O.

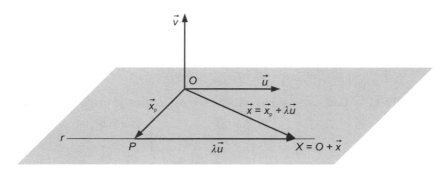

Figura EV-2

EXERCÍCIOS

EV-6 Se $\vec{u}$ e $\vec{v}$ são vetores não-nulos e ortogonais, a tripla $(\vec{u},\vec{v},\vec{u}\wedge\vec{v})$ é base de $\mathbb{V}^3$ e para todo $\vec{x}$ existem escalares α, β e γ tais que $\vec{x} = \alpha\vec{u} + \beta\vec{v} + \gamma\vec{u}\wedge\vec{v}$. Substitua em [EV-5] para deduzir [EV-6].

EV-7 (a) Prove que, se $(\vec{u},\vec{v})$ é LI, a equação $\vec{x}\wedge(\vec{u}\wedge\vec{v}) = n\vec{u} - m\vec{v}$ é equivalente ao sistema do Exercício EV-3.

(b) Aplique a Proposição EV-5 para obter as soluções de $\vec{x}\wedge(\vec{u}\wedge\vec{v}) = n\vec{u} - m\vec{v}$ e compare o resultado com o do Exercício EV-3.

EV-8 A medida angular entre os vetores unitários $\vec{a}$ e $\vec{b}$ é 30°, e $\vec{c}$, que tem norma 2, é ortogonal a ambos.

(a) Resolva o sistema
$$\begin{cases} \vec{x}\cdot\vec{a} = 2 \\ \vec{x}\cdot\vec{b} = 1 \\ \vec{x}\cdot\vec{c} = 1 \end{cases}$$

(b) Exprima a solução encontrada no item (a) utilizando apenas $\vec{a}$ e $\vec{b}$.

EV-9 Sendo $\vec{a}$ e $\vec{b}$ ortogonais e $\vec{b}$ não-nulo, resolva o sistema
$$\begin{cases} \vec{x}\wedge\vec{y} = \vec{a} \\ \vec{x} + \vec{y} = \vec{b} \end{cases}$$

EV-10 Dados os vetores não-nulos $\vec{u}$ e $\vec{v}$, respectivamente ortogonais a $\vec{a}$ e $\vec{b}$, considere o sistema
$$\begin{cases} \vec{x}\wedge\vec{u} = \vec{a} \\ \vec{x}\wedge\vec{v} = \vec{b} \end{cases}$$

Prove que:

(a) se $\vec{u} = \alpha\vec{v}$, o sistema é compatível se, e somente se, $\vec{a} = \alpha\vec{b}$ (descreva o conjunto-solução);

(b) se $(\vec{u},\vec{v})$ é LI e existe solução, ela é única;

(c) se $(\vec{u},\vec{v})$ é LI, existe solução se, e somente se, $\vec{a}$ e $\vec{b}$ são nulos ou $\vec{a}\cdot\vec{v} = -\vec{b}\cdot\vec{u} \neq 0$. Prove também que a solução (única, devido ao item (b)) é $\vec{x} = \vec{a}\wedge\vec{b}/\vec{v}\cdot\vec{a} = -\vec{a}\wedge\vec{b}/\vec{u}\cdot\vec{b}$ no primeiro caso e $\vec{x} = \vec{0}$ no segundo.

EV-11 Dados os vetores não-nulos $\vec{a}$ e $\vec{c}$, o escalar m e o vetor $\vec{b}$ ortogonal a $\vec{a}$, considere o sistema
$$\begin{cases} \vec{x}\wedge\vec{a} = \vec{b} \\ \vec{x}\cdot\vec{c} = m \end{cases}$$

Prove que:

(a) se $\vec{a}\cdot\vec{c} \neq 0$, o sistema tem uma única solução (determine-a);

(b) se $\vec{a}$ e $\vec{c}$ são ortogonais e $m\|\vec{a}\|^2 \neq \vec{a}\wedge\vec{b}\cdot\vec{c}$, o sistema é incompatível;

(c) se $\vec{a}$ e $\vec{c}$ são ortogonais e $m\|\vec{a}\|^2 = \vec{a}\wedge\vec{b}\cdot\vec{c}$, então todo vetor que satisfaz a primeira equação satisfaz também a segunda, e o conjunto-solução do sistema é $\{\vec{a}\wedge\vec{b}/\|\vec{a}\|^2 + \lambda\vec{a}: \lambda\in\mathbb{R}\}$.

EV-12 Sendo $\vec{a}$ e $\vec{b}$ ortogonais e $\vec{a}$ não-nulo, resolva o sistema
$$\begin{cases} \vec{x} \wedge \vec{a} = \vec{b} \\ \vec{x} \cdot \vec{a} = m \end{cases}$$

EV-13 Sendo $\vec{a}$ e $\vec{b}$ unitários e ortogonais, resolva o sistema
$$\begin{cases} \vec{x} \wedge \vec{a} = \vec{b} \\ \vec{x} \cdot (\vec{a} + \vec{a} \wedge \vec{b}) = 1 \end{cases}$$

EV-14 ♦ (a) Prove que a equação $\vec{x} \wedge \vec{a} + \vec{x} = \vec{b}$ admite, no máximo, uma solução.

♦ (b) Supondo que $\vec{a}$ seja unitário, resolva a equação do item (a).

APÊNDICE O

ORIENTAÇÃO

Neste apêndice mostra-se a faceta geométrica do conceito de orientação apresentado no Capítulo 10, e comentam-se os casos uni e bidimensional.

A ORIENTAÇÃO DE $\mathbb{V}^3$

O conceito de bases concordantes, utilizado para definir orientação de $\mathbb{V}^3$, recebeu no Capítulo 10 um tratamento puramente algébrico, contrariando a postura adotada neste livro: apresentar os conceitos com roupagem geométrica e só depois traduzi-los para a linguagem da Álgebra. Esta seção visa a compensar a omissão, mostrando o significado geométrico do fato de ser positivo o determinante da matriz de mudança de uma base $E = (\vec{e}_1, \vec{e}_2, \vec{e}_3)$ para uma base $F = (\vec{f}_1, \vec{f}_2, \vec{f}_3)$.

A idéia que está por trás de tudo é a de *variação* de uma base, que podemos intuir observando a Figura O-1. Você pode pensar em três hastes fazendo as vezes de representantes de $\vec{e}_1$, $\vec{e}_2$, $\vec{e}_3$, articuladas em um ponto (suponha que sejam hastes telescópicas, como antenas de embutir, o que permite ajustar seus comprimentos). O processo consiste na transformação gradual de E em F, indicada na figura: $\vec{e}_1$ é transformado em $\vec{f}_1$, $\vec{e}_2$ em $\vec{f}_2$ e $\vec{e}_3$ em $\vec{f}_3$.

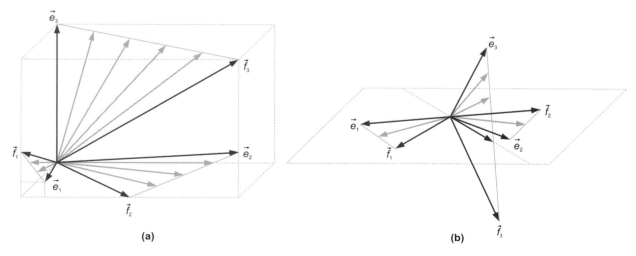

Figura O-1

Há uma diferença importante entre as situações retratadas nas figuras (a) e (b). Na primeira, nota-se que é possível transformar E em F de tal modo que, em cada etapa, os três vetores se mantenham LI (isto é, de modo que as hastes articuladas nunca fiquem coplanares). No caso da figura (b), em que as hastes que representam $\vec{e}_1, \vec{f}_1, \vec{e}_2$ e $\vec{f}_2$ repousam em um plano, ocorre o contrário: é impossível manter a independência linear dos três vetores ao longo de todo o processo (as hastes ficam obrigatoriamente coplanares em alguma etapa), e somos forçados a "virar E do avesso". É nessa diferença que consiste a caracterização geométrica da concordância de bases: provaremos que E e F são concordantes se, e somente se, seu comportamento é o da figura (a), ou seja, é possível transformar E em F sem abrir mão da independência linear.

A formalização dessas idéias requer algumas definições.

O-1 Definição Dados os vetores $\vec{u}$ e $\vec{v}$, a função $\varphi: [0,1] \to \mathbb{V}^3$, definida por $\varphi(t) = (1-t)\vec{u} + t\vec{v}$, é chamada **conversão** de $\vec{u}$ em $\vec{v}$.

É claro que $\varphi(0) = \vec{u}$ e $\varphi(1) = \vec{v}$. Para entender o significado geométrico dessa definição, note que $\varphi(t) = (1-t)\vec{u} + t\vec{v} = \vec{u} + t(\vec{v} - \vec{u})$ e observe a Figura O-2 (a), ou então adote $\alpha = 1 - t$ e $\beta = t$ no Exercício 5-4 (b) e veja a Figura O-2 (b): quando t percorre o intervalo $[0,1]$, o ponto X, extremidade do representante (C,X) do vetor $\varphi(t)$, percorre o segmento AB, começando em A e terminando em B.

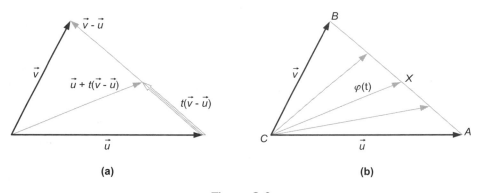

Figura O-2

Examinemos alguns casos particulares:

- A conversão de um vetor qualquer em si mesmo é a função constante, pois, tomando-se $\vec{v} = \vec{u}$ na expressão de φ, resulta $\varphi(t) = (1-t)\vec{u} + t\vec{u} = \vec{u}$.

- Suponhamos que $\vec{u}$ e $\vec{v}$ sejam paralelos, e seja φ a conversão de $\vec{u}$ em $\vec{v}$. Se esses vetores são de mesmo sentido, então $\varphi(t) \neq \vec{0}$, para todo t do intervalo $[0,1]$; se $\vec{u}$ e $\vec{v}$ são de sentido contrário, existe t tal que $\varphi(t) = \vec{0}$ (esse é o tema do Exercício O-1). Veja as figuras O-3 (a) e (b), em que $\vec{u} = \overrightarrow{CA}, \vec{v} = \overrightarrow{CB}$ e $\varphi(t) = \overrightarrow{CX}$: quando t varia de 0 a 1, na primeira, X vai de A a B sem passar por C, e na segunda, isso é impossível.

472 – Geometria Analítica – um tratamento vetorial

Figura O-3

EXERCÍCIOS

O-1 Prove que, se $\vec{u}$ e $\vec{v}$ são paralelos e não-nulos, então esses vetores são de mesmo sentido se, e somente se, a conversão de $\vec{u}$ em $\vec{v}$ não se anula para nenhum valor de t.

O-2 Sejam φ e ψ, respectivamente, as conversões de $\vec{u}$ em $\vec{v}$ e de $\vec{v}$ em $\vec{u}$. Prove que $\psi(t) = \varphi(1-t)$ para todo t do intervalo $[0,1]$; interprete geometricamente.

Utilizando o conceito de conversão de um vetor em outro, vamos definir variação de uma base de $\mathbb{V}^3$.

O-2 Definição Dadas as bases $E = (\vec{e}_1, \vec{e}_2, \vec{e}_3)$ e $F = (\vec{f}_1, \vec{f}_2, \vec{f}_3)$, seja φ_i a conversão de $\vec{e}_i$ em $\vec{f}_i$ ($i = 1, 2, 3$).
(a) Dizemos que F é **variação direta** de E e indicamos por $E \hookrightarrow F$ se $(\varphi_1(t), \varphi_2(t), \varphi_3(t))$ é base para todo t de $[0,1]$.
(b) Se existem bases $B_1 \ldots B_n$ tais que $E \hookrightarrow B_1 \hookrightarrow B_2 \hookrightarrow \ldots \hookrightarrow B_n \hookrightarrow F$, dizemos que F é **variação** de E e indicamos por $E \rightsquigarrow F$.

O-3 Observação Sejam $E = (\vec{e}_1, \vec{e}_2, \vec{e}_3)$ e $F = (\vec{f}_1, \vec{f}_2, \vec{f}_3)$ bases, e φ_i a conversão de $\vec{e}_i$ em $\vec{f}_i$ ($i = 1, 2, 3$). Para cada t do intervalo $[0,1]$, indicaremos por $\Delta_{EF}(t)$ o determinante da matriz que tem na primeira linha as coordenadas de $\varphi_1(t)$ em relação à base E, na segunda linha, as coordenadas de $\varphi_2(t)$, e na terceira, as coordenadas de $\varphi_3(t)$, respeitada a sua ordem (é claro que as coordenadas podem ser colocadas em colunas, em vez de linhas, sem que isso altere o valor do determinante). $\Delta_{EF}(t)$ é, portanto, um polinômio de grau menor ou igual a três. Com essa notação, a Definição O-2 afirma que $E \hookrightarrow F$ se, e somente se, $\Delta_{EF}(t) \neq 0$ para todo t do intervalo $[0,1]$ (Proposição 7-6), e neste caso $\Delta_{EF}(t)$ é o determinante da matriz de mudança da base E para a base $(\varphi_1(t), \varphi_2(t), \varphi_3(t))$. Em particular, $\Delta_{EF}(1) = \det M_{EF}$. Escreveremos $\Delta(t)$ em vez de $\Delta_{EF}(t)$ quando isso não causar ambigüidade.

Para facilitar o entendimento dos conceitos de variação e de variação direta, vamos fazer uma analogia que requer alguma imaginação. Pense nas bases de $\mathbb{V}^3$ como se fossem pontos do território de Baselândia, um país atravessado de ponta a ponta pelo Rio Eledê, rio este constituído pelas triplas LD de vetores. O rio divide Baselândia nas províncias de Baselândia do Norte e Baselândia do Sul, politicamente antagônicas. Você está em Baselândia, ocupando a posição E (veja o mapa na Figura O-4), e deve deslocar-se até F pilotando um veículo terrestre muito rudimentar, que não muda de direção enquanto está em movimento. O ideal seria deslocar-se em linha reta de E até F (caminho mais curto, menor tempo, menor esforço), mas há o risco de cair no Eledê. A solução é percorrer uma poligonal, contornando os meandros do rio.

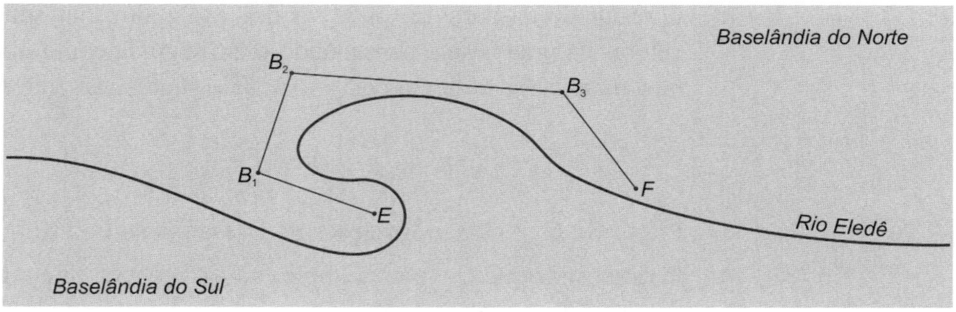

Figura O-4

Imagine também que, no trajeto retilíneo entre E e F, os pontos por onde passa o veículo são, obrigatoriamente, as triplas $(\varphi_1(t),\varphi_2(t),\varphi_3(t))$, $0 \leq t \leq 1$. Então, se F é variação direta de E, é possível deslocar-se de E até F em linha reta, sem entrar no Eledê. Por outro lado, se F é variação de E, *não-direta*, existe um percurso de E a F composto de vários trechos retilíneos, cada um deles correspondendo a uma variação direta. Os vértices da linha poligonal percorrida são as bases E, B_1, B_2 ... B_n, F da Definição O-2 (b).

Em baselandês, a prometida caracterização geométrica da concordância de bases tem o seguinte enunciado: *duas bases são concordantes se, e somente se, estão ambas na mesma província (Norte ou Sul)*. Completando a analogia, as duas províncias são, por assim dizer, as duas orientações políticas de Baselândia. Ao tornar-se hegemônica uma delas, o país fica politicamente orientado.

O-4 *Exercício Resolvido*

Mostre que, se $E = (\vec{e}_1, \vec{e}_2, \vec{e}_3)$ é base, então:

(a) as bases $F_1 = (\vec{e}_1, \vec{e}_3, -\vec{e}_2)$, $F_2 = (-\vec{e}_3, \vec{e}_2, \vec{e}_1)$, $F_3 = (\vec{e}_2, -\vec{e}_1, \vec{e}_3)$, $F_4 = (\vec{e}_1, -\vec{e}_3, \vec{e}_2)$, $F_5 = (\vec{e}_3, \vec{e}_2, -\vec{e}_1)$ e $F_6 = (-\vec{e}_2, \vec{e}_1, \vec{e}_3)$ são variações diretas de E;

(b) as bases $G_1 = (\vec{e}_1, -\vec{e}_2, -\vec{e}_3)$, $G_2 = (-\vec{e}_1, \vec{e}_2, -\vec{e}_3)$ e $G_3 = (-\vec{e}_1, -\vec{e}_2, \vec{e}_3)$ são variações não-diretas de E.

Resolução

(a) Vamos mostrar que F_1 é variação direta de E; você pode utilizar um procedimento análogo para as outras cinco. Sejam φ_1, φ_2, φ_3, respectivamente, as conversões de $\vec{e}_1$ em $\vec{e}_1$, $\vec{e}_2$ em $\vec{e}_3$, $\vec{e}_3$ em $-\vec{e}_2$. Então:

$$\varphi_1(t) = \vec{e}_1 \qquad \varphi_2(t) = (1-t)\vec{e}_2 + t\vec{e}_3 \qquad \varphi_3(t) = (1-t)\vec{e}_3 - t\vec{e}_2$$

e, portanto, para todo t do intervalo $[0,1]$,

$$\Delta(t) = \begin{vmatrix} 1 & 0 & 0 \\ 0 & 1-t & t \\ 0 & -t & 1-t \end{vmatrix} = (1-t)^2 + t^2 \neq 0$$

Como vimos na Observação O-3, isso é equivalente a $E \hookrightarrow F_1$.

(b) O resultado da parte (a) pode ser descrito assim: multiplicando por -1 um dos vetores de uma base e permutando-o em seguida com um dos outros dois, obtemos uma variação direta dela. Aplicando sucessivamente essa regra, vemos que

$$E \hookrightarrow F_1 \hookrightarrow G_1 \qquad E \hookrightarrow F_2 \hookrightarrow G_2 \qquad E \hookrightarrow F_3 \hookrightarrow G_3$$

Logo, G_1, G_2 e G_3 são variações de E (Definição O-2 (b)).

Para mostrar que G_1 (por exemplo) não é variação direta de E, consideramos as conversões φ_1 (de $\vec{e}_1$ em $\vec{e}_1$), φ_2 (de $\vec{e}_2$ em $-\vec{e}_2$) e φ_3 (de $\vec{e}_3$ em $-\vec{e}_3$) e o correspondente determinante $\Delta(t)$:

$$\varphi_1(t) = \vec{e}_1$$
$$\varphi_2(t) = (1-t)\vec{e}_2 - t\vec{e}_2 = (1-2t)\vec{e}_2 \qquad \Delta(t) = \begin{vmatrix} 1 & 0 & 0 \\ 0 & 1-2t & 0 \\ 0 & 0 & 1-2t \end{vmatrix} = (1-2t)^2$$
$$\varphi_3(t) = (1-t)\vec{e}_3 - t\vec{e}_3 = (1-2t)\vec{e}_3$$

Como $\Delta(1/2) = 0$, $(\varphi_1(1/2), \varphi_2(1/2), \varphi_3(1/2))$ não é base. Logo, G_1 não é variação direta de E (Definição O-2 (a)). Para G_2 e G_3, a verificação é análoga. ◀

Eis uma interpretação geométrica no caso em que E é ortonormal. Sejam O, A, B e C pontos tais que $\vec{e}_1 = \overrightarrow{OA}$, $\vec{e}_2 = \overrightarrow{OB}$, $\vec{e}_3 = \overrightarrow{OC}$. Intuitivamente, podemos ver as bases F_i como resultantes de rotações da base E em torno das retas OA, OB e OC (para as rotações em torno de OA, veja a Figura O-5): uma rotação de $90°$ em torno de OA produz F_1, uma rotação de $180°$ produz G_1, e uma de $270°$, F_4. Rotações de $90°$, $180°$ e $270°$ em torno de OB transformam E, respectivamente, em F_2, G_2 e F_5, e, se o eixo de rotação for OC, em F_3, G_3 e F_6.

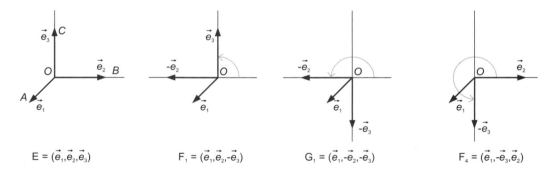

Figura O-5

EXERCÍCIOS

O-3 São dadas as bases $E = (\vec{e}_1, \vec{e}_2, \vec{e}_3)$ e $F = (-4\vec{e}_1 - 4\vec{e}_2, \vec{e}_1, \vec{e}_3)$.

(a) Verifique se F é variação direta de E.

(b) Utilize a base $G = (-\vec{e}_1 - \vec{e}_2, \vec{e}_1, \vec{e}_3)$ para mostrar que F é variação de E ($E \hookrightarrow G \hookrightarrow F$).

(c) Observe a Figura O-6. Qual dos pares de pontos, (E_1, F_1), (E_2, F_2) e (E_3, F_3), representa melhor as bases E e F?

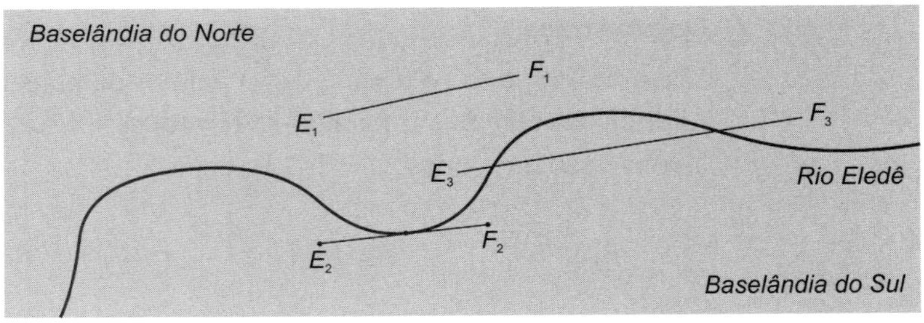

Figura O-6

O-4 (a) Prove que a relação $\hookrightarrow$ é reflexiva ($E \hookrightarrow E$, qualquer que seja a base E) e simétrica (se $E \hookrightarrow F$, então $F \hookrightarrow E$), mas não é transitiva ($E \hookrightarrow G$ e $G \hookrightarrow F$ não acarretam $E \hookrightarrow F$).

(b) Prove que $E \hookrightarrow F \Rightarrow E \rightsquigarrow F$ (toda variação direta de E é variação de E). Vale a recíproca?

(c) Interprete os itens (a) e (b) no mapa de Baselândia.

O-5 *Exercício Resolvido*

Prove que $\rightsquigarrow$ é uma relação de equivalência entre bases de $\mathbb{V}^3$.

Resolução

Reflexiva Sabemos, do item (a) do Exercício O-4, que $E \hookrightarrow E$ para toda base E, e, do item (b), que $E \hookrightarrow E$ acarreta $E \rightsquigarrow E$. Logo, $E \rightsquigarrow E$ para toda base E.

Simétrica Se $E \rightsquigarrow F$, existem bases $B_1 \ldots B_n$ tais que $E \hookrightarrow B_1 \hookrightarrow B_2 \hookrightarrow \ldots \hookrightarrow B_n \hookrightarrow F$. Como $\hookrightarrow$ é simétrica, concluímos que $F \hookrightarrow B_n \hookrightarrow B_{n-1} \hookrightarrow \ldots \hookrightarrow B_2 \hookrightarrow B_1 \hookrightarrow E$. Logo, $F \rightsquigarrow E$.

Transitiva Se $E \rightsquigarrow F$ e $F \rightsquigarrow G$, existem bases $B_1 \ldots B_n, C_1 \ldots C_n$ tais que

$$E \hookrightarrow B_1 \hookrightarrow B_2 \hookrightarrow \ldots \hookrightarrow B_n \hookrightarrow F \qquad \text{e} \qquad F \hookrightarrow C_1 \hookrightarrow C_2 \hookrightarrow \ldots \hookrightarrow C_n \hookrightarrow G.$$

Logo,

$$E \hookrightarrow B_1 \hookrightarrow B_2 \hookrightarrow \ldots \hookrightarrow B_n \hookrightarrow F \hookrightarrow C_1 \hookrightarrow C_2 \hookrightarrow \ldots \hookrightarrow C_n \hookrightarrow G$$

e, portanto, $E \rightsquigarrow G$.

Interprete esta resolução caminhando sobre poligonais em Baselândia.

A proposição seguinte mostra um caso particular importante de variação direta de uma base.

O-6 *Proposição*

Se F é obtida da base E somando-se a um de seus vetores um múltiplo escalar de um dos outros dois, então F é variação direta de E, concordante com E (Figura O-7).

Demonstração

Sejam E = $(\vec{e}_1,\vec{e}_2,\vec{e}_3)$ e F = $(\vec{f}_1,\vec{f}_2,\vec{f}_3)$. Vamos demonstrar o caso em que se soma a $\vec{e}_2$ um múltiplo escalar de $\vec{e}_3$, obtendo-se F = $(\vec{e}_1,\vec{e}_2 + \lambda\vec{e}_3,\vec{e}_3)$ (os outros são análogos). Se φ_i é a conversão de $\vec{e}_i$ em $\vec{f}_i$ ($i = 1,2,3$), então

$$\varphi_1(t) = \vec{e}_1 \qquad \varphi_2(t) = (1-t)\vec{e}_2 + t(\vec{e}_2 + \lambda\vec{e}_3) = \vec{e}_2 + \lambda t\vec{e}_3 \qquad \varphi_3(t) = \vec{e}_3$$

Logo, para todo t de [0,1],

$$\Delta(t) = \begin{vmatrix} 1 & 0 & 0 \\ 0 & 1 & \lambda t \\ 0 & 0 & 1 \end{vmatrix} = 1 \neq 0$$

e, portanto, $(\varphi_1(t),\varphi_2(t),\varphi_3(t))$ é base. Em particular, $\Delta(1) = 1$, mostrando que E e F são concordantes (Observação O-3). ∎

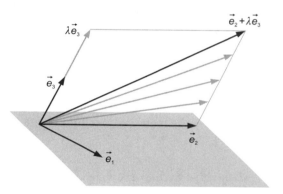

Figura O-7

Exercício

O-5 Prove que E ↪ F, nos casos em que F é obtida da base E somando-se

(a) ao primeiro vetor um múltiplo escalar do terceiro;

(b) a um dos vetores uma combinação linear dos outros dois.

Na demonstração da próxima proposição, vamos utilizar o seguinte resultado da Álgebra, cuja verificação, em alguns casos particulares, será feita na Observação O-13.

> Se g é um polinômio de uma variável e coeficientes reais e se $g(t) \neq 0$ para todo t pertencente ao intervalo fechado $[a,b]$, então $g(t)$ tem sinal constante em $[a,b]$. **[O-1]**

O-7 *Proposição* — Se F é variação de E, então E e F são concordantes.

Demonstração

Suponhamos inicialmente que F seja variação *direta* de E (E ↪ F). Neste caso, $\Delta(t) \neq 0$ para todo t do intervalo [0,1] e, devido à propriedade [O-1], $\Delta(t)$ tem sinal constante em [0,1]. Como $\Delta(0) = 1$, concluímos que $\Delta(t) > 0$ em todo o intervalo. Em particular, $\Delta(1) > 0$, isto é, $\det M_{EF} > 0$ (veja a Observação O-3). Logo, E e F são concordantes. Consideremos agora o caso geral, em que F é variação de E: E ⇝ F. Existem bases $B_1 \ldots B_n$ tais que E ↪ B_1 ↪ B_2 ↪ $\ldots$ ↪ B_n ↪ F. Pelo caso anterior, cada par (E,B_1), (B_1,B_2), (B_2,B_3) $\ldots$ (B_n,F) é formado de bases concordantes. Devido à propriedade transitiva da relação de concordância (Proposição 10-2), podemos afirmar que E e F são concordantes. ∎

O objetivo agora é demonstrar a recíproca da Proposição O-7. Feito isso, teremos cumprido a tarefa de caracterizar geometricamente a concordância de bases (e, conseqüentemente, o processo de orientação de $\mathbb{V}^3$).

O-8 Definição As bases E = $(\vec{e}_1, \vec{e}_2, \vec{e}_3)$ e F = $(\vec{f}_1, \vec{f}_2, \vec{f}_3)$ são **paralelas** se $\vec{e}_i$ e $\vec{f}_i$ são paralelos ($i = 1,2,3$).

Exercício O-6 Sejam E = $(\vec{e}_1, \vec{e}_2, \vec{e}_3)$ e F = $(\vec{f}_1, \vec{f}_2, \vec{f}_3)$ bases paralelas.

(a) Descreva a matriz de mudança de base M_{EF} e enuncie uma condição sobre ela, necessária e suficiente para que E e F sejam concordantes.

(b) Mostre que, se $\vec{f}_i = \lambda_i \vec{e}_i$ ($i = 1,2,3$), então $\Delta(t) = [1 + t(\lambda_1 - 1)][1 + t(\lambda_2 - 1)][1 + t(\lambda_3 - 1)]$.

Para bases paralelas, já podemos demonstrar a recíproca da Proposição O-7.

O-9 Proposição Se as bases paralelas E = $(\vec{e}_1, \vec{e}_2, \vec{e}_3)$ e F = $(\vec{f}_1, \vec{f}_2, \vec{f}_3)$ são concordantes, então F é variação de E.

Demonstração

Por hipótese, existem $\lambda_1, \lambda_2, \lambda_3$ tais que $\vec{f}_i = \lambda_i \vec{e}_i$ ($i = 1,2,3$). Devido ao Exercício O-6, os números λ_1, λ_2 e λ_3 são todos positivos, ou dois negativos e um positivo, e, além disso, $\Delta(t) = [1 + t(\lambda_1 - 1)][1 + t(\lambda_2 - 1)][1 + t(\lambda_3 - 1)]$.

Primeiro caso $\lambda_1 > 0, \lambda_2 > 0, \lambda_3 > 0$.
Pelo Exercício O-1, para todo t de [0,1] o vetor $\varphi_i(t) = [1 + t(\lambda_i - 1)]\vec{e}_i$ é não-nulo e, portanto, $[1 + t(\lambda_i - 1)] \neq 0$ ($i = 1,2,3$). Logo, $\Delta(t) \neq 0$ para todo t do intervalo [0,1], e assim F é variação (neste caso, direta) de E.

Segundo caso Dois dos λ_i negativos e um positivo, por exemplo: $\lambda_1 > 0, \lambda_2 < 0$ e $\lambda_3 < 0$.
Sejam

$$\vec{g}_1 = \vec{f}_1 \qquad \vec{g}_2 = -\vec{f}_2 \qquad \vec{g}_3 = -\vec{f}_3$$

478 — Geometria Analítica — um tratamento vetorial

Então, $\vec{g}_1 = \lambda_1 \vec{e}_1$, $\vec{g}_2 = -\lambda_2 \vec{e}_2$, $\vec{g}_3 = -\lambda_3 \vec{e}_3$ e a base G = $(\vec{g}_1, \vec{g}_2, \vec{g}_3)$ é paralela a E. Como $\lambda_1 > 0$, $-\lambda_2 > 0$ e $-\lambda_3 > 0$, G é variação de E pelo primeiro caso. Mas F é variação de G (Exercício Resolvido O-4 (b)); logo, F é variação de E. ∎

Para demonstrar a recíproca da Proposição O-7 no caso em que E e F não são paralelas, construiremos G, variação de E paralela a F, e aplicaremos ao par (F,G) a Proposição O-9. A construção de G baseia-se no método de diagonalização de matrizes por escalonamento, que vamos descrever na observação seguinte.

O-10 Observação   Se o determinante da matriz

$$M = \begin{bmatrix} a & d & g \\ b & e & h \\ c & f & i \end{bmatrix}$$

não é nulo, é possível transformá-la em uma matriz diagonal D tal que $\det M = \det D$, efetuando sucessiva e convenientemente a operação de somar a uma coluna um múltiplo escalar de outra (lembre-se de que essa operação não altera o valor do determinante). Procede-se assim:

Primeiro passo Se $a \neq 0$, pula-se esta etapa. Se $a = 0$, então $d \neq 0$ ou $g \neq 0$ (senão, o determinante de M seria nulo). Somando-se, à primeira coluna, a segunda ou a terceira, obtém-se uma matriz cujo elemento superior esquerdo não é nulo:

$$M_1 = \begin{bmatrix} a_1 & d & g \\ b_1 & e & h \\ c_1 & f & i \end{bmatrix} \quad (a_1 \neq 0)$$

Segundo passo Somando-se, à segunda coluna, a primeira multiplicada por $-d/a_1$, e somando-se em seguida, à terceira coluna, a primeira multiplicada por $-g/a_1$, obtêm-se, respectivamente,

$$M_2 = \begin{bmatrix} a_1 & 0 & g \\ b_1 & e_1 & h \\ c_1 & f_1 & i \end{bmatrix} \quad M_3 = \begin{bmatrix} a_1 & 0 & 0 \\ b_1 & e_1 & h_1 \\ c_1 & f_1 & i_1 \end{bmatrix}$$

Terceiro passo Se $e_1 \neq 0$, pula-se este passo. Se $e_1 = 0$, então $h_1 \neq 0$, uma vez que $\det M_3 = \det M \neq 0$. Logo, somar a terceira coluna à segunda produz uma matriz com elemento central não-nulo:

$$M_4 = \begin{bmatrix} a_1 & 0 & 0 \\ b_1 & \boxed{e_2} & h_1 \\ c_1 & f_2 & i_1 \end{bmatrix} \quad (e_2 \neq 0)$$

Quarto passo Soma-se, à primeira coluna, a segunda multiplicada por $-b_1/e_2$; soma-se em seguida, à terceira coluna, a segunda multiplicada por $-h_1/e_2$. Obtêm-se, respectivamente,

$$M_5 = \begin{bmatrix} a_1 & 0 & 0 \\ \boxed{0} & e_2 & h_1 \\ c_2 & f_2 & i_1 \end{bmatrix} \qquad M_6 = \begin{bmatrix} a_1 & 0 & 0 \\ 0 & e_2 & \boxed{0} \\ c_2 & f_2 & i_2 \end{bmatrix}$$

Quinto passo O elemento i_2 não é nulo, pois $\det M_6 = \det M \neq 0$. Podem-se então obter zeros nas outras duas posições da terceira linha, de modo análogo ao que foi feito no segundo e no quarto passos: somando-se, à primeira coluna, a terceira multiplicada por $-c_2/i_2$, e, à segunda coluna, a terceira multiplicada por $-f_2/i_2$. As matrizes obtidas são, respectivamente,

$$M_7 = \begin{bmatrix} a_1 & 0 & 0 \\ 0 & e_2 & 0 \\ \boxed{0} & f_2 & i_2 \end{bmatrix} \qquad M_8 = \begin{bmatrix} a_1 & 0 & 0 \\ 0 & e_2 & 0 \\ 0 & \boxed{0} & i_2 \end{bmatrix}$$

e M_8 é a matriz diagonal D pretendida.

Veja um exemplo numérico:

$$M = \begin{bmatrix} 0 & 1 & 2 \\ 1 & 0 & 1 \\ 2 & 1 & 1 \end{bmatrix} \quad M_1 = \begin{bmatrix} \boxed{1} & 1 & 2 \\ 1 & 0 & 1 \\ 3 & 1 & 1 \end{bmatrix} \quad M_2 = \begin{bmatrix} 1 & \boxed{0} & 2 \\ 1 & -1 & 1 \\ 3 & -2 & 1 \end{bmatrix}$$

$$M_3 = \begin{bmatrix} 1 & 0 & \boxed{0} \\ 1 & \boxed{-1} & -1 \\ 3 & -2 & -5 \end{bmatrix} \quad M_5 = \begin{bmatrix} 1 & 0 & 0 \\ \boxed{0} & -1 & -1 \\ 1 & -2 & -5 \end{bmatrix} \quad M_6 = \begin{bmatrix} 1 & 0 & 0 \\ 0 & -1 & \boxed{0} \\ 1 & -2 & -3 \end{bmatrix}$$

$$M_7 = \begin{bmatrix} 1 & 0 & 0 \\ 0 & -1 & 0 \\ \boxed{0} & -2 & -3 \end{bmatrix} \quad M_8 = \begin{bmatrix} 1 & 0 & 0 \\ 0 & -1 & 0 \\ 0 & \boxed{0} & -3 \end{bmatrix} = D$$

(Como neste exemplo o terceiro passo foi desnecessário, pulamos de M_3 para M_5.)
São muitas as aplicações desse algoritmo, como, por exemplo, a resolução de sistemas lineares e a inversão de matrizes. Veremos em seguida como utilizá-lo para construir, dadas as bases E e F, uma base G, paralela a F, que seja variação de E.

O-11 Proposição Dadas as bases E = $(\vec{e}_1, \vec{e}_2, \vec{e}_3)$ e F = $(\vec{f}_1, \vec{f}_2, \vec{f}_3)$, existe uma base G concordante com E, paralela a F, tal que E $\leadsto$ G.

Demonstração

Seja $M_0 = M_{FE}$. Como M_0 tem determinante não-nulo, podemos aplicar a ela o algoritmo descrito na Observação O-10, obtendo assim as matrizes $M_1, M_2 \ldots M_7, M_8 = D$. Seja $B_0 = E$ e indiquemos por $B_1 \ldots B_7$, G, respectivamente, as bases tais que $M_{FB_1} = M_1$, $M_{FB_2} = M_2 \ldots M_{FB_7} = M_7$ e $M_{FG} = D$. Logo, G é paralela a F, já que a matriz D é diagonal. Por outro lado, as coordenadas em relação a F dos vetores de cada base B_i estão dispostas nas colunas de M_i ($i = 0,1,2 \ldots 8$). Portanto, em cada etapa do processo, a operação feita com colunas de M_i corresponde à operação descrita na Proposição O-6, feita com vetores de B_i. Aquela proposição garante, pois, que as bases E e G são concordantes e que E $\hookrightarrow$ B_1 $\hookrightarrow$ B_2 $\hookrightarrow$ $\ldots$ $\hookrightarrow$ B_7 $\hookrightarrow$ G. Logo, E $\leadsto$ G. ∎

Chegamos, finalmente, ao resultado almejado.

O-12 Proposição Se E = $(\vec{e}_1, \vec{e}_2, \vec{e}_3)$ e F = $(\vec{f}_1, \vec{f}_2, \vec{f}_3)$ são bases concordantes, então E $\leadsto$ F.

Demonstração

Seja G = $(\vec{g}_1, \vec{g}_2, \vec{g}_3)$ como na proposição anterior; E e G são concordantes, E $\leadsto$ G, e G é paralela a F. Como E e F são concordantes por hipótese, decorre que G e F são concordantes e, pela Proposição O-9, G $\leadsto$ F. De E $\leadsto$ G e G $\leadsto$ F, concluímos que E $\leadsto$ F (propriedade transitiva). ∎

O-13 Observação Vejamos como se justifica a propriedade [O-1] em alguns casos particulares. A demonstração no caso geral segue as mesmas idéias, exigindo, porém, notação mais carregada. A propósito, lembremo-nos de que o grau do polinômio $\Delta(t)$, para o qual foi aplicada a propriedade, não excede 3.

(a) Suponhamos que $g(t)$ tenha grau 3 e três raízes reais, r_1, r_2, r_3, tais que $r_1 < r_2 < r_3$. Neste caso, podemos escrevê-lo sob a forma

$$g(t) = m(t - r_1)(t - r_2)(t - r_3)$$

em que m é o coeficiente dominante de g. Portanto, basta mostrar que vale [O-1] para $h(t) = (t - r_1)(t - r_2)(t - r_3)$. O quadro seguinte descreve o sinal de $h(t)$, de acordo com a posição de t em relação às raízes r_1, r_2 e r_3.

		r_1			r_2			r_3	
$t - r_1$	−	0	+	+	+	+	+	+	+
$t - r_2$	−	−	−	0	+	+	+	+	+
$t - r_3$	−	−	−	−	−	−	−	0	+
$h(t)$	−	0	+	0	−	−	−	0	+

[O-2]

Como $h(t)$ não se anula em $[a,b]$, nenhum dos números r_1, r_2 e r_3 pertence a $[a,b]$. Logo, as possibilidades são

$$a \leq b < r_1 \qquad r_1 < a \leq b < r_2 \qquad r_2 < a \leq b < r_3 \qquad r_3 < a \leq b$$

Cotejando-as com o quadro [O-2], vemos que nos quatro casos o sinal de $h(t)$ é constante em $[a,b]$.

(b) Suponhamos que $g(t)$ tenha grau 3 e uma só raiz real r e, portanto,

$$g(t) = m(t - r)(t^2 + pt + q)$$

em que m é o coeficiente dominante e $t^2 + pt + q$ tem discriminante negativo. Basta mostrar que vale [O-1] para $h(t) = (t - r)(t^2 + pt + q)$. O quadro de sinais, neste caso, é

		r	
$t - r$	−	0	+
$t^2 + pt + q$	+	+	+
$h(t)$	−	0	+

Como $h(t) \neq 0$ para todo t do intervalo $[a,b]$, as possibilidades são, desta vez, $a \leq b < r$ e $r < a \leq b$. Em ambas, $g(t)$ tem sinal constante em $[a,b]$.

(c) Como exercício, você pode examinar os casos em que g tem grau 2, 1 ou 0, e os casos em que g tem grau 3 e duas raízes reais distintas (uma delas, naturalmente, com multiplicidade 2), ou grau 3 e uma raiz real tripla.

B Orientação de uma reta e de um plano

Vamos discutir o significado de orientar uma reta e um plano, e a relação que isso tem com a orientação de $\mathbb{V}^3$.

B1 ORIENTAÇÃO DE UMA RETA

Trata-se de escolher um sentido para uma reta r. Isso é intuitivo e fácil de entender, porém não de formalizar. A frase "orientar uma reta é escolher um sentido para ela" deixa muito a desejar, pois engatilha imediatamente a pergunta "mas o que é sentido de uma reta?". Para não entrar em um círculo vicioso, precisamos saber o que é sentido *antes* de ter orientado a reta. Repare que, desde o Capítulo 1, temos evitado o uso do conceito de sentido: preferimos falar em "ser ou não ser de mesmo sentido", como quem diz "ser ou não de mesmo tipo", o que é suficiente para o estudo dos vetores. É fácil descrever o sentido que foi escolhido para uma reta por meio de gestos ou de palavras associadas a figuras, mas há sutilezas às quais devemos estar atentos. Imagine o seguinte diálogo entre Bruna e Nikolas, separados por uma parede de vidro na qual está desenhada uma reta horizontal orientada (Figura O-8 (a)).

Bruna — Estou vendo uma reta orientada da esquerda para a direita...
Nikolas — Preste atenção: ela está orientada, mas é da direita para a esquerda!
Bruna — Nada disso! É da esquerda para a direita!
Nikolas — Que absurdo!
Quem está com a razão?

Figura O-8

Devemos ter cuidado com o emprego de termos tais como "direita", "esquerda", "acima", "abaixo", que descrevem as coisas *do ponto de vista de quem os usa*.

Não estamos querendo abandonar a idéia intuitiva de que orientar uma reta é escolher um sentido para ela; queremos apenas que fiquem evidentes as dificuldades em uma tentativa de formalizá-la. Então, vejamos: na prática, o que se faz quando se quer orientar uma reta? A maioria das pessoas coloca uma ponta de flecha no desenho da reta, como na figura anterior; vamos, porém, sofisticar um pouco esse procedimento, desenhando uma flecha paralela à reta. O efeito é o mesmo, e a explicação formal é, agora, bem simples: *escolhemos um vetor não-nulo paralelo à reta*. Esse é o cerne da questão. Nas próximas linhas desenvolveremos a idéia, evitando um formalismo excessivo.

Fixada uma reta r de $\mathbb{E}^3$, indica-se por $\mathbb{V}_r$ o conjunto de todos os vetores paralelos a r. Esse conjunto é *estável*, ou *fechado*, em relação à adição e à multiplicação por escalar, isto é, a soma de dois vetores quaisquer de $\mathbb{V}_r$ pertence a $\mathbb{V}_r$ e os múltiplos escalares de um vetor qualquer de $\mathbb{V}_r$ também pertencem a $\mathbb{V}_r$. Essa estabilidade permite-nos adaptar a $\mathbb{V}_r$ todos os conceitos estudados em $\mathbb{V}^3$. Por exemplo, se $\vec{v}$ é um vetor não-nulo de $\mathbb{V}_r$, é natural chamar de *base* de $\mathbb{V}_r$ o conjunto $\{\vec{v}\}$, ou a seqüência $(\vec{v})$, pois $\vec{v}$ é LI e gera qualquer vetor de $\mathbb{V}_r$.

Se $(\vec{u})$ e $(\vec{v})$ são duas bases de $\mathbb{V}_r$, existe $\lambda \neq 0$ tal que $\vec{v} = \lambda \vec{u}$, já que $\vec{u}$ e $\vec{v}$ são paralelos e não-nulos. A matriz de mudança de base de $(\vec{u})$ para $(\vec{v})$, neste caso, é a matriz 1×1 cujo único elemento é λ, e seu determinante é igual a λ. Assim, essas bases são concordantes se, e somente se, $\lambda > 0$, o que equivale a dizer que $\vec{u}$ e $\vec{v}$ são de mesmo sentido.

Fixada uma base $E = (\vec{u})$ de $\mathbb{V}_r$, indicamos por **A** o conjunto das bases de $\mathbb{V}_r$ concordantes com E, e, por **B**, o conjunto das bases de $\mathbb{V}_r$ discordantes de E (logo, $(\vec{v})$ pertence a **A** se, e somente se, $\vec{u}$ e $\vec{v}$ são de mesmo sentido). Por analogia ao que foi feito no Capítulo 10, **A** e **B** são chamados orientações de $\mathbb{V}_r$ (desta vez, a palavra orientação não deve causar nenhuma estranheza). Intuitivamente, escolher uma das duas orientações significa, em última análise, orientar a reta r, adotando para ela o "sentido" dos vetores que pertencem à orientação escolhida. Se escolhermos **A**, diremos que r está orientada por $\vec{u}$ (ou por E).

O fato de duas bases $(\vec{u})$ e $(\vec{v})$ de $\mathbb{V}_r$ serem concordantes pode ser caracterizado geometricamente a partir do conceito de conversão de $\vec{u}$ em $\vec{v}$ (Definição O-1). Do ponto de vista intuitivo, trata-se de alterar gradualmente o comprimento de $\vec{u}$ até que ele se torne igual ao de $\vec{v}$. Se $\vec{u}$ e $\vec{v}$ são de mesmo sentido, e só nesse caso, isso pode ser feito sem passar pelo vetor nulo (veja o Exercício O-1 e a Figura O-3). Nesta Baselândia unidimensional, não se pode caminhar em ziguezague: todas as variações de bases são diretas.

B2 ORIENTAÇÃO DE UM PLANO

Orientar um plano π de $\mathbb{E}^3$ é escolher um sentido para as rotações de π, como se faz no estudo da Trigonometria: lá, adota-se um sentido para a circunferência trigonométrica, convencionalmente o anti-horário, isto é, o sentido contrário ao do movimento dos ponteiros de um relógio. Levantemos algumas questões, para mostrar que isso não é tão simples quanto parece.

- O primeiro relojoeiro a construir um relógio de ponteiros teve que escolher um sentido de rotação, e o fez a seu bel-prazer. Os termos "horário" e "anti-horário" ainda não tinham nenhum significado. Que palavras teria ele usado para descrever o movimento dos ponteiros? Terá sido obrigado a apelar para a mímica?

- Voltemos à nossa parede de vidro. Desta vez, há um relógio embutido nela, com um único mostrador, visível de ambos os lados. Duas pessoas, separadas pela parede, observam o giro dos ponteiros (Figura O-9). Uma delas nada vê de anormal, mas, para a outra, um "relógio anti-horário" parece andar para trás. "Horário" e "anti-horário" são termos que dependem do observador.

484 – Geometria Analítica – um tratamento vetorial

Figura O-9

Repetimos agora a pergunta feita no caso da reta: na prática, o que você faria para orientar um plano? Um recurso usado com freqüência é desenhar uma seta curvilínea, acompanhada, às vezes, de um "eixo de rotação" (Figura O-10), mas como formalizar essa idéia?

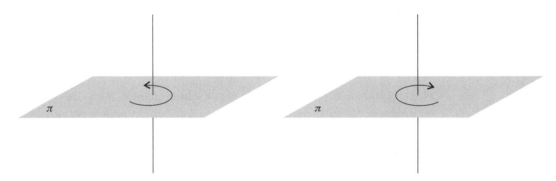

Figura O-10

Considere o conjunto $\mathbb{V}_\pi$ de todos os vetores paralelos a π. Esse conjunto é estável em relação à adição e à multiplicação por escalar, de modo que podemos adaptar a ele todos os conceitos estudados em $\mathbb{V}^3$, com uma exceção: o produto vetorial, para o qual não há "espaço suficiente" em $\mathbb{V}_\pi$. (E, no entanto, em $\mathbb{V}_r$ havia... isso lhe parece estranho?)

Uma *base* de $\mathbb{V}_\pi$ é um par ordenado LI de vetores e tem a propriedade de gerar qualquer vetor de $\mathbb{V}_\pi$ (veja o Exercício 6-18). Duas bases são concordantes se o determinante da matriz de mudança de base (que é do tipo 2 × 2) é positivo. Fixada uma base $E = (\vec{u}, \vec{v})$, indicamos por **A** o conjunto das bases de $\mathbb{V}_\pi$ concordantes com E, e, por **B**, o conjunto das bases de $\mathbb{V}_\pi$ discordantes de E. **A** e **B** são chamados orientações de $\mathbb{V}_\pi$, e orientar o plano é escolher uma das duas.

O que foi feito na Seção A pode ser adaptado a $\mathbb{V}_\pi$, levando à caracterização geométrica do conceito de orientação: duas bases de $\mathbb{V}_\pi$ são concordantes, isto é, de mesma orientação, se, e somente se, uma é variação da outra.

Ainda resta esclarecer que relação existe entre orientar o plano e adotar um dos sentidos de rotação, horário ou anti-horário. Tomemos duas bases de $\mathbb{V}_\pi$, $E_\pi = (\vec{a}, \vec{b})$ e $F_\pi = (\vec{u}, \vec{v})$, e um vetor $\vec{w}$ não-paralelo ao plano; as triplas $E = (\vec{a}, \vec{b}, \vec{w})$ e $F = (\vec{u}, \vec{v}, \vec{w})$ são, portanto, bases de $\mathbb{V}^3$. Se as expressões de $\vec{u}$ e $\vec{v}$ em relação à base E_π são $\vec{u} = \alpha\vec{a} + \beta\vec{b}$ e $\vec{v} = \lambda\vec{a} + \mu\vec{b}$, então as matrizes de mudança de E_π para F_π e de E para F são, respectivamente,

$$M_\pi = \begin{bmatrix} \alpha & \lambda \\ \beta & \mu \end{bmatrix} \qquad M = \begin{bmatrix} \alpha & \lambda & 0 \\ \beta & \mu & 0 \\ 0 & 0 & 1 \end{bmatrix}$$

e têm determinantes iguais. Concluímos que E_π e F_π são concordantes se, e somente se, E e F são concordantes, isto é, são ambas dextras (obedecem à Regra do saca-rolhas) ou ambas sinistras. Logo, o saca-rolhas, quer girando de $\vec{a}$ para $\vec{b}$, quer girando de $\vec{u}$ para $\vec{v}$ (descrevendo o menor dos dois ângulos possíveis), gira no mesmo sentido.

APÊNDICE RE
Um exemplo prático de relação de equivalência

Neste Apêndice é feita uma analogia entre o método utilizado no Capítulo 1 para definir vetor e uma situação do quotidiano do estudante.

Para definir o conceito de vetor no Capítulo 1, adotamos um procedimento comum em Matemática que, embora abstrato, é apenas a formalização de uma idéia corriqueira. Vamos apresentá-la neste apêndice, despida de formalismo, a partir de um exemplo tirado do quotidiano dos estudantes. Esperamos que a comparação deste exemplo com o que foi feito no Capítulo 1 torne evidente a perfeita analogia que há entre os dois casos, facilitando a sua compreensão do processo.

Na rotina de uma escola, é importante o agrupamento dos alunos em *turmas* ou *classes*. Ao fazer esse agrupamento, o secretário da escola leva em conta algumas características individuais e desconsidera outras. Não interessam, por exemplo, religião, peso, endereço, mas são importantes as disciplinas cursadas, os professores que as ministram, o período em que freqüentam a escola, as salas de aula que ocupam. Assim, alunos da mesma classe podem ter pesos, religiões e endereços diferentes, mas forçosamente terão aulas das mesmas disciplinas, com os mesmos professores, nas mesmas salas de aula e nos mesmos horários.

O agrupamento em classes leva em conta algumas características individuais e desconsidera outras, de acordo com os objetivos da escola. **[RE-1]**

Dois alunos são considerados *colegas* se têm aulas das mesmas disciplinas, com os mesmos professores, nos mesmos horários e locais. Sob esse ponto de vista,

todo aluno é colega de si mesmo; se um aluno é colega de outro, este outro é seu colega; se um aluno é colega de outro, e este outro é colega de um terceiro, então o primeiro é colega do terceiro. **[RE-2]**

O que faz o secretário da escola para formar uma classe? Simplesmente,

agrupa em um conjunto todos os alunos que são colegas uns dos outros. **[RE-3]**

Desse modo,

> *a totalidade dos alunos da escola fica dividida em classes,*
> *e nenhum aluno pode pertencer a duas classes diferentes.* **[RE-4]**

Faz parte da rotina da escola a confecção do calendário de provas, e, democraticamente, a direção quer ouvir dos alunos suas preferências, para tentar conciliar os interesses. Uma pesquisa de opinião individual é trabalhosa e demorada, e é difícil organizar uma reunião com todos os alunos, até pela falta de local adequado. A melhor solução é fazer uma reunião de *representantes de classe*. É claro que

> *qualquer aluno de uma classe pode ser*
> *escolhido como seu representante.* **[RE-5]**

A 3ª A do noturno elegeu o aluno Abê como seu representante, e lá está ele, no dia da reunião, defendendo os interesses de sua classe. Quando se manifesta, Abê não fala por si, mas pela 3ª A, e as pessoas presentes não vêem nele o *indivíduo* Abê, mas a 3ª A.

> *Para todos os efeitos, durante a*
> *reunião, Abê não é Abê; Abê é a 3ª A.* **[RE-6]**

O tempo previsto para a reunião não foi suficiente para completar o calendário de provas. Marcada uma nova reunião, Abê vê-se impossibilitado de comparecer e pede a seus colegas que escolham um substituto. A escolha recai sobre Cedê que, tanto quanto Abê, está a par dos interesses da 3ª A; Abê relata a Cedê o que se passou na primeira reunião. Diferenças individuais entre Abê e Cedê podem interferir em detalhes da sua atuação como representantes, mas não no que é essencial: ambos são porta-vozes da 3ª A e levam à reunião as mesmas informações a respeito das preferências de sua classe. Nessas condições,

> *qualquer aluno da 3ª A poderia substituir Abê.* **[RE-7]**

Ao fim dos trabalhos, preparando as atas das reuniões, é importante que o secretário tome o cuidado de nunca fazer referência às classes citando características pessoais dos representantes. Por exemplo, se Cedê tem uma tatuagem no braço, e Abê não, frases como "A turma representada pelo rapaz de tatuagem fará a prova de Matemática no sábado" devem ser evitadas, em favor da clareza. Assim,

> *a ata não deve conter afirmações*
> *que dependam dos representantes.* **[RE-8]**

A situação que acabamos de descrever é muito semelhante à do Capítulo 1. Para ressaltar essa semelhança, criamos um glossário, estabelecendo a correspondência entre os termos-chave de uma e de outra.

aluno	–	segmento orientado
alunos colegas	–	segmentos orientados equipolentes
classe	–	classe de equipolência (vetor)
representante	–	representante

Retomemos [RE-1] a [RE-8], evidenciando algumas analogias entre a situação escolar e o conteúdo do Capítulo 1.

[RE-1] O critério utilizado para agrupar os alunos em classes enfatiza as disciplinas por eles cursadas, os professores que as ministram, o período em que freqüentam a escola, as salas que ocupam durante as aulas, ignorando as músicas preferidas, por exemplo. No agrupamento dos segmentos orientados em classes de equipolência, a ênfase é dada à direção, ao comprimento e ao sentido, ignorando-se a posição.

[RE-2] A relação de *coleguismo*, com o significado que lhe foi dado neste apêndice, é reflexiva, simétrica e transitiva, tal como a equipolência de segmentos orientados (Proposição 1-4). Ambas são, por isso, *relações de equivalência.*

[RE-3] Uma classe de alunos é uma "classe de coleguismo" (conjunto de alunos colegas), assim como um vetor é uma classe de equipolência (conjunto de segmentos orientados equipolentes). Se dois alunos são colegas, suas classes são iguais, do mesmo modo que, se dois segmentos orientados são equipolentes, os vetores aos quais eles pertencem são iguais. Recorde as Definições 1-6 e 1-7.

[RE-4] Assim como a totalidade de alunos fica dividida em classes, o conjunto dos segmentos orientados fica dividido em classes de equipolência, isto é, em vetores. Cada aluno pertence a uma só classe; um segmento orientado pertence a uma única classe de equipolência (isto é, a um único vetor).

[RE-5] Qualquer aluno é representante potencial da classe a que pertence, assim como cada segmento orientado é representante potencial do vetor a que pertence. A escolha do representante é feita de acordo com as conveniências do momento.

[RE-6] Para nos referirmos a uma turma, basta indicar um seu representante, assim como para descrever um vetor basta descrever um dos seus representantes, que é um segmento orientado (por exemplo, desenhando uma flecha). Olhamos a flecha e pensamos no vetor; olhamos Abê e pensamos na 3ª A.

[RE-7] Tal como ocorre com a substituição de Abê por Cedê em relação à 3ª A, a troca de um segmento orientado por outro, equipolente a ele, em nada afeta o vetor a que eles pertencem.

[RE-8] A independência em relação aos representantes é essencial para a clareza das afirmações a respeito de uma classe. Quando lidamos com classes de equivalência em geral, para que uma definição, propriedade ou afirmação seja legítima, ela não deve depender dos representantes.

Qualquer relação de equivalência presta-se tão bem quanto a equipolência a analogias com o exemplo da escola. A concordância de bases (Capítulo 10) e o paralelismo de retas são exemplos que aparecem neste livro; desde que as propriedades reflexiva, simétrica e transitiva sejam válidas, tudo funciona como aqui.

APÊNDICE

SF SEM FEIXES

Neste Apêndice encontram-se resoluções alternativas para dois exercícios do Capítulo 16.

Como prometemos na Seção D do Capítulo 16, vamos voltar aos exercícios lá resolvidos, desta vez sem utilizar a técnica do feixe. A intenção é dar-lhe subsídios para avaliar a eficiência da técnica, que será ainda maior na resolução de problemas que envolvem ângulos e distâncias (como nos Capítulos 19 e 20). O motivo é que nesses casos as equações são algebricamente mais complicadas, e a economia de incógnitas proporcionada pela técnica do feixe diminui de fato o trabalho de resolução.

É claro que as resoluções aqui apresentadas não são as únicas alternativas possíveis à técnica do feixe; você pode (e deve) trilhar seus próprios caminhos.

SF-1 *Exercício Resolvido 16-9*

(a) Obtenha uma equação geral do plano π que contém o ponto $P = (1,0,1)$ e é paralelo a π_1: $x - y + 3z - 20 = 0$.

(b) Suponha que o sistema de coordenadas seja ortogonal. Obtenha uma equação geral do plano π paralelo a π_1: $3x - y + 3z - 4 = 0$, sabendo que $P = (1,1,2)$ dista $\sqrt{5}$ do ponto Q em que π intercepta r: $X = (2,-3,6) + \lambda(1,-2,3)$.

(c) Supondo ainda que o sistema de coordenadas seja ortogonal, obtenha uma equação geral do plano π paralelo a π_1: $2x + y - 3z - 1 = 0$, que determina com os eixos coordenados um tetraedro cujo volume é 3/4.

Resolução

(a) Por serem π e π_1 paralelos, existe $k \neq 0$ tal que π: $kx - ky + 3kz + d = 0$ (Proposição 16-4 (a)). Impondo que as coordenadas de P satisfaçam esta equação, obtemos $k \cdot 1 - k \cdot 0 + 3k \cdot 1 + d = 0$, ou seja, $d = -4k$. Logo, π: $kx - ky + 3kz - 4k = 0$; como $k \neq 0$, podemos dividir ambos os membros por k para obter uma equação geral mais simples, π: $x - y + 3z - 4 = 0$. ◄

Note que o uso da equação do feixe simplifica ligeiramente a resolução, pois permite trabalhar com uma só variável (α) em vez de duas (k e d).

489

(b) Uma vez determinado o ponto Q como na resolução feita no Capítulo 16, você pode resolver este item de modo semelhante ao anterior.

(c) Por raciocínio idêntico ao utilizado no item (a), podemos escrever uma equação de π sob a forma $2kx + ky - 3kz + d = 0$, em que $k \neq 0$. Sejam A, B e C, respectivamente, os pontos de interseção de π com Ox, Oy e Oz. Calculando suas coordenadas, obtemos $A = (-d/2k,0,0)$, $B = (0,-d/k,0)$ e $C = (0,0,d/3k)$ e, portanto,

$$[\overrightarrow{OA},\overrightarrow{OB},\overrightarrow{OC}] = \begin{vmatrix} -d/2k & 0 & 0 \\ 0 & -d/k & 0 \\ 0 & 0 & d/3k \end{vmatrix} = d^3/6k^3$$

Como o volume do tetraedro é $3/4$, concluímos que $|d^3|/36|k^3| = 3/4$, ou seja, $|d|^3 = 27|k|^3$. Logo, $d = 3k$ ou $d = -3k$; substituindo na equação de π e dividindo por k, obtemos $\pi: 2x + y - 3z + 3 = 0$ e $\pi: 2x + y - 3z - 3 = 0$. ◄

SF-2 *Exercício Resolvido 16-12*

(a) Obtenha uma equação geral do plano π que contém o ponto $P = (1,1,-3)$ e a reta

$$r: \begin{cases} x - y + 2 = 0 \\ x + y + z = 0 \end{cases}$$

(b) O plano π contém a reta $r: X = (1,1,0) + \lambda(1,2,3)$ e é transversal aos eixos coordenados Oy e Oz, interceptando-os, respectivamente, nos pontos A e B. Obtenha uma equação geral de π, sabendo que O, A e B são vértices de um triângulo isósceles e que o sistema de coordenadas é ortogonal.

Resolução

(a) Vamos escolher dois pontos M e N de r e usar $\overrightarrow{PM}$ e $\overrightarrow{PN}$ como vetores diretores de π. Adotando os valores 0 e 2 para z nas equações da reta, obtemos, respectivamente, $x = -1$, $y = 1$, e $x = -2$, $y = 0$. Logo, $M = (-1,1,0)$ e $N = (-2,0,2)$ são pontos de r. Como $\overrightarrow{PM} = (-2,0,3)$ e $\overrightarrow{PN} = (-3,-1,5)$, uma equação geral de π será obtida de

$$\begin{vmatrix} x+1 & y-1 & z \\ -2 & 0 & 3 \\ -3 & -1 & 5 \end{vmatrix} = 0$$

Assim, $\pi: 3x + y + 2z + 2 = 0$. ◄

(b) Seja $ax + by + cz + d = 0$ uma equação geral de π. As condições do enunciado exigem que d seja não-nulo, caso contrário os pontos A e B seriam iguais à origem O do sistema de coordenadas, e não existiria o triângulo OAB. Devemos calcular os valores de a, b, c e d para que π contenha r e o triângulo seja isósceles.

O ponto $P = (1,1,0)$ pertence a r e $\vec{r} = (1,2,3)$ é um vetor diretor dessa reta. Como ela está contida em π,

- P pertence a π, isto é, $a \cdot 1 + b \cdot 1 + c \cdot 0 + d = 0$;
- $\vec{r}$ é paralelo a π, ou seja, $a \cdot 1 + b \cdot 2 + c \cdot 3 = 0$ (Proposição 14-21).

Então:

$$a + b + d = 0 \qquad \textbf{[SF-1]}$$

$$a + 2b + 3c = 0 \qquad \textbf{[SF-2]}$$

As coordenadas de A são obtidas substituindo-se x e z por 0 na equação de π. Obtém-se $A = (0, -d/b, 0)$ (note que, devido ao Corolário 14-22, b não é nulo, pois π não é paralelo a Oy). Analogamente, obtemos $B = (0, 0, -d/c)$. O triângulo OAB é isósceles se, e somente se, $|-d/b| = |-d/c|$, e, como d não é nulo, isso equivale a

$$|b| = |c| \qquad \textbf{[SF-3]}$$

Já temos três equações ([SF-1], [SF-2] e [SF-3]) nas incógnitas a, b, c e d. Devemos procurar uma quarta equação, para resolver o sistema quatro por quatro? Como já foram utilizadas todas as informações do enunciado, não há muita esperança de obter uma quarta equação independente das que já temos. E agora? Acontece que existem infinitas equações gerais de π, e o problema de calcular a, b, c e d é *indeterminado*. O grau de liberdade é 1 porque, escolhido o valor de um dos quatro, os outros três ficam determinados pela proporcionalidade que deve haver entre os coeficientes de duas equações gerais de um mesmo plano. A situação está, portanto, sob controle: temos três equações, quatro incógnitas, um grau de liberdade.

Como $|b| = |c|$ se, e somente se, $b = c$ ou $b = -c$, temos, na verdade, dois sistemas a resolver (cada um fornecerá uma das soluções do problema):

$$\begin{cases} a + b + d = 0 \\ a + 2b + 3c = 0 \\ b = c \end{cases} \quad \text{e} \quad \begin{cases} a + b + d = 0 \\ a + 2b + 3c = 0 \\ b = -c \end{cases}$$

Do primeiro, obtemos $a = -5d/4$ e $b = d/4 = c$. Substituindo na equação de π, esta fica $-5dx/4 + dy/4 + dz/4 + d = 0$, que, como $d \neq 0$, equivale a $5x - y - z - 4 = 0$. ◄

De modo análogo, obtemos a outra solução: $x + y - z - 2 = 0$.

APÊNDICE VT
VOLUME DO TETRAEDRO

Neste apêndice apresenta-se uma planificação de um prisma triangular e de uma decomposição do prisma em três tetraedros de volumes iguais.

No Exercício Resolvido 12-3, calculamos o volume de um tetraedro usando o fato de que tal volume é $V = Sh/3$, em que S é a área de uma base, e h, a altura correspondente. Essa fórmula pode ser deduzida da fórmula do volume de um prisma (área da base do prisma vezes sua altura), com o seguinte argumento: dado o tetraedro $ABCA'$ (Figura VT-1 (a)), constrói-se um prisma triangular $ABCA'B'C'$ de arestas BB' e CC' congruentes e paralelas à aresta AA', conforme ilustra a Figura VT-1 (b), e decompõe-se esse prisma em três tetraedros de mesmo volume V, um dos quais é o tetraedro dado. Eles interceptam-se dois a dois segundo faces comuns, e portanto o volume do prisma, Sh, é igual a $3V$. Para ajudá-lo a visualizar essa decomposição, apresentamos planificações dos três tetraedros (Figuras VT-2 a VT-4) e também do prisma $ABCA'B'C'$ (Figura VT-5), as quais, para melhor resultado, devem ser ampliadas e coladas em papel-cartão. Após a montagem, reúna os três tetraedros para reconstituir o prisma (as faces a serem justapostas estão marcadas com uma mesma letra grega, α ou β).

EXERCÍCIO

VT-1 Prove que os tetraedros $BA'B'C'$, $ABCA'$ e $BCA'C'$ têm volumes iguais.

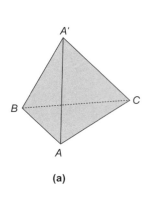

(a)

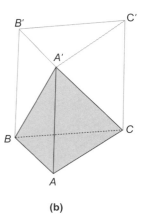

(b)

Figura VT-1

Apêndice VT — Volume do tetraedro — 493

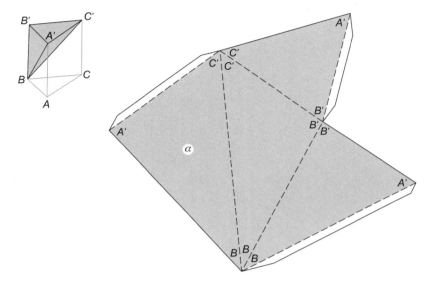

Figura VT-2

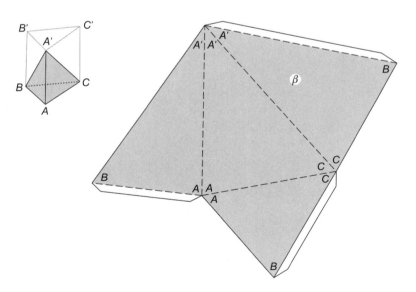

Figura VT-3

494 — *Geometria Analítica — um tratamento vetorial*

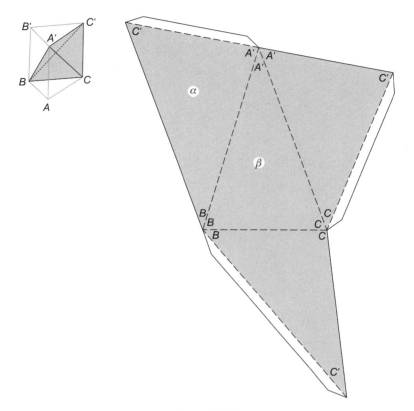

Figura VT-4

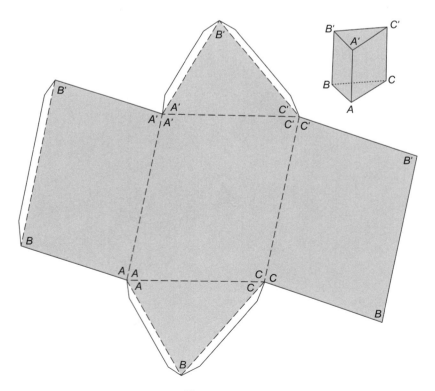

Figura VT-5

Respostas

Capítulo 1

1-2 $(C,D) \sim (P,Q) \Rightarrow (P,Q) \sim (C,D)$ (propriedade simétrica). Combinando com a hipótese $(A,B) \sim (P,Q)$, obtemos, pela propriedade transitiva, $(A,B) \sim (C,D)$.

1-10 (a) V (b) V (c) V (d) F

1-11 (a) V (b) F; contra-exemplo: tome $A = B = C = D$.
(c) F (d) V
(e) F; contra-exemplo: tome A, B, C e D colineares.
(f) V

Capítulo 2

2-1 Não. Observe a Figura 2-3. Sendo A, B e C não-colineares, vale a relação $\|\vec{u} + \vec{v}\| < \|\vec{u}\| + \|\vec{v}\|$, pois a medida de qualquer lado de um triângulo é menor que a soma das medidas dos outros dois. Para a outra pergunta, tome $\vec{w}$, na Figura 2-3, igual ao oposto de $\vec{v}$. Então

$$\|\vec{u} - \vec{w}\| = \|\vec{u} + \vec{v}\| = \|\overrightarrow{AC}\| > \|\vec{u}\| - \|\vec{w}\|$$

pois a medida de qualquer lado de um triângulo é maior que a diferença das medidas dos outros dois. Há, porém, casos em que valem as igualdades; tente imaginar alguns.

2-2 Substitua $\overrightarrow{BC}$ por $\overrightarrow{BA} + \overrightarrow{AC}$ e aplique o Exercício Resolvido 2-5 e o Exercício 1-5 (b).

2-5 Prove que $\vec{u} + \vec{v} + (-\vec{u} - \vec{v}) = \vec{0}$.

2-6 Não existem. Dados A e B quaisquer na borda da folha, seja C o ponto diametralmente oposto a B. Então, $\overrightarrow{CO} = \overrightarrow{OB}$ e, portanto, $\overrightarrow{OA} + \overrightarrow{OB} = \overrightarrow{CA}$. Além disso, $\overrightarrow{OA} - \overrightarrow{OB} = \overrightarrow{BA}$.

2-7 $\overrightarrow{HB} = \vec{u} - \vec{v} - \vec{w}$ $\overrightarrow{DF} = \vec{u} - \vec{v} + \vec{w}$

2-8 (c) No primeiro e no terceiro tetraedros, $\overrightarrow{AD}$. No segundo, $\vec{0}$. No último sólido, $\overrightarrow{AC}$.

2-9 (a) $\overrightarrow{AF}$ (b) $\overrightarrow{BL}$ (c) $\overrightarrow{AF}$

2-10 (a) $\overrightarrow{AG}$ (b) $\overrightarrow{HD}$
(c) $\overrightarrow{AF} + \overrightarrow{AF}$. Não escrevemos $2\overrightarrow{AF}$, pois ainda não demos um significado para isso.

2-11 (a) $\overrightarrow{EA}$ (b) $\overrightarrow{FC}$ (c) $\overrightarrow{FC}$ (d) $\overrightarrow{OD}$

2-12 $\vec{0}$

2-13 A e H.

2-14 $\vec{x} = \overrightarrow{GA}$, $\vec{y} = \overrightarrow{FA}$.

Capítulo 3

3-2 $6\vec{u}/\|\vec{u}\|$

3-3 Veja a Figura R-3-3.

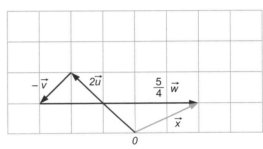

Figura R-3-3

3-4 $X = B$

3-5 M

3-7 (b) Este é o Exercício 1-5 (b); agora, você pode resolvê-lo de outro modo: $\vec{v} = -\vec{v} \Rightarrow 2\vec{v} = \vec{0} \Rightarrow \|\vec{v}\| = 0 \Rightarrow \vec{v} = \vec{0}$ (justifique).

3-10 $\vec{x} = -3\vec{u}/8 - 5\vec{v}/4$

3-11 (a) $\vec{x} = 5\vec{u}/7 + 2\vec{v}/7$ $\vec{y} = \vec{u}/7 - \vec{v}/7$
(b) $\vec{x} = 2\vec{u} - \vec{v}$ $\vec{y} = -\vec{u} - \vec{v}$

3-12 $\vec{x} = \vec{u}$ $\vec{y} = \vec{u}/2 + \vec{v}/2$ $\vec{z} = \vec{u}/2 - \vec{v}/2$

3-14 (a) Tomando norma em ambos os membros de $\vec{u} = \lambda\vec{v}$, obtemos $\|\vec{u}\| = |\lambda| \|\vec{v}\|$.
(b) De (a) decorre que as únicas alternativas possíveis são $\lambda = \|\vec{u}\|/\|\vec{v}\|$ e $\lambda = -\|\vec{u}\|/\|\vec{v}\|$. Se $\lambda > 0$, ocorre a primeira, e, se $\lambda < 0$, a segunda.

3-15 Substituindo $\vec{u}$ por $\alpha\vec{v}$ ($\alpha \neq 0$), mostre que
$\|\vec{u} + \vec{v}\|^2 = (\alpha^2 + 2\alpha + 1)\|\vec{v}\|^2$ e $\|\vec{u}\|^2 + \|\vec{v}\|^2 = (\alpha^2 + 1)\|\vec{v}\|^2$

3-16 Pelo Exercício Resolvido 3-8,
$\overrightarrow{AB} + \overrightarrow{AD} = 2\overrightarrow{AN}$ $\overrightarrow{CB} + \overrightarrow{CD} = 2\overrightarrow{CN}$ $\overrightarrow{NA} + \overrightarrow{NC} = 2\overrightarrow{NM}$
Então: $\overrightarrow{AB} + \overrightarrow{AD} + \overrightarrow{CB} + \overrightarrow{CD} = ... = 4\overrightarrow{MN}$.

3-17 Sejam M, N e P, respectivamente, os pontos médios de AC, BD e MN. Pelo Exercício Resolvido 3-8,
$\overrightarrow{OA} + \overrightarrow{OC} = 2\overrightarrow{OM}$ $\overrightarrow{OB} + \overrightarrow{OD} = 2\overrightarrow{ON}$ $\overrightarrow{OM} + \overrightarrow{ON} = 2\overrightarrow{OP}$
Então, $\overrightarrow{OA} + \overrightarrow{OB} + \overrightarrow{OC} + \overrightarrow{OD} = ...$

Capítulo 4

4-1 (a) Faça $Q = P$ em [4-2].   (b) Use [4-1].

4-7 $\vec{BA} = 2\vec{u}$

4-8 Um é o oposto do outro.

4-10 $X = C$

4-12 (a) O intervalo $[0,1]$.   (b) O intervalo $[0,+\infty[$.
     (c) O intervalo $]-\infty,1]$.   (d) O conjunto $\mathbb{R}$.
     (e) O intervalo $[-1,1]$.

4-13 O baricentro dos n pontos $A_1, A_2 \ldots A_n$ é o ponto G tal que $\sum_{i=1}^{n}\vec{GA_i} = \vec{0}$ e caracteriza-se por $G = O + (\sum_{i=1}^{n}\vec{OA_i})/n$. No Exercício 3-17, $P = O + (\vec{OA} + \vec{OB} + \vec{OC} + \vec{OD})/4$; logo, P é o baricentro de A, B, C e D. Disso decorre que $\vec{PA} + \vec{PB} + \vec{PC} + \vec{PD} = \vec{0}$; como exercício, prove esta última igualdade diretamente. Se $n = 2$, tomando $O = A_1$, obtemos $G = A_1 + \vec{A_1A_2}/2$, ou seja, G é o ponto médio do segmento A_1A_2.

Capítulo 5

5-1 $\vec{CX} = \vec{CA}/(1 + m) + m\vec{CB}/(1 + m)$ $p = m/(1 + m)$

5-2 $\vec{OX} = (1 - m)\vec{OB} + m\vec{OC}$ $\vec{AX} = -\vec{OA} + (1 - m)\vec{OB} + m\vec{OC}$

5-3 (a) $1/(1 + r)$. Isso provém de $\vec{MN} = \vec{AC}/(1 + r)$.

     (b) Use a expressão de $\vec{MN}$ do item (a) e uma análoga de $\vec{QP}$ para concluir que $\vec{MN} = \vec{QP}$.

5-4 (a) Se X pertence à reta AB, então $\vec{AX} = \lambda\vec{AB}$. Faça aparecer C: $\vec{AX} = \vec{AC} + \vec{CX}$, $\vec{AB} = \vec{AC} + \vec{CB}$. Para a recíproca, faça aparecer A em $\vec{CX} = \alpha\vec{CA} + \beta\vec{CB}$.

     (c) Para todo $\lambda \neq 1$, $\vec{AX} = \lambda\vec{AB}$ equivale a $\vec{XA} = \lambda\vec{XB}/(\lambda - 1)$, e $\lambda/(\lambda - 1)$ é negativo se, e somente se, $0 < \lambda < 1$.

5-5 Se X é interior ao triângulo, existe D interior ao lado AB tal que X é interior a CD. Logo, $\vec{AD} = \lambda\vec{AB}$ e $\vec{CX} = \mu\vec{CD}$, com $0 < \lambda < 1$ e $0 < \mu < 1$; mostre que $\vec{CX} = \mu(1 - \lambda)\vec{CA} + \mu\lambda\vec{CB}$. Para a recíproca, tome $E = C + \vec{CX}/(\alpha + \beta)$ e mostre que X é interior a CE. De $\vec{AE} = \beta\vec{AB}/(\alpha + \beta)$ conclua que E é interior a AB e, portanto, X é interior ao triângulo.

5-6 Prove inicialmente que $\vec{MN} = (\vec{AB} + \vec{DC})/2$ e deduza dessa igualdade as duas afirmações do enunciado.

5-9 (b) $\vec{OX} = (\vec{OA} + \vec{OB} + \vec{OC})/3$

5-10 Dois segmentos QR e ST são paralelos e congruentes se, e somente se, $\vec{QR} = \pm\vec{ST}$. Portanto, existindo o triângulo, as possibilidades para os vetores associados a seus lados são $\pm\vec{AN}$, $\pm\vec{BP}$ e $\pm\vec{CM}$. Como a soma desses vetores deve ser nula, a condição procurada é $\vec{AN} + \vec{BP} + \vec{CM} = \vec{0}$ ou $\vec{AN} + \vec{BP} - \vec{CM} = \vec{0}$ ou $\vec{AN} - \vec{BP} + \vec{CM} = \vec{0}$ ou $-\vec{AN} + \vec{BP} + \vec{CM} = \vec{0}$ (fizemos as oito combinações possíveis dos sinais + e – e eliminamos quatro, pois elas são duas a duas equivalentes). Para a suficiência, proceda como no Exercício Resolvido 5-6.

5-11 (a) $\vec{AN} = -\vec{CA} - 3\vec{CB}/2$ $\vec{BP} = -\vec{CA}/2 - \vec{CB}$
     $\vec{CM} = \vec{CA}/2 + \vec{CB}/2$

Como $\vec{AN} - \vec{BP} + \vec{CM} = \vec{0}$, está satisfeita a condição obtida no Exercício 5-10.

(b) Exprima $\vec{AN}$, $\vec{BP}$ e $\vec{CM}$ em função de $\vec{CA}$, $\vec{CB}$, α, β, γ, imponha a condição obtida no Exercício 5-10, e utilize a hipótese de que α, β e γ pertencem a $[0,1]$.

5-12 $\vec{CX} = (\vec{CA} + \alpha\vec{CB})/(1 + \alpha)$ $\vec{AY} = -\vec{CA} + \vec{CB}/(1 + \beta)$
$\vec{BZ} = \gamma\vec{CA}/(1 + \gamma) - \vec{CB}$

5-13 (a) $\vec{CX} = -\vec{AC} + 2\vec{AB}/3$ $\vec{AY} = \vec{AB}/4 + 3\vec{AC}/4$

     (b) $P = A + 2\vec{AB}/9 + 2\vec{AC}/3$

5-14 (a) Prove que $(\alpha - 1)(\beta - 1) = 1 \Leftrightarrow \vec{AX} = (\alpha - 1)\vec{BY}$.

5-15 $-2\vec{BA} + 2\vec{BC}$

5-16 (a) $\vec{CX} = m\vec{CA}/(m + n) + n\vec{CB}/(m + n)$

     (b) Se $m + n = 1$, então $\vec{CX} = m\vec{CA} + n\vec{CB}$, confirmando o enunciado do Exercício 5-4 (a).

5-17 $\alpha = -1$

5-18 (a) Os vetores $\vec{CA}/b$ e $\vec{CB}/a$ têm normas iguais (pois são ambos unitários). Por isso, o paralelogramo que se constrói para obter um representante de sua soma é, na verdade, um losango. Lembre-se de que as diagonais de um losango estão contidas nas bissetrizes de seus ângulos internos.

     (b) $\vec{CX} = a\vec{CA}/(a + b) + b\vec{CB}/(a + b)$ $\vec{AX} = b\vec{AB}/(a + b)$

5-19 (a) Veja a resposta do Exercício 5-18 (a).

     (b) $\vec{CY} = a\vec{CA}/(a - b) - b\vec{CB}/(a - b)$ $\vec{AY} = -b\vec{AB}/(a - b)$

     (d) Não existiria Y (AB seria paralelo à bissetriz do ângulo externo de vértice C).

5-20 No triângulo ABC, sejam X o ponto de interseção do lado AB com a bissetriz de $A\hat{C}B$, Y o ponto de interseção de BC com a bissetriz de $B\hat{A}C$ e Z o ponto de interseção de AC com a bissetriz de $A\hat{B}C$. Sejam $a = \|\vec{CB}\|$, $b = \|\vec{CA}\|$, $c = \|\vec{AB}\|$ e p o perímetro do triângulo ($p = a + b + c$). Conforme o Exercício 5-18,

$$\vec{CX} = a\vec{CA}/(a + b) + b\vec{CB}/(a + b)$$
$$\vec{AY} = b\vec{AB}/(b + c) + c\vec{AC}/(b + c)$$

Prove que existem α e β tais que $R = A + \alpha\vec{AY} = C + \beta\vec{CX}$ e que, portanto, o ponto R pertence às retas CX e AY (para isso, substitua as expressões de $\vec{CX}$ e $\vec{AY}$ nesta última igualdade e obtenha um sistema de equações nas incógnitas α e β, que tem, por solução, $\alpha = (b + c)/p$, $\beta = (a + b)/p$). Conclua que $R = C + (a + b)\vec{CX}/p$. De modo análogo, prove que as retas CX e BZ têm um ponto comum, cuja expressão é igual à de R. Finalmente, para mostrar que R é interior ao triângulo, observe que esse ponto é interior ao segmento CX, pois $\vec{CR} = (a + b)\vec{CX}/p$ e $0 < (a + b)/p < 1$.

5-21 (a) Os ângulos $\hat{A}$ e $\hat{B}$ podem ser ambos agudos ou, então, um deles obtuso. No primeiro caso (Figura R-5-21 (a)) obtém-se, no triângulo AXC, $h = \|\vec{AX}\|\text{tg}\hat{A} = a\|\vec{AX}\|$ e, no triângulo CXB, $h = \|\vec{XB}\|\text{tg}\hat{B} = b\|\vec{XB}\|$; logo, $a\|\vec{AX}\| = b\|\vec{XB}\|$. Levando em conta que a e b são positivos e que X é interior ao segmento AB, conclua que $a\vec{AX} = b\vec{XB}$.

Se o ângulo $\hat{A}$ é obtuso (Figura R-5-21 (b)), obtém-se, no triângulo AXC, $h = \|\vec{AX}\|\text{tg}(X\hat{A}C) = \|\vec{AX}\|(-\text{tg}\hat{A}) = -a\|\vec{AX}\|$ e, no triângulo CXB, $h = \|\vec{XB}\|\text{tg}\hat{B} = b\|\vec{XB}\|$. Portanto, $-a\|\vec{AX}\| = b\|\vec{XB}\|$. Lembrando que $a < 0$, $b > 0$ e que X é

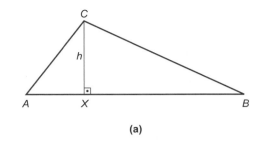

(a)

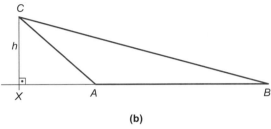

(b)

Figura R-5-21

exterior ao segmento AB, conclua que $a\overrightarrow{AX} = b\overrightarrow{XB}$. Se o ângulo $\hat{B}$ é obtuso, o procedimento é análogo. A expressão de $\overrightarrow{CX}$, válida para todos os casos, é

$\overrightarrow{CX} = a\overrightarrow{CA}/(a + b) + b\overrightarrow{CB}/(a + b)$.

(b) $\overrightarrow{AY} = -\overrightarrow{CA} + b\overrightarrow{CB}/(b + c)$ $\overrightarrow{BZ} = a\overrightarrow{CA}/(a + c) - \overrightarrow{CB}$

(d) Seja $s = a + b + c$. Combinando os resultados dos itens (a) e (c), obtenha $\overrightarrow{CP} = a\overrightarrow{CA}/s + b\overrightarrow{CB}/s$ e conclua que, devido ao Exercício 5-5, P é interior ao triângulo se, e somente se, $a/s > 0$, $b/s > 0$ e $(a + b)/s < 1$. Isso equivale a $a > 0$, $b > 0$, $c > 0$, que, por sua vez, equivale a serem agudos os ângulos internos do triângulo.

5-22 $X = A + 3\overrightarrow{AB}/5 + \overrightarrow{AC}/10$

5-23 $(\sqrt{3} - 1)/2$ e $\sqrt{3} + 1$.

5-24 (a) $\overrightarrow{BC} = \overrightarrow{BA} + \overrightarrow{AC} = \alpha\overrightarrow{BP} + \beta\overrightarrow{QC}$. Faça aparecer R para obter $(1 - \alpha)\overrightarrow{BC} = (\beta - \alpha)\overrightarrow{RC}$.

(b) Mostre, por semelhança de triângulos, que $\overrightarrow{AB} = (r_1/r_2)\overrightarrow{PB}$, $\overrightarrow{AC} = (r_1/r_3)\overrightarrow{QC}$ e $\overrightarrow{PR} = (r_2/r_3)\overrightarrow{QR}$. Utilize a parte (a).

Capítulo 6

6-2 Os vetores $\vec{u}$ e $\vec{v}$ são paralelos, de acordo com [3-1] (a). Portanto, se a seqüência é o par ordenado $(\vec{u},\vec{v})$, ela é LD e, se é uma tripla ordenada $(\vec{u},\vec{v},\vec{w})$, seus vetores são paralelos a um mesmo plano; logo, ela é LD. Se o número de vetores da seqüência é maior que 3, a seqüência é LD por definição.

6-3 (a) F   (b) F   (c) F   (d) V

6-4 (a) Sejam $\vec{u} = \overrightarrow{PA}$, $\vec{v} = \overrightarrow{PB}$, $\vec{w} = \overrightarrow{PC}$. Se $(\vec{u},\vec{v})$ é LD, então P, A e B são colineares. Logo, P, A, B e C são coplanares e, portanto, $(\vec{u},\vec{v},\vec{w})$ é LD.

(b) Raciocine por redução ao absurdo e utilize a parte (a).

6-5 (a) F   (b) F   (c) F   (d) F
      (e) V   (f) V

Contra-exemplo para (a) e (b): tome $(\vec{u},\vec{v})$ LI e $\vec{w} = \vec{0}$. Contra-exemplo para (c): tome $(\vec{u},\vec{v})$ LI e $\vec{w} = 2\vec{u}$. Justificativa para (d): Exercício 6-4 (b). Para (e), tome $\vec{v} = 2\vec{u}$, $\vec{w} = 3\vec{u}$ e, depois, o mesmo exemplo da resposta (a). Para (f), tome $\vec{w} = \vec{0}$ e, depois, escolha A, B, C não-colineares, $\vec{u} = \overrightarrow{AB}$, $\vec{v} = \overrightarrow{AC}$ e $\vec{w} = \overrightarrow{AD}$, com D não pertencente ao plano ABC.

6-6 (a) $\vec{a} = -2\vec{b} + 5\vec{c}$ (b) $\vec{c} = 2\vec{a} - \vec{b}$ (c) $\vec{c} = 2\vec{b} - 3\vec{a}$

6-7 (a) Porque $(\vec{u},\vec{v},\vec{w})$ é LI.   (b) Porque $(\vec{u},\vec{v})$ é LI.
      (c) Porque $(\vec{u},\vec{v})$ é LI.   (d) Porque $(\vec{u},\vec{v},\vec{w})$ é LI.

6-8 Como treinamento, tente duas resoluções: uma semelhante à do Exercício Resolvido 6-11, outra por redução ao absurdo.

6-10 Na equação $\alpha_1\vec{v}_1 + \alpha_2\vec{v}_2 + ... + \alpha_n\vec{v}_n = \vec{0}$, substitua o segundo membro por $0\vec{v}_1 + 0\vec{v}_2 + ... + 0\vec{v}_n$ e use a hipótese.

6-11 $a = 2/3$, $b = -1/3$.

6-13 (a) Se $\alpha = 0$, não; se $\alpha \neq 0$, sim.
       (b) Sim; veja o Exercício 6-9 (a).
       (c) Nem sempre; veja o Exercício 6-14.
       (d) Nem sempre; por exemplo, se $\vec{a} = \vec{u}$, $\vec{b} = \vec{v}$ e $\vec{c} = \vec{w}$, sim, e se $\vec{a} = -\vec{u}$, $\vec{b} = \vec{v}$ e $\vec{c} = \vec{w}$, não.

6-15 (a) Sendo $(\vec{x},\vec{y},\vec{z})$ e $(\vec{r},\vec{s},\vec{t})$ as seqüências do enunciado, exprima $\vec{u}$, $\vec{v}$ e $\vec{w}$ em função de $\vec{x}$, $\vec{y}$, $\vec{z}$, depois em função de $\vec{r}$, $\vec{s}$, $\vec{t}$. Compare, para obter $\vec{x}$, $\vec{y}$, $\vec{z}$ em função de $\vec{r}$, $\vec{s}$, $\vec{t}$. Proceda então como no Exercício Resolvido 6-11.

(b) Essa afirmação é equivalente à feita em (a); se aquela é verdadeira, esta também é.

6-16 (a) $\overrightarrow{BG} = \overrightarrow{BA}/6 + \overrightarrow{BC}/3 + \overrightarrow{BD}/3$

(b) Da expressão de X obtém-se $\overrightarrow{BX} = m\overrightarrow{BG}$. Use (a) e imponha que $(\overrightarrow{AX},\overrightarrow{AC},\overrightarrow{AD})$ seja LD para obter $m = 6/5$.

6-17 $\overrightarrow{AX} = 2\overrightarrow{AD}/3 + \overrightarrow{AB}/3$

6-18 Esta é uma versão geométrica da Proposição 6-4 (existência) e do Corolário 6-12 (unicidade).

Capítulo 7

7-1 0

Use $(a_1,a_2,a_3)_E = (b_1,b_2,b_3)_E \Leftrightarrow a_1 = b_1$, $a_2 = b_2$, $a_3 = b_3$.

7-3 (a) $(3,0,6)$ (b) $(-3,-3,-3)$ (c) $(8,4,-3)$

7-4 Não.

7-5 $\vec{t} = \vec{u} + 2\vec{v} + \vec{w}$

7-6 Não.

7-7 (a) LI   (b) LD   (c) LI   (d) LD

7-8 $m = 2$, $n = 4$.

7-9 (a) LI   (b) LD   (c) LD   (d) LI

7-10 $\vec{u}$ não é combinação linear de $\vec{v}$, $\vec{w}$, qualquer que seja m. A tripla $(\vec{u},\vec{v},\vec{w})$ é LD se, e somente se, $m = 0$ ou $m = 3$. Isso reitera o que foi dito na Observação 6-6.

7-11 (a) -1 e 1.   (b) 0 e 1.   (c) Não existe.   (d) 0 e 2.

7-12 0 e 1.

7-13 Não.

7-15 a ≠ b

7-16 −1, 1/2 e 1/2 (nessa ordem).

7-17 (a) $m \neq -4/7$ (b) $m = 1$

7-18 (a) $m \neq 2$ (b) Não existem.

7-19 (b) $m = -1/4$

7-20 (a) $\sqrt{3}$ (b) $\sqrt{2}$ (c) 5   (d) $\sqrt{21}$

7-21 (a) $\vec{AB}$, $\vec{AE}$ e $\vec{AD}$ não são paralelos a um mesmo plano; logo, são LI. Por isso, formam uma base, que não é ortonormal, pois $\vec{AB}$, por exemplo, não é unitário.

(b) $\vec{AG} = \vec{AB} + \vec{BC} + \vec{CG} = \vec{AB} + \vec{AD} + \vec{AE} = \vec{AB} + \vec{AE} + \vec{AD}$.

(c) $d^2 = 3^2 + 2^2 + 1^2 = 14$.

(d) [7-4] só pode ser usada se a base for ortonormal.

Capítulo 8

8-2 $a = 3/2$, $b = -1$, $c = -1/2$.

8-3 $\begin{bmatrix} -3 & 1 & 1 \\ 1 & -2 & 2 \\ 1 & 1 & 0 \end{bmatrix}$ $\vec{u} = 12\vec{e}_1 - 8\vec{e}_2 - 3\vec{e}_3$

8-4 $\begin{bmatrix} -1 & 3 & -4 \\ 0 & 0 & 3 \\ 1 & 0 & 0 \end{bmatrix}$ $\vec{u} = 11\vec{e}_1 - 3\vec{e}_2 - 4\vec{e}_3$

8-5 $m \neq -1$ e $m \neq 1$ $\begin{bmatrix} 1 & 0 & 1 \\ 1 & m & 0 \\ 0 & -1 & m \end{bmatrix}$

8-6 $\vec{u} = \vec{f}_1/2 + \vec{f}_2 - \vec{f}_3/14$

8-7 (2,−3,6)

8-8 (a) LI   (b) LD

8-9 Sim.
$\vec{u} = -\vec{a} - \vec{b}/3 + 2\vec{c}/3$ $\vec{v} = \vec{a}/2 + \vec{b}/3 + \vec{c}/3$ $\vec{w} = -\vec{b}/3 + 2\vec{c}/3$

8-10 (a) Verdadeira. Escreva $\vec{f}_j$ e $\vec{g}_j$ como combinação linear dos vetores de E.

(b) Verdadeira. Se $M_{EF} = M_{GF}$, então $M_{EF}^{-1} = M_{GF}^{-1}$, ou seja, $M_{FE} = M_{FG}$, e recaímos no caso (a).

(c) Verdadeira. Lembrando que $I_3 = M_{EE}$, obtemos $M_{EF} = M_{EE}$, recaindo no caso (a).

(d) Falsa. Contra-exemplo: $\vec{f}_1 = -\vec{e}_1$, $\vec{f}_2 = -\vec{e}_2$, $\vec{f}_3 = \vec{e}_3$.

8-11 (a) $M_{EF} = \begin{bmatrix} -1/2 & -1/2 & 1/2 \\ -1/2 & 1/2 & 1/2 \\ 1/2 & 1/2 & 1/2 \end{bmatrix}$ (b) $(-1/2, 1/2, -1)_F$

8-12 $M_{FE} = \begin{bmatrix} \sqrt{3}/2 & 1/2 & 0 \\ 0 & 0 & 1 \\ -1/2 & \sqrt{3}/2 & 0 \end{bmatrix}$ $M_{EF} = \begin{bmatrix} \sqrt{3}/2 & 0 & -1/2 \\ 1/2 & 0 & \sqrt{3}/2 \\ 0 & 1 & 0 \end{bmatrix}$

$M_{EG} = \begin{bmatrix} 1 & 1 & 1 \\ 1 & 1 & 0 \\ 1 & 0 & 0 \end{bmatrix}$ $M_{GE} = \begin{bmatrix} 0 & 0 & 1 \\ 0 & 1 & -1 \\ 1 & -1 & 0 \end{bmatrix}$

$M_{FG} = \begin{bmatrix} (\sqrt{3}+1)/2 & (\sqrt{3}+1)/2 & \sqrt{3}/2 \\ 1 & 0 & 0 \\ (\sqrt{3}-1)/2 & (\sqrt{3}-1)/2 & -1/2 \end{bmatrix}$

$M_{GF} = \begin{bmatrix} 0 & 1 & 0 \\ 1/2 & -1 & \sqrt{3}/2 \\ (\sqrt{3}-1)/2 & 0 & -(\sqrt{3}+1)/2 \end{bmatrix}$

$M_{EE} = M_{FF} = M_{GG} = I_3$

Capítulo 9

9-1 (a) V   (b) V   (c) V   (d) V

9-2 $0,6\pi$ radianos.

9-3 (a) 150°   (b) 90°   (c) 60°   (d) 30°

9-4 45° e 45°, ou 135° e 135°.

9-5 −1/2.

9-6 −6

9-7 $\vec{v} = (ba^{-1})\vec{u}$ dá o maior valor, que é ab; $\vec{v} = -(ba^{-1})\vec{u}$ dá o menor valor, que é $-ab$.

9-8 $a = 1$ e $b = 2$, ou $a = 2/5$ e $b = 11/5$.

9-9 (a) $\pi/2$ (b) $\pi/4$ (c) arccos(1/3)

(d) $\pi/3$ (e) $3\pi/4$

Para o item (e), note que $\vec{u} = 300(1,1,0)$ e $\vec{v} = 1000(-2,-1,2)$; use isso para simplificar as contas.

9-10 (a) 1/4, −3/4 e $\sqrt{6}/4$; −1/4, 3/4 e −$\sqrt{6}/4$.

9-11 (a) −9   (b) −2   (c) $\pm\sqrt{6}$ (d) Não existe.

9-12 (1,2,3)

9-13 (a) (3,−3,−3) e (−3,3,3)   (b) (3,−3,3)

9-14 (1,−1,1)

9-15 (1,−1,−1)

9-16 $\vec{u} = (1,0,2)$ ou $\vec{u} = (-1,0,-2)$. Sim, o segundo.

9-17 $(\sqrt{2}/2, -\sqrt{2}/2, 1)$ e $(\sqrt{2}/2, -\sqrt{2}/2, -1)$.

9-18 É o conjunto dos vetores $\lambda(7,8,-11)$, com $\lambda \neq 0$.

9-19 $\vec{u} = (1/2, 3/2, 2) + (1/2, -3/2, 1)$.

9-21 (a) Verdadeiro. Utilize a Definição 9-2 (a) (para ⇐) e a Proposição 9-7 (d) (para ⇒).

(b) Falso; contra-exemplo: $\vec{u} = (1,1,1)_E$ e $\vec{v} = (1,1,-2)_E$, sendo E uma base ortonormal; $\vec{u}$ e $\vec{v}$ são não-nulos e $\vec{u}\cdot\vec{v} = 0$.

(c) Verdadeiro; escreva $\vec{u}\cdot(\vec{v} - \vec{w}) = \vec{u}\cdot[\vec{v} + (-1)\vec{w}]$ e aplique a Proposição 9-7, (a) e (b).

(d) Verdadeiro; conseqüência da Proposição 9-7 (b) e (d).

9-22 Comutativa – item (c); distributiva – item (a). A propriedade associativa não tem lugar na álgebra do produto escalar, pois não existe produto escalar de três ou mais vetores. Como $\vec{u}\cdot\vec{v}$ é um número real, não podemos nem pensar em calcular o produto escalar desse número por $\vec{w}$.

9-23 (a) $-1/2$ (b) $-7/2$ (c) -40 (d) 33

9-24 (a) Sim. Para uma resolução rápida, veja o Exercício 7-14. Para exercitar-se com determinantes, siga os passos da resolução do Exercício Resolvido 9-9.

(b) Sim, vale também para dois vetores.

9-25 (a) Use a Proposição 9-7 (d).

(b) Se $\vec{v}_1, \vec{v}_2 \ldots \vec{v}_n$ são vetores de **T**, então
$(\alpha_1\vec{v}_1 + \ldots + \alpha_n\vec{v}_n)\cdot\vec{w} = \alpha_1\vec{v}_1\cdot\vec{w} + \ldots + \alpha_n\vec{v}_n\cdot\vec{w} = 0$

(c) Se $(\vec{u},\vec{v},\vec{w})$ fosse LD, $\vec{w}$ seria combinação linear de $\vec{u}, \vec{v}$: $\vec{w} = \alpha\vec{u} + \beta\vec{v}$. Então, $\vec{w}\cdot\vec{w} = \vec{w}\cdot(\alpha\vec{u} + \beta\vec{v}) = \ldots = 0$, contrariando (a).

(d) Se existissem $\vec{a}, \vec{b}$ e $\vec{c}$ LI em **T**, $\vec{w}$ seria gerado por eles: $\vec{w} = \alpha\vec{a} + \beta\vec{b} + \gamma\vec{c}$. Siga os passos da resposta (c).

(e) Seja $\vec{z}$ um vetor qualquer de **T**. Pelo item anterior, $(\vec{u},\vec{v},\vec{z})$ é LD e, como $(\vec{u},\vec{v})$ é LI, $\vec{z}$ é combinação linear de $\vec{u}, \vec{v}$.

9-28 $-13/4$. Você pode partir de $(\vec{u} + \vec{v} + \vec{w})\cdot(\vec{u} + \vec{v} + \vec{w}) = 0$ e desenvolver, usando a Proposição 9-7. Outro modo é proceder como na resolução do Exercício Resolvido 9-9.

9-29 Não, pois $(\vec{u},\vec{v},\vec{w})$ é LI.

9-30 $\overrightarrow{BA}\cdot\overrightarrow{BC} = r^2[1 + \cos\alpha - \cos\beta - \cos(\alpha + \beta)]$

9-31 52

9-32 (a) $\overrightarrow{DM} = \overrightarrow{DC} + \overrightarrow{DA}/2$ $\overrightarrow{BD} = -\overrightarrow{DC} - \overrightarrow{DA}$

(b) $\arccos(-3/\sqrt{10})$

9-33 $\arccos(3/\sqrt{22})$

9-34 $2\sqrt{3}$ e $\sqrt{3}$; $\arccos(\sqrt{2}/4)$.

9-35 Sendo a a medida de uma aresta e AB e CD arestas opostas,
$\overrightarrow{AB}\cdot\overrightarrow{CD} = (\overrightarrow{AC} + \overrightarrow{CB})\cdot\overrightarrow{CD} = \overrightarrow{AC}\cdot\overrightarrow{CD} + \overrightarrow{CB}\cdot\overrightarrow{CD}$
$= a^2\cos 120° + a^2\cos 60° = 0$

9-36 Escolha uma base ortonormal conveniente e exprima $\overrightarrow{BA}$ e $\overrightarrow{BC}$ nessa base. Usar o Exercício 9-10 (d) também é uma boa opção.

9-37 $19/\sqrt{481}$

9-38 Observe que (c) é a tradução de (b) para a linguagem geométrica.

9-40 $\arccos(4/\sqrt{26})$

9-42 Como $\vec{w}$ é paralelo ao plano ABC, é suficiente provar que $\text{ang}(\vec{u},\vec{w}) = \text{ang}(\vec{v},\vec{w})$; para isso, calcule os co-senos. Note que, devido ao Exercício 9-27, $\text{ang}(\vec{u},\vec{w}) = \text{ang}(\vec{a},\vec{w})$ e $\text{ang}(\vec{v},\vec{w}) = \text{ang}(\vec{b},\vec{w})$.

9-44 Sejam A, B e C os vértices do triângulo, M o ponto médio de BC, $\vec{u} = \overrightarrow{AB}$ e $\vec{v} = \overrightarrow{AC}$. Em (a), você deve provar que, se $\|\vec{u}\| = \|\vec{v}\|$, então $(\vec{v} - \vec{u})\cdot(\vec{u} + \vec{v}) = 0$ e $\text{ang}(\vec{u},\vec{u} + \vec{v}) = \text{ang}(\vec{v},\vec{u} + \vec{v})$ (também se pode aplicar o Exercício 9-42, abreviando o trabalho). Em (b), se $\theta_1 = \text{ang}(-\vec{u},\vec{v} - \vec{u})$ e $\theta_2 = \text{ang}(-\vec{v},\vec{v} - \vec{u})$, prove que $\cos\theta_1 = \cos\theta_2 \Leftrightarrow \|\vec{u}\| = \|\vec{v}\|$.

9-45 Utilize o Exercício 9-42 para obter vetores paralelos às bissetrizes.

9-46 Este é um caso particular do Exercício 9-42.

9-47 (a) Exprima todos os vetores do primeiro membro em termos de $\overrightarrow{AB}, \overrightarrow{AC}, \overrightarrow{AD}$ (para isso, basta fazer aparecer A onde ainda não aparece) e desenvolva. É fácil escrever o primeiro membro sem tê-lo decorado: escreva as permutações cíclicas da "palavra" ABC (isto é, ABC, BCA, CAB; cada uma é obtida da anterior levando-se a primeira letra para o final), acrescente a elas a letra D ($ABCD$, $BCAD$, $CABD$), coloque as setas e complete com os símbolos $\cdot$ e $+$.

(c) No triângulo ABC, considere as retas-suportes das alturas relativas aos vértices A e B. Seja D seu ponto de interseção. Use a Relação de Euler para provar que $\overrightarrow{CD} \perp \overrightarrow{AB}$ e que, por isso, D pertence à reta que contém a terceira altura.

9-48 (b) Aplicando a parte (a) aos versores de $\vec{u}, \vec{v}$ e $\vec{w}$ (veja o Exercício 9-27), obtém-se $0 \leq 3 + 2(\cos\alpha + \cos\beta + \cos\gamma)$.

(c) Devido ao Exercício 7-14, basta considerar o caso em que $\vec{u}, \vec{v}$ e $\vec{w}$ são unitários. Procedendo como no Exercício Resolvido 9-9, você pode provar que $(\vec{u},\vec{v},\vec{w})$ é base se, e somente se, $\cos\alpha \neq 1$ e $\cos\alpha \neq -1/2$. Pelo item (b), isso equivale a $0 < \alpha < 120$ (em graus). Interprete geometricamente, pensando em um tripé articulado.

9-49 (a) $\arccos(3/\sqrt{21})$ (b) $\sqrt{21}$

9-51 (a) e (b): se um dos vetores é nulo, vale a igualdade. Senão, use a Definição 9-2(b).

(c) $\|\vec{u} + \vec{v}\|^2 = \|\vec{u}\|^2 + 2\vec{u}\cdot\vec{v} + \|\vec{v}\|^2 \leq \|\vec{u}\|^2 + 2|\vec{u}\cdot\vec{v}| + \|\vec{v}\|^2 \leq \|\vec{u}\|^2 + 2\|\vec{u}\|\|\vec{v}\| + \|\vec{v}\|^2 = (\|\vec{u}\| + \|\vec{v}\|)^2$. Usamos, na segunda desigualdade, o item (a).

(d) A tese equivale a $-\|\vec{u} - \vec{v}\| \leq \|\vec{u}\| - \|\vec{v}\| \leq \|\vec{u} - \vec{v}\|$. Escrevendo $\vec{u} = (\vec{u} - \vec{v}) + \vec{v}$ e usando (c), você prova uma das desigualdades. Escrevendo $\vec{v} = (\vec{v} - \vec{u}) + \vec{u}$, prova a outra.

9-52 (a) 0 (b) $\|\vec{v}\|/\|\vec{u}\|$ (c) $-\|\vec{v}\|/\|\vec{u}\|$

9-53 (a) $(18/11, -6/11, 6/11)$ (b) $(-10/9, 5/9, 10/9)$

(c) $(0,0,0)$ (d) $(1,2,4)$

9-54 (a) $\vec{v} = (0, 3/10, 9/10) + (-1, -33/10, 11/10)$

(b) $\vec{v} = (0,1,2) + (0,0,0)$ (c) $\vec{v} = (0,0,0) + (1,2,-1)$

9-55 $(3/4, -\sqrt{3}/4, 1/2)$ e $(3/4, \sqrt{3}/4, 1/2)$.

9-56 (a) É conseqüência imediata de [9-11].

(b) Utilize o Exercício 9-26 e a parte (a).

9-58 Use (b) para resolver (c); a hipotenusa é AB.

9-60 (a) $\vec{a}$ e $\vec{b}$ são ortogonais ou iguais.

(b) $\vec{a}$ e $\vec{b}$ são ortogonais ou de mesmo comprimento.

(c) Para (⇒), use o argumento: se $\alpha\vec{a} = \beta\vec{b}$, e $\vec{a}$ e $\vec{b}$ não são nulos, então $\alpha = \beta = 0$ ou $\vec{a}//\vec{b}$.

9-61 (a) Basta notar que $\overrightarrow{AB}$ e $\overrightarrow{AC}$ são LI. (b) 2 e 3.

9-62 (b) $\dfrac{(\vec{u}\cdot\vec{v})^3}{\|\vec{u}\|^4\|\vec{v}\|^2}\vec{u}$

(c) $\dfrac{(\vec{u}\cdot\vec{v})^n}{\|\vec{u}\|^n\|\vec{v}\|^n}\vec{v}$ para n par, e $\dfrac{(\vec{u}\cdot\vec{v})^n}{\|\vec{u}\|^{n+1}\|\vec{v}\|^{n-1}}\vec{u}$ para n ímpar (a demonstração se faz por indução finita). Note que, se θ é a medida angular entre $\vec{u}$ e $\vec{v}$, a resposta pode ser escrita sob a forma
$(\cos^n\theta)\vec{v}$ para n par;
$(\cos^{n-1}\theta)\dfrac{\vec{u}\cdot\vec{v}}{\|\vec{u}\|^2}\vec{u} = (\cos^{n-1}\theta)\text{proj}_{\vec{u}}\vec{v}$, para n ímpar.

(d) 135/16 (use o resultado do item (c), com $n = 6$).

9-64 M_{EB} é uma *matriz triangular superior*, isto é, todos os seus elementos situados abaixo da diagonal principal são nulos.

9-65 $\vec{i} = (1/3, 2/3, 2/3)$, $\vec{j} = (2/3, -2/3, 1/3)$, $\vec{k} = (2/3, 1/3, -2/3)$.

9-66 (c) $\begin{bmatrix} \sqrt{3}/2 & 1/2 & 0 \\ -1/2 & \sqrt{3}/2 & 0 \\ 0 & 0 & 1 \end{bmatrix}$ (d) $\begin{bmatrix} 1/\sqrt{2} & 1/\sqrt{2} & 0 \\ 0 & 0 & 1 \\ -1/\sqrt{2} & 1/\sqrt{2} & 0 \end{bmatrix}$

(e) $\begin{bmatrix} 1/3 & 2/3 & 2/3 \\ 2/3 & -2/3 & 1/3 \\ 2/3 & 1/3 & -2/3 \end{bmatrix}$

9-67 De $M^tM = I$ decorre $(\det M^t)(\det M) = 1$, isto é, $(\det M)^2 = 1$. As matrizes dos itens (a) e (b) do Exercício 9-66 mostram que não vale a recíproca.

9-68 (b) $\vec{u} = (0,-1,1)_E$, $\vec{v} = (0,1,1)_E$, $\vec{w} = (-1,0,0)_E$, $\|\vec{u}\| = \|\vec{v}\| = \sqrt{2}$.

(d) $M_{EF} = \begin{bmatrix} 0 & 0 & -1 \\ -1/\sqrt{2} & 1/\sqrt{2} & 0 \\ 1/\sqrt{2} & 1/\sqrt{2} & 0 \end{bmatrix}$ $M_{FE} = \begin{bmatrix} 0 & -1/\sqrt{2} & 1/\sqrt{2} \\ 0 & 1/\sqrt{2} & 1/\sqrt{2} \\ -1 & 0 & 0 \end{bmatrix}$

(são transpostas uma da outra, devido ao Exercício Resolvido 9-17).

(e) $\overrightarrow{HB} = (-1,1,1)_E = (0,\sqrt{2},1)_F$

9-69 $\vec{a} = (2/\sqrt{3}, -3/\sqrt{2}, 7/\sqrt{6})$

Lembrou-se de usar o Exercício Resolvido 9-17?

9-70 (1) Simplifica o cálculo das coordenadas de um vetor (Exercício 9-26).

(2) Permite o cálculo da norma de um vetor pela fórmula [7-4].

(3) Permite o cálculo do produto escalar usando-se a Proposição 9-4.

(4) Facilita a inversão da matriz M_{EF} para obter M_{FE} (Exercício Resolvido 9-17). *E outras vantagens ainda virão...*

Capítulo 10

10-1 Use as propriedades de determinantes, como na demonstração da Proposição 10-2.

10-2 (a) Concordantes. (b) Concordantes.
(c) Discordantes.

10-4 (a) Discordantes. (b) Concordantes.
(c) Discordantes. (d) Concordantes.

10-5 (a) $t \neq -1$ e $t \neq -1/3$
(b) Concordantes: $t > -1/3$. Discordantes: $-1 \neq t < -1/3$.
(c) Sim: $F(0) = E$, pois $M(0) = I_3$.
(d) $t_0 = 1$ $\vec{a} = 3\vec{u} - \vec{v} + \vec{w}$ $\vec{b} = -\vec{u} + 2\vec{w}$ $\vec{c} = -3\vec{v} + 5\vec{w}$

10-6 Escreva as matrizes de mudança de base e calcule seus determinantes.

10-7 Não, pois as bases do enfeite escolhido, seja ele qual for, são azuis. Seria o mesmo que dizer, na terminologia "oficial": "$\mathbb{V}^3$ está orientado por uma base negativa".

10-8 (a) F pertence a **A**. (b) F pertence a **B**.

10-9 Dextras: E e F; sinistras: G e H.

10-10 (a) Concordantes. (b) Discordantes.

10-11 Na maioria dos aspiradores, a rosca é invertida. Se você não conseguiu retirar o bocal, tente girar em sentido contrário. Isso mostra que, para que a Regra do saca-rolhas funcione bem, é preciso que a rosca imaginada seja uma rosca convencional.

Capítulo 11

11-1 3

11-2 7/2 e 126.

11-3 8

11-4 (a) Use a Observação 11-2 (c).
(b) $\|\overrightarrow{CA} \wedge \overrightarrow{CB}\|/\|\overrightarrow{CB}\|$ $\|\overrightarrow{CA} \wedge \overrightarrow{CB}\|/\|\overrightarrow{CA}\|$
(estas não são as únicas respostas possíveis).
(c) $d(C,r) = \|\overrightarrow{AB} \wedge \overrightarrow{AC}\|/\|\overrightarrow{AB}\|$.

11-5 (1/3, 1/3, 1/6)

11-6 $2\sqrt{3}$

11-7 $\vec{0}$, pois o segundo é o produto de $-\sqrt{3}$ pelo primeiro.

11-8 (a) $2\sqrt{3}$ (b) $2\sqrt{3}$ (c) $4\sqrt{3}$ (d) $4\sqrt{3}$ (e) $8\sqrt{3}$

11-9 $\vec{u} = (2(4-\sqrt{3}), 4(1-\sqrt{3}), 1)$. Escreva $\vec{u} = \alpha\vec{a} + \beta\vec{b} + \gamma\vec{c}$ e calcule seu produto escalar por $\vec{a}$, por $\vec{b}$ e por $\vec{c}$ para obter os valores de α, β e γ. Em seguida, mostre que $\vec{c} = 4\vec{a} \wedge \vec{b}$.

11-10 Sejam a e b números reais positivos fixados. Interpretação geométrica de (a): dados um paralelogramo e um retângulo cujos lados medem a e b, a área do primeiro não pode ser maior que a do segundo. Interpretação geométrica de (b): dentre os paralelogramos cujos lados medem a e b, somente os retângulos têm a maior área possível, que é ab.

11-11 (b) 4 (c) $3\sqrt{2}$ (d) $\sqrt{3}a^2/2$ (e) 1
Utilize a igualdade (b_4) do item (a) para resolver (b), (c) e (d).

Respostas — 501

11-13 (a) Use [11-4]; lembre-se de que $\vec{u}_{ij} = (a_1,b_1,0)$, $\vec{v}_{ij} = (a_2,b_2,0)$ etc.

(b) $S(\Omega)^2 = \|\vec{u} \wedge \vec{v}\|^2 = D_{bc}^2 + D_{ac}^2 + D_{ab}^2$. Use a parte (a).

(c) De $\cos\gamma = \dfrac{(\vec{u} \wedge \vec{v}) \cdot \vec{k}}{\|\vec{u} \wedge \vec{v}\| \, \|\vec{k}\|} = \dfrac{(\vec{u} \wedge \vec{v}) \cdot \vec{k}}{S(\Omega)}$ decorre

$S(\Omega)|\cos\gamma| = |(\vec{u} \wedge \vec{v}) \cdot \vec{k}| = |(D_{bc},-D_{ac},D_{ab}) \cdot \vec{k}| = |D_{ab}|$

Portanto, pela parte (a), $S(\Omega)|\cos\gamma| = S(\Omega_{ij})$ etc.

11-14 $-12\vec{i} + 4\vec{j} - 16\vec{k}$

11-15 (a) Verdadeira. Por ser uma permutação não-cíclica de G, a base $(\vec{a},\vec{c},\vec{b})$ é ortonormal positiva; logo,

$\vec{a} \wedge \vec{c} = \vec{b}$ $\vec{c} \wedge \vec{b} = \vec{a}$ $\vec{b} \wedge \vec{a} = \vec{c}$ $\vec{c} \wedge \vec{a} = -\vec{b}$ etc.

(b) Falsa. Não sabemos que vetores são $\vec{i}$, $\vec{j}$ e $\vec{k}$. O correto é escrever, na primeira linha do determinante, os vetores da base à qual se referem as coordenadas que estão nas outras duas linhas.

$\vec{u} \wedge \vec{v} = \begin{vmatrix} \vec{p} & \vec{q} & \vec{r} \\ 1 & 2 & 5 \\ 2 & 0 & -1 \end{vmatrix} = (-2,11,-4)_E = -2\vec{p} + 11\vec{q} - 4\vec{r}$

11-16 $F = (\vec{p},\vec{r},\vec{q})$ é uma base ortonormal positiva (pois é uma permutação não-cíclica de E), e, em relação a ela, $\vec{u} = (a_1,c_1,b_1)$ e $\vec{v} = (a_2,c_2,b_2)$. Então, pela Proposição 11-4,

$\vec{u} \wedge \vec{v} = \begin{vmatrix} \vec{p} & \vec{r} & \vec{q} \\ a_1 & c_1 & b_1 \\ a_2 & c_2 & b_2 \end{vmatrix}$ etc.

11-17 (a) $(-10,-2,-14)$ e $(10,2,14)$. (b) $(10,2,14)$ e $(-10,-2,-14)$.

(c) $(-13,-3,4)$ e $(13,3,-4)$. (d) $(0,0,0)$ e $(0,0,0)$.

11-18 $\sqrt{62}$, quer AB e AD sejam lados, quer um dos dois seja diagonal.

11-19 $\sqrt{19}/2$

11-20 (d) $2\overrightarrow{EA}$, aplicada em qualquer ponto do segmento que une os centros dos quadrados $ABCD$ e $EFGH$.

11-21 (a) É o conjunto vazio, pois não está obedecida a condição necessária dada na parte (b) do exercício resolvido anterior.

(b) É o conjunto de todos os vetores paralelos a $2\vec{i} + 3\vec{k}$.

11-22 (a) $\vec{x} = (1,1,1)_B$ (b) $\vec{x} = \vec{i} + \vec{j} + \vec{k}$

(c) $\vec{x} = (a,0,1-a)_B$ e $\vec{y} = (1-a,1,a-1)_B$ ($a \in \mathbb{R}$).

11-23 $\vec{x} = -\vec{i} + 2\vec{j} + \vec{k}$

11-24 O conjunto-solução é formado por todos os vetores gerados por $\vec{j}$, $\vec{k}$.

11-26 $\vec{x} = (-1,1,-1)$. Você pode resolver este exercício utilizando ou não o produto vetorial (o Exercício 9-13, por exemplo, é semelhante a este; recomendamos que o faça dos dois modos e compare as resoluções.

11-27 (a) **A** é o conjunto dos múltiplos escalares de $\vec{u} \wedge \vec{v}$.

(b) $\vec{w} = -\dfrac{\vec{u} \wedge \vec{v}}{\|\vec{u} \wedge \vec{v}\|}$ (c) $\vec{w} = \dfrac{1}{\sqrt{6}}(2,1,1)$

(d) $\vec{x} \wedge \vec{y} = (5,-1,-2)_E$. Cuidado; devido ao Exercício Resolvido 10-4, E é base ortonormal negativa. Veja o Exercício 11-16.

11-28 $\vec{a} = (1,1,1)/\sqrt{3}$, $\vec{b} = (1,0,-1)/\sqrt{2}$, $\vec{c} = (-1,2,-1)/\sqrt{6}$.

11-29 Usando a notação da Observação 11-9:

$\vec{i} = (1,0,1)/\sqrt{2}$ $\vec{j} = (0,1,0)$ $\vec{k} = (-1,0,1)/\sqrt{2}$

Pelo método de Gram-Schmidt, obtém-se a base $(\vec{i},\vec{j},-\vec{k})$ e, pelo outro método, $(\vec{i},\vec{j},\vec{k})$. Note que a base E é negativa.

11-30 DF é perpendicular ao plano PMN se, e somente se, $\overrightarrow{PM} \wedge \overrightarrow{PN} = \lambda \overrightarrow{DF}$. Escolha uma base ortonormal positiva $(\vec{i},\vec{j},\vec{k})$ conveniente e calcule as coordenadas de $\overrightarrow{PM}$, $\overrightarrow{PN}$ e $\overrightarrow{DF}$ nessa base. Sugestão para a escolha da base: tome $\vec{i}$, $\vec{j}$ e $\vec{k}$ respectivamente paralelos a $\overrightarrow{AB}$, $\overrightarrow{AD}$ e $\overrightarrow{AE}$. Outro modo de resolver (que não usa o produto vetorial) é escrever $\overrightarrow{PM}$, $\overrightarrow{PN}$ e $\overrightarrow{DF}$ como combinações lineares de $\overrightarrow{AB}$, $\overrightarrow{AD}$, $\overrightarrow{AE}$ e impor a condição $\overrightarrow{PM} \cdot \overrightarrow{DF} = \overrightarrow{PN} \cdot \overrightarrow{DF} = 0$.

11-31 Na base E: $\vec{a} = (-1,0,1)/\sqrt{2}$, $\vec{b} = (-1,0,-1)/\sqrt{2}$, $\vec{c} = (0,-1,0)$.

11-33 (a) Partindo do primeiro membro, faça aparecer O em todos os termos. Use, em seguida, a Proposição 11-10.

(b) $\overrightarrow{AB} \wedge \overrightarrow{AC} = \vec{u} \wedge \vec{v} + \vec{v} \wedge \vec{w} + \vec{w} \wedge \vec{u} = \vec{x}_{ABC}$.

(c) Decorre de (b) e da Observação 11-2 (a).

(d) Há infinitas respostas: são os múltiplos escalares de $\vec{x}_{ABC}$.

11-35 Calcule $(\vec{u} - \vec{t}) \wedge (\vec{v} - \vec{w})$ e use a Observação 11-2 (a).

11-36 Interpretação geométrica: uma reta não pode ser simultaneamente paralela a duas retas concorrentes.

11-37 Interpretação geométrica: duas retas não podem ser simultaneamente paralelas e ortogonais.

11-38 $\vec{u} \wedge \vec{v} = \vec{u} \wedge \vec{w} \Rightarrow \vec{u} \wedge (\vec{v} - \vec{w}) = \vec{0}$. Como $\vec{u} \cdot (\vec{v} - \vec{w}) = 0$, recaímos na situação descrita no Exercício 11-37.

11-39 A resolução mais rápida é puramente algébrica: calcule o produto vetorial de ambos os membros de $\vec{u} + \vec{v} + \vec{w} = \vec{0}$ por $\vec{u}$ e, depois, por $\vec{v}$.

11-40 2

11-41 4/9. A razão é $\|\overrightarrow{BQ} \wedge \overrightarrow{BP}\|/\|\overrightarrow{BC} \wedge \overrightarrow{BA}\|$. Exprima $\overrightarrow{BQ}$ e $\overrightarrow{BP}$ em função de $\overrightarrow{BC}$, $\overrightarrow{BA}$.

11-42 Sejam r e s, respectivamente, as retas (reversas) que contêm as arestas AB e CD e seja h a reta perpendicular comum a r e s (veja a Figura R-11-42). Sejam ainda P e Q, respectivamente, os pontos de interseção de h com r e s. Então, a

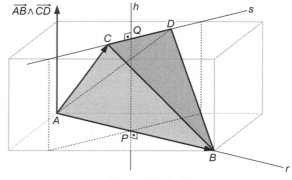

Figura R-11-42

distância entre r e s é igual a $\|\overrightarrow{PQ}\|$, e $\overrightarrow{PQ}$ é a projeção ortogonal de $\overrightarrow{AC}$ sobre o vetor $\vec{u} = \overrightarrow{AB} \wedge \overrightarrow{CD}$. Aplique [9-12].

11-43 Dado o triângulo ABC, sejam $\vec{u} = \overrightarrow{AB}$, $\vec{v} = \overrightarrow{BC}$, $\vec{w} = \overrightarrow{CA}$. Pelo Exercício 11-39, $\|\overrightarrow{AB} \wedge \overrightarrow{BC}\| = \|\overrightarrow{BC} \wedge \overrightarrow{CA}\| = \|\overrightarrow{CA} \wedge \overrightarrow{AB}\|$. Conclui-se, portanto, que $\|\overrightarrow{AB}\| \mathrm{sen}\hat{B} = \|\overrightarrow{CA}\| \mathrm{sen}\hat{C}$ etc.

11-45 Escreva $\vec{u} \wedge (\vec{v} \wedge \vec{w}) = -(\vec{v} \wedge \vec{w}) \wedge \vec{u}$ para aplicar [11-11].

11-46 $(1,-2,1)$ e $(-10/7,-13/7,-19/7)$.

11-51 (b) Sendo $B_1 = (\vec{r},\vec{s},\vec{t})$, $\vec{r}$ e $\vec{i}$ são versores do mesmo vetor $\vec{u}$; logo, $\vec{r} = \vec{i}$. Mostre que $\vec{v} - \mathrm{proj}_{\vec{u}}\vec{v}$ e $(\vec{u} \wedge \vec{v}) \wedge \vec{u}$ são de mesmo sentido e conclua que seus versores ($\vec{j}$ e $\vec{s}$) são iguais. Assim, $\vec{k} = \vec{i} \wedge \vec{j} = \vec{r} \wedge \vec{s}$. Para terminar, lembre-se de que $\vec{r} \wedge \vec{s} = \vec{t}$ se B_1 é positiva e $\vec{r} \wedge \vec{s} = -\vec{t}$ se B_1 é negativa.

(c) Utilize [11-11] e a relação (b$_4$) do Exercício 11-11 para mostrar que $(\vec{u} \wedge \vec{v}) \wedge \vec{u} \cdot \vec{v} = \|\vec{u} \wedge \vec{v}\|^2$; como $\vec{u} \wedge \vec{v} \neq \vec{0}$ (consequência da hipótese), decorre que $(\vec{u} \wedge \vec{v}) \wedge \vec{u} \cdot \vec{v} > 0$.

11-52 Basta mostrar que $\overrightarrow{AH} \wedge [\overrightarrow{BC} \wedge (\overrightarrow{AB} \wedge \overrightarrow{AC})] = \vec{0}$; para isso, use a parte (b) do Exercício 11-50.

11-53 (a) $\vec{a} \wedge \vec{b} = -\vec{a} \wedge \vec{b}$ (b) $(\vec{a} \wedge \vec{b}) \wedge \vec{c} = (\vec{a} \wedge \vec{b}) \wedge \vec{c}$

(c) $(\vec{a} \wedge \vec{b}) \wedge (\vec{c} \wedge \vec{d}) = -(\vec{a} \wedge \vec{b}) \wedge (\vec{c} \wedge \vec{d})$

Capítulo 12

12-1 2

12-2 $\|\vec{u}\| \|\vec{v}\| \|\vec{w}\| \mathrm{sen}\varphi \cos\theta$

12-3 (a) Se $(\vec{u},\vec{v})$ é LD ou $\vec{w} = \vec{0}$, o primeiro membro é nulo e, portanto, a desigualdade é verdadeira. Caso contrário, use o resultado do Exercício 12-2.

(b) Se $(\vec{u},\vec{v})$ é LD, mostre que o primeiro membro é nulo e que, portanto, vale a igualdade se, e somente se, algum dos vetores é nulo. Se $(\vec{u},\vec{v})$ é LI e $\vec{w}$ não é nulo, use o Exercício 12-2 para concluir que a igualdade vale se, e somente se, os vetores são dois a dois ortogonais.

(c) Sejam a, b e c números reais positivos. Interpretação geométrica de (a): um paralelepípedo qualquer, cujas arestas meçam a, b e c, não pode ter volume maior do que o de um paralelepípedo retângulo cujas arestas também meçam a, b e c. Interpretação geométrica de (b): dentre os paralelepípedos cujas arestas medem a, b e c, somente os paralelepípedos retângulos têm o maior volume possível, que é abc.

12-4 $[\overrightarrow{CM},\overrightarrow{CB},\overrightarrow{BF}] = \|\overrightarrow{CM} \wedge \overrightarrow{CB}\| \|\overrightarrow{BF}\| \cos 30° = \ldots = 3\sqrt{3}$

12-5 24

12-6 $\beta = -\alpha$

12-7 $|[\overrightarrow{AB},\overrightarrow{AC},\overrightarrow{AD}]|/\|\overrightarrow{AB} \wedge \overrightarrow{AC}\|$ (o volume do paralelepípedo, dividido pela área de uma base, é igual à altura correspondente).

12-8 3/50

12-9 $(abc/6)\sqrt{1 + 2\cos\alpha\cos\beta\cos\gamma - \cos^2\alpha - \cos^2\beta - \cos^2\gamma}$

Pelo Exercício 12-2, se $\theta = \mathrm{ang}(\overrightarrow{OA} \wedge \overrightarrow{OB}, \overrightarrow{OC})$, o volume é

$$\frac{1}{6}|\overrightarrow{OA} \wedge \overrightarrow{OB} \cdot \overrightarrow{OC}| = \frac{1}{6} abc \cdot \mathrm{sen}\alpha|\cos\theta|$$

Para eliminar θ desta expressão, parta de

$\|(\overrightarrow{OA} \wedge \overrightarrow{OB}) \wedge \overrightarrow{OC}\|^2 = \|\overrightarrow{OA} \wedge \overrightarrow{OB}\|^2 \|\overrightarrow{OC}\|^2 \mathrm{sen}^2\theta$

$= \|\overrightarrow{OA}\|^2 \|\overrightarrow{OB}\|^2 \mathrm{sen}^2\alpha \|\overrightarrow{OC}\|^2 \mathrm{sen}^2\theta$

e aplique a fórmula [11-11] (duplo produto vetorial) ao primeiro membro, obtendo a relação

$\mathrm{sen}^2\alpha \, \mathrm{sen}^2\theta = \cos^2\beta + \cos^2\gamma - 2\cos\alpha\cos\beta\cos\gamma$

12-10 r e s são coplanares se, e somente se, $\vec{u}$, $\vec{v}$ e $\overrightarrow{PQ}$ são paralelos a um mesmo plano, ou seja, se, e somente se, $(\vec{u},\vec{v},\overrightarrow{PQ})$ é LD. Use o Corolário 12-5.

12-11 A base $F = (\vec{a},\vec{c},\vec{b})$ é ortonormal positiva, e $\vec{u} = (-1,1,-3)_F$, $\vec{v} = (1,1,0)_F$, $\vec{w} = (2,1,1)_F$. Aplique a Proposição 12-4 para obter $[\vec{u},\vec{v},\vec{w}] = 1$.

12-12 Use a estratégia sugerida na resposta do Exercício 12-11.

12-13 (a) -4 (b) $\arccos(-4/9\sqrt{2})$

12-14 (a) $-2\sqrt{2}$ (use o resultado do Exercício 12-2).

(b) $(0,\sqrt{2},\sqrt{2})$. Mostre que $\overrightarrow{DC} \wedge \overrightarrow{DA} = \lambda \overrightarrow{VO}$, $\lambda > 0$. Tomando normas, obtenha $\lambda = 2\sqrt{2}$. Exprima $\overrightarrow{VO}$ na base dada.

12-15 (a) Veja o Exercício Resolvido 9-17, em que foi calculado um produto matricial parecido com este.

(b) Em relação à base E, sejam A a matriz que tem $\vec{u}$, $\vec{v}$ e $\vec{w}$, e B a matriz que tem $\vec{x}$, $\vec{y}$ e $\vec{z}$ por vetores-coluna (nessa ordem). Pela parte (a), o determinante do enunciado é igual a $\det(A^t B)$, que por sua vez é igual a $(\det A^t)(\det B) = (\det A^t)(\det B^t) = [\vec{u},\vec{v},\vec{w}] \cdot [\vec{x},\vec{y},\vec{z}]$. Para justificar esta última igualdade, use argumento semelhante ao da demonstração da Proposição 12-8 (a).

(c) $2\sqrt{-2 + \sqrt{6}}$. Faça, na igualdade do item (b), $\vec{u} = \vec{x}$, $\vec{v} = \vec{y}$, $\vec{w} = \vec{z}$.

12-16 (a) Escreva $\vec{x} = \alpha \vec{e}_1 + \beta \vec{e}_2 + \gamma \vec{e}_3$ e calcule cada produto misto envolvendo $\vec{x}$.

(b) $\vec{x} = 2\vec{e}_1 + \vec{e}_2 + \vec{e}_3$

12-17 3

12-18 (b) Substitua, em (a), $\vec{w}$ por $\vec{w} \wedge \vec{t}$ e $\vec{t}$ por $\vec{x}$.

(c) Substitua, em (a), $\vec{w}$ por $\vec{a} \wedge \vec{b}$ e $\vec{t}$ por $\vec{x} \wedge \vec{y}$.

Como treinamento, resolva (b) e (c) sem utilizar (a).

12-19 (a) No Exercício 12-18 (c), faça $a = \vec{v}$, $b = \vec{x} = \vec{w}$, e $y = \vec{u}$.

(b) e (c) decorrem de (a) e do Corolário 12-5.

(d) Use o Corolário 12-9.

(e) O determinante é $[\vec{u},\vec{v},\vec{w}]$. Use o Corolário 12-9 e a Proposição 12-8 (b).

12-20 24

12-21 2

12-22 (a) A base é negativa (utilize o Corolário 12-9).

(b) 8

12-23 Como $[\vec{a},\vec{b},\vec{c}] \neq 0$, $(\vec{a},\vec{b},\vec{c})$ é base. Escreva $\vec{x} = \alpha\vec{a} + \beta\vec{b} + \gamma\vec{c}$ e substitua no primeiro membro da equação. Se $[\vec{a},\vec{b},\vec{c}] \leq 0$, não há solução. Se $[\vec{a},\vec{b},\vec{c}] > 0$, a solução é $\vec{x} = \pm[\vec{a},\vec{b},\vec{c}]^{-1/2}\vec{c}$.

Capítulo 13

13-1 Pela aparição de coordenadas nulas. Pontos de Ox têm ordenada e cota nulas: $(x,0,0)$; pontos de Oy têm abscissa e cota nulas: $(0,y,0)$; pontos de Oz têm abscissa e ordenada nulas: $(0,0,z)$; pontos do plano Oxy têm cota nula: $(x,y,0)$; do plano Oyz, abscissa nula: $(0,y,z)$; do plano Oxz, ordenada nula: $(x,0,z)$.

13-2 Em relação ao plano Oxy: $(x,y,-z)$. Em relação ao plano Oxz: $(x,-y,z)$. Em relação ao plano Oyz: $(-x,y,z)$. Faça uma figura para se convencer de que isto é falso quando o sistema não é ortogonal.

13-3 Em relação a Ox: $(x,-y,-z)$. Em relação a Oy: $(-x,y,-z)$. Em relação a Oz: $(-x,-y,z)$. Isto é falso quando o sistema não é ortogonal.

13-4 $(-x,-y,-z)$. Vale mesmo que o sistema não seja ortogonal.

13-5 (a) $P_1 = (x,y,0)$ $\quad P_2 = (x,0,z)$ $\quad P_3 = (0,y,z)$
$P_4 = (x,0,0)$ $\quad P_5 = (0,y,0)$ $\quad P_6 = (0,0,z)$

(b) $(-x,y,z)$ $\quad (x,-y,z)$ $\quad (x,y,-z)$ $\quad (x,-y,-z)$
$(-x,y,-z)$ $\quad (-x,-y,z)$ $\quad (-x,y,-z)$

13-6 (a) Oxy, Oz. (b) Oxz, Oy. (c) Oyz, Ox.

Observe que, neste exercício, as projeções podem ser oblíquas. Faça uma figura.

13-7 (a) $A = (0,0,0)$ $\quad B = (1,0,0)$ $\quad C = (0,1,0)$ $\quad D = (-1,1,0)$
$E = (-1,0,1)$ $\quad F = (0,0,1)$ $\quad G = (-1,1,1)$ $\quad H = (-2,1,1)$

(b) $A = (2,-1,-1)$ $\quad B = (3,-1,-1)$ $\quad C = (2,0,-1)$ $\quad D = (1,0,-1)$
$E = (1,-1,0)$ $\quad F = (2,-1,0)$ $\quad G = (1,0,0)$ $\quad H = (0,0,0)$

Observe que essas respostas são obtidas das de (a) somando-se o vetor $(2,-1,-1)$; explique por quê.

(c) $A = (1,2,-1/2)$ $\quad B = (1,4,-1/2)$ $\quad C = (1,2,0)$ $\quad D = (1,0,0)$
$E = (0,0,-1/2)$ $\quad F = (0,2,-1/2)$ $\quad G = (0,0,0)$ $\quad H = (0,-2,0)$

(d) $A = (0,0,0)$ $\quad B = (0,0,1)$ $\quad C = (1,0,0)$ $\quad D = (1,0,-1)$
$E = (0,1,-1)$ $\quad F = (0,1,0)$ $\quad G = (1,1,-1)$ $\quad H = (1,1,-2)$

13-8 $(-4,6,1)$

13-9 (a) $C = (5/3, 11/3, 2)$ $\quad D = (4/3, 7/3, 1)$

(b) $x = (x_1 + rx_2)/(1 + r)$ $\quad y = (y_1 + ry_2)/(1 + r)$
$z = (z_1 + rz_2)/(1 + r)$

13-10 $Q = (2x_0 - x, 2y_0 - y, 2z_0 - z)$

13-12 $a \neq -1$; reverso.

Os pontos são vértices de um quadrilátero se, e somente se, são três a três não-colineares, ou seja: A, B e C não são colineares, A, B e D não são colineares, A, C e D não são colineares, e B, C e D não são colineares. Isso quer dizer que $(\overrightarrow{AB},\overrightarrow{AC})$ é LI, $(\overrightarrow{AB},\overrightarrow{AD})$ é LI, $(\overrightarrow{AC},\overrightarrow{AD})$ é LI e $(\overrightarrow{BC},\overrightarrow{BD})$ é LI, o que acontece se, e somente se, $a \neq -1$. Neste caso, o determinante das coordenadas dos vetores $\overrightarrow{AB}$, $\overrightarrow{AC}$, $\overrightarrow{AD}$ (nessa ordem), que é igual a $-5(a + 1)$, é diferente de 0. Logo, os três vetores são LI, e, portanto, os pontos A, B, C e D não são coplanares: o quadrilátero é reverso.

13-13 (b) Como somente no item (c) você saberá quais são os lados do quadrilátero, utilize o Exercício 5-5.

(c) Os lados são AB, BD, DC e CA; as diagonais, AD e BC. Exprimindo (por exemplo) $\overrightarrow{AD}$ como combinação linear de $\overrightarrow{AB}$, $\overrightarrow{AC}$, você encontra coeficientes de mesmo sinal: $\overrightarrow{AD} = \overrightarrow{AB} + 2\overrightarrow{AC}$. Pelo critério do Exercício Resolvido 6-16, a reta AD separa B e C, e, portanto, o segmento AD é uma diagonal. A outra é BC, e os quatro segmentos restantes são os lados. Como se vê, descobrir de início uma combinação linear cujos coeficientes tenham mesmo sinal simplifica a resolução. Se eles tivessem sinais contrários, você poderia "corrigir" isso passando vetores de um membro para o outro. Assim, por exemplo, da igualdade $\overrightarrow{BD} = -2\overrightarrow{BA} + 2\overrightarrow{BC}$ decorre $\overrightarrow{BC} = \overrightarrow{BA} + \overrightarrow{BD}/2$, o que mostra que $\overrightarrow{BC}$ é diagonal.

13-14 Mostre que dois dos vetores $\overrightarrow{AB}$, $\overrightarrow{AC}$, $\overrightarrow{AD}$ são LI e que um dos três é a soma dos outros dois.

13-15 Verifique que $\overrightarrow{DB} = 2\overrightarrow{AC}$ e que $(\overrightarrow{AD},\overrightarrow{BC})$ é LI. Disso decorre que se trata de um quadrilátero plano, com dois lados opostos paralelos de comprimentos diferentes (pois $||\overrightarrow{DB}|| = 2||\overrightarrow{AC}||$), ou seja, um trapézio. A base maior é DB e a base menor é AC. Como os segmentos orientados (D,B) e (A,C) são de mesmo sentido (pois isso acontece com $\overrightarrow{DB}$ e $\overrightarrow{AC}$), os segmentos DA e BC são disjuntos (Definição 1-2 (c)), não podendo, portanto, ser diagonais. Logo, os lados não-paralelos são DA e BC. Por exclusão, as diagonais são AB e CD. Você também pode resolver este exercício pelo método indicado na resposta do Exercício 13-13 (c).

13-16 $\overrightarrow{CB} = 3\overrightarrow{CA} + 4\overrightarrow{CD}$. Os coeficientes da combinação linear são de mesmo sinal; logo, pelo Exercício Resolvido 6-16, a reta CB separa A e D. Concluímos que CB é uma diagonal e AD é a outra. Os lados são, portanto, AB, AC, BD e CD.

13-17 (a) Falsa. Contra-exemplo: os pontos $A = (1,2,2)$, $B = (3,4,1)$ e $C = (1,0,-3)$ não são colineares (pois $\overrightarrow{AB}$ e $\overrightarrow{AC}$ são LI), mas o determinante correspondente é nulo. Outro argumento, fatal: se a afirmação fosse verdadeira, tomando $C = (0,0,0)$ e dois pontos A e B quaisquer de $\mathbb{E}^3$, concluiríamos que esses três pontos são colineares e, portanto, $\mathbb{E}^3$ seria uma reta. Assim, o determinante formado pelas coordenadas de três pontos *não tem* nenhum significado geométrico e *não serve* para verificar a colinearidade dos três pontos. Para fazer isso, o correto (e muito mais simples) é analisar a dependência linear de $(\overrightarrow{AB},\overrightarrow{AC})$.

(b) Verdadeira. Se A, B e C são colineares, então os pontos O, A, B e C são coplanares e, por isso, os vetores $\overrightarrow{OA}$, $\overrightarrow{OB}$ e $\overrightarrow{OC}$ são LD. Logo, pela Proposição 7-6, $\Delta = 0$. Desta vez, estamos enxergando, nas linhas de Δ, coordenadas de *vetores*.

Capítulo 14

14-1 Amanda errou apenas o Exercício B.

14-2 (a) Forma vetorial: $(x,y,z) = (4,-7,-6) + \lambda(1,-1,-1)$.

Forma simétrica: $\dfrac{x-4}{-1} = \dfrac{y+7}{1} = \dfrac{z+6}{1}$.

Forma paramétrica: $r: \begin{cases} x = 4 - \lambda \\ y = -7 + \lambda \\ z = -6 + \lambda \end{cases}$ ($\lambda \in \mathbb{R}$)

D não pertence à reta.

(b) Forma vetorial: $(x,y,z) = (1,2,3) + \lambda(3,2,1)$.

Forma simétrica: $\dfrac{x-1}{3} = \dfrac{y-2}{2} = \dfrac{z-3}{1}$.

Forma paramétrica: $r: \begin{cases} x = 1 + 3\lambda \\ y = 2 + 2\lambda \\ z = 3 + \lambda \end{cases}$ ($\lambda \in \mathbb{R}$)

Vetores diretores unitários: $\pm(3,2,1)/\sqrt{14}$.

14-3 $Ox: \begin{cases} x = \lambda \\ y = 0 \\ z = 0 \end{cases}$ $Oy: \begin{cases} x = 0 \\ y = \lambda \\ z = 0 \end{cases}$ $Oz: \begin{cases} x = 0 \\ y = 0 \\ z = \lambda \end{cases}$

As equações não podem ser colocadas na forma simétrica, pois os vetores diretores têm alguma coordenada nula.

14-4 Vetores diretores: $(-1,1,2)$ e $(2,-2,-4)$. P não, Q sim.

14-5 $\begin{cases} x = 1 - \lambda \\ y = 4 - 3\lambda \\ z = -7 \end{cases}$ ($\lambda \in \mathbb{R}$)

Se duas retas são paralelas, qualquer vetor diretor de uma delas é vetor diretor da outra.

14-6 $\begin{cases} x = 3 + 2\lambda \\ y = 3 + \lambda \\ z = 3 - \lambda \end{cases}$ ($\lambda \in \mathbb{R}$)

14-7 Forma paramétrica: $\begin{cases} x = 2 - 15\lambda \\ y = 4\lambda \\ z = -3 + 18\lambda \end{cases}$ ($\lambda \in \mathbb{R}$)

Forma simétrica: $\dfrac{x-2}{-15} = \dfrac{y}{4} = \dfrac{z+3}{18}$

14-8 $(x+1)/3 = (y+4)/4 = (z+2)/5$

14-9 $X = (2,1,1) + \lambda(2,3,-14)$

14-10 (a) Verifique que $\vec{AB}$ e $\vec{AC}$ são LI, ou, então, que C não pertence à reta AB.

(b) $\begin{cases} x = 4 + 5\lambda \\ y = -7 - 11\lambda \\ z = -6 - 4\lambda \end{cases}$ ($\lambda \in \mathbb{R}$)

Lembrou-se de que $\vec{CA} + \vec{CB}$ é paralelo à mediana?

14-11 Interna: $\begin{cases} x = 1 - \lambda \\ y = \lambda \\ z = 1 \end{cases}$ Externa: $\begin{cases} x = 1 + \lambda \\ y = \lambda \\ z = 1 \end{cases}$

Use o Exercício 9-42 para obter vetores diretores.

14-12 $X = (2,1,-1) + \lambda(1,-2,-2)$. Um vetor diretor da reta procurada é $\vec{AC} \wedge (\vec{BA} \wedge \vec{BC})$ (Exercício 11-52). Se a base é positiva, os produtos vetoriais podem ser calculados pelo determinante simbólico (Proposição 11-4); se é negativa, pelo Exercício 11-16. Nos dois casos, você obterá o mesmo resultado (veja a Observação 11-14 (b)). Uma alternativa é usar a fórmula do duplo produto vetorial (Proposição 11-13 (b)).

14-13 Forma vetorial: $X = (1,2,3) + \lambda(-3,1,-3)$

Forma paramétrica: $\begin{cases} x = 1 - 3\lambda \\ y = 2 + \lambda \\ z = 3 - 3\lambda \end{cases}$ ($\lambda \in \mathbb{R}$)

Forma simétrica: $(x-1)/(-3) = y - 2 = (z-3)/(-3)$

Os pontos são $(7,0,9)$ e $(-5,4,-3)$. Usou a técnica do λ?

14-14 $(3/4, 7/4, 15/4)$ ou $(3/2, 5/2, 15/2)$. Usou a técnica do λ? A homenagem a Santos Dumont está no número do exercício: 14-bis.

14-15 $(1,1,0)$. Usou a técnica do λ? A distância de A a r é igual a $\sqrt{3}$, porque apenas um ponto de r dista $\sqrt{3}$ de A.

14-16 $(2,0,4)$ e $(0,2,4)$; a distância de A a r é menor do que $\sqrt{11}$, porque existem dois pontos de r que distam $\sqrt{11}$ de A.

14-17 $(1,0,0)$. Usou a técnica do λ?

14-18 (a) $(2,1,-1)$ e $(22/9, 13/9, -11/9)$.

(b) Não existe C.

(c) Qualquer ponto da reta PQ é solução.

(d) Não existe C.

14-19 Veja a Figura R-14-19 (M e N correspondem a $\lambda = -1/2$ na equação do item (b)).

14-20 Cecília errou apenas o Exercício 3.

14-21 (a) Forma vetorial: $X = (1,2,0) + \lambda(1,1,0) + \mu(2,3,-1)$

Forma paramétrica: $\begin{cases} x = 1 + \lambda + 2\mu \\ y = 2 + \lambda + 3\mu \\ z = -\mu \end{cases}$ ($\lambda, \mu \in \mathbb{R}$)

(b) Forma vetorial: $X = (1,1,0) + \lambda(0,2,1) + \mu(2,1,0)$

Forma paramétrica: $\begin{cases} x = 1 + 2\mu \\ y = 1 + 2\lambda + \mu \\ z = \lambda \end{cases}$ ($\lambda, \mu \in \mathbb{R}$)

(c) Forma vetorial: $X = (1,0,1) + \lambda(1,-1,2) + \mu(1,1,1)$

Forma paramétrica: $\begin{cases} x = 1 + \lambda + \mu \\ y = -\lambda + \mu \\ z = 1 + 2\lambda + \mu \end{cases}$ $(\lambda,\mu \in \mathbb{R})$

(d) Forma vetorial: $X = (1,-1,0) + \lambda(-1,-2,1) + \mu(0,1,1)$

Forma paramétrica: $\begin{cases} x = 1 - \lambda \\ y = -1 - 2\lambda + \mu \\ z = \lambda + \mu \end{cases}$ $(\lambda,\mu \in \mathbb{R})$

(Foram usados o ponto C e os vetores $\overrightarrow{BC}$ e $\overrightarrow{CA}$.)

(e) Como $(\overrightarrow{AB},\overrightarrow{AC})$ é LD, os pontos dados são colineares e existem infinitos planos que os contêm, ou seja, π não está determinado.

14-22 $\begin{cases} x = 1 + \lambda + 2\mu \\ y = 1 + 2\lambda + \mu \\ z = 2 - \lambda \end{cases}$ $(\lambda,\mu \in \mathbb{R})$

Se dois planos são paralelos, vetores diretores de um deles são vetores diretores do outro.

14-23 $Oxy: \begin{cases} x = \lambda \\ y = \mu \\ z = 0 \end{cases}$ $Oxz: \begin{cases} x = \lambda \\ y = 0 \\ z = \mu \end{cases}$ $Oyz: \begin{cases} x = 0 \\ y = \lambda \\ z = \mu \end{cases}$

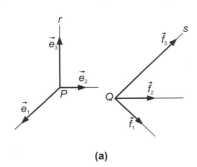

(a)

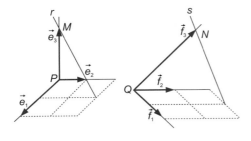

(b)

Figura R-14-19

14-24 $\begin{cases} x = \lambda \\ y = \lambda \\ z = \mu \end{cases}$ $\begin{cases} x = \lambda \\ y = -\lambda \\ z = \mu \end{cases}$ $\begin{cases} x = \mu \\ y = \lambda \\ z = \lambda \end{cases}$

$\begin{cases} x = \mu \\ y = \lambda \\ z = -\lambda \end{cases}$ $\begin{cases} x = \lambda \\ y = \mu \\ z = \lambda \end{cases}$ $\begin{cases} x = \lambda \\ y = \mu \\ z = -\lambda \end{cases}$

14-25 $\vec{u} = (11,7,4) + (-10,-5,0)$

14-26 (a) É a reta que contém o ponto $(0,1,0)$ e tem vetor diretor $(1,1,-1)$ (introduza a notação $\alpha = \lambda + 2\mu$).

(b) Os vetores (a,b,c) e (m,n,p) serem LI.

14-27 Veja a Figura R-14-27.

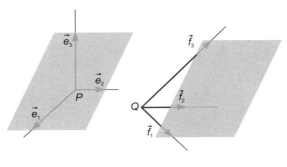

(a)

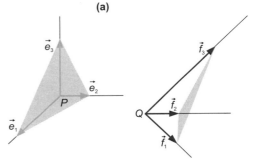

(b)

Figura R-14-27

14-28 (a) Errou; a segunda equação equivale a $x - 3y + 2z + 2 = 0$, e esta é incompatível com a de Marcelo.

(b) Acertou.

14-29 (a) $x - 2y + 4z + 1 = 0$ (b) $3x - y - 2z - 1 = 0$
(c) $3x - y + z - 4 = 0$
(d) O plano não está determinado; veja a resposta 14-21 (e).
(e) $3x - 2y - 3 = 0$ (f) $x + z - 2 = 0$

14-30 $Oxy: z = 0$ $Oxz: y = 0$ $Oyz: x = 0$

14-31 $x - y = 0$ $x + y = 0$ $x - z = 0$
$x + z = 0$ $y - z = 0$ $y + z = 0$

14-32 (a) Veja a Figura R-14-32. (b) Não.

506 — Geometria Analítica — um tratamento vetorial

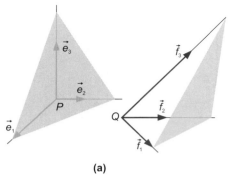

(a)

Figura R-14-32

14-33 (a) Não. (b) Sim. (c) Sim. (d) Sim.

14-34 $aa + bb + cc = a^2 + b^2 + c^2 \neq 0$, pois os coeficientes a, b e c não são todos nulos.

14-35 Veja a Figura R-14-35; na parte (d), M e N são pontos médios de arestas.

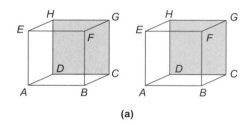
(a)

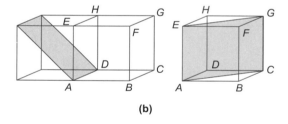
(b)

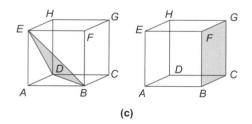
(c)

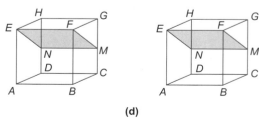
(d)

Figura R-14-35

14-36 (a) $2x - y - 3z + 7 = 0$ (b) $y - 2 = 0$
(c) $y - 2z = 0$ (d) $7x + 8y - 5z = 0$

14-37

(a) $\begin{cases} x = \lambda \\ y = \mu \\ z = 5 + 4\lambda + 2\mu \end{cases}$ (b) $\begin{cases} x = \lambda \\ y = -1 + 5\lambda \\ z = \mu \end{cases}$

(c) $\begin{cases} x = \lambda \\ y = \mu \\ z = 3 \end{cases}$ (d) $\begin{cases} x = \lambda \\ y = 2 + \lambda \\ z = \mu \end{cases}$

14-38 (a) $\pi_1: x + y + z - 1 = 0$ $\pi_2: x - y - z = 0$
$\pi_3: x + 2y - z - 2 = 0$

(b) $(1/2, 2/3, -1/6)$. Um ponto está na interseção se, e somente se, satisfaz as três equações gerais. Resolvendo o sistema formado por elas, obtém-se a resposta.

14-39 $8x + 6y - z - 39 = 0$.

14-40 (a) $(3,1,2)$ (b) Não existem.
(c) Todos os pontos de r. (d) Não existem.

14-41 São os pontos da reta $r: X = (1,0,0) + \lambda(2,1,-3)$. Um ponto P pertence a π_1 se, e somente se, existem λ e μ tais que $P = (1 + 2\lambda, \lambda, \lambda + \mu)$. Mostre que P pertence também a π_2 se, e somente se, $\mu = -4\lambda$, ou seja, $P = (1 + 2\lambda, \lambda, -3\lambda)$, o que equivale a P pertencer a r.

Capítulo 15

15-1 (a) Concorrentes em $(2,3,3)$.
(b) Não são concorrentes. São iguais.
(c) Concorrentes em $(22,-21,11)$.
(d) Não são concorrentes.

15-2 (a) As trajetórias não são concorrentes; as partículas colidem no ponto $(7/2, 1/4, 29/4)$, no instante $t = 3/4$. As trajetórias são iguais, e a segunda partícula, mais veloz, "persegue" a primeira até alcançá-la.
(b) $X = (-4,4,-4) + t(10,-5,15)$ $(t \in \mathbb{R})$.

15-3 $\alpha = -1/2$; $t = 2$.

15-4 (a) $(-2,2,-7)$ $-17x + 7y + 6z - 6 = 0$
(b) $(-2,6,-6)$ $-4x + y + 3z + 4 = 0$
(c) $(1,4,0)$ $4x - 7y + 6z + 24 = 0$

15-5 $A = (8,-7,3)$, $B = (-3,2,3)$. B é o ponto comum às retas r e s. Para obter A, determine antes M, o ponto médio de AC: M pertence a s e $\overrightarrow{CM}$ é ortogonal a um vetor diretor de r.

15-6 (a) $\{(-2,0,1)\}$ (b) É a reta r.
(c) $\{(5,4,3)\}$ (d) É o conjunto vazio.
(e) $\{(-2/3,-1/3,2)\}$

15-7 Como a velocidade é unitária, a duração do processo é igual à soma dos comprimentos de AB e BP; B é o ponto em que a reta $r: X = A + \lambda \vec{u}$ intercepta π.

15-8 (a) $\pi: y - 1 = 0$

(c) (2,2,4) (0,2,4) (2,2,0) (0,2,0) $\pi_1: y - 2 = 0$

Pelo Corolário 14-22, π é paralelo a Oxz; logo, o mesmo ocorre com π_1, que tem, portanto, uma equação geral da forma $y + d = 0$.

15-9

(a) $\begin{cases} x = \lambda \\ y = \lambda \\ z = -1 + 3\lambda \end{cases}$ (b) $\begin{cases} x = \lambda \\ y = -2 + 2\lambda \\ z = 1 \end{cases}$

(c) A interseção é o plano π_1 (igual a π_2).

(d) A interseção é vazia (planos paralelos, distintos).

15-10 (a) A interseção é a reta de equação $X = (3,-2,5) + \lambda(3,0,2)$.

(b) A interseção é vazia.

(c) A interseção é o próprio plano π_1, igual a π_2.

(d) A interseção é a reta de equação $X = (4,5,2) + \lambda(2,3,1)$.

15-11 $B = (2/3, 2/3, -1/3)$; $C = (2/3, -1/3, 2/3)$ ou $C = (2/3, 5/3, -4/3)$.

15-12 Não daremos a resposta deste exercício, pelo seguinte motivo: há muitas maneiras de eliminar o parâmetro, e é grande a probabilidade de escolhermos um caminho diferente do seu e obtermos equações totalmente distintas das suas (no item (a), por exemplo, uma das equações de plano que encontramos foi $2x + 5y + 3z - 59 = 0$). Um recurso para conferir seus resultados é escolher dois pontos de r e verificar se as suas coordenadas satisfazem as duas equações de plano obtidas. Não se esqueça da condição sobre a proporcionalidade dos coeficientes.

15-13 (a) $X = (2,3,1) + \lambda(3,0,1)$ (b) $X = (3,1,4) + \lambda(0,1,3)$

15-14 O ponto comum é $P = (1,1,2)$ e o volume, $4/3$.

15-15 $X = (1,0,0) + \lambda(-1,2,0)$. Se não fosse a condição "coordenadas inteiras", haveria três soluções.

15-16 $\vec{u} = (m,n,p)$ é paralelo a r se, e somente se, $\vec{u}$ é paralelo a π_1 e a π_2; pela Proposição 14-21, isso equivale a

$a_1 m + b_1 n + c_1 p = 0$ e $a_2 m + b_2 n + c_2 p = 0$.

15-17 Michelle acertou os três exercícios.

Capítulo 16

16-1 (a) Paralelas distintas.

(b) Concorrentes em $P = (1,-1,0)$.

(c) Reversas. (d) Coincidentes ($r = s$).

(e) Concorrentes em $P = (-2,6,-6)$.

(f) Concorrentes em $P = (-2,2,-7)$.

(g) Reversas. (h) Reversas.

16-2 (a) $m = 1$ (b) $m = 1$

(c) m é qualquer. (d) Não existe m.

(e) m é qualquer número real diferente de 0 e de 1.

16-3 (a) $3x - 4y - 10z + 3 = 0$ (b) $x - z - 1 = 0$

(e) $4x - y - 3z - 4 = 0$ (f) $17x - 7y - 6z + 6 = 0$

Note que, em (d), as retas são coplanares mas não *determinam* um plano, pois há infinitos planos que contêm r e s.

16-4 Se $m \neq 2/3$, as retas são reversas. Se $m = 2/3$, são concorrentes em $P = (-9,-5,-13)$ e determinam o plano de equação $2x - y - z = 0$.

16-5 Se $n = 2$, as retas são paralelas distintas para todo m e determinam o plano $\pi: (m + 1)x - 3y + (5 - m)z + 2m - 1 = 0$.

16-6 $n = -1$, ou ($n = 2$ e $m \neq 3$), ou ($n \neq 2$, $n \neq -1$ e $m + n = 5$). Nos dois primeiros casos, r e s são paralelas distintas. No terceiro, são concorrentes.

16-7 (a) $x - y - 1 = 0$; r e s são concorrentes em $P = (1,0,0)$.

(b) $8x - 4y - z + 4 = 0$; r e s são paralelas distintas.

16-8 (a) r e π são transversais; $P = (1,0,-1)$.

(b) r é paralela a π. (c) r está contida em π.

(d) r e π são paralelos.

(e) r é transversal a π; $P = (-1/9, -4/9, -1/9)$.

(f) r é paralela a π.

16-9 2

16-10 (a) $m = 1$, $n = 7$. (b) $m = 0$, $n = -1/3$.

16-11 Para qualquer valor não-nulo.

16-12 (a) $m = n \neq \pm\sqrt{7}$ (b) $m \neq n$ (c) $m = n = \pm\sqrt{7}$

16-13 (a) $X = (3,1,3) + \lambda(1,0,1)$ (b) Não existe a reta t.

16-14 (c) $4x - 2y - z + 3 = 0$ (g) $7x - 11y + 3z + 7 = 0$

(h) $5x - 4y + z + 22 = 0$

16-15 Se $(\vec{u},\vec{v},\vec{w})$ é LI ou $(\vec{u},\vec{v},\vec{t})$ é LI, os planos são transversais. Se $(\vec{u},\vec{v},\vec{w})$ é LD e $(\vec{u},\vec{v},\vec{t})$ também é LD, então os planos coincidem se A pertence a π_2, e são paralelos distintos se A não pertence a π_2.

16-16 (a) São iguais. (b) São transversais.

(c) São paralelos distintos. (d) São transversais.

(resolução rapidíssima para (d): o vetor $(1,0,3)$ é paralelo a π_2, mas não a π_1, pois $1 \cdot 1 - 1 \cdot 0 + 2 \cdot 3 \neq 0$).

16-17 (a) Não existe m. (b) $-5/2$.

16-19 Os planos são transversais, qualquer que seja m.

16-20 Se $a_1 a_2 + b_1 b_2 + c_1 c_2 = 0$, então o vetor $\vec{n}_1 = (a_1, b_1, c_1)$ é paralelo a π_2 (Proposição 14-21), mas não é paralelo a π_1 (Exercício 14-34). Logo, π_1 e π_2 são transversais. A condição não é necessária; contra-exemplo: $\pi_1: x = 0$ e $\pi_2: x + y = 0$.

16-21 (a) $\pi: x - y + 3z + 3 = 0$ ou $\pi: x - y + 3z - 3 = 0$

(b) $\pi: x - y + 3z - 1 = 0$ ou $\pi: x - y + 3z + 1 = 0$

16-22 (a) $x + z - 2 = 0$ (b) $3x - 2y - 3 = 0$

16-23 $y - z - 1 = 0$

16-24 $\pi: x + 2y + 2z - 2 = 0$ (0,0,1) (0,1,0) (2,0,0) ou
$\pi: x - 2y + 2z + 2 = 0$ (0,0,-1) (0,1,0) (-2,0,0)

16-25 Não existe (usando a equação do feixe, obtém-se $\alpha = \beta = 0$). O motivo geométrico é que a reta $\pi_1 \cap \pi_2$ e a reta determinada pelos pontos (2,0,0) e (0,2,0) são reversas.

16-26 (a) Aplique a Proposição 16-10; mostre que $\alpha \neq 0$ e divida os dois membros de [16-4] por α. Unicidade: suponha

508 – Geometria Analítica – um tratamento vetorial

que π: $a_1x + b_1y + c_1z + d_1 + \mu(a_2x + b_2y + c_2z + d_2) = 0$ e aplique a Proposição 16-4 (a) para concluir que $\mu = \lambda$.

(d) π: $x - y + 2z - 1 = 0$ ou π: $x + 2y - z - 1 = 0$ (este segundo é o plano π_4).

16-27 Se π: $\alpha(a_1x + b_1y + c_1z + d_1) + \beta(a_2x + b_2y + c_2z + d_2) = 0$, então $-\alpha(a_1x + b_1y + c_1z + d_1) - \beta(a_2x + b_2y + c_2z + d_2) = 0$ é outra equação de π. Sempre se pode optar, entre $-\alpha$ e α, pelo que for maior ou igual a 0.

16-28 Um plano π é paralelo a r se, e somente se, existe um plano π' paralelo a π, diferente de π, que contém r. Combine as Proposições 16-8 e 16-10.

16-29 (a) $x + y - 2z - 1 = 0$

(b) Não existe π. Usando a equação do feixe de planos paralelos a r, dada no Exercício 16-28, você obtém $\gamma = 0$, o que não pode ser aceito. Se usar a equação do feixe de planos que contêm s ([16-4]), verá que o único plano do feixe, paralelo ao vetor $(1,1,1)$, é π: $2x + y - 3z + 2 = 0$, o qual não pode ser aceito, já que contém r. O motivo geométrico para não existirem soluções é que as retas r e s são concorrentes.

(c) Existem infinitos planos satisfazendo às condições impostas. Motivo geométrico: r e s são paralelas distintas, e por isso todos os planos que contêm r, com exceção de um, são paralelos a s. A exceção é o plano determinado por r e s, de equação $3x + y - 4z + 2 = 0$. Por conter s, esse plano não é paralelo a s.

16-30 Faltam todos os planos paralelos a π_2

Capítulo 17

17-1 (a) Perpendiculares. (b) Perpendiculares.
(c) Perpendiculares. (d) Não são ortogonais.
(e) São ortogonais, mas não perpendiculares.
(f) Não são ortogonais.

17-2 As retas são ortogonais se $m = -5$. Não existe m tal que sejam perpendiculares.

17-3 (a) s: $X = (2,6,1) + \lambda(-41,-52,31)$
(b) s: $X = (1,0,1) + \lambda(1,0,-1)$

17-4 (a) $Q = (14,14,7)$
(b) $Q = (2,2,4)$ (o ortocentro é $P = (-5,10,-6)$).

17-5 (a) $(2,-1,-2)$ (b) $(-1/11, 7/11, 29/11)$
(c) $(-8/19, 18/19, -7/19)$

17-6 NEM PENSE NISSO!!! Não existe multiplicação nem divisão de ponto por número real. Se fossem vetores e se estivéssemos interessados apenas na sua direção, vá lá... Temos feito isto com certa freqüência. Mas pontos... NEM PENSAR!!! A propósito: no longínquo Vetorquistão, governado pelo tirano Perpendic, o cidadão que faz esse tipo de "simplificação" tem suas unhas arrancadas e sua língua cortada em praça pública.

17-7 (a) r: $X = (2,0,0) + \lambda(1,1,-2)$
(b) r: $X = (7/2, 2, 3) + \lambda(0,1,-1)$

(c) r: $X = (-2, 6, -6) + \lambda(4, -1, -3)$

(d) Há infinitas perpendiculares comuns a r e s (são todas as retas que contêm algum ponto de r e são paralelas ao vetor $(8, 5, -4)$), e isso ocorre porque essas retas são paralelas. Uma equação que descreve este feixe de retas é $X = (4 + 2\lambda, -1 - 4\lambda, -\lambda) + \mu(8, 5, -4)$ (para cada λ real, uma reta do feixe). Esta equação também pode ser escrita sob a forma $X = (4, -1, 0) + \lambda(2, -4, -1) + \mu(8, 5, -4)$; quando λ e μ variam em $\mathbb{R}$, ela descreve o plano determinado pelas retas paralelas r e s mas, para cada valor *fixado* de λ, trata-se de uma reta do nosso feixe. Compare com a Observação 14-12 (c).

17-8 $(1,0,0)$, $(1,1,1)$, $(1,0,1)$.

17-9 (a) $(1,0,0)$ (b) $(1,-2,4)$ (c) $(1,2,1)$

17-10 (a) $x - y + 2z - 4 = 0$ (b) $-30x - 30y - 30z + 120 = 0$

17-11 $m = -1$ π: $x + y - z - 1 = 0$

17-12 $\vec{u} = (-3, 0, -5) + (0, 4, 0)$

17-13 (a) Um ponto $X = (x,y,z)$ pertence ao lugar geométrico se, e somente se, $\|\overrightarrow{AX}\| = \|\overrightarrow{BX}\|$. Esta igualdade equivale a $(x-1)^2 + (y+1)^2 + (z-2)^2 = (x-4)^2 + (y-3)^2 + (z-1)^2$. Simplificando, obtém-se $3x + 4y - z - 10 = 0$, que é equação geral de um plano.

17-14 $X = (0, -2, 3) + \lambda(3, 0, 2)$

17-15 $7x - y + 3z - 10 = 0$ $X = (1, 9, 4) + \lambda(-1, 17, 8)$
Neste exercício, você pode usar a equação do feixe de planos que contêm r.

17-16 $X = (-2/9, 11/9, 20/9) + \lambda(4, 5, -1)$. Determine, usando a técnica do λ, os pontos P e Q em que r intercepta s e a reta AB. As condições são $\overrightarrow{PQ} \cdot \overrightarrow{AB} = 0$ e $\overrightarrow{PQ} \cdot \vec{n} = 0$, em que $\vec{n}$ é um vetor normal a π.

17-17 (a) Não. (b) Sim. (c) Sim. (d) Não. (e) Sim.

17-18 $X = (1/2, 1/2, 0) + \lambda(0, 0, 1)$

17-19 (a) $X = (1, 3, 7) + \lambda(2, -1, 1)$ (b) $X = (1, -1, 0) + \lambda(-1, 0, 1)$
(c) $x = (1, 2, 3) + \lambda(2, 1, -1)$ (d) $X = (0, 0, 0) + \lambda(1, 1, 0)$

17-20 (a) $x - y + z + 2 = 0$ (b) $x - y + z = 0$
(c) $x + y + z - 1 = 0$

17-21 (a) $(17/21, 8/21, 5/21)$ (b) $(58/25, 56/25, 1)$

17-22 (a) $(3, 2, 4)$ (b) $(1, -1, 2)$

17-23 (a) $X = (-3/2, -3/2, 0) + \lambda(8, 10, 1)$
(b) $(1/2, 1/2, 0)$

17-24 $(8, 4, 0)$ e $(-4, -2, 0)$.

17-25 $X = (2, 1, -3) + \lambda(1, 1, 5)$

17-26 (b) $x = (y+1)/(-1) = z$. Esta reta contém o ponto comum a r e s e é perpendicular ao plano determinado por elas.

17-27 $(\sqrt{2}/2, 1, \sqrt{2}/2)$ $(\sqrt{2}, 2, \sqrt{2})$ $(\sqrt{2}/2, 3, \sqrt{2}/2)$ volume: $2/3$

17-28 $\sqrt{2}/2$

17-29 (a) Não. (b) Sim. (c) Sim. (d) Sim.

17-30 Os planos são transversais, qualquer que seja m. Os planos são perpendiculares se, e somente se, $m = 9$.

Respostas — 509

17-31 $x - 2y - z = 0$

17-32 $x - 4y + z - 3 = 0$; experimente resolver de dois modos: usando e sem usar a equação do feixe.

17-33 $x + y - z - 1 = 0$

17-34 $x + 51y - 41z = 0$

17-35 $(-6,-13,1)$ $(0,-10,-5)$ $(6,-16,-2)$

Capítulo 18

18-1 Proceda como no Exercício Resolvido 18-2.

(a) $X = (1,1,1) + \lambda(-1,1,1)$.

(b) Não existe t (motivo geométrico: r é paralela ao plano determinado por P e s).

(c) Existem infinitas soluções: são as retas que contêm P e um ponto qualquer de r. Cuidado: como r e s são distintas e P pertence a s, a condição $\vec{PM} = \alpha \vec{PN}$ não é equivalente à colinearidade dos pontos M, N, P (se $P = N \ne M$, os pontos são colineares mas não existe α). No método algébrico, a condição a ser imposta é $N = P$.

(d) Não existe t (motivo geométrico: s é paralela ao plano determinado por P e r).

(e) $X = (1,0,3) + \lambda(6,-2,7)$ (pelo método algébrico, obtém-se $M = N$, o que é natural, pois r e s são concorrentes).

(f) $X = (2,3,2) + \lambda(5,3,3)$

18-2 Se $a = 1$, não existe a reta t. Se $a = 2$, existem infinitas (pois $P = (1,2,0)$ pertence a s). Se $a \ne 1$ e $a \ne 2$, a reta t é única.

18-3 (a) Não existe; motivo geométrico: o plano π_1 (que contém r e é paralelo a $\vec{AB}$) e o plano π_2 (que contém s e é paralelo a $\vec{AB}$) são disjuntos.

(b) $X = (0, 2/5, -1/5) + \lambda(1,0,1)$

(c) $X = (6,10,0) + \lambda(3,2,-1)$. Você percebeu que $(3,2,-1)$ é um vetor diretor de h?

(d) $X = (-1,1,3) + \lambda(1,1,-3)$.

18-4 $m \ne 0$ e $m \ne 1$. Se $m = 0$, s é paralela a $\vec{u}$ e se $m = 1$, os planos π_1 e π_2 são disjuntos (a notação é a do Exercício Resolvido 18-1); nos dois casos, não existe solução.

18-5 (a) $X = (1,1,0) + \lambda(1,-3,-1)$

(b) Há infinitas soluções. Explicação geométrica: como o plano determinado por P e r é paralelo a π, qualquer reta que contém P e é concorrente com r é paralela a π.

(c) Não existe solução. Motivo geométrico: r é paralela a π, mas o plano determinado por P e r é transversal a π.

(d) $X = (2,-1,2) + \lambda(1,-2,1)$

18-6 $X = (1,1,0) + \lambda(-2,-1,1)$

18-7 $X = (1,0,2) + \lambda(0,-1,2)$

18-8 Duas soluções:

$X = (0,1,0) + \lambda(-1,2,0)$ e $X = (1,0,0) + \lambda(-1,1,1)$.

18-9 Há duas soluções: $D = (20/3, -4/3, 7/3)$, $E = (8/3, 2/3, 1/3)$ se BC é lado do retângulo, e $D = (94/17, -40/17, 57/17)$, $E = (42/17, 6/17, 11/17)$ se BC é diagonal.

18-10 Este você deve ter resolvido de cabeça: $x + y + z - 8 = 0$.

18-11 O sistema de equações obtido tem infinitas soluções. Isso pode fazer crer que existem infinitos hexágonos com as características descritas no enunciado, o que contraria nossa intuição geométrica. O fato é que o equacionamento do problema não está correto: as condições não foram bem escolhidas, pois um ponto pode satisfazê-las sem pertencer ao hexágono (basta que pertença à circunferência circunscrita a ele). Na verdade, $d(C,O) = 1$ e $\vec{AC} \perp \vec{BC}$ são equivalentes e, portanto, impusemos duas vezes a "mesma" condição.

18-12 (a) Não, pois P não pertence a π.

(b) Não, pois Ox é transversal a π.

(c) Sim, pois r está contida em π.

18-13 Determinam um tetraedro de volume $1/6$.

18-14 (a) $125/9$

(b) Não existe o tetraedro, pois s é paralela a π.

(c) Não existe o tetraedro, pois não há ponto comum às três retas.

18-15 $(0,1,2)$ $(2,1,0)$ $(1,2,0)$ $(0,2,1)$ $(2,0,1)$ $(1,0,2)$

18-16 $B = (15/22, 20/22, 25/22)$ $C = (7/22, 2/22, -3/22)$

18-17 (a) $\sqrt{3/2}$

(b) A não existe, pois s é paralela a π.

(c) A não fica determinado, pois s está contida em π.

18-18 É o ponto $(-1,-4,-2)$.

18-19 Existem infinitas retas, pois o plano determinado por P e r é paralelo a π, distinto de π.

18-20 $x - 2y + 1 = 0$

18-21 Duas soluções:

$X = (1,1,3) + \lambda(1,3,-4)$ e $X = (-4,-3,1) + \lambda(4,1,-5)$

Se você utilizar método algébrico "em estado puro" para determinar os pontos em que h intercepta r, s e t, vai deparar com um sistema não-linear de quatro equações com quatro incógnitas, cuja resolução é muito trabalhosa. Uma saída engenhosa, que simplifica o trabalho algébrico, é considerar o plano π_1: $x + y + z + d = 0$, paralelo a π, que contém h. Os pontos em que r, s e t interceptam π_1 pertencem a h, e suas coordenadas podem ser postas em função de d. Impondo que esses três pontos sejam colineares, você obterá d.

18-22 (a) $2x + 2y - 2z - 1 = 0$. Trata-se de um plano paralelo às retas reversas r e s, situado entre elas.

(b) $X = (1/2, -1, 0) + \lambda(1, 2, 3)$. O lugar geométrico é uma reta paralela às retas r e s, contida no plano determinado por elas, situada entre r e s.

(c) $x - 3y + z - 1 = 0$. Trata-se do plano determinado pelas retas concorrentes r e s.

18-23 (a) $x = 1$, $y = -1/4$, $z = 1/4$. O lugar geométrico contém um único ponto, porque existe uma única reta paralela a $\vec{AB}$ concorrente com r e s.

(b) O lugar geométrico é vazio. Motivo geométrico: r e s determinam um plano (são paralelas distintas) e $\vec{AB}$ não é paralelo a esse plano.

510 – *Geometria Analítica – um tratamento vetorial*

(c) O lugar geométrico é a reta de equação $X = (0,0,1) + \alpha(4,1,-1)$.

18-24 (a) O lugar geométrico é $\mathbb{E}^3$. Uma "equação" de $\mathbb{E}^3$ é, por exemplo, $0x + 0y + 0z = 0$.

(b) $x - y + 3z = 1/2$. Trata-se de um plano paralelo a π_1 e a π_2, situado entre eles.

$M = (x,y,z)$ pertence ao lugar geométrico se, e somente se, existem $x_1, y_1, z_1, x_2, y_2, z_2$ tais que (x_1,y_1,z_1) pertence a π_1, (x_2,y_2,z_2) pertence a π_2 e

$$x = (x_1 + x_2)/2 \quad y = (y_1 + y_2)/2 \quad z = (z_1 + z_2)/2$$

Acrescente, a estas, as equações de π_1 e π_2, para obter um sistema nas seis incógnitas x_i, y_i, z_i $(i = 1,2)$; procure condições sobre x, y e z para que o sistema seja compatível. Se preferir, utilize equações paramétricas de π_1 e π_2 e trabalhe com quatro incógnitas (os parâmetros) em vez de seis.

18-25 (a) $3x - 7y + 7z - 10 = 0$. Trata-se de um plano que contém a reta-interseção de π_1 e π_2.

(b) $x - y + 3z = 1/2$. É o plano da resposta 18-24 (b) (você é capaz de explicar por quê?).

18-26 (a) $x - 2y - z = 0$. É um plano paralelo a r e a π, situado entre eles (note que r é paralela a π).

(b) O lugar geométrico é $\mathbb{E}^3$.

(c) O lugar geométrico é o plano π (note que r está contida em π).

18-27 (a) $X = (-1/3,1/3,-1) + \lambda(2,-1,4)$. É uma reta paralela a r, interseção do lugar geométrico do Exercício 18-26 (a) com o plano que contém r e é paralelo a $\overrightarrow{AB}$.

(b) $X = (0,0,0) + \lambda(4,1,1)$. É uma reta que contém o ponto comum a r e π.

(c) $X = (0,0,0) + \lambda(1,0,1)$. É a própria reta r. Não estranhe: como r está contida em π e $\overrightarrow{AB}$ não é paralelo a π, um segmento com uma extremidade em r e outra em π só será "paralelo" a $\overrightarrow{AB}$ se suas extremidades coincidirem!

18-28 $X = (11/5,19/5,-1/5) + \lambda(2,1,0)$
$X = (-1/5,31/5,11/5) + \mu(2,1,0)$

18-29 $A = (1,1,1)$, $B = (2,2,2)$, $C = (3,3,3)$, $h: X = (0,0,0) + \lambda(1,1,1)$.

18-30 Duas soluções:
$2x - y + z - 1 = 0$; vértices: $(1/2,0,0)$, $(0,-1,0)$, $(0,0,1)$, $(0,0,0)$.
$x - 2y - z + 1 = 0$; vértices: $(-1,0,0)$, $(0,1/2,0)$, $(0,0,1)$, $(0,0,0)$.

18-31 Duas soluções: $6x + 3y + 2z + 3 = 0$ e $6x + 3y + 2z - 3 = 0$.

18-32 $2\sqrt{6} - 2$. Adote um sistema de coordenadas conveniente.

18-33 $B = (-1,-2,0)$, $C = (-1,0,-2)$, $D = (-2,-2,-2)$.

18-34 Se AB é lado, há duas soluções:
$(-5,-6,-5),(-6,-5,-4)$ e $(-2,-3,-2),(-3,-2,-1)$
Se AB é diagonal, outras duas:
$(5,4,5),(-6,-5,-4)$ e $(-2,-3,-2),(1,2,3)$

18-35 $B = (1,-2,0)$ $C = (0,-1,0)$ $D = (-1,-2,0)$ $F = (-1,-2,1)$
volume: 1.

18-36 $B = (0,1,1)$, $D = (0,0,0)$. Quanto a C, pode ser $(p,1+p,1-p)$ ou $(-p,1-p,1+p)$, em que $p = \sqrt{2/3}$. Em ambos os casos, o volume é $\sqrt{6}/3$.

18-37 Duas soluções: $A = (5,1,-2)$ e $B = (61/5,41/5,62/5)$.

18-38 $D = (4,0,3)$, $H = (5/9,-2/9,-5/9)$.

18-39 (a) $A = (1,0,1)$ (b) $C = (-1,2,2)$, $D = (3,0,0)$.

18-40 (a) $A = (2,1,3)$

(b) Duas soluções: $B = (1,1,2)$, $C = (2,0,2)$, $D = (3/2,1/2,3)$ e
$B = (3,1,4)$, $C = (2,2,4)$, $D = (5/2,3/2,3)$.

18-41 Uma condição necessária (não suficiente) para que a interseção seja um paralelogramo é que π seja paralelo a duas arestas opostas do tetraedro. Logo, π deve ser paralelo a AB e CD e, portanto, π só pode ser o plano de equação geral $x - 6y + 2z - 3 = 0$. Como a condição não é suficiente, resta verificar se os pontos em que esse plano intercepta as retas AD, BC e BD pertencem às arestas, isto é, são respectivamente interiores aos segmentos AD, BC e BD. Mostre que isso é verdade; os vértices do paralelogramo são

$(5/3,2/3,8/3)$ $(1/3,0,4/3)$ $(-1/3,-2/3,-1/3)$ $(1,0,1)$

18-42 $(0,0,1)$, $(0,2,1)$, $(1,2,0)$. Note que o retângulo $ABCD$ tem dois lados paralelos à reta $\pi_1 \cap \pi_2$.

18-43 $(1/3,4/3,4/3)$

18-44 $A = (1,1,-1)$. No cálculo do volume, que é $65/3$, a ideia natural de determinar as coordenadas dos vértices B, C, D (veja a Figura R-18-44) para calcular o produto misto $[\overrightarrow{AB},\overrightarrow{AC},\overrightarrow{AD}]$ talvez não seja a melhor. Se $\vec{n}_1$, $\vec{n}_2$ e $\vec{n}_3$ são vetores normais a π_1, π_2, π_3, então $\vec{n}_1 \wedge \vec{n}_2$, $\vec{n}_1 \wedge \vec{n}_3$ e $\vec{n}_2 \wedge \vec{n}_3$ são paralelos às arestas AB, AC e AD. Exprimindo $\overrightarrow{AH}$ como combinação linear desses vetores, você terá obtido $\overrightarrow{AB}$, $\overrightarrow{AC}$ e $\overrightarrow{AD}$ sem ter calculado as coordenadas de B, C e D.

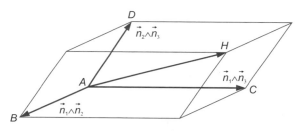

Figura R-18-44

18-45 $(2,2,0)$ $(1,3,0)$ $(0,2,0)$ $(1,1,\sqrt{2})$ $(2,2,\sqrt{2})$ $(0,2,\sqrt{2})$

18-46 (a) $X = (10,1,1) + \lambda(9,2,10)$ ou $X = (1,-1,-9) + \lambda(1,-2,10)$.

(b) Não existe a reta t.

Como A, B e P são colineares, AB e BP são congruentes se, e somente se, $A = B$ ou P é ponto médio de AB.

18-47 Se $k = 2$ e $h = 1$, é um plano. Se $k = 2$ e $h \neq 1$, é o conjunto vazio. Se $k \neq 2$, uma reta.

18-48 $(1,1,2)$, $(2,1,-1)$, $(-1,-1,-2)$ ou $(1,1,2)$, $(2,1,-1)$, $(5,3,0)$.

18-49 $C = (-3,-2,7)$ ou $C = (-4/5,1/5,24/5)$.

18-50 Uma condição necessária (não suficiente) para que a interseção seja um paralelogramo é que π seja paralelo a duas arestas opostas do tetraedro. Como *r* está contida em π, isso obriga a que uma das três triplas de vetores $(\vec{r},\vec{AB},\vec{CD})$, $(\vec{r},\vec{AC},\vec{BD})$, $(\vec{r},\vec{AD},\vec{BC})$ seja LD. Fazendo a verificação, você verá que π deve ser paralelo a *AD* e *BC* e, portanto, π só pode ser o plano de equação geral $2x + 4y + z - 13 = 0$, pois contém *r*. Aquela condição, porém, não é suficiente, e por isso falta verificar se os pontos em que este plano intercepta as retas *AC*, *AB*, *BD* e *CD* pertencem às arestas, isto é, se são respectivamente interiores aos segmentos *AC*, *AB*, *BD* e *CD*. Mostre que isso é verdade; os vértices do paralelogramo são (1,2,3), (0,3,1), (4,1,1) e (5,0,3).

18-51 $X = (0,-2,-2) + \lambda(2,1,-1)$ ou $X = (0,2,2) + \mu(2,1,-1)$.

18-52 (a) $X = (2,0,1) + \lambda(0,1,1)$

(b) $X = (-4,0,0) + \lambda(4,1,-3)$ ou $X = (4,0,0) + \lambda(4,1,-3)$.

Capítulo 19

19-1 (a) $\sqrt{41}/21$ (b) $\sqrt{3}/2$ (c) $\sqrt{2}/2$ (d) 0

19-2 São quatro soluções:

$X = (5/2,2,-3/2) + \lambda(1,1,1)$ $X = (-3,-5/3,4) + \lambda(1,1,-1)$
$X = (2/3,2,1/3) + \lambda(-1,1,1)$ $X = (1/7,3/7,6/7) + \lambda(1,-1,1)$

Lembre-se de que o conjunto-solução do sistema formado pelas equações $|a| = |b|$ e $|c| = |d|$ é a reunião dos conjuntos de soluções dos quatro sistemas

$\begin{cases} a = b \\ c = d \end{cases}$ $\begin{cases} a = b \\ c = -d \end{cases}$ $\begin{cases} a = -b \\ c = d \end{cases}$ $\begin{cases} a = -b \\ c = -d \end{cases}$

19-3 São quatro soluções:

$X = (0,2,1) + \lambda(-1,1,1)$ $X = (0,2,1) + \lambda(-7,1,1)$
$X = (0,2,1) + \lambda(3,1,-1)$ $X = (0,2,1) + \lambda(3,-1,1)$

19-4 São quatro soluções:

$(x - 1)/\sqrt{2} = y + 2 = z - 3$
$(x - 1)/\sqrt{2} = y + 2 = (z - 3)/(-1)$
$(x - 1)/(-\sqrt{2}) = y + 2 = z - 3$
$(x - 1)/(-\sqrt{2}) = y + 2 = (z - 3)/(-1)$

19-5 São duas soluções:

$X = (1,1,1) + \lambda(0,1,1)$ $X = (1,1,1) + \lambda(-4,1,1)$

19-6 São quatro soluções:

$P = (0,2 + \sqrt{2},0)$, $Q = (1,2,1)$; $P = (0,2 + \sqrt{2},0)$, $Q = (1,2,-1)$;
$P = (0,2 - \sqrt{2},0)$, $Q = (1,2,1)$; $P = (0,2 - \sqrt{2},0)$, $Q = (1,2,-1)$.

19-7 $X = (2,1,0) + \lambda(1,1,1)$ ou $X = (2/9,-7/9,0) + \lambda(1,-3,5)$.

19-8 (2/3,-1/3,2/3)   (2/3,2/3,-1/3)   (0,0,1)   (0,1,0)

19-9 (1,0,0)   (1,1,1)   (1,0,1)

19-10 Duas soluções: $B = (-1,0,1)$ $C = (1,0,-1)$ $D = (-1,1,0)$
$B = (-1,0,1)$ $C = (1,-2,1)$ $D = (-1,-1,2)$

19-11 (3,0,0) e (0,3,0); $\sqrt{6}/2$.

19-12 (a) (3,3,-2)

(b) Atinge *Oxz* em (6,0,-5) e não atinge π_1. De acordo com a Lei da reflexão para espelhos planos, o ângulo de incidência é congruente ao ângulo de reflexão.

19-13 O raio é 4; veja a Figura R-19-13, em que $\|\vec{PC}\| = \|\vec{BC}\| = 4$.

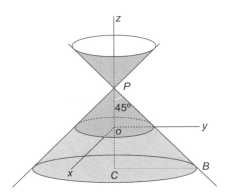

Figura R-19-13

19-14 $B = (3,2,1)$, $D = (1,0,1)$.

19-15 $B = (2/3,2/3,-1/3)$; $C = (2/3,-1/3,2/3)$ ou $C = (2/3,5/3,-4/3)$. A altura mede $\sqrt{2}/2$.

19-16 (a) $T = (2,1,0)$ (a outra solução, (6,5,-4), está fora da mesa).

(b) Sinuca brava... Não é possível executar o plano de Paulinho: as duas soluções obtidas algebricamente são o ponto *N* e o ponto médio de *MN*, e ambos são caçapas!

19-17 (a) $\pi/4$ (b) $\operatorname{arcsen}(\sqrt{3}/3)$ (c) $\operatorname{arcsen}(\sqrt{2}/10)$
(d) $\operatorname{arcsen}(2\sqrt{2}/3)$ (e) $\pi/6$

19-18 $\sqrt{10}/5$

19-19 (b) Se *r* é perpendicular a π, então $\vec{n} \wedge \vec{r} = \vec{0}$ e, portanto, $\vec{u} = \vec{0}$.

(c) Indicando por φ a medida angular entre $\vec{r}$ e $\vec{n}$ e usando a fórmula do duplo produto vetorial, você obterá $\vec{u} \cdot \vec{r} = \|\vec{n}\|^2\|\vec{r}\|^2\operatorname{sen}^2\varphi$. Por outro lado, $\|\vec{u}\| = \|\vec{n} \wedge \vec{r}\| \|\vec{n}\| \operatorname{sen}\pi/2 = \|\vec{n}\|^2\|\vec{r}\|\operatorname{sen}\varphi$. Logo, o segundo membro da fórmula do Renato é igual a $\operatorname{sen}\varphi$. Mas θ é igual a $\pi/2 - \varphi$ ou $\varphi - \pi/2$, conforme φ pertença ao intervalo $[0,\pi/2]$ ou $[\pi/2,\pi]$ e, como $\cos(\pi/2 - \varphi) = \cos(\varphi - \pi/2) = \operatorname{sen}\varphi$, concluímos que o segundo membro da fórmula é igual a $\cos\theta$. Outra justificativa, mais geométrica: como *r* não é perpendicular a π, fica determinado o plano π_1 que contém *r* e é perpendicular a π; um vetor normal a π_1 é $\vec{n} \wedge \vec{r}$. A interseção de π e π_1 é a reta *r'*, projeção ortogonal de *r* sobre π, e $\vec{u}$ é um vetor diretor de *r'*, pois é produto vetorial de vetores normais a π e π_1. Assim, a fórmula fornece a medida angular entre *r* e *r'*, que é igual à medida angular entre *r* e π.

19-20 Duas soluções: $(-2 + \sqrt{3},1,1 - \sqrt{3})$ e $(-2 - \sqrt{3},1,1 + \sqrt{3})$.

19-21 $\operatorname{arcsen}(\sqrt{3}/3)$

19-22 $(\sqrt{2}/2,1,\sqrt{2}/2)$, $(\sqrt{2},2,\sqrt{2})$, $(\sqrt{2}/2,3,\sqrt{2}/2)$

19-23 (a) Não existe o plano.

(b) $3x - 2y + z - 1 = 0$ ou $x + 10y - 5z - 11 = 0$.

(c) $y - 2 = 0$. Você usou a equação do feixe de planos que contém *r* na resolução?

512 — *Geometria Analítica — um tratamento vetorial*

19-24 Duas soluções: $X = (-1,3,-1) + \lambda(2,2,1)$

$X = (-1,3,-1) + \lambda(46,86,-17)$

19-25 Duas soluções: $X = (0,1,0) + \lambda(1,-2,1)$

$X = (0,1,0) + \lambda(83,-523,134)$

Use a técnica do λ para determinar o ponto de interseção das retas r e s.

19-26 Duas soluções: $x + y + 5z - 4 = 0$ e $7x - 2y - z + 8 = 0$.

19-27 Use [9-12]. A Figura R-19-27 ilustra, num caso particular, a afirmação feita no enunciado; você se lembra dos casos de congruência para triângulos retângulos?

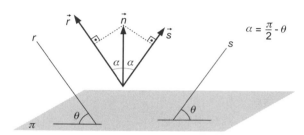

Figura R-19-27

19-28 (a) arccos(2/$\sqrt{66}$) (b) arccos(1/$\sqrt{3}$) (c) $\pi/4$

19-29 (a) Duas soluções: $2x - 3y + z - 5 = 0$ e $3x - y - 2z - 4 = 0$.

(b) Duas soluções: $x + y + z - 8 = 0$ e $x - y + z - 8 = 0$.

19-30 Três soluções: $x + z = 0$, $x - z = 0$ e $x + 4y + z = 0$.

19-31 arccos(9/$\sqrt{95}$)

19-32 Duas soluções: $x + y - 2 = 0$ e $x - y - 1 = 0$.

19-33 Duas soluções: $x + \sqrt{5}y + \sqrt{2}z - 2 - 2\sqrt{5} = 0$

$x - \sqrt{5}y + \sqrt{2}z - 2 + 2\sqrt{5} = 0$

19-34 (a) Sim. (b) Sim. (c) Não.

19-35 É o segmento de extremidades $A = (-2,-4,-2)$ e $B = (1,2,1)$, que pode ser descrito por $X = (0,0,0) + \lambda(1,2,1)$, $-2 \leq \lambda \leq 1$.

19-36 Somente π_2.

19-37 (a) É um triângulo; um dos vértices é D e os outros dois são pontos interiores às arestas AB e BC.

(b) É o ponto A.

(c) É um quadrilátero cujos vértices são interiores às arestas AB, AC, BD e CD.

(d) É um triângulo de lado AB cujo terceiro vértice é interior à aresta CD.

(d) É a face BCD.

Verifique quais pares de vértices do tetraedro são separados por π e tire conclusões.

19-38 (a) É o ponto Q. (b) (4/3,1,1/3) (c) (5/4,3/4,1/4)

Se P e Q são separados por π, ou se apenas um deles pertence a π, então, pela propriedade triangular (*em qualquer triângulo, a soma dos comprimentos de dois lados é maior que o comprimento do terceiro*), o ponto procurado é o ponto de interseção de π com a reta PQ. Se P e Q pertencem ao mesmo semi-espaço aberto de origem π e R é o ponto simétrico de Q em relação a π, a troca de Q por R no enunciado não afeta a resposta. Recai-se, assim, no caso anterior. Finalmente, se P e Q pertencem ambos a π, as soluções são os pontos do segmento PQ.

19-39 (a) (23/3,7/3,-1/3) (b) (-13/4,-9/4,-7/4)

(c) É o ponto Q.

Se P e Q pertencem ao mesmo semi-espaço aberto de origem π e a reta PQ não é paralela a π, ou se apenas um desses dois pontos pertence ao plano, então o ponto procurado é aquele em que a reta PQ intercepta π (porque *o comprimento de um lado qualquer de um triângulo é maior que o módulo da diferença entre os comprimentos dos outros dois*). Se a reta PQ é paralela a π, o valor máximo não é atingido (veja o Exercício Resolvido 19-14). Se P e Q são separados por π, trocamos Q por seu simétrico em relação ao plano; isso não afeta a resposta, e recaímos no caso anterior. Finalmente, se P e Q pertencem a π, há infinitas soluções: são os pontos da reta PQ que não são interiores ao segmento PQ.

Capítulo 20

20-1 (a) $\sqrt{5}$ (b) $\sqrt{173}$

20-2 (2,0,2) e (0,2,-2).

20-3 É a reta de equação vetorial $X = (1/4,1,0) + \lambda(0,0,1)$, interseção dos planos mediadores de AB e CD.

20-4 (a) Não existem tais pontos, pois r é paralela ao plano mediador de AB.

(b) Qualquer ponto de r é solução, pois r está contida no plano mediador de AB.

(c) É o ponto (5,6,0), em que r intercepta o plano mediador de AB.

20-5 (a) É a reta r: $X = (3/2,1,1/2) + \lambda(0,1,0)$, pois o plano mediador de AB e π são transversais, e sua interseção é r.

(b) É o conjunto vazio, pois o plano mediador de AB e π são paralelos distintos.

(c) É o plano π, pois este é o plano mediador de AB.

20-6 Um ponto X pertence ao lugar geométrico se, e somente se, X eqüidista de A e B, e também de B e C. Então, se $A \neq B$ e $B \neq C$, o lugar geométrico é a interseção dos planos mediadores de AB e BC.

(a) Os mediadores são transversais, pois seus vetores normais $\overrightarrow{AB}$ e $\overrightarrow{BC}$ são LI. Logo, o lugar geométrico é uma reta paralela ao vetor $\overrightarrow{AB} \wedge \overrightarrow{BC}$ e, portanto, perpendicular ao plano ABC. Ela intercepta o plano ABC no *circuncentro* do triângulo ABC (centro da circunferência que contém os vértices).

(b) Os planos mediadores são paralelos, pois $(\overrightarrow{AB}, \overrightarrow{BC})$ é LD e distintos, já que o ponto médio de AB pertence a um deles e não ao outro.

(c) Suponha, por exemplo, que $A = C \neq B$. Os planos mediadores são iguais, pois $(\overrightarrow{AB},\overrightarrow{BC})$ é LD, e o ponto médio de AB, que é também ponto médio de BC, pertence a ambos.

20-7 (a) O lugar geométrico é a reta r: $X = (0,-3,-1) + \lambda(1,0,1)$, e o circuncentro, $(1,-3,0)$.

(b) O lugar geométrico é o conjunto vazio (A, B e C são colineares, distintos dois a dois); não existe o triângulo.

20-8 (a) Mais próximo: $(-1,2,2)$; mais afastado: B.

(b) Mais próximo: A; mais afastado: B.

(c) Mais próximo: B; mais afastado: A.

(d) Mais próximo: $(4,2,-1)$; mais afastados: A e B.

20-9 Siga os passos do Exercício Resolvido 20-1, ao qual se reduz este quando $n = 0$.

20-10 (a) $\sqrt{5}$ (b) $\sqrt{34}/7$ (c) $\sqrt{270/29}$ (d) $3\sqrt{10}/7$

20-11 $(2,0,2)$ e $(0,2,-2)$.

20-12 $(1,1/\sqrt{2},1/\sqrt{2})$ $(1,-1/\sqrt{2},-1/\sqrt{2})$ $(2,0,0)$

Calcule $d = d(O,r)$ e determine os pontos de r que distam $d\sqrt{2}$ de O. Você também pode resolver este exercício usando medidas angulares (compare com o Exercício 19-9).

20-13 (a) $(1,0,0)$ e $(19/3, 8/3, 16/3)$.

(b) $(0,0,0)$ e $(1,1,1)$.

20-14 Como a base de todos os triângulos é a mesma, estamos interessados em que a altura seja mínima: use a técnica do λ para obter o ponto de r mais próximo da reta AB.

(a) $(-5,4,-1)$; r e AB são retas reversas, e por isso o ponto procurado é único.

(b) Qualquer ponto X de r é solução (os triângulos ABX têm todos a mesma área, pois r e s são paralelas distintas).

(c) Não existe X, porque as retas r e AB são concorrentes em $P = (-1,-3,0)$ e, quanto mais próximo X estiver de P, menor será a área do triângulo ABX.

(d) Não existe X (as retas r e AB são coincidentes e, portanto, não existe nenhum triângulo ABX nas condições do enunciado).

20-15 São duas soluções:

$X = (-1,3,-3) + \lambda(1,0,2)$ $X = (-1, 17/9, -7/9) + \lambda(1,0,2)$

Use a técnica do λ para determinar o ponto comum a r e s.

20-16 Quatro soluções:

$X = (0,0,0) + \lambda(0,1,1)$ $X = (2,0,0) + \lambda(0,1,1)$
$X = (4,0,0) + \lambda(4,1,1)$ $X = (-2,0,0) + \lambda(4,1,1)$

Obtenha inicialmente um vetor diretor de r; a partir daí, a resolução é semelhante à do Exercício Resolvido 20-4.

20-17 O lugar geométrico é a reunião das retas de equações vetoriais

$X = (0, -2 + \sqrt{6}, 2) + \lambda(-1,0,1)$ $X = (0, -2 - \sqrt{6}, 2) + \lambda(-1,0,1)$

20-18 O lugar geométrico é a reunião dos planos

π_1: $y = z$ π_2: $2x - y - z = 2$

20-19 O lugar geométrico é a reta h: $X = (1/2, 0, 11/2) + \lambda(0,1,-1)$.

20-21 (a) 2   (b) 7/2   (c) 94/13   (d) 0

20-22 $6/\sqrt{41}$

20-23 $2/\sqrt{3}$

20-24 Você deve mostrar que quatro dos pontos dados são vértices de um quadrilátero plano, convexo (base da pirâmide), e que o ponto restante não pertence ao plano do quadrilátero. Veja os Exercícios 13-12 e 13-13. Para calcular o volume, que é 4/3, identifique as diagonais da base (Exercício 13-13 (c)) e decomponha convenientemente a pirâmide em dois tetraedros.

20-25 (a) 4/3   (b) 0   (c) 1/3

Uma resolução elegante: se $\overrightarrow{PQ} /\!/ \pi$, a distância de PQ ao plano é $d(P,\pi)$; se $\overrightarrow{PQ} \not/\!/ \pi$ e π não separa P e Q, a distância é o menor dos números $d(P,\pi)$ e $d(Q,\pi)$; se π separa P e Q, a distância é 0.

20-26 $(-3,5,-8)$ e $(9,-7,16)$.

20-27 (a) $(2/5, 7/5, 9/5)$ e $(-2/3, 1/3, -1/3)$.

(b) $(3,1,2)$ e $(-1,-1,-2)$.

20-28 (a) $x + z - 2 = 0$.   (b) Não existe π.

(c) Existem dois planos: π: $y + z - 1 = 0$ e π: $x - y - 1 = 0$. Interpretação geométrica: a distância de P a r é $\sqrt{2}$; logo, no caso (a), $d(P,r) = d(P,\pi)$ e o Exercício Resolvido 20-9 mostra que π é perpendicular à reta que contém P e é perpendicular a r (por isso, é único). No caso (b), a existência de π iria contrariar o resultado do Exercício Resolvido 20-9.

20-29 Duas soluções: $6x + 6y - 7z + 11 = 0$ e $z + 1 = 0$.

20-30 $3x + y + 2z - 2 = 0$

20-31 Duas soluções: $z - 1 = 0$ e $x + y + 2z - 4 = 0$.

20-32 Para ver que não vale a recíproca, pense em um segmento PQ paralelo a π.

20-33 O lugar geométrico é reunião de quatro retas, de equações vetoriais

$X = (0,-1,1/2) + \lambda(1,0,0)$ $X = (3/2,-1,0) + \lambda(0,0,1)$
$X = (3/2,0,1/2) + \lambda(0,1,0)$ $X = (0,1/2,-1) + \lambda(1,-1,1)$

Elas são as interseções dos bissetores dos diedros determinados por π_1 e π_2 com os bissetores dos diedros determinados por π_2 e π_3.

20-34 É a reunião dos planos de equações gerais $4x + 3y - 2z = 0$ e $5y - 6z + 12 = 0$ (cuja interseção é a reta $\pi_1 \cap \pi_2$).

20-35 (a) $7x + 19y - 10z + 5 = 0$ e $17x - y + 10z - 5 = 0$

20-36 $x + 3y - 6z = 0$. Se θ_1 e θ_2 são as medidas angulares entre π_1 e os planos bissetores, o plano procurado corresponde ao *maior* dos números $\cos\theta_1$ e $\cos\theta_2$ (pois o co-seno é decrescente em $[0, \pi/2]$).

20-37 $3x + 3y + 1 = 0$

Se você pensou em escolher, dos dois planos bissetores β_1 e β_2, o que está mais próximo de O, cuidado: este não é, necessariamente, o plano procurado (veja a Figura R-20-37, onde os planos π_1, π_2, β_1 e β_2 são representados de perfil). Escolha um ponto qualquer de β_1 que não pertença a β_2 e responda às perguntas: π_1 separa este ponto e O? π_2 separa este ponto e O? Se as duas respostas forem *sim* (caso do ponto Q, na figura), ou se ambas forem *não* (é o caso do ponto P), então β_1 é o plano procurado. Senão, o plano procurado é β_2.

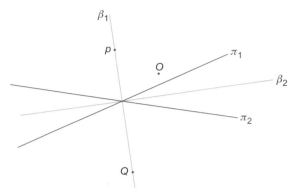

Figura R-20-37

20-38 (a) $7/\sqrt{26}$ (b) 13 (c) $4/\sqrt{46}$ (d) $\sqrt{41/21}$
(e) $5\sqrt{30}/6$

20-39 $\sqrt{10}/2$

20-40 (a) $\sqrt{486/13}$ (b) $3\sqrt{3}$

A distância pedida é $d(M,s)$, em que M é o ponto de AB mais próximo de s. Seja r a reta AB. Pelo Exercício Resolvido 20-14 (e com a mesma notação), M é o ponto de AB mais próximo de P. Logo, $M = P$ se P pertence a AB; caso contrário, $M = A$ ou $M = B$ e a distância pedida é o menor dos números $d(A,P)$ e $d(B,P)$.

20-41 (a) $r: X = (1,3,-1) + \lambda(-1,0,1)$
(b) Duas soluções: $r: X = (1,2,0) + \lambda(1,-1,0)$
$r: X = (1,2,0) + \lambda(1,3,-4)$

20-42 $X = (0,0,3) + \lambda(0,1,0)$

20-43 $X = (1,0,2) + \lambda(1,3,1)$

20-44 Duas soluções: $X = (1,0,1) + \lambda(0,1,0)$ e $X = (1,0,1) + \lambda(2,1,0)$.

20-45 Duas soluções: $X = (0,0,0) + \lambda(1,0,0)$ e $X = (0,0,0) + \lambda(0,1,0)$.

20-46 Quatro soluções:

$X = (1,1,1) + \lambda(5,5,-2)$ $X = (1,1,1) + \lambda(1,1,-2)$
$X = (1,1,1) + \lambda(5,-5,-2)$ $X = (1,1,1) + \lambda(1,-1,-2)$

20-47 Duas soluções: $X = (2,1,4) + \lambda(1,4,-1)$ e $X = (2,1,4) + \lambda(1,0,1)$.

20-48 Quatro soluções:

$X = (-2,2,1) + \lambda(1,-1,0)$ $X = (0,0,-1) + \lambda(1,-1,0)$
$X = (0,0,\sqrt{17}) + \lambda(-1,1,4)$ $X = (0,0,-\sqrt{17}) + \lambda(-1,1,4)$

Usando o fato de que r está contida em π_1 e forma ângulo de 30° com π_2, você pode obter um vetor diretor: $\vec{r} = (1,-1,0)$ ou $\vec{r} = (-1,1,4)$, ou múltiplos escalares destes, é claro. Em seguida, determine o ponto de interseção de r com π_2: para cada um dos vetores diretores obtidos há dois pontos possíveis.

20-49 (a) $Oyz - \{B\}$ (conjunto de todos os pontos do plano de equação $x = 0$, com exceção do ponto B).

(b) $\pi_1 \cup \pi_2 - t$. Ao calcular $d(r,s)$ é necessário distinguir os casos $r//s$ e $r \not\!\!/ s$. No primeiro, verifica-se que a reta t que contém B e é paralela a r não dista 3 de r, e portanto seus pontos não pertencem ao lugar geométrico. No segundo, chega-se à equação $x(2x + 6y - 3z + 6) = 0$, que descreve a reunião dos planos π_1: $x = 0$ e π_2: $2x + 6y - 3z + 6 = 0$. Observando que t está contida em ambos, conclui-se que o lugar geométrico é $\pi_1 \cup \pi_2 - t$.

(c) É o conjunto vazio.

20-50 A alternativa correta é (A).

Como s é paralela a Oxy, existe um plano que contém s e é paralelo a Oxy; é o plano π: $z - 1 = 0$. Se r e s são paralelas, então $d(r,s) = d(P,s) = d(P,Q) = \sqrt{2} = 2/\sqrt{2}$ (alternativas (B) e (D)). Se r e s não são paralelas, $d(r,s) = d(P,\pi) = 1$ (alternativa (C)). Para responder em trinta segundos, talvez você devesse abrir mão do rigor e basear-se na Figura R-20-50.

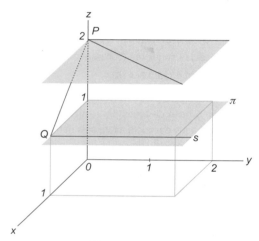

Figura R-20-50

20-51 (a) Suponha que r e s sejam reversas e tome pontos A e C em r, B e D em s (Figura R-20-51). Os vetores $\vec{r} = \vec{AC}$ e $\vec{s} = \vec{BD}$ são, respectivamente, vetores diretores de r e s e, portanto, $d(r,s) = |\vec{AB} \cdot \vec{AC} \wedge \vec{BD}|/\|\vec{AC} \wedge \vec{BD}\|$. O numerador é igual ao volume do paralelepípedo $ACEFBGHD$ e o denominador é a área do paralelogramo $ACEF$; logo, [20-10] significa que $d(r,s)$ é a altura do paralelepípedo, em relação à face $ACEF$.

(b) Com a notação da resposta (a): conforme [9-12], o comprimento da projeção ortogonal de $\vec{AB}$ sobre $\vec{r} \wedge \vec{s}$ é $|\vec{AB} \cdot \vec{r} \wedge \vec{s}|/\|\vec{r} \wedge \vec{s}\|$, que é o segundo membro de [20-10].

20-52 (a) 0 (b) $3/\sqrt{2}$ (c) 0 (d) 1 (e) $1/\sqrt{5}$

20-53 $3/2\sqrt{2}$

20-54 Duas soluções: $y - 1 = 0$ e $6x - 2y - 3z - 7 = 0$.

20-55 Duas soluções: $3x + 4y - 2z - 2 = 0$ e $3x + 4y - 2z = 0$.

20-56 (a) Duas soluções: $X = (1,0,3) + \lambda(1,1,0)$
$X = (4,0,-3) + \lambda(7,4,0)$

(b) Duas soluções: $X = (2,3,1) + \lambda(1,0,1)$
$X = (-3,-3,-4) + \lambda(7,0,4)$

20-57 $X = (-1,0,5) + \lambda(0,1,-1)$

20-58 Duas soluções: $X = (0,-1/3,0) + \lambda(2,-2,1)$
$X = (-1/3,0,0) + \lambda(2,-2,1)$

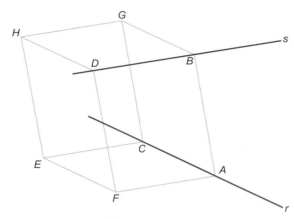

Figura R-20-51

20-59 A melhor alternativa é (b).

20-60 (a) 13/2 (b) 2/√3 (c) 0 (d) 0 (e) 1/2√3

20-61 $2x - y + 2z - 15 = 0$ e $2x - y + 2z - 3 = 0$.

20-62 (a) $d(\pi_1,\pi_2) = 1/\sqrt{2}$ (b) $d(\pi_1,\pi_2) = \dfrac{|d_1 - d_2|}{\sqrt{a^2 + b^2 + c^2}}$

20-63 É o plano de equação $x - y + z - 2\sqrt{3} = 0$.

20-64 $6x + 3y + 2z - 3 = 0$

20-65 (0,0,0), (1,0,0), (0,2,0), (0,0,3).

20-67 Escolha um sistema de coordenadas adequado, a exemplo do que foi feito nos exercícios resolvidos 20-9 e 20-14.

Capítulo 21

21-1 Como $O_2 = (0,0,0)_{\Sigma_2}$, $\vec{f}_1 = (1,0,0)_F$, $\vec{f}_2 = (0,1,0)_F$ e $\vec{f}_3 = (0,0,1)_F$, as equações pedidas são $u = u$, $v = v$, $w = w$, que, evidentemente, não têm valor prático algum.

21-2 (a) $X = (-1,0,0) + \lambda(0,1,1)$ (b) $X = (1,0,1) + \lambda(5,3,7)$
 (c) $2u - v - w + 2 = 0$

21-3 (a) $X = (-1,1,-1) + \lambda(0,0,1)$ (b) $u - v + 2 = 0$

21-4 (a) O_2u: $X = (0,0,1) + \lambda(1,1,0)$ O_2uv: $z - 1 = 0$
 O_2v: $X = (1,1,1) + \lambda(0,1,0)$ O_2uw: $x - y + z - 1 = 0$
 O_2w: $X = (1,1,1) + \lambda(0,1,1)$ O_2vw: $x - 1 = 0$
 (b) $v + w = 0$ $2u + v + w + 2 = 0$
   $u - w = 0$ $u + w + 2 = 0$
   $u + v = 0$ $u + v + 2w + 2 = 0$

21-5 (a) $u^2 - v^2 = 0$. Ω é a reunião dos planos de equações gerais $[u - v = 0]_{\Sigma_2}$ e $[u + v = 0]_{\Sigma_2}$.
 (b) $[x + y + z = 0]_{\Sigma_1}$. Ω é um plano.
 (c) $(u + v)^2 + (u - w)^2 = 0$. Ω é a interseção dos planos de equações $[u + v = 0]_{\Sigma_2}$ e $[u - w = 0]_{\Sigma_2}$, ou seja, é a reta r: $[X = (0,0,0) + \lambda(1,-1,1)]_{\Sigma_2}$.

21-6 $x = u$, $y = v$, $z = -5 + w$; equação de π: $2u + v - w = 0$.

21-7 (a) $O_2 = (2,4,3)_{\Sigma_1}$ ou $O_2 = (-4,-20,-9)_{\Sigma_1}$.
 (b) $O_2 = (3/2,2,2)_{\Sigma_1}$ ou $O_2 = (0,-4,-1)_{\Sigma_1}$.

21-8 Ox: $x = u$ Oy: $x = u\cos\theta + w\sin\theta$
  $y = v\cos\theta - w\sin\theta$ $y = v$
  $z = v\sin\theta + w\cos\theta$ $z = -u\sin\theta + w\cos\theta$

 (b) São equações da rotação de $3\pi/2$ rd em torno de Ox.

21-9 Em relação ao novo sistema, os vértices do cubo têm coordenadas iguais a 1 e −1, exatamente como no exercício resolvido anterior (por coincidência, os dois cubos têm arestas congruentes). Em relação ao sistema antigo, os vértices são:

 $A = (\sqrt{2},-\sqrt{2},3)$ $E = (0,0,3)$
 $B = (1 + \sqrt{2}, 1 - \sqrt{2}, 3 + \sqrt{2})$ $F = (1,1,3 + \sqrt{2})$
 $C = (2 + \sqrt{2}, 2 - \sqrt{2}, 3)$ $G = (2,2,3)$
 $D = (1 + \sqrt{2}, 1 - \sqrt{2}, 3 - \sqrt{2})$ $H = (1,1,3 - \sqrt{2})$

Faça a translação para o ponto P, combinada com a rotação de $\pi/4$ rd em torno de Oz, como no exercício resolvido anterior. Verifique então que o plano π_2 é perpendicular a Puw e forma ângulos de $\pi/4$ rd com os planos Puv e Pvw. Como π_1 fica paralelo a Puw, uma nova rotação de $\pi/4$ rd, desta vez em torno do eixo coordenado Pv, atende à condição do enunciado.

21-10 (a) Não; para ver um contra-exemplo, tome $\vec{f}_1 = \vec{e}_2$ e $\vec{f}_2 = \vec{e}_1$.
 (b) Proceda como na demonstração da Proposição 21-3.
 (c) Devido à parte (b), se E e F fossem discordantes, então $\vec{f}_1 = (\cos\theta,\sin\theta,0)_E$ e $\vec{f}_2 = (\sin\theta,-\cos\theta,0)_E$. Prove que, neste caso, $\cos\theta_1 = \cos\theta_2 = 0$ e, portanto, $\theta_1 = \theta_2 = \pi/2$, contra a hipótese.

Capítulo 22

22-1 (a) Ressalvadas as diferenças de enfoque e notação, este exercício é semelhante ao Exercício 11-13 (a). Suponha que $\mathbb{V}^3$ esteja orientado e use a base $B' = (\vec{i},\vec{j},\vec{i}\wedge\vec{j})$, ortonormal positiva, para calcular $\vec{u}\wedge\vec{v}$.
 (b) Em relação à base ortonormal $B = (\vec{i},\vec{j})$, sejam $\vec{n} = (a,b)$, $\vec{t} = (c,d)$ e $\vec{r} = (p,q)$. Como no item (a), considere a base $B' = (\vec{i},\vec{j},\vec{i}\wedge\vec{j})$ e calcule $\vec{r}\wedge\vec{t}$, que é paralelo a $\vec{n}$. Disso decorre $pd = qc$ e, portanto, $\vec{r}$ é paralelo a $\vec{t}$. É curioso que, embora não exista produto vetorial em $\mathbb{V}_\pi$, levar o problema de Geometria Plana para o ambiente tridimensional permite usar o produto vetorial de $\mathbb{V}^3$ para resolvê-lo ([Abbott]).

22-2 (b) e (c) Tome $X = F_1 + \lambda\overrightarrow{F_1F_2}$ e imponha a condição $d(X,F_1) + d(X,F_2) = 2a$. Analise os casos $0 \leq \lambda \leq 1$, $\lambda < 0$ e $\lambda > 1$.
 (d) Use a propriedade triangular para os pontos P, Q, F_1 e para os pontos P, Q, F_2, e some membro a membro.
 (e) Vale a igualdade nas duas relações utilizadas na parte (d), $d(P,Q) \leq d(P,F_1) + d(Q,F_1)$ e $d(P,Q) \leq d(P,F_2) + d(Q,F_2)$, se, e somente se, P, Q, F_1 e F_2 são colineares.

22-3 (a) $4x^2 + 3y^2 + 24x - 24y + 36 = 0$
 (b) $8x^2 - 2xy + 8y^2 - 63 = 0$
 (c) $35x^2 - 2xy + 35y^2 - 34x - 34y - 289 = 0$

Note que, nos três casos, o segmento focal não está contido em Ox nem em Oy. Você deve utilizar a definição de elipse.

22-4 Adote um dos sistemas de coordenadas da Figura 22-1.

(a) O comprimento da corda perpendicular a F_1F_2 que tem $P = (x,y)$ como extremidade é $l = 2|y| = (2b/a)\sqrt{a^2 - x^2}$ e atinge seu valor máximo quando $x = 0$.

(b) Dê a x o valor c na expressão de l da resposta (a).

22-5 Sejam $d(A,B) = 2c$ e $2a = p - 2c$. O perímetro do triângulo ABC é p se, e somente se, $d(C,A) + d(C,B) = 2a$, isto é, C pertence à elipse de focos A e B e parâmetros geométricos a, c. Em relação a um sistema ortogonal de coordenadas tal que $A = (-c,0)$, $B = (c,0)$ e $C = (x,y)$, a área do triângulo ABC é $c|y|$, e é máxima quando $C = B_1$ ou $C = B_2$.

22-6 (a) Ox; 26, 4, $2\sqrt{165}$.   (b) Oy; $4\sqrt{3}$, $4\sqrt{2}$, 4.

(c) Não se trata de elipse: só a origem satisfaz a equação.

(d) Oy; $4\sqrt{2}$, $2\sqrt{3}$, $2\sqrt{5}$.   (e) Ox; 10, 6, 8.

(f) Não é elipse (Proposição 22-5).

(g) Ox; 6, $2\sqrt{5}$, 4.   (h) Ox; $2\sqrt{5}$, $2\sqrt{3}$, $2\sqrt{2}$.

(i) Não é elipse (é o conjunto vazio).

(j) Oy; 2, 1, $\sqrt{3}$.

(l) Oy; $2(m^2 + 1)$; $2\sqrt{m^2 + 1}$, $2|m|\sqrt{m^2 + 1}$.

(m) Se $m > 1$: Ox; $2\sqrt{m}$, $2/\sqrt{m}$, $2\sqrt{(m^2 - 1)/m}$.

Se $0 < m < 1$: Oy; $2/\sqrt{m}$, $2\sqrt{m}$, $2\sqrt{(1 - m^2)/m}$.

Se $m = 0$, não se trata de elipse, mas do eixo Oy.

Se $m < 0$, é o conjunto vazio.

Se $m = 1$, é uma circunferência.

22-7 (a) $x^2/25 + y^2/9 = 1$ (b) $x^2/16 + y^2/25 = 1$

(c) $x^2/253 + y^2/289 = 1$ (d) $x^2/169 + y^2/144 = 1$

(e) $x^2/3 + y^2/2 = 1$ (f) $x^2/400 + y^2/16 = 1$

(g) $x^2/4 + y^2/16 = 1$ (h) $x^2/9 + y^2/49 = 1$

22-8 (a) Vértices: $(\pm 5,0)$, $(0,\pm 4)$; focos: $(\pm 3,0)$; $2a = 10$; $2b = 8$.

(b) Vértices: $(\pm 3,0)$, $(0,\pm 1)$; focos: $(\pm 2\sqrt{2},0)$; $2a = 6$; $2b = 2$.

(c) Vértices: $(0,\pm 5\sqrt{2})$, $(\pm 5,0)$; focos: $(0,\pm 5)$; $2a = 10\sqrt{2}$; $2b = 10$.

(d) Vértices: $(\pm 2,0)$, $(0,\pm\sqrt{3})$; focos: $(\pm 1,0)$; $2a = 4$; $2b = 2\sqrt{3}$.

22-9 Para a coroa fundamental, o Exercício Resolvido 22-8 (e) dá um contra-exemplo. Veja também a Figura R-22-9.

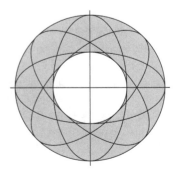

Figura R-22-9

22-10 (a) $x^2/(35/3) + y^2/(35/2) = 1$. Focos: $(0,\pm\sqrt{35/6})$.

(b) $x^2/32 + y^2/(128/7) = 1$. Focos: $(\pm 4\sqrt{6/7},0)$.

(c) Não existe tal elipse.

22-11 É fácil verificar que P pertence a Ω, já que P pertence, por exemplo, à elipse de equação $x^2/8 + y^2/18 = 1$. Por outro lado, se $X = (h,k) \neq (2,3)$, então X pertence a Ω se, e somente se, $h > 0$, $k > 0$ e existem números positivos e distintos p e q tais que $h^2/p + k^2/q = 1$ e $4/p + 9/q = 1$. Destas equações, você obterá

$p = (4k^2 - 9h^2)/(k^2 - 9)$ e $q = (9h^2 - 4k^2)/(h^2 - 4)$

Imponha as condições $p > 0$, $q > 0$ e $p \neq q$ para concluir que um ponto $X = (x,y) \neq (2,3)$ pertence a Ω se, e somente se, $h > 0$, $k > 0$, $(h-2)(k-3) < 0$ e $h^2 + k^2 \neq 13$. Veja a resposta na Figura R-22-11.

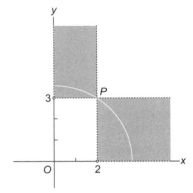

Figura R-22-11

22-12 16

22-13 (a) $d(X,F_1) = a + cy/a$ e $d(X,F_2) = a - cy/a$ (proceda como na demonstração da Proposição 22-3);

(b) Máximo: $a + c$; mínimo: $a - c$ (vale para qualquer um dos focos). Esses valores ocorrem quando X é extremidade do eixo maior.

22-14 $14{,}75 \cdot 10^7$ km e $15{,}25 \cdot 10^7$ km.

22-16 Adapte a resposta do Exercício 22-2. Use a propriedade triangular sob a forma $d(P,Q) \geq d(P,F_1) - d(Q,F_1)$.

22-17 (a) Em relação ao sistema de coordenadas da Figura 22-6 (a), sejam $P = (x_1,y_1)$ e $Q = (x_2,y_2)$. Então $x_1 \geq a$ e $x_2 \leq -a$ e, portanto, $d(P,Q) \geq |x_1 - x_2| \geq 2a$.

(b) Valem as igualdades nas relações utilizadas na resposta (a) se, e somente se, $x_1 = a$, $x_2 = -a$ e $y_1 = y_2 = 0$. Compare com o Exercício 22-16, em que ainda não dispúnhamos de um sistema de coordenadas conveniente.

22-18 O comprimento da corda perpendicular à reta focal que tem $P = (x,y)$ como extremidade é $2|y| = (2b/a)\sqrt{x^2 - a^2}$. Dê a x o valor c.

22-19 (a) Ox; 4, 6, $2\sqrt{13}$.   (b) Oy; 6, 10, $2\sqrt{34}$.

(c) É uma elipse.   (d) Oy; 4, $12/m$, $4\sqrt{9 + m^2}/m$.

(e) É a reunião de duas retas concorrentes.

(f) Ox; 6, $2\sqrt{5}$, $2\sqrt{14}$.   (g) Oy; 2, 2, $2\sqrt{2}$.

(h) Oy; $2\sec\varphi$, $2\csc\varphi$, $2\sec\varphi\csc\varphi$.

22-20 (a) $(\pm 12,0)$, $(\pm 13,0)$, $(0,\pm 5)$, $y = \pm 5x/12$.

(b) $(\pm 5,0)$, $(\pm\sqrt{41},0)$, $(0,\pm 4)$, $y = \pm 4x/5$.

(c) $(0,\pm 4)$, $(0,\pm 4\sqrt{2})$, $(\pm 4,0)$, $y = \pm x$.

(d) $(0,\pm 2)$, $(0,\pm\sqrt{13})$, $(\pm 3,0)$, $y = \pm 2x/3$.

(e) $(\pm 1,0)$, $(\pm 2,0)$, $(0,\pm\sqrt{3})$, $y = \pm\sqrt{3}x$.

(f) $(\pm m,0)$, $(\pm m\sqrt{2},0)$, $(0,\pm m)$, $y = \pm x$.

22-21 (a) $x^2/4 - y^2/5 = 1$ (b) $x^2/225 - y^2/144 = 1$

(c) $x^2/16 - y^2/9 = 1$ (d) $x^2/20 - y^2/5 = 1$

(e) $-x^2/56 + y^2/56 = 1$ (f) $-x^2/16 + y^2/36 = 1$

22-22 (a) $x^2 - y^2/(1/5) = 1$, $y = \pm x/\sqrt{5}$, $(\pm\sqrt{6/5},0)$, $(\pm 1,0)$.

(b) Não existe a hipérbole (Proposição 22-12).

(c) $-x^2/7 + y^2/(7/4) = 1$, $y = \pm x/2$, $(0,\pm\sqrt{35}/2)$, $(0,\pm\sqrt{7}/2)$.

(d) Não existe a hipérbole.

22-24 $d(X,F_1) = |cy/a + a|$, $d(X,F_2) = |cy/a - a|$ (compare com [22-9]).
Logo (compare com a Proposição 22-10),

$X \in H_1 \Rightarrow d(X,F_1) = -cy/a - a$ e $d(X,F_2) = -cy/a + a$

$X \in H_2 \Rightarrow d(X,F_1) = cy/a + a$ e $d(X,F_2) = cy/a - a$

22-25 Como $d(P,C) - d(P,B) = v\delta$, P pertence à hipérbole de focos B e C cujo eixo transverso mede $v\delta$. O mesmo raciocínio mostra que P pertence também à hipérbole de focos A e D cujo eixo transverso mede $v\Delta$. Logo, P pertence à interseção das hipérboles.

22-26 (a) $9x^2 - 16y^2 - 54x + 64y + 161 = 0$

(b) $3x^2 + 12xy + 8y^2 - 18x - 28y + 11 = 0$

O segmento focal não está contido em Ox nem em Oy. Você deve utilizar a definição de hipérbole.

22-27 (a) Uma reta é simétrica em relação a qualquer um de seus pontos, e nenhuma parábola é simétrica em relação a seu vértice, que é um ponto da parábola.

22-28 $d(P,F) = p + h$. Pela definição de parábola, $p + h$ é também a distância de P à diretriz.

22-29 (a) $d(P,F) = p - h$ (b) $d(P,F) = p + k$

(c) $d(P,F) = p - k$

22-30 (a) $(1,0)$, $(0,0)$, $p = 1$, $r: x + 1 = 0$.

(b) $(-2,0)$, $(0,0)$, $p = 2$, $r: x - 2 = 0$.

(c) $(0,-3/2)$, $(0,0)$, $p = 3/2$, $r: y - 3/2 = 0$.

(d) $(2/5,0)$, $(0,0)$, $p = 2/5$, $r: 5x + 2 = 0$.

(e) $(0,2/5)$, $(0,0)$, $p = 2/5$, $r: 5y + 2 = 0$.

(f) $(0,4/5)$, $(0,0)$, $p = 4/5$, $r: 5y + 4 = 0$.

Veja os esboços na Figura R-22-30.

22-31 (a) $y^2 = 8x/3$ (b) $x^2 = -16y/3$ (c) $y^2 = -4x$

(d) $x^2 = 2y$

22-32 (a) $y^2 = 32x$ (b) $x^2 = -8y$ (c) $y^2 = 20x$

(d) $y^2 = -16x$ (e) $y^2 = 8x$ (f) $x^2 = 12y$

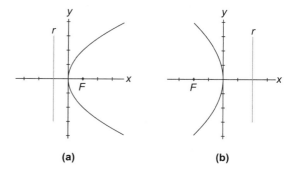

(a)   (b)

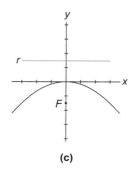

(c)

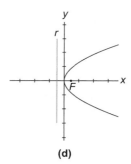

(d)

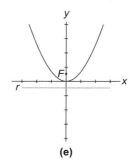

(e)

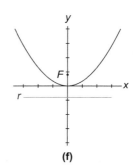

(f)

Figura R-22-30

518 — Geometria Analítica — um tratamento vetorial

22-33 (a) Adote um sistema de coordenadas como o da Figura 22-8, indique $P = (x_1, y_1)$, $Q = (x_2, y_2)$, e imponha que $d(P,V) = d(Q,V)$. Combinando esta com a condição de que as coordenadas de P e Q satisfaçam a equação da parábola, $y^2 = 4px$, você concluirá que $x_1 = x_2$ (lembre-se de que $x_1 \geq 0$ e $x_2 \geq 0$).

(b) $x^2 = 2y$

22-34 (a) $y^2 - 4x - 6y + 13 = 0$ (b) $x^2 - 6x - 8y + 1 = 0$

(c) $x^2 - 4xy + 4y^2 + 52x + 26y + 91 = 0$

Note que, nos três casos, o foco não pertence a nenhum dos eixos coordenados e o vértice não é a origem. Utilize a definição de parábola.

22-35 (b) Quanto maior a medida do ângulo, mais alongada é a elipse. Quanto menor, mais arredondada.

22-37 (a) $x^2/25 + y^2/16 = 1$ (b) $x^2/25 + y^2/(625/16) = 1$

22-38 (a) 3/5 (b) $\sqrt{3}/2$ (c) $\sqrt{2}/2$ (d) $\sqrt{2}/2$

(e) $\sqrt{2/3}$ (f) $\sqrt{3}/2$

Há dois pares de elipses semelhantes: (b) e (f), (c) e (d). Mais alongadas: (b) e (f), menos alongada: (a).

22-39 Duas soluções: $x^2/4 + y^2 = 1$ e $x^2/(49/16) + y^2/(49/4) = 1$.

22-40 $(H - h)/(H + h + 2R)$. Veja o Exercício 22-13 (b).

22-41 $e \geq 1/\sqrt{2}$ (e, naturalmente, $e < 1$).

22-43 (a) $x^2/144 - y^2/25 = 1$ (b) $-x^2/16 + y^2/16 = 1$

(c) Não existe a hipérbole (os dados são incompatíveis).

(d) Não existe, pois $2/\sqrt{5} < 1$.

(e) Há infinitas hipérboles nessas condições, todas com centro O, focos em Oy. Suas equações são da forma
$$-x^2/3m^2 + y^2/m^2 = 1 \ (m \neq 0)$$

22-44 (a) $\sqrt{5}$ (b) $\sqrt{3}$ (c) Não existe a hipérbole.

(d) 2 ou $2/\sqrt{3}$. (e) $\sqrt{2}$

22-45 Duas soluções: $x^2/(5/3) - y^2/5 = 1$ e $-x^2/17 + y^2/(17/3) = 1$.

22-46 (a) $x^2/b^2 + y^2/a^2 < 1$ (b) $-x^2/b^2 + y^2/a^2 > 1$

(c) $y^2 < -mx$ (d) $x^2 < my$

(e) $x^2 < -my$

22-48 Tome $\lambda = (h^2/p + k^2/q)^{-1/2}$ e $Q = O + \lambda \overrightarrow{OP}$ (logo, $P = O + \lambda^{-1} \overrightarrow{OQ}$). Mostre que $Q \in \mathbf{E}$ e que, se P é interior [respectivamente exterior], então $\lambda > 1$ [respectivamente, $0 < \lambda < 1$].

22-49 Mostre (algebricamente) que

P interior $\Rightarrow d(P,F_1) < a + ch/a$ e $d(P,F_2) < a - ch/a$

P exterior $\Rightarrow d(P,F_1) > a + ch/a$ e $d(P,F_2) > a - ch/a$

Os cálculos são semelhantes aos da demonstração da Proposição 22-3.

22-50 (a) Pela simetria em relação a Oy, basta considerar o caso $h \geq 0$, em que a tese fica
$$h^2/a^2 - k^2/b^2 < 1 \Leftrightarrow d(P,F_1) - d(P,F_2) < 2a$$
Mostre que $d(P,F_1) - d(P,F_2) < 2a$ se, e somente se,
$$hc - a^2 < a\sqrt{h^2 + a^2 + b^2 - 2hc + k^2} \quad (\bigstar)$$
e então analise os casos $hc - a^2 < 0$ e $hc - a^2 \geq 0$. No primeiro, que corresponde aos pontos da faixa vertical destacada na Figura R-22-50 (a), a desigualdade ($\bigstar$) é verdadeira, assim como $h^2/a^2 - k^2/b^2 < 1$. Sendo ambas verdadeiras, são equivalentes e, portanto,
$$d(P,F_1) - d(P,F_2) < 2a \Leftrightarrow h^2/a^2 - k^2/b^2 < 1$$
No segundo caso mostre, elevando os dois membros ao quadrado, que a desigualdade ($\bigstar$) é verdadeira se, e somente se, $h^2/a^2 - k^2/b^2 < 1$. Este caso corresponde à parte de $\mathbf{R}_0$ assinalada na Figura R-22-50 (b).

(b) É conseqüência de (a).

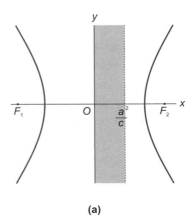

(a)

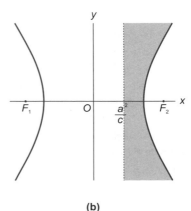

(b)

Figura R-22-50

22-51 Sejam $\mathbf{P}: y^2 = 4px$ e $Q = (h,k)$ (em relação a um conveniente sistema ortogonal de coordenadas). Mostre que
$$d^2(Q,F) - d^2(Q,r) = k^2 - 4ph.$$

22-52 Use $p = a^2$, $q = b^2$, $h = k = 0$ em [22-17] ou [22-18] e lembre-se de que m e n não são simultaneamente nulos para obter dois pontos de interseção distintos: $R = (-\beta m, -\beta n)$ e $S = (\beta m, \beta n)$, em que β indica o número $(m^2/a^2 + n^2/b^2)^{-1/2}$. Nos casos particulares, basta substituir (m,n) por $(1,0)$, por $(0,1)$, por (a,b) e por $(a,-b)$. Obtêm-se, respectivamente, os pontos A_1 e A_2, B_1 e B_2, $P_1 = (a/\sqrt{2}, b/\sqrt{2})$ e $P_2 = (-a/\sqrt{2}, -b/\sqrt{2})$, $Q_1 = (a/\sqrt{2}, -b/\sqrt{2})$ e $Q_2 = (-a/\sqrt{2}, b/\sqrt{2})$.

22-53 Sejam $\mathbf{E}: x^2/p + y^2/q = 1$ ($p > 0$, $q > 0$) e $P = (h,k)$, em relação a um sistema ortogonal de coordenadas conveniente.

(a) Da hipótese $h^2/p + k^2/q < 1$ decorre, devido a [22-19], que $\Delta > 0$ qualquer que seja o vetor não-nulo $\vec{r} = (m,n)$.

(b) Seja s: $X = (h,k) + \lambda(m,n)$. A hipótese $s \cap \mathbf{E} = \emptyset$ equivale a $\Delta < 0$, em que Δ é o discriminante de [22-18], cujo coeficiente dominante é positivo. Logo, o primeiro membro de [22-18] é positivo para todo λ, e, como [22-18] equivale a [22-17], isso quer dizer que $x^2/p + y^2/q - 1 > 0$ para todo $X = (x,y)$ de s. Outro argumento, usando o resultado do item (a): se existisse em s um ponto interior a $\mathbf{E}$, esta reta seria secante à elipse. Além disso, nenhum ponto de s pertence a $\mathbf{E}$, pois $s \cap \mathbf{E}$ é vazio.

22-54 (a) Para a assíntota r_2: $y = bx/a$, por exemplo, use $h = k = 0$, $m = a$, $n = b$, $p = a^2$ e $q = -b^2$ em [22-18] ou, então, trabalhe diretamente com o sistema formado pelas equações $y = bx/a$ e $x^2/a^2 - y^2/b^2 = 1$.

(b) Devido às simetrias, basta considerar o caso em que r é paralela a r_2. Use $m = a$, $n = b$, $p = a^2$ e $q = -b^2$ em [22-18]; como $k \neq bh/a$ (pois r e r_2 são distintas, por hipótese), a equação obtida tem solução única.

(c) Use $h = k = 0$, $p = a^2$ e $q = -b^2$ em [22-17] para obter $(m^2/a^2 - n^2/b^2)\lambda^2 - 1 = 0$. Se $m = 0$ (isto é, se r é o eixo Oy), a equação não admite solução e, portanto, $r \cap \mathbf{H} = \emptyset$. Se $m \neq 0$, há duas soluções (se $n^2/m^2 < b^2/a^2$), ou nenhuma (se $n^2/m^2 > b^2/a^2$). Assim, as retas que contêm O e não interceptam $\mathbf{H}$ são as retas contidas na reunião de dois ângulos opostos pelo vértice destacada na Figura 22-22 (b). As retas que contêm O e são secantes a $\mathbf{H}$ são as retas contidas na região complementar.

(d) Mesmo ramo: a equação de segundo grau obtida substituindo-se y por $dx + l$ na equação da hipérbole deve ter duas raízes distintas x_1 e x_2 (logo, uma condição é $\Delta > 0$) e seu produto deve ser positivo. Disso resulta
$$b^2/a^2 < d^2 < (b^2 + l^2)/a^2$$
Ramos diferentes: o produto $x_1 x_2$ deve ser negativo (e $\Delta > 0$ é conseqüência disso). Obtém-se a condição
$$d^2 < b^2/a^2$$
que não afeta l.

(e) Sejam s_1 e s_2 as retas que distam δ de r_2. Por (b), $s_1 \cap \mathbf{H}$ contém um único ponto, assim como $s_2 \cap \mathbf{H}$. Mostre que as abscissas desses dois pontos são de sinal contrário.

22-55 (a) Seja $\mathbf{P}$: $y^2 = 4px$, em relação a um conveniente sistema ortogonal de coordenadas. Uma equação vetorial da reta é $X = (h,k) + \lambda(1,0)$.

(b) Sejam $\mathbf{P}$: $y^2 = 4px$ e $P = (h,k)$, em relação a um conveniente sistema ortogonal de coordenadas. Como P pertence à região focal, $k^2 < 4ph$; utilize [22-23] para provar que $\Delta > 0$, qualquer que seja o vetor (m,n) tal que $n \neq 0$.

22-56 (a) Pelo Exercício 22-47 (b), a reta PQ não é assíntota. Logo, se for paralela a alguma das assíntotas, esta reta intercepta a hipérbole em um único ponto (Exercício 22-54 (b)) e, se não for, ela é secante à hipérbole (Exercício Resolvido 22-23). Em qualquer dos casos, você pode utilizar o método de resolução do Exercício Resolvido

22-24: se Q pertence à hipérbole, não há o que fazer; se não pertence, então $\varphi(0)\varphi(1) < 0$ etc.

(b) Trabalhe com $m = u - h$, $n = v - k$ na equação [22-21], que é de grau 1 ou 2. Mostre que $\varphi(0)\varphi(1) \leq 0$ e tire suas conclusões.

22-57 É conseqüência do Exercício 22-53 (a).

22-58 Passe a equação da elipse para a forma reduzida, aplique a regra para obter [22-26] e volte.

22-59 (a) Veja a Figura R-22-59.

(b) A velocidade escalar máxima é $a^2 b$ (atingida nas extremidades B_1 e B_2 do eixo menor) e a velocidade escalar mínima é ab^2 (atingida nas extremidades A_1 e A_2 do eixo maior).

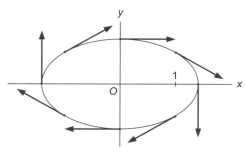

Figura R-22-59

22-60 Reta tangente: $x - 2y = 3$; reta normal: $y - 2x + 1 = 0$.

22-61 Prove inicialmente que, sendo O o centro de $\mathbf{E}$, O, P e Q são colineares (isto é, $\overrightarrow{OP} = \lambda \overrightarrow{OQ}$) se, e somente se, O é ponto médio de PQ. Em seguida, prove que as retas tangentes são paralelas se, e somente se, O, P e Q são colineares.

22-62 (a) $4x - 2y \pm \sqrt{6} = 0$ (b) $y = mx \pm \sqrt{pm^2 + q}$

22-63 São as retas de equações $2x - 3y - 7 = 0$ e $5x + 3y + 14 = 0$.

22-64 $(3,-8)$, $(-2,-3)$, $(-3,8)$.

22-65 $(3,0)$, $(0,3)$, $(-3,0)$ e $(0,-3)$. Trata-se de um quadrado.

22-66 (a) Somente os quatro vértices da elipse.

(b) Somente A_1 e A_2.

22-67 Tome $P = (h,k)$ em r e use $p = a^2$, $q = b^2$, $m = \cos\theta$, $n = \text{sen}\theta$ em [22-20]. Para simplificar os cálculos, você pode usar $k = 0$ se r não é paralela a Ox (isto é, se $\text{sen}\theta \neq 0$) e examinar separadamente o caso $\text{sen}\theta = 0$.

(a) Imponha $\Delta = 0$. Para as duas tangentes,
$$\delta = \sqrt{a^2 \text{sen}^2\theta + b^2 \cos^2\theta}$$

(b) Analise o sinal de Δ.

(c) Mostre que $b^2 \leq a^2 \text{sen}^2\theta + b^2 \cos^2\theta \leq a^2$.

22-68 (a) Sejam $\mathbf{E}$: $x^2/p + y^2/q = 1$, $M = (x,y)$ e $P = (h,k)$, em relação a um conveniente sistema de coordenadas. Se M é ponto médio de PQ, então
$$Q = P + 2\overrightarrow{PM} = (h,k) + 2(x-h, y-k) = (2x-h, 2y-k)$$
e, impondo que P e Q pertençam à elipse, você obterá $x(x-h)/p + y(y-k)/q = 0$. Como PQ é paralelo a $\vec{u} = (m,n)$ e $P \neq Q$, existe $\lambda \neq 0$ tal que $x - h = \lambda m$ e $y - k = \lambda n$. Logo,

520 — Geometria Analítica — um tratamento vetorial

$mx/p + ny/q = 0$, o que mostra que M pertence à reta de equação geral $qmx + pny = 0$, que contém a origem $(0,0)$ e é paralela ao vetor $\vec{r} = (pn,-qm)$.

(b) Neste caso, $x = y = 0$ e, portanto, $h = -\lambda m$ e $k = -\lambda n$. Pela Proposição 22-27, a reta tangente em P é paralela ao vetor $\vec{t} = (pk,-qh) = -\lambda(pn,-qm) = -\lambda \vec{r}$. Para o ponto Q, use o Exercício 22-61.

22-69 (a) $x^2/18 + y^2/14 = 1$

(b) Não existe a elipse, pois F_2 pertence a t.

(c) Não existe a elipse **E** pois, como t separa F_1 e F_2, essa reta contém um ponto interior a **E** (veja o Exercício 22-53 (a)).

22-70 Aplique os exercícios 22-47 (a) e 22-53 (a). Outro modo: se **E**: $x^2/a^2 + y^2/b^2 = 1$ e $T = (h,k)$ é o ponto de tangência, uma equação da reta tangente é $hx/a^2 + ky/b^2 - 1 = 0$. Substitua as coordenadas de cada foco no primeiro membro e mostre que o produto dos resultados encontrados é positivo.

22-71 $T = (7/5, 17/5)$, $a = \sqrt{13}/2$, $b = \sqrt{2}$ e $c = \sqrt{5}/2$.

Note que t não separa F_1 e F_2 (conforme o Exercício 22-70, essa é uma condição necessária para que t tangencie alguma elipse com esses focos). Pelos exercícios 22-57 e 22-49, se P pertence a t e $P \neq T$, então $d(P,F_1) + d(P,F_2) > 2a$. Como $d(T,F_1) + d(T,F_2) = 2a$, T é o ponto da reta t para o qual a soma das distâncias a F_1 e F_2 é a menor possível. Adapte a idéia da resolução do Exercício 19-38 (este método também serve para resolver o Exercício 22-69).

22-72 Seja $r: X = (h,k) + \lambda(m,n)$ uma reta que contém P. Impondo a condição de tangência $\Delta = 0$ (veja [22-20]), você obterá $(q - k^2)m^2 + (2hkn)m + (p - h^2)n^2 = 0$. Analise à parte o caso em que $q = k^2$. Se $q \neq k^2$, mostre que o discriminante desta equação de segundo grau em m é positivo e prove que há duas retas tangentes.

22-73 É conseqüência do Exercício Resolvido 22-23.

22-74 Passe a equação da hipérbole para a forma reduzida, aplique a regra, e volte.

22-75 A velocidade escalar mínima é ab^2, atingida no vértice da hipérbole. Não há valor máximo.

22-76 $45°$

22-77 $\sqrt{6}x - 3y \pm 3 = 0$

Oriente-se pelo Exercício Resolvido 22-28 (a).

22-78 Retas tangentes: $4x - y - 13 = 0$ e $5x + 2y + 13 = 0$.

Pontos de tangência: $(4,3)$ e $(-5,6)$.

Retas normais: $x + 4y - 16 = 0$ e $2x - 5y + 40 = 0$.

Oriente-se pelo Exercício Resolvido 22-28 (c).

22-79 É o trecho caracterizado por $x > \sqrt{10}$.

22-80 (a) Duas soluções: $B = (-6,-5)$, $C = (-4,-3)$, $D = (-2,-3)$;

$B = (-6,-5)$, $C = (-8,-7)$, $D = (-6,-7)$.

(b) Duas soluções: $B = (-4,-3)$, $C = (-2,-1)$, $D = (-2,-3)$;

$B = (-4,-3)$, $C = (-6,-5)$, $D = (-6,-7)$.

22-81 Veja a resposta do Exercício 22-61.

22-82 Nos dois casos, somente os vértices da hipérbole.

22-83 (a) $a|\text{sen}\theta| > b|\cos\theta|$ (b) $a|\cos\theta| > b|\text{sen}\theta|$

Interpretação geométrica: sejam r_1 e r_2 as assíntotas de **H** e s_1 e s_2 as retas que contêm O e são respectivamente perpendiculares a r_1 e r_2. A condição obtida para o item (a) [respectivamente, (b)] indica que a reta paralela a $\vec{u}$ que contém O está contida na reunião dos ângulos opostos pelo vértice assinalados na Figura R-22-83 (a) [respectivamente, (b)]. Note que, se $b < a$, a interseção dessas duas regiões não é vazia, ao contrário do que ocorre na figura.

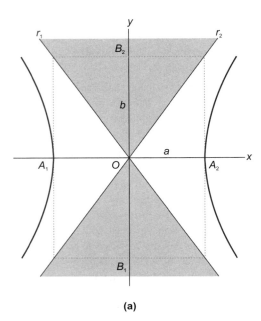

(a)

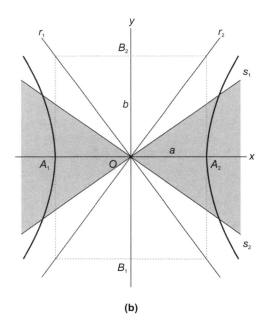

(b)

Figura R-22-83

22-84 Tome $P = (h,k)$ em r e use $p = a^2$, $q = -b^2$, $m = \cos\theta$, $n = \text{sen}\theta$ em [22-20]. Para simplificar os cálculos, você pode usar $h = 0$

no item (a), porque a hipótese $a^2\text{sen}^2\theta - b^2\cos^2\theta < 0$ acarreta $\cos\theta \neq 0$, o que impede que r seja paralela a Oy. Em (b) e (c), você pode usar $k = 0$, pois de $\alpha > 0$ decorre $\text{sen}\theta \neq 0$. A distância pedida em (b) é $\delta = \sqrt{a^2\text{sen}^2\theta - b^2\cos^2\theta}$.

22-85 Veja a indicação na resposta 22-68 (substitua as referências da resposta (b) por Proposição 22-30 e Exercício 22-81).

22-86 (a) $x^2/4 - y^2/4 = 1$ (b) $-x^2/4 + y^2/12 = 1$

(c) Não existe a hipérbole (veja o Exercício 22-87).

22-87 Se **H**: $x^2/a^2 - y^2/b^2 = 1$ e $T = (h,k)$ é o ponto de tangência, uma equação da reta tangente é $hx/a^2 - ky/b^2 - 1 = 0$. Substitua as coordenadas de cada foco no primeiro membro e mostre que o produto dos resultados encontrados é negativo.

22-88 Note que t separa F_1 e F_2 (conforme o Exercício 22-87, esta é uma condição necessária para que t tangencie alguma hipérbole com esses focos). Seja T o ponto de tangência. Pelos exercícios 22-73 e 22-50, se P pertence a t e $P \neq T$, então $|d(P,F_1) - d(P,F_2)| < 2a$. Como $|d(T,F_1) - d(T,F_2)| = 2a$, T é o ponto da reta t para o qual o módulo da diferença das distâncias a F_1 e F_2 é o maior possível. Adapte a idéia da resolução do Exercício 19-39 para obter $T = (1,3)$, $a = 1/2$, $b = 1$ e $c = \sqrt{5}/2$ (este método também serve para resolver o Exercício 22-86).

22-89 (a) $A = (a^2b/(bh + ak), -ab^2/(bh + ak))$
$B = (a^2b/(bh - ak), ab^2/(bh - ak))$

(c) Se $ABCD$ é um dos paralelogramos, então A e B são como na parte (a) e C e D são seus simétricos em relação à origem. Utilize o Exercício 22-1(a).

22-90 Duas soluções: $(7,7/2)$, $(-1,1/2)$, $(-7,-7/2)$, $(1,-1/2)$
$(-7,7/2)$, $(-1,-1/2)$, $(7,-7/2)$, $(1,1/2)$.

22-91 Oriente-se pela resposta 22-72.

22-92 Tangente: $\vec{t} = (2p,h)$ $hx = 2py + 2pk$
Normal: $\vec{n} = (h,-2p)$ $hy + 2px = hk + 2ph$

22-93 (a) A velocidade escalar mínima é $2p$, atingida no vértice da parábola. Não há valor máximo.

(b) 2   (c) $(\sqrt{m} + \sqrt{n})/\sqrt{p}$

Em (b) e (c), considere o movimento da projeção ortogonal da partícula sobre Oy, cuja velocidade é constante.

22-94 (a) $x + y + 2 = 0$ (b) $8x - 2y + 1 = 0$

(c) $2x - y + 1 = 0$ e $x - 2y + 8 = 0$.

(d) $10x + 4y - 165 = 0$ (e) $10x + 4y - 165 = 0$

Se no item (e) você obtiver uma equação de terceiro grau, pesquise raízes inteiras.

22-95 (a) $y^2 = 8x$ ou $x^2 = y$.   (b) Não existe a parábola.

(c) Não existe a parábola.

22-96 A diretriz é r: $x + y = 4$, o parâmetro é $\sqrt{2}/2$, o vértice, $V = (3/2, 3/2)$ e o ponto de tangência, $T = (0,2)$.

22-97 Cuidado: *não decorre* imediatamente das informações dadas que o vértice da parábola seja a origem do sistema de coordenadas, nem que o foco pertença a Ox ou a Oy. O ponto de tangência é $T = (0,8)$; indique o foco por $F = (a,b)$ e determine a e b. A equação procurada é $y^2 = 32x$.

22-98 $y^2 = 4x$.

Vale para este exercício a recomendação da resposta 22-97.

22-99 (a) $T = (pm^2/n^2, 2pm/n)$ $n^2x - mny + pm^2 = 0$

(b) A primeira coordenada deve ser diferente de 0, isto é, $\vec{v}$ não deve ser ortogonal ao eixo de **P**.

(c) $T = (pn^2/m^2, -2pn/m)$ $m^2x + mny + pn^2 = 0$

22-100 $\delta = p\cos^2\theta/\text{sen}\theta$ (utilize a equação de t obtida no Exercício 22-99 (a)).

Em (a), (b) e (c), tome $P = (h,k)$ na reta r e utilize [22-23] com $m = \cos\theta$ e $n = \text{sen}\theta$ (para simplificar os cálculos, você pode usar $k = 0$, pois r não é paralela a Ox).

22-101 Estude a posição relativa de r: $X = P + \lambda(m,n)$ e **P**. Basta considerar o caso $n \neq 0$ (pois, se $n = 0$, r não é tangente a **P**), e portanto [22-22] é uma equação de segundo grau cujo discriminante Δ é dado em [22-23].

(a) Utilize a hipótese $k^2 < 4ph$ para mostrar que $\Delta > 0$.

(b) Se $k^2 > 4ph$, mostre que
$$\Delta = 0 \Leftrightarrow m = n(k \pm \sqrt{k^2 - 4ph})/2p$$
ou seja, $\Delta = 0$ se, e somente se, $r//\vec{u}$ ou $r//\vec{v}$, sendo $\vec{u} = (k + \sqrt{k^2 - 4ph}, 2p)$, $\vec{v} = (k - \sqrt{k^2 - 4ph}, 2p)$.

22-102 O comprimento de RN é $2p$.

22-103 Em relação a um sistema ortogonal de coordenadas conveniente, seja **P**: $y^2 = 4px$ ($p > 0$). Se $T = (h,k)$ é um ponto da parábola, use $m = -2p$ e $n = k \neq 0$ em [22-23] para mostrar que a reta normal s: $X = (h,k) + \lambda(-2p,k)$ intercepta **P** em dois pontos distintos.

22-104 Se V é o vértice e F o foco da parábola, e se $P = F + \vec{VF}$, nenhum ponto interior ao segmento VP pode ser atingido pelos raios.

22-105 Interpretação geométrica: $\vec{n} = (qh,pk)$ é um vetor normal que "aponta para fora".

22-106 (a) Somente se $T = B_1$ ou $T = B_2$.

(b) Somente se $T = A_1$ ou $T = A_2$.

22-107 Usando a propriedade da bissetriz vista no Exercício 5-18 (c) e uma conhecida propriedade das proporções, escreva

$$\frac{\|\vec{F_1N}\|}{\|\vec{F_1P}\|} = \frac{\|\vec{F_2N}\|}{\|\vec{F_2P}\|} = \frac{\|\vec{F_1N}\| + \|\vec{F_2N}\|}{\|\vec{F_1P}\| + \|\vec{F_2P}\|}$$

Outro modo é utilizar a Proposição 22-3 para calcular $d(F,P)$.

22-108 Utilize a propriedade de reflexão.

22-109 A Figura 22-25 sugere que a bala que sai de F_2, após refletir-se no ramo da hipérbole, não o intercepta mais. Prove isso analiticamente.

22-110 Pelos Exercícios 22-70 e 22-87, **C** é hipérbole no caso (a) e elipse no caso (b). Indique por $T = (x, x + 2)$ o ponto de tangência e aplique a propriedade de reflexão em cada caso. Em (a), a única solução obtida é $x = 1$ e, portanto, $T = (1,3)$, $a = 1/2$, $b = 1$, $c = \sqrt{5}/2$. No caso (b) há duas soluções, $x = 5/3$ e $x = 7/5$, e uma delas deve ser descartada, pois a elipse é única por hipótese. Se fosse $x = 5/3$, os pontos $T = (5/3, 11/3)$, F_1 e F_2 seriam colineares e T seria vértice da elipse. Neste caso, a reta tangente em T deveria ser perpendicular à reta focal; como isso não ocorre, $x = 5/3$ não deve ser aceito. Ficamos então com $x = 7/5$, que fornece $T = (7/5, 17/5)$; $a = \sqrt{13}/2$, $b = \sqrt{2}$, $c = \sqrt{5}/2$. Compare (a) com o Exercício 22-88 e (b) com o Exercício 22-71.

22-111 Utilize a propriedade de reflexão.

22-112 30°

22-114 (a) Em relação ao sistema de coordenadas indicado na Figura 22-27, $A = (0,k)$, $B = (h,0)$ e $P = (x,y)$. De $P = A + \lambda \overrightarrow{AB}$ decorre $x = \lambda h$ e $y = (1 - \lambda)k$. Use a relação $h^2 + k^2 = m^2$ para deduzir uma equação do lugar geométrico das posições ocupadas por P. Como $\lambda \neq 0$ e $\lambda \neq 1$, você obterá uma equação de circunferência se $\lambda = 1/2$ (caso em que P é o ponto médio de AB), e uma equação de elipse se $\lambda \neq 1/2$. Os focos da elipse pertencem a Oy se $\lambda < 1/2$ e pertencem a Ox se $\lambda > 1/2$.

(b) $a = 4m/5 \quad b = m/5 \quad c = m\sqrt{15}/5 \quad e = \sqrt{15}/4$

Focos: $(\pm m\sqrt{15}/5, 0)$ Vértices: $(\pm 4m/5, 0)$, $(0, \pm m/5)$

Note que e não depende de m; hastes de comprimentos diferentes produzem elipses semelhantes, desde que a razão em que P divide (A,B) seja a mesma.

(c) Escolha uma haste de comprimento $a + b$ e fixe P à distância a de uma das extremidades.

(d) A percorre o segmento de extremidades $(0,-m)$ e $(0,m)$, e B percorre o segmento de extremidades $(-m,0)$ e $(m,0)$.

22-115 Para cada ponto P escolhido no segmento A_1A_2 você pode obter dois pontos da elipse na interseção da circunferência de centro F_1 e raio $d(A_1,P)$ com a circunferência de centro F_2 e raio $d(A_2,P)$.

22-116 Se t é a medida do ângulo $S\hat{O}U$, então a ordenada de U é $b \cdot \text{tg}\, t$ e a abscissa de S é $a \cdot \sec t$.

22-117 (a) Para cada ponto P da reta A_1A_2, exterior ao segmento A_1A_2, você pode obter dois pontos da hipérbole na interseção da circunferência de centro F_1 e raio $d(A_1,P)$ com a circunferência de centro F_2 e raio $d(A_2,P)$.

(b) Pela propriedade de reflexão, a reta tangente contém a bissetriz de $F_1\hat{T}F_2$; a reta normal é a perpendicular a ela por T.

22-118 (a) Para cada ponto P da diretriz, o ponto de interseção da perpendicular a ela que contém P com a mediatriz do segmento PF pertence à parábola.

(b) Aplique a propriedade de reflexão.

22-119 Trace por P' a reta r', paralela a r. Com centro F, trace a circunferência de raio $d(P',r)$, que intercepta r' em dois pontos da parábola.

22-120 (a) $a = me/(1 - e^2)$, $b = me/\sqrt{1 - e^2}$, $c = me^2/(1 - e^2)$.

(b) $a = me/(e^2 - 1)$, $b = me/\sqrt{e^2 - 1}$, $c = me^2/(e^2 - 1)$.

Note que $m + c = a/e$ para a elipse e $c = m + a/e$ para a hipérbole.

22-121 Adote um sistema ortogonal de coordenadas tal que $F = (c,0)$ e $r: x = a/e$ e mostre que, seja C uma elipse, seja uma hipérbole, $d^2(P,F) = (ex - a)^2$ (isso já foi visto nas Proposições 22-3 e 22-10).

22-122 (a) Seja s a reta que contém F e é perpendicular a r e seja $d = mk^2/(1 - k^2)$ (este número é o candidato a c, sugerido pela expressão de c na resposta 22-120 (a), em que trocamos e por k). Seja O o ponto de s que dista d de F e $m + d$ de r. Escolha um sistema de coordenadas de origem O e eixos coordenados paralelos a r e s e imponha a condição $d(Q,F) = k \cdot d(Q,r)$ a um ponto genérico $Q = (x,y)$. Conclua que Q satisfaz a equação reduzida de uma elipse e verifique que F é um dos focos, r é a diretriz associada a ele, e k é a excentricidade dessa elipse.

(b) Com pequenas adaptações, o procedimento é o mesmo que o do item (a); comece tomando $d = mk^2/(k^2 - 1)$.

22-123 Adote um sistema de coordenadas conveniente; por exemplo, tal que $A_1 = (-a,0)$ $A_2 = (a,0)$.

22-124 Adote um sistema ortogonal de coordenadas cuja origem seja o ponto médio de MN, tal que M e N pertençam a um dos eixos coordenados (se optar por Oy, por exemplo, e indicar por $2m$ a distância $d(M,N)$, a condição $\|\overrightarrow{PQ}\|^2 = k^2 \|\overrightarrow{MQ}\| \|\overrightarrow{NQ}\|$ fornecerá $x^2/k^2m^2 + y^2/m^2 = 1$).

22-125 Adote um sistema ortogonal de coordenadas cuja origem seja o ponto médio de MN, tal que M e N pertençam a um dos eixos coordenados (se optar por Ox, por exemplo, a condição $\|\overrightarrow{XQ}\|^2 = k^2 \|\overrightarrow{MQ}\| \|\overrightarrow{NQ}\|$ fornecerá $x^2/m^2 + y^2/k^2m^2 = 1$, em que $m = d(M,N)/2$). Se $k = 1$, o lugar geométrico é a circunferência que tem MN por diâmetro.

22-126 Adotando um sistema de coordenadas tal que $M = (-m,0)$ e $N = (m,0)$, você obterá para o lugar geométrico a equação $x^2/m^2 - y^2/k^2m^2 = 1$.

22-127 Os focos são $F_1 = (a-c,0)$ e $F_2 = (a+c,0)$; faça uma translação do sistema de coordenadas para o ponto $C = (a,0)$ (centro), escreva a equação reduzida em relação ao novo sistema e volte para o sistema antigo. As equações de translação são

$$x = a + u \qquad y = v$$

22-128 $2bc$, ou seja, $2b\sqrt{a^2 - b^2}$. O losango é um quadrado se, e somente se, $b = c$, isto é, $a = b\sqrt{2}$.

22-129 Como $b < c$, este losango não pode ser um quadrado. A área é $2bc$, ou seja, $2b\sqrt{a^2 + b^2}$.

22-130 (a) Os vértices são $(\alpha,\alpha), (\alpha,-\alpha), (-\alpha,-\alpha)$ e $(-\alpha,\alpha)$ (em que $\alpha = ab/\sqrt{a^2 + b^2}$). A área é $4a^2b^2/(a^2 + b^2)$.

(b) A condição do enunciado equivale a $\alpha = c = b^2/a$ (veja o Exercício 22-4 (b)), que acarreta $b^2 = ac$ e $a^2 = b\sqrt{a^2 + b^2}$.

22-131 $b > a$; a área do quadrado é $4a^2b^2/(b^2 - a^2)$.

22-132 (a) $\sqrt{\dfrac{e^4 - e^2 + 1}{2 - e^2}}$ (b) $\dfrac{1}{\sqrt{2}}$

22-133 (a) $\dfrac{\sqrt{e^4 - e^2 + 1}}{e}$

(b) Mostre que $OC // AB$ acarreta $b = c$, o que é falso. Outro argumento: se OC e AB fossem paralelos, OC estaria contido em uma das assíntotas e *C* não pertenceria à hipérbole.

22-134 $e = (-1 + \sqrt{5})/2$ (o segmento focal é o *segmento áureo* do eixo maior). Utilize o resultado do Exercício 22-130 (b).

22-135 $e = (1 + \sqrt{5})/2$.

22-136 Pelo Exercício 22-122 (a), **E**' tem excentricidade *c/a*, que é a excentricidade de **E**. Logo, **E** e **E**' são semelhantes. A razão de semelhança é $(a^2 + c^2)/b^2$.

22-137 Pelo Exercício 22-122 (b), **H**' tem excentricidade $k = c/a$, que é a excentricidade de **H**. Logo, **H** e **H**' são semelhantes.

22-139 (b) Se $0 < e < \sqrt{2}/2$, então qualquer ponto da elipse vê o segmento focal sob ângulo agudo.

Se $e = \sqrt{2}/2$, então os vértices B_1 e B_2 vêem o segmento focal sob ângulo reto e todos os demais pontos da elipse o vêem sob ângulo agudo.

Se $\sqrt{2}/2 < e < 1$, sejam x_1 e x_2 as raízes do trinômio de segundo grau $e^2x^2 + a^2(1 - 2e^2)$, $x_1 < x_2$ (mostre que ambas pertencem ao intervalo $[-a,a]$) e sejam $P = (x_1,y_2)$, $Q = (x_1,y_2)$, $R = (x_2,y_2)$ e $S = (x_2,y_1)$ os pontos da elipse que têm essas raízes por abscissas. Esses quatro pontos vêem F_1F_2 sob ângulo reto (acompanhe na Figura R-22-139), os pontos de **E** situados nos arcos $\overset{\frown}{QA_1P}$ e $\overset{\frown}{SA_2R}$ (isto é, os pontos tais que $x_2 < |x| < a$) vêem o segmento focal sob ângulo agudo, e os pontos dos arcos $\overset{\frown}{PB_1S}$, e $\overset{\frown}{RB_2Q}$ (isto é, os pontos tais que $|x| < x_2$) vêem o segmento focal sob ângulo obtuso. Com o auxílio do elipsógrafo, você pode visualizar a evolução do ângulo $F_1\hat{X}F_2$ e estas conclusões.

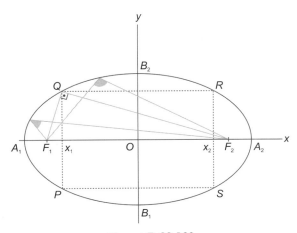

Figura R-22-139

22-140 (a) Obtuso, para todo *X*. (b) Agudo, para todo *X*.

(c) Obtuso, se $-a \le x < -c$; agudo, se $-c < x \le a$.

(d) Agudo, se $-a \le x < c$; obtuso, se $c < x \le a$.

22-141 Como $e > 1$, as raízes de $e^2x^2 + a^2(1 - 2e^2)$ são reais e distintas: $x_1 = -a\sqrt{2 - 1/e^2} < -a$ e $x_2 = a\sqrt{2 - 1/e^2} > a$. Ângulo obtuso se $x_1 < x \le -a$ ou $a \le x < x_2$, ângulo reto se $x = x_1$ ou $x = x_2$, e ângulo agudo se $x < x_1$ ou $x > x_2$.

22-142 São os pontos $Q = (m,0)$ tais que $0 < m < 9p$.

22-143 (a) As distâncias focais são iguais; logo, $a^2 - b^2 = m^2 + n^2$. Usando esta relação, você pode mostrar que o sistema formado pelas equações da elipse e da hipérbole tem quatro soluções.

(b) Sejam $\vec{n}_E$ e $\vec{n}_H$, respectivamente, vetores normais à elipse e à hipérbole em *T*. Mostre que $\vec{n}_E \cdot \vec{n}_H = 0$, utilizando a relação $a^2 - b^2 = m^2 + n^2$ e o fato de que *T* pertence às duas curvas.

22-144 O lugar geométrico é a diretriz da parábola. Imponha que o produto escalar dos vetores $\vec{u}$ e $\vec{v}$ da resposta 22-101(b) seja nulo e verifique que o conjunto de pontos obtido está contido na região côncava.

22-145 Todo ponto do segmento focal de uma elipse é interior a ela (Exercício 22-47 (a)); logo, a condição é necessária devido ao Exercício 22-57. Para provar que é suficiente, analise em separado o caso em que F_1F_2 é paralelo a *t* e o caso em que não é. No primeiro, tome $b = d(F_1,t) = d(F_2,t)$ e $c = d(F_1,F_2)/2$, e prove que *t* é tangente à elipse de focos F_1 e F_2 e parâmetros geométricos b, c e $a = \sqrt{b^2 + c^2}$. No segundo caso, seja *T* o ponto da reta *t* para o qual a soma das distâncias a F_1 e F_2 é a menor possível (para mostrar que esse ponto existe e é único, adapte a idéia da resolução do Exercício 19-38). Escolha $a = (d(T,F_1) + d(T,F_2))/2$, prove que $a > c = d(F_1,F_2)/2$ e conclua que *t* é tangente à elipse de focos F_1, F_2 e parâmetros geométricos a, c e $b = \sqrt{a^2 - c^2}$, e que *T* é o ponto de tangência. Observe que uma elipse fica determinada pelos focos e por uma reta tangente, devido ao Exercício 22-108.

22-146 Adote um sistema ortogonal de coordenadas de modo que $A_1 = (-a,0)$ e $A_2 = (a,0)$, com $a > 0$, e seja $P = (p,0)$ o ponto de interseção de *t* com a reta A_1A_2.

(a) Se $t: x = p$, prove que a existência de *b* não-nulo tal que o sistema formado pelas equações $x^2/a^2 - y^2/b^2 = 1$ e $x = p$ tenha solução única equivale a $p^2 = a^2$.

(b) Se $t: y = m(x - p)$, com $m \ne 0$, existir a hipérbole equivale a existir *b* positivo satisfazendo $m^2 \ne b^2/a^2$ (pois retas paralelas às assíntotas não são retas tangentes), de modo que o sistema formado pelas equações $x^2/a^2 - y^2/b^2 = 1$ e $y = m(x - p)$ tenha solução única. Mostre que isso ocorre se, e somente se, $b^2 = m^2(a^2 - p^2) > 0$ e $p \ne 0$, e que essa condição equivale a *t* separar A_1 e A_2 e não conter seu ponto médio.

Capítulo 23

23-1 (a) $g'(u,v) = 12u^2 + 8uv - 3v^2 - 81$

(b) $g'(u,v) = 2u^2 - 4uv - v^2 + 24$

(c) Não é possível.

(d) $g'(u,v) = 7u^2 + 28uv + 28v^2 - 8/7$

23-3 (a) $g'(u,v) = 22u^2 + 12v^2$ (b) $g'(u,v) = 5v^2 - 40u$

23-4 (a) Elipse.   (b) Hipérbole.

(c) Reunião de duas retas paralelas (via rápida: $x^2 + 4xy + 4y^2 = (x + 2y)^2$).

(d) Elipse.   (e) Reunião de duas retas concorrentes.

(f) Hipérbole.

(g) Conjunto vazio (via rápida: escreva a equação sob a forma $(x+y)^2 + 4x^2 + y^2 + 2 = 0$; o primeiro membro é positivo, quaisquer que sejam x e y, e a equação não admite solução). Os esboços estão na Figura R-23-4.

23-5 (a) O sistema formado pelas equações da parábola e do eixo Ox tem uma única solução: $x=1$, $y=0$. Logo, por não ser paralelo ao eixo da parábola, Ox é a reta tangente no ponto $T_1 = (1,0)$. Por motivo análogo, Oy tangencia a parábola em $T_2 = (0,1)$.

23-6 Veja a Figura R-23-6.

23-7
(a) $-u^2/4 + v^2/9 = 1$ hipérbole $\theta = \text{arctg}(1/2)$
(b) $u^2/4 + v^2 = 1$ elipse $\theta = \pi/6$
(c) $t^2/6 - w^2/46 = 1$ hipérbole $\theta = \text{arctg}5$
(d) $v^2 = 8u$ parábola $\theta = \text{arctg}2$
(e) $v^2 = 8u$ parábola $\theta = \pi/4$
(f) $t^2 - w^2/9 = 1$ hipérbole $\theta = \text{arctg}3$
(g) $5u^2 + 20v^2 = 0$ ponto $\theta = \text{arctg}2$
(h) $20t^2 + 10w^2 + 10 = 0$ conjunto vazio $\theta = \text{arctg}(1/3)$

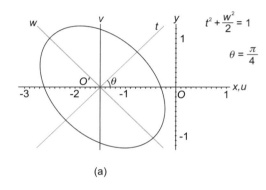
(a)

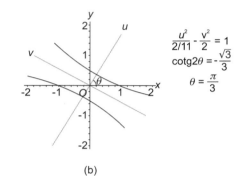
(b)

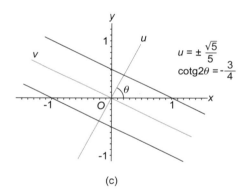
(c)

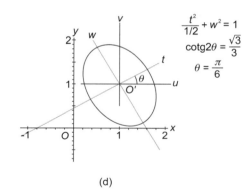
(d)

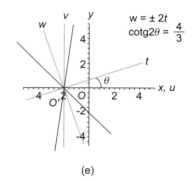
(e)

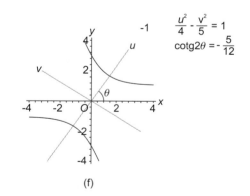
(f)

Figura R-23-4

Respostas — 525

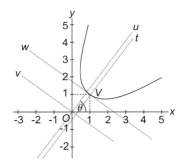

$V: x = y = 1$ $\cotg 2\theta = -7/24$ $w^2 = 2t$

(a)

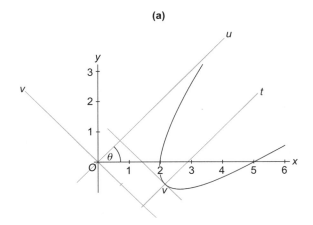

$V: x = 3\sqrt{2}/2, y = -\sqrt{2}/2$ $w^2 = t$ $\theta = \pi/4$

(b)

Figura R-23-6

23-8 (a) Reunião das retas $r: y = -3x - 1$ e $s: y = -x + 1$, concorrentes no ponto $(-1,2)$. Para obter rapidamente equações de r e s, determine os pontos P e Q em que a cônica intercepta Oy (também pode ser Ox). Uma das retas é determinada por O' e P, e a outra, por O' e Q. Alternativa: resolva a equação dada como equação do segundo grau em y.

(b) Hipérbole de centro $O' = (8,6)$ e parâmetros geométricos $a = 3$, $b = 4$, $c = 5$. Os focos são $(4,3)$ e $(12,9)$, os vértices, $(28/5, 21/5)$ e $(52/5, 39/5)$, o eixo transverso está contido em $r: 3x - 4y = 0$, o eixo conjugado em $s: 4x + 3y = 50$; as assíntotas têm equações: $7x + 24y - 200 = 0$ e $x - 8 = 0$.

(c) Conjunto unitário: $\{(1,-1)\}$.

(d) Elipse. $a = 3$, $b = \sqrt{6}$, $c = \sqrt{3}$; centro: $(2,-1)$; vértices: $(-1,-1)$, $(5,-1)$, $(2,-\sqrt{6}-1)$, $(2,\sqrt{6}-1)$; focos: $(2+\sqrt{3},-1)$ e $(2-\sqrt{3},-1)$; eixo maior contido na reta $r: y = -1$, eixo menor na reta $s: x = 2$.

(e) Reunião das retas paralelas $r: 2x - y = 1$ e $s: 2x - y = 2$.

(f) Parábola. Parâmetro: $p = \sqrt{2}$; foco: $(3,2)$; vértice: $(2,1)$; diretriz $r: x + y = 1$; equação do eixo: $x - y = 1$.

(g) Reta de equação $x + 2y + 1 = 0$.

(h) Circunferência de centro $(1/2, -1/4)$ e raio 2.

23-9 (a)–(D); (b)–(F); (c)–(C); (d)–(A); (e)–(A); (f)–(E); (g)–(H); (h)–(G).

23-10 Seja (h,k) uma solução de [23-5]. Da hipótese sobre o sistema decorre que os coeficientes das duas equações são proporcionais, isto é, $4ac = b^2$, $bd = 2ae$ e $be = 2dc$. Analise dois casos: $a \neq 0$ e $a = 0$. No primeiro, substitua h por $(-bk-d)/2a$ na expressão simplificada $g(h,k) = dh/2 + ek/2 + f$ e mostre que $g(h,k) = f - d^2/4a$, que não depende de h e k. No segundo caso, conclua que $c \neq 0$ e substitua k por $(-bh-e)/2c$, obtendo $g(h,k) = f - e^2/4c$ (que não depende de h e k).

23-11 $x + y - 1 = 0$. Obtenha uma equação reduzida da parábola, utilize o que vimos no Capítulo 22 e volte ao sistema antigo.

23-12 (a) $7x + 3y - 12 - 3\sqrt{2} = 0$

(b) $2x + y - 2 = 0$ e $x - 2y - 1 = 0$.

(c) $11x - 2y + 5 = 0$

(d) $(1 + 2\sqrt{3})x + (2 - \sqrt{3})y - 8 = 0$

O item (b) é o único em que o ponto P não é o ponto de tangência.

Capítulo 24

24-1 (a) $(x-1)^2 + (y+1)^2 + (z-3)^2 = 4$

(b) $x^2 + y^2 + z^2 = 1$

(c) $(x-\sqrt{2})^2 + (y-1)^2 + (z+3)^2 = 2$

(d) $(x-18)^2 + (y+17)^2 + (z+1)^2 = 2500$

(e) $x^2 + (y-1)^2 + z^2 = 16$

24-2 (a) $C = (2,-6,0), \rho = 5$.   (b) $C = (2,-3,-1), \rho = 4$.

(d) $C = (1,-1,0), \rho = \sqrt{2}$.   (g) $C = (1,1,1), \rho = \sqrt{2}/2$.

24-4 (a) Com um cálculo trigonométrico simples você pode mostrar que $x^2 + y^2 + z^2 = \rho^2$. Para a interpretação geométrica, veja a Figura R-24-4.

(b) Tome $\rho = \|\overrightarrow{OP}\|$. Se $P = O$, então $\rho = 0$ e θ e ϕ podem ser escolhidos arbitrariamente. Se $P \neq O$, tome $\phi = \text{ang}(\overrightarrow{OP}, \vec{k})$ e considere o ponto $Q = (x,y,0)$, projeção ortogonal de P sobre o plano Oxy. Se $Q = O$, isto é, se P pertence a Oz, então θ pode ser qualquer número real (pois $\sen\phi = 0$). Se $Q \neq O$, então $\|\overrightarrow{OQ}\| = \sqrt{x^2 + y^2} \neq 0$ e, portanto, $(x/\|\overrightarrow{OQ}\|)^2 + (y/\|\overrightarrow{OQ}\|)^2 = 1$. Escolha θ tal que $\cos\theta = x/\|\overrightarrow{OQ}\|$ e $\sen\theta = y/\|\overrightarrow{OQ}\|$.

24-5 $(x-1)^2 + (y-1)^2 + (z-2)^2 = 1$

24-6 $(x-3)^2 + (y+1)^2 + (z+4)^2 = 6$

24-7 $X = (-1,3,-1/2) + \lambda(5,-1,2)$

24-8 É o segmento de extremidades $(0,0,0)$ e $(-2,2,0)$.

24-9 7

24-10 (a) $(40/3,0,0)$; $20/3$.   (b) $(-6,6,-6)$; $6\sqrt{3}$.

(c) $(0,0,0)$; $\sqrt{15}$.   (d) $(-1,3,-1)$; $\sqrt{20}$.

(e) $(1/2,1,0)$; $1/2$.

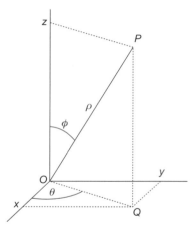

Figura R-24-4

24-11 (a) Escreva a equação geral de **S**, cujo centro é o ponto médio de AB e cujo raio é $\|\vec{AB}\|/2$, e mostre, por meio de convenientes transformações algébricas, que ela é equivalente à equação diametral. Outro caminho é mostrar que a equação diametral descreve uma superfície esférica (passando para a forma [24-2] e mostrando que está satisfeita a condição [24-4]) e usar [24-5] para verificar que o centro é o ponto médio de AB e o raio é $\|\vec{AB}\|/2$.

(b) Do item (a) decorre que P pertence a **S** se, e somente se, $\vec{AP} \cdot \vec{BP} = 0$. Compare com o Exercício 24-10 (e).

24-12 (a) $x^2 + y^2 + z^2 = 1$

(b) Nenhuma superfície esférica contém os quatro pontos dados.

(c) Existem infinitas superfícies esféricas que contêm os quatro pontos dados: elas têm equações gerais

$$x^2 + y^2 + z^2 + ax + ay + az - 3a - 9 = 0$$

em que a é um número real arbitrário.

(d) $x^2 + y^2 + z^2 = 1$

24-13 $x^2 + y^2 + z^2 = 1$

24-14 $x^2 + y^2 + z^2 + 14x + 6y + 4z - 136 = 0$

24-15 A é exterior, B é interior.

24-16 Tome um sistema de coordenadas de origem $O = C$ tal que AB seja paralelo a Oz; assim, $A = (m,n,p)$ e $B = (m,n,-p)$.

24-17 (a) $x^2 + y^2 + z^2 + x + 2y - 2z - 2 = 0$

(b) Não existe tal superfície esférica (P é o centro de **S**).

24-18 A interseção é $\{(11/3, 16/3, 8/3), (0,-2,-1)\}$.

24-19 (a) $a = 1/2$ (b) Não existe a.   (c) $a \neq 1/2$ e $a \neq 0$.

24-20 (a) $x^2 + y^2 + z^2 + x + 2y - 2z - 9 = 0$

(b) $(x-2)^2 + (y-3)^2 + (z+1)^2 = 289$ (O segmento cujas extremidades são o centro da superfície esférica e o ponto médio da corda é perpendicular a ela; calcule $d(C,r)$ e use o Teorema de Pitágoras para obter o raio.)

24-21 (a) Lembre-se de que $B\hat{A}D$ é reto (Exercício 24-11 (b)).

(d) Lembre-se de que $x_0^2 + y_0^2 + z_0^2 + ax_0 + by_0 + cz_0 + d$ é igual a $d^2(P,C) - \rho^2$.

(e) 1; $(0,0,-4)$ e $(0,0,6)$, por exemplo.

(f) Se $p > -\rho^2$, o lugar geométrico é uma superfície esférica de centro C e raio $\sqrt{p+\rho^2}$; se $p = -\rho^2$, o lugar geométrico é $\{C\}$; se $p < -\rho^2$, o lugar geométrico é vazio.

24-22 $x^2 + y^2 + z^2 - 12x - 6y + 8z + 36 = 0$

24-23 $x^2 + (y-3)^2 + (z-4)^2 = 173/7$

24-24 $x^2 + y^2 + z^2 + 6x + 6y + 6z + 9 = 0$.

24-25 $(3x - 2y + z - 9)^2 - 14(x^2 + y^2 + z^2 - 2x + 4y - 4z + 6) = 0$
Como no Exercício Resolvido 24-13, trata-se de uma superfície cilíndrica circunscrita a **S** cujas geratrizes são paralelas a $\vec{u}$.

24-26 Um ponto $X = (x,y,z)$ pertence a Ω se, e somente se, a reta que contém X e é paralela a $\vec{u}$ dista $1/2$ do centro de **S** (isso é decorrência do Teorema de Pitágoras). Uma equação de Ω é $4x^2 + 10y^2 + 10z^2 + 8xy - 8xz + 4yz - 3 = 0$. Percebendo que se trata de uma superfície cilíndrica circunscrita à superfície esférica de raio $1/2$ concêntrica com **S**, você poderá usar o método de resolução do Exercício Resolvido 24-13 e obter a resposta sob a forma $2(2x - y + z)^2 - 12(x^2 + y^2 + z^2) + 3 = 0$.

24-27 $x^2 - 7y^2 - 8z^2 + 6xy = 0$

24-28 (a) $4x - y + z + 2 = 0$ (b) $x - \sqrt{95}y + 2z + 95 = 0$

24-29 $x - y + 3z - 4 = 0$ e $3x - y - z - 14 = 0$.

24-31 São três superfícies esféricas; suas equações reduzidas são:

$(x-2)^2 + (y-2)^2 + (z-2)^2 = 4$

$(x-4)^2 + (y+4)^2 + (z+4)^2 = 16$

$(x-4/3)^2 + (y-4/3)^2 + (z+4/3)^2 = 16/9$.

24-32 (b) Uma equação do plano tangente a **S** em T é

$(h - x_0)(x - x_0) + (k - y_0)(y - y_0) + (l - z_0)(z - z_0) = \rho^2$

(c) X pertence ao plano tangente a **S** em T se, e somente se, $\vec{CT} \cdot \vec{CX} = \rho^2$ (de fato: $\vec{CT} \cdot \vec{CX} = \vec{CT} \cdot (\vec{CT} + \vec{TX}) = \vec{CT} \cdot \vec{CT} = \|\vec{CT}\|^2 = \rho^2$). Logo, a equação $\vec{CT} \cdot \vec{CX} = \rho^2$ é uma equação de π (trata-se da equação plückeriana do plano tangente em relação ao centro da superfície esférica; veja o Apêndice EV). Escrita em coordenadas, esta é a equação obtida no item (b).

24-33 (a) Pelo Exercício 24-32, uma equação geral de π tem primeiro membro $\vec{CT} \cdot \vec{CX} - \rho^2$, que é negativo se $X = C$. Por outro lado, se P é um ponto de **S** distinto de T, então $\vec{CT} \cdot \vec{CP} < \|\vec{CT}\| \|\vec{CP}\| = \rho^2$, e portanto aquele primeiro membro também é negativo se $X = P$.

(b) $\rho = 1$ ou $\rho = 3$. Use a parte (a) para mostrar que, se $C = (m,n,p)$ é o centro, então $m > 0$, $n < 0$ e $p > 0$. Em seguida, aplique o Exercício 24-30.

24-34 $(x-3)^2 + (y-2)^2 + (z+2)^2 = 14$

24-35 $m = 6$, $T = (2,2,2)$ ou $m = -6$, $T = (-2,-2,-2)$.

24-36 $\rho^2(a^2 + b^2 + c^2) = d^2$

24-37 Duas soluções: $(x+2)^2 + y^2 + (z+11)^2 = 144/5$

$(x+2)^2 + y^2 + (z+3)^2 = 16/5$

24-38 $(x - 6/5)^2 + (y - 18/5)^2 + (z + 13/5)^2 = 9/25$. Existem quatro superfícies esféricas que tangenciam os planos dados; só uma, porém, é inscrita no tetraedro. Para distingui-la das outras três (que são chamadas *ex-inscritas*), observe que o seu centro é o único dos quatro centros que é interior ao tetraedro e, portanto, não é separado de nenhum vértice pelo plano da face oposta a esse vértice. Imponha que $C = (m,n,p)$ seja eqüidistante dos quatro planos; você obterá um sistema de três equações da forma $|\alpha| = |\beta|$. Desdobrá-las em $\alpha = \beta$ e $\alpha = -\beta$ não é uma boa opção, pois isso leva a quatro sistemas de equações, e ao final você ainda deverá selecionar o centro desejado entre as quatro soluções obtidas. Encurte o caminho utilizando a descrição algébrica de semi-espaços (Seção D do Capítulo 19) para conhecer o sinal de α e β em cada uma dessas equações antes de resolver o sistema, e elimine os módulos.

24-39 $x^2 + y^2 + z^2 - 4z + 1 = 0$

24-40 $x^2 + y^2 + z^2 - 6x + 2y - 2z - 70 = 0$

24-41 (a) $x^2 + y^2 + z^2 + (3 \pm \sqrt{11})x - 4y + 2z + 5 = 0$
(b) $(x + 1)^2 + (y - 2)^2 + (z - 1)^2 = 49$

24-42 São os planos de equações $x - 1 = 0$ e $x - 2y - 2z - 3 = 0$.

24-43 (a) Não existe nenhum plano nas condições do enunciado (a reta *r* é secante a **S**).
(b) Há um só plano, de equação $x - y - z - 2 = 0$, pois *r* é tangente a **S**.

24-44 $x - 1 = 0$ ou $2x + 6y - 3z - 11 = 0$.

24-45 $\pi_1: 2x + y - z - 4 + \sqrt{6} = 0$ e $\pi_2: 2x + y - z - 4 - \sqrt{6} = 0$.

24-46 $\pi_1: 2x + y + z + 4 = 0$ e $\pi_2: 2x + y + z - 8 = 0$.

24-47 6 e –6; $X_{max} = (1,-2,1)$, $X_{min} = (-1,2,-1)$. Para cada número real α, os pontos X para os quais o valor da expressão é α situam-se no plano $\pi_\alpha: x - 2y + z = \alpha$. Como só interessam valores de α para os quais $\pi_\alpha \cap \mathbf{S} \neq \emptyset$, deve valer a desigualdade $d(C,\pi_\alpha) \leq \sqrt{6}$. X_{max} e X_{min} são os pontos de tangência de π_6 e π_{-6} com **S**, ou seja, as extremidades do diâmetro de **S** que é perpendicular aos planos π_α.

24-48 $(-1,2,3)$ e 8.

24-49 (a) Não existe a circunferência Γ.
(b) $\begin{cases} (x-1)^2 + (y-1)^2 + (z-4)^2 = 9 \\ 2x - z + 2 = 0 \end{cases}$
(c) G é ponto médio de AB, e por isso existem infinitas circunferências, uma para cada plano que contém a reta AB. Equações dessas circunferências podem ser escritas sob a forma
$\begin{cases} (x-2)^2 + (y-1)^2 + (z-1)^2 = 3 \\ (\alpha+\beta)x - \alpha y + \beta z - \alpha - 3\beta = 0 \end{cases}$
em que α e β não são ambos nulos (a segunda é equação do feixe de planos que contêm a reta AB).

24-50 $\begin{cases} (x-1)^2 + (y-2)^2 + (z-1)^2 = 36 \\ 2x - z - 1 = 0 \end{cases}$

24-51 (a) $\begin{cases} (x-2)^2 + y^2 + (z-3)^2 = 27 \\ x + y = 2 \end{cases}$

(b) $\begin{cases} x^2 + y^2 + z^2 - 2x - 3y - z = 0 \\ 3x + 2y + 6z = 6 \end{cases}$

(Como há infinitas superfícies esféricas que contêm a circunferência, você pode ter encontrado respostas corretas, diferentes destas.)

24-52 $\begin{cases} (x-1)^2 + (y-1)^2 + (z+2)^2 = 8 \\ x - y = 2 \end{cases}$

Trata-se da circunferência de centro $(2,0,-2)$ e raio $\sqrt{6}$, contida no plano $\pi: x - y = 2$, que é o plano mediador de AB.

24-53 $\begin{cases} (x-1)^2 + (y+1)^2 + (z+2)^2 = 65 \\ 18x - 22y + 5z = 30 \end{cases}$

24-54 Duas soluções: $x - 2y - z - 3 = 0$ e $x - 2y - z + 3 = 0$.

24-55 (a) $(x+4)^2 + (y-1)^2 + (z+1)^2 = 25$ ou
$(x + 4/3)^2 + (y + 13/3)^2 + (z - 13/3)^2 = 25$.
(b) $(x-3)^2 + y^2 + (z-3)^2 = 2$.

Não perca tempo determinando o centro da circunferência; não é necessário.

24-56 $(-1/3, 2/3, 2/3)$ $(2/3, -1/3, 2/3)$ $(2/3, 2/3, -1/3)$
$(1,0,0)$ $(0,0,1)$ $(0,1,0)$

24-57 (a) $d(C_1,\pi) = \dfrac{|\delta^2 - \rho_2^2 + \rho_1^2|}{2\delta}$

(b) Mostre que a diferença $d(C_2,\pi) - d(C_1,\pi)$ é igual a $\dfrac{\rho_2^2 - \rho_1^2}{\delta}$ se $\delta^2 - \rho_2^2 + \rho_1^2 \geq 0$, e igual a δ se $\delta^2 - \rho_2^2 + \rho_1^2 < 0$.

(c) $r = \dfrac{\delta^2 - n}{\delta^2 + n}$, em que $n = \rho_2^2 - \rho_1^2$. Adote um sistema de coordenadas conveniente e considere duas possibilidades: N pertencer ou não ao segmento C_1C_2. Estabeleça uma relação com o Exercício 20-9.

24-58 (b) É o conjunto vazio.

24-61 As superfícies são secantes; sua interseção é a circunferência de centro $C = (1/2, 1/2, 1/2)$ e raio $1/2$, contida no plano $\pi: 2x + 2y + 2z - 3 = 0$.

24-62 $m = -9/4$ (tangentes interiormente) ou $m = -9/16$ (tangentes exteriormente).

24-63 Duas soluções: $(x-1)^2 + (y+2)^2 + (z+2)^2 = 4$
$(x-1)^2 + (y+2)^2 + (z-4/3)^2 = 16/9$.

24-64 Duas soluções: $x^2 + y^2 + z^2 - 2x - 2z - 18 = 0$
$x^2 + y^2 + z^2 - 2x - 2z - 3 = 0$.

24-65 Os pontos de tangência são os pontos de interseção da reta dos centros com $\mathbf{S}_1$ e $\mathbf{S}_2$. Há quatro soluções:
$(x - 5/2)^2 + (y - 5)^2 + (z + 5)^2 = 81/4$
$(x - 3/2)^2 + (y - 3)^2 + (z + 3)^2 = 9/4$
$(x - 3/2)^2 + (y - 3)^2 + (z + 3)^2 = 225/4$
$(x - 1/2)^2 + (y - 1)^2 + (z + 1)^2 = 81/4$

24-66 Utilize a expressão de $d(C_1,\pi)$ obtida no Exercício 24-57 (a) e a propriedade $|\alpha| \leq \beta \Leftrightarrow -\beta \leq \alpha \leq \beta$.

Capítulo 25

25-1 (a) Os simétricos de $P = (x,y,z)$ em relação à origem, aos eixos e aos planos coordenados são os pontos

$(-x,-y,-z)$ $(x,-y,-z)$ $(-x,y,-z)$ $(-x,-y,z)$
$(x,y,-z)$ $(x,-y,z)$ $(-x,y,z)$

e, se (x,y,z) satisfaz a equação, todos eles também satisfazem.

(b) Com um argumento semelhante ao da resposta (a), prove que Ω é simétrica em relação à origem, a Oz e a Oxy. Utilizando $P = (3,1,1)$ como contra-exemplo, prove que Ω não é simétrica em relação a Ox, Oy, Oxz e Oyz.

(c) Este exemplo é muito interessante e transcende as fronteiras da Geometria: Ω é totalmente simétrica em relação ao sistema de coordenadas. Surpreso? Aparentemente, o termo xy prejudica a simetria em relação a Ox, Oy, Oxz e Oyz, como no item (b). A equação dada, no entanto, é equivalente a $(x - y)^2 + 3z^2 + 1 = 0$, que não admite soluções reais. Logo, você não conseguirá jamais um contra-exemplo como o do item anterior. Assim, por falta de contra-exemplos, o conjunto vazio é simétrico em relação a "qualquer coisa"... Trocar idéias com seus colegas e professores a respeito disso será, certamente, enriquecedor.

25-2 (a), (c), (d), (e). O aspecto de uma bola de *rugby* lembra bastante o de um elipsóide.

25-3 (a) $a \neq b$ (b) $a \neq b = c$

25-4 (a) Se $P = (x,y,z)$ é um ponto qualquer do elipsóide, prove que $x^2 \leq a^2$, $y^2 \leq b^2$, $z^2 \leq c^2$. Outra argumentação: seja m o maior dos números a^2, b^2, c^2. Se $P = (x,y,z)$ é um ponto qualquer do elipsóide, prove que $\|\overrightarrow{OP}\|^2 \leq m$.

(b) Paralelepípedo fundamental: tem centro $(0,0,0)$ e faces contidas nos planos de equações $x = a$, $x = -a$, $y = b$, $y = -b$, $z = c$ e $z = -c$. Coroa esférica fundamental: é o conjunto dos pontos X de $\mathbb{E}^3$ tais que

$$\min(a^2,b^2,c^2) \leq \|\overrightarrow{OX}\|^2 \leq \max(a^2,b^2,c^2)$$

25-5 (a) Elipse. Centro $(0,5,0)$, focos $(\pm 3\sqrt{5},5,0)$, vértices $(\pm 4\sqrt{3},5,0)$ e $(0,5,\pm\sqrt{3})$, $e = \sqrt{15}/4$.

(b) Elipse. Centro $(-2\sqrt{5},0,0)$, focos $(-2\sqrt{5},0,\pm 2\sqrt{5}/3)$, vértices $(-2\sqrt{5},0,\pm 2)$ e $(-2\sqrt{5},\pm 4/3,0)$, $e = \sqrt{5}/3$.

(c) Circunferência. Centro $(0,0,-1/3)$, raio $1/2$.

25-6 (a) É o segmento AB. (b) É o conjunto vazio.

25-7 Faça a translação do sistema de coordenadas para (h,k,l).

25-8 (a) Complete quadrados e aplique o Exercício 25-7.

(b) Ω: $u^2 + v^2/4 + w^2 = 1$

Equações de translação: $x = u + 1$, $y = v + 2$, $z = w + 1$.

(c) $z - 1 = 0$ $y - 2 = 0$ $x - 1 = 0$

(d) Veja a Figura R-25-8.

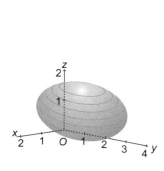
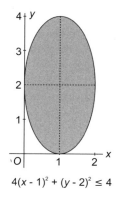
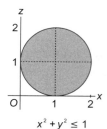
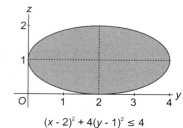

$4(x - 1)^2 + (y - 2)^2 \leq 4$

$x^2 + y^2 \leq 1$ $(x - 2)^2 + 4(y - 1)^2 \leq 4$

Figura R-25-8

25-9 Sabemos que, se $-c < k < c$ e $a = b \neq c$, as interseções de Ω com π: $z = k$ são circunferências. Intuitivamente, isso quer dizer que o elipsóide pode ser obtido por rotação em torno de Oz de uma das elipses

$$E_1: \begin{cases} \dfrac{y^2}{a^2} + \dfrac{z^2}{c^2} = 1 \\ x = 0 \end{cases} \qquad E_2: \begin{cases} \dfrac{x^2}{a^2} + \dfrac{z^2}{c^2} = 1 \\ y = 0 \end{cases}$$

(a primeira contida em Oyz e a segunda, em Oxz). A explicação para os outros dois casos é análoga.

25-10 (a) Se $X = (m,-b,n) \in s_1$ e $X \neq (0,-b,0)$, então $n \neq 0$ e $m = -an/c$; tome $\alpha = -c/n$ e mostre que $X \in r_\alpha$.

(c) Observe que Ω: $(x - y)(x + y) = y(x - z)$ e mostre que Ω é a reunião da coleção de retas constituída pelo eixo Oz e pelas retas

$$r_\alpha: \begin{cases} x - y = \alpha y \\ \alpha(x + y) = x - z \end{cases}$$

25-11 (d) $a = c$.

25-12 Veja a Figura R-25-12.

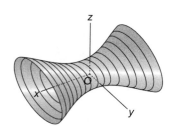

Figura R-25-12

25-13 Faça mudanças de coordenadas convenientes. O eixo distinguido corresponde ao termo que apresenta sinal +. O esboço está na Figura R-25-13.

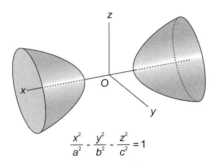

$$\frac{x^2}{a^2} - \frac{y^2}{b^2} - \frac{z^2}{c^2} = 1$$

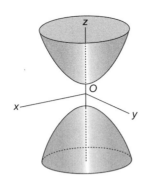

$$-\frac{x^2}{a^2} - \frac{y^2}{b^2} + \frac{z^2}{c^2} = 1$$

Figura R-25-13

25-14 (a) Reunião de duas retas concorrentes no ponto $(0,0,-1/\sqrt{5})$.
(b) Elipse de centro $(0,1,0)$ e focos $(\pm 2,1,0)$.
(c) Hipérbole de centro $(0,-2,0)$, focos $(\pm 3,-2,0)$, assíntotas $r: X = (0,-2,0) + \lambda(\pm\sqrt{2},0,1)$.

25-15 São os planos de equações $x = \pm\sqrt{11/10}$, $z = 0$, $z = \pm 1/\sqrt{2}$, que correspondem a hipérboles, e $y = \pm\sqrt{5}$, que correspondem a elipses.

25-16 No primeiro caso, as interseções de Ω com planos paralelos a Oxy ($\pi: z = k$) são circunferências. Intuitivamente, isso quer dizer que o hiperbolóide pode ser obtido por rotação, em torno de Oz, da hipérbole descrita por

$$\begin{cases} \dfrac{y^2}{a^2} - \dfrac{z^2}{c^2} = 1 \\ x = 0 \end{cases}$$

Note que ela está contida em Oyz e que o eixo de rotação contém seu eixo conjugado. A justificativa é análoga no segundo caso, se tomarmos planos $\pi: y = k$ (com a ressalva $k^2 > b^2$); agora, a hipérbole descrita por

$$\begin{cases} \dfrac{y^2}{b^2} - \dfrac{z^2}{a^2} = 1 \\ x = 0 \end{cases}$$

gira em torno de Oy, que contém seu eixo transverso.

25-17 Oriente-se pelo Exercício Resolvido 25-4.
(a) Trata-se da folha do hiperbolóide $\Omega: -x^2/8 + y^2 - z^2/8 = 1$ caracterizada pela condição $y \leq -1$.
(b) O lugar geométrico é a semi-reta $\{(0,y,0): y \leq -3\}$.
(c) O lugar geométrico é o conjunto vazio. Se você obteve o elipsóide $\Omega: x^2/16 + y^2/25 + z^2/16 = 1$, foi porque não deu muita atenção às condições para que, elevando-se ambos os membros de uma equação ao quadrado, se obtenha uma equação equivalente a ela.
(d) O lugar geométrico é a outra folha do hiperbolóide da parte (a).

25-18 (a) Hiperbolóide de uma folha; equação do eixo distinguido: $X = (h,k,l) + \lambda(0,0,1)$.
(b) Hiperbolóide de duas folhas; equação do eixo distinguido: $X = (h,k,l) + \lambda(1,0,0)$; vértices: $(h + a,k,l)$ e $(h - a,k,l)$.

25-19 (a) Complete quadrados para ver que $x = u + 1$, $y = v - 1$, $z = w + 2$ conduz à equação $9u^2 + 36v^2 - 4w^2 = 36$.
(b) $z = 2$
(c) Veja a Figura R-25-19.

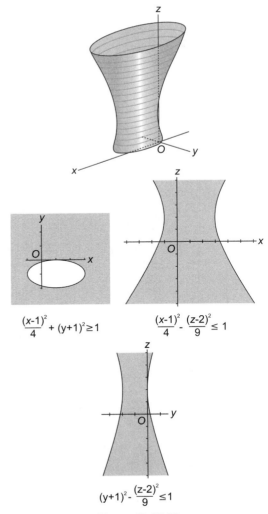

$$\frac{(x-1)^2}{4} + (y+1)^2 \geq 1 \qquad \frac{(x-1)^2}{4} - \frac{(z-2)^2}{9} \leq 1$$

$$(y+1)^2 - \frac{(z-2)^2}{9} \leq 1$$

Figura R-25-19

25-20 (a) Uma rotação (em torno de Oz) de ângulo $\theta = \arccos(4/5)$ transforma a equação dada em
$$20u^2 - 5v^2 + 20w^2/9 + 20 = 0$$
ou seja, $-u^2 + v^2/4 - w^2/9 = 1$. É um hiperbolóide de duas folhas.

(b) Veja a Figura R-25-20. Eis um procedimento para obter a projeção sobre Oxy: um ponto $P = (x,y,z)$ pertence a ela se, e somente se, $z = 0$ e a reta $r: X = P + \lambda(0,0,1)$ intercepta o hiperbolóide. Tome um ponto genérico $X = (x,y,\lambda)$ dessa reta e substitua suas coordenadas na equação de Ω. Você obterá uma equação de segundo grau em λ, e, impondo que seu discriminante seja positivo ou nulo, chegará a $11x^2 + 24xy + 4y^2 + 20 \leq 0$. Faça, então, uma rotação conveniente para eliminar o termo quadrático misto. Para as demais projeções, o raciocínio é semelhante.

25-21 (b) O ponto $(a,0,1)$ pertence a Ω, mas $(a,0,-1)$ e $(-a,0,-1)$ não pertencem.

25-22 Faça mudanças de coordenadas convenientes. Alguns dos esboços estão na Figura R-25-22.

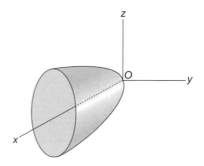

$$x = \frac{y^2}{a^2} + \frac{z^2}{b^2}$$

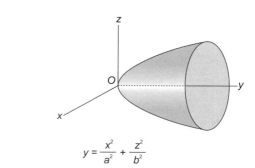

$$y = \frac{x^2}{a^2} + \frac{z^2}{b^2}$$

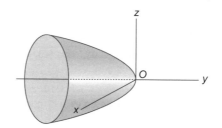

$$y = -\frac{x^2}{a^2} - \frac{z^2}{b^2}$$

Figura R-25-22

25-23 (a) Elipse de centro $(0,0,-9)$, focos $(\pm\sqrt{6},0,-9)$, vértices $(\pm 3,0,-9)$, $(0,\pm\sqrt{3},-9)$, excentricidade $\sqrt{6}/3$.

(b) Parábola de vértice $(0,1/4,1)$, foco $(0,1/2,1)$, parâmetro $1/4$, diretriz $r: X = (0,0,1) + \lambda(1,0,0)$.

(c) $\pi \cap \Omega = \emptyset$

25-24 $x = -(y^2 + z^2)/8$; é um parabolóide de rotação, de vértice $(0,0,0)$ e eixo de simetria Ox.

25-25 Faça a translação do sistema de coordenadas para o ponto $(-h,-k,-l)$ e utilize o Exercício 25-22.

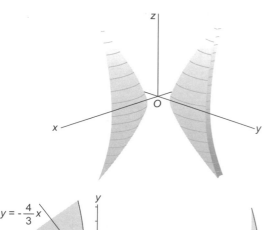

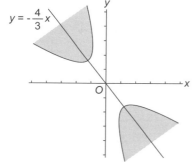

$11x^2 + 24xy + 4y^2 + 20 \leq 0$

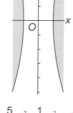

$\dfrac{5}{4}x^2 - \dfrac{1}{9}z^2 \geq 1$

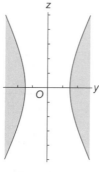

$\dfrac{5}{11}y^2 - \dfrac{1}{9}z^2 \geq 1$

Figura R-25-20

25-26 (a) Equações de translação: $x = u + 2$, $y = v + 10$, $z = w + 1$. A quádrica Ω é o parabolóide elíptico de equação $v = -u^2 - 6w^2$, vértice $(2,10,1)$ e eixo de simetria $r: X = (2,10,1) + \lambda(0,1,0)$.

(b) $y + 20 = 0$

(c) Veja a Figura R-25-26.

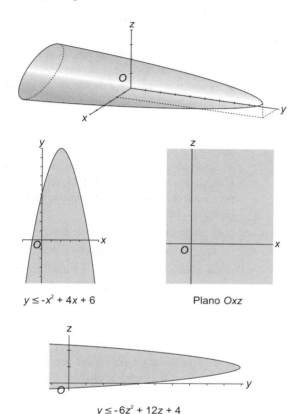

$y \leq -x^2 + 4x + 6$ Plano Oxz

$y \leq -6z^2 + 12z + 4$

Figura R-25-26

25-27 O lugar geométrico é o parabolóide de rotação
$$\Omega: z + 1 = (x-1)^2/4 + (y-1)^2/4$$

25-28 Uma rotação de $\pi/4$ radianos em torno de Oz transforma a equação de Ω em $w = 7u^2 + 9v^2$. O esboço está na Figura R-25-28.

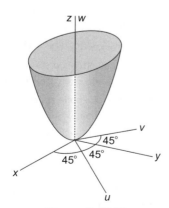

Figura R-25-28

25-30 Adapte o que foi feito no Exercício Resolvido 25-6; utilize as retas
$$r_\alpha: \begin{cases} \dfrac{x}{a} + \dfrac{y}{b} = \alpha \\ \alpha\left(\dfrac{-x}{a} + \dfrac{y}{b}\right) = z \end{cases} \quad \text{ou} \quad s_\beta: \begin{cases} \dfrac{-x}{a} + \dfrac{y}{b} = \beta \\ \beta\left(\dfrac{x}{a} + \dfrac{y}{b}\right) = z \end{cases}$$

25-31 O sinal + indica o eixo longitudinal da montaria, ou seja, a direção "rabo-cabeça".

25-32 Construa um modelo de sela (com massa de modelar, por exemplo), coloque-o na posição de Ω_1 e observe como o cavaleiro deve montar antes e depois de virá-lo de ponta-cabeça.

25-33 Faça a translação do sistema de coordenadas para (h,k,l).

25-34 (a) Equações de translação: $x = u$, $y = v + 1$, $z = w + 2$. A quádrica Ω é o parabolóide hiperbólico de equação $u = -v^2 + 4w^2$ e eixo de simetria $r: X = (0,1,2) + \lambda(1,0,0)$.

(b) $x - 5 = 0$, $x + 5 = 0$.

(c) Veja a Figura R-25-34, na próxima página.

25-35 Uma rotação de $\pi/4$ radianos em torno de Oz transforma a equação dada em $w = (u^2 - v^2)/2$. O esboço está na Figura R-25-35.

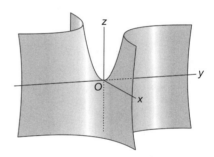

Figura R-25-35

25-36 É o parabolóide hiperbólico de equação $y = (x^2 - z^2)/2$.

25-37 (a) Elíptica; geratrizes paralelas a Ox.

(b) Hiperbólica; geratrizes paralelas a Ox.

(c) Parabólica; geratrizes paralelas a Oy.

(d) Elíptica; geratrizes paralelas a Oy.

(e) Parabólica; geratrizes paralelas a Ox.

(f) Hiperbólica; geratrizes paralelas a Oy.

25-38 Para obter equações reduzidas, utilize as técnicas aprendidas no Capítulo 23.

(a) Quádrica cilíndrica hiperbólica.

(b) Quádrica cilíndrica elíptica.

(c) Quádrica cilíndrica hiperbólica.

(d) Quádrica cilíndrica parabólica.

(e) Plano π: $x - y = 0$.

(f) Reunião dos planos π_1: $x + 2y + 5 = 0$ e π_2: $x + 2y + 1 = 0$ (paralelos).

25-39 É a quádrica cilíndrica parabólica Ω: $2x = 1 - y^2$.

532 — Geometria Analítica — um tratamento vetorial

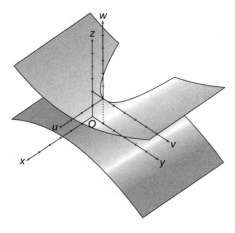

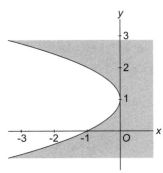

$x \geq -y^2 + 2y - 1$

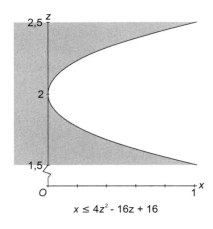

$x \leq 4z^2 - 16z + 16$

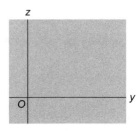

plano Oyz

Figura R-25-34

25-40 (a) Utilize a equação do feixe de planos que contém Oz, isto é, $\alpha x + \beta y = 0$, com α e β não ambos nulos.

(b) Para Oy, tome π_1: $mx + nz = 0$, com $n > ma$.

Para Ox, tome π_2: $py + qz = 0$, com $q > pb$.

25-41 (a) e (b) Utilize mudanças de coordenadas convenientes, como no Exercício Resolvido 25-7.

(c), (d), (e) Faça translações convenientes.

25-42 (a) Complete quadrados.

(b) Faça uma rotação de $\pi/4$ radianos em torno de Oy.

25-43 (a) Impor que $X = (x,y,z)$ seja eqüidistante de r e π leva à equação $z^2 = 2xy$. Uma rotação de $\pi/4$ radianos em torno de Oz transforma essa equação em $w^2 = u^2 - v^2$. Trata-se de uma quádrica cônica de rotação, de vértice $(0,0,0)$ e eixo Ou, que, por sinal, é a reta r dada.

(b) Uma equação do lugar geométrico é $y^2 = 2 + 2(x - z)$. Após uma translação conveniente (por exemplo, para o ponto $(-1,0,0)$) e uma rotação de $\pi/4$ radianos em torno do novo eixo das ordenadas, a equação da quádrica fica $v^2 = 2\sqrt{2}u$, indicando que se trata de uma quádrica cilíndrica parabólica de geratrizes paralelas ao vetor $(1,0,1)_E$ (E indica a base antiga).

25-44 (a) Ω é o plano de equação $x + y = 0$, pois
$$x^3 + y^3 = (x + y)(x^2 - xy + y^2)$$

(b) Ω é a reunião dos planos π_1: $x = 1$ e π_2: $x = -1$.

(c) Ω é a reunião dos parabolóides Ω_1: $z = -x^2 - y^2$ (de rotação) e Ω_2: $z = -x^2 + y^2$ (hiperbólico), pois
$$x^4 + 2x^2z + z^2 - y^4 = (x^2 + z)^2 - y^4$$
$$= (x^2 + z + y^2)(x^2 + z - y^2)$$

25-45 $y - \text{sen}\,x = 0$, ou $\text{sen}\,2z - x = 0$, por exemplo. Estas superfícies têm o aspecto de uma telha ondulada.

Capítulo 26

26-1 (a) $(y - z)^2 + (2y - x - z)^2 - y + x = 0$

(b) $(x - 2z)^2 - (x - 2z)(y - z) + 1 = 0$

(c) $(x - z)(y - z) + x + y - 2z = 0$

(d) Mesma resposta do item (c).

(e) $f(x - mz, y - nz) = 0$

26-3 Uma diretriz de Ω é a interseção de **S** com o plano de equação $2x - y + z = 0$, que contém o centro de **S** e é perpendicular a $\vec{u}$. Uma equação de Ω é
$$(2x - y + z)^2 - 6(x^2 + y^2 + z^2 - 1) = 0$$

Este exercício também pode ser resolvido pelo método utilizado na resolução do Exercício Resolvido 24-13.

26-4 (a) É uma elipse, que pode ser descrita pelo sistema formado pelas equações $2x^2 + (y + 1)^2 = 1$ e $z = 0$.

(b) É a reunião das retas paralelas
r_1: $X = (0,1/2,0) + \lambda(1,1,-2)$ r_2: $X = (0,-1/2,0) + \lambda(1,1,-2)$

26-5 (a) $x^2/(z - y)^2 - 2z/(z - y) + 1 = 0$. O vértice, $(0,0,0)$, não satisfaz essa equação. Se sua resposta foi $z^2 = x^2 + y^2$, cuidado: há um erro. Ao multiplicar ambos os membros por $(z - y)^2$ para eliminar os denominadores, você introduziu soluções que não correspondem a pontos de Ω; são todos os pontos de coordenadas $(0,m,m)$, $m \neq 0$ (verifique que esses pontos satisfazem $z^2 = x^2 + y^2$, mas não pertencem à superfície cônica, pois a reta que os liga ao vértice não intercepta Γ). Dando a resposta sob a forma $z^2 = x^2 + y^2$, somos obrigados a acrescentar a condição $y \neq z$ (e o vértice estará excluído) ou, então, [$y \neq z$ ou $y = z = 0$] para incluir o vértice.

(b) $x^2 + y^2 + x(z-1) = 0$

(c) $xz/y^2 = 1$ (vértice excluído). Se você eliminou o denominador e obteve $xz = y^2$, deve fazer a ressalva $xz \neq 0$ para excluir os pontos $(0,0,a)$ e $(a,0,0)$ ($a \neq 0$), que satisfazem $xz = y^2$ mas não pertencem à superfície cônica (o vértice continua excluído). Quer incluir o vértice? Escreva: $xz = y^2$, com $xz \neq 0$ se $x \neq 0$ ou $z \neq 0$, o que garante que x e z são ambos nulos ou ambos não-nulos.

(d) $y = 0$, $xz > 0$ (vértice excluído).

26-6 (a) Parábola. (b) Circunferência. (c) Hipérbole. (d) Hipérbole.

Para o caso (a), tome um sistema ortogonal de coordenadas tal que o eixo das cotas seja ortogonal ao plano $\pi\colon y - z + 1 = 0$. Veja os esboços na Figura R-26-6.

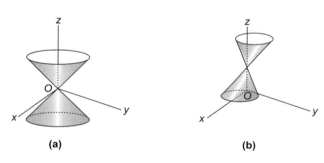

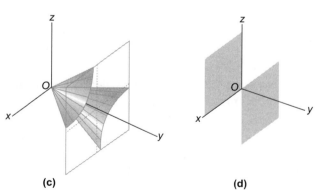

Figura R-26-6

26-7 Dada a quádrica cônica $\Omega\colon z^2 = x^2/a^2 + y^2/b^2$, sejam $V = (0,0,0)$ e

$$\Gamma\colon \begin{cases} \dfrac{x^2}{a^2} + \dfrac{y^2}{b^2} = 1 \\ z = 1 \end{cases}$$

Obtenha uma equação livre de parâmetros para a superfície cônica de vértice V e diretriz Γ e conclua que tal superfície é Ω.

26-8 Nos dois casos, a diretriz é uma circunferência Γ. Escolha, por exemplo, um sistema de coordenadas tal que

$$\Gamma\colon \begin{cases} x^2 + y^2 + z^2 = \rho^2 \\ z = 0 \end{cases}$$

escreva as equações [26-4] ou [26-9] e prove que a eliminação de λ produz uma equação quadrática em x, y, z.

26-9 (a) $x^2 + 4y^2/z^2 = 1$ (não inclui os vértices). Para chegar a essa equação, é necessário fazer hipóteses restritivas que excluem todos os pontos do eixo Ox. Logo, a equação descreve $\Omega - Ox$, e portanto exclui os vértices de Ω, que são os pontos de Ox com abscissa entre -1 e 1. Multiplicando os dois membros por z^2, obtém-se $x^2z^2 + 4y^2 = z^2$, que é satisfeita pelos pontos de Ω, inclusive os vértices, mas também por todos os outros pontos de Ox. Por isso, dar como resposta esta última equação exige ressalvas: $\Omega\colon x^2z^2 + 4y^2 = z^2$, *sob a condição de que* $-1 \leq x \leq 1$ *se* $y = z = 0$. Para visualizar esta superfície, enrole uma folha de papel, formando um canudo, segure-o por uma das extremidades, e mantenha-o na posição vertical. Agora, aperte aquela extremidade. Você obtém um modelo de um pedaço da "parte de cima" deste conóide, que é totalmente simétrico em relação ao sistema de coordenadas.

(b) $xz + y = yz$ (inclui os vértices).

26-10 (a) $x^2 + (y+1)^2 + (z-1)^2 = 3$, $-1/\sqrt{2} \leq y \leq 1/\sqrt{2}$.

(b) $(x + y + z)^2 - 2(x^2 + y^2 + z^2) + 1 = 0$

(c) $(x + y + z)^2 - 2(x^2 + y^2 + z^2) = 0$

26-11 É um hiperbolóide de uma folha. Tome um sistema de coordenadas conveniente (por exemplo, tal que r seja o eixo Oz e s esteja contida em um plano paralelo a Oxz).

26-12 (a) $x^2 + y^2 - z^2 - z = 0$, $z \geq 0$.

(b) $x^2 + y^2 = \sqrt[3]{z^2} + \sqrt[3]{z^4}$ (c) $2z = x^2 + y^2$, $1 \leq z \leq 5$.

26-13 (a) $x^2 + y^2 + z^2 = 1$

(b) $\sqrt{y^2 + z^2} = |x - 1|$, ou, equivalentemente, $y^2 + z^2 = (x-1)^2$ (trata-se de uma quádrica cônica).

(c) $y^2 + z^2 = \ln^2 x$, ou seja, $x = \exp(\sqrt{y^2 + z^2})$.

(d) $9(y^2 + z^2) = (1 - 3x^2)^2$

(e) $4(y^2 + z^2) = [(x-2)^2 + y^2 + z^2]^2$, ou, equivalentemente, $(x-2)^2 + y^2 + z^2 = 2\sqrt{y^2 + z^2}$.

(f) $x = 2$

26-14 $4a^2(x^2 + y^2) = [x^2 + y^2 + z^2 + a^2 - \sigma^2]^2$.

26-15 (a) $x^2 + y^2 + z^2 = 1$ (b) $3(x^2 + y^2) + 3z = 1$

(c) $16(x^2 + y^2) = [x^2 + y^2 + (z-1)^2 + 3]^2$

26-16 $x^2 + z^2 = (y^2 - 1)^2$

26-17 (a) $x^2/a^2 + y^2/b^2 + z^2/a^2 = 1$ (b) $x^2/b^2 + y^2/b^2 + z^2/a^2 = 1$

26-18 Se $a = b$, é o eixo Oz; se $a = c$, o eixo Oy; se $b = c$, Ox. Como se trata de um elipsóide, apenas dois dos três números a, b e c podem ser iguais.

26-19 (a) Sim; eixo Oz. (b) Não. (c) Sim; eixo Oy.

(d) Sim; eixo Ox. (e) Não.

26-20 (a) Ox: $b = c$; Oy: $a = c$; Oz: $a = b$.   (b) Ox: $b = c$.
(c) Oz: $a = b$.   (d) Oy: $a = c$.
(e) Não é superfície de rotação em relação a nenhum dos eixos coordenados.
(f) Não é superfície de rotação em relação a nenhum dos eixos coordenados.
(g) Ox: $b = c$.

Apêndice C

C-1 (a) Elipse.   (b) Hipérbole.   (c) Conjunto vazio.
C-2 (a) Reunião de duas retas concorrentes.
(b) Hipérbole.
(c) Conjunto formado por apenas um ponto.
(d) Elipse.   (e) Reunião de duas retas paralelas.
(f) Parábola.   (g) Reta.   (h) Circunferência.

C-3 Seguindo os passos das demonstrações dos casos em que $p = 0$ e $q \neq 0$, você obterá $g'(u,v) = pu^2 + mu + nv + f$ ($p \neq 0$, $n \neq 0$) na parte (b) e $g'(u,v) = pu^2 + mu + f$ ($p \neq 0$) na parte (c). Note que u e v estão trocados em relação ao que se pretendia; uma nova rotação, de 90°, coloca as coisas no lugar.

C-5 A hipótese sobre (h,k) acarreta $\Delta_2 \neq 0$. Escreva a matriz de g' e calcule seu determinante. Como $f' = g(h,k)$, você obterá, devido à Proposição C-3, $\Delta_3 = g(h,k)\Delta_2$.

C-6 (a) $m = 0$: reunião de duas retas concorrentes.
$m \neq 0$: hipérbole.
(b) $m = 0$: reunião de duas retas concorrentes.
$0 \neq m < 4$: hipérbole.
$m = 4$: parábola.
$m > 4$: elipse.
(c) $m \leq -1$: conjunto vazio.
$-1 < m < 2$: hipérbole.
$m = 2$: reunião de duas retas paralelas.
$m > 2$: elipse.
(d) $m < -1$: elipse.
$m = -1$: parábola.
$-1 < m < -1/3$ ou $-1/3 < m < 1$: hipérbole.
$m = -1/3$: reunião de duas retas concorrentes.
$m \geq 1$: conjunto vazio.

C-8 Considere o feixe de planos que contêm a reta, formado pelos planos π_λ: $x + \lambda z - 2 - \lambda = 0$ ($\lambda \in \mathbb{R}$) e pelo plano π: $z = 1$. (Recorde a equação do feixe incompleto, vista no Exercício 16-26; por depender de um só parâmetro, é a mais adequada neste contexto.) A interseção de π com a quádrica cônica é uma circunferência. Quanto aos outros planos: para cada λ, faça uma mudança de coordenadas de modo que π_λ passe a ser o plano dos pontos de cota nula (por exemplo, tome $(2,0,1)$ como nova origem e o segundo vetor da base nova igual ao segundo da antiga). Utilize o quadro [C-15] para classificar as interseções. A resposta está resumida no diagrama

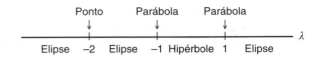

Apêndice EV

EV-1 (a) $\vec{x}$ é solução $\Leftrightarrow \vec{x} = \vec{u} + \vec{w}$ e $\vec{w} \perp \vec{u}$ (neste caso, $\vec{x}_p = \vec{u}$).
(b) Seja π o plano que contém P e é ortogonal a $\vec{u}$ (π é o plano de equação plückeriana $\vec{x} \cdot \vec{u} = \|\vec{u}\|^2$ em relação a A). Então, X pertence a Γ se, e somente se, X pertence a π e $\|\overrightarrow{AX}\|^2 = \|\overrightarrow{AP}\|^2 + \|\overrightarrow{PX}\|^2$, ou seja, $\|\overrightarrow{PX}\|^2 = m^2 - \|\vec{u}\|^2$. Conclua que Γ é a circunferência contida em π, de centro P e raio $\sqrt{m^2 - \|\vec{u}\|^2}$.

EV-2 (a) $\vec{x} = \dfrac{m}{\|\vec{v}\|^2} \vec{v} + \vec{w}$, $\vec{y} = \vec{u} - \dfrac{m}{\|\vec{v}\|^2} \vec{v} - \vec{w}$, em que $\vec{w}$ percorre o conjunto dos vetores ortogonais a $\vec{v}$.
(b) $\vec{y} = \text{proj}_{\vec{v}} \vec{u} - \dfrac{m}{\|\vec{v}\|^2} \vec{v} + \vec{z}$, $\vec{x} = \vec{u} - \text{proj}_{\vec{v}} \vec{u} + \dfrac{m}{\|\vec{v}\|^2} \vec{v} - \vec{z}$, em que $\vec{z}$ percorre o conjunto dos vetores ortogonais a $\vec{v}$.
(c) Seja $\vec{w} = \vec{u} - \text{proj}_{\vec{v}} \vec{u} - \vec{z}$. O vetor $\vec{u} - \text{proj}_{\vec{v}} \vec{u}$ é ortogonal a $\vec{v}$, e portanto $\vec{w} \perp \vec{v} \Leftrightarrow \vec{z} \perp \vec{v}$. Utilize esse fato para mostrar que toda solução obtida em (a) é uma das soluções obtidas em (b), e vice-versa.

EV-3 (c) Nos dois casos, $\vec{x} \cdot \vec{u} = m \Leftrightarrow \vec{x} \cdot \vec{v} = n$, de modo que o sistema se reduz a uma única equação e o conjunto-solução é $\{\dfrac{m}{\|\vec{u}\|^2} \vec{u} + \vec{w} : \vec{w} \perp \vec{u}\} = \{\dfrac{n}{\|\vec{v}\|^2} \vec{v} + \vec{w} : \vec{w} \perp \vec{v}\}$.
(d) Substitua $\vec{x}$ por $\alpha \vec{u} + \beta \vec{v}$ nas equações do sistema e aplique o Teorema de Cramer para obter
$$\alpha = \dfrac{m\|\vec{v}\|^2 - n\vec{u} \cdot \vec{v}}{\Delta} \qquad \beta = \dfrac{n\|\vec{u}\|^2 - m\vec{u} \cdot \vec{v}}{\Delta}$$
em que $\Delta = \|\vec{u}\|^2\|\vec{v}\|^2 - (\vec{u} \cdot \vec{v})^2 = \|\vec{u} \wedge \vec{v}\|^2$ (da independência linear de $\vec{u}$ e $\vec{v}$ decorre $\Delta \neq 0$). Devido à parte (a), o conjunto-solução do sistema é $\{\alpha \vec{u} + \beta \vec{v} + \vec{w} : \vec{w} \perp \vec{u}$ e $\vec{w} \perp \vec{v}\}$.
(e) $\vec{x} = (4\vec{i} - 17\vec{j} + 5\vec{k})/30 + \vec{w}$, com $\vec{w}$ ortogonal a $2\vec{i} - \vec{j} + \vec{k}$ e a $\vec{i} + 2\vec{j}$.

EV-4 Nenhum deles satisfaz a condição necessária dada no item (b) do exercício anterior.

EV-5 Utilize o Exercício 11-27 (a).

EV-7 (a) Utilize a fórmula do duplo produto vetorial (Proposição 11-13) e o Corolário 6-12.

EV-8 (a) $\vec{x} = 2(4 - \sqrt{3})\vec{a} + 4(1 - \sqrt{3})\vec{b} + \vec{c}/4$.
(b) Observe que $\vec{c} = 4\vec{a} \wedge \vec{b}$ se a base $(\vec{a}, \vec{b}, \vec{c})$ é positiva; caso contrário, $\vec{c} = -4\vec{a} \wedge \vec{b}$.

EV-9 $\vec{x} = \dfrac{-\vec{a} \wedge \vec{b}}{\|\vec{b}\|^2} + \alpha \vec{b}$ $\vec{y} = \dfrac{\vec{a} \wedge \vec{b}}{\|\vec{b}\|^2} + (1 - \alpha) \vec{b}$ $\alpha \in \mathbb{R}$

EV-10 (a) $S = \{\dfrac{\vec{u} \wedge \vec{a}}{\|\vec{u}\|^2} + \lambda \vec{u} : \lambda \in \mathbb{R}\} = \{\dfrac{\vec{v} \wedge \vec{b}}{\|\vec{v}\|^2} + \mu \vec{v} : \mu \in \mathbb{R}\}$ (as duas equações do sistema são equivalentes).
(c) Se existe solução, ela é necessariamente ortogonal a $\vec{a}$ e a $\vec{b}$, e, portanto, paralela a $\vec{a} \wedge \vec{b}$. Substitua $\vec{x}$ por $\lambda \vec{a} \wedge \vec{b}$ nas duas equações do sistema e deduza relações entre λ, $\vec{a}$,

$\vec{b}$, $\vec{u}$ e $\vec{v}$. Analise os casos $\vec{a} = \vec{b} = \vec{0}$, $\vec{a} = \vec{0} \neq \vec{b}$, $\vec{a} \neq \vec{0} = \vec{b}$, e $\vec{a} \neq \vec{0} \neq \vec{b}$ e conclua que uma condição necessária para que exista solução é [$\vec{a} = \vec{b} = \vec{0}$ ou $\vec{a} \cdot \vec{v} = -\vec{b} \cdot \vec{u} \neq 0$]. Prove que a condição é suficiente por verificação direta.

EV-11 (a) $\dfrac{\vec{a} \wedge \vec{b}}{\|\vec{a}\|^2} + \dfrac{(m\|\vec{a}\|^2 - \vec{a} \wedge \vec{b} \cdot \vec{c})\vec{a}}{\|\vec{a}\|^2 \vec{a} \cdot \vec{c}}$

EV-12 $\vec{x} = \dfrac{\vec{a} \wedge \vec{b} + m\vec{a}}{\|\vec{a}\|^2}$

EV-13 $\vec{x} = \vec{a} \wedge \vec{b}$

EV-14 (b) $\vec{x} = (\vec{a} \wedge \vec{b} + \vec{b} + (\vec{a} \cdot \vec{b})\vec{a})/2$. Se existir uma solução $\vec{x}_0$ (única, devido à parte (a)), então $\vec{x}_0 \wedge \vec{a} = \vec{b} - \vec{x}_0$, e, portanto, $\vec{x}_0$ é solução da equação $\vec{x} \wedge \vec{a} = \vec{b} - \vec{x}_0$ (e isso impõe que $\vec{b} - \vec{x}_0$ seja ortogonal a $\vec{a}$). Utilizando a Proposição EV-5, obtenha uma expressão de $\vec{x}_0$ em termos de $\vec{a}$, $\vec{b}$ e λ, e substitua na equação para verificar que existe um valor de λ que faz de $\vec{x}_0$, de fato, uma solução.

Apêndice O

O-1 Se $\vec{v} = \lambda \vec{u}$ ($\lambda \neq 0$), a conversão de $\vec{u}$ em $\vec{v}$ tem expressão $\varphi(t) = (1 - t + \lambda t)\vec{u}$, $0 \leq t \leq 1$. Se $\lambda < 0$, o número $t_0 = 1/(1-\lambda)$ pertence a [0,1] e $\varphi(t_0) = \vec{0}$. Se $\lambda > 0$ e $0 < t < 1$, é claro que $1 - t > 0$ e $\lambda t > 0$; logo, $1 - t + \lambda t > 0$, o que acarreta $\varphi(t) \neq \vec{0}$ (se $t = 0$ ou $t = 1$, então $\varphi(t) \neq \vec{0}$, pois $\vec{u}$ e $\vec{v}$ não são nulos).

O-2 Note que $0 \leq t \leq 1 \Leftrightarrow 0 \leq 1 - t \leq 1$; a relação $\psi(t) = \varphi(1-t)$ decorre diretamente da Definição O-1. Como $1 - t$ decresce de 1 a 0 enquanto t cresce de 0 a 1, confirma-se o que sugere a Figura O-2: para cada t de [0,1] existe $s = 1 - t$ em [0,1] tal que os vetores $\psi(t)$ e $\varphi(s)$ sejam iguais.

O-3 (a) Não, pois $\Delta(1/3) = 0$.

(b) $\Delta_{EG}(t) = 3t^2 - 3t + 1$, $\Delta_{GF}(t) = 3t + 1$.

(c) É o par (E_2, F_2), pois o caminho retilíneo de E a F toca o rio uma só vez, no "instante" $t = 1/3$.

O-4 (a) Para a simétrica, utilize o Exercício O-2. O Exercício Resolvido O-4 e o Exercício O-3 fornecem contra-exemplos para a transitiva.

(b) Da hipótese E ↪ F decorre, por exemplo, devido às propriedades reflexiva e simétrica: E ↪ E ↪ F, ou E ↪ E ↪ F ↪ E ↪ F, mostrando que E e F obedecem à Definição O-2 (b). As bases do Exercício O-3, assim como as bases E e G_1 do Exercício Resolvido O-4, mostram que a recíproca é falsa.

O-6 (a) Trata-se de uma matriz diagonal, isto é, todos os elementos que não pertencem à diagonal principal são nulos. A condição é que os elementos da diagonal sejam todos positivos, ou dois negativos e um positivo.

Apêndice VT

VT-1 *Tetraedros BA'B'C' e ABCA'* Tome como bases os triângulos congruentes *A'B'C'* e *ABC*; as alturas correspondentes são iguais, pois são iguais à altura do prisma.

Tetraedros ABCA' e BCA'C' Tome como bases os triângulos *ACA'* e *CA'C'*. Eles são congruentes, pois o quadrilátero *AA'C'C* é um paralelogramo; as alturas correspondentes são iguais à distância de *B* ao plano do paralelogramo. Justaponha as faces "β" dos modelos de cartão para visualizar a argumentação.

ÍNDICE REMISSIVO

A
Abscissa, 135
Adição de vetores, 8
    propriedades, 9-10
Adriana, 164
Alternado, veja Alternância do produto misto
Alternância do produto misto, 129, 130
Amanda, 148
Amplitude focal
    de elipse, 292
    de hipérbole, 301
    de parábola, 306
Ana Cristina, 271-272
Angelique, 269
Ângulo, veja Medida angular
Ângulo de rotação, 280
Apolônio, 286, 347
Área de paralelogramo, 101-102
Assíntotas de hipérbole, 300

B
Baricentro
    de conjunto de pontos, 25, 32
    de triângulo, 29-31
Base, 52
    dextra, 96
    dextrógira, 96
    levógira, 96
    negativa, 95, 128
    ortogonal, 113
    ortonormal, 58, 59-60, 78, 89
    positiva, 95, 128
    sinistra, 96
Bases
    concordantes, 92
    discordantes, 92
    paralelas, 477
Bilinearidade do produto escalar, 76
Bruna, 482

C
Cecília, 156
Centralidade de elipse, 311
Centro
    de cônica, 356
    de elipse, 287
    de hipérbole, 297
Circunferência diretora
    de elipse, 336
    de hipérbole, 338
Classe de eqüipolência, 4
Coeficiente angular de reta, 286
Co-fator, 457-458
Combinação linear, 39
Compasso elíptico, 340
Comprimento de vetor, 7
Concordância de bases, 91-92
Cônica, 351
Conjunto
    côncavo, 317
    convexo, 317
    exterior a superfície esférica, 379
    interior a superfície esférica, 379
    totalmente simétrico, 403
Conóide, 440
Construção com régua e compasso
    de pontos de uma elipse, 342-343
    de pontos de uma hipérbole, 343-344
    de pontos de uma parábola, 344
Conversão de vetor em outro, 471
Coordenadas
    de $A + \lambda \vec{u}$, 139
    de $\vec{AB}$, 139
    de ponto, 135, 136
    de vetor
        em base ortonormal, 78
        em relação a base qualquer, 53
    do ponto médio de segmento, 140
    esféricas, 376
Corda
    de elipse, 287
    de hipérbole, 297
    de parábola, 306
Coroa fundamental de elipse, 290
Co-senos diretores, 74
Cota, 135
Curva, 431

D

Dandelin, 346
Dependência linear de seqüência de vetores, 37
Desigualdade
    de Schwarz, 81
    Triangular, veja Propriedade triangular
Diagonalização de matrizes por escalonamento, 478-480
Diferença entre vetores, 9
Diretriz
    de conóide, 440
    de elipse, 344, 345
    de hipérbole, 344, 345
    de parábola, 306
    de superfície cilíndrica, 435
    de superfície cônica, 438
    de superfície de rotação, 441
Distância
    de plano a plano, 271
    de ponto a plano, 259, 260
    de ponto a ponto, 141, 251
    de ponto a reta, 254
    de reta a plano, 270
    de reta a reta, 264-265
    focal
        de elipse, 287
        de hipérbole, 297
Duplo produto vetorial, 117, 119

E

Eixo
    conjugado de hipérbole, 301
    das abscissas, 136
    das cotas, 136
    das ordenadas, 136
    de parábola, 306
    de quádrica cilíndrica, 423
    de rotação de superfície de rotação, 441
    de simetria
        de parabolóide de rotação, 417
        de parabolóide elíptico, 417
        de parabolóide hiperbólico, 419
        de superfície de rotação, 441
    de superfície cilíndrica circular reta, 435
    de superfície cônica circular reta, 346, 438
    distinguido,
        de hiperbolóide de duas folhas, 415
        de hiperbolóide de uma folha, 407
        de quádrica cônica, 425
        dos x, 136
        dos y, 136
        dos z, 136
    maior de elipse, 292
    menor de elipse, 292
    transverso de hipérbole, 301

Eixos coordenados, 136
Elemento neutro da adição de vetores, 10
Elemento oposto da adição de vetores, 10
Elipse, 287
    como seção cônica, 346
Elipses semelhantes, 312
Elipsógrafo, 339
Elipsóide, 403
    de rotação, 407
Ênupla ordenada de vetores, 37
Equação
    de cônica, 351
    de feixe de planos paralelos a um plano, 200, 201
    de feixe de planos que contêm uma reta, 200, 202-204
    de quádrica, 402
    diametral de superfície esférica, 377
    geral
        de plano, 159
        de superfície esférica, 374
    plückeriana
        de plano, 465
        de reta, 467
    reduzida
        de elipse, 289, 292
        de elipsóide, 403
        de hipérbole, 299, 301-302
        de hiperbolóide de duas folhas, 414
        de hiperbolóide de uma folha, 407, 414
        de parábola, 306, 307
        de parabolóide de rotação, 417
        de parabolóide elíptico, 417
        de parabolóide hiperbólico, 419
        de quádrica cilíndrica de rotação, 423
        de quádrica cilíndrica elíptica, 423
        de quádrica cilíndrica hiperbólica, 423
        de quádrica cilíndrica parabólica, , 423
        de quádrica cônica, 424
        de reta em $\mathbb{E}^2$, 286
        de superfície esférica, 373
    segmentária de plano, 162
    vetorial
        de plano, 153
        de reta, 145
Equações
    de circunferência, 392
    de mudança de coordenadas, 274
    de reta na forma simétrica, 147
    de rotação
        em $\mathbb{E}^2$, 359
        em $\mathbb{E}^3$, 280
    de superfície
        dependendo de um parâmetro, 432
        livres de parâmetros, 432
    de translação
        em $\mathbb{E}^2$, 352-353
        em $\mathbb{E}^3$, 278

paramétricas
    de elipse, 342
    de hipérbole, 343
    de plano, 155
    de reta, 146
    dos planos bissetores dos diedros coordenados, 157
    dos planos coordenados, 157
planares de reta, 181
Equipolência de segmentos orientados, 3
Escalar, 17
Escalonamento de matrizes, 478-480
Espaço vetorial, 18-19
Euler, 81
Excentricidade
    de elipse, 311
    de hipérbole, 313
    de parábola, 315
Extremidade de segmento orientado, 2

F

Feixe
    de planos paralelos a um plano, 200, 201
    de planos paralelos a uma reta, 206-207
    de planos que contêm uma reta, 200, 202
    incompleto de planos paralelos a uma reta, 207
    incompleto de planos que contêm uma reta, 206
Foco
    de elipse, 287
    de hipérbole, 297
    de parábola, 306
Folha de superfície cônica circular reta, 346
Forma geral de equação de plano, 159
Forma paramétrica
    de equações de plano, 155
    de equações de reta, 146
Forma planar de equações de reta, 181
Forma simétrica de equações de reta, 147
Forma vetorial
    de equação de plano, 153
    de equação de reta, 145
Fórmula de mudança de pólo, 110

G

Galeria de sussurro, 335
Geratriz
    de conóide, 440
    de quádrica cilíndrica, 423
    de quádrica cônica, 425
    de superfície cilíndrica, 435
    de superfície cônica, 438
    de superfície cônica circular reta, 346
Gram-Schmidt, 86
Grandezas
    escalares, 1
    vetoriais, 1
Grau de liberdade, 184-185, 212
Guilherme, 164

H

Hipérbole, 297
    como seção cônica, 346
Hipérboles semelhantes, 314
Hiperbológrafo, 340
Hiperbolóide de duas folhas, 414
Hiperbolóide de rotação, 416
Hiperbolóide de uma folha, 407

I

Identidade de Jacobi, 120
Incentro, 35
Invariantes ortogonais de função polinomial, 452

J

Jacobi, 120

K

Kepler, 286, 297

L

Latus rectum, 292
LD, 38
Lei de Kepler, primeira, 297
Leis do cancelamento da adição de vetores, 11-12
LI, 38
Linearmente
    dependentes (LD), 37-38
    independentes (LI), 37-38
LORAN, veja Método de navegação LORAN

M

Marcelo, 162
Matriz
    da parte linear de função polinomial, 448
    da parte quadrática de função polinomial, 448
    de função polinomial, 352
    de mudança de base, 62-63
    ortogonal, 88
    triangular superior, 114
Medida angular
    entre planos, 242
    entre reta e plano, 239
    entre retas, 234
    entre vetores, 71
Menaechmo, 347

Meridiano de superfície de rotação, 441
Método de navegação LORAN, 286, 305
Michelle, 186
Módulo de vetor, 7
Momento de sistema de forças, 110
Mudança
    de base, 57, 61
    de sistema de coordenadas, 273
    ortogonal de coordenadas, 448
Multiplicação de escalar por vetor, 17
Multiplicação de número real por vetor, 16
    propriedades, 18
Múltiplo escalar de vetor, 17

N

Nikolas, 482
Norma de vetor, 7

O

Operação binária, 129
Operação ternária, 129
Ordenada, 135-136
Orientação
    de plano, 483-485
    de reta, 482-483
    de $\mathbb{V}^3$, 95
    de $\mathbb{V}_r$, 482-483
    de $\mathbb{V}_\pi$, 484-485
Origem
    de segmento orientado, 2
    de semi-espaço, 244
    de sistema de coordenadas, 135
Ortocentro, 35, 81
Ortogonalidade, 57-58
    entre retas, 208
    entre vetores, 58
Ortonormal, veja Base ortonormal

P

Par de vetores diretores de plano, 152
Parábola, 306
    como seção cônica, 346
Parábolas semelhantes, 315
Parabológrafo, 341
Paraboloide
    de rotação, 417
    elíptico, 417
    hiperbólico, 419
Paralelismo
    entre planos, 195-196
    entre reta e plano, 191
    entre retas, 188
Paralelo de superfície de rotação, 441
Parâmetro de parábola, 306

Parâmetros geométricos
    de elipse, 289
    de hipérbole, 299
Parte linear de função polinomial, 447
Parte quadrática de função polinomial, 447
Paulinho, 237
Pé da perpendicular, 209
Permutação
    cíclica, 93
    não-cíclica, 93
Perpendicularidade
    entre planos, 220
    entre reta e plano, 217
    entre retas, 208
Planificação de um prisma triangular, 492-494
Plano
    bissetor de diedro, 263
    contendo reta, 191
    diretor de conóide, 440
    mediador de segmento, 214-215, 251-252
    paralelo a plano, 180, 195-196
    paralelo a reta, 191
    perpendicular a plano, 220
    perpendicular a reta, 217
    radical de um par de superfícies esféricas, 395
    secante a superfície esférica, 388
    separando pontos, 244
    tangente a superfície esférica, 388
    transversal a reta, 191
Planos
    coincidentes, 195
    coordenados, 136
    paralelos, 195, 196
    perpendiculares, 220
    transversais, 195-196
Ponto de tangência
    de plano com superfície esférica, 388
    de reta com elipse, 325
    de reta com hipérbole, 329
    de reta com parábola, 332
    de reta com superfície esférica, 383
    de superfícies esféricas, 396
Ponto exterior
    a elipse, 317
    a superfície esférica, 379
Ponto interior
    a elipse, 317
    a segmento, 28
    a superfície esférica, 379
    a triângulo, 28
Pontos separados
    por plano, 244
    por reta, 49-51
Posição relativa
    de plano e superfície, 387
    de planos, 195-196

de reta e elipse, 320
de reta e hipérbole, 320
de reta e parábola, 320
de reta e plano, 191
de reta e superfície esférica, 381
de retas, 188
Potência de ponto em relação a superfície esférica, 384
Processo de Ortonormalização de Gram-Schmidt, 86, 93-94
Produto de escalar por vetor, 16
Produto escalar, 72
    expressão em coordenadas, 73
    propriedades, 72, 75
Produto misto, 122
    expressão em coordenadas, 124
    propriedades, 130, 131
Produto vetorial, 99
    expressão em coordenadas, 107
    propriedades, 115
Projeção ortogonal,
    de vetor sobre outro, 82
    de vetor sobre plano, 107
Propriedade associativa da adição de vetores, 9
Propriedade comutativa da adição de vetores, 9
Propriedade de reflexão
    de elipse, 335
    de hipérbole, 336-337
    de parábola, 338
Propriedade reflexiva
    da concordância de bases, 92
    da equipolência de segmentos orientados, 3
Propriedade simétrica
    da concordância de bases, 92
    da equipolência de segmentos orientados, 3
Propriedade transitiva
    da concordância de bases, 92
    da equipolência de segmentos orientados, 3
Propriedade triangular, 81, 399

Q

Quadrantes, 285
Quádrica, 402
    cilíndrica, 423-424
        de rotação, 423
        elíptica, 423
        hiperbólica, 423
        parabólica, 423
    cônica, 424-426
        de rotação, 424
        elíptica, 424
    totalmente simétrica, 403
Quadrilátero
    convexo, 142
    reverso, 28

R

Ramo de hipérbole, 299
Razão de semelhança de elipses, 312
Razão em que um ponto divide um segmento orientado, 27
Região côncava
    determinada por elipse, 317
    determinada por hipérbole, 318
    determinada por parábola, 318
Região convexa
    determinada por elipse, 317
    determinada por parábola, 318
Região focal
    de elipse, 317
    de hipérbole, 318
    de parábola, 318
Regra
    da mão direita, 96
    da mão esquerda, 96
    do paralelogramo, 9
    do saca-rolhas, 97-98
Regrada, veja Superfície regrada
Regras de sinais, 20
Relação de equivalência, 3, 92, 486-488
Relação de Euler, 81
Renato, 240
Representante, 4
Representantes consecutivos, 13
Resultante de sistema de forças, 110
Reta
    contida em plano, 191
    dos vértices de conóide, 440
    focal
        de elipse, 287
        de hipérbole, 297
    normal
        a elipse, 325, 326
        a hipérbole, 329, 330
        a parábola, 332, 333
    paralela a plano, 191
    perpendicular a plano, 217
    secante
        a elipse, 320
        a hipérbole, 320
        a parábola, 320
        a superfície esférica, 383
    tangente
        a elipse, 325, 326
        a hipérbole, 329, 330
        a parábola, 332, 333
        a superfície esférica, 383
    transversal a plano, 191
Retângulo fundamental
    de elipse, 290
    de hipérbole, 300

Retas
  coincidentes, 188
  concorrentes, 188
  ortogonais, 208
  paralelas distintas, 188
  perpendiculares, 208
  reversas, 188
Rotação, 278, 280

S

Seções cônicas, 346
Segmento focal
  de elipse, 287
  de hipérbole, 297
Segmento orientado, 2
Segmento orientado nulo, 2
Segmentos orientados
  de mesma direção, 2
  de mesmo comprimento, 2
  de mesmo sentido, 2
  de sentido contrário, 2
  eqüipolentes, 3
  paralelos, 2
Semelhança
  de elipses, 312
  de hipérboles, 314
  de parábolas, 315
Semi-espaços
  abertos, 244
  fechados, 244
  opostos, 244
Semi-espaços determinados por plano, 244
Separação
  de pontos de um plano por uma reta, 49-51
  de pontos do espaço por um plano, 244
Seqüência de vetores
  linearmente dependente (LD), 37-38
  linearmente independente (LI), 37-38
Sistema de coordenadas
  em $\mathbb{E}^2$, 285-286
  em $\mathbb{E}^3$, 135
  obtido de outro por rotação, 359
  obtido de outro por translação, 352
  ortogonal, 135
Sistema de equações de plano na forma paramétrica, 155
Sistema de equações de reta
  na forma paramétrica, 146
  na forma planar, 181
  na forma simétrica, 147
Sistema de equações paramétricas
  de plano, 155
  de reta, 146
Sistema ortogonal de coordenadas
  em $\mathbb{E}^3$, 135
  em um plano, 285-286

Soma de ponto com vetor, 23
  propriedades, 24
Soma de vetores, 8
  propriedades, 9-10
Superfície, 430
  cilíndrica, 435
  cilíndrica circular, 435
  cilíndrica circular reta, 435
  cônica, 438
  cônica circular, 438
  cônica circular reta, 346, 438
  de rotação, 441
  esférica, 373
  gerada por rotação de curva em torno de reta, 441
  regrada, 410
Superfícies
  cilíndricas, 432
  cônicas, 432
  de rotação, 432
  esféricas
    disjuntas, 396
    secantes, 395
    tangentes, 396
    tangentes exteriormente, 399
    tangentes interiormente, 399
  regradas, 410

T

Técnica do lambda, 151, 175, 189
Teorema de Pitágoras, 58
Termo independente, 357
Termo quadrático misto, 351
Termos lineares, 351
Termos quadráticos, 351
Traço de matriz, 450
Transformada de função polinomial, 449
Translação, 277-278
Transversalidade
  de planos, 195, 196
  de reta e plano, 191
Triângulo fundamental de parábola, 307
Trilinearidade do produto misto, 129, 130
Tripla
  de coordenadas de ponto, 135
  de coordenadas de vetor, 53
  de co-senos diretores de vetor, 74

U

Unicidade
  do elemento neutro em relação à adição, 12
  do elemento oposto em relação à adição, 12

V

Variação de base, 472
Variação direta de base, 472
Variável livre, 184-185, 212
Versor, 17
Vértice
    de parábola, 306
    de parabolóide de rotação, 417
    de parabolóide elíptico, 417
    de quádrica cônica, 425
    de superfície cônica, 438
    de superfície cônica circular reta, 346
Vértices
    de conóide, 440
    de elipse, 292
    de elipsóide, 404
    de hipérbole, 301
    de hiperbolóide de duas folhas, 415
Vetor, 4
    diretor de reta, 144
    gerado por outros, 39
    normal
        a elipse, 325, 326
        a hipérbole, 329, 330
        a parábola, 332, 333
        a plano, 211
    nulo, 5
    oposto de outro, 5
    ortogonal a outro, 57-58
    ortogonal a plano, 57-58
    ortogonal a reta, 57-58
    ortogonal a segmento, 57-58
    paralelo a plano, 37, 163
    paralelo a reta, 37, 186
    soma, 8
    tangente
        a elipse, 325, 326
        a hipérbole, 329, 330
        a parábola, 332, 333
    unitário, 7, 17
Vetores
    de mesmo sentido, 6
    de sentido contrário, 6
    diretores de plano, 152
    linearmente dependentes (LD), 37-38
    linearmente indepedentes (LI), 37-38
    ortogonais, 58
    paralelos, 6
Vetores-coluna de uma matriz em relação a uma base, 129
Vetores-linha de uma matriz em relação a uma base, 129
Volume
    de paralelepípedo, 121
    de tetraedro, 124, 492-494